Toscane et Ombrie

Alex Leviton, Josephine Quintero,
Rachel Suddart, Richard Watkins

Table des matières

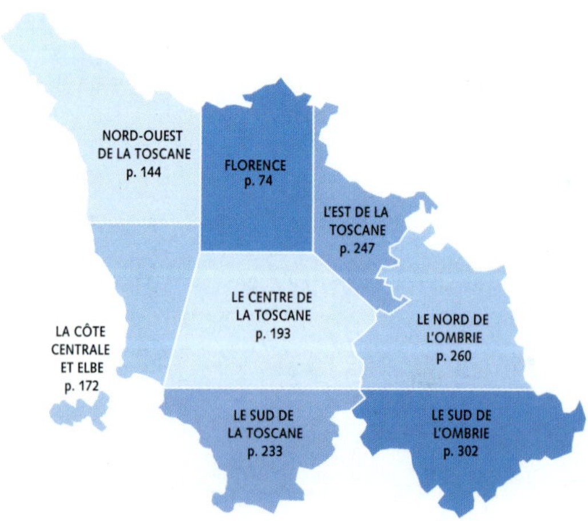

Lonely Planet réalise ses guides en toute indépendance et n'accepte aucune publicité. Tous les établissements et prestataires mentionnés dans l'ouvrage le sont sur la foi du seul jugement des auteurs, qui ne bénéficient d'aucune rétribution ou réduction de prix en échange de leurs commentaires.

Le pubblicazioni Lonely Planet provvedono consigli indipendenti. Lonely Planet non accetta nelle sue guide né inserzioni pubblicitarie né compensi per aver elencato o approvato qualsiasi luogo o impresa. Gli autori delle guide Lonely Planet non accettano sconti o pagamenti in cambio di recensioni favorevoli di qualsiasi tipo.

Destination Toscane et Ombrie

La Toscane et l'Ombrie incarnent l'essence même de l'Italie, avec leurs douces collines verdoyantes parsemées de vignobles fertiles et d'oliveraies, et leurs majestueuses villes Renaissance abritant des chefs-d'œuvre artistiques parmi les plus beaux du monde. Regorgeant de musées, de galeries et d'églises d'une richesse sans pareille, Florence constitue pour de nombreux visiteurs le point culminant du voyage, mais elle ne saurait faire oublier Pise et sa célèbre Tour penchée, Orvieto et son spectaculaire Duomo, ou Arezzo et ses sublimes fresques.

Terre de Dante, de Léonard de Vinci, de Michel-Ange et de Botticelli, foyer de la civilisation étrusque, étape essentielle pour les touristes du XIXe siècle, la Toscane a conservé son charme unique aux yeux des visiteurs étrangers. Ses paysages légendaires, surtout dans la région du Chianti, attirent un flot incessant de touristes venus goûter ses excellents vins et explorer ses charmantes bourgades perchées à flanc de colline. Ailleurs, des fêtes et des concours hauts en couleur sont organisés tout au long de l'année, dont beaucoup font jouer les rivalités séculaires opposant d'anciennes cités-États autrefois farouchement indépendantes.

Bien qu'elle ne soit pas considérée comme une destination balnéaire, la Toscane possède des kilomètres de littoral. L'élégante Viareggio reste un lieu de villégiature prisé des Italiens, tandis que les eaux limpides et les plages de sable blanc de l'île d'Elbe connaissent depuis quelques années une popularité croissante.

L'Ombrie, le "cœur vert de l'Italie", véritable paradis des cyclistes et des randonneurs, offre de vastes étendues verdoyantes encore peu touchées par le mercantilisme qui s'est emparé de certains endroits chez sa prestigieuse voisine. Pour sortir des sentiers battus, partez à la découverte de la région sauvage de la Valnerina. Ou choisissez de rendre hommage à saint François et à Giotto, et allez admirer la célèbre basilique d'Assise.

JON DAVISON

Fêtes et festivals

La Toscane et l'Ombrie possèdent toutes deux une riche tradition de fêtes et de festivals. Pas un jour, semble-t-il, sans qu'une manifestation ne se déroule quelque part. Parmi les principales, citons la **Giostra del Saracino** (p. 252), flamboyante joute médiévale d'Arezzo ; la **Giostra dell'Archidado** (p. 258), compétition annuelle d'arbalétriers de Cortona ; et la **Festa di San Francesco** (p. 293), grande fête religieuse qui se tient à Assise.

La région accueille également un grand nombre d'événements musicaux, parmi lesquels le **Festival dei Due Mondi** (p. 307), qui attire à Spoleto des artistes du monde entier pour un mois de festivités ; le festival gratuit **Arezzo Wave** (p. 252) ; et la **Sagra Musicale Umbra** de Perugia (p. 268), important festival de musique classique.

DALLAS STRIBLEY

Enfants costumés sous les confettis du **carnevale** de Viareggio

Vente de masques destinés au **carnevale** de Florence

RUSSELL MOUNTFORD

Procession historique lors de la spectaculaire course du **Palio** à Sienne

DAVID TOMLINSON

MARTIN HUGHES

Autour d'un verre dans un **bar branché** de Florence

DOUG MCKINLAY

Le chianti, une star aux formes généreuses

Intérieur d'une norcineria, **Norcia**

ALAN BENSON

À NE PAS MANQUER **Cuisine et vin**

De la simple *bruschetta* (pain grillé) aux plats plus élaborés à base du précieux *tartufo nero* (truffe noire), la gastronomie toscane et ombrienne attire aussi bien les Italiens que les étrangers. Un séjour dans la région ne saurait être complet sans la visite d'une des foires gastronomiques qui rythment l'année. Les vins de la région sont connus dans le monde entier pour leur qualité exceptionnelle. Que ce soit à **Montalcino** (p. 221), près de Sienne, pour goûter le célèbre *brunello*, à **Montepulciano** (p. 227) pour découvrir le *vino nobile*, ou à **Orvieto** (p. 324) pour déguster le *bianco classico*, une visite des vignobles s'impose !

Trésors artistiques

La Toscane et l'Ombrie jouissent d'un patrimoine artistique tout à fait exceptionnel. La Toscane, pour être rien moins que le berceau de la Renaissance, et l'Ombrie pour son héritage artistique si particulier. Florence est un point de départ idéal. Du très original et très visité **Ponte Vecchio** (p. 107) au superbe **Palazzo del Bargello** (p. 94), sans oublier les superbes fresques de Masaccio dans la **Cappella Brancacci** (p. 110), la ville regorge de trésors. Les amateurs d'art ne manqueront pas non plus d'admirer le magnifique cycle de fresques de Piero della Francesca à **Arezzo** (p. 249), l'élégante cathédrale d'**Orvieto** (p. 325) ou les fresques de Giotto dans la basilique d'**Assise** (p. 289).

BETHUNE CARMICHAEL

L'incontournable **Galleria degli Uffizi**, Florence

Détail de la fresque du plafond de la **Basilica di San Lorenzo**, Florence

HANNAH LEVY

Le **Duomo**, Florence

JON DAVISON

JULIET COOMBE

Le **Giardino di Boboli** (jardin de Boboli) a été créé au milieu du XVIe siècle dans les environs du **Palazzo Pitti**, à Florence

MARTIN HUGHES

Statue du **Palazzo del Bargello**, Florence

Détail de la **porte du Battistero**, sur la Piazza di San Giovanni de Florence

HANNAH LEVY

Patrimoine historique

Jadis dominées par la civilisation étrusque (p. 20) et l'Empire romain, les terres très anciennes de la région n'ont pas encore livré tous leurs secrets. Vous pourrez voir des tombes étrusques juste au nord de Florence, mais c'est à Volterra que s'élevait la plus importante agglomération de cette époque. On y visite aujourd'hui le très vaste **Museo Etrusco Guarnacci** (p. 219) ainsi qu'une nécropole. N'oublions pas non plus l'impressionnante collection de vestiges étrusques du Museo dell'Accademia Etrusca de **Cortona** (p. 257), ainsi que les nombreuses tombes disséminées autour de la ville.

Le **Lago di Trasimeno** (p. 274) a été le théâtre de la plus célèbre des batailles opposant les légions romaines aux troupes carthaginoises d'Hannibal. L'amphithéâtre d'**Arezzo** (p. 252) mérite également une visite.

BETHUNE CARMICHAEL

Le théâtre romain de **Volterra et ses thermes**

Anciennes tombes étrusques, **nécropole de San Rocco**

DIANA MAYFIELD

La **zona archeologica** de Fiesole comprend un théâtre, un temple étrusque et des thermes

JULIA WILKINSON

Avant le départ

La Toscane et l'Ombrie offrent les paysages les plus diversifiés et les plus beaux d'Italie. La Toscane est l'un des hauts lieux du tourisme international depuis l'époque du Grand Tour effectué par les aristocrates britanniques au XVIIIe siècle. En revanche, l'Ombrie voisine, en grande partie rurale, n'a été «découverte» que depuis peu par les touristes étrangers. Et seul un petit nombre de ceux qui visitent en foule la Toscane font un détour en Ombrie.

Florence, l'un des principaux points d'entrée en Toscane, est d'une richesse artistique infinie qu'il ne faut absolument pas manquer. Le Chianti, réputé dans le monde entier pour ses vins, fait partie des régions les plus prisées des touristes. Pise, avec son extraordinaire Campo dei Miracoli, Sienne et Orvieto sont très fréquentées. Cela dit, les occasions de sortir des sentiers battus ne manquent pas, à l'image de la région peu visitée du Casentino dans l'est de la Toscane, la spectaculaire Garfagnana au nord-ouest ou le sud de l'Ombrie.

Florence est de loin la ville la plus animée et la plus chère, même si, en cherchant bien, il est encore possible de voyager à peu de frais. D'autres lieux situés sur le circuit touristique classique ont *aussi* tendance *à être onéreux*. Le Chianti, par exemple, manque de logements pour les petits budgets. En revanche, les localités plus modestes et les régions rurales moins fréquentées sont nettement plus abordables.

On peut accéder facilement par train ou par bus à l'ensemble des grandes villes, mais si vous souhaitez partir à la découverte de la campagne alentour, vous aurez besoin de votre propre moyen de transport.

LE SAVIEZ-VOUS ?

Plus de 70% des touristes qui visitent l'Ombrie sont des Italiens.

QUAND PARTIR

Si la Toscane et l'Ombrie attirent des visiteurs tout au long de l'année, ces deux régions connaissent une haute saison entre mai et septembre. Pendant cette période, vous aurez certainement besoin de réserver votre logement à l'avance, au moins dans les principaux lieux touristiques. Mieux vaut éviter le mois d'août : le temps est souvent humide et lourd, en particulier

N'OUBLIEZ PAS...

- Un petit sac à dos muni d'un cadenas
- Un produit anti-moustiques
- Une petite paire de jumelles
- De solides chaussures de marche
- Un guide de conversation français-italien
- Un couteau suisse muni d'un tire-bouchon
- Un adaptateur pour les appareils électriques
- Des vêtements imperméables et isothermes pour la randonnée
- Une corde à linge et un fer à repasser de voyage
- Au moins une tenue chic : les Italiens aiment s'habiller avec élégance lorsqu'ils sortent. Jeans et T-shirts sont tout simplement déplacés dans de nombreux restaurants, clubs ou autres discothèques. Notez que les églises refuseront l'entrée aux personnes à la tenue négligée.

Voir les relevés climatiques (p.335-336) pour de plus amples informations.

dans l'arrière-pays. De nombreux Italiens prennent leurs vacances à cette époque ; ils plient boutique et viennent s'ajouter aux longues files d'attente devant les sites touristiques. Les stations balnéaires notamment affichent souvent complet. La meilleure période pour visiter cette région est donc la basse saison, qui s'étend de mars à début mai et de fin septembre à octobre. Habituellement, la chaleur est agréable, les prix moins élevés et les touristes moins nombreux. Cependant, sachez que les termes de "haute" et de "basse"saison peuvent varier d'un hôtel à un autre.

Les forêts de Vallombrosa et de Camaldoli, et tout particulièrement les Alpes apuanes, région la plus humide de Toscane, peuvent être de véritables havres de fraîcheur. Mais même là, vous pouvez être confrontés à des températures très élevées.

Au plus fort de l'été, les températures peuvent être étouffantes et atteindre 35°C. Elles descendent rarement en dessous de 12°C au printemps et en automne. En hiver, elles se situent en moyenne autour de 6°C à 10°C et peuvent s'élever légèrement sur le littoral. Mais à l'intérieur du pays, les chutes de neige sont fréquentes dans les régions de collines et de montagnes.

Vous pouvez aussi faire coïncider votre voyage ou votre circuit avec un ou plusieurs festivals qui se tiennent en Toscane et en Ombrie tout au long de l'année. Vous pourrez ainsi assister à des événements tels que le Palio, à Sienne, la Giostra del Saracino, à Arezzo ou la Sagra Musicale Umbra, à Perugia. Pour vous aider à planifier votre voyage en fonction de ces manifestations, consultez le tableau des Top 10 présenté plus loin dans ce chapitre ainsi que les sections concernées dans le reste de l'ouvrage.

INDICE DE PRIX LONELY PLANET

Litre d'essence 1,10 €

Litre d'eau 0,60 €

Bouteille de bière Peroni 1,50 €

T-shirt souvenir 15 €

Pizza 6 €

QUELQUES PRIX

Cappuccino 1,10 €

Gelato (glace) 2 €

Une nuitée dans une auberge de jeunesse 20 €

Une nuitée dans un hôtel trois-étoiles 60 €

Appel téléphonique local 0,20 €

COÛT DE LA VIE

Du fait de sa popularité, la Toscane est chère, en particulier dans les villes. En Ombrie, de plus en plus fréquentée par les touristes étrangers, les prix ont également tendance à grimper. À Florence, une chambre double dans un hôtel trois-étoiles vous coûtera 90 € au minimum tandis que vous débourserez près de 16 € pour dormir en dortoir. Dans les villes plus petites, vous obtiendrez un logement convenable moyennant 60 €. Un repas comportant trois plats, vin compris, vous coûtera 30 € par personne. Bien sûr, il existe des solutions moins onéreuses : des pizzas à 4 € tout au plus, par exemple, de simples plats de pâtes ou une grande variété de petits pains à garnir et de sandwiches.

En revanche, les transports en commun sont très économiques : un aller simple en train de Florence à Arezzo ne vous coûtera que 4,85 €, par exemple. L'entrée des musées s'échelonne entre 3 et 9 €.

Solutions pour voyager moins cher

Si possible, évitez de petit-déjeuner à votre hôtel. Vous obtiendrez bien mieux dans un café du quartier. Restez au comptoir pour consommer votre café et votre croissant. Les prix peuvent doubler, voire tripler, lorsqu'on vous sert assis en salle.

Sur les menus (affichés en général à l'extérieur des établissements), lisez les lignes en petits caractères pour vérifier les prix du *coperto* (couvert) et du *servizio* (service).

Regardez si les musées proposent des entrées gratuites ou à prix réduits. Les ressortissants de l'Union européenne de moins de 18 ans ou de plus de 65 ans peuvent entrer sans payer ; les étudiants peuvent également bénéficier de réductions. Vérifiez aussi auprès de l'office de tourisme si l'accès est gratuit certains jours.

Si vous restez quelque temps dans la région, envisagez d'acheter des cartes de bus hebdomadaires ou mensuelles.

LIVRES À EMPORTER

Depuis des siècles, la Toscane a inspiré les écrivains, et vous n'aurez que l'embarras du choix, que vous recherchiez des ouvrages historiques, littéraires ou relatifs aux voyages. En revanche, l'Ombrie commence seulement à

TOP 10

FÊTES ET FESTIVALS

- Carnevale (Viareggio)
  Février/mars (p. 164)
- Scoppio del Carro (Florence)
  Dimanche de Pâques (p. 115)
- Corsa dei Ceri (Gubbio)
  15 mai (p. 282)
- Giostra dell'Archidado (Cortona)
  Juin (p. 258)
- Festival dei due Mondi (Spoleto)
  Juin/juillet (p. 307)
- Estate Fiesolana (Fiesole)
  Juin–août (p. 136)
- Palio (Sienne)
  Fin juin/début juillet (p. 204)
- Giostra del Saracino (Arezzo)
  Juin et septembre (p. 252)
- Sagra Musicale Umbra (Perugia)
  Septembre (p. 268)
- Festa di San Francesco (Assise)
  3–4 octobre (p. 293)

FILMS

- *Chambre avec vue* (1986)
  Réalisateur : James Ivory
- *Roméo et Juliette* (1968)
  Réalisateur : Franco Zeffirelli
- *La vie est belle* (1998)
  Réalisateur : Roberto Benigni
- *Un thé avec Mussolini* (1999)
  Réalisateur : Franco Zeffirelli
- *Beauté volée* (1996)
  Réalisateur : Bernardo Bertolucci
- *Le Patient anglais* (1996)
  Réalisateur : Anthony Minghella
- *Le Talentueux M. Ripley* (1999)
  Réalisateur : Anthony Minghella
- *Hannibal* (2001)
  Réalisateur : Ridley Scott
- *Beaucoup de bruit pour rien* (1993)
  Réalisateur : Kenneth Branagh
- *Gladiateur* (2000)
  Réalisateur : Ridley Scott

LITTÉRATURE

- *La Divine Comédie*
  Dante
- *Le Décaméron*
  Boccace
- *Vie nouvelle*
  Dante
- *Canzoniere*
  Pétrarque
- *Vies d'artistes*
  Giorgio Vasari
- *Roland furieux*
  Ludovico Ariosto, dit l'Arioste
- *Autobiographie*
  Benvenuto Cellini
- *Le Prince*
  Machiavel
- *Carnets*
  Léonard de Vinci
- *De la peinture*
  Leon Battista Alberti

attirer l'attention du monde, bien que quelques titres lui soient consacrés. Nous vous recommandons les livres suivants :

Le Décaméron de Boccace (LGF). La société florentine du Moyen Âge prend vie à travers ces contes paillards et pleins d'humour. Classique de la littérature italienne, écrit durant la Grande Peste de 1348.

Rome, Naples et Florence de Stendhal (Folio). Un guide de voyage toujours actuel où l'auteur cultive «l'art d'aller à la chasse au bonheur» en se promenant dans les trois capitales italiennes.

Avec vue sur l'Arno de E.M. Forster (10-18). Comédie de mœurs qui observe l'éveil sentimental d'une jeune Anglaise tandis qu'elle découvre la vitalité, la beauté et la passion de Florence.

Sous le soleil de Toscane de Frances Mayes (Folio). Exemple typique de récit populaire d'expatrié : Mayes dépeint son expérience de restauration d'une ancienne villa dans la campagne toscane et ses découvertes sur l'art de vivre, la gastronomie et l'histoire de la contrée.

Les Conjurés de Florence de Paul J. McAuley (Denoël). Une intrigue historique et policière dans la Florence du début du XVIe siècle où les personnages mythiques de l'époque font des apparitions surprenantes.

Place de Sienne, côté ombre de C. Fruttero et F. Lucentini (Points-Seuil). Avec pour toile de fond le Palio et sa célèbre course de chevaux, une intrigue au dénouement surprenant où le passé à son mot à dire.

Les Médicis d'A. Dumas (Phénix éditions). Réfugié à Florence pour échapper à ses créanciers parisiens, l'auteur donne une de ces fresques historiques enlevées dont il a le secret.

L'Art italien d'André Chastel (Flammarion). De la peinture au cinéma une synthèse remarquable sur toutes les formes d'art de la péninsule par un éminent spécialiste.

SITES INTERNET

L'une des meilleures façons de commencer vos recherches sur l'Internet est de visiter le site de **Lonely Planet** (www.lonelyplanet.fr). Des rubriques complètent utilement votre information : catalogue des guides, courrier des voyageurs, actualités en bref et fiches pays. Profitez aussi des forums pour poser des questions ou partager vos expériences avec d'autres voyageurs. Vous pouvez consulter également le site de Lonely Planet en anglais (www.lonelyplanet.com). Voici quelques autres sites intéressants :

www.italie1 fournit, en français, des infos pratiques et culturelles sur plusieurs régions italiennes, dont la Toscane.

Bella Umbria (www.bellaumbria.net – en 5 langues dont le français) Guide détaillé de la région, avec un dispositif de réservation en ligne des hôtels et une newsletter distribuée par e-mail.

Chianti (www.chianti.it – uniquement en italien) Portail utile sur cette région vinicole très prisée.

Turismo in Toscana (www.turismo.toscana.it – en italien et en anglais) Site officiel de l'office du tourisme de Toscane riche en informations sur l'hébergement, les restaurants et autres.

Tuscany Life (www.tuscanylife.it – en italien et en anglais) Informations assez originales sur un large éventail de sujets, allant des routes des vins aux festivals de la région en passant par les endroits où l'on peut voir de vieux arbres.

Umbria Tourism (www.umbriatourism.com – en 5 langues dont le français) Informations générales avec des liens vers d'autres sites, y compris ceux de villes de la région.

Itinéraires

LES GRANDS CLASSIQUES

VILLAGES PERCHÉS — 2 jours / 85 km

Tôt le matin, partez pour **Monteriggioni** (p. 211), que vous pourrez visiter en une demi-heure. Vous aurez même le temps de déguster un espresso. De là, parcourez 9 km vers le nord jusqu'à **Colle di Val d'Elsa** (p. 211). Faites une petite promenade dans la ville *alta* (haute) et arrêtez-vous sur la place ombragée. Mettez le cap à l'ouest jusqu'à **Volterra** (p. 217), où vous pourrez visiter le plus ancien hôtel de ville de la région. Après avoir déjeuné, partez au nord-est vers **San Gimignano** (p. 212). Faites un rapide tour de la ville à pied avant d'escalader la Torre Grossa pour admirer le panorama. Le matin suivant, cap au nord pour vous rendre dans la charmante ville de **Certaldo** (p. 141) où vous pourrez emprunter le *funicolare* (funiculaire) pour accéder à la vieille ville. Visitez les fresques du Palazzo Pretorio. Restez en ville pour déjeuner avant de parcourir 11 km vers le sud jusqu'à Poggibonsi. Puis prenez la direction du sud vers **Sienne** (p. 195) ou du nord vers **Florence** (p. 75). Chacune des deux villes peut être rejointe en une heure.

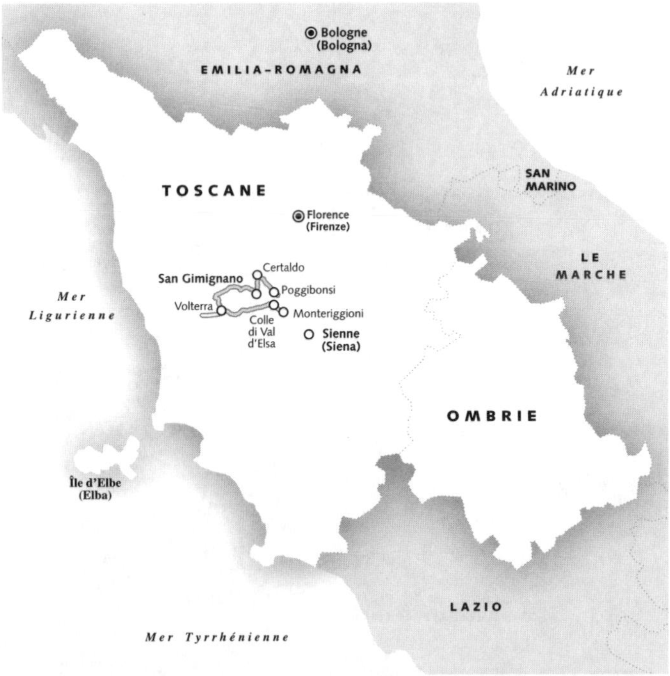

Ce circuit donne une bonne idée de la Toscane. Vous pouvez visitez toutes ces villes en deux ou trois jours. Mais si vous choisissez de voyager en bus, il vous faudra deux fois plus de temps. Les paysages traversés, de toute beauté, sont aussi extraordinaires que les localités.

Si nous vous recommandons de voyager en voiture, vous pouvez toutefois effectuer ce circuit en empruntant les transports en commun. Mais il faudra prévoir votre itinéraire à l'avance : les transports publics sont plus rares pendant les week-ends ou les jours fériés (voir p. 343).

CINQ VILLES EN SIX JOURS

6 jours / 250 km

Ce circuit commence par la ville de **Sienne** (p. 195) où vous passerez 24 heures. Consacrez le matin à visiter l'ensemble architectural de la Piazza del Duomo. Après le déjeuner, flânez dans les ruelles pendant quelques heures et faites vos emplettes sur la Via di Città. Terminez votre promenade par la somptueuse Piazza del Campo. Visitez un ou deux musées avant de regagner votre hôtel. Le lendemain, prenez la direction de **Florence** (p. 75), au nord, où vous séjournerez au moins deux jours. Ne manquez pas la superbe Piazza del Duomo, le Palazzo Pitti, gli Uffizi (les Offices), ni le *David*. Le lendemain, rejoignez l'autoroute A1-E35 vers **Arezzo** (p. 249), en effectuant un rapide détour par Reggello, à 8 km à l'est de Sanmezzano, une magnifique ville médiévale nichée au cœur d'oliveraies. Vous arriverez à Arezzo juste à temps pour déjeuner ou pour acheter de quoi pique-niquer sur le marché de la Piazza Sant'Agostino. Sur la Piazza Grande admirez l'église romane Pieve di Santa Maria, et ne manquez pas les fresques de Piero della Francesca dans la Chiesa di San Francesco. Passez la nuit dans la ville ou prenez la route au sud pour **Perugia** (p. 262), en Ombrie. Vous traverserez **Cortona** (p. 256), village typique accroché à flanc de colline avec ses ruelles médiévales, son architecture de la Renaissance et ses panoramas somptueux. La route de Perugia passe au nord du Lago di Trasimeno. À Passignano, vous pourrez vous reposer au bord

Oui, c'est possible, on vous le promet ! Seul problème : vous n'aurez probablement pas le temps d'apprécier les sites à leur juste valeur. Mais vous pourrez toujours y revenir plus tard. Cet itinéraire vous donnera au moins un aperçu des grandes villes toscanes. Vous serez surpris de voir à quel point elles diffèrent les unes des autres.

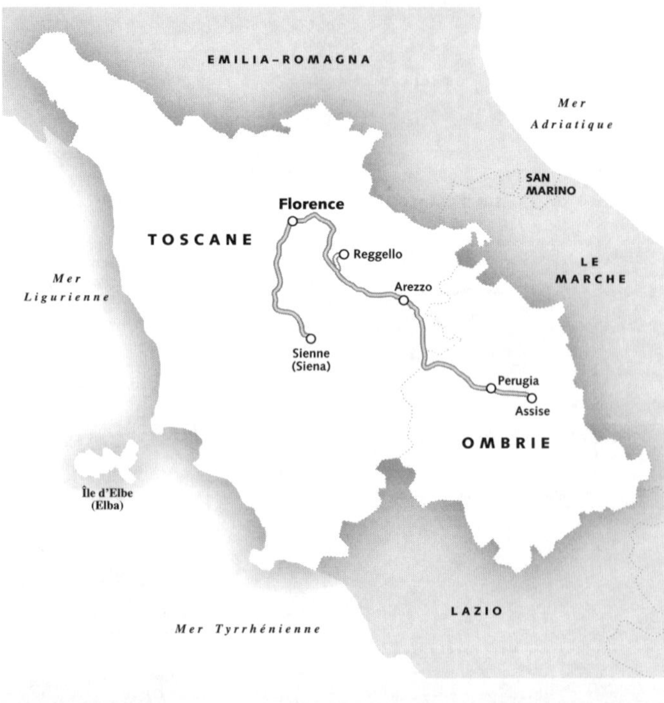

du lac. En arrivant à **Perugia**, dirigez-vous directement vers le centre-ville. Après avoir effectué quelques emplettes sur le Corso Vannucci, vous pourrez prendre plaisir à une visite plus culturelle de l'ensemble architectural du XIXe siècle autour de la Piazza IV Novembre. La jolie ville d'**Assise** construite en pierre rose (p. 288) ne se trouve qu'à 14 km de Perugia.

En voiture, ce circuit peut être facilement parcouru en six jours ; il prendrait plus de temps en train ou en bus.

LE MEILLEUR DE LA RÉGION **De 2 semaines à 2 mois / environ 800 km**

En partant de **Florence** (p. 75), mettez le cap à l'ouest vers les villes de **Prato** (p. 133), **Pistoia** (p. 126), **Lucca** (p. 146) et **Pise** (p. 156) et faites une halte pour la nuit dans l'une des ces deux dernières. À Pise, vous pouvez, si vous le souhaitez, faire un détour par l'une des plages proches de **Viareggio** (p. 164). Le cœur de l'industrie du marbre blanc de Toscane, situé à **Carrara** (p. 168), vaut la visite et les innombrables curiosités du nord-ouest de la Toscane peuvent facilement justifier un séjour de plusieurs jours. La région offre comme principal attrait les randonnées dans la **Garfagnana** (p. 153), les **Alpes apuanes** (p. 171) et dans la **Lunigiana**, encore assez peu fréquentée (p. 170).

Regagnez Pise par **Barga** (p. 155) et **Bagni de Lucca** (p. 154). Suivez le littoral et faites un arrêt à **Castiglioncello** (p. 179) avant de vous diriger vers l'arrière-pays, puis vers le sud en direction de **Piombino** (p. 182). Sur le trajet, visitez les villes de **Suvereto** (p. 180) et de **Massa Marittima** (p. 237), par exemple. À Piombino, embarquez sur le ferry pour l'île d'Elbe et passez-y quelques jours. De retour sur le continent, dirigez-vous vers le nord-est jusqu'à **Sienne** (p. 195). De là, vous irez visiter les villages perchés. Poursuivez vers

Faute de temps, peu de voyageurs arrivent au terme de ce gigantesque circuit. Mais si vous êtes peu pressé et si vous avez l'esprit d'aventure, cet itinéraire vous inspirera quelques superlatifs poétiques pour décrire la région et aiguisera votre technique de lecture des cartes.

l'est jusqu'à Assise. Arrêtez-vous près de **Spello** (p. 296) pour découvrir cette petite ville d'Ombrie. L'étape suivante est la ville de **Spoleto** (p. 304), base des randonneurs. Continuez jusqu'au village perché de **Narni** (p. 319) où vous pourrez rejoindre l'autoroute qui vous ramènera à **Perugia** (p. 262), puis à Florence. En chemin, visitez **Arezzo** (p. 249).

Ce circuit peut être effectué à vive allure ou avec une lenteur épicurienne, selon le temps dont vous disposez. Le nombre total de kilomètres que vous parcourrez dépendra entièrement de vos dispositions pour l'aventure lorsque vous explorerez les Alpes apuanes, la Lunigiana et l'île d'Elbe (vous effectuerez toutefois un minimum de 800 km). Vous pouvez emprunter les transports publics, mais uniquement si vous n'avez pas d'avion à prendre.

VOYAGES THÉMATIQUES

TOSCANE ET OMBRIE AVEC DES ENFANTS — 5 jours / 300 km

Débutez par le **Parco di Pinocchio** (p. 152), à Collodi, puis allez faire trempette avec seau, pelle et râteau à **Viareggio** (p. 164). Ensuite, filez à **Pise** (p. 156) pour photographier la tour. De là, mettez le cap sur la ville féerique de **San Gimignano** (p. 212) et le **musée de la Torture** (p. 215), moins féerique, mais que vos petits monstres adoreront. Arrêt suivant : la ville de Sienne. Sautez dans la machine à vapeur **Treno Natura** (p. 205) pour une amusante excursion familiale, puis aventurez-vous au **Museo d'Arte per Bambini** (Via dei Pispini 164), qui propose, entre autres activités, des ateliers de peinture et de poterie pour les enfants. Poursuivez avec le **Museo della Mezzadria Senese** (via Tinaia del Taja), à Buenconvento. Celui-ci présente la vie rurale dans la région sur différents supports multimédias. Si ce programme vous semble trop chargé pour votre tout-petit de deux ans, virez à l'est pour rejoindre le parc naturel de **Lago di Montepulciano**. Les amis à plumes qu'il héberge, comme le héron pourpré, vous changeront sans doute des canards à qui vous donnez du pain près de chez vous. Pour finir, allez au **Lago di Trasimeno**, en Ombrie, pour effectuer une sortie en bateau ou vous baigner.

La voiture représente habituellement la seule solution envisageable lorsqu'on voyage avec des enfants (même si, parfois, on préférerait être dans une voiture et que les enfants soient dans une autre). Ce circuit d'environ 300 km à parcourir en cinq jours ne présente pas de difficulté.

CIRCUIT POUR AMATEURS DE VINS — 7 à 8 jours / 375 km

Démarrez dans la région du Chianti en visitant le musée du vin de **Rùfina's**. Enchaînez par une excursion dans le vignoble tout proche de **Castello di Brolio** (☎ 057 77 301). Empruntez l'E76 jusqu'à **Montecarlo**, la principale ville productrice de vin dans les contreforts des Apennins. Goûtez le vin local, le *montecarlo*, à l'Enoteca (bar à vins) Piccola (Via Roma 26). La région au sud de Pise est réputée pour ses blancs secs. Dirigez-vous vers **Crespina** et dégustez le *novello* léger et vif à l'Enoteca Alisi Cristiana (Località Cenaia), située en ville. Puis dégustez les vins de l'Etruschi Costa. Prenez l'autoroute A1 vers Grosseto et arrêtez-vous à **Bolgheri**, au cœur de la région viticole. À l'Enoteca Tognoni (Piazza Teresa 2), savourez un verre de cabernet *sassicaia di Bolgheri* aux arômes complexes. Repartez vers le sud-est pour la jolie ville de **Massa Marittima** (p. 237) entourée de vignobles. Offrez-vous deux ou trois bouteilles de *vino monteregio*. Quelques kilomètres vous séparent de l'Enoteca de la Fortezza de **Montalcino** (p. 221) où vous dégusterez un *brunello* aux textures veloutées. Faites ensuite une halte à **Montepulciano** (p. 227), terroir du *vino nobile*, que vous pourrez déguster dans plusieurs caves à vins situées en ville. Au sud-est, la région de **Torgiano** (au sud de Perugia) est la principale zone viticole de l'Ombrie. Goûtez l'aromatique *rubesco riserva*, l'un des vins les plus fins d'Italie.

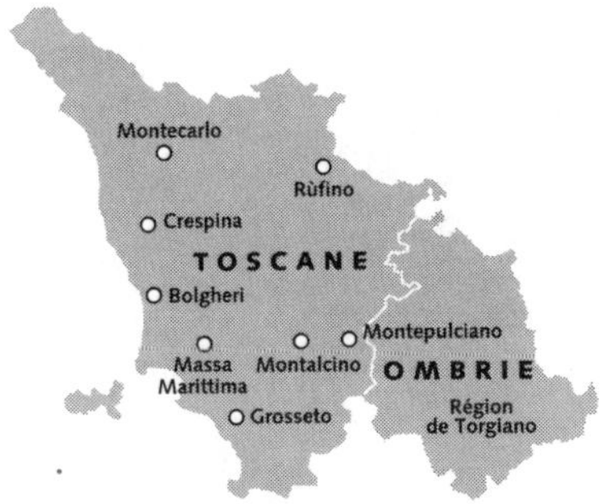

Nous vous recommandons d'effectuer ce circuit en voiture et, comme il s'accompagne d'innombrables dégustations de vin, avec un chauffeur désigné.

SITES DU PATRIMOINE CULTUREL MONDIAL 10 à 11 jours / 325 km

C'est le genre de circuit pendant lequel vous prenez des photographies pour *réellement* impressionner vos amis une fois de retour chez vous ! Commencez par un sérieux condensé de culture religieuse avec l'ensemble architectural du Duomo dans le centre historique de **Florence** (p. 75). Après y avoir séjourné quelques jours, prenez la direction de **Pise** (p. 156). Le meilleur itinéraire passe par **Lucca** (p. 146) – profitez-en pour visiter rapidement la vieille ville. Pise n'est qu'à quelques kilomètres et sa **piazza del Duomo** (avec la Tour penchée, p. 159) est inoubliable. De retour vers Florence, bifurquez au sud sur la SS429, en faisant un rapide détour par **Certaldo** (p. 141). À quelques encablures plus au sud se situe **San Gimignano** (p. 212) où vous pourrez flâner pendant quelques heures. Filez ensuite vers le centre historique de **Sienne** (en passant par Monteriggioni – autre merveille de la région). Pour apprécier cette cité à sa juste valeur, il vous faudra y rester au moins deux jours. Après un court trajet vers le sud sur la SS2, vous arriverez à Pienza. Tournez à gauche au niveau de San Quirico d'Orca (suivez les panneaux) en direction de **Pienza** (p. 225). Vous pouvez traverser la ville à pied en 20 minutes, voire moins. Celle-ci se trouve pratiquement sur une ligne droite, à l'est de votre destination finale : **Assise** (p. 288). En chemin, visitez les villes de Montepulciano (faites-y une halte), Castiglione del Lago et Perugia. Séjournez une nuit à Assise : au crépuscule, une fois les cars de touristes partis, l'atmosphère est particulièrement magique.

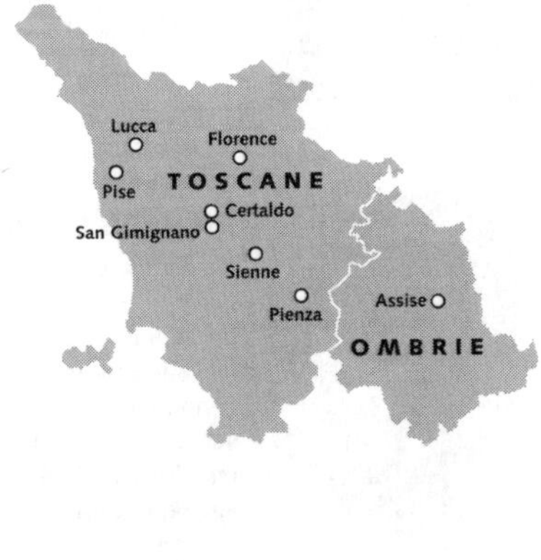

Ce circuit digne du Grand Tour ne représente que 325 km et peut être effectué en 10 ou 11 jours comme le faisaient les jeunes aristocrates d'autrefois. Même si la voiture est considérée comme la meilleure solution, le circuit peut aussi être réalisé en transports publics.

Les auteurs

ALEX LEVITON

Au cours des cinq dernières années, Alex s'est rendue cinq fois en Italie, dont quatre en Ombrie, dont elle est tombée éperdument amoureuse. C'est donc tout naturellement qu'elle s'est chargée des chapitres sur l'Ombrie et de celui consacré aux arts du présent guide. À la fin de ses études, une envie irrésistible d'essayer tous les moyens de transport existant sur terre et de goûter à toutes les glaces possibles l'a poussée à visiter pas moins de 46 pays, répartis sur tous les continents. Ayant obtenu un diplôme de journalisme à l'université de Berkeley, elle a quitté la Californie pour la Caroline du Nord, où elle exerce en indépendante les professions d'auteur, de secrétaire d'édition, de journaliste, notamment dans le domaine des voyages, et de critique gastronomique... entre deux parties de Scrabble.

JOSEPHINE QUINTERO

Pour le présent guide, Josephine s'est occupée de la mise à jour des chapitres sur l'île d'Elbe, le nord-ouest, le centre et le sud de la Toscane, ainsi que des parties consacrées aux circuits à pied et aux activités de plein air. Auteur free lance spécialiste des voyages, elle a vécu et travaillé à la fois en Californie et au Koweït. Entre deux articles pour un magazine gastronomique, elle a écrit les "autobiographies" de plusieurs personnalités, trouvé des slogans choc pour des campagnes publicitaires internationales et été retenue en otage en Irak. Josephine vit désormais en Andalousie, d'où elle adresse des articles à divers magazines et des textes à des guides de voyages... quand elle ne va pas rejoindre sa fille, qui vit dans le Nord de l'Italie

RACHEL SUDDART

Originaire du Lake District et diplômée de l'université de Manchester, Rachel a longtemps cherché le meilleur moyen de concilier son amour des mots et sa passion des voyages. C'est en contribuant à un documentaire de la BBC sur les guides de voyage qu'elle découvre un jour Lonely Planet. Conquise, elle intègre rapidement le bureau londonien. Mais n'ayant pu résister à l'appel de ses racines nordiques et aux joies du cricket, elle vit désormais à Newcastle. Rachel a écrit les chapitres *Environnement*, *Carnet pratique* et *Transports*.

RICHARD WATKINS

Né dans le sud du pays de Galles, Richard a étudié l'histoire antique à l'université de Cardiff avant de rejoindre l'université d'Oxford, où il est devenu un véritable spécialiste de la Rome antique. Profitant d'une pause dans sa vie universitaire pour voyager, Richard s'est découvert un goût insoupçonné pour l'écriture, goût qu'il ne cesse depuis de cultiver en apportant son concours à divers guides. Pour le présent ouvrage, Richard a écrit les chapitres sur l'histoire et la culture, ceux sur Florence et l'est de la Toscane, ainsi que *Destination Toscane et Ombrie*, *Avant le départ*, *Instantané* et *À ne pas manquer*.

Instantané

La Toscane et l'Ombrie sont les régions les plus prospères et les plus productives d'Italie. Elles bénéficient d'un solide tissu agricole et manufacturier. Le tourisme joue un rôle qui ne cesse d'augmenter dans l'économie locale, notamment en Toscane, qui est aussi l'une des régions les plus industrialisées du pays. Sur le plan politique, les deux régions votent traditionnellement à gauche : lors des élections régionales de 2000, l'Ulivo, coalition de centre-gauche, l'a emporté.

Comme dans le reste de l'Italie, le Premier ministre Silvio Berlusconi, confronté à des problèmes politiques et judiciaires, est un sujet de conversation brûlant. Méfiants face au gouvernement central et aux hommes politiques en général, les Toscans et les Ombriens ne cachent pas leurs opinions sur leurs dirigeants. Outre son poste de chef du gouvernement, Berlusconi possède des journaux, des chaînes de télévision et une maison d'édition. Ces conflits d'intérêt ne seraient pas tolérés dans la plupart des autres pays occidentaux, mais ce sont surtout ses démêlés avec la justice qui le mettent sur la sellette. En 2003, Cesare Previti, l'un de ses proches, a été reconnu coupable d'avoir distribué des pots-de-vin à des juges et condamné à 11 ans de prison. En 2001, les mêmes accusations avaient été portées contre Berlusconi, qui, une fois Premier ministre, a promulgué une loi qui lui a permis d'échapper aux poursuites judiciaires. Son soutien à la guerre en Irak menée par les États-Unis et le Royaume-Uni en 2003 a été mal accueilli par de nombreux Italiens, qui se sont mobilisés dans un vaste mouvement pour la paix. La Toscane et l'Ombrie revendiquent une plus grande autonomie par rapport au gouvernement central.

L'extraction du marbre dans les Alpes apuanes représente un véritable casse-tête écologique. Les carrières sont exploitées depuis l'époque romaine, mais le rythme s'accélère, défigurant en partie un secteur qu'il est envisagé de classer parc national. Les déchets posent de sérieux problèmes d'élimination, et la circulation des camions constitue à elle seule un désastre pour l'environnement. Cependant, le marbre de Carrara représente l'une des exportations prestigieuses de Toscane. Ce secteur emploie plus de 2 000 personnes et il semble par conséquent peu probable que les écologistes et les riverains obtiennent une quelconque amélioration dans un avenir proche. Par ailleurs, la pollution sonore, la circulation routière incessante et la mauvaise qualité de l'air sont un fléau pour les habitants de la banlieue de Florence et de la zone fortement peuplée de Prato-Pistoia.

En Ombrie, des écologistes inquiets font actuellement campagne pour sauvegarder la région encore sauvage des Monti Sibillini. Aucune loi n'interdit aux Ombriens de s'adonner à la chasse, l'un de leurs loisirs favoris, dans ce secteur pourtant officiellement classé parc national. Le développement de la construction fait par ailleurs peser une menace sur cette région isolée du pays, demeurée intacte jusqu'ici.

L'Italie possède l'un des taux de natalité les plus faibles d'Europe ; la Toscane et l'Ombrie ne font pas exception. Au cours des dernières années, les deux régions ont vu leur population diminuer, causant de vives inquiétudes aux autorités. L'immigration, qu'elle soit légale ou clandestine, n'a pas renversé la tendance.

QUELQUES CHIFFRES

Population : 4,38 millions

Croissance démographique annuelle : -3,5%

PNB par habitant : 25 000 US$

Inflation : 2,5%

Taux de chômage : 7%

Superficie : 31 430 km²

Surface cultivée en vignobles : 108 000 hectares

Production viticole annuelle : 4,7 millions d'hectolitres

Histoire

LES ÉTRUSQUES ET LES ROMAINS

Dès le VIIIe siècle av. J.-C., la civilisation étrusque est établie dans tout le centre de l'Italie. Deux cents ans plus tard, elle devient la puissance dominante dans le territoire de la Toscane et de l'Ombrie actuelles, en venant à bout des Ombriens et en conquérant certains territoires du Lazio. Les zones d'implantation étrusques, largement indépendantes les unes des autres, sont regroupées en une confédération de 12 cités principales, dont Fiesole, Cortona, Volterra, Arezzo et Perugia. Il subsiste de cette fascinante culture d'abondantes collections d'objets en bronze et de poteries conservées dans des musées, sans compter les tombes autrefois richement ornées qui parsèment la campagne.

Dans La Vie quotidienne chez les Étrusques (Hachette), Jacques Heurgon tente de dévoiler les mystères de cette culture archaïque en étudiant les origines de sa langue et de sa religion.

Les origines précises de ce peuple restent auréolées de mystère. Selon l'historien grec Hérodote, les Étrusques seraient venus d'Asie Mineure en plusieurs vagues après la guerre de Troie. D'autres affirment qu'il s'agit d'une tribu autochtone. Les travaux qui se poursuivent pour traduire leur langue pourraient apporter des éclaircissements, mais ce que l'on sait d'eux aujourd'hui provient pour l'essentiel des fouilles archéologiques.

La montée en puissance de Rome sonne le glas de cette civilisation. En 309 av. J.-C., les Romains s'emparent de Perusia (l'actuelle Perugia), importante place forte étrusque, et cette victoire marque le début d'une campagne de conquête qui fait passer toute l'Étrurie sous le joug romain au moyen d'un système d'alliances obligatoires avec la Ville Éternelle. La culture étrusque s'érode lentement tandis que la langue se perd progressivement. Toutefois, la conquête romaine ne se fait pas sans mal. À la fin du IIIe siècle av. J.-C., le dirigeant carthaginois Hannibal envahit la péninsule italienne à la tête d'une armée d'éléphants. En 217, les deux armées s'affrontent sur les rives du Lago di Trasimeno, dans le nord de l'Ombrie actuelle et les Romains subissent une défaite considérable, perdant près de 16 000 hommes.

Le Ier siècle av. J.-C. voit l'expansion rapide de la romanisation en Toscane, avec la fondation de cités telles que Florentia (Florence), Saena Julia (Sienne) et Pistoria (Pistoia), tandis que l'Ombrie s'épanouit, elle aussi, sous l'administration romaine, comme en témoigne la création d'Hispellum (Spello), qui s'enrichit grâce au commerce suscité par la Via Flaminia, l'une des plus grandes voies romaines. À partir du Ier siècle de notre ère, le christianisme se propage rapidement dans les deux régions et l'Ombrie joue un rôle particulièrement important dans l'essor du monachisme, dont saint Benoît, né à Norcia à 480, est l'un des pionniers.

LE SAVIEZ-VOUS ?

La carrière de marbre de Carrara, ouverte par les Romains, reste la première productrice de marbre dans le monde.

LE HAUT MOYEN ÂGE

Au Ve siècle, l'éclatement de l'Empire romain d'Occident permet aux armées goths menées par Totila de faire main basse sur la Toscane et l'Ombrie. Toutefois, l'Empire romain d'Orient, avec Constantinople pour capitale, est toujours bien vivant. L'empereur Justinien, déterminé à reconquérir l'Italie, envoie son général eunuque Narses contenir les hordes barbares et, en 552, Totila est vaincu et tué près de l'actuelle ville de Gualdo Tadino. En l'espace de 20 ans, les envahisseurs lombards par-

CHRONOLOGIE

V. 800–600 AV. J.-C.

La civilisation étrusque s'établit dans l'Italie centrale et atteint l'apogée de sa puissance et de sa richesse.

309 AV. J.-C.

Rome s'empare de Perugia, marquant le déclin des Étrusques et la montée de l'Empire romain.

viennent cependant à arracher aux Byzantins le contrôle de la Toscane et d'une grande partie de l'Ombrie. Ils établissent de puissants duchés autour de Lucca et de Spoleto, avant d'être à leur tour chassés à la fin du VIIIe siècle par les Francs, qui font eux aussi de Lucca leur base. En 800, Charlemagne forme une alliance précaire avec la papauté pour créer l'empire d'Occident et charge des margraves (chefs militaires) d'en diriger les régions frontalières, ou marches. La Toscane devient donc une marche de l'Empire carolingien, tout en conservant son titre de duché. En 978, Willa, veuve du margrave Uberto, fonde la Badia à Florence, qui devient la capitale du duché en l'an 1000, sous le règne de son fils Ugo.

Il s'ensuit une période d'instabilité marquée par les luttes provinciales et les rivalités régionales. L'Ombrie, passée sous le contrôle de la papauté, voit essaimer les châteaux et s'exacerber les luttes entre voisins, tandis que la Toscane du XIe siècle subit les premières divisions entre l'Empire et la papauté qui vont perdurer tout au long du Moyen Âge dans le centre de l'Italie. Sous le règne de la comtesse Mathilde de Canossa, le duché de Tuscia (Toscane) acquiert une indépendance considérable par rapport à l'Empire. Lorsque les hostilités éclatent entre l'empereur Henri IV et le pape Grégoire VII, Mathilde s'allie à ce dernier, établissant un précédent dont les échos résonneront longtemps dans l'histoire florentine. Excommunié pour avoir tenté de faire destituer le pape en 1077, Henri IV vient implorer le pardon pontifical au château de la comtesse Mathilde à Canossa, en Émilie.

Malgré l'influence du duché sous Mathilde, sa mort en 1115 annonce la fin de la Toscane en tant qu'entité politique. Les dissensions nées de la redistribution de ses terres conduisent les cités de Florence, Sienne et Lucca à déclarer leur indépendance, les autres territoires se rattachant à la souveraineté pontificale.

Dans *Le Marchand de Prato* (Albin Michel), Iris Origo fait brillamment revivre l'atmosphère domestique et commerciale de la Toscane médiévale en se fondant sur l'abondante correspondance d'un entrepreneur du XIVe siècle.

LES GUELFES ET LES GIBELINS

Au XIIIe siècle, les cités-États de Pise, Sienne, Perugia et surtout Florence s'enrichissent grâce au commerce, notamment des textiles, et aux activités bancaires. Florence s'impose à cette époque comme l'une des villes les plus importantes et les plus prospères d'Europe, forte de 100 000 habitants en 1300. Les machinations politiques entraînent une instabilité croissante au XIVe siècle et de nombreuses cités se trouvent divisées en deux clans rivaux : les gibelins, partisans de l'influence impériale, et les guelfes, alliés de la papauté. En réalité, ces rivalités se fondent sur des querelles familiales, des ambitions personnelles et des antagonismes de classe plutôt que sur une idéologie politique noble. Le conflit dégénère en une guerre ouverte et sanglante à l'issue de laquelle les guelfes florentins s'imposent à Pise, Sienne et Arezzo.

Les cités ombriennes, qui se transforment en républiques indépendantes, se servent, elles aussi, des rivalités entre factions comme prétexte pour mener des guerres mercenaires, s'emparer de territoires et conduire des vendettas violentes. Mais, aucune ne possédant les ressources des grandes cités toscanes, elles en viennent à mettre leur propre existence en danger. La papauté, désireuse d'exploiter cette faiblesse, les conquiert peu à peu, à commencer par Spoleto en 1354. Seule Perugia parvient à résister aux forces papales et l'Ombrie passe progressivement au second plan de la politique italienne.

59 AV. J.-C.

Jules César fonde la colonie de Florentia.

568

Invasion des Lombards, qui font de la Toscane et de l'Ombrie des duchés contrôlés depuis Lucca et Spoleto..

SAINT FRANÇOIS D'ASSISE

Saint François est l'un des saints catholiques les plus connus et les plus aimés. Né à Assise en 1182, fils d'un riche drapier, c'est un jeune homme turbulent et casse-cou qui montre peu d'aptitudes pour les études et préfère traîner avec ses amis, boire et dilapider l'argent de son père.

À l'âge de 20 ans, durant une escarmouche avec la cité rivale de Perugia, il est capturé et passe un an en prison. Il y tombe gravement malade et commence à regretter sa jeunesse oisive. À son retour à Assise, il adopte un mode de vie excentrique et nomade, embrassant les lépreux, parlant aux crucifix et allant même jusqu'à échanger ses vêtements avec ceux d'un mendiant au cours d'un pèlerinage à Rome. Lorsqu'il vend une grande partie de la marchandise de son père pour reconstruire une église, le vieil homme perd patience. Pour échapper à sa colère, François se cache dans une grotte. Il en émerge un mois plus tard, sale et émacié, objet de la risée de la ville. Son père le déshérite. François renonce alors aux biens terrestres et part dans les collines derrière Assise, se lance dans des œuvres de charité et se met à prêcher. Il préconise l'abandon du matérialisme et une philosophie simple faite de pauvreté, de chasteté et d'obéissance. Il prêche également la nécessité de voir la présence de Dieu dans la beauté de la nature, principe du nouvel humanisme qui lui gagne rapidement des adeptes.

François finit par obtenir du pape l'autorisation de fonder un nouvel ordre religieux, bien qu'il ne soit jamais ordonné prêtre. Il contribue également à créer un ordre féminin, celui des clarisses, et poursuit son enseignement en allant jusqu'en Terre sainte.

En 1224, il reçoit les stigmates à La Verna, mais il est déjà très malade. Il meurt en 1226 sur le sol en terre battue de sa masure d'Assise, à l'âge de 44 ans. Quatre ans plus tard, il est canonisé et une grande basilique est érigée en son honneur par l'Église, qui tente ainsi de prendre le contrôle de ce mouvement populaire et d'émousser le message de pauvreté de François.

La Civilisation de la Renaissance en Italie (LGF, 3 vol.), de Jacob Burckhardt, est un grand classique du XIXe siècle sur cette période cruciale.

À côté des conflits, cette époque est aussi celle de saint François d'Assise (voir l'encadré p. ci-dessus), Dante, Boccace, Cimabue et Giotto, dont le style révolutionnaire ouvre la voie aux grands maîtres de la Renaissance.

La peste noire de 1348 ravage les villes et les campagnes, décimant la population. Florence est gravement touchée, surtout après l'effondrement de deux de ses plus grandes banques, mais elle reprend rapidement le dessus, s'empare de Prato trois ans plus tard et achète Arezzo en 1384. Pendant ce temps, les anciennes querelles entre guelfes et gibelins tombent aux oubliettes. Florence poursuit sa politique expansionniste au siècle suivant et soumet Pise en 1406.

LA RENAISSANCE

En 1434, Cosimo de' Medici, dit Il Vecchio (Cosme l'Ancien), chef d'une riche famille de banquiers, prend le contrôle des territoires florentins, donnant le coup d'envoi du long et puissant règne de la dynastie des Médicis. Bien que la famille Médicis soit éteinte depuis 250 ans, son influence se fait toujours sentir en Toscane ; rares sont les villes à ne pas posséder au moins un édifice commandé par un membre ou un autre de la dynastie, dont le blason à six boules se rencontre fréquemment.

Frère François, le saint d'Assise (Gallimard), de Gérard Bessière et Hyacinthe Vulliez, restitue la vie et l'œuvre de ce personnage historique remarquable.

C'est sous Cosme l'Ancien, grand protecteur des arts, que naissent la révolution humaniste dans le domaine de la pensée et le *Rinascimento* (Renaissance) dans les arts. Ce renouveau a été annoncé dès le siècle précédent par les œuvres d'artistes tels que Giotto, mais c'est le généreux mécénat des Médicis qui va faire de Florence le centre artistique le plus novateur de toute l'Europe. La multiplication des universités aux XIVe et XVe siècles

1200–1300

Florence, Sienne et Perugia s'enrichissent grâce au commerce et à la banque ; Florence compte parmi les villes les plus importantes et les plus prospères d'Europe.

1348

La peste noire (bubonique) fait des ravages et décime la population.

a favorisé l'étude sérieuse d'une grande diversité de sujets autres que la théologie, grâce à la redécouverte de grands textes grecs et latins. À cela s'est ajouté le contact avec l'Empire byzantin en décomposition, dernier vestige de l'ancien monde romain et dépositaire du savoir et de la culture antiques aux portes de l'Europe. Le concile de Florence en 1439 attire de nombreux érudits byzantins dans la ville, tandis que d'autres, fuyant l'avancée des Turcs sur Constantinople, viennent se réfugier en Europe occidentale. La redécouverte de l'Antiquité se transforme rapidement en redécouverte de l'art classique, tandis que l'étude scientifique s'épanouit, emportée par l'esprit le plus foisonnant de l'époque, Léonard de Vinci.

Léonard, qui se considère avant tout comme un artiste, explore tous les domaines, de l'astronomie à la zoologie, s'intéressant plus particulièrement à l'anatomie humaine. Mais il doit surtout sa notoriété à ses inventions d'ingénieur visionnaire, dont il a dessiné des schémas détaillés. S'il n'a jamais été jusqu'à construire ses machines volantes, voitures blindées ou autres grues, on peut en voir des modèles fidèles dans sa ville natale de Vinci.

Lorenzo il Magnifico (Laurent le Magnifique) poursuit l'œuvre de son grand-père en étendant l'influence de la ville et en maintenant la suprématie dans le domaine artistique (voir l'encadré ci-dessous).

Sa mort et l'accession au pouvoir de son fils Pierre en 1492 marquent le déclin temporaire des Médicis et le début d'une période de troubles à Florence.

Entre-temps, l'Ombrie a décliné jusqu'à n'être plus qu'une terre agricole reculée que se disputent des petits princes et la papauté. Orvieto, notamment, devient un lieu de résidence papale.

LE SAVIEZ-VOUS ?

Sainte Claire, amie de saint François et fondatrice de l'ordre des Pauvres Dames, ou clarisses, est devenue la sainte patronne de la télévision en 1958.

Avec Les Médicis, Pierre Antonetti donne, dans la collection "Que sais-je ?", une synthèse universitaire sur l'illustre famille.

LES "SECONDS MÉDICIS"

En 1494, Pierre se voit contraint de laisser Florence au roi de France Charles VIII, avant de fuir une population de plus en plus hostile. Le peuple, excédé par l'opulence et les excès de la cour des Médicis, se trouve un

UN MÉDICIS MAGNIFIQUE

À une époque où la liberté d'expression n'est pas toujours encouragée par l'élite dirigeante, Laurent le Magnifique crée un climat de tolérance qui favorise l'épanouissement des grands artistes et érudits de la Renaissance. Il est le mécène et le protecteur de Michel-Ange, de Luca della Robbia, de Botticelli et de Leon Battista Alberti, entre autres. Poète, on lui attribue quelques aphorismes comme : "Laisse être heureux celui qui le veut, car le lendemain est incertain. "

Sa sagesse ne se limite cependant pas à l'art et à la littérature. Grâce à ses talents de diplomate, la région accède à une période de paix dont elle a grand besoin. Peu après son arrivée au pouvoir, il parvient à négocier avec le roi de Naples pour éviter la guerre – et gagne le respect des Florentins par la même occasion. Une tentative d'assassinat ourdie par le pape en 1478, la conjuration des Pazzi, ne fait que renforcer sa popularité. Jusqu'à la fin de son règne, il s'emploie à fortifier, par des moyens pacifiques, le statut de grande cité-État de Florence.

Laurent meurt au moment où sa popularité commence à être mise à mal par l'inquiétant Savonarole (voir p. 24). Le chagrin qu'éprouvent alors les Florentins marque le commencement d'une ère nouvelle, la paix et la prospérité relatives laissant place à l'incertitude politique, à la morosité économique et au déclin des arts.

1434

Cosme l'Ancien établit le règne des Médicis à Florence et favorise l'apparition de la Renaissance.

1469–1737

La Toscane connaît des hauts et des bas alors que les "seconds Médicis" continuent à régner.

nouveau champion en la personne d'un austère moine dominicain, Girolamo Savonarola (Savonarole), qui institue une république puritaine.

Son règne rigoureux perd très vite de son attrait et Savonarole est condamné au bûcher pour hérésie en 1498. Un bref interlude républicain survient alors, mais en 1512, les Médicis, menés par Julien, reviennent au pouvoir soutenus par une armée levée par les Espagnols. Julien et ses successeurs ne parviennent pas à s'attacher le soutien du peuple et la famille doit de nouveau renoncer au pouvoir en 1527, avant de faire un deuxième retour en 1530, à l'occasion du siège de Florence par les forces papales et impériales (voir p. 76).

Cosme Ier arrive au pouvoir en 1537. Bien que Florence et ses territoires toscans aient été éclipsés par l'émergence d'États-nations plus puissants sur la scène européenne, Cosme entend bien consolider le rôle prépondérant que joue la ville dans les affaires d'une Italie encore fracturée.

L'année 1555 marque un moment crucial, lorsque Florence conquiert enfin sa vieille rivale, Sienne, après un siège d'un an. Hormis Lucca et ses modestes possessions, Florence contrôle maintenant toute la Toscane et, en 1569, le pape Pie V confère à Cosme le titre de grand-duc de Toscane.

Cosme Ier est un despote brutal, mais il assainit les finances de la ville, la dote d'une flotte (qui participe à la défaite écrasante infligée à la marine turque lors de la bataille de Lépante en 1571) et encourage la croissance économique toscane en mettant en place des programmes d'irrigation pour l'agriculture et l'exploitation minière. Mécène des arts et des sciences, il réforme également la fonction publique en faisant bâtir les Uffizi (Offices) à Florence afin de regrouper l'ensemble des services gouvernementaux dans un bâtiment unique, plus facile à contrôler. Il acquiert par ailleurs le Palazzo Pitti où il s'installe avec sa famille.

LES MÉDICIS

Giovanni di Bicci (1360–1429)

Cosme l'Ancien (1389–1464)

Pierre le Goutteux (1416–1469)

Laurent le Magnifique (1449–1492)

Pierre (1471–1503)

Julien, duc de Nemours (1478–1516)

Laurent, duc d'Urbino (1492–1519)

Jean, pape Léon X (1475–1521)

Jules, pape Clément VII (1478–1534)

Alexandre (1511–1537)

Cosme Ier (1519–1574)

François (1541–1587)

Ferdinand Ier (1549–1609)

Cosme II (1590–1621)

Ferdinand II (1610–1670)

Cosme III (1642–1723)

Jean-Gaston (1671–1737)

ILLUSTRATION DE JANE SMITH

LES MÉDICIS DU GRAND-DUCHÉ

De la mort de Cosme Ier à celle du rustre dissolu Jean-Gaston de Médicis en 1737, les descendants de l'illustre famille continuent à régner sur la Toscane. Une longue période de déclin s'annonce cependant. L'Ombrie, quant à elle, est un lieu oublié de l'Italie, dépourvu de voies de communication vers l'extérieur et dont l'économie agricole souffre gravement de la gestion médiocre de la papauté.

Les deux successeurs immédiats de Cosme Ier, François et Ferdinand Ier, réussissent à maintenir la Toscane à l'abri des troubles, et même à stimuler l'économie locale et le développement de l'agriculture, construisant des hôpitaux et soulageant quelque peu la pauvreté. Cosme II accueille Galilée à Florence pour qu'il puisse poursuivre ses recherches sous sa protection (voir l'encadré ci-après).

Le long règne de Cosme III, austère, antisémite et bigot, constitue le moment le plus morose de l'histoire toscane : la population diminue, l'économie est en crise et les impôts montent en flèche. Le lamentable Jean-Gaston signe la triste fin de la dynastie des Médicis : à sa mort en 1737, François Ier, duc de Lorraine et époux de l'impératrice d'Autriche Marie-Thérèse, est proclamé grand-duc de Toscane.

Le dernier acte significatif du clan Médicis a lieu six ans après le décès de Jean-Gaston. Sa sœur Anna Maria meurt en 1743, léguant tous les

1799

Napoléon marche sur Florence.

1860

La Toscane et l'Ombrie rejoignent le royaume du Piémont alors que se met en place l'unification italienne.

LA TERRE TOURNE

"Eppur si muove" : c'est ce qu'aurait dit Galilée à Rome en 1633 après avoir été contraint de se rétracter par rapport à ses thèses sur l'astronomie devant l'Inquisition. "Et pourtant elle tourne" faisait référence à la Terre, dont le savant soutenait que la position au centre de l'Univers était un mensonge. La Terre, à l'instar d'autres planètes, tournait autour du Soleil, comme l'avait dit Copernic.

Né à Pise en 1564, Galilée fait ses études au monastère de Vallombrosa avant d'aller étudier la médecine à l'université de Pise. Sa fascination pour les mathématiques et l'étude du mouvement le conduit à l'astronomie et en 1610, il s'installe à Florence où le grand-duc lui offre une résidence permanente pour qu'il puisse poursuivre ses travaux.

Dès 1616, les autorités religieuses conservatrices lui enjoignent de renoncer à ses folles idées, qui menacent, selon elles, la vision chrétienne du monde et de la création, sans parler de la position de l'Église elle-même. Ses livres sont placés à l'index des ouvrages interdits et déclarés blasphématoires.

L'état d'esprit se modifie quelque peu en 1624 et Galilée reçoit l'autorisation de rédiger une "étude objective", un petit bijou d'argumentation en faveur de sa propre théorie. Il est alors convoqué devant l'Inquisition à Rome en 1632 pour s'expliquer et sera assigné à résidence à Florence jusqu'à sa mort, 10 ans plus tard. Il continue cependant à étudier, à faire des expériences, à écrire des livres et à correspondre avec des savants de l'Europe entière.

Il est enterré à la Basilica di Santa Croce.

biens et les collections d'art des Médicis au grand-duché de Toscane, à la condition qu'ils ne quittent jamais Florence.

LA DOMINATION AUTRICHIENNE ET FRANÇAISE

Le couple impérial autrichien effectue un court séjour à Florence, mais jusqu'en 1765, le gouvernement du grand-duché est confié à une *reggenza* (régence).

Les différents régents procurent une période de paix et d'ordre en entreprenant des réformes nécessaires et en rationalisant l'administration publique. Arrivé au pouvoir en 1765, Léopold Ier, dirigeant éclairé, abolit la torture et la peine de mort, supprime l'Inquisition et lance différents projets visant à améliorer la vie civique. C'est l'âge d'or du Grand Tour, où de jeunes Européens fortunés viennent visiter l'Italie pour parfaire leur éducation et trouver l'inspiration dans ses paysages, ses arts plastiques et son architecture.

Le règne autrichien prend fin en 1799 avec la prise de Florence par Napoléon. L'année suivante, le Premier consul en fait la capitale du nouveau "royaume d'Étrurie" placé sous l'autorité de Louis de Bourbon. Les Français réorganisent l'Ombrie pour tenter de stimuler l'économie et parviennent à donner une nouvelle vigueur à cette région moribonde de la péninsule. En 1809, la Toscane est attribuée à l'une des sœurs de Napoléon, Élisa, qui en demeure la grande-duchesse jusqu'en 1814, date à laquelle la dynastie de Lorraine est rétablie.

LE SAVIEZ-VOUS ?

L'Église catholique a attendu 1992 pour reconnaître que les juges ecclésiastiques qui avaient condamné les théories scientifiques de Galilée comme blasphématoires avaient commis une erreur.

www.pierodellafrancesca.it (en italien et en anglais) vous apprendra tout ce que vous voulez savoir sur Piero della Francesca et ses chefs-d'œuvre, notamment le cycle de fresques qu'il a réalisé à Arezzo.

VERS L'UNITÉ ITALIENNE

Le grand-duc Ferdinand III s'impose comme l'un des seigneurs de Toscane les plus populaires. Il engage une série de réformes à tous les niveaux de l'administration de la ville et du grand-duché. La Toscane attire de plus en plus les artistes et écrivains étrangers, comme Byron et Shelley.

1865–1870

Florence est la première capitale de la nouvelle Italie indépendante.

1915–1918

L'Italie se bat contre l'Allemagne et l'Autriche aux côtés des Alliés durant trois années de lourds combats.

Dans les années 1840, sous le règne de son fils Léopold II, sont inaugurées la première ligne de chemin de fer longue distance (Florence-Pise-Livorno) et la première liaison télégraphique (Florence-Pise). En 1847, Léopold II réunit Lucca au grand-duché, mettant fin à des siècles d'indépendance lucquienne.

Les mouvements politiques progressistes qui se propagent à travers l'Europe trouvent des partisans en Italie. En 1848, quand le continent tout entier semble en pleine révolution, des insurrections éclatent à Pise et à Livorno en faveur d'une Constitution toscane. Bientôt, des voix s'élèvent pour réclamer la fondation d'un État italien et des manifestations massives provoquent le départ de Léopold II en 1859. L'année suivante, la Toscane et l'Ombrie rejoignent le royaume du Piémont, et en 1865, Florence devient la capitale de la nouvelle Italie indépendante. Elle le restera jusqu'à ce que cet honneur revienne en 1870 à Rome, libérée de la mainmise papale.

LA PREMIÈRE GUERRE MONDIALE ET LE FASCISME

Au début du XXe siècle, la Toscane et l'Ombrie, comme la plus grande partie de l'Italie, sont des régions pauvres souffrant d'une économie en perte de vitesse. Le mécontentement social entraîne l'apparition de mouvements socialistes et anarchistes. En Ombrie, la situation se complique par une émigration de masse. Toutefois, l'attrait de Florence ne cesse de croître auprès des visiteurs étrangers, notamment les Britanniques, et une industrie touristique florissante se développe. E. M. Forster, D. H. Lawrence et Oscar Wilde font partie des nombreux écrivains et artistes qui tombent amoureux de la ville des Médicis.

LE SAVIEZ-VOUS ?

La première région du monde à être officiellement désignée comme productrice de vin a été créée dans le Chianti en 1716. La création de l'appellation "Chianti Classico" par le baron Ricasoli remonte aux années 1860.

En 1915, l'entrée en guerre de l'Italie a d'abord peu d'effet sur la Toscane et l'Ombrie, éloignées du front. Comme tout le pays, cependant, les deux régions paient un lourd tribut humain.

En 1917, la situation sur le front intérieur italien n'est guère encourageante. Tous les produits de base sont rigoureusement rationnés et la rudesse de l'hiver ne fait qu'aggraver les choses, car il est pratiquement impossible de se procurer du combustible pour se chauffer.

Le désarroi politique qui suit la fin des hostilités est inévitable. Dès 1920, les Chemises noires de Benito Mussolini sont implantées à Florence qui devient, en moins de deux ans, un fief fasciste. La Toscane concentre l'un des plus fort taux de membres actifs inscrits au Parti. La violence fasciste prend de telles proportions dans la ville que Mussolini fait rappeler à l'ordre la section locale et met un frein aux massacres.

LA SECONDE GUERRE MONDIALE

Pour l'Italie, la tragédie commence lorsque Mussolini décide d'entrer en guerre aux côtés de l'Allemagne. Presque aussitôt, des groupes de résistants commencent à opérer en Toscane ; les montagnes et les collines des environs servent souvent de cadre aux attaques des partisans et aux représailles des Allemands. Pendant ce temps, les bombardements alliés endommagent sérieusement des villes côtières comme Piombino et Livorno. Pise est aussi gravement touchée, comme en témoigne le Camposanto, alors que les raids aériens sur Florence restent relativement limités en comparaison.

En juillet 1944, les troupes de la France libre occupent l'île d'Elbe. Au même moment, les forces alliées se rapprochent des lignes allemandes

1940

L'Italie fasciste entre dans la Seconde Guerre mondiale aux côtés de l'Allemagne nazie.

1946

Lors d'un référendum national, les Italiens votent pour l'abolition de la monarchie et la création d'une république.

près de Florence. Le haut commandement allemand décide alors de faire sauter les ponts de la ville, le Ponte Vecchio étant le seul épargné (sur l'ordre d'Hitler, selon certains). Le même jour, les troupes alliées pénètrent dans la ville. Pise et Lucca tombent entre leurs mains durant les premiers jours de septembre.

Les Alliés n'atteignent la vallée du Pô et ne repoussent les Allemands vers le nord qu'en avril 1945.

DE 1945 À NOS JOURS

Lors du référendum organisé en 1946 pour décider de la mise en place d'une république ou d'une monarchie, les Toscans et les Ombriens votent dans leur immense majorité, comme le reste de l'Italie, en faveur d'une république. Depuis, ils regardent de loin les gouvernements se succéder (59 depuis la Seconde Guerre mondiale), s'intéressant surtout à ce qui se passe dans leur région. L'actuel Premier ministre, Silvio Berlusconi, est un magnat de la presse très controversé que ses concitoyens adorent ou haïssent. Il a cependant réussi à maintenir au pouvoir sa coalition de centre-droite pendant plus longtemps que beaucoup de ses prédécesseurs.

Jusque dans les années 1950, l'économie toscane reste largement agricole et souffre de l'exode rural. L'avènement de l'industrie légère permet à la région de ne pas se transformer en désert économique et, dans les années 1970, le tourisme, la mode et la finance font une entrée en force. L'Ombrie a peu profité du succès de sa grande sœur et reste une région tranquille et rurale de l'Italie, surtout connue pour ses vins et ses truffes. Ces dernières années, le tourisme a cependant fait une percée dans l'économie locale et la région commence à connaître une prospérité croissante.

Aussi bien la Toscane que l'Ombrie jouissent d'une autonomie limitée. Fortement attachés à leur région et méfiants face à l'État central, leurs habitants jugent qu'un plus large pouvoir devrait leur être accordé. Depuis les années 1990, ces deux régions, avec d'autres, font campagne dans ce sens, non sans succès. Une décentralisation progressive est aujourd'hui envisagée, y compris dans le domaine crucial du contrôle des sources de revenus.

2001

La coalition de droite Casa delle Libertà (Maison des libertés) de Silvio Berlusconi remporte la majorité absolue aux élections.

2003

L'Italie prend la présidence de l'Union européenne pour six mois.

Culture et société

IDENTITÉ RÉGIONALE

Géographiquement situées au cœur de l'Italie, la Toscane et l'Ombrie incarnent pour de nombreux étrangers l'essence du pays. À maints égards, le Toscan et l'Ombrien représentent l'Italien type : passionné, attaché à sa famille, amateur de vins et de bonne chère, très soucieux de ses vêtements et de son apparence. Les Toscans sont travailleurs, fiers de leur longue tradition d'innovation et d'esprit d'entreprise. Ces deux régions constituent un terreau pour les petites sociétés de type familial où la tradition et la qualité priment sur la quantité. Figurant parmi les plus riches d'Italie, elles restent largement rurales. On y trouve essentiellement des petites villes aux communautés très soudées, où les affaires locales et les ragots occupent une place centrale tandis que la politique nationale ne suscite au mieux qu'un intérêt secondaire.

L'Italie en tant qu'État-nation moderne est une création relativement récente, qui ne date que de 1870. Les Toscans et les Ombriens, comme la plupart des Italiens, s'identifient donc en premier lieu avec leur ville et leur région. On voit rarement flotter le drapeau italien, sauf lorsque l'équipe nationale de football dispute un match, mais les rues sont souvent décorées avec les drapeaux des quartiers, les *quatieri*, divisions séculaires dans des villes comme Arezzo, Sienne ou Cortona. La loyauté au quartier est profondément enracinée et des manifestations comme le Palio et la Giostra del Saracino renforcent l'esprit communal et donnent à chacun l'occasion de s'adonner à un hobby typiquement italien : s'habiller et aller défiler en collants colorés et chapeau de feutre.

Le sport reste bien sûr une grande passion, en particulier le football, le rugby gagnant du terrain à mesure que l'équipe d'Italie se fait un nom dans les tournois internationaux. La nourriture constitue également un sujet de conversation important. Quant aux vins toscans et ombriens, ils sont la source d'une grande fierté et un domaine dans lequel beaucoup se targuent d'être experts.

Sur le plan politique, les deux régions penchent plutôt à gauche et l'Ulivo, alliance de centre-gauche formée en 1995, bénéficie d'un soutien particulièrement fort en Ombrie. Comme partout en Italie, l'influence des communistes et des partis d'extrême droite a diminué ces dernières années et, à l'instar de leurs concitoyens dans le reste de la péninsule, les habitants des deux régions ne font pas confiance au gouvernement central.

SUJETS DE SOCIÉTÉ

Les Toscans et les Ombriens sont particulièrement attachés à leur région et à leur famille. Ces liens continuent d'influencer la façon de vivre. Nombreuses sont les petites entreprises familiales : depuis les grands noms du vin, comme les Antinori, jusqu'à l'industrie horticole de Pescia et les petites fermes d'Ombrie, la plupart sont gérées par des familles où une génération succède à l'autre, ce qui a pour corollaire une certaine immobilité.

La famille demeure la pierre angulaire de la société toscane et ombrienne. Si les familles nombreuses sont en général un lointain souvenir, les liens familiaux restent très étroits. Les enfants logent souvent chez leurs parents jusqu'à la trentaine, ou tout simplement jusqu'à leur mariage.

Les femmes, du moins les plus jeunes, s'affranchissent des vieux stéréotypes en prenant une part active à tous les domaines de la vie profession-

Avec *Histoire des Italiens* (Fayard), Giuliano Procacci retrace les grandes étapes de la construction de l'Italie moderne depuis l'an mil. À une approche historique mêlant les axes politique, économique et social, l'auteur ajoute une analyse des faits de civilisation qui caractérisent l'histoire de la péninsule.

Ma maison en Ombrie (Phébus), de William Trevor, est un roman tendre sur les relations entre les survivants d'un attentat terroriste qui tentent de se remettre dans la campagne ombrienne. Il a été adapté au cinéma en 2003 avec Dame Maggie Smith, célèbre comédienne anglaise qui a tourné notamment dans *Chambre avec vue* et *Harry Potter*.

Ceux qui lisent l'italien pourront consulter avec profit *L'Italia del tempo presente. Famiglia, societa civile et Stato 1980-1996* (Einaudi) de Paul Ginsborg, une étude approfondie de l'histoire italienne récente qui met l'accent sur le rôle de la famille dans la société et le déclin du catholicisme et du communisme. Il existe une traduction anglaise de cet ouvrage.

LE SAVIEZ-VOUS ?

85% du vin produit en Toscane est rouge ; c'est le contraire en Ombrie, avec 80% de vin blanc.

FILS À MAMAN

C'est peut-être un cliché éculé, mais, comme tous les Italiens, les Toscans et les Ombriens adorent leur *mamma*. À une époque où les prix de l'immobilier et le taux de chômage ne cessent de monter, ils sont de plus en plus nombreux à choisir de rester chez elle. De fait, des statistiques récentes indiquent que 70% des hommes célibataires de moins de 35 ans vivent toujours chez leurs parents ou y sont retournés à un moment ou un autre. Ceux qui quittent le nid ne vont jamais très loin, la plupart restant dans la même ville et, en cas de divorce, un quart des hommes réintègrent le cocon familial.

Pour Luigi Barzini, auteur en 1964 d'un classique, *Les Italiens* (Gallimard, 1966), la famille représente une "place forte dans une terre hostile". Une terre hostile représentée par un État qui ne croit pas au versement d'allocations chômage et autres aides qui permettent aux jeunes d'autres pays de quitter le nid – pour ne plus y revenir.

nelle et sociale. Cependant, le machisme perdure, surtout en zone rurale. Hommes et femmes choisissent de plus en plus de se concentrer sur leurs études ou leur carrière avant de se marier et les familles sont plus réduites que par le passé, souvent par nécessité économique.

L'âge de consentement légal pour les homosexuels est de 16 ans en Italie. La Toscane et l'Ombrie tolèrent généralement très bien les communautés gays et lesbiennes. Cependant, en dehors de Florence et de Viareggio, la scène homosexuelle reste très limitée et les manifestations publiques d'affection peuvent être mal vues.

Si elle contient une parcelle de vérité, l'image stéréotypée qu'ont les étrangers de l'Italien volubile, gesticulant et peu pressé est assez éloignée de la vérité.

Économes et travailleurs, les Toscans sont plutôt réservés. Il n'est d'ailleurs pas aisé de s'intégrer à la vie sociale toscane (les communautés originaires des autres régions du pays sont plus ouvertes) et y parvenir est le signe d'un succès considérable. La société ombrienne est, elle aussi, très soudée et provinciale et, en dehors des villes, les étrangers ont du mal à s'y faire une place.

POPULATION

La population de la Toscane atteint un peu plus de 3,5 millions de personnes, dont 80 000 étrangers établis sur place. La plupart des habitants vivent dans le nord-ouest, entre Florence, Livorno, Massa et Pistoia. La province de Prato, la plus peuplée, compte 614 habitants au km^2.

Avec tout juste 840 000 habitants, l'Ombrie est l'une des plus petites régions d'Italie, 70% de sa population étant regroupée dans la province de Perugia, au nord. Bien que la région soit largement rurale, seuls 7% des Ombriens travaillent dans l'agriculture ; les industries comme l'électronique, à Terni, ou les textiles, à Perugia, drainant aujourd'hui de nombreux actifs.

La composition de la cellule familiale peut paraître surprenante compte tenu de l'amour des enfants que l'on prête traditionnellement aux Italiens : environ un tiers des familles toscanes n'ont pas d'enfants (le taux de natalité dans le pays est l'un des plus bas d'Europe), suivant en cela la tendance nationale.

Ces dernières années, l'Italie est devenue une destination recherchée par les immigrants d'Afrique du Nord, d'Albanie et du Kosovo. La Toscane, notamment Florence, ne fait pas exception et compte une petite communauté multiethnique. Prato abrite la plus grande communauté chinoise de Toscane, tandis que le Chianti a les faveurs des expatriés britanniques, allemands et suisses. Des mouvements de migration internes

Paru en 1990, *Les Italiens* (Grasset), de Gilles Martinet, restent un ouvrage de référence pour découvrir les multiples facettes de l'Italie contemporaine.

Frances Mayes, une américaine installée en Toscane, dresse dans *Bella Italia* (Folio) le portrait de son pays d'adoption, de ses habitants et d'un art de vivre si caractéristique.

Destiné au premier cycle universitaire mais d'un abord accessible, *Initiation à la civilisation italienne* (Ellipses), de Bernard-A. Chevalier, regroupe des exposés sur divers aspects qui, de l'histoire à l'économie en passant par le cinéma et les beaux-arts, fournissent une bonne introduction à la civilisation de la péninsule.

PAS D'IMPAIR !

Les Toscans, et dans une moindre mesure les Ombriens, mettent un point d'honneur à soigner leur tenue vestimentaire et leur apparence. Pour de nombreux étrangers, cette préoccupation semble un peu exagérée, mais aucun Italien qui se respecte n'aurait l'idée de passer la première chemise venue pour sortir. Le style, ce n'est pas rien !

Ceux qui vivent dans des centres touristiques comme Florence ou Perugia ont fini par s'habituer au look très décontracté des touristes. Cependant, dans les restaurants, les cafés, les discothèques ou les bars, les shorts informes, les espadrilles et les tee-shirts ringards sont à éviter. En dehors des grands sites touristiques, ce genre d'allure vous vaudra des regards appuyés.

De nombreuses églises vous refuseront l'entrée si vous ne portez pas une tenue jugée correcte. Évitez donc short, jupe trop courte ou haut sans manche. Sans vous mettre sur votre trente et un, faites tout simplement preuve de bons sens et de délicatesse. Qui plus est, vous vous sentirez bien plus à l'aise si vous essayez d'épouser la couleur locale.

Bronzer les seins nus, comme on le voit faire parfois sur certaines plages toscanes, est loin d'être la règle. Avant d'enlever le haut, jetez un coup d'œil autour de vous. En dehors des plages nudistes (il en existe deux sur l'île d'Elbe), bronzer nu sera considéré comme une provocation.

On se salue couramment d'une poignée de main. S'embrasser sur les deux joues est en général réservé aux personnes qui se connaissent déjà, parfois après un contact relativement court. Il y a toujours des exceptions à la règle, bien sûr, le mieux est donc de ne pas se jeter au cou du premier venu à moins d'être certain que ce ne sera pas mal interprété et, dans ce cas, une bise légère sur les joues suffira.

La police (*polizia* et *carabinieri*) a le droit d'arrêter toute personne faisant preuve d'un comportement grossier ou agressif pour "insulte à représentant de l'ordre" – soyez diplomate !

Pour finir sur une note plus légère, sachez que les Italiens boivent le cappuccino au petit déjeuner et qu'en commander un à un autre moment de la journée vous placera immédiatement dans la catégorie des touristes. Les Italiens sont par ailleurs extrêmement fiers de leur cuisine. Si vous vous attablez devant un repas gastronomique, tâchez de ne pas l'arroser d'un soda ; le serveur ou le sommelier seront ravis de vous conseiller un breuvage approprié.

ont également lieu ; si les migrants du Sud préfèrent généralement les villes du Nord comme Milan et Turin, Florence est aussi très appréciée.

SPORT

Football

Il calcio enflamme l'âme italienne bien plus que la politique, la religion ou la cuisine et suscite une dévotion fanatique qui peut s'avérer déconcertante pour les étrangers. C'est dire la consternation qui s'est emparée des Toscans quand le Fiorentina AC, seul club de Série A de la région, s'est effondré, criblé de dettes et touché par un scandale financier, pour se trouver relégué aux dernières places du classement. Rebaptisé Florentia Viola en 2002, le club a commencé à se redresser et il conserve de nombreux supporters locaux. S'il n'a plus les moyens de s'offrir des joueurs comme Roberto Baggio ou Gabriel Batistuta, on peut quand même aller l'admirer en action au Stadio Comunale Artemio Franchi de Florence. Pour plus d'informations connectez-vous sur www.florentiaviola.it (en italien uniquement). Naturellement, le prix des billets a fortement baissé.

Rugby

Bien que rien ne puisse vraiment concurrencer le football, la popularité du rugby se trouve au plus haut, avant tout grâce à l'entrée de l'Italie dans le tournoi des Six Nations en 2000. L'équipe nationale de rugby a encore un long chemin à faire avant de pouvoir rivaliser avec les meilleurs, mais elle ne cesse de s'améliorer. Pour assister à un grand match, il vous faudra vous rendre au Stadio Flaminio de Rome, mais il est possible de voir l'équipe de Florence évoluer au Centro Sportivo Universitario Val di Rose, à Sesto Fiorentino (www.firenzerugby.it). D'autres villes possèdent également des équipes actives. À Perugia, rendez-vous au Campo di Pian di Massiano. Pour plus d'informations, voyez le www.rugbyperugia.it (en italien uniquement).

Cyclisme

En matière de compétition cycliste internationale, le Giro d'Italia, organisé chaque été depuis 1909, n'est surpassé que par le Tour de France en popularité et en couverture médiatique. L'itinéraire change et intègre des étapes à l'étranger, mais il passe par l'Ombrie et traverse la Toscane dans sa longueur. Si vous voulez en suivre les émotions et les rebondissements, consultez les journaux sportifs italiens *La Gazetta dello Sport* et *Il Corriere dello Sport*.

Le Giro d'Italia n'est surpassé que par le Tour de France en popularité.

Dans *Fausto Copi : l'échappée belle, Italie 1945-1960* (Denoël), Dominique Jameux évoque en parallèle la carrière du champion et l'évolution du pays durant ces décennies cruciales.

MÉDIAS

La censure de la presse et les questions de conflits d'intérêts ont fait couler beaucoup d'encre ces dernières années en Italie. L'actuel Premier ministre, Silvio Berlusconi, est également la plus grosse fortune du pays et le propriétaire du Milan AC. Il possède plusieurs journaux et chaînes de télévision ; sa société Fininvest gère Italia 1, Canale 5 et TG4. Les trois chaînes nationales, RAI 1, 2 et 3, sont elles aussi, et fort peu subtilement, très orientées en sa faveur et indirectement sous son contrôle. Silvio Berlusconi a contourné les lois limitant l'attribution de licences de télédiffusion aux élus en plaçant les membres de sa famille à la tête de ses divers intérêts médiatiques. En 2002, deux célèbres présentateurs de la RAI, licenciés pour l'avoir critiqué, ont été accusés de faire un "usage criminel" de la télévision publique. Les émissions satiriques sur le Premier ministre ont été supprimées, ainsi que les reportages peu favorables à son gouvernement.

En 2003, une polémique a éclaté lorsque Silvio Berlusconi a tenté de nommer le président de McDonald's Italie à la tête de la RAI, la télévision nationale, en violation de la loi italienne, tandis qu'un autre candidat, Paulo Mieli, se retirait en raison de "difficultés politiques" après avoir été attaqué par des politiciens de droite pour être juif et socialiste. Avant cela, le conseil d'administration de la RAI avait dû démissionner, taxé de mauvaise gestion délibérée et de censure systématique en faveur du Premier ministre. Silvio Berlusconi lui-même a été accusé d'avoir délibérément tenté de pousser la RAI à la faillite pour attirer les spectateurs vers ses propres chaînes populistes. La qualité de la production télévisée italienne, souvent d'une pauvreté affligeante, fait la part belle aux jeux d'un goût douteux, aux soap opéras et aux séries étrangères.

La situation dans la presse écrite ne vaut guère mieux. *Il Corriere della Sera*, le quotidien national le plus prestigieux, de même que *La Stampa* sont contrôlés par la famille Agnelli, propriétaire de l'entreprise automobile Fiat. Le plus grand quotidien financier, *Il Sole 24 Ore*, qui se prétend indépendant, est en fait aux mains de Confindustria, l'association nationale des chefs d'entreprise, tandis qu'un autre quotidien national, *Il Giornale*, est publié par le frère de Silvio Berlusconi.

Le plus étonnant est que tout cela ne semble pas préoccuper les Italiens ; seule la classe politique, surtout à gauche, dénonce la situation, qualifiée d'indécente par l'ancien Premier ministre Massimo d'Alema.

Le principal journal toscan, propriété du patron de presse Andrea Monti Riffeser, est *La Nazione*, qui publie différentes éditions régionales. En Ombrie, on lit surtout *Il Corriere dell' Umbria*. Les deux journaux sportifs nationaux sont également très appréciés.

Voir www.regione.toscana.it (en italien uniquement), le site officiel du gouvernement régional, pour les dernières nouvelles et statistiques.

Voir www.regione.umbria.it (en italien uniquement), le site officiel du gouvernement régional ombrien.

Visiter www.italianculture.net pour des informations concises et multilingues sur différents aspects de la culture nationale, notamment l'art, la littérature, le vin et la presse

Préfacé par Antonio Tabucchi, *L'Anomalie Berlusconi* (Flammarion), d'Adrien Candiard, s'interroge sur les raisons de l'accession au pouvoir de Silvio Berlusconi et sur la vie politique italienne actuelle.

RELIGION

Comme partout en Italie, le catholicisme domine. Religion d'État depuis l'unification italienne en 1870, il n'a perdu ce statut qu'en 1985, au moment de la modification du traité de Latran (1929) entre le Vatican et l'État italien. La région abrite aussi des communautés protestantes et juives.

Aujourd'hui, 85% des Italiens se disent catholiques, un chiffre qui s'applique en gros à la Toscane et à l'Ombrie. Cependant, ce pourcentage ne se reflète pas dans la fréquentation des églises, qui a radicalement chuté au cours des dix dernières années. Les rites n'en jouent pas moins un rôle important : première communion, mariage à l'église et fêtes religieuses font partie intégrante de la vie sociale.

Il existe aussi une petite communauté protestante composée de différents courants, notamment d'anglicans et de baptistes, et regroupant en grande partie des expatriés, en particulier à Florence. Cette ville est par ailleurs l'un des plus grands centres du bouddhisme en Italie (la Toscane compte environ 5 000 adeptes) et possède une petite communauté juive.

Environnement

GÉOLOGIE

Si l'on prend comme base la côte toscane, la région forme une sorte de triangle d'une superficie de 22 992 km². Dans ce triangle, une remarquable diversité de paysages s'offre aux visiteurs : montagnes au nord et à l'est, plaines au sud, îles au large de la côte et collines de l'intérieur entrecoupées de vallées fluviales.

Une grande partie de la côte longeant la mer Tyrrhénienne et la mer Ligurienne est plate, à l'exception notable de la région située juste au sud de Livorno et de certaines régions de la péninsule de Monte Argentario.

La limite nord de la région, qui court approximativement d'est en ouest (en descendant progressivement vers le sud), est barrée par les Apennins qui marquent sa frontière avec l'Émilie (partie de la région d'Émilie-Romagne) et les Alpes apuanes. Ces dernières, situées au nord-ouest, sont réputées pour leurs gisements de marbre blanc (voir p. 171).

Au sud s'élèvent des collines plus douces, comme celles de Monte Albano, au sud de Pistoia, et de Monte Pratomagno, vers l'est, dans la province d'Arezzo. Ces vallonnements sont séparés par des cours d'eau, dont le plus important est l'Arno. En gros, les deux tiers de la Toscane sont constitués de montagnes ou de collines.

Les plaines les plus étendues sont la Maremma Pisana, anciens marécages au sud de Pise et à l'intérieur des terres, et la Maremma, qui couvre un vaste territoire au sud, jusqu'à la frontière régionale avec le Lazio.

Principal cours d'eau de la Toscane, l'Arno serpente sur 240 km, mais il n'a rien des grandes merveilles naturelles du monde. Il prend sa source au Monte Falterona, dans les Apennins, s'écoule vers le sud jusqu'à Arezzo, puis serpente vers le nord-ouest jusqu'à Florence. De là, son cours oblique à l'ouest vers Pise pour se jeter dans la mer Ligurienne. Sur cette voie autrefois essentielle pour les échanges commerciaux, le trafic fluvial est aujourd'hui quasiment inexistant.

Sur les sept îles éparpillées au large de la côte Toscane, l'est et le centre d'Elbe, Giannutri et certaines parties de Giglio sont les vestiges d'une grande chaîne apennine qui s'est effondrée dans la mer il y a quelques millions d'années. Capraia, Montecristo, l'ouest d'Elbe et certaines parties de Giglio sont d'origine volcanique. Ces îles offrent un paysage étonnamment varié, des terres plates sans grand intérêt aux côtes rocheuses déchiquetées de la majeure partie d'Elbe, entrecoupées çà et là de petites criques et de plages souvent ravissantes.

L'Ombrie est une région enclavée d'une superficie de plus de 8 400 km2. Environ 53% du territoire est montagneux tandis que 41% est seulement vallonné. Le massif des Apennins d'Ombrie et des Marches est dominé par les Monti Sibillini, dont le sommet le plus élevé est le Monte Vettore, qui culmine à plus de 2 000 m. Parmi les autres cimes importantes, citons les Apennins autour de Gubbio, les Monti Martani ainsi que les pics moins élevés, mais encore impressionnants, des monts d'Amerini et de Spoleto.

Les plaines constituent moins de 10% de l'Ombrie. Ormes, oliviers, vignes, cyprès et arbres fruitiers occupent en majorité ce territoire, conférant à la région son aspect paisible caractéristique.

Le Tibre, sur lequel d'innombrables bateaux ont navigué pendant des siècles, s'écoule du nord vers le sud-ouest, divisant la région en deux parties. Le deuxième cours d'eau le plus long d'Italie est la Nera, remarquable par la façon dont elle rejoint son affluent, le Velino, et forme la magnifique Cascata delle Marmore (cascade de Marmore).

LE SAVIEZ-VOUS ?

L'impressionnante Cascata delle Marmore, dont les chutes font plus de 165 m de hauteur, n'est pas un phénomène naturel : elle a été créée par les Romains au IIIe siècle av. J.-C.

L'Ombrie est riche en lacs aussi bien artificiels que naturels. À l'ouest, le Lago di Trasimeno (p. 274) est le bassin lacustre le plus vaste d'Italie. Les lacs de Corbara (p. 314) et d'Alviano sont artificiels.

FAUNE ET FLORE

Animaux

Le *cinghiale*, ou sanglier, qui figure au menu des Toscans depuis l'époque étrusque, est encore très répandu dans les zones rurales de la région. À la seule différence qu'aujourd'hui l'animal s'apparente en grande partie au sanglier d'Europe de l'Est, introduit en Italie pour pallier la raréfaction de l'espèce locale. Les sangliers sont aussi présents en grand nombre dans la plupart des parcs naturels d'Ombrie. Malgré leur population importante, vous ne les croiserez probablement pas en vous promenant dans la campagne, car ils se méfient de leur ennemi le plus dangereux, le chasseur.

LE SAVIEZ-VOUS ?

La forêt fossile de Dunarobba, située près d'Avigliano, est l'une des plus vieilles forêts au monde : on pense qu'elle daterait de deux millions d'années.

Écureuils, lapins, renards, martres, belettes et lièvres peuplent abondamment la campagne toscane et ombrienne. En revanche, le blaireau et l'*istrice* aux piquants noir et blanc, un porc-épic probablement importé d'Afrique du Nord par les Romains, se font plus rares. Dans les parcs comme le Parco Regionale della Maremma, il est souvent possible d'apercevoir des chevreuils, notamment à l'aube ou au crépuscule.

Des loups rôderaient encore dans les collines situées entre Volterra et Massa Marittima, mais certains habitants de cette région pensent qu'il s'agit seulement de chiens sauvages. De toute façon, ils sont très difficiles à repérer et vous aurez beaucoup de chance si vous y parvenez. Il vous sera plus facile d'en observer un dans le Parco Regionale del Monte Cucco, où ils sont plus nombreux grâce à l'environnement montagneux. Autre prédateur, le chat sauvage vit dans les régions à peine peuplées de Toscane et d'Ombrie. Mais du fait de la faible représentation de l'espèce, il est assez rare d'en apercevoir un.

Consultez le site www.lipu.it de la Ligue italienne pour la protection des oiseaux (LIPU) ; son équivalent français, www.lpo.fr, mérite également une visite.

La Fédération européenne contre la chasse (LAC) diffuse des informations sur son site italien www.anticaccia.it

En revanche, vous pourrez rencontrer plusieurs sortes de serpents. Inoffensifs pour la plupart, ils préféreront s'éloigner si vous les avertissez de votre présence en marchant à pas lourd. La seule espèce venimeuse, la vipère, se reconnaît à ses marques en forme de losange. Elle peuple principalement les régions montagneuses et l'île d'Elbe.

Un grand nombre d'oiseaux nichent en Toscane. La meilleure période de l'année pour les observer dans leur diversité s'étend de novembre aux alentours de mars. À cette époque, de nombreux oiseaux migrateurs font une halte dans les réserves naturelles le long du littoral, notamment près du Lago di Burano, de la Laguna di Orbetello et dans les Monti dell'Uccellina. Pas moins de 140 espèces ont élu domicile en Toscane ou choisi d'y faire une étape. Merles, échasses, buses, corneilles, geais, crécerelles, martins-pêcheurs, balbuzards pêcheurs, grives, mésanges, pics-verts et roitelets en font partie.

Where to Watch Birds in Italy, publié par la Ligue italienne pour la protection des oiseaux (LIPU), propose, en anglais, plus de 100 recommandations pour observer différentes espèces ornithologiques.

L'Ombrie représente également un lieu privilégié pour observer la diversité ornithologique. Ses vastes marécages constituent une étape importante pour les espèces migratrices telles que le héron cendré, le héron pourpré, le butor, le colvert et la spatule. D'autres territoires de la région abritent aussi des rapaces comme l'aigle royal, l'autour, le faucon pèlerin, le grand-duc et le balbuzard.

La saison de la chasse s'étend de début septembre à janvier parfois. Les dates d'ouverture et de clôture dépendent en partie de ce que l'on veut chasser. Selon l'espèce d'oiseau ou de mammifère, les chasseurs ne doivent pas dépasser des quotas journaliers. Par ailleurs, ceux-ci doivent posséder un permis et pratiquer leur activité dans des zones délimitées. Certains gibiers, comme le sanglier, sont considérés comme un fléau dans certaines régions et massacrés à ce titre.

Plantes

Le paysage toscan et ombrien a longtemps été un ravissement pour l'œil, offrant un plaisant équilibre entre une intervention humaine ordonnée et le «chaos» naturel. Au milieu des oliveraies – les olives ont été introduites par les Étrusques qui les ont rapportées du Moyen-Orient – et des vignobles poussent des arbres majestueux et des plantes plus modestes.

Le grand cyprès élancé et le *pino marittimo* curieusement aplati (pin maritime, présent principalement sur la côte) figurent parmi les arbres emblématiques les plus caractéristiques des deux régions. Le cyprès a été introduit par les Romains qui le rapportèrent d'Asie Mineure pour ses qualités décoratives. Rouler sur une route de campagne bordée de cyprès pour aller découvrir un petit village ou un vignoble représente un de ces rêves agréables qui deviennent souvent réalité pour les touristes randonneurs.

Les botanistes amateurs devraient emporter des livres sur le thème, par exemple *Toutes les fleurs de Méditerranée* (Delachaux et Niestlé), de M Blamey et C Grey Wilson.

Lisez également *Toute la nature méditerranéenne* (Delachaux et Niestlé), de Paul Sterry, guide complet sur la faune et la flore de la région.

Très répandus dans les zones montagneuses des Alpes apuanes, les hêtres rivalisent souvent de splendeur avec les châtaigniers. Pendant les week-ends de novembre, ramasser des châtaignes représente l'un des passe-temps favoris des Toscans qui les grillent ensuite pendant les soirées. À l'est, les régions du Casentino et de Vallombrosa abondent en vastes et épaisses forêts de pins, de chênes et de hêtres qui se dressent sur des terres par ailleurs quasiment intactes. On trouve notamment des chênes-lièges dont l'écorce revêt une importance capitale pour le secteur viticole. Les forêts comprennent aussi d'autres essences comme des érables, des noisetiers, des aulnes et des eucalyptus importés.

D'autres essences sont aussi fréquentes en Ombrie comme le saule, le peuplier et l'aulne noir. Les nénuphars s'épanouissent dans les riches marécages tandis que des espèces florales rares, telles que le coquelicot jaune, peuvent être observées dans le Parco dei Monti Sibillini.

Le printemps est naturellement la saison la plus éclatante. Les vallées et les plaines d'altitude se tapissent alors d'un océan bigarré de fleurs sauvages : jonquilles, crocus, anémones, gentianes et orchidées.

La *macchia* (maquis), typique de la végétation méditerranéenne, pousse sur la côte et dans les îles.

PARCS NATIONAUX

La Toscane abrite deux des 20 parcs nationaux d'Italie : le Parco Nazionale dell'Arcipelago Toscano, le plus grand parc marin d'Europe, comprend les îles de Montecristo, Gorgona, Giannutri, Pianosa et une partie de Capraia, d'Elbe et de Giglio. Il a été créé en 1996 pour protéger l'habitat montagneux sauvage où vivent des espèces animales et végétales rares. Le Parco Nazionale delle Foreste Casentinesi Monte Falterona Campigna, à la frontière avec l'Émilie-Romagne, héberge l'une des forêts les plus vastes et les mieux préservées d'Italie.

Pour obtenir de plus amples renseignements sur les parcs nationaux et autres zones protégées en Toscane et en Ombrie, visitez le site www.parks.it (en italien)

Le World Wide Fund for Nature (WWF) dispose d'un site italien www.wwf.it

La région compte également trois parcs régionaux : dans les Alpes apuanes, dans la Maremma et sur la côte fortement urbanisée, près de Livorno.

L'Ombrie possède un seul parc national, le Parco dei Monti Sibillini, qui doit son nom à la principale chaîne montagneuse de la région. L'Ombrie abrite également les parcs régionaux suivants : Parco Regionale di Colfiorito, Parco Regionale del Trasimeno, Parco Regionale del Monte Cucco, Parco Regionale del Monte Subasio, Parco Regionale del Fiume Nera et le Parco Regionale del Tevere. Parmi les autres zones protégées et sites naturels dignes d'intérêt, citons la Valle Nature Oasis, la Cascata delle Marmore, les Fonti del Clitunno (sources du Clitunno) et la Foresta Fossile di Dunarobba (forêt fossile).

TOURISME RESPONSABLE

Grâce à leur climat tempéré et à leurs paysages extraordinaires, la Toscane et l'Ombrie connaissent un succès grandissant auprès des randonneurs. Malheureusement, l'augmentation du nombre de touristes fait peser une grande pression sur la nature. En respectant les conseils suivants, vous aiderez à préserver l'environnement et la beauté de la région :

- N'allumez pas de feux à moins d'être absolument sûr de le faire sans aucun risque.
- Ne cueillez pas les fleurs sauvages des montagnes – la plupart d'entre elles sont protégées.
- S'il n'y a pas de poubelle, emportez vos détritus avec vous et ne les enterrez pas.
- Ne perturbez pas la vie sauvage.
- Ne faites pas trop de bruit.
- Si vous allez aux toilettes, faites attention à l'endroit où vous vous rendez et enterrez les déchets.
- Après votre passage, assurez-vous de laisser les barrières comme vous les avez trouvées.
- Prenez des précautions pour traverser les champs, surtout en période de cultures. Longez les bords ou suivez des traces existantes. Ne piétinez pas les récoltes.
- Marchez sur les sentiers existants pour éviter l'érosion en ravinant le terrain.
- Si vous devez traverser des vignobles ou des oliveraies, ne cueillez pas de raisins ni d'olives.
- Prenez connaissance des règles et des règlements d'une réserve naturelle nationale ou régionale et respectez-les lorsque vous la visitez.

Les parcs, réserves et zones humides jouent un rôle crucial dans la protection de la faune et de la flore régionales. Les autorités organisent régulièrement des manifestations sur le thème de la protection de la biodiversité ainsi que des journées portes ouvertes.

ÉCOLOGIE

L'une des questions écologiques les plus épineuses en Toscane concerne l'extraction du marbre dans les Alpes apuanes. Les grandes balafres blanches – que l'on pourrait confondre avec de la neige depuis la côte – sont la conséquence d'une exploitation datant de plusieurs siècles.

Mais le marbre n'a jamais été autant exploité qu'aujourd'hui. Chaque année, on en extrait environ 1,5 million de tonnes, que d'énormes camions transportent bruyamment. Avant la Seconde Guerre mondiale, l'exploitation des carrières était moins importante et les carriers transportaient les blocs de marbre jusqu'aux villages voisins à l'aide d'un système complexe de poulies. L'extraction défigure aujourd'hui un secteur faisant partie d'une réserve naturelle, les déchets générés posent des problèmes d'élimination et la circulation permanente de camions est un désastre écologique. Mais personne n'ose s'opposer sérieusement à cette industrie toscane prestigieuse : le marbre de Carrara est en effet recherché par les architectes et les sculpteurs du monde entier.

L'industrie lourde n'a jamais été vraiment présente en Toscane ni en Ombrie ; par conséquent, les problèmes de pollution de l'air et de l'eau liée à ce type d'industrie et présents partout ailleurs en Italie sont moins aigus dans ces deux régions. Cela dit, les industries légères et semi-légères installées à Livorno, Piombino, dans les faubourgs de Florence, de Perugia et le long de l'Arno et du Tibre sont loin d'être sans danger. La densité du trafic routier nuit à la qualité de l'air de Florence et de la majeure partie de la région fortement peuplée de Prato-Pistoia. Dans les villes, la pollution sonore constitue un autre problème. L'Ombrie est bien moins touchée par la pollution du fait de la prépondérance de l'agriculture. L'implantation de plusieurs centrales hydroélectriques et d'usines agroalimentaires ainsi que la fabrication de produits chimiques, de fer et d'acier ont ébranlé la campagne ombrienne, mais dans une moindre mesure. Leur impact est bien moins néfaste sur l'environnement.

Le site www.blueflag.org (en anglais) répertorie les plages les plus propres de Toscane.

Le paysage de la Toscane et de l'Ombrie ressemble depuis longtemps à une œuvre d'art. Les paysans ont toujours pris soin de faire alterner parcelles cultivables et zones forestières. Mais la crise agricole survenue après la guerre a contraint bon nombre d'entre eux à quitter leurs terres. Dans les endroits les plus isolés, où travailler la terre a toujours été un défi, la forêt ou le maquis regagnent du terrain. Parfois, ce reboisement incontrôlé a l'inconvénient de favoriser la propagation des incendies de forêts, comme ce fut le cas au cours des étés 1998 et 2001.

Les autorités régionales de Toscane et d'Ombrie adoptent aujourd'hui une politique plus ferme en matière d'environnement, en partie pour se conformer aux directives européennes. Elles prennent notamment des mesures de reforestation en vue de protéger les habitats naturels et de promouvoir des méthodes agricoles écologiques.

Activités de plein air

La beauté incomparable des paysages toscans et ombriens mérite d'être constamment redécouverte. Ceux qui traversent la région sans jamais quitter l'autoroute se privent d'un vaste éventail d'activités de plein air qui permettent d'apprécier plus encore la splendeur naturelle de la région.

La Toscane et l'Ombrie se visitent durant toute l'année et chaque saison a ses activités. Des descentes à ski sur pistes noires aux promenades tranquilles dans la campagne, chacun y trouvera son compte. Si les voyageurs accompagnés de leur famille seront ravis de découvrir à quel point ces activités sont accessibles, ceux dont les objectifs sont plus exigeants ne seront pas déçus non plus.

Si vous envisagez de passer vos journées autour de la piscine à siroter du chianti, faites quand même un petit effort pour sortir : votre séjour n'en sera que plus agréable.

RANDONNÉE

La Toscane et l'Ombrie se prêtent idéalement à la marche à pied. D'une beauté indéniable, la région offre aux voyageurs qui disposent d'assez de temps une extraordinaire variété de paysages à parcourir : patchwork éblouissant des campagnes du centre, aspect sauvage des montagnes et des vallées du sud et du nord-ouest, caractère spectaculaire des Alpes apuanes et de l'Apennin. Les randonneurs les plus ambitieux pourront entreprendre les 24 étapes de la Grande Escursione Appenninica, un arc qui les emmènera du col Due Santi, au-dessus de La Spezia, jusqu'au sud-est de Sansepolcro. De la même manière, les Monti Sibillini, en Ombrie, offrent un cadre idyllique aux randonneurs qui, depuis Castelluccio, voient s'offrir un large choix de randonnées, de la plus facile à la plus sportive (voir p. 312).

"La région offre aux voyageurs une extraordinaire variété de paysages à parcourir."

Depuis l'aube de l'humanité, les populations ont arpenté la Toscane en ouvrant chemins et sentiers sur leur passage. L'un des chemins de pèlerinage les plus fréquentés d'Europe au Moyen Âge, la Via Francigena (ou Via Romea), drainait à travers la Toscane des files entières de pèlerins. Partant de la vallée de la Magra à travers les terres sauvages de la Lunigiana, dans le nord-ouest, la piste longe la côte pendant un moment avant de s'enfoncer à l'intérieur des terres vers Sienne en passant par San Gimignano, puis de bifurquer au sud vers Rome, capitale de la chrétienté.

Pour plus d'informations sur la randonnée et sur ses effets sur l'environnement, reportez-vous à l'encadré p. 36.

Quand partir

Le printemps est sans conteste la meilleure période de l'année pour marcher, mais les couleurs de l'automne ont également leur charme. L'été se prolongeant jusqu'à la fin octobre, vous bénéficierez d'une belle lumière pour faire des randonnées plus longues. Vers la fin septembre, l'affluence estivale des touristes s'atténue, en particulier dans la campagne.

Toutefois, si vous prévoyez de vous rendre dans les Alpes apuanes ou d'autres régions montagneuses (telles que le Monte Vettore ou la petite réserve d'Orecchiella), la saison la plus agréable (et la plus sûre) reste l'été. On évitera cependant le mois d'août, car c'est la période à laquelle la plupart des Italiens prennent leurs vacances et les sentiers sont littéralement envahis. Évitez également de vous rendre dans l'intérieur des terres en été, car la chaleur oppressante y transforme le moindre trajet jusqu'au bar climatisé le plus proche en effort épuisant.

Que prendre avec soi

Pour la plupart des marches en Toscane et en Ombrie, vous n'aurez besoin que d'un équipement minimal. Tout d'abord, il est bien entendu essentiel d'avoir des chaussures adaptées au terrain, qu'il s'agisse de chaussures de marche légères et confortables ou de brodequins plus robustes. Un petit sac à dos pourra contenir un pull au cas où la température fraîchirait, ainsi qu'un vêtement de pluie. Selon la saison, des lunettes de soleil, un écran total et un chapeau sont recommandés. Comme tout randonneur qui se respecte, vous aurez bien entendu besoin d'une carte de la région où vous comptez marcher et d'une boussole.

Le camping sauvage n'est pas autorisé en montagne. Il faut donc se renseigner à l'avance sur les possibilités d'hébergement en *rifugi*, mais, d'un autre côté, cela vous évite de transporter tente, réchaud, etc. Pensez toutefois à emporter votre sac de couchage pour vous protéger du froid si nécessaire.

À ce sujet, soyez prêt en montagne à affronter tous les types de temps. Qu'il fasse beau et chaud au moment de votre départ ne signifie nullement que le temps ne tournera pas rapidement au froid et à la pluie (n'oubliez pas que les Alpes apuanes enregistrent le taux de précipitations le plus élevé de Toscane). Prenez avec vous une seconde paire de chaussures à enfiler en fin de journée.

www.hiddenitaly.com.au/walks propose, en anglais, de nombreux itinéraires de balades à faire sans guide à la découverte de la Toscane et de l'Ombrie.

Meilleurs sites

La région du **Chianti** reste l'une des plus prisées des marcheurs de tous niveaux. La randonnée la plus classique, de Florence à Sienne, se programme sur cinq ou six jours. Les variations sur ce thème étant légion, vous pouvez l'adapter à votre convenance. En dehors du Chianti, une autre option appréciée consiste à aller de **San Gimignano** à **Volterra**, deux villes médiévales fascinantes, bien desservies par les transports publics et dotées de possibilités d'hébergement multiples. Les mordus d'histoire aimeront sans doute marcher dans les traces des Étrusques en partant de **Suvereto** ou de **Campiglia Marittima**. Depuis le parc de **San Silvestro**, vous trouverez un grand choix d'itinéraires archéologiques, guidés ou non. Pour plus d'informations, consultez le livret *Nature Walks* (Costa degli Etruschi) disponible dans tous les offices du tourisme de cette zone. Pour les trekkers aguerris, les **Alpes apuanes** peuvent être aussi spectaculaires que difficiles, mais elles offrent aussi mille et une opportunités de randonnées relativement faciles. Pour vous faire une idée des lieux, sautez dans le *Treno nei Parchi*, spécialement destiné aux randonneurs.

Dotée d'un grand nombre d'infrastructures, l'île d'**Elbe** offre de nombreuses possibilités de randonnées relativement courtes et assez faciles à organiser. Pour plus de renseignements, contactez **Il Genio del Bosco – Centro Trekking Isola d'Elba** (☎ 0565 93 08 37). En **Ombrie**, les randonnées dans les superbes **Sibillini** sont magnifiques mais, malheureusement, peu de pistes sont balisées. **Castelluccio** constitue un bon point de départ pour des marches plus courtes, avec un grand choix de pistes partant du village dans plusieurs directions différentes. L'une des plus prisées mène au Lago di Pilato, sous le Monte Vettore, où serait enterré Ponce Pilate.

Renseignements

CARTES ET LIVRES

Plusieurs éditeurs publient des cartes de qualité variable couvrant certaines parties de la Toscane. La meilleure carte régionale est probablement celle au 1/200 000 du Touring Club Italiano (TCI). Assez détaillée, elle constitue un outil suffisant pour circuler dans la région lorsque l'on est motorisé.

En seconde position, mais insuffisamment détaillées pour la randonnée, viennent les cartes par province au 1/100 000. Les Edizioni

Multigraphic Firenze en publient une série. Demandez la *Carta Stradale Provinciale* de la (des) province(s) que vous voulez explorer.

Un autre éditeur, Kompass, publie des cartes au 1/25 000 de diverses régions d'Italie, dont la Toscane et l'Ombrie. Elles couvrent parfois des régions non représentées chez les Edizioni Multigraphic. Vous trouverez parfois des cartes très pratiques publiées par le Club Alpino Italiano (CAI).

Vous n'aurez sans doute aucune envie de vous charger avec trop de livres. Sachez toutefois que l'excellent *Walking in Tuscany*, de Gillian Price, décrit, en anglais, plus de 50 randonnées (dont quelques-unes en Ombrie et au Lazio), de la région du Chianti à l'île d'Elbe en passant par d'autres secteurs moins fréquentés de la Toscane.

Malheureusement, cet ouvrage ne couvre pas les treks les plus ardus des Alpes apuanes et du nord-ouest de la Toscane. Ceux qui lisent l'anglais trouveront de bonnes suggestions d'itinéraires dans le guide Lonely Planet *Walking in Italy*, qui propose plusieurs autres randonnées en Toscane et en Ombrie. *The Alps of Tuscany*, de Franceso Greco, décrit en détail un bon nombre de balades dans les Alpes apuanes. *Wild Italy*, de Tim Jepson donne des informations supplémentaires sur les Alpes apuanes, mais si vous lisez l'italien, optez pour un des guides italiens sur la montagne, comme *Alpi Apuane: Guida al Territorio del Parco* de Frederick Bradley et Enrico Medda. Les *Guide dei Monti d'Italia*, publiés par le TCI et le CAI, sont très détaillés et comportent de nombreuses cartes. Vous les reconnaîtrez à leur couverture grise caractéristique. *Walking and Eating in Tuscany and Umbria* de James Lasdun et Pia Davis propose, en anglais, 40 itinéraires tant en Toscane qu'en Ombrie.

Circuits organisés

Pour vous faire une idée des prix et des itinéraires proposés, vous pouvez notamment consulter les sites Internet www.allibert-voyages.com, www.terdav.com et www.zig-zag.tm.fr.

CYCLOTOURISME

L'Italie se prête merveilleusement bien au cyclotourisme. Dans la plupart des villes, les centres historiques sont fermés à la circulation et vous trouverez de nombreux établissements où louer un vélo, acheter une tenue en lycra bigarrée et obtenir des informations sur les itinéraires. Que vous cherchiez une promenade tranquille en famille dans le centre historique d'une ville, un week-end de balades entre amis à la découverte des vins du Chianti ou un circuit de plusieurs semaines pour mettre à l'épreuve votre cœur de sportif, vous êtes assuré de trouver votre bonheur dans la région.

"Un paysage aussi diversifié ne peut qu'offrir une grande variété de routes et de chemins."

Choisir sa voie

Un paysage aussi diversifié ne peut qu'offrir une grande variété de routes et chemins. Les routes goudronnées conviennent particulièrement bien aux vélos de course ou aux randonnées sur de longues distances. Les *strade bianche*, routes de terre recouvertes de gravillons pour plus de stabilité, sont caractéristiques de la campagne.

Il est également possible d'emprunter les chemins de terre et les pistes, mais uniquement si vous êtes en forme et sur un bon vélo équipé de plusieurs vitesses car le terrain est très vallonné. Cela dit, nombre d'itinéraires relativement plats s'adressent aux cyclistes amateurs ou aux familles avec des enfants. À l'inverse, les plus aguerris trouveront maintes occasions de tester leurs limites : le Monte Amiata est un entraînement idéal pour tout candidat au maillot à pois, tout comme les pentes courtes, mais très escarpées, que l'on peut trouver en Ombrie, dans le Chianti ou dans les Crete.

Quand partir

Le printemps est la meilleure saison pour les randonnées à vélo, non seulement en raison des températures agréables, mais aussi car c'est à cette période que le paysage est le plus beau, notamment lorsque les vallées se parent de coquelicots et de fleurs sauvages. Toutefois, pour des raisons évidentes, évitez Pâques et la période des vacances allant du 25 avril au 1er mai environ.

L'automne est également une saison agréable, mais la pluie rend parfois les routes glissantes et réduit la visibilité.

Quel vélo choisir ?

Aussi confortable sur piste que sur route, le VTC (vélo tout chemin) est le compromis idéal pour sillonner les paysages de la région, d'autant plus qu'il permet de monter facilement les pentes. Dans l'idéal, il doit assurer une posture confortable au cycliste et être équipé d'un système de vitesses similaire à celui d'un VTT. Si aucun VTC n'est disponible à la location, vous pouvez demander à remplacer les gros pneus d'un VTT par des pneus plus étroits (1,4 cm) et plus rapides.

Vous serez sans doute amené à circuler le long de routes isolées traversant des champs ou des forêts. Mieux vaut donc ne pas oublier de prendre avec vous un petit nécessaire de réparation en cas de problème. N'oubliez pas de porter un casque et de vous munir d'une carte détaillée de la région.

Si vous prévoyez d'emporter votre propre bicyclette, renseignez-vous auparavant sur le coût du transport par avion. Elle devra sans doute être démontée et emballée pour le voyage. Il est également possible de transporter votre vélo en train, que ce soit avec vous ou à quelques jours d'intervalle.

Meilleurs sites

IL CHIANTI

Difficile de ne pas user de superlatifs pour décrire la région du Chianti. La région compte plus de 400 km de routes très peu fréquentées et des projets seraient en cours pour aménager de nouvelles pistes et mettre en place un système de signalisation indiquant les directions (que c'est gentil !) et les informations pertinentes concernant les hébergements, les dépanneurs et même les locations de bicyclettes.

Le Chianti accueille en outre chaque année la course de **L'Eroica** (littéralement "l'héroïque") organisée par le **Parco Ciclistico del Chianti** (☎ 0577 74 94 11), et qui couvre en une journée plus de 100 km de route non goudronnée. La course – à ne pas prendre trop au sérieux – se fait sur des vélos "d'époque", les VTT étant strictement interdits.

Le Lago di Trasimeno est particulièrement indiqué pour les sports nautiques et les activités de plein air. L'office du tourisme vous fournira sur demande un livret qui présente différentes randonnées à faire dans la région à pied, à cheval ou à vélo (p. 274).

ENVIRONS DE SIENNE

Les collines qui entourent **San Gimignano** et le **Colle Val d'Elsa** sont très prisées des cyclistes. L'un des trajets les plus difficiles part de Casole d'Elsa, suit la route qui monte jusqu'à Monteguidi, puis redescend vers la Cecina, que l'on traverse avant de rejoindre le village de **Montecastelli**, dans la province de Pise. Une promenade plus facile débute par un circuit panoramique autour des murailles d'enceinte de **Monteriggioni**, avant de rejoindre le Colle Val d'Elsa, puis San Gimignano et **Volterra**.

LES CRETE

Le paysage vallonné de cette région est similaire à celui du Chianti, si ce n'est que les nombreuses forêts font place aux cultures céréalières. Faire du vélo dans cette région équivaut, a-ton dit, à naviguer sur une mer de terre. Parmi les trajets les plus éblouissants, citons la route du Monte Sante Marie, entre Asciano et Torre a Castello, ainsi que la route de Pieve a Salti, entre Buonconvento et **San Giovanni d'Asso**. Non goudronnées ni l'une ni l'autre, un VTT ou VTC est recommandé. Pour les vélos de course, une alternative peut être la légendaire route de Lauretana, entre **Sienne** et **Asciano,** ou en continuant plus loin vers **Chiusure**, **Monte Oliveto Maggiore** et **Buonconvento**.

MONTE AMIATA

Ce volcan qui s'élève à 1 738 m est réservé aux plus sportifs. Bonne nouvelle pour eux, un hôtel-restaurant (Prato Le Macinaie) les attend à 1 370 m, soit à 4 km du sommet. Il existe plusieurs trajets possibles, les plus faciles étant ceux qui partent d'Arcidossa et d'Abbadia San Salvatore. Long de 14 km, ce dernier présente l'avantage d'offrir une pente régulière et assez douce. L'approche la plus sportive se fait par Castel del Piano, en grimpant une côte sur 15 km, dont les 10 premiers sont à près de 8%.

OMBRIE

Beaucoup moins éreintantes, les larges vallées de l'Ombrie, dans la région d'Orvieto, de Spello et du Lago di Trasimeno, conviendront parfaitement aux cyclistes désirant découvrir la beauté unique et la grande diversité du paysage à un rythme plus tranquille.

Renseignements

CARTES ET LIVRES

Les Edizioni Multigraphic publient deux séries de cartes destinées aux randonneurs et aux cyclotouristes (les *mulattiere*, ou chemins muletiers, sont particulièrement adaptées aux VTC), au 1/50 000 et au 1/25 000. Choisissez ces dernières lorsque cela est possible. Demandez la *carta dei Sentieri e Rifugi* ou la *carta Turistica e dei Sentieri.*

Le *Guida Cicloturistica del Chianti* propose 20 itinéraires à vélo et 32 cartes détaillées de la région du Chianti. Vous le trouverez à l'office du tourisme de Sienne. Avec 31 itinéraires à travers le Chianti, Montagnola, les Crete Senesi, le Val d'Orcia et le Mont Amiata, *Toscana in Mountain Bike* (que l'on peut se procurer dans de nombreuses librairies ainsi que sur le site www.ediciclo.it – uniquement en italien) est une autre bonne référence pour préparer votre excursion à vélo.

www.parks.it (en italien uniquement) vous dira tout ce que vous voulez savoir, et même plus, sur les parcs, les montagnes, les fleuves, les rivières, les lacs et les côtes italiennes.

Le guide Lonely Planet *Cycling in Italy* offre des itinéraires détaillés de randonnées cyclistes en Toscane et en Ombrie. *Garfagnana by Bicycle*, de Lucia Giovannette, chez Tamari Montagna Edizioni, propose, en anglais, 32 descriptions détaillées avec photos couleurs des caractéristiques des circuits principaux, une carte d'ensemble de la région, 27 itinéraires pour VTC et cinq cartes de circuits.

ASSOCIATIONS CYCLISTES

Installée à Sienne, la très active **Gli Amica Della Bicicletta** (☎ 0577 4 51 59 ; www.comune.siena.it/adb ; Via Campansi 32), une association écologiste qui promeut une utilisation quotidienne de la bicyclette pour se déplacer, organise des excursions à vélo d'une journée ou plus. Elle déploie également des efforts considérables pour mettre en place des pistes et des itinéraires destinés aux touristes.

Circuits organisés

Les prestataires organisant des circuits à vélo en Toscane et en Ombrie sont légion. L'Internet est l'outil idéal pour comparer les différentes offres. Pour commencer votre recherche, nous vous proposons les adresses suivantes (en anglais) : www.ciclismoclassico.com, www.xplus.com, www.ibikeitaly.com, www.bicycletuscany.com.

En général, le prix moyen d'une excursion à vélo d'une semaine est d'environ 870 €/pers, repas et hébergement compris.

SKI

Les principales stations de ski sont rassemblées près d'**Abetone**, région frontalière de l'Émilie-Romagne. S'il est vrai que les Apennins, moins élevés, ne sont pas aussi majestueux que les Alpes, ils ne manquent pourtant pas de charme. Vous trouverez sur place pas moins de 51 km de pistes, 25 remontées mécaniques (dont un téléphérique qui fut fermé en 2002 suite à un incendie) et une moyenne annuelle de 118 cm de neige, alimentée à hauteur de 30% environ par des canons à neige.

Meilleurs sites

Vous trouverez plusieurs établissements sur la place principale d'Abetone où louer skis et chaussures. Le téléphérique n'est qu'à quelques minutes de marche. Une fois au sommet du **Monte Selletta** (1 711 m), s'offrent à vous un bon choix de pistes bleues (faciles) et quelques pistes rouges (difficiles). Si ces dernières peuvent poser des problèmes aux débutants, elles sont néanmoins particulièrement exaltantes avec des séries de pentes où prendre de la vitesse suivies de plats où reprendre le contrôle de sa descente.

Après vous être échauffé en effectuant plusieurs descentes faciles, skiez de l'autre côté de la crête jusqu'à la remontée mécanique n°17, puis prenez la n°15 et descendez le sentier jusqu'à la remontée n°18. Vous vous trouvez alors au cœur même de la zone skiable, avec des pistes conduisant à toutes les vallées du côté toscan. C'est aussi par là qu'on accède au **Val di Luce** (vallée de la lumière), une superbe vallée qui mérite bien son nom et qui rassemble la plupart des pistes intermédiaires de la zone. L'**Alpe Tre Potenze** (1 940 m) offre de superbes vues panoramiques s'étirant jusqu'à la côte toscane.

Quand partir

La saison de ski en Italie s'étend généralement de décembre à fin mars bien que, les très bonnes années, elle puisse être plus longue en haute altitude. Les week-ends, Abetone devient très animée en raison des nombreux visiteurs venant de Florence et d'autres villes environnantes, telles que Lucca et Pise.

Les voyageurs qui visitent la région en mars pourront assister aux compétitions nationales et internationales de ski et de snowboard du **Pinocchio sugli sci – Snowboard**.

Renseignements

Vous trouverez des tickets pour les remontées mécaniques et des renseignements supplémentaires à l'**Ufficio Centrale Biglietti** (☎ 0573 6 05 56 ; Piazza Piramidi, Abetone ; 1 jour en semaine/week-end 24/28 €, 3 jours en semaine 58 €, 1 semaine 105 € ; 🕑 8h-13h et 15h-19h). Vous pouvez également vous inscrire à des leçons dans deux écoles de ski : la **Scuola Sci Abetone** (☎ 0573 6 00 32) et la **Scuola Sci Montegomito** (☎ 0573 6 03 92), qui proposent toutes deux un cours d'une heure pour un minimum de 35 €.

"C'est l'île d'Elbe qui attire la majorité des plongeurs."

SPORTS NAUTIQUES

La Toscane et l'Ombrie offrent un choix d'activités nautiques des plus vastes. Les infrastructures de plongée sous-marine sont généralement excellentes, les **cours de plongée** ne sont pas extrêmement chers et on trouve facilement à louer du matériel de bonne qualité. Moins demandeur en matériel, le **snorkelling** (plongée avec masque et tuba) permet néanmoins de découvrir le monde aquatique de très près. La région compte plusieurs très bons spots comme **Monte Argentario** (Porto Ercole), mais c'est l'île d'**Elbe** qui attire la majorité des plongeurs, quel que soit leur niveau. L'office du tourisme principal de Portoferraio vous fournira la liste complète des écoles de plongée et des cours existants. Avant de vous engager, vérifiez que l'école de votre choix est bien membre du **Circulo Subacqueri Association** (☎ 0565 9 30 46 ; Loc. Antiche Saline).

Dans les eaux de Pomonte, le cargo *Elvisco*, immergé à 12 m de profondeur, ravira les amateurs d'épaves. Un Junker 52, avion datant de la Seconde Guerre mondiale, a été récemment découvert non loin de Portoferraio à une profondeur de 38 m.

Les prix suivants sont donnés uniquement à titre indicatif : une plongée 32 € ; six plongées 168 € ; apprentissage du snorkelling 68 € ; cours approfondis de plongée 468 €.

Les criques des archipels toscans et celles situées autour de Monte Argentario sont idéales pour la pratique de la **voile**, de la **planche à voile** et du **kitesurf**. Vous trouverez du matériel à louer et pourrez prendre des cours dans les principales stations balnéaires. En moyenne, un stage de voile, de planche à voile ou de kitesurf de six jours coûte au minimum 130 € (1 heure 30/jour).

"L'Alpe Tre Potenze offre de superbes vues panoramiques s'étirant jusqu'à la côte toscane."

La Costa Fiorita, près de Livorno, est également très prisée des véliplanchistes. Si vous êtes intéressé par des cours de navigation ou de planche à voile à cet endroit, contactez le **Costa Fiorita Booking Centre** (☎ 0586 75 90 59 ; info@costafiorita.it), à qui l'on doit également l'organisation d'un événement d'envergure internationale, la **Regata Velica d'Altura (Trofeo Daniele Schena)**, début septembre (et qui propose des week-ends d'entraînement avant la course). Un peu plus au nord, **Viareggio** accueille chaque année plusieurs courses de bateaux, dont la **Coppa di Primavera** en mars et la **Vela Mare Cup** en mai. Pour plus d'informations, consultez le site Internet www.circolovelamare.it. Les voyageurs qui prévoient de faire de la voile en Italie doivent présenter leur passeport aux autorités portuaires du premier port où ils se rendent afin de recevoir un Constito qui leur permettra d'acheter du carburant hors taxe. Les plaisanciers qui veulent mouiller en Italie pour une période prolongée doivent impérativement posséder un permis bateau.

Tous les ports italiens appliquent un droit de mouillage. L'office du tourisme national dispose d'une liste des ports affrétant des yachts dans les ports toscans.

En raison de la surexploitation commerciale des fonds halieutiques et des interdictions de pêche qu'elle entraîne régulièrement, la **pêche** en mer risque fort d'être décevante. Les amoureux de la ligne seront plus avisés de se rabattre sur les truiticultures, les lacs artificiels et les ruisseaux, mais il faut une autorisation de la Federazione Italiana della Pesca Sportiva ed Attività Subacquee (qui a des bureaux dans chaque province) avant de lancer sa ligne.

Quand partir

Durant l'automne et l'hiver, on peut pratiquer la plupart des sports nautiques à Monte Argentario et sur l'île d'Elbe, y compris la plongée sous-marine, grâce à un climat doux qui maintient l'eau à une température modérée tout au long de l'année. Toutefois, il est conseillé de s'équiper d'une combinaison semi-étanche en hiver et de préférer une combinaison humide ordinaire en été.

Beaux arts

L'incontestable beauté de la Toscane et de l'Ombrie n'a de pair que leur extraordinaire production artistique. Si la Toscane a acquis une célébrité mondiale comme l'un des premiers foyers de création dans tous les domaines de l'art, du Moyen Âge jusqu'à la Renaissance, l'Ombrie n'est pas en reste, et les deux régions renferment certaines des œuvres les plus impressionnantes et les plus connues de la planète, couvrant plusieurs millénaires d'histoire de l'art.

ARCHITECTURE

Il y a bien longtemps...

Bien que ce soit ailleurs que l'on trouve les exemples les plus célèbres d'architecture ancienne, il reste en Ombrie, et à un moindre degré en Toscane, quelques belles cités et nécropoles pré-étrusques, étrusques et romaines. En Ombrie, Amelia possède des murailles datant du VIe siècle av. J.-C. Les environs de Perugia abritent la sépulture de l'Ipogeo dei Volumni et l'on peut voir à l'extérieur d'Orvieto la nécropole du Crocifisso del Tufo. Les Étrusques enterraient souvent leurs morts avec leurs possessions terrestres. La plupart des objets mis au jour dans ces deux derniers sites sont conservés dans des musées tels que le museo civico Claudio Faina, à Orvieto (p. 324), ou le Musée archéologique national à Perugia (p. 266). Le monument étrusque le plus imposant reste sans doute l'Arco etrusco (Arc étrusque), porte d'entrée de la ville de Perugia.

La Civilisation étrusque (Fayard, 1999), de Dominique Briquel, fait le point des connaissances sur cette fascinante civilisation qui conserve une grande part de mystère.

La première avancée technique qui permet à la civilisation étrusque de prospérer est l'élaboration de systèmes de drainage complexes qui favorisent le développement de l'agriculture dans les vallées marécageuses d'Ombrie et de Toscane. Souhaitant bénéficier de points de vue stratégiques d'où surveiller leurs cultures, les Étrusques construisent des cités en haut des plateaux de tuf : c'est l'origine de la ville italienne à flanc de colline.

Il reste quelques ruines romaines en Ombrie, mais peu en Toscane. L'ensemble le plus complet est Carsulae (p. 319), un village romain des environs de l'actuelle Terni qui se trouvait sur la Via Flaminia. S'il existe des bâtiments romains en bien meilleur état de conservation à Pompéi ou à Rome, de nombreuses villes de la région possèdent des témoignages de l'époque romaine. En Toscane, on peut voir des thermes et un théâtre à Volterra, un amphithéâtre et de petits objets comme des pièces de monnaie et des vases à Arezzo, de même que des thermes en ruine à Fiesole. En Ombrie, Spoleto abrite un grand amphithéâtre, Narni, certaines parties d'un pont et d'un aqueduc et Spello, des portes et des murailles en bon état. Toujours en Ombrie, Bevagna (p. 299) renferme les vestiges d'un amphithéâtre et de thermes, et Gubbio possède un théâtre romain en fonctionnement (p. 280).

Style roman

La Toscane et l'Ombrie traversent pendant plusieurs centaines d'années une période difficile. Après la chute de l'Empire romain, durant les premiers siècles du Moyen Âge, marqués par les invasions des hordes barbares venues du nord et une succession de règnes étrangers, la région développe un style architectural influencé par les canons romains. Le plan des églises suit celui des basiliques de l'ère romaine : une nef, deux bas-côtés, de une à cinq absides, pas de transept, le tout coiffé d'un simple dôme. Au début, du moins, les églises sont généralement dépourvues de décoration, à l'exception des absides et des arcs en plein cintre au-dessus des portes et des fenêtres. L'accent est mis sur l'expérience architectu-

Consultez le www.greatbuildings.com/places/italy.html (en anglais) pour une liste exhaustive des grands bâtiments italiens.

rale, la façon dont l'individu est soumis à l'espace. Il n'est pas rare que ces églises s'accompagnent d'un clocher carré indépendant, également décoré d'une série de fenêtres en plein cintre.

L'un des exemples les plus anciens d'architecture romane en Ombrie est le Tempietto del Clitunno (p. 309), près de Spoleto, bâti entre le Ve et le VIIIe siècle à l'aide de pierres provenant de bâtiments plus anciens – procédé connu en latin (et parmi les historiens d'art) sous le nom de *spolia*, qui consiste à réutiliser des matériaux pris sur des monuments détruits ou pillés pour construire une nouvelle structure. À Spoleto, la cathédrale a été en grande partie reconstruite, mais il subsiste certains éléments d'origine, notamment l'impressionnante façade.

En Toscane, la redécouverte du matériau de construction favori des Romains, le marbre, conduit à l'apparition d'un style décoratif assez chargé, comme on peut le voir notamment à Pise et Lucca. L'architecture romane toscane se caractérise essentiellement par des façades décorées de plaques de marbre bicolores et de rangées de colonnes et de loggias d'une grande diversité. La cathédrale de Carrara (p. 168), mise en chantier au XIe siècle, est l'un des premiers édifices médiévaux entièrement construits en marbre des Alpes apuanes.

Le Battistero (p. 92) de Florence, embelli d'un revêtement de marbre, est un bel exemple des lignes pures du style roman, à comparer avec la masse gothique du Duomo (cathédrale ; p. 90) voisin. Toujours à Florence, la Chiesa di San Miniato al Monte offre un autre magnifique exemple d'église romane, ainsi que la Pieve di Santa Maria (p. 251) à Arezzo, bien qu'elle ne possède pas de façade en marbre.

Style gothique

Le passage du roman au gothique ne se fait pas du jour au lendemain, mais dès le début du XIIIe siècle, nombre de bâtiments en Toscane et en Ombrie commencent peu à peu à prendre des caractéristiques gothiques.

L'art gothique naît en Île-de-France, autour de Paris, et atteint rapidement l'Italie. Comparés à leurs prédécesseurs romans, les palais et églises gothiques présentent des proportions gigantesques. Ce sont les érudits du XVIe siècle qui nommeront ce style d'après les Goths, destructeurs de l'Empire romain. Tournant résolument le dos au roman, la plupart des édifices gothiques ont en commun leur hauteur impressionnante. Des bâtiments de grande taille, pense-t-on alors, permettent d'élever les yeux des mortels vers les cieux tout en leur rappelant leur petitesse par rapport à la grandeur de Dieu. Plutôt que de s'appuyer sur la solidité de la masse, priorité est donnée à une lumière presque diaphane entrant par de hautes fenêtres en ogive. Ces églises sont décorées à profusion : pinacles, statues, gargouilles, ornements divers, rien n'est trop beau ni trop chargé.

Les édifices du centre de l'Italie se démarquent quelque peu des grandes cathédrales gothiques de l'Europe du Nord, telles que Notre-Dame de Paris, avec leurs incroyables ouvrages en pierre dentelée. Bien qu'immenses elles aussi, les églises toscanes sont relativement peu ornées, mais leurs façades de marbre les rendent tout aussi impressionnantes. Les plus intéressantes sont les cathédrales de Florence, Sienne et Orvieto, ainsi que les églises de Santa Croce (p. 105) et de Santa Maria Novella (p. 100) à Florence.

Le Duomo de Florence est conçu par Arnolfo di Cambio (1245–1302), premier grand maître de l'histoire de l'architecture florentine, qui érige également dans le style gothique l'un des principaux édifices civils florentin, le Palazzo Vecchio (p. 96). Fait de *pietra forte* (littéralement "pierre dure"), avec une façade à bossages rustiques typique de nombreux grands bâtiments de Florence, c'est l'un des édifices publics italiens les plus imposants du Moyen Âge. Son seul rival pourrait être le Palazzo Pubblico (p. 197) à Sienne, construit au tournant du XIVe siècle, et sa Torre del Mangia, à la silhouette élancée. On doit également à Arnolfo di Cambio la cathédrale d'Orvieto (p. 325).

L'une des églises les plus importantes jamais construites est la Basilica di San Francesco à Assise (p. 289). L'association d'éléments romains et romans à des formes gothiques comme les arcs d'ogive et les voûtes majestueuses entraîne un changement en architecture. L'église inférieure présente un style roman classique – murs lourds, colonnes épaisses – tandis que l'église supérieure offre l'un des meilleurs exemples d'architecture gothique italienne.

Brunelleschi

Apparaît alors Filippo Brunelleschi (1377–1446), l'un des acteurs les plus fougueux de l'histoire de l'architecture italienne. C'est lui qui lance la Renaissance à Florence dans le domaine architectural, mais sa plus grande contribution à son art sera d'affirmer le rôle de l'architecte. Au lieu de faire office de simple contremaître, il étudie la perspective, les mathématiques et l'équilibre et crée d'abord ses édifices sur la table à dessin.

Il construit de nombreux bâtiments à Florence : le Spedale degli Innocenti (Hôpital des Innocents, p. 105), en 1419, considéré comme l'un des premiers édifices de la Renaissance florentine ou la Sagrestia Vecchia (Ancienne Sacristie) de la Basilica di San Lorenzo (p. 113) en 1428. Il redessine la Basilica di San Lorenzo en 1420 et la Basilica di Santo Spirito en 1436 (p. 109). Tous ces édifices ont en commun certains éléments : colonnes corinthiennes, arcs en plein cintre, plafond à caissons au-dessus d'une large nef (celui de Santo Spirito est simplement peint) et décoration en deux tons (*pietra serena,* littéralement "pierre tranquille" de couleur gris-vert et bordures en plâtre blanc) ; une observation plus approfondie révèle cependant des différences. Mais le projet le plus impressionnant de Brunelleschi reste la coupole révolutionnaire du Duomo, prouesse technique pour laquelle il associe ses connaissances de l'architecture, de la science et de l'art à l'étude des monuments antiques de Rome, notamment le dôme du Panthéon.

Florence et la Renaissance

La Renaissance italienne s'épanouit tout particulièrement à Florence, où elle atteint son apogée au milieu du XVIe siècle. Cosme l'Ancien demande à Michelozzo (1396–1472) de construire une nouvelle demeure reflétant l'importance de la famille Médicis, le palazzo Medici-Riccardi (p. 103). Trois étages monumentaux aux allures de forteresse sont coiffés d'un toit massif à la corniche très protubérante. Le rez-de-chaussée possède une façade en bossage (comme au Palazzo Vecchio), pierres à fort relief grossièrement taillées qui contrastent avec la pierre lisse des étages supérieurs. Le bâtiment servira de modèle pour l'architecture civile florentine.

D'autres palais Renaissance constituant des variations sur le même thème donnent à Florence cette atmosphère sévère mais élégante qui n'appartient qu'à elle. C'est le cas du Palazzo Strozzi (p. 102), dessiné par Benedetto da Maiano (1442–1497), dont la façade est l'œuvre de Giuliano da Sangallo (1445–1516). L'influence de l'architecture florentine de l'époque se fera sentir ailleurs en Toscane, notamment dans les villes voisines de Prato, Pistoia et Pise, au nord, et perdurera bien après la Renaissance.

À Sienne, Francesco di Giorgio Martini (1439–1502) est à peu près le seul architecte de renom durant la Renaissance. Peintre et sculpteur accompli, le seul bâtiment qu'il reste de lui est la Chiesa di Santa Maria al Calcinaio, à quelques kilomètres de Cortona. Adoptant une approche originale, il abandonne les piliers et colonnes traditionnels pour séparer les bas-côtés de la nef centrale et érige à la place une structure à deux niveaux avec des fenêtres en forme de tabernacle au deuxième étage.

Deux des principaux édifices Renaissance en Ombrie sont le Palazzo Ducale à Gubbio (p. 280), construit vers 1470 par Francesco di Giorgio Martini et le Tempio di Santa Maria della Consolazione (p. 314) à Todi, datant de 1508 et attribué à Donato Bramante (1444–1514).

Michel-Ange

Issu d'une famille pauvre, Michelangelo Buonarroti (1475–1564) a la chance d'être accueilli très tôt chez les Médicis pour y apprendre la peinture et la sculpture. Plus tard, il se tourne également vers l'architecture. Cependant, il travaille peu à Florence et crée ses plus beaux bâtiments à Rome où la majesté de la haute Renaissance surpasse même Florence.

Michel-Ange entreprend quelques projets à Florence avant de partir pour Rome, notamment la Sagrestia Nuova (Nouvelle Sacristie) ainsi que le vestibule et l'escalier de la Biblioteca Medicea Laurenziana, toutes deux dans la Basilica di San Lorenzo et dont aucune ne sera achevée comme il le souhaitait. Ses œuvres florentines sont considérées comme annonciatrices du maniérisme.

Maniérisme

La haute Renaissance prend fin vers 1520. En 1527, le sac de Rome par les troupes impériales de Charles Quint lui porte la dernière estocade, ne serait-ce que parce que la guerre et les souffrances ont épuisé les ressources et étouffé le désir de continuer à créer avec une telle profusion et à une échelle aussi grandiose.

Dans l'Italie de la Renaissance, l'art et l'architecture sont inextricablement liés aux mathématiques et aux sciences. Brunelleschi réinvente la perspective linéaire en élaborant une technique de dessin qui permet de projeter avec précision une structure en trois dimensions sur une feuille de papier : la science peut désormais guider l'architecture.

Un style nouveau, le maniérisme, assure la transition de la Renaissance au baroque. Antonio da Sangallo il Giovane (1485–1546), fils d'un architecte et sculpteur florentin, travaille essentiellement à Rome, bien qu'il revienne brièvement à Florence en 1534 pour construire la Fortezza da Basso (p. 112) pour Alexandre de Médicis. Bartolomeo Ammannati (1511–1592) agrandit le Palazzo Pitti (p. 108) pour en faire un palais destiné aux ducs de Médicis et dessine le Ponte Santa Trinità (p. 102). Il participe également à la conception du Giardino di Boboli (p. 109).

Giorgio Vasari (1511–1574), né à Arezzo, marque Florence de son empreinte en érigeant les Uffizi (p. 98) et le Corridoio Vasariano (p. 100), passage qui relie le Palazzo Vecchio au Palazzo Pitti au-dessus de l'Arno. Bernardo Buontalenti (1536–1608), successeur de Vasari comme architecte du grand-duc de Toscane, dessine le Forte di Belvedere (p. 109) et le Palazzo Nonfinito (p. 93), dans la Via del Proconsolo, qui diffère des palais Renaissance essentiellement par les fioritures ornementales de sa façade.

Baroque

Au XVIIe siècle, le rythme des constructions se ralentit dans toute la région. C'est l'époque du baroque, style qui se manifeste souvent plus dans la décoration que dans la conception des bâtiments. Poussée à l'extrême, comme à Rome, cette ornementation est d'une somptuosité à la limite de la surabondance, toute en statues sinueuses, piliers torsadés et décors à profusion.

En Toscane, les édifices de ce style sont l'exception plutôt que la règle, mais on peut en voir quelques-uns, notamment les villas proches de Lucca, la cathédrale de Pescia (p. 152) et l'intérieur surchargé de la Basilica di Santa Maria del Carmine (p. 110) de Florence. Toujours à Florence, on peut citer la Chiesa di San Gaetano (p. 102) et la façade de la Chiesa d'Ognissanti. Cette dernière, achevée par Gherardo Silvani

(1579–1675) et considérée comme le plus bel exemple de ce style à Florence, témoigne de la retenue caractéristique du baroque florentin.

Du renouveau urbain à nos jours

En Toscane et en Ombrie, le renouveau urbain apparaît au début du XIXe siècle. La représentante et sœur de Napoléon, Élisa Bacciochi, contribue à transformer les murailles de Lucca en ce jardin de velours vert qui entoure aujourd'hui la vieille ville. Des projets de travaux publics sont lancés et de nombreux bâtiments néoclassiques, ponts et *viali* (boulevards) fleurissent. L'ancien cœur de la Florence antique, où se dressait autrefois le forum romain, est détruit pour faire place à la grandiose Piazza della Repubblica (p. 95) dans les années 1890. L'Art nouveau s'épanouit entre les années 1880 et l'entre-deux-guerre sous la forme du style Liberty (d'après le magasin éponyme de Londres). La ville de Viareggio (p. 164) regorge de bâtiments Liberty, des plus imposants aux plus simples.

"L'art toscan et ombrien s'épanouit"

Dans cette région au passé architectural si riche, la période qui suit la Seconde Guerre mondiale engendre malheureusement peu de créateurs talentueux et d'urbanistes visionnaires. Livorno et les faubourgs de Florence, en Toscane, de même que Terni et dans une moindre mesure Foligno, en Ombrie, voient des immeubles ternes remplacer les magnifiques édifices détruits durant les bombardements. Rien n'est plus éloigné des lignes idéales des plus belles créations de Brunelleschi que les habitations sans âme et bon marché et les zones industrielles qui se succèdent aujourd'hui entre Florence et Prato.

PEINTURE ET SCULPTURE

Pour leur bonheur, mais aussi pour leur malheur, les villes ombriennes et toscanes sont la propriété de grandes familles ou de l'Église, qui passent commande à des artistes comme Raphaël, Signorelli ou le Pinturicchio pour peindre à fresque leurs nouveaux palais et églises. L'art toscan et ombrien s'épanouit, non pas mû par un besoin esthétique mais par la

HORS DES SENTIERS BATTUS

Évitez les interminables files d'attente dans la galerie des Uffizi (p. 98) ou devant le *David* à l'Accademia en allant voir ces merveilleux exemples du génie artistique :

- Les *Effets du bon et du mauvais gouvernement* d'Ambrogio Lorenzetti au Palazzo Pubblico (p. 197) de Sienne
- *La Légende de la vraie Croix* de Piero della Francesca à la Chiesa di San Francesco (p. 249) à Arezzo
- Le *Cycle de saint François* exécuté notamment par Giotto (p. 292) à Assise
- La Cappella Brancacci réalisée par Masaccio, Masolino et Filippino Lippi dans la Basilica di Santa Maria del Carmine (p. 110) à Florence
- La *Fonte Gaia* de Jacopo della Quercia (p. 197) à Sienne
- La Sagrestia Nuova (Nouvelle Sacristie) de Michel-Ange dans la Basilica di San Lorenzo (p. 102) à Florence
- La Basilica di Santo Spirito (p. 109) édifiée par Brunelleschi à Florence
- Les chapelles Bardi et Peruzzi décorées par Giotto dans la Basilica di Santa Croce (p.105) à Florence
- La chapelle de Santa Maria di San Brizio et son *Jugement dernier*, par Luca Signorelli dans la cathédrale d'Orvieto (p. 325)
- La *Crucifixion* de Cimabue dans la Basilica di San Francesco (p. 289) à Assise

nécessité de garder présents à l'esprit des fidèles (bien souvent analphabètes) les histoires et les enseignements de la Bible. L'art est religieux et il poursuit un objectif pédagogique, surtout à l'époque byzantine, romane et gothique, où les œuvres sont réalisées sur la demande de l'Église (qui ne paie pas toujours la facture) et destinées à des institutions ou à des buts religieux. Le clergé dicte aux artistes, tenus pour de simples exécutants, les sujets et la manière de peindre. C'est le client qui est considéré comme l'auteur de l'œuvre et celle-ci porte souvent sa signature.

Antiquité

L'art étrusque se présente essentiellement sous la forme de céramiques peintes dans un style géométrique oriental. L'influence grecque se fait aussi sentir, notamment sur la côte sud de la Toscane et dans le Lazio, où les habitants entretiennent des contacts directs avec les marchands grecs. On peut admirer de très beaux exemples de céramiques, décorations funéraires et sculptures dans les musées archéologiques de Perugia (p. 262), Spoleto (p. 304) et Orvieto (p. 324), en Ombrie.

Moyen Âge

Entre la chute de Rome et le XIIIe siècle, la Toscane et l'Ombrie créent peu d'œuvres d'art originales. À mesure que les villes se libèrent du contrôle impérial ou féodal au cours du XIIe siècle, l'art semble lui aussi s'affranchir de la rigidité héritée des canons romans et byzantins. Les figures religieuses solennelles et peu réalistes et les fonds dorés représentant les cieux disparaissent progressivement au profit de peintures qui figurent des émotions et des personnes réelles.

L'histoire veut que le grand maître Cimabue ait "découvert" un jour le jeune berger Giotto en voyant une esquisse que celui-ci dessinait tout en conduisant ses moutons.

En Toscane, Pise est prépondérante. Maîtresse de la Sardaigne et grand port commercial, la ville est plus ouverte aux influences extérieures et aux échanges que les cités de l'intérieur comme Florence. Le premier artiste de renom à avoir un impact à Florence est Cimabue (v. 1240–1302). D'abord établi à Pise, il sillonne ensuite toute la Toscane. Il nous a laissé la représentation la plus réaliste de saint François, peinte dans l'église inférieure de la Basilica di San Francesco à Assise d'après des descriptions faites par les deux neveux du saint. Giorgio Vasari (voir p. 54) voit en Cimabue celui qui catalysa en peinture l'abandon de la rigidité des modèles gothiques et byzantins. À Florence, aux Uffici, sa *Maestà* (Vierge en majesté, p. 98) démontre amplement la transition entre une iconographie de style byzantin et une exploration nouvelle de l'expressivité et du réalisme.

Giotto di Bondone, dit Giotto (v. 1266–1337), né dans le Mugello, au nord de Florence, est la grande figure de cette révolution artistique en gestation qui ouvrira la voie à l'explosion de la Renaissance. La plupart de ses contemporains florentins subissent à divers degrés l'influence de ce grand nom du panthéon artistique italien, célèbre pour ses fresques, dont la difficile technique consiste à appliquer des couleurs sur un enduit encore frais.

En sculpture, Nicola Pisano (v. 1215–v. 1278) est lui aussi un modèle pour tous ceux qui le suivront en Toscane et en Ombrie. Certaines de ses plus belles œuvres se trouvent dans le baptistère de Pise (p. 156). On lui doit la chaire de la cathédrale de Sienne et on lui attribue également les sculptures qui ornent la Fontana Maggiore (Grande Fontaine, p. 265), dans le centre de Perugia. Malgré son surnom (Pisano), il est né en Italie du Sud. Son fils et successeur, Giovanni Pisano (v. 1248–v. 1314), travaille lui aussi sur la cathédrale de Sienne.

Arnolfo di Cambio (v. 1245–1302), élève de Nicola Pisano, est surtout connu comme l'architecte du Duomo et du Palazzo Vecchio (p. 96) à Florence. C'est également lui qui décore la façade du Duomo. On peut admirer certaines de ses sculptures au Museo dell'Opera del Duomo, mais la plupart ont été détruites lors la transformation de la cathédrale au XVIe siècle.

Andrea Pisano (v. 1290–v. 1348), autre sculpteur exceptionnel, réalise les portes de bronze de la façade sud du Battistero à Florence (p. 92). Le réalisme des personnages allié à la finesse des détails linéaires typiques du style gothique témoigne du processus de transition qui s'opère à l'époque.

École de Sienne

Bien que Florence commence déjà à s'imposer comme le centre de la vie artistique en Toscane, sa rivale Sienne, au sud, connaît une brève période de gloire.

Le seul artiste siennois à pouvoir rivaliser avec Giotto est Duccio di Buoninsegna (v. 1255–1318). Toujours très attaché à l'école byzantine, il n'en associe pas moins ce style à des idées gothiques et introduit une fluidité et une expressivité qui évoquent Cimabue aux yeux de certains. On peut admirer plusieurs de ses œuvres dans la cathédrale de Sienne ainsi qu'aux Uffici à Florence (p. 98). Son meilleur élève est Simone Martini (v. 1284–1344), dont la magnifique *Annunciazione,* créée pour la cathédrale de Sienne, se trouve aujourd'hui aux Uffizi.

Riche musée virtuel, la Web Gallery of Art au www.kfki.hu/~arthp/ présente, en anglais, plus de 6 500 peintures européennes de la Renaissance et de l'époque gothique et baroque, ainsi que des biographies des artistes.

Sienne produit d'autres artistes renommés, comme Pietro Lorenzetti (v. 1290–v. 1348) et son frère Ambrogio (mort v. 1348). Tous deux travaillent aussi ailleurs, Pietro étant particulièrement actif à Assise. Ambrogio est l'auteur des *Effetti del Buon e del Cattivo Governo* (Effets du bon et du mauvais gouvernement) dans le Palazzo Pubblico de Sienne (p. 197).

En visitant les *palazzi* et les galeries de Sienne, on finit cependant par se rendre compte que les chefs-d'œuvre des grands artistes siennois, malgré toute leur beauté, semblent figés dans le temps. Alors que la Renaissance et les mouvements artistiques suivants s'emparent de Florence, Sienne y reste suprêmement indifférente et demeure fidèle à des modèles essentiellement byzantins et gothiques. La chose est particulièrement évidente dans les réalisations de peintres tels que Taddeo di Bartolo (1362–1422) et même Giovanni di Paolo (1395–1482), qui s'accrochent au style de la fin du gothique, pendant qu'à Florence, des artistes comme Uccello, Verrocchio et Filippo Lippi révolutionnent le monde de la peinture.

Basilica di San Francesco

Peu après la mort de saint François, tous les grands maîtres de l'époque - Cimabue, Giotto, Pietro Lorenzetti, Simone Martini - sont conviés à peindre à fresque cette somptueuse église en cours de construction dans le nouveau style gothique italien. Leurs peintures vont opérer un profond bouleversement dans le domaine de l'art. L'ancien style byzantin représentait des personnages religieux en deux dimensions sur fond doré, symbole des cieux. Dans le cycle de fresques de l'église supérieure, Giotto ajoute quelque chose d'inconnu jusque-là : les émotions et les expressions.

Quattrocento et Renaissance

Avec la Renaissance apparaissent une plus grande individualité et une nouvelle appréciation de la peinture, jugée sur des critères esthétiques et non plus uniquement didactiques ou pieux. En même temps, les artistes voient leur statut social s'améliorer. À Florence en particulier, mais aussi dans toute la Toscane et ailleurs, les commandes commencent à émaner de membres de la communauté laïque qui souhaitent décorer des lieux publics ou leurs propres demeures. Cette évolution favorise la diversification des sujets, qui englobent désormais les scènes de bataille, les portraits (généralement des bustes) et les scènes de la mythologie

MADONNES ET SAINTS

De même que la production artistique européenne au Moyen Âge et à la Renaissance appartient souvent à des groupes thématiques bien définis, les titres de nombreuses œuvres sont presque toujours les mêmes. Ces titres tout faits sont rarement traduits, mais vous trouverez ci-dessous quelques indices pour vous guider.

Une *Crocifissione* (Crucifixion) représente la crucifixion du Christ, l'un des sujets les plus courants de l'art religieux, de même que la *Deposizione* (Déposition), qui dépeint le corps du Christ après la descente de croix. Une *Pietá*, sujet de prédilection des sculpteurs, montre le corps sans vie du Christ dans les bras de ses fidèles – les personnages varient, mais le thème reste le même. Avant d'être supplicié, le Christ prend une *Ultima Cena*, ou Dernier repas, en compagnie des apôtres.

Le sujet favori demeure sans doute la *Madonna col Bambino/Bimbo* (Vierge à l'enfant), aux infinies variations, Marie et Jésus étant représentés parfois seuls, parfois accompagnés de divers *santi* (saints), *angeli* (anges) ou autres personnages. L'*Annunciazione* (Annonciation), message de l'ange Gabriel à la Vierge pour lui annoncer l'étrange honneur qui lui est échu, constitue un autre épisode très apprécié. Enfin, à la naissance de l'enfant Jésus, de nombreuses figures, notamment les *Magi* (Mages), viennent participer à l'*Adorazione* (Adoration).

classique. Cependant, durant toute la Renaissance et même après, le gros de la production continue à s'appuyer sur une série de modèles religieux convenus. Dans ces conditions, il n'est pas toujours facile pour les artistes d'innover.

Lorenzo Ghiberti (1378–1455) réalise la plupart des portes du Battistero de Florence, dont l'une sera baptisée Porta del Paradiso par un Michel-Ange admiratif. Donatello (v. 1386–1466), formé dans le prestigieux atelier de Ghiberti, laisse éclater son génie dans une succession de sculptures d'un dynamisme et d'une force sans précédent, notamment son *David* en bronze, aux lignes légèrement féminines, première statue de nu depuis l'Antiquité (Palazzo del Bargello, p. 94) et son élégante *cantoria*, tribune des chantres en marbre et mosaïque créée pour le Duomo (elle se trouve aujourd'hui au Museo dell'Opera del Duomo).

Pendant ce temps, l'impétueux Jacopo della Quercia (1374–1438) imprime sa marque à travers toute la Toscane, mais surtout à Lucca et à Sienne où il sculpte la Fonte Gaia (p. 197) de la Piazza del Campo.

"Léonard de Vinci (1452-1519) apporte à tous les domaines du savoir une touche originale"

Paolo Ucello (1397-1475) a peint les fresques du *Déluge*, aux scènes surréalistes, dans le cloître de Santa Maria Novella. La perspective dessinée par de grandes lignes de fuite accentue l'impression de souffle. Les tonalités verte et orange renforcent le côté fantastique.

Peintre à ses heures, Andrea del Verrocchio est surtout connu pour son travail de sculpteur (et pour avoir été l'un des maîtres de Léonard de Vinci). Il déploie toute sa virtuosité dans le sarcophage qu'il réalise pour la famille Médicis dans l'ancienne sacristie de la Basilica di San Lorenzo. Son chef-d'œuvre reste cependant le bronze équestre du condottiere Colleoni à Venise.

Piero della Francesca (1415/20-1492), natif d'Arezzo, y exécute un cycle de fresques, *La Légende de la vraie Croix*, sur lesquelles la narration alterne entre violence et recueillement afin de maintenir l'attention du spectateur. Les couleurs sont pures, claires et lumineuses. Sandro Filipepi, dit Botticelli (1445-1510), élève de Filippo Lippi et de Verrocchio, est surtout connu pour ses grandes compositions présentant des thèmes mythologiques et mettant en scènes des figures éthérées, comme *La Naissance de Vénus* et *Le Printemps*.

Luca Signorelli (1450–1523), de Cortona, peint le cycle de fresques de la cathédrale d'Orvieto représentant le Jugement dernier et inspirées de *La Divine comédie* de Dante.

Les deux peintres ombriens les plus célèbres sont Pietro Vannucci (v. 1450–1523), dit le Pérugin, et Bernardo di Betto (v. 1454–1513), dit le Pinturicchio. Le Pérugin, né à Cittá della Pieve (qui abrite toujours la plupart de ses œuvres), passe la majeure partie de sa vie à Perugia, où ses sereines figures classiques annoncent l'abandon de la linéarité qui prévalait au milieu du XVe siècle. Il réalise bon nombre des fresques du Collegio del Cambio (p. 266) de Perugia, mais sa composition la plus célèbre, La Remise des clefs à saint Pierre, orne la chapelle Sixtine à Rome. Élève du Pérugin, le Pinturicchio réalise lui aussi des fresques dans la chapelle Sixtine, ainsi que dans les appartements Borgia au Vatican. Les meilleurs exemples de son style se trouvent à la chapelle Baglioni de Santa Maria Maggiore (p. 297), dans sa ville natale de Spello, ou à la bibliothèque Piccolomini (p. 199) de la cathédrale de Sienne. Le Pérugin a également pour élève Raphaël (1483–1520), qui s'installe à Perugia de 1500 à 1504 pendant sa formation, avant de partir étudier et travailler à Florence, Sienne et Rome.

Léonard de Vinci

Né dans une petite ville à l'ouest de Florence, Léonard de Vinci (1452–1519) se détache du lot de ses contemporains. Personnalité inclassable, à la fois peintre, sculpteur, architecte, savant et ingénieur, il apporte à tous les domaines du savoir et de l'art une touche originale en ouvrant des voies totalement nouvelles. Si l'on devait résumer sa philosophie, ce serait "voir, c'est croire". Dans les milliers d'écrits qu'il laisse après sa mort, il ne cesse de vanter les mérites de la vision et de l'observation. Faisant peu de cas des idées reçues, qu'elles soient chrétiennes ou classiques, Léonard se jette dans tout ce qu'il entreprend avec une curiosité insatiable.

Malgré ses multiples domaines d'étude, il trouve le temps de se consacrer à ce qu'il considère comme le plus noble des arts, la peinture. Il réalise une grande partie de ses œuvres ailleurs qu'à Florence et passe vingt ans à Milan. L'une de ses composition de jeunesse les plus exceptionnelles, *L'Annunciazione*, aujourd'hui visible aux Uffizi, révèle l'importance qu'il accorde déjà à la lumière et à l'ombre, qu'il représente par la technique du *chiaroscuro*.

Michel-Ange

Tandis que Léonard de Vinci travaille à Milan, Michelangelo Buonarroti (1475–1564) s'affirme comme un rival possible, mais dans un style bien différent. Contrastant avec l'atmosphère floue et vaporeuse des images de Léonard, Michel-Ange fait preuve d'une plus grande netteté de lignes. Très vite remarqué par Laurent de Médicis qui le prend sous son aile, il signe en particulier le grandiose décor du plafond de la chapelle Sixtine à Rome. Florence n'abrite qu'un petit nombre de ses œuvres, mais l'exceptionnel *Sainte Famille avec saint Jean enfant*, dit *Tondo Doni* (*tondo* signifie cercle et Doni était le commanditaire), aux Uffizi, offre un aperçu saisissant de son talent.

Michel-Ange est surtout prolifique dans le domaine de la sculpture. Si on peut voir certains de ses édifices et de ses peintures à Florence, ses plus belles réalisations sont celles qu'il taille dans la pierre.

Après un séjour à Rome où il sculpte la remarquable *Pietà*, il retourne à Florence en 1501 pour s'attaquer à l'un de ses plus magnifiques projets, sa gigantesque statue de *David*.

Visitez le www.italian-art.org, site (en anglais) de l'Italian Renaissance Art Project (IRAP) pour en savoir plus sur ce mouvement et ses artistes.

Consultez le www.michelangelo.com/buonarroti.html, consacré à la vie et l'œuvre de Michel-Ange (en anglais).

De la haute Renaissance au maniérisme

Fra Bartolomeo (1472–1517) se distingue par des tableaux tels que l'*Apparizione della Vergine a San Bernardo* (Vision de saint Bernard), aujourd'hui à la Galleria dell'Accademia (p. 103), à Florence. Partisan de Savonarole (p. 24), il privilégie un art clairement religieux, éliminant tous les détails secondaires en faveur du sujet principal. Piero di Cosimo (v. 1461–1521), quant à lui, s'intéresse à la nature et à la mythologie. On peut voir plusieurs de ses tableaux au Palazzo Pitti (p. 108), à Florence.

Andrea del Sarto (1486–1531) réalise la *Madonna del Sacco*, dans le grand cloître de SS. Annunziata, ainsi que la remarquable série de fresques en *grisaille* évoquant des bas-reliefs dans le Chiostro dello Scalzo.

L'expérimentation associée aux œuvres d'artistes comme Jacopo Pontormo (1494–1556) fait de celui-ci le peintre emblématique du maniérisme, recherche torturée d'une expression plus libre. Dans l'une de ses premières compositions, la *Visitazione* (Visitation) peinte à l'église SS. Annunziata de Florence, les personnages semblent presque furtifs ou préoccupés. Il donne toute la mesure de son talent dans la *Deposizione* (Déposition) réalisée plus tard, dans les années 1520, l'une de ses seules œuvres visibles in situ, à Santa Felicità, à Florence (p. 108).

Rosso (dit Rosso Fiorentino, 1494–1540) travaille lui aussi sur les fresques de SS. Annunziata et d'autres projets ailleurs en Toscane avant de partir pour Rome. Comme chez Pontormo, on détecte chez lui une note d'inquiétude, bien que son style soit différent. Les contrastes qui éclatent dans ses œuvres entre la lumière et l'ombre donnent un côté irréel à ses personnages.

En 1527, le sac de Rome par les troupes fidèles à l'empereur Charles Quint disperse les artistes de cette ville et entraîne des répercussions sur le mouvement maniériste en Toscane et en Ombrie. En 1530, François Ier fait venir Rosso à Fontainebleau où celui-ci crée une école française qui est à l'origine d'un art de cour qui dominera l'Italie et la France et, dans une moindre mesure, l'Angleterre et la Hollande au cours des cinquante années suivantes.

À Sienne, Domenico Beccafumi (v. 1484–1551) est l'un des grands représentants du maniérisme toscan. Il réalise notamment une *Caduta degli Angeli* (Chute des anges) empreinte d'inquiétude et de mouvement – au point que les contours semblent brouillés. On peut l'admirer à la Pinacoteca Nazionale (p. 203) de Sienne. Vers la même époque, le Sodoma (1477–1549) produit des travaux de nature plus tourmentée. Certains critiques d'art voient en lui, du moins au début, un successeur de Léonard de Vinci, puis de Raphaël, par la matité de ses peintures baignées d'une lumière méditerranéenne. Vous pouvez comparer ses œuvres à celles de Beccafumi à la Pinacoteca Nazionale de Sienne.

Florence regorge des œuvres de Giorgio Vasari (1511–1574) et de ses élèves, d'une qualité variable. Vasari se distingue en particulier par sa rapidité d'exécution : grâce à une armée d'assistants, il parvient à réaliser une multitude de fresques et de peintures d'un style qui laisse parfois à désirer. Vasari et ses assistants exécutent ainsi une grande partie de la décoration du Palazzo Vecchio (p. 96). Mais il est surtout connu et apprécié pour son ouvrage en deux volumes sur les Vies des plus excellents architectes, peintres et sculpteurs italiens, où il mêle éléments biographiques, réflexions philosophiques et anecdotes sur ses collègues italiens.

Baroque, néoclassique et Macchiaioli

Alors que s'amorce un nouveau siècle, une multitude d'artistes continuent à travailler à Florence, mais peu valent la peine d'être mentionnés. La grande figure de la première moitié du XVIIe siècle est Giovanni da San Giovanni (1592–1636) dont on peut voir certaines des fresques au Palazzo Pitti (p. 108). Un peintre très sous-estimé de l'époque est Cecco Bravo (1601–1660), dont les toiles allient les goûts florentins de l'époque à la redécouverte des couleurs douces de l'artiste vénitien Titien.

Dans *Promenades étrusques* (Gallimard, 1949), D.H. Lawrence traverse la campagne italienne à la recherche de ruines antiques et du sens de la vie.

L'arrivée d'artistes venus d'ailleurs, comme Pietro da Cortona et le Napolitain Luca Giordano (1634–1705) fait souffler à Florence le vent baroque de la couleur et du mouvement, contrastant avec les maniéristes qui avaient cherché, souvent avec raideur, à rompre avec les conventions de la Renaissance.

La scène artistique florentine reste stérile jusqu'à ce que les premières manifestations de l'impressionnisme filtrent depuis Paris vers le milieu du XIXe siècle. À Florence, les artistes opposés à l'académisme décrètent que la seule manière d'aller de l'avant est d'exécuter des paysages d'après nature. Le mouvement des Macchiaioli (les "tachistes", de macchia, tache), ainsi baptisé par un article de journal désobligeant paru en 1862, dure jusqu'à la fin des années 1860. Les toiles de peintres comme Giovanni Fattori (1825–1908), né à Livorno, le Napolitain Giuseppe Abbati (1836–1868) et Silvestro Lega (1826–1895) se trouvent à la Galleria d'Arte Moderna de Florence.

En 1870, le mouvement s'essouffle. Des divergences apparaissent, séparant le réalisme des recherches stylistiques, et la Toscane, à ce jour, n'a plus jamais connu la grandeur des siècles passés.

Pour une vision d'ensemble de la civilisation italienne, consultez *L'Italie, de la Renaissance à la fin du XVIIIe siècle* de Jean Delumeau (Armand Colin, 1991).

Art et architecture en Italie 1600-1750 (F. Hazan, 1991), de Rudolf Wittkower, est un excellent ouvrage de référence qui couvre l'art et l'architecture baroques.

Art contemporain

Plusieurs artistes ombriens occupent le devant de la scène. Au début du XXe siècle, le futuriste Gerardo Dottori (1884–1977), né et formé à Perugia, accède à la célébrité avec l'*aeropittura*, une façon de peindre censée exprimer la sensation de voler. L'artiste italien le plus connu de ce siècle est Alberto Burri (1915–1995). Ayant commencé à peindre sur de la toile à sac alors qu'il est prisonnier de guerre aux États-Unis, il continue à se servir de supports et de matières de différentes textures durant toute sa carrière. Ses œuvres impressionnistes abstraites exposées dans le monde entier influencent de nombreux artistes tels que Rauschenberg. Burri est né à Città di Castello (p. 285), où deux galeries abritent une grande partie de ses travaux, notamment un ancien entrepôt de tabac renfermant ses pièces les plus volumineuses. Le sculpteur Leoncillo Leonardi (1915–1968) travaille surtout la céramique et la terre cuite et s'essaie au néo-cubisme. Certaines de ses œuvres se trouvent à la galerie d'art moderne de Spoleto.

LITTÉRATURE

Longtemps après la chute de Rome, le latin reste la langue des discours et des écrits savants dans toute l'Italie. Ce n'est qu'au bout d'un long et difficile processus que les idiomes locaux accèdent à un statut littéraire, et l'italien ne fait pas exception.

La littérature italienne écrite dans la langue vernaculaire commence à s'épanouir en Toscane et en Ombrie au début du XIIIe siècle. L'un des premiers genres créés est la poésie sacrée, concentrée à Assise après la mort de saint François. Dante Alighieri (1265–1321) domine son époque. Né à Florence dans une riche famille, il reçoit une excellente éducation, s'engage dans la politique florentine aux côtés des guelfes blancs et s'essaie à divers styles et genres littéraires, abordant aussi bien la philosophie et la politique que le thème de l'amour. Contraint de s'exiler de Florence en 1301 lorsque la faction rivale prend les rênes du pouvoir, il passe le reste de sa vie à parcourir l'Europe et à rédiger *La Divina Commedia* (La Divine Comédie).

Le site www.artcyclopedia.com contient une base de données sur les mouvements artistiques et leurs principaux représentants.

Dante n'est pas un génie isolé. Deux autres écrivains toscans forment avec lui le trio qui ouvre la voie au développement d'une riche littérature italienne.

Pétrarque (Francesco Petrarca, 1304–1374), né à Arezzo de parents florentins partis en exil vers la même époque que Dante, écrit toutefois davantage en latin qu'en italien. Le recueil *Il Canzoniere* rassemble ses plus beaux poèmes. Bien que le sujet central soit l'amour qu'il voue en vain à une jeune fille, Laure, toute la gamme des sentiments, du chagrin à la joie, est exprimée avec un lyrisme jusque-là inégalé. Ses vers vibrants de clarté et de passion, dans lesquels transparaît sa connaissance des classiques, frappent si fortement les esprits qu'un mouvement se revendiquant de lui, le *pétrarquisme*, gagne toute l'Europe, et que le poète et humaniste fait de nombreux émules en Italie et ailleurs. Son influence perdure jusqu'au XVIIe siècle en Angleterre, où le poète et prédicateur John Donne compose des poèmes dans la même veine et sur le même thème.

Contemporain et ami de Pétrarque, le Florentin Giovanni Boccaccio (1303–1375) finit ses jours à Certaldo, non loin de Florence. Son chef-d'œuvre est *Le Décaméron,* écrit dans les années qui suivent la peste de 1348, à laquelle il survit. Du récit auquel se livre chacun de ses dix personnages surgit un vaste panorama de personnalités, d'événements et de symboles.

Figure emblématique de la seconde moitié du XVe siècle à Florence, Laurent de Médicis, dit le Magnifique, est aussi un homme de lettres. Par son approche éclairée du savoir et des arts, il crée une atmosphère stimulante pour les écrivains.

Autre grande figure littéraire de la Renaissance florentine, Niccolò Machiavelli (1469–1527) est surtout célèbre pour son essai *Il Principe* (Le Prince), réflexion sur le pouvoir et la politique. Auteur prolifique dans de multiples domaines, il crée notamment une comédie au ton enlevé, *La Mandragola* (La Mandragore), exemple virtuose de la littérature italienne. Entre le XVIIe et le XIXe siècle, la Toscane et l'Ombrie sont peu présentes sur la scène littéraire, même si la Toscane voit naître Carlo Lorenzini (1826–1890), plus connu des Italiens sous le pseudonyme de Carlo Collodi, inventeur des *Avventure di Pinocchio*, une œuvre connue du public dans la version du film de Walt Disney.

XIXe et XXe siècles

Personnage clé de la littérature toscane du XIXe siècle, Giosuè Carducci (1835–1907), natif de la Maremma, passe la seconde partie de sa vie à Bologne et compose ses meilleurs poèmes dans les années 1870. Son œuvre se nourrit de méditations pensives sur la mort (comme dans *Pianto Antico*), de souvenirs de ses passions de jeunesse (*Idillio Maremmano*) et d'une sorte de nostalgie pour l'histoire. Ses derniers poèmes évoquent souvent les splendeurs de la Rome antique.

Avant la Première Guerre mondiale, le Florentin Aldo Palazzeschi (1885–1974) représente l'avant-garde du mouvement futuriste. In 1911, il publie ce que l'on peut considérer comme sa plus belle œuvre (peu appréciée à l'époque), *Il Codice di Perelà* (Le Code de Perelà), allégorie parfois amère tournant en partie à une parodie grotesque de la vie du Christ.

Bourdonnante d'activité dans les années 1920 et 1930, Florence voit fleurir, du moins pour un temps, toute une série de revues littéraires sous le régime fasciste. Des magazines tels que *Solaria* (1926-1934) et son successeur *Letteratura* (qui paraît en 1937) ainsi qu'*Il Frontespizio* (1929–1940) offrent aux écrivains de toute l'Italie un espace d'expression et de discussion.

L'un des auteurs fondateurs de *Letteratura*, Alessandro Bonsanti (1904–1984), rédige principalement des essais et des critiques. Autre rédacteur de la revue, Guglielmo Petroni (né en 1911 à Lucca), dont l'œuvre poétique jouit déjà d'une certaine notoriété, fait dans son roman *Il Mondo è una prigione* (Le monde est une prison, 1948) une description éclatante de la prison politique, considérée comme l'un des meilleurs témoignages sur la Résistance italienne. Né en 1910 à Viareggio et directeur

Lire *Les vies des plus excellents architectes, peintres et sculpteurs italiens* de Giorgio Vasari avant d'aller visiter musées et églises permet d'avoir une autre vision des œuvres et de leurs créateurs. Ce contemporain des artistes de la Renaissance livre des révélations biographiques savoureuses (et souvent romancées) sur les plus grands noms de la région. En français, citons l'édition bilingue *Vies d'artistes : Vite di artisti* (Folio, 2002), qui, outre des extraits du livre de Vasari, propose des passages de la vie de Benvenuto Cellini, écrite par lui-même.

d'asile psychiatrique, Mario Tobino évoque avec talent la vie des internés dans *Le Donne Libere di Magliano* (Les Femmes libres de Magliano).

L'un des poètes majeurs de l'après-guerre, le Florentin Mario Luzi (né en 1914), s'interroge sur l'angoisse qui naît du contraste entre l'individu et le vaste univers.

Peu de femmes écrivains ont réussi à se tailler une place au soleil de Toscane, hormis Anna Banti (1895–1985), dont la prose privilégie l'approche psychologique pour fouiller l'état d'esprit de ses personnages et analyser la place des femmes dans la société.

Auteur d'une dizaine de romans, Dacia Maraini (née en 1936) se place sans aucun doute au premier rang des femmes écrivains de la Toscane contemporaine. Dans son très intéressant *Voci* (Voix), où le personnage principal, une journaliste, s'embarque dans une enquête sur un meurtre, l'histoire policière est ponctuée de commentaires inquiétants sur la société.

Le Pisan Antonio Tabucchi (né en 1943) s'impose comme un écrivain de grande stature avec plus d'une douzaine de livres à son actif. L'un de ses romans les plus attachants, *Sostiene Pereira* (Pereira prétend), qui se déroule dans le Lisbonne de l'avant-guerre, a été adapté au cinéma par Roberto Faenza, avec Marcello Mastroianni.

CINÉMA

Immensément productif, le cinéma italien a donné naissance à certains des plus beaux joyaux du septième art. La Toscane s'enorgueillit d'avoir vu naître le projecteur un an avant que les frères Lumière brevettent le leur à Paris : en 1895, l'infortuné Filoteo Alberini met au point son *kinetografo* (projecteur de cinéma) à Florence dans l'indifférence générale.

En 1991, Roberto Benigni a connu un succès considérable en Italie avec l'hilarant *Johnny Stecchino* ("Johnny Cure-dent"), dans lequel il est pris par erreur pour un patron de la mafia.

Le plus grand réalisateur toscan est Franco Zeffirelli (né en 1923). Sa carrière l'a entraîné de la radio au théâtre et à des productions d'opéras et de films. On lui doit une superproduction pour la télévision, *Jésus de Nazareth* (1977), de nombreux opéras filmés, ainsi que des films à succès comme *Roméo et Juliette* (1968), *Hamlet* (1990) et *Un thé avec Mussolini* (1999), œuvre en partie autobiographique tournée à Florence et dans les environs.

Plus récemment, le réalisateur et acteur Roberto Benigni (né en 1952 à Arezzo) s'est fait un nom en remportant trois oscars dans un genre bien à lui : faire rire de l'Holocauste. *La Vita è Bella* (La vie est belle, 1998), qu'il a réalisé et dont il joue le personnage principal, raconte l'histoire d'un père qui protège son fils dans un camp de concentration en lui faisant croire que ce n'est qu'un jeu. Quelques mois après la remise des oscars, la fille de Charlie Chaplin, Geraldine, a déclaré que Benigni avait hérité de la poésie cinématographique de son père, un hommage s'il en est. Certaines scènes de *La Vita è Bella* et de son *Pinocchio* (2001) raté ont été tournées à Papigno, ancienne usine près de Terni, transformée en studios de cinéma.

En matière de cinéma, l'Ombrie n'a rien d'un vivier de talents. Citons toutefois l'actrice Monica Bellucci, née à Cittá di Castello, qui a tourné dans le Dracula de Coppola et dans *Matrix : Reloaded*, avec Keanu Reeves pour partenaire. En 1972, *Brother Sun, Sister Moon* de Zeffirelli (film sur la vie de saint François et de sainte Claire situé en pleine période hippie dans les années 1970) a été filmé à Assise. Grande comédienne anglaise, Maggie Smith a tourné en 2003 dans *My House in Umbria* (Ma maison en Ombrie), un film pour la télévision où les vues de la campagne ombrienne ont la part belle.

MUSIQUE

La musique classique ne s'est pas épanouie en Toscane ou en Ombrie contrairement au reste de l'Italie. Né à Lucca, Giacomo Puccini (1858–1924) a composé ces grands opéras romantiques que sont *Madame Butterfly*, *Tosca* et *La Bohème*. Dans un tout autre registre, l'un des anciens groupes leaders de la pop italienne, Litfiba, est d'origine florentine – l'ex-chanteur, Pero Pelù, poursuit aujourd'hui une carrière en solo. Jovanotti, le chanteur de rap le plus populaire du pays, et la chanteuse Irene Grandi sont eux aussi toscans. Née à Sienne, Gianna Nannini, artiste italienne de renommée internationale et militante politique, réalise des albums de rock et des musiques de film.

La Toscane a produit un grand nombre de groupes et de musiciens, de Marasco, célèbre chanteur folk florentin des années 1950 aux textes incisifs, à Dirotto Su Cuba, un groupe de trip hop qui a attiré l'attention dans tout le pays. En Ombrie, le jazz fait de nombreux adeptes grâce à Umbria Jazz (p. 268) et au festival de Spoleto (p. 307).

Gastronomie

Certains pensent qu'entrer en Toscane ou en Ombrie équivaut à franchir les portes d'un paradis gastronomique. Pour d'autres, la réputation de la cuisine locale est quelque peu surfaite. La vérité est sans doute plus nuancée. Comme dans beaucoup de régions méditerranéennes, la cuisine toscane et ombrienne s'est accommodée de la pauvreté. Elle a traditionnellement mêlé des ingrédients simples et naturels pour préparer des repas nourrissants, à défaut d'être somptueux. Les festins extraordinaires des seigneurs du Moyen Âge et les tables surchargées des Médicis n'ont pas laissé grande trace dans la cuisine actuelle.

Dans sa majorité, le peuple devait se contenter d'un nombre d'ingrédients limité. C'est cette tradition qui est arrivée jusqu'à nous, progressivement affinée et enrichie par les apports culinaires extérieurs, notamment grâce à des préparations originaires d'autres régions d'Italie. Cela étant dit, il s'agit d'une cuisine savoureuse, dont le principal secret demeure la fraîcheur et la qualité des ingrédients choisis.

SPÉCIALITÉS LOCALES

Toscane

Les Toscans aiment la viande ! Une simple visite sur les marchés de Florence suffit pour s'en rendre compte. Grillade incontournable de la région, la *bistecca alla fiorentina* est un imposant bifteck d'aloyau d'environ 5 cm d'épaisseur provenant de bêtes d'une race locale, la *Chianina*. Elle est servie saignante (inutile d'espérer une autre cuisson en raison de son épaisseur) et se paye à l'*etto* (100 g). Même dans les restaurants les plus modestes, la *bistecca* coûte rarement moins de 25 € et suffit à nourrir deux personnes. La viande de Chianina devient plus rare, mais on en trouve encore facilement dans de nombreux restaurants et sur les marchés.

Ouvrage agréablement illustré, *Saveurs de Toscane* (Könemann, 2000), de Stephanie Alexander et Maggie Beer, fait référence en la matière.

Parfois appelés ironiquement *mangiafagioli* ("mangeurs de haricots"), les Toscans sont en effet très friands de l'humble légumineuse. Les haricots blancs *cannellini* et les haricots tachetés borlotti sont les plus prisés. Ils sont souvent utilisés dans des soupes ou pour accompagner des saucisses ou des viandes braisées.

Autre produit de base, le *pane toscano* est un pain sans sel léger. On l'utilise notamment pour épaissir des soupes (autre grande spécialité toscane) telles que la *ribollita*, une soupe aux haricots et aux légumes "rebouillie", parfumée au chou noir et laissée à reposer un jour avant d'être servie. Il est également utilisé dans la *pappa*, une soupe épaisse à la tomate extraordinairement parfumée, ainsi que dans la *panzanella*, une salade de tomate et de pain qui est parfois aussi liquide qu'une soupe épaisse.

Parmi les pâtes locales, les plus connues sont les *pinci*, semblables aux *umbricelli* ombriens et accompagnées de *ragù* ou de *sugo* (sauce). Citons également les *pappardelle*, plus larges que les *tagliatelle* mais moins que les feuilles de *lasagna*. Les pâtes courtes, plates pour la plupart et certaines avec le bord dentelé, sont parfois servies *alla lepre*, c'est-à-dire accompagnées d'un petit *ragù* de lapin ou de lièvre.

Si la viande semble dominer, les produits de la mer sont également à l'honneur, comme en témoignent les nombreuses vitrines des restaurants dans toute la région. Capitale régionale des spécialités de la mer, Livorno a même son propre plat de poisson, le *cacciucco*, un ragoût qui doit être préparé avec cinq types de poisson (un pour chaque "c") et dont le nom vient du turc *kukut*, "menu fretin".

QUEL MORCEAU DES TRIPES ?

Les abats font partie intégrante de la cuisine régionale. Outre les *rognoni* (rognons), les tripes sont particulièrement appréciées et les amateurs ne manqueront pas de goûter à la typique *trippa alla fiorentina*, tripes à la florentine, préparées avec des carottes, du céleri, des tomates et des oignons. Avis aux vrais connaisseurs : les Italiens de la région distinguent les différents morceaux des entrailles. Il en est un, par exemple, qui porte le nom de *lampredotto*. Bon à savoir au cas vous auriez envie d'en manger en sandwich.

LE SAVIEZ-VOUS ?

Si les cochons sont utilisés pour rechercher les truffes, c'est parce que le précieux champignon sécrète une substance chimique similaire à l'une des hormones sexuelles de l'animal.

Le fromage occupe une place centrale dans la cuisine locale, qu'il s'agisse de *caciotta*, sa dénomination générique locale, ou de *pecorino*. Jadis, le fromage était si important que le fait de savoir en fabriquer était pris en compte dans la dot des jeunes femmes à marier. Le fromage de Pienza, ville proche de l'Ombrie, est considéré comme l'un des plus grands *pecorini* de toute l'Italie.

Si elles ne sont pas légion, les spécialités sucrées n'en sont pas moins succulentes. Le *panforte*, gâteau siennois plat et sec à base d'amandes et de fruits confits, est particulièrement délicieux. Vous trouverez également sur place toute une gamme de *biscotti* (biscuits) secs, ayant souvent subi une double cuisson, tels que les *cantucci*, généralement aux amandes. On les déguste idéalement en les trempant dans le *vin santo*, vin doux de la région. Autre douceur répandue, les *ricciarelli* sont fabriqués avec de la pâte d'amandes.

Ombrie

L'âtre joue un rôle capital dans la cuisine ombrienne. On cuit tout au feu de bois, de la *porchetta* (cochon rôti à la broche) aux cailles, en passant par la *bruschetta* (amuse-gueule au pain grillé) et les champignons. Le porc est sans conteste l'ingrédient roi, suivi de près par l'agneau, les fromages de brebis, les truffes et toutes les viandes de gibier n'ayant pas encore disparu des forêts locales. L'Ombrie étant terre de chasse, il n'est pas rare de trouver du *cinghiale* (sanglier) sur les tables en automne. De nombreuses espèces sauvages, notamment les cailles, les cervidés et le *cinghiale*, ont tant été chassées qu'elles ont presque disparu.

Les champignons *porcini* comptent parmi les meilleurs du pays, tout comme le très rare *tartufo nero* (truffe noire), que l'on peut déguster en hiver, notamment dans la région de Norcia. On trouve parfois également du *tartufo bianco* (truffe blanche) près d'Orvieto, ville bien connue des amateurs de vin.

Norcia, blottie entre les montagnes à l'est de l'Ombrie est un véritable rêve pour les gastronomes. Même si vous n'êtes pas présent pour la saison des truffes, vous trouverez sur place plus d'une occasion de ravir vos papilles. Pour les amateurs de fromage, le *pecorino* local est particulièrement bon, notamment la ricotta roulée dans des germes de blé. Le *pecorino di tartufo* est un fromage à pâte demi-dure aux truffes.

Norcia est célèbre dans le pays tout entier pour sa charcuterie, à tel point que l'appellation *norcineria* sert désormais à désigner la charcuterie de qualité dans toute l'Italie. Le *prosciutto* (jambon) local est plus salé et plus fort que celui de Parme et de San Daniele, mais il est également plus parfumé et plus élaboré. Le *cinghiale* permet de faire du bon jambon et des *salsicce* (saucisses) encore meilleures. Castelluccio, situé à 30 minutes de Norcia dans une plaine élevée, produit les meilleures *lenticchie* (lentilles) de toute l'Italie.

L'Ombrie possède ses propres pâtes, principalement les *umbricelli* (parfois appelées *ceriole* ou *ombricelli*) et les *stringozzi*. Les deux sortes sont faites à la main avec la même pâte à base d'eau. Les *umbricelli* resemblent à des spaghetti en plus épais tandis que les *stringozzi*, tout aussi longs, sont plus carrés. On les sert souvent avec de la viande (du porc, en général), des truffes ou de la sauce tomate.

Comme le *pane toscano*, la majeure partie du pain fabriqué en Ombrie (que l'on appelle ici tout simplement *pane*) est sans sel. Pour un pain avec sel, demandez un *pane con sale*.

L'Ombrie n'est pas particulièrement réputée pour ses desserts, mais les figues et les prunes sont savoureuses en été. Le chocolat de Perugia mérite toutefois une mention spéciale. Les amateurs du monde entier le connaissent au travers de la marque Perugina et de ses célèbres Baci ("baisers") aux noisettes.

BOISSONS

Vin

La Toscane produit à elle seule six des crus italiens classés DOCG : le *brunello di Montalcino*, le *carmignano*, le *chianti*, le *chianti classico*, le *vino nobile di Montepulciano* et la *vernaccia di San Gimignano* (le seul blanc). La région possède en outre plus de 30 vins DOC.

Il fut un temps où les vins toscans étaient en majorité des chianti âpres et rugueux, quoique plein de saveurs. La région du Chianti reste le centre de la production vinicole en Toscane, mais depuis plus d'une génération, les viticulteurs s'attachent à la qualité plutôt qu'à la quantité.

Le meilleur cru, le chianti classico, provient de sept secteurs différents et se présente sous divers aspects. Les vins rouges du Chianti sont essentiellement produits avec du raisin *sangiovese*, bien que d'autres cépages entrent en jeu (en petites quantités variables) pour obtenir des types de vins différents. Le chianti classico arbore l'emblème du *Gallo Nero*, coq noir symbolisant la

LA CLASSIFICATION DES VINS

Depuis les années 1960, le vin est classé en Italie selon quatre grandes classifications. Le *vino da tavola* (vin de table) est un vin qui ne remplit aucun critère particulier. L'*Indicazione Geografica Tipica* (IGT) signifie que le vin est typique d'une certaine région. La *Denominazione di Origine Controllata* (DOC) correspond à l'AOC française et signifie donc que les produits sont soumis à certains critères (type de raisin, méthode de vinification, etc.). Enfin, la *Denominazione d'Origine Controllata e Garantita* (DOCG) indique que les vins non seulement satisfont aux critères de la DOC, mais que leur qualité est en outre testée par des inspecteurs de l'État. Tous ces éléments figurent sur les étiquettes.

Un label DOC peut se référer à un vin provenant d'un seul vignoble ou d'une seule région. Cinq années consécutives de contrôle, durant lesquelles le vin DOC fait preuve de sa très grande qualité, sont nécessaire pour obtenir l'appellation DOCG. De même, les vins peuvent être déclassés car les appellations ne sont en aucun cas définitives.

Plusieurs autres éléments viennent s'ajouter à ces indications, comme la mention *superiore*, qui s'applique à des vins DOC supérieurs à la qualité standard (par exemple, plus vieux ou plus alcoolisés). *Riserva* ne concerne que les vins DOC ou DOCG ayant vieilli pendant un temps donné.

Cependant, la présence ou l'absence de ces indications ne doivent pas être considérées comme des preuves infaillibles. En effet, plus d'un grand vin n'arbore aucune dénomination de ce genre. Nombre de vins *da tavola* ou IGT ne sont classés dans ces catégories que parce que le viticulteur a choisi de ne pas adhérer aux règles de production imposées par l'État... et il s'agit parfois de très grands vins !

Les trattorie disposent en général d'une réserve limitée de bouteilles, mais les restaurants de catégorie plus élevée présentent en général une belle carte de vins provenant du pays tout entier. Bien entendu, ce sont les *enoteche* (bars à vins) qui offrent le plus grand choix (en revanche, le choix des plats proposés en accompagnement est limité).

Le *vino della casa* ("vin de la maison"), à commander au verre ou en carafe d'un litre ou d'un demi-litre, est en général tout à fait correct pour accompagner le repas.

LE STRADE DEL VINO (LES ROUTES DU VIN)

Mises en place par les viticulteurs toscans, le strade del vino facilitent grandement la vie de ceux qui souhaitent découvrir le vin à travers ses paysages et ses producteurs. Les circuits proposés, qui suivent en général de petites routes de campagne, sillonnent d'innombrables vignobles où l'on peut goûter et acheter le vin. Une façon intéressante de combiner dégustation du vin et découverte de la viticulture et de la vie rurale.

Chaque *strada* dispose de son propre emblème, que vous verrez sur des panneaux dans les villes, mais toutes sont rassemblées sous le logo commun des Strade del Vino di Toscana, représentant un cheval ailé posé sur une grappe de raisins stylisée.

À ce jour, ce sont 14 *strade* qui serpentent dans les régions viticoles célèbres comme celles de Rùfina et de Montepulciano, ou dans des régions moins connues comme Massa Marittima ou la Lunigiana. Vous trouverez des cartes et tous les renseignements nécessaires dans les offices du tourisme ou sur le site Internet www.terreditoscana.regione.toscana.it/stradedelvino.

ligue médiévale du Chianti. Il s'agit en général d'un vin rond et sec, mais les conditions de vieillissement diffèrent selon les régions ou les vignobles.

Le choix ne s'arrête pas à la région du Chianti. Parmi les vins les plus estimés et les plus onéreux d'Italie figure également le brunello di Montalcino (dans la province de Sienne). Il n'y a pas si longtemps, seule une poignée de viticulteurs produisaient ce prestigieux vin rouge, issu aujourd'hui de plus de 140 vignobles. Le produit fini varie énormément en fonction du sol, du microclimat, etc. Comme pour les rouges du Chianti, c'est le cépage sangiovese qui en constitue la base. Il doit vieillir en fût pendant quatre ans, avant de passer encore deux ans en bouteille.

LE SAVIEZ-VOUS ?

On pense que le sangiovese, cépage principalement utilisé dans le chianti, était déjà connu des Étrusques.

Installée sur les hauteurs de la province de Sienne, la ville de Montepulciano produit également un vin à base de sangiovese, le vino nobile di Montepulciano. Le mélange des raisins et les conditions de vinification en font un produit original, dont le vieillissement n'est pas aussi long que celui du brunello.

La Toscane produit surtout des vins rouges, mais pas uniquement. La vernaccia de San Gimignano est sans conteste le vin blanc le plus réputé de la région. Certains des meilleurs crus vieillissent en barriques (petits tonneaux) alors que les autres vieillissent en fûts de chêne.

Si les terres arides qui couvrent la majeure partie de l'Ombrie ne sont certes pas l'endroit idéal pour produire du vin, la région possède toutefois plusieurs crus dignes d'intérêt. Les vins des petits vignerons de la région du Lago di Trasimeno manquent quelque peu de finesse, mais restent intéressants, d'autant qu'ils s'accordent particulièrement bien avec la cuisine locale, riche en porc. Par ailleurs, l'un des meilleurs vins blancs pétillants de tout le pays est fabriqué par un producteur ombrien, Lungarotti. Et, tant que vous êtes dans la région, n'oubliez pas de goûter l'incontournable vin blanc local, l'*orvieto classico*.

"La Toscane produit surtout des vins rouges"

La fin des années 1980 a vu l'apparition d'une nouveauté de taille, le *super toscan*, vin de garde de haute qualité. Abandonnant les normes imposées par les appellations DOC et DOCG, certains producteurs ont expérimenté différents mélanges, imitant en cela leurs confrères australiens et californiens. C'est ainsi qu'ils cultivent désormais du sauvignon, du merlot, du syrah et d'autres cépages destinés à être mélangés au sangiovese. Ces vins sont ensuite mis à vieillir en barriques, une méthode qui rompt avec la tradition toscane, mais qu'on emploie de plus en plus à travers le monde pour produire de grands crus modernes.

À l'origine, l'appellation super toscan était un simple surnom donné à ces nouvelles productions vinicoles. Le nom est resté. Les grands vins issus de ces expérimentations en sont venus à fortement concurrencer les vins DOC et DOCG, quand ils ne les ont pas tout simplement supplantés. Les plus fréquents sur les tables toscanes sont le sassicáia, le summus, l'excelsus, le tignanello et le sammarco. Certains sont classés parmi les meilleurs vins d'Italie. Produits un peu partout en Toscane, les super toscans proviennent surtout de la région du chianti classico et de ses environs. De fait, de nombreux producteurs de chianti proposent également un super toscan dans leur gamme.

Autre spécialité régionale, le *vin santo* (vin sacré) est un vin doux, utilisé par ailleurs lors des offices religieux. Les cépages *malvasia* et *trebbiano* servent en général à produire un vin fort, aromatique et ambré, allant du sec au très doux. Le plus sec garde néanmoins un certain côté sucré. Comptez un minimum de 13 € pour une bouteille de 350 ml de ce vin qui met quatre années pour arriver à maturité. Il est traditionnellement servi avec des biscuits aux amandes, les *cantucci*.

Bière

Les bières italiennes les plus connues sont des lagers légères de type pils, que les jeunes Italiens semblent particulièrement apprécier autour d'un repas entre amis. Peroni, Dreher et Moretti sont les trois marques les plus importantes. Elles sont toutes très correctes et reviennent moins cher que les bières importées. Pour préciser que vous souhaitez une bière italienne, commandez une *birra nazionale*, en bouteille ou *alla spina* (à la pression).

Café

En Italie, le café est une affaire sérieuse... et parfois un peu compliquée pour le néophyte.

Le célèbre *espresso*, également appelé *caffè*, correspond à une petite dose de café très serré. Pour une tasse plus remplie (et moins forte), vous pouvez commander un *caffè doppio* (double), un *caffè lungo* (un peu plus allongé) ou un *caffè americano* (qui tire parfois vers le jus de chaussette).

Le *caffè corretto* est un espresso coupé avec un doigt de grappa ou d'un autre alcool, tandis que le *caffè macchiato* (café "marbré") est un espresso avec un nuage de lait (*macchiato caldo* avec du lait chaud, *macchiato freddo* avec du lait froid). À l'inverse, le *latte macchiato* est un lait "marbré" avec un doigt de café. Le *caffè freddo* est un café noir froid et très sucré servi dans un grand verre. Si vous préférez le boire sans sucre, commandez un *caffè freddo amaro*.

N'oublions pas le *cappuccino*, café noir nappé de lait chaud et mousseux, que les Italiens réservent au petit-déjeuner et au matin (jamais après un repas). Demandez un *cappuccino senza schiuma* si vous le désirez sans mousse.

Commander un *cappucino* chaud et non *tiepido* (tiède) est souvent considéré comme un crime de lèse-majesté car la chaleur a pour effet de détruire sa douceur naturelle. Si vous y tenez tout de même, demandez à ce que votre *cappucino* soit servi *ben caldo* (bien chaud), voire *bollente* (brûlant), mais attendez-vous à susciter la même désapprobation que si vous le commandiez après le dîner !

Parmi les autres versions du café au lait, citons le *caffè latte*, moins mousseux et plus lacté que le *cappuccino*, et le *cappuccino freddo*, café au lait frappé, très prisé en été. Enfin, n'oublions pas le *caffè granita*, à la fois fort et sucré, traditionnellement servi avec de la crème fouettée.

Thé

Peu amateurs de *tè* (thé), les Italiens le boivent en général en fin d'après-midi, éventuellement accompagné de *pasticcini* (petits gâteaux). Le thé servi dans les bars consiste le plus souvent en une tasse d'eau peu chaude flanquée d'un sachet. Si cela ne vous convient pas, précisez que vous souhaitez un thé *molto caldo* (très chaud) ou *bollente* (bouillant).

Eau

Dans *Ma Toscane gourmande* (Flammarion, 2003), Lorenza De Medici Stucchi donne des recettes simples qui permettent d'apprécier la diversité gastronomique de la région.

L'eau du robinet est parfaitement potable partout dans le pays, mais la plupart des Italiens lui préfèrent l'*acqua minerale* (eau minérale) en bouteille. Au restaurant ou dans les bars, on vous demandera si vous la préférez *frizzante* (gazeuse) ou *naturale* (plate). Pour une simple carafe d'eau, vous pouvez préciser que vous souhaitez de l'*acqua dal rubinetto*, mais demander simplement de l'*acqua naturale* suffira la plupart du temps.

PLATS DE FÊTE

Le calendrier italien ne manque pas de fêtes en tous genres, héritées pour la plupart du passé païen du pays.

Que ce soit pour célébrer tel ou tel dieu, les moissons, un mariage, une naissance ou quoi que ce soit d'autre, les Italiens ont toujours aimé faire la fête. Les festivités de la Rome antique sont d'ailleurs restées célèbres pour leur côté débridé. Dédiées au dieu des semailles et de la vigne, les saturnales, par exemple, consistaient en une semaine entière de beuverie débutant par le sacrifice d'un porc et s'achevant sur un sacrifice humain. Si les festivités d'aujourd'hui sont beaucoup plus sages, elles restent néanmoins souvent très animées. Les principales fêtes à l'heure actuelle sont *Natale* (Noël), *Pasqua* (Pâques) et la période du *Carnevale* (du mercredi des Cendres au premier jour du Carême).

Traditionnellement, les jours de fête sont précédés d'un jour *magro* (maigre) en prévision des excès du lendemain. Si la gastronomie joue un rôle lors de toutes les célébrations quasiment, certaines fêtes lui sont uniquement consacrées. Ainsi, la *sagra* (foire gastronomique) offre de quoi se restaurer (en général, vous êtes censés payer), ce qui n'est pas toujours le cas dans une *festa* (fête), où il faut parfois apporter ses provisions.

ÉTABLISSEMENTS

L'abondance de restaurants de qualité en Toscane et en Ombrie rend souvent le choix difficile. Ne jugez pas un restaurant sur son standing : vous dégusterez souvent la meilleure cuisine dans de petits établissements qui ne paient pas de mine.

"L'abondance de restaurants de qualité rend le choix difficile"

Vous trouverez aussi sur place nombre de restaurants "Slow Food", c'est à dire bien notés par le mouvement du même nom (voir l'encadré ci-dessous pour plus de détails). Tous les deux ans, le mouvement publie *Osterie d'Italia*, dans lequel il recense les meilleurs restaurants du pays. Vous repérerez les établissements élus à l'autocollant "Slow Food" fièrement apposé sur la devanture.

Les bars connus sous le nom de *vinai* sont souvent de bons endroits pour grignoter un en-cas ou prendre un vrai repas en choisissant parmi des plats alléchants qui vous sont présentés. Toutefois, cette option convient mieux au déjeuner qu'au dîner.

Le restaurant est généralement désigné par l'appellation *ristorante*. La *trattoria* correspond habituellement à un établissement plus simple et meilleur marché qu'un ristorante, tout comme l'*osteria*. Quant à la *pizzeria*..., elle n'a plus de secret.

Typique de la Toscane, la *fiaschetteria* propose des petits en-cas, sandwiches, etc. à accompagner d'un verre de vin. La *tavola calda* (littéralement "table chaude") est spécialisée dans les buffets de viande, de pâtes ou de légumes.

ÉLOGE DE LA LENTEUR

En 1986 est né en Italie le premier mouvement de résistance active à la notion de fast food. Symbolisé par un escargot, le mouvement Slow Food est désormais représenté dans 48 pays et compte plus de 77 000 membres. Outre le fait de défendre la bonne cuisine, le bon vin et les repas entre amis, il prône la cuisine traditionnelle et une agriculture respectueuse de l'environnement. Animés par des volontaires, les groupes organisent diverses manifestations avec force festins et frivolités. Pour plus d'informations, consultez (tranquillement) le site Internet www.slowfood.com.

Les amateurs de vin chercheront l'*enoteca* (bar à vins) locale, où ils pourront déguster divers plats et en-cas. Sachez néanmoins que la vocation première de ces établissements reste de servir des vins au verre et que les mets ne sont considérés que comme des accompagnements (ils se limitent d'ailleurs souvent à des plats froids).

Aujourd'hui, il est difficile de s'y retrouver dans tous ces établissements car les appellations semblent être devenues interchangeables. Dans tous les cas, mieux vaut jeter un coup d'œil à la carte et aux prix avant d'entrer. Si aucune carte n'est affichée à l'extérieur, c'est généralement qu'elle change tous les jours. Il y aura peut-être une ardoise à l'intérieur ou vous pourrez demander au serveur quels sont les plats du jour – facile à dire si vous parlez l'italien, plus délicat si ce n'est pas le cas. À moins d'aimer les surprises. Si vous vous trouvez dans cette situation dans un lieu très touristique, méfiez-vous quand même.

En-cas

Les chaînes de fast-food internationales sont de plus en plus populaires en Italie mais, sérieusement, qui aurait envie d'un hamburger quelconque alors que tous ces délicieux en-cas si typiques – comme la *pizza al taglio* (à la part) – sont à portée de fourchette ?

VÉGÉTARIENS

Si les cartes des restaurants de la région ne manquent pas de plats à base de légumes, les végétariens se méfieront toutefois des appellations parfois trompeuses et se souviendront que les Italiens ont souvent du mal à comprendre qu'un petit morceau de prosciutto puisse être considéré comme de la viande ! Néanmoins, la plupart des établissements proposent un choix très correct d'*antipasti* (entrées) et de *contorni* (légumes d'accompagnement, préparés de diverses manières). Sur les cartes, cherchez l'indication *magro* (maigre, léger), qui désigne souvent des plats sans viande. Les végétaliens risquent en revanche d'avoir beaucoup plus de mal à se sustenter. Le fromage étant utilisé partout, vous risquez fort d'avoir à prononcer la phrase "*senza formaggio*" (sans fromage) à longueur de temps. Souvenez-vous également que la *pasta fresca*, que l'on retrouve parfois aussi dans les soupes, est faite avec des œufs. Vous trouverez des restaurants végétariens dans les plus grandes villes.

Toscane : balades gourmandes au rythme des saisons (Minerva, 2003), d'Anna Bini, Gilles de Chabaneix et Catherine de Chabaneix est une invitation à la découverte, mois par mois, de la gastronomie locale.

AVEC DES ENFANTS

Difficile de trouver un menu pour enfant dans un restaurant italien. Pourtant, on ne peut pas dire que les enfants ne soient pas les bienvenus : ils le sont quasiment partout. En fait, habitués à sortir avec leurs parents dès leur plus jeune âge, les petits Italiens sont traités presque comme des adultes pour ce qui est de la nourriture. Vous entendrez d'ailleurs souvent des familles italiennes commander un plat de la carte en *mezzo piatto* ("demi-plat") pour les plus petits. Qui plus est, presque tous les restaurants ont l'habitude de composer des plats "sur mesure", qu'ils adaptent aux goûts de vos enfants.

FESTIVITÉS GASTRONOMIQUES

Les festivités locales répertoriées ci-dessous ont toutes en commun de célébrer les plaisirs gustatifs. Dans la plupart des cas, une seule spécialité est mise à l'honneur. Si les dates que nous avons indiquées sont aussi précises que possible, mieux vaut toutefois vous assurer par téléphone qu'elles n'ont pas changé avant de vous mettre en route l'eau à la bouche.

Janvier

Cioccolisit' (☎ 0572 95 92 26 ; Monsummano Terme ; dernier week-end) Foire du chocolat, rassemblant les meilleurs professionnels de la région. Nombreuses possibilités de dégustation.

Février

Sagra della Polenta Dolce (☎ 0187 47 13 99 ; Pistoia ; dimanche du carnaval) Dans le cadre des festivités du carnaval, une polenta géante est confectionnée sur la place principale avec de la farine de châtaignes.

Sagra del Chiodo di Maiale (☎ 0187 47 13 99 ; Aulla ; dernier week-end de février) Cuisson de plats typiques de la Lunigiana à base de porc sur un grand feu de bois à ciel ouvert.

Mars

Sagra della Polenta Dolce (☎ 0574 95 74 58 ; Prato ; dimanche de Pâques) On déguste de la polenta sucrée dans le cadre d'un festival de la Renaissance qui en est cette année à sa 427e édition !

Sagra del Gambellaio (☎ 0575 78 98 92 ; Arezzo ; 18 mars) Des saucisses à volonté mais, pour être dans l'esprit de la fête, il convient, apparemment, de ne pas se servir de ses mains pour les manger.

Avril

Rassegna dei Proddotori della Pastorizia della Montagna Pistoiese (☎ 05773 6 88 81 ; Pistoia ; dernier week-end) Organisé en collaboration avec les producteurs de fromage locaux et le mouvement Slow Food (voir p. 65). De nombreuses dégustations sont organisées sur place ainsi qu'un grand marché.

Sagra della Fettunta (☎ 0572 6 71 94 ; Montecatini Alto ; fin avril/début mai) Fête de la traditionnelle *bruschetta* aux olives, accompagnée de vin toscan.

Mai

Sagra delle Ciliegie (☎ 0587 68 55 15 ; Lari, Pise ; du 24 mai au 2 juin) Festival de la cerise, avec de nombreuses dégustations de plats locaux typiques élaborés à partir de ce fruit. Ce festival accueille une foule de stands de nourriture, beaucoup de musique et de nombreuses animations.

Juin

Cena Medievale (☎ 0571 65 27 30 ; Certaldo, Florence ; 14 juin) Une grande table de

De nombreux restaurants disposent de chaises hautes, mais pas tous et mieux vaut en apporter une avec soi dans la mesure du possible. Si les enfants sont souvent de sortie, on attend d'eux qu'ils se tiennent bien et des parents qu'ils les rappellent à l'ordre si tel n'est pas le cas.

Pour plus d'informations concernant le voyage avec des enfants, reportez-vous à la p. 342.

US ET COUTUMES

Les Italiens prennent rarement le temps de s'asseoir pour la *colazione* (petit déjeuner), préférant en général avaler quelque chose au comptoir d'un café en partant au travail. Ils boivent le plus souvent un cappuccino, généralement *tiepido* (tiède), accompagné d'un *cornetto* (croissant) ou d'une autre viennoiserie (regroupées sous l'appellation *brioche*).

500 personnes est installée sur la place du village pour accueillir un dîner médiéval joyeusement animé de musique et de danse.

Palio dei Rioni (☎ 0575 65 82 78 ; Castignion Fiorentino, Arezzo ; 3e dimanche) Foire gastronomique célébrant les produits locaux.

Sagra del Pesce (☎ 0586 75 48 90 ; Caletta, Castiglioncello ; 2e dimanche) Fête des produits de la mer, avec de nombreux plats de poisson proposés à la dégustation.

Juillet

Festa del Calderone (☎ 0583 44 29 44 ; Altopascio, Lucca ; 25 juillet) Ancienne étape sur la route des pèlerins du Moyen Âge, Lucca célèbre la charité d'autrefois en rassasiant ses invités avec d'énormes plats de pâtes.

Sagra del Pesce (☎ 0565 6 32 69 ; Piombino ; dernier week-end) Fête des spécialités de poisson de la région, elle culmine le dimanche avec la préparation d'une énorme poêlée de poissons destinée à nourrir tous les convives.

Août

Sagra del Bombolone (☎ 0583 64 10 07 ; Sillicano-Camporgiano, Lucca ; du 1er au 3 août) Fête du célèbre *bombolone* (beignet sucré).

Sagra delle Olive con Coniglio e Polenta (☎ 0583 80 58 13 ; Limano, Bagni di Lucca ; 14 et 15 août) Festival célébrant le plat traditionnel local : les olives au lapin et à la polenta.

Festa della Consuma (☎ 0575 54 20 13 ; Montemignaio, Arezzo ; 18 août) Nombreux plats à base de porc, arrosés de vin local.

Sagra della Bistecca (☎ 0575 563 02 52 ; Cortona ; 14 et 15 août) Un grill gigantesque de 14 m^2 est installé dans le parc pour faire cuire des milliers de steaks.

Septembre

Festa dell'uva e del vino (☎ 0575 44 03 23 ; Ciggiano, Arezzo ; 3e week-end) Dîners en plein air célébrant le vin local, accompagnés de nombreuses animations.

Octobre

Festa della Finocchiona (☎ 0555 00 24 26 ; Bivigiliano, Vaglia, Florence ; 1er dimanche) Fête de la saucisse de porc typiquement florentine au fenouil sauvage.

Novembre

Mostra del Tartufo Bianco (☎ 0571 4 27 45 ; San Miniato, Pisa ; les 3 derniers week-ends) Cette foire de la truffe blanche, qui a lieu depuis plus de 30 ans, détient le record de la plus grosse truffe jamais trouvée au monde !

Décembre

Sagra del Vine Brulè (☎ 0573 6 02 31 ; Abetone, Pistoia ; 30 décembre) À 21h, un gigantesque vin chaud attend les gens qui arrivent pour la plupart à ski.

Les bars (au sens italien du terme, à savoir un endroit où l'on prend un café et un sandwich) et les cafés ouvrent pour la plupart de 7h30 à 20h, mais certains restent ouverts plus tard, permettant aux gens de se retrouver pour boire un verre. Certains servent des en-cas copieux à l'heure du déjeuner et des apéritifs, d'autres sont plutôt spécialisés dans les *panini* (sandwichs).

Vous trouverez également de nombreuses échoppes où acheter une *pizza al taglio* (à la part). Une autre solution consiste à aller chez un *alimentari* (traiteur) pour vous faire confectionner un *panino* avec la garniture de votre choix. Enfin la *pasticceria* (pâtisserie) ravira les becs sucrés avec force gâteaux, biscuits et autres douceurs.

Pour le *pranzo* (déjeuner), les restaurants accueillent en général les clients de 12h30 à 15h, mais beaucoup ne prennent plus de commandes après 14h. Ce repas étant le plus important de la journée, nombre de bureaux et maga-

Italie dans la collection «Comprendre le menu à l'étranger» sera utile au cours d'un séjour gastronomique.

Plus destiné à être lu dans le salon que dans la cuisine, *La cuisine à l'italienne : histoire d'une culture* (Le Seuil, 2002), d'Alberto Capatti et Massimo Montanari, propose une approche culturelle du *mangiare all'italiana*.

sins ferment l'espace de deux ou trois heures pour la pause déjeuner. La *cena* (le dîner) commence en général à partir de 19h30, et il est rare de trouver un établissement assurant encore le service après 23h. Traditionnellement, le dîner est plus simple que le déjeuner, mais il tend aujourd'hui à s'étoffer, car il devient plus difficile pour les gens de rentrer tous les jours chez eux à midi.

Quantité de restaurants et de bars ferment de un à deux jours par semaine, mais tous ne le font pas. Dans certaines régions d'Italie, la loi prévoit généralement une journée de repos minimum, mais la décision finale revient au *comune* (la commune). Celui de Florence, par exemple, laisse faire les restaurateurs (à moins qu'ils ne ferment trois jours ou plus dans la semaine), si bien que certains se passent de fermeture hebdomadaire.

Un repas complet se compose d'un *antipasto* (hors-d'œuvre), d'un *primo piatto* (premier plat) et d'un *secondo piatto* (second plat), habituellement accompagné d'un *contorno* (légumes venant en garniture). Les *insalate* (salades) peuvent être commandées comme accompagnement ou remplacer le *primo piatto*.

De nombreux restaurants proposent un *menù turistico* ou un *menù a prezzo fisso*, c'est-à-dire un menu spécial déjeuner à un prix pouvant atteindre 10 € (boissons généralement non comprises). Les plats servis sont en général peu inspirés et le choix est limité. À moins d'avoir vraiment faim, mieux vaut donc prendre un bon *primo* ou *secondo piatto* dans un restaurant correct. En revanche, si vous cherchez seulement à vous caler l'estomac, cette solution peut être tout à fait appréciable.

COURS DE CUISINE

L'Italie étant l'une des principales destinations gastronomiques du monde, il n'est pas étonnant que les cours de cuisine y fleurissent. Le site Internet www.italycookingschools.com (en anglais) offre des centaines de solutions, adaptées à tous les besoins. Voici ceux qui ont le plus retenu notre attention :

Vallicorte (☎ 020 768 01 377 ; www.vallicorte.com) Des participants sympathiques (sélectionnés par les coordinateurs), un professeur charismatique et des hôtes charmants qui vous reçoivent dans une ancienne villa toscane. Que demander de plus ?

Casa Ombuto (☎ 348 736 38 64 ; www.italiancookerycourse.com) Perchée sur une colline de la vallée du Casentino, la Casa Ombuto propose des stages de sept jours, les cours étant assurés par un couple accueillant dans une cantina de type troglodytique.

Menfi (☎ 020 746 00 077 ; www.tastingplaces.com) Au choix, une semaine en Toscane, près d'Arezzo, ou une semaine en Ombrie, à Orvieto. Dégustations de vins et visites de la région sont comprises dans programme.

Lorenza de' Medici (☎ 0577 74 94 98 ; cuisineint@aol.com) Lorenza de'Medici enseigne l'art de la cuisine toscane dans un ancien monastère du XIe siècle installé dans le Chianti. Les cours traitent de l'agriculture et de l'influence des saisons sur la nourriture, et des excursions sont prévues chez des vignerons et des producteurs locaux, notamment de fromage. C'est un cours haut de gamme avec des prix en conséquence.

LES MOTS À LA BOUCHE

Ou comment garnir son assiette avec quelques mots d'italien.
Pour des explications sur la prononciation, reportez-vous à la p. 356.

Phrases utiles

Je voudrais réserver une table. *Vorrei riservare un tavolo*
(*vo*-reille ri-zèr-*va*-ré oun' *ta*-vo-lo)

Je voudrais la carte, s'il vous plaît. *Vorrei il menù, per favore*
(*vo*-reille il mé-*nou* pèr fa-*vo*-ré)

À FAIRE ET À NE PAS FAIRE

Si elles changent en fonction de la région, de l'établissement où l'on se trouve et des personnes avec qui l'on est, les règles italiennes de la bienséance à table diffèrent peu des nôtres. Qui plus est, les Italiens sont souvent si accueillants qu'ils n'auront aucun mal à vous pardonner vos maladresses. Il convient toutefois de préciser certains points :

- Lorsque vous entrez dans un bar ou un restaurant, *Buongiorno* ou *Buonasera* sont les salutations de rigueur.
- Les Italiens ont coutume de s'habiller de manière impeccable pour la plupart des repas. Veillez donc à ne pas être trop négligé si vous dînez en ville.
- Si vous mangez des pâtes longues, il convient de les enrouler convenablement autour de la fourchette pour les manger en une seule bouchée et non d'aspirer les bouts qui dépassent. Se servir d'une cuillère pour manger ses pâtes étant considéré comme un crime de lèse-majesté, vous devrez faire de votre mieux pour vous débrouiller sans.
- Si vous avez la chance de manger chez l'habitant, gardez en mémoire que la générosité lors d'un repas est un signe d'hospitalité. Si vous refusez de vous resservir, c'est à vos risques et périls ! Il est par ailleurs recommandé de *fare la scarpetta* (saucer son assiette), signe que l'on a vraiment apprécié le repas.

Avez-vous une carte en français ? *Avete un menù (scritto) in francese ?*
(a-*vé*-té oun mé-*nou* (*skrit*-to) in fran'-*tché*-sé)

Que me recommandez-vous ? *Cosa mi consiglia?*
(*co*-za mi con'-*si*-lia)

Je voudrais goûter à une spécialité locale. *Vorrei una specialità di questa regione*
(*vo*-reille *oun'*-a spé-tcha-li-*ta* di *koués*-ta ré-*djo*-né)

Pouvez-vous m'apporter l'addition, s'il vous plaît ? *Mi porta il conto, per favore ?*
(mi *por*-ta il *con'*-to pèr fa-*vo*-ré)

Le service est-il inclus ? *Il servizio è compreso nel conto?*
(il sér-*vi*-tsio é com'-*prés*-so nél *con'*-to)

Je suis végétarien *Sono vegetariano/a*
(*so*-no vé-djé-ta-*ria*-no/a)

Je suis végétalien *Sono vegetaliano/a*
(*so*-no vé-djé-ta-*lia*-no/a)

Consacré aux vins italiens, le site www.italianwinereview.com offre, en anglais, des notes de dégustation et un calendrier complet des manifestations.

Vous trouverez des informations sur les vins italiens, l'huile d'olive et l'*agriturismo* (séjours à la ferme ou en auberge) sur le site www.agriline.it (en italien).

Décrypter le menu

SOUPES ET ANTIPASTI

antipasti misto (an'-ti-*pas*-ti *mis*-to) – assortiment de hors-d'œuvres
carpaccio (car-*pat*-tcho) – tranches de viande crue très fines
insalata caprese (in'-sa-*la*-ta ca-*pré*-dzé) – tomates en tranches accompagnées de mozzarella et de basilic
insalata di mare (in'-sa-*la*-ta di *ma*-ré) – fruits de mer, en général des crustacés
minestrone (mi-nes-*tro*-né) – soupe de légumes à base de haricots blancs (parfois avec de la viande)
olive ascolane (o-*li*-vé a-sco-*la*-né) – olives farcies et frites
prosciutto e melone (pro-*chou*-to é mé-*lo*-né) – jambon sec et melon
stracciatella (stra-tcha-*te*-la) – consommé de poulet aux œufs et au parmesan

www.deliciousitaly.com est un excellent portail sur la cuisine et les voyages gastronomiques.

www.italianmade.com propose, en anglais, des recettes, des descriptions très complètes de spécialités régionales et des livrets téléchargeables.

SAUCES POUR LES PÂTES

Les pâtes peuvent prendre des centaines de formes différentes et chaque région possède sa variété typique. Le genre en forme de rubans longs et fins se rencontre partout dans le pays et se déguste avec un choix de sauces délicieuses. En voici quelques-unes, toutes aussi savoureuses les unes que les autres :

aglio e olio (*a*-lio é *o*-lio) – huile chaude, ail et parfois piment
amatriciana (a-ma-tri-*tcha*-na) – lard, tomate, piment doux et fromage
arrabbiata (ar-ra-*bia*-ta) – tomate et piment
bolognese (bo-lo-*gné*-sé) – sauce à la viande (veau ou porc haché) et aux légumes avec un zeste de citron et de la noix de muscade
cacio e pepe (*ca*-tcho é *pé*-pé) – poivre noir et fromage de brebis
carbonara (car-bo-*na*-ra) – lard, beurre, fromage, œufs battus et fromage de brebis
partenopea (par-té-*no*-pé-a) – mozzarella, tomate, croûte de pain, câpres, olives, anchois, basilic, huile, piment et sel
pescatora (pés-ca-*to*-ra) – poisson, tomate et fines herbes
pommarola (pom-ma-*ro*-la) – simple sauce tomate
puttanesca (pou-ta-*nes*-ka) – ail, anchois, olives noires, câpres, sauce tomate, huile, piment et beurre
tartufo di Norcia (tar-*tou*-fo di *nor*-tcha) – truffe noire, ail, huile et anchois
vongole (*von*-go-lé) – tomates et palourdes

PIZZAS

Toutes les pizzas suivantes sont garnies d'un fond de sauce tomate (et parfois de mozzarella) :

capricciosa (ca-prit-*tcho*-sa) – olives, jambon, champignons et artichauts
frutti di mare (*frou*-ti di *ma*-ré) – fruits de mer
funghi (*foun*-gui) – champignons
margherita (mar-gué-*ri*-ta) – origan
napoletana (na-po-lé-*tan*-a) – anchois
pugliese (pou-li-*é*-sé) – tomate, mozzarella et oignons
quattro formaggi (*coua*-tro for-*mad*-dji) – quatre fromages
quattro stagioni (*coua*-tro sta-*djo*-ni) – quatre saisons, comme la *capricciosa*, avec parfois un œuf
verdura (vér-*dou*-ra) – aux légumes (en général courgette et aubergine, parfois carottes et épinards)

Glossaire

MOTS UTILES

petit-déjeuner	*prima colazione*	*pri*-ma co-la-*tsio*-né
déjeuner	*pranzo*	*pran'*-dzo
dîner	*cena*	*tché*-na
couteau	*coltello*	col-*tél*-lo
fourchette	*forchetta*	for-*két*-ta
cuillère	*cucchiaio*	cou-*kia*-io
(non) fumeur	*(non) fumatori*	(non') fou-ma-*to*-ri
addition	*conto*	*con'*-to
serveur/serveuse	*cameriere/a*	ca-mé-*rié*-ré/a

MODES DE PRÉPARATION

bouilli	*bollito/a*	bol-*li*-to/a
cuit	*cotto/a*	*co*-to/a
frit	*fritto/a*	*fri*-to/a
grillé	*alla griglia*	al-la *gri*-lia
cru	*crudo/a*	*crou*-do/a
rôti	*arrosto/a*	a-*ro*-sto/a

PRODUITS DE BASE

pain	*pane*	*pa*-né
beurre	*burro*	*bou*-ro
fromage	*formaggio*	for-*ma*-djo
piment	*peperoncino*	pé-pé-ron'-*tchi*-no
crème	*panna*	*pa*-na
œuf/œufs	*uovo/uova*	*ouo*-vo/*ouo*-va
ail	*aglio*	*a*-lio
miel	*miele*	*mié*-lé
confiture	*marmellata*	mar-mé-*la*-ta
citron	*limone*	li-*mo*-né
lait	*latte*	*la*-té
huile	*olio*	*o*-lio
olive	*oliva*	o-*li*-va
poivre	*pepe*	*pé*-pé
riz	*riso*	*ri*-dzo
sel	*sale*	*sa*-lé
sucre	*zucchero*	*tsou*-ké-ro
vinaigre	*aceto*	a-*tché*-to

VIANDE, POISSON ET FRUITS DE MER

anchois	*acciughe*	a-*tchou*-gué
bœuf	*manzo*	*man'*-dzo
poulet	*pollo*	*po*-lo
palourdes	*vongole*	*von'*-go-lé
morue	*merluzzo*	mér-*lou*-tso
crabe	*granchio*	*gran'*-kio
seiche	*seppia*	*sé*-pia
chevreau	*capretto*	ka-*pré*-to
agneau	*agnello*	a-*gné*-lo
foie	*fegato*	*fé*-ga-to
homard	*aragosta*	a-ra-*go*-sta
maquereau	*sgombro*	*sgom*-bro
moules	*cozze*	*co*-tsé
poulpes	*polpi*	*pol*-pi
huîtres	*ostriche*	*os*-tri-ké
crevettes	*gamberoni*	gam-bé-*ro*-ni
lapin	*coniglio*	co-*ni*-lio
sardines	*sarde*	*sar*-dé
saucisse	*salsiccia*	sal-*si*-tcha
fruits de mer	*frutti di mare*	*frou*-ti di *ma*-ré
escargots	*lumache*	lou-*ma*-ké
calmars	*calamari*	ca-la-*ma*-ri
steak	*bistecca*	bi-*sté*-ca
espadon	*pesce spada*	*pés*-ké *spa*-da
tripes	*trippa*	*tri*-pa
thon	*tonno*	*to*-no
veau	*vitello*	vi-*tél*-lo

Avec *La Toscane et ses vins* (Solar, 2001), Hugh Johnson, grand œnologue, propose un panorama des vins toscans les plus célèbres.

FRUITS ET LÉGUMES

pomme	*mela*	*mé*-la
artichauts	*carciofi*	car-*tcho*-fi
asperges	*asparagi*	as-*pa*-ra-dji
aubergines	*melanzane*	mé-lan'-*dza*-né
chou	*cavolo*	*ca*-vo-lo

Le guide Lonely Planet *World Food: Italy* offre, en anglais, une approche approfondie de la culture et de l'histoire gastronomiques italiennes.

carotte	*carota*	ca-*ro*-ta
cerise	*ciliegia*	tchi-li-é-dja
fenouil	*finocchio*	fi-*no*-kio
raisin	*uva*	*ou*-va
haricots verts	*fagiolini*	fa-djo-*li*-ni
champignons	*funghi*	*foun'*-gui
orange	*arancia*	a-*ran'*-tcha
pêche	*pesca*	*pés*-ca
poire	*pera*	*pé*-ra
petits pois	*piselli*	pi-*sé*-li
poivrons	*peperoni*	pé-pé-*ro*-ni
pommes de terre	*patate*	pa-*ta*-té
roquette	*rucola*	*rou*-co-la
épinards	*spinaci*	spi-*na*-tchi
fraises	*fragole*	*fra*-go-lé
tomates	*pomodori*	po-mo-*do*-ri
courgettes	*zucchini*	tsou-*ki*-ni

BOISSONS

bière	*birra*	*bi*-ra
café	*(un) caffè*	ca-*fé*
eau	*acqua*	*a-koua*
thé	*(un) tè*	*té*
vin (rouge/blanc)	*vino (rosso/bianco)*	*vi*-no (*ro*-sso/*bian'*-co)

Toscane

Florence (Firenze)

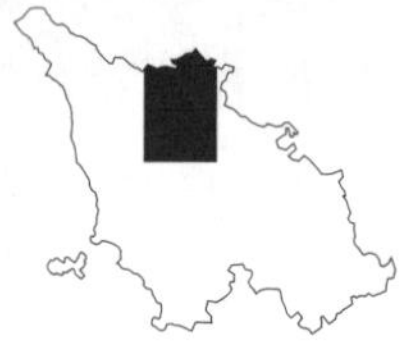

SOMMAIRE

Berceau de la Renaissance, Florence est une ville incomparable. Nulle part ailleurs vous ne trouverez dans un espace aussi restreint autant de musées, de galeries et de monuments mondialement connus. Dante, Michel-Ange, Botticelli et bien d'autres grands noms de l'histoire de l'art ont forgé la réputation de cette ville magnifique, qui se déploie sur les rives de l'Arno. Rançon de cette sublime richesse : la forte fréquentation touristique.

Certes, on peut déplorer la congestion urbaine, la chaleur étouffante en été et le niveau de pollution. Pourtant, le coup de foudre est immédiat. Cette ville produit un choc émotionnel comme aucune autre ne peut le faire.

Consacrez au moins quatre à cinq jours à Florence. Restez modeste : vous ne pourrez pas tout voir en un seul voyage.

À NE PAS MANQUER

- Les trésors artistiques des Uffizi (p. 98) et le Palazzo del Bargello (p. 94)
- La vue sur Florence du Piazzale Michelangelo (p. 111)
- Le Duomo, la plus belle réalisation de Brunelleschi (p. 90)
- Le *David* de Michel-Ange (p. 103), l'une des œuvres d'art les plus célèbres au monde
- La région du Chianti et ses vins réputés (p. 138)
- Les ruines romaines et étrusques dans les environs de Fiesole, dans l'arrière-pays florentin (p. 136)
- Montecatini Terme (p. 132), parfaite pour un moment de détente

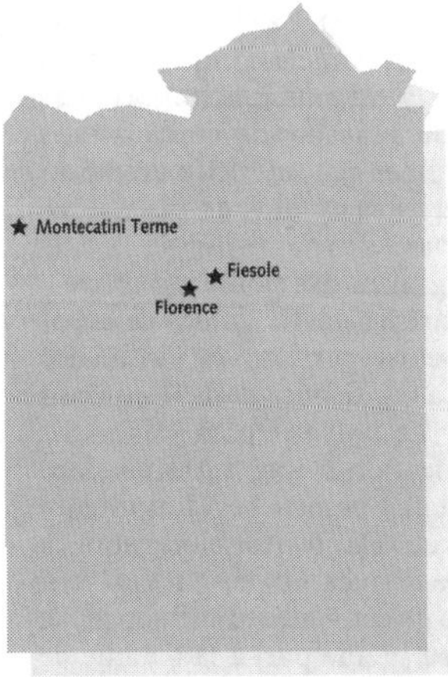

HISTOIRE

L'histoire de Florence remonte aux Étrusques, qui s'établirent à Fiesole et peut-être à l'emplacement de la ville actuelle. Mais la fondation de la ville est attribuée à Jules César vers 59 av. J.-C., qui crée une colonie romaine. Cette ville de garnison, située au point de passage le plus étroit de l'Arno, devait contrôler la Via Flaminia reliant Rome à l'Italie du Nord et à la Gaule. Au cours des siècles suivants, Florence devint une plaque tournante du commerce.

Après la chute de l'empire romain, Florence passa successivement dans le giron des Goths, des Lombards et des Francs. L'an 1000 est à marquer d'une pierre blanche dans l'histoire de la ville. Florence devient la résidence des marquis de Toscane (anciennement installés à Lucca), ouvrant une période d'expansion. En 1110, elle acquiert le statut de *comune* (ville-État, libre). En 1138, elle est administrée par 12 consuls, assistés du Consiglio di Cento (Conseil des Cent), essentiellement composé des membres de l'aristocratie marchande. Pour remédier aux tensions entre les différentes factions, on fait appel en 1207 à un dirigeant étranger à la ville, le *podestà*.

À l'époque médiévale, Florence était une ville-État prospère et dynamique, et l'une des principales places fortes de la finance et de la culture en Europe. La ville joue également un rôle pivot dans le commerce de la laine, de la soie et du cuir. Les importantes corporations de marchands et d'artisans forment des guildes et font office de mécènes pour des artistes de plus en plus nombreux, attirés par le dynamisme de la cité. Pourtant, une grave crise politique couve.

Le conflit entre les guelfes, alliés de la papauté, et les gibelins (partisans de l'influence impériale en Italie), débute dans le courant du XIIIe siècle. Le pouvoir passe alternativement d'une faction à une autre pendant près d'un siècle. Le peintre révolutionnaire Giotto et le poète Dante Alighieri, dont la famille appartient au camp des guelfes, sont contemporains de cette lutte d'influence. Le jeune Dante prit même part à la bataille de Campaldino (1289), qui vit la défaite des troupes gibelines à Arezzo. Peu après, les guelfes firent scission en deux camps. Dante fit le mauvais choix et fut expulsé de sa ville natale en 1302, et ne la revit jamais. Pendant son exil, il écrivit la *Divine Comédie*.

En 1348, la peste fit des ravages. Près de la moitié de la population succomba à l'épidémie. Boccace évoque cette période sombre dans son *Décaméron*.

La saga des Médicis commence en 1434, lorsque Cosimo de' Medici (Cosme l'Ancien), grand mécène, arrive au pouvoir. Il favorise l'épanouissement d'Alberti, de Brunelleschi, de Luca della Robbia, de Fra Angelico et de Filippo Lippi. On lui doit la plupart des plus beaux monuments de la ville. En 1439, le concile de Florence, destiné à réconcilier les deux branches de l'Église, d'Orient et d'Occident, vit l'arrivée d'érudits et d'artisans byzantins, qui apportèrent avec eux leurs connaissances en matière artistique. Le concile, auquel assistèrent le pape et le patriarche de Constantinople, ne déboucha sur aucun accord, mais joua un rôle important dans l'élaboration du mouvement historique que l'on appela plus tard la Renaissance. Sous le règne de Laurent le Magnifique (1469-1492), petit-fils de Cosme, Florence devient l'épicentre de la vie artistique européenne, avec des artistes comme Michelangelo, Botticelli et Ghirlandaio.

Malheureusement, à la mort de Laurent le Magnifique en 1492, une période de déclin commence. La banque des Médicis a fait faillite. Deux ans plus tard, les Médicis sont chassés de la ville. En réaction aux splendeurs et aux excès du règne des Médicis, le moine dominicain Girolamo Savonarola (Savonarole) instaure une république puritaine, soutenue par de nombreux artistes et par le peuple. En 1497, on brûle les œuvres d'artistes, jugées immorales, sur un "bûcher des vanités" installé sur la Piazza della Signoria. L'année suivante, Savonarole tombe en disgrâce et subit le sort des hérétiques : brûlé sur un bûcher.

Piero Soderini accède alors au pouvoir, jouant un rôle similaire à celui du doge vénitien. Ses sympathies pour la France lui valent des conflits avec le pape et avec ses alliés espagnols. En 1512, sous la pression des Espagnols et du Saint-Siège, les Médicis font leur retour et exercent une emprise tyrannique sur la ville. C'est aussi un Médicis qui règne à Rome en tant que pape (Clément VII). Mais lorsque Clément VII doit se soumettre aux troupes de l'empereur Charles Quint en 1527, les Florentins en profitent pour expulser une nouvelle fois les Médicis. Deux ans plus tard, l'empereur et le pape, cette fois devenus alliés, réinstallent un Médicis à Florence en la personne d'Alessandro de' Medici, arrière-petit-fils de Laurent le Magnifique, élevé par l'empereur à la dignité de duc de Florence en 1530. Cette nouvelle domination des Médicis ne prendra fin que deux siècles plus tard. Les Médicis réussirent à étendre leur pouvoir sur toute la Toscane, même si, après le règne de Cosme Ier (1537-1574), la ville connut une période de déclin.

Le dernier représentant masculin de la lignée des Médicis s'éteint en 1737. Le grand-duché de Toscane passe alors aux mains de la maison de Lorraine (elle-même dominée par la maison d'Autriche) et le reste jusqu'en 1860, hormis l'intermède napoléonien de 1799 à 1814. En 1860, le grand-duché est incorporé au royaume d'Italie, dont Florence devient la première capitale en 1861. Ce choix n'est que temporaire, puisque Rome prend la relève en 1871.

Florence a été gravement endommagée au cours de la Seconde Guerre mondiale. En se repliant, les Allemands firent sauter les ponts, à l'exception du Ponte Vecchio. En 1966, l'Arno sort de son lit et inonde la ville, causant des dégâts considérables sur le patrimoine de la ville. Paradoxalement, cette catastrophe a eu des effets positifs, car elle a donné lieu à d'immenses avancées en matière de restauration d'art.

ORIENTATION

La gare ferroviaire du centre, la Stazione di Santa Maria Novella, est un point de repère bien pratique, que vous arriviez ou non par le train. Les hôtels et *pensioni* bon marché

FLORENCE EN...

Deux jours

Commencez par un cappuccino au Caffè Gilli sur la Piazza della Repubblica. Prenez le temps de contempler le splendide Duomo et le Battistero, et montez en haut du Campanile pour la vue. Visitez la Piazza della Signoria, pour admirer les statues dans la Loggia della Signoria. Cette célèbre place est entourée de nombreux restaurants, parfaits pour une pause déjeuner. Faites halte aux Uffizi qui possèdent un bon nombre des plus belles œuvres de la Renaissance. Promenez-vous ensuite le long de l'Arno, et traversez le Ponte Vecchio pour flâner dans le quartier d'Oltrarno. Le soir, dînez dans l'un des restaurants traditionnels de la Via Santo Spirito.

Le deuxième jour sera consacré à la visite du Museo di San Marco, remarquable par ses fresques de Fra Angelico. Vous pourrez ensuite vous restaurer sur la place, avant de faire un tour dans la Galleria dell'Accademia pour voir le *David* de Michel-Ange. Retour ensuite Via Cavour, direction le Palazzo Medici-Riccardi. Le soir, jetez votre dévolu sur un restaurant gastronomique sur la Piazza della Repubblica et finissez la soirée comme les Florentins, c'est-à-dire un *gelato* à la main !

Quatre jours

Pour les deux premiers jours, reportez-vous aux suggestions ci-dessus. Le troisième jour, faites une excursion dans l'arrière-pays toscan, vers Fiesole. Les vestiges romains et étrusques du secteur valent le coup d'œil. Offrez-vous ensuite un moment de répit dans l'un des restaurants sur la place principale. Le quatrième jour, ne manquez pas la Chiesa di Santa Croce, et déjeunez à l'Enoteca Boccadama. L'après-midi, traversez une nouvelle fois le Ponte Vecchio pour visiter les fabuleuses collections du Palazzo Pitti, et vous détendre dans les jardins de Boboli. Le soir, programmez une pièce de théâtre ou un concert au Teatro Verdi.

Une semaine

Suivez l'itinéraire précédent et, le cinquième jour, incluez le Palazzo del Bargello et le Palazzo Vecchio. Redescendez vers l'Arno, traversez le Ponte alle Grazie jusqu'au quartier de San Niccolò. Montez jusqu'au Piazzale Michelangelo pour la vue sur la ville. Dînez dans un café de la Via dei Renai.

Le sixième jour, vous verrez la Basilica di Santa Maria Novella et la Basilica di San Lorenzo, puis les Cappelle Medicee. Le Museo dell'Opera del Duomo vaut également le détour.

Réservez l'Oltrarno pour le dernier jour, avec la Basilica di Santo Spirito et la Basilica di Santa Maria del Carmine, avec ses fresques de Masaccio.

se rassemblent dans le secteur de la via Nazionale, à l'est de la gare, et vers la Piazza Santa Maria Novella, au sud. Le centre-ville n'est qu'à une dizaine de minutes à pied par la Via de' Panzani, puis la Via de' Cerretani, qui aboutit au Duomo.

La plupart des centres d'intérêt sont accessibles à pied, et on peut faire le tour du centre-ville en une demi-heure à peine. De la Piazza di San Giovanni, près du Battistero, la Via Roma mène à la Piazza della Repubblica, où elle prend le nom de Via Calimala, puis de Via Por Santa Maria pour rejoindre le Ponte Vecchio. De la Piazza del Duomo, la Via de' Calzaiuoli mène à la Piazza della Signoria, siège historique du gouvernement florentin. Au sud de la place, les Uffizi (Offices) bordent l'Arno que l'on franchit par le Ponte Vecchio ou, plus à l'est, par le Ponte alle Grazie. Au sud-est, le Piazzale Michelangelo offre un panorama splendide sur la ville.

Vous pouvez garer votre voiture pour un prix raisonnable dans le quartier de la Fortezza da Basso, juste au nord de la gare ferroviaire, à 10 minutes à pied du centre historique que l'on rejoint par la Via Faenza.

À savoir : Florence utilise un double système de numérotation des bâtiments, assez déconcertant : les numéros rouges signalent les locaux commerciaux, les numéros noirs les lieux d'habitation. À l'écrit, les adresses noires ne portent en principe que le numéro (mais sont parfois suivies d'un "n", signifiant *nero*, "noir", tandis que les rouges comprennent généralement un "r" *(rosso)* placé après le numéro).

Cartes

La carte *City Map of Florence*, de Lonely Planet, inclut Florence et ses environs. L'un des meilleurs plans de ville est celui du Touring Club Italiano, *Florence* (7 €), de couleur rouge, au 1/12 500, avec un agrandissement du centre au 1/6 500. Le Touring-Club a également publié la carte *Tuscany*, de couleur verte, au même prix.

RENSEIGNEMENTS

Librairies

Edison (carte p. 88 ; ☎ 055 29 18 70 ; Piazza della Repubblica 27r ; 💻 2,50 €/h). Cartes et guides de voyage, romans en anglais.

Feltrinelli International Bookshop (carte p. 88 ; ☎ 055 21 95 24 ; Via Cavour 12r). Bon choix d'ouvrages en plusieurs langues, dont le français.

La Librairie Française (carte p. 86-87; ☎ 055 21 26 59 ; Piazza Ognissanti 1r ; 🕑 fermé mar). Bon choix d'ouvrages en français.

Paperback Exchange (carte p. 85 ; ☎ 055 247 81 54 ; Via Fiesolana 31r). Très bon choix d'ouvrages en anglais, neufs ou d'occasion.

Urgences

Police (carte p. 82-83; ☎ 055 4 97 71 ; Via Zara 2). S'adresser au bureau des étrangers en cas de vol.

Police touristique (Polizia Assistenza Turistica ; carte p. 84 ; ☎ 055 20 39 11 ; Via Pietrapiana 50r, Piazza dei Ciompi)

Accès Internet

Internet Point (carte p. 86-87 ; ☎ 055 24 07 80 ; Borgo degli Albizi 66r ; 3 €/h)

Internet Train (4 €/h). Douze agences au total, dont une située Via dell'Oriuolo 40r (carte p. 84 ; ☎ 055 263 89 68), une autre Via di Parione 11b (carte p. 88 ; ☎ 055 264 55 63) et Borgo San Jacopo 30r (carte p. 88 ; % 055 265 79 35)

Sites Internet

www.comune.firenze.it Portail utile, avec beaucoup d'informations sur la ville

www.firenze.net

www.firenze-oltrarno.net Pour tout savoir sur ce qui se passe au sud de l'Arno. De nombreux liens avec d'autres sites.

www.florenceforfun.org Tout sur la vie nocturne de Florence.

www.florenceitaly.net

www.studentsville.it La ville vue par des étudiants.

Nettoyage

Wash & Dry Laundrette (☎ 800 23 11 72 ; 3,10 €/lavage, 3,10 €/séchage ; 🕑 8h-22h). Dix implantations, notamment Via Nazionale 129 (carte p. 82-83), Via della Scala 52-54r (carte p. 82-83), Via dei Servi 105r (carte p. 82-83), Via de' Serragli 87r (carte p. 86-87) et Via del Sole 29r (carte p. 88).

Consignes

Stazione di Santa Maria Novella (🕑 6h-24h ; 3 € par bagage pour les 12 premières heures, 2 € par tranche de 12 heures supplémentaire). Le bureau de la consigne se trouve sur le quai 16.

Médias

La Nazione (http://lanazione.quotidiano.net – en italien seulement). Journal italien publié à Florence. Bonne source d'information sur la ville.

La Repubblica (www.firenze.repubblica.it). L'édition locale comprend des adresses utiles.

Toscana News (www.toscananews.com). Ce mensuel touristique publié en anglais et en allemand répertorie les manifestations régionales et les centres d'intérêt. Généralement distribué avec le *Chianti News*. Il coûte 0,50 €, mais on peut en principe se le procurer gratuitement dans les offices du tourisme.

Services médicaux

Pharmacies ouvertes 24h/24. Farmacia Comunale (carte p. 82-83 ; ☎ 055 21 67 61 ; à l'intérieur de la Stazione di Santa Maria Novella) ; Molteni (carte p. 88 ; ☎ 055 28 94 90 ; Via de' Calzaiuoli 7r) ; All'Insegna del Moro (carte p. 88 ; ☎ 055 21 13 43 ; Piazza di San Giovanni 28).

Ambulances (carte p. 88 ; ☎ 055 21 22 22 ; Vicolo degli Adimari 1). Les ambulances Misericordia di Firenze se trouvent près de la Piazza del Duomo. À cette même adresse, vous pourrez bénéficier de soins dans le centre médical pour touristes, ouvert du lundi au vendredi de 10h à 19h et le samedi de 9h à 14h.

Médecin de garde (Guardia Medica ; ☎ 055 47 78 91). Pour consulter un médecin la nuit ou un jour férié.

Ospedale di Santa Maria Nuova (carte p. 82-83; ☎ 055 2 75 81 ; Piazza Santa Maria Nuova 1). À l'est de la cathédrale.

Ospedali Riuniti di Careggi (carte p. 79 ; ☎ 055 427 71 11 ; Viale Morgagni 85). Le principal hôpital public, au nord du centre-ville.

Tourist Medical Service (carte p. 82-83 ; ☎ 055 47 54 11 ; Via Lorenzo il Magnifico 59 ; 🕒 11h-12h et 17h-18h lun-ven, 11h-12h sam ; sans rendez-vous). Médecins parlant français. Se déplacent également dans les hôtels. L'office du tourisme peut vous fournir les coordonnées de praticiens ou de dentistes polyglottes.

Argent

Plusieurs banques sont installées autour de la Piazza della Repubblica. On trouve des distributeurs de billets partout dans la ville.

American Express (carte p. 88 ; ☎ 055 5 09 81, Via Dante Alighieri 22r ; 🕒 9h-17h30 lun-ven, 9h30-12h30 sam)

Thomas Cook (carte p. 88 ; ☎ 05528 97 81, Lungarno degli Acciaiuoli 6r ; 🕒 8h30-19h30 lun-sam, 9h30-17h dim). Bureau de change près du Ponte Vecchio.

Poste

Poste (carte p. 88, B4 ; Via Pellicceria, près de la Piazza della Repubblica ; 🕒 8h15-18h lun-ven, 8h15-12h sam). Pour l'envoi ou la réception de fax ou de télégrammes.

Téléphone

On trouve des cabines publiques dans toute la ville. Elles fonctionnent avec des pièces ou des cartes. Les cartes s'achètent dans les

(Suite page 89)

AGGLOMÉRATION DE FLORENCE

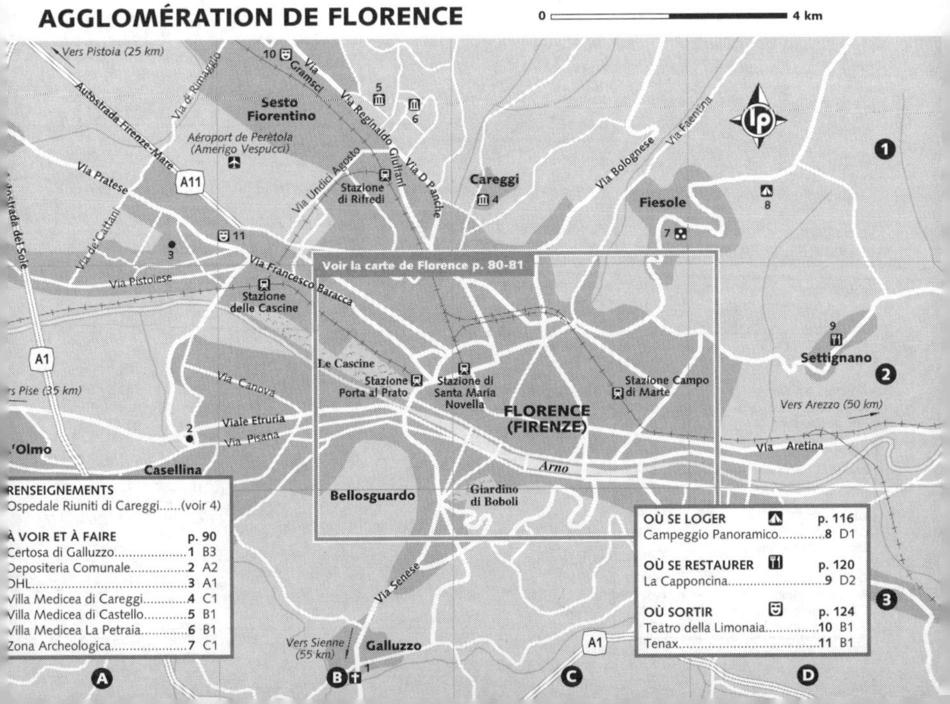

A
B
C
D
1
2
3
4
5
6
Vers l'aéroport de Perètola (3 km)
Viale Alessandro Guidoni
Ponte di Mezzo
Via Giovan Filippo Mariti
Via di Novoli
Via Francesco Baracca
Rifredi
Via Celso
Via M Mercati
Via A Tavanti
Montughi
Via Vittorio Emanuele II
Via Circondaria
Torente Mugnone
Voir la carte Stazione et environs p. 82-83
Viale Corsica
Viale Francesco Redi
Via Pietro Toselli
San Jacopino
Via dello Statuto
Canale Macinante
Piazzale delle Cascine
Ippodromo delle Cascine
Le Cascine
Viale degli Olmi
Viale Abramo Lincoln
Vers Anfiteatro (1 km)
ARNO
Via Benedetto Marcello
Via delle Porte Nuove
Via del Ponte alle Mosse
Viale Belfiore
Fortezza da Basso
Viale Spartaco
Viale Filippo Strozzi
Piazza della Indipendenza
Stazione Porta al Prato
Viale Fratelli Rosselli
Stazione di Santa Maria Novella
Porta al Prato
Piazza del Mercato Centrale
Via Solferino
Corso Italia
Piazza della Stazione
Voir la carte du centre de Florence p. 88
Ponte della Vittoria
Lungarno del Pignone
Lungarno Amerigo Vespucci
Via de'Vanni
Via Bronzino
Pignone
Piazza di Santa Maria Novella
Voir la carte du Palazzo Pitti p. 86-87
Ponte Amerigo Vespucci
Via Pisana
Piazza della Repubblica
Borgo San Frediano
Ponte alla Carraia
Viale A Aleardi
San Frediano
Ponte Santa Trinita
Ponte Vecchio
Piazza Tasso
Piazza de' Pitti
Giardino Torrigiani
Viale Francesco Petrarca
BELLOSGUARDO
Giardino di Boboli (jardins de Boboli)
Forte di Belvedere
Via Senese
Viale del Poggio Imperiale
Via di San Leonardo
Vers Galluzo (3 km)
RENSEIGNEMENTS
Consulat de Suisse....1 D6
À VOIR ET À FAIRE p. 90
Azione Gay e Lesbica....2 G4
Campo Sportivi ASSI....3 F6
Museo Stibbert....4 D1
Piscina Bellariva....5 H5
Piscina Le Pavoniere....6 A3
Società Canottieri Comunali....7 G5
OÙ SE LOGER p. 116
Camping....8 H2
Ostello Villa Camerata....(voir 8)
OÙ SORTIR p. 124
Auditorium Flog....(voir 9)
Cinema Poggetto....9 D1
Stadio Comunale Artemio Franchi....10 G3

E
F
G
H
1
2
3
4
5
6
Montughi
Parco di Villa Fabbricotti
Via Bolognese
Via Faentina
Torrente Mugnone
Via San Domenico
Voir carte de Le Cure et environs p. 85
Via Vittorio Emanuele II
Piazza delle Cure
Ponte Rosso
Via XX Settembre
Viale Alessandro Volta
Viale Alessandro Volta
Via Cairoli
Via A Baldesi
Viale Augusto Righi
Viale Don G Minzoni
Via Lorenzo il Magnifico
Piazza della Libertà
Lavagnini
Viale dei Mille
Via G Marconi
Piazza Savonarola
Viale Giacomo Matteotti
10
Campo di Marte
Viale Pasquale Paoli
Gardino dei Semplici
Gardino della Gherardesca
Piazza San Marco
Via Giuseppe La Farina
Stazione Campo di Marte
Via Lungo l'Affrico
Viale Antonio Gramsci
Via Mannelli
Via Gabriele d'Annunzio
Viale Edmondo de Amicis
Via Andrea del Sarto
Via del Mezzetta
Piazza M d'Azeglio
Duomo
Voir carte de Santa Croce p. 84
2
Via Vincenzo Gioberti
Chianti
Via Aretina
Piazza di Santa Croce
Viale G Amendola
Via Cimabue
Madonnone
Bellariva
5
Via Piagentina
Via Campofiore
Via Arnolfo
Lungarno Aldo Moro
Lungarno Cristoforo Colombo
Ponte alle Grazie
ARNO
Lungarno del Tempio
Ponte G Da Verrazzano
Piazza Giuseppe Poggi
Ponte San Niccolò
7
San Niccolò
Lungarno Francesco Ferrucci
Via di Villamagna
Piazzale Michelangelo
Via Coluccio Salutati
Via dell' Erta Canina
Viale Michelangelo
Via Donato Giannotti
Cimitero delle Porte Sante
Viale Galileo Galilei
Monte Alle Croci
8
3

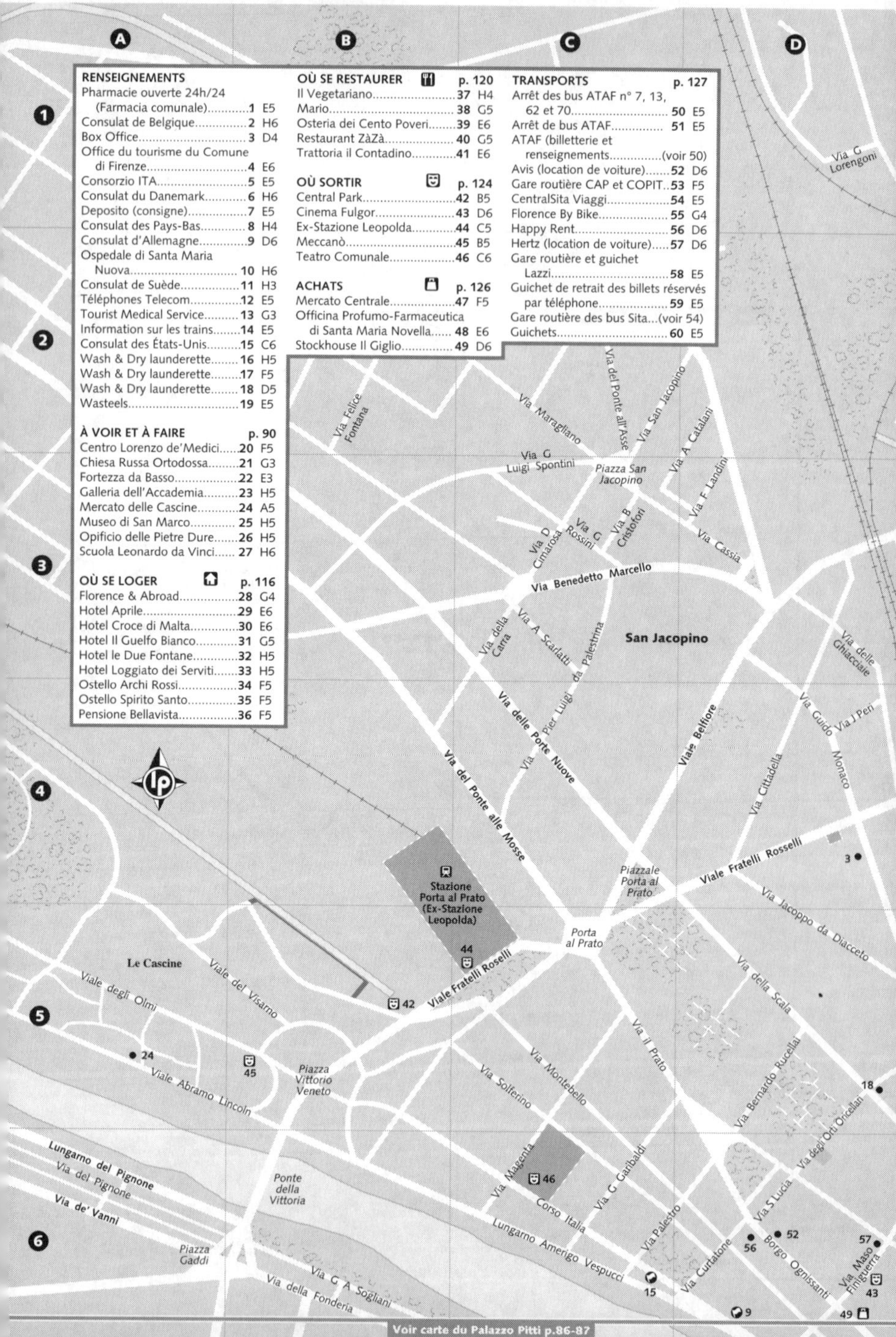

RENSEIGNEMENTS

- Pharmacie ouverte 24h/24 (Farmacia comunale) ... 1 E5
- Consulat de Belgique ... 2 H6
- Box Office ... 3 D4
- Office du tourisme du Comune di Firenze ... 4 E6
- Consorzio ITA ... 5 E5
- Consulat du Danemark ... 6 H6
- Deposito (consigne) ... 7 E5
- Consulat des Pays-Bas ... 8 H4
- Consulat d'Allemagne ... 9 D6
- Ospedale di Santa Maria Nuova ... 10 H6
- Consulat de Suède ... 11 H3
- Téléphones Telecom ... 12 E5
- Tourist Medical Service ... 13 G3
- Information sur les trains ... 14 E5
- Consulat des États-Unis ... 15 C6
- Wash & Dry launderette ... 16 H5
- Wash & Dry launderette ... 17 F5
- Wash & Dry launderette ... 18 D5
- Wasteels ... 19 E5

À VOIR ET À FAIRE p. 90

- Centro Lorenzo de'Medici ... 20 F5
- Chiesa Russa Ortodossa ... 21 G3
- Fortezza da Basso ... 22 E3
- Galleria dell'Accademia ... 23 H5
- Mercato delle Cascine ... 24 A5
- Museo di San Marco ... 25 H5
- Opificio delle Pietre Dure ... 26 H5
- Scuola Leonardo da Vinci ... 27 H6

OÙ SE LOGER p. 116

- Florence & Abroad ... 28 G4
- Hotel Aprile ... 29 E6
- Hotel Croce di Malta ... 30 E6
- Hotel Il Guelfo Bianco ... 31 G5
- Hotel le Due Fontane ... 32 H5
- Hotel Loggiato dei Serviti ... 33 H5
- Ostello Archi Rossi ... 34 F5
- Ostello Spirito Santo ... 35 F5
- Pensione Bellavista ... 36 F5

OÙ SE RESTAURER p. 120

- Il Vegetariano ... 37 H4
- Mario ... 38 G5
- Osteria dei Cento Poveri ... 39 E6
- Restaurant ZàZà ... 40 G5
- Trattoria il Contadino ... 41 E6

OÙ SORTIR p. 124

- Central Park ... 42 B5
- Cinema Fulgor ... 43 D6
- Ex-Stazione Leopolda ... 44 C5
- Meccanò ... 45 B5
- Teatro Comunale ... 46 C6

ACHATS p. 126

- Mercato Centrale ... 47 F5
- Officina Profumo-Farmaceutica di Santa Maria Novella ... 48 E6
- Stockhouse Il Giglio ... 49 D6

TRANSPORTS p. 127

- Arrêt des bus ATAF n° 7, 13, 62 et 70 ... 50 E5
- Arrêt de bus ATAF ... 51 E5
- ATAF (billetterie et renseignements ... (voir 50)
- Avis (location de voiture) ... 52 D6
- Gare routière CAP et COPIT ... 53 F5
- CentralSita Viaggi ... 54 E5
- Florence By Bike ... 55 G4
- Happy Rent ... 56 D6
- Hertz (location de voiture) ... 57 D6
- Gare routière et guichet Lazzi ... 58 E5
- Guichet de retrait des billets réservés par téléphone ... 59 E5
- Gare routière des bus Sita ... (voir 54)
- Guichets ... 60 E5

Voir carte du Palazzo Pitti p.86-87

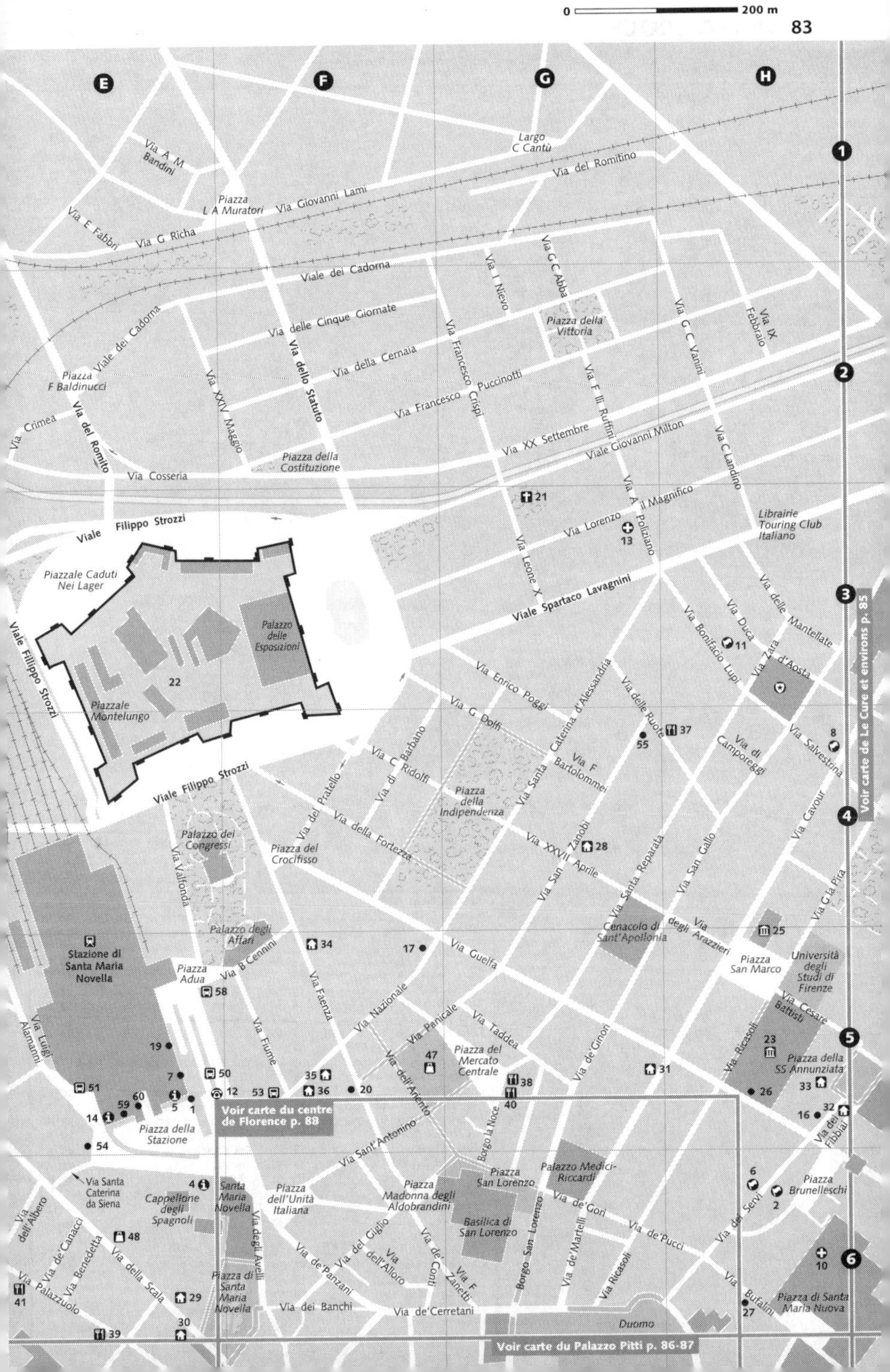
0 200 m
E
F
G
H
1
2
3
4
5
6
Largo C Cantù
Via del Romitino
Via A M Bandini
Piazza L A Muratori
Via Giovanni Lami
Via E Fabbri
Via G Richa
Viale dei Cadorna
Via I Nievo
Via G C Abba
Via G C Vanini
Via IX Febbraio
Via delle Cinque Giornate
Piazza della Vittoria
Via della Cernaia
Via dello Statuto
Via Francesco Crispi
Piazza F Baldinucci
Via XXIV Maggio
Via Francesco Puccinotti
Via F lli Ruffini
Via Crimea
Via del Romito
Via XX Settembre
Viale Giovanni Milton
Via C Landino
Piazza della Costituzione
Via Cosseria
21
Via Lorenzo il Magnifico
Via A Poliziano
13
Librairie Touring Club Italiano
Viale Filippo Strozzi
Piazzale Caduti Nei Lager
Via Leone X
Viale Spartaco Lavagnini
Palazzo delle Esposizioni
Via Bonifacio Lupi
Via Duca d'Aosta
Via delle Mantellate
Voir carte de Le Cure et environs p. 85
11
Via Zara
22
Piazzale Montelungo
Via Enrico Poggi
Via Santa Caterina d'Alessandria
Via delle Ruote
37
55
Via G Dolfi
Via di Camporeggi
Via Salvestrina
8
Via F Bartolommei
Via C Ridolfi
Via di Barbano
Via del Pratello
Piazza della Indipendenza
Via Cavour
Palazzo dei Congressi
Via della Fortezza
Via XXVII Aprile
Via San Zanobi
28
Piazza del Crocifisso
Via Santa Reparata
Via San Gallo
Via Valfonda
Via G La Pira
Cenacolo di Sant'Apollonia
Via degli Arazzieri
25
Palazzo degli Affari
34
17
Via Guelfa
Stazione di Santa Maria Novella
Piazza Adua
Via B Cennini
58
Via Faenza
Piazza San Marco
Università degli Studi di Firenze
Via Cesare Battisti
Via Nazionale
Via Panicale
Via Taddea
Via Luigi Alamanni
19
Via Fiume
Piazza del Mercato Centrale
47
Via de' Ginori
Via Ricasoli
23
Piazza della SS Annunziata
7
50
35
38
31
51
60
5
1
12
53
36
20
40
26
33
59
14
Piazza della Stazione
Voir carte du centre de Florence p. 88
Via dell'Ariento
32
16
Via dei Fibbiai
54
Via Sant'Antonino
Borgo la Noce
Piazza San Lorenzo
Palazzo Medici-Riccardi
Via Santa Caterina da Siena
4
Santa Maria Novella
Piazza dell'Unità Italiana
Piazza Madonna degli Aldobrandini
6
Piazza Brunelleschi
2
Cappellone degli Spagnoli
Via de' Gori
Via dell'Albero
Via degli Avelli
Basilica di San Lorenzo
Via de' Pucci
Via dei Servi
48
Via del Giglio
Via dell'Alloro
Via de' Conti
Borgo San Lorenzo
Via de' Martelli
Via de' Canacci
Via Benedetta
Via della Scala
Via de' Panzani
Via F Zanetti
Via Ricasoli
10
Piazza di Santa Maria Novella
29
Via Palazzuolo
41
Via dei Banchi
Via de' Cerretani
Duomo
Via Bufalini
27
Piazza di Santa Maria Nuova
30
39
Voir carte du Palazzo Pitti p. 86-87

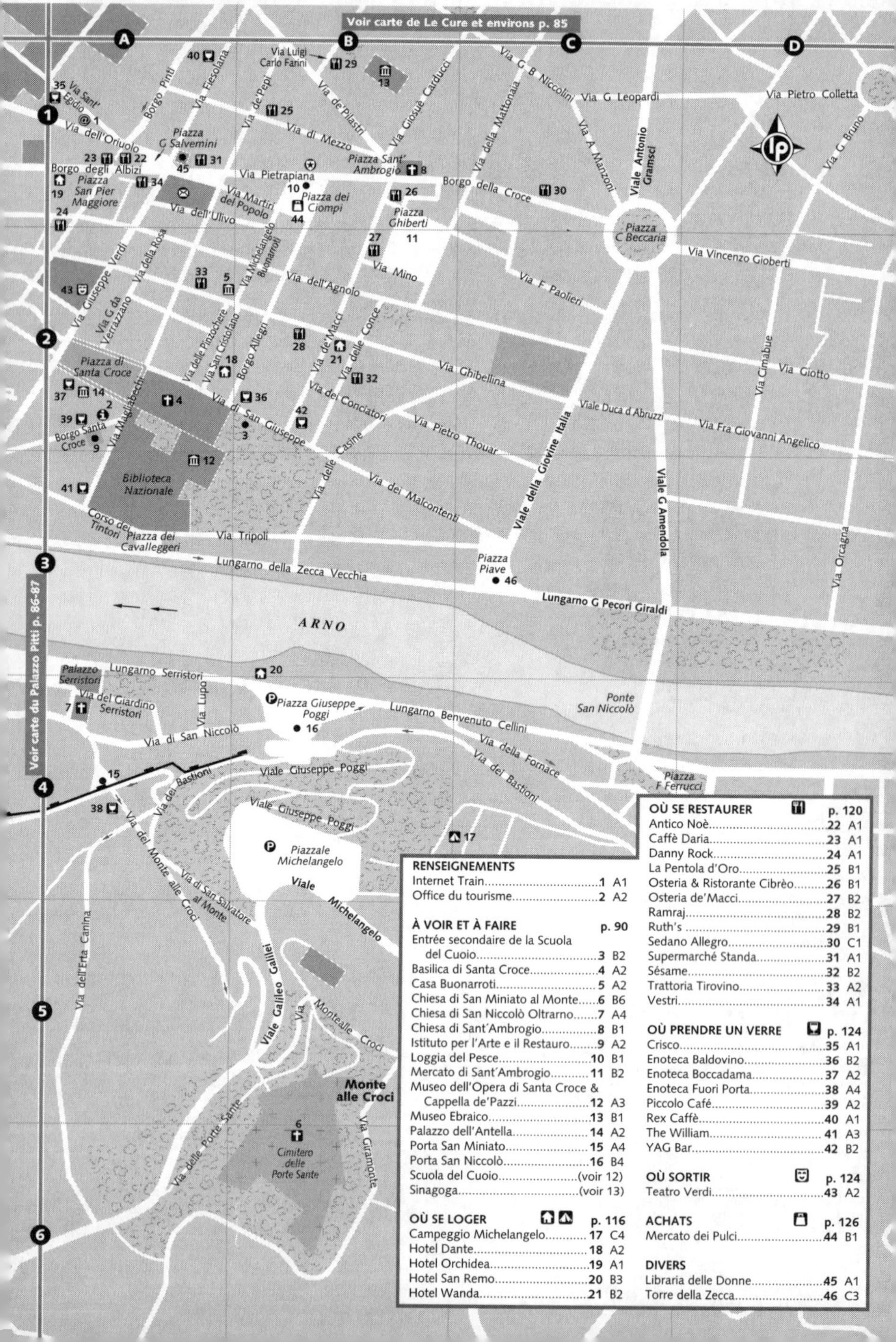

RENSEIGNEMENTS

Internet Train..........1 A1
Office du tourisme..........2 A2

À VOIR ET À FAIRE p. 90

Entrée secondaire de la Scuola del Cuoio..........3 B2
Basilica di Santa Croce..........4 A2
Casa Buonarroti..........5 A2
Chiesa di San Miniato al Monte..........6 B6
Chiesa di San Niccolò Oltrarno..........7 A4
Chiesa di Sant'Ambrogio..........8 B1
Istituto per l'Arte e il Restauro..........9 A2
Loggia del Pesce..........10 B1
Mercato di Sant'Ambrogio..........11 B2
Museo dell'Opera di Santa Croce & Cappella de'Pazzi..........12 A3
Museo Ebraico..........13 B1
Palazzo dell'Antella..........14 A2
Porta San Miniato..........15 A4
Porta San Niccolò..........16 B4
Scuola del Cuoio..........(voir 12)
Sinagoga..........(voir 13)

OÙ SE LOGER p. 116

Campeggio Michelangelo..........17 C4
Hotel Dante..........18 A2
Hotel Orchidea..........19 A1
Hotel San Remo..........20 B3
Hotel Wanda..........21 B2

OÙ SE RESTAURER p. 120

Antico Noè..........22 A1
Caffè Daria..........23 A1
Danny Rock..........24 A1
La Pentola d'Oro..........25 B1
Osteria & Ristorante Cibrèo..........26 B1
Osteria de'Macci..........27 B2
Ramraj..........28 B2
Ruth's..........29 B1
Sedano Allegro..........30 C1
Supermarché Standa..........31 A1
Sésame..........32 B2
Trattoria Tirovino..........33 A2
Vestri..........34 A1

OÙ PRENDRE UN VERRE p. 124

Crisco..........35 A1
Enoteca Baldovino..........36 B2
Enoteca Boccadama..........37 A2
Enoteca Fuori Porta..........38 A4
Piccolo Café..........39 A2
Rex Caffè..........40 A1
The William..........41 A3
YAG Bar..........42 B2

OÙ SORTIR p. 124

Teatro Verdi..........43 A2

ACHATS p. 126

Mercato dei Pulci..........44 B1

DIVERS

Libraria delle Donne..........45 A1
Torre della Zecca..........46 C3

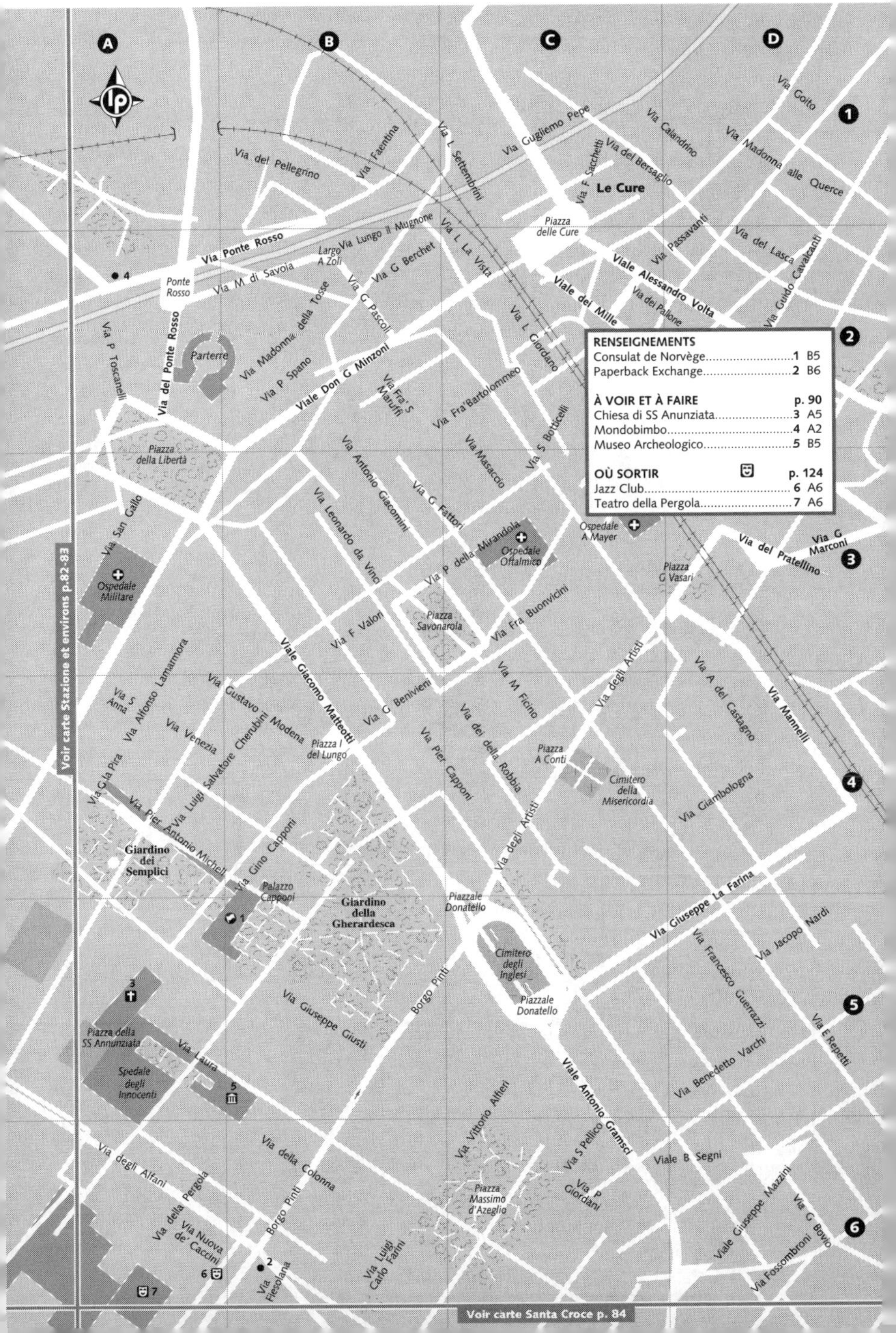
RENSEIGNEMENTS
Consulat de Norvège....1 B5
Paperback Exchange....2 B6
À VOIR ET À FAIRE p. 90
Chiesa di SS Anunziata....3 A5
Mondobimbo....4 A2
Museo Archeologico....5 B5
OÙ SORTIR p. 124
Jazz Club....6 A6
Teatro della Pergola....7 A6
Voir carte Stazione et environs p. 82-83
Voir carte Santa Croce p. 84
Le Cure
Piazza delle Cure
Via Gugliemo Pepe
Via F Sacchetti
Via del Bersaglio
Via Calandrino
Via Goito
Via Madonna alle Querce
Via del Lasca
Via Guido Cavalcanti
Via Passavanti
Viale Alessandro Volta
Via dei Pallone
Viale dei Mille
Via L Settembrini
Via L La Vista
Via L Giordano
Via Faentina
Via del Pellegrino
Via Ponte Rosso
Via Lungo il Mugnone
Largo A Zoli
Via G Berchet
Via M di Savoia
Ponte Rosso
Via G Pascoli
Via Madonna della Tosse
Parterre
Via del Ponte Rosso
Via P Toscanelli
Via P Spano
Viale Don G Minzoni
Via Fra' S Maruffi
Via Fra'Bartolommeo
Via S Botticelli
Via Masaccio
Via Antonio Giacomini
Via G Fattori
Piazza della Libertà
Via San Gallo
Ospedale Militare
Via Leonardo da Vinci
Via P della Mirandola
Ospedale Oftalmico
Ospedale A Mayer
Via del Pratellino
Via G Marconi
Piazza G Vasari
Piazza Savonarola
Via F Valori
Via Fra Buonvicini
Viale Giacomo Matteotti
Via G Benivieni
Via M Ficino
Via degli Artisti
Via A del Castagno
Via Mannelli
Via S Anna
Via Alfonso Lamarmora
Via Gustavo Modena
Via Venezia
Via Salvatore Cherubini
Piazza I del Lungo
Via Pier Capponi
Via dei della Robbia
Piazza A Conti
Cimitero della Misericordia
Via Giambologna
Via G La Pira
Via Pier Antonio Micheli
Via Luigi
Giardino dei Semplici
Via Gino Capponi
Palazzo Capponi
Giardino della Gherardesca
Piazzale Donatello
Cimitero degli Inglesi
Via Giuseppe La Farina
Via Jacopo Nardi
Via Francesco Guerrazzi
Via E Repetti
Via Benedetto Varchi
Borgo Pinti
Via Giuseppe Giusti
Piazza della SS Annunziata
Spedale degli Innocenti
Via Laura
Viale Antonio Gramsci
Via Vittorio Alfieri
Via S Pellico
Viale B Segni
Via P Giordani
Piazza Massimo d'Azeglio
Via della Colonna
Via degli Alfani
Via della Pergola
Via Nuova de' Caccini
Via Fiesolana
Via Luigi Carlo Farini
Viale Giuseppe Mazzini
Via G Bovio
Via Fossombroni

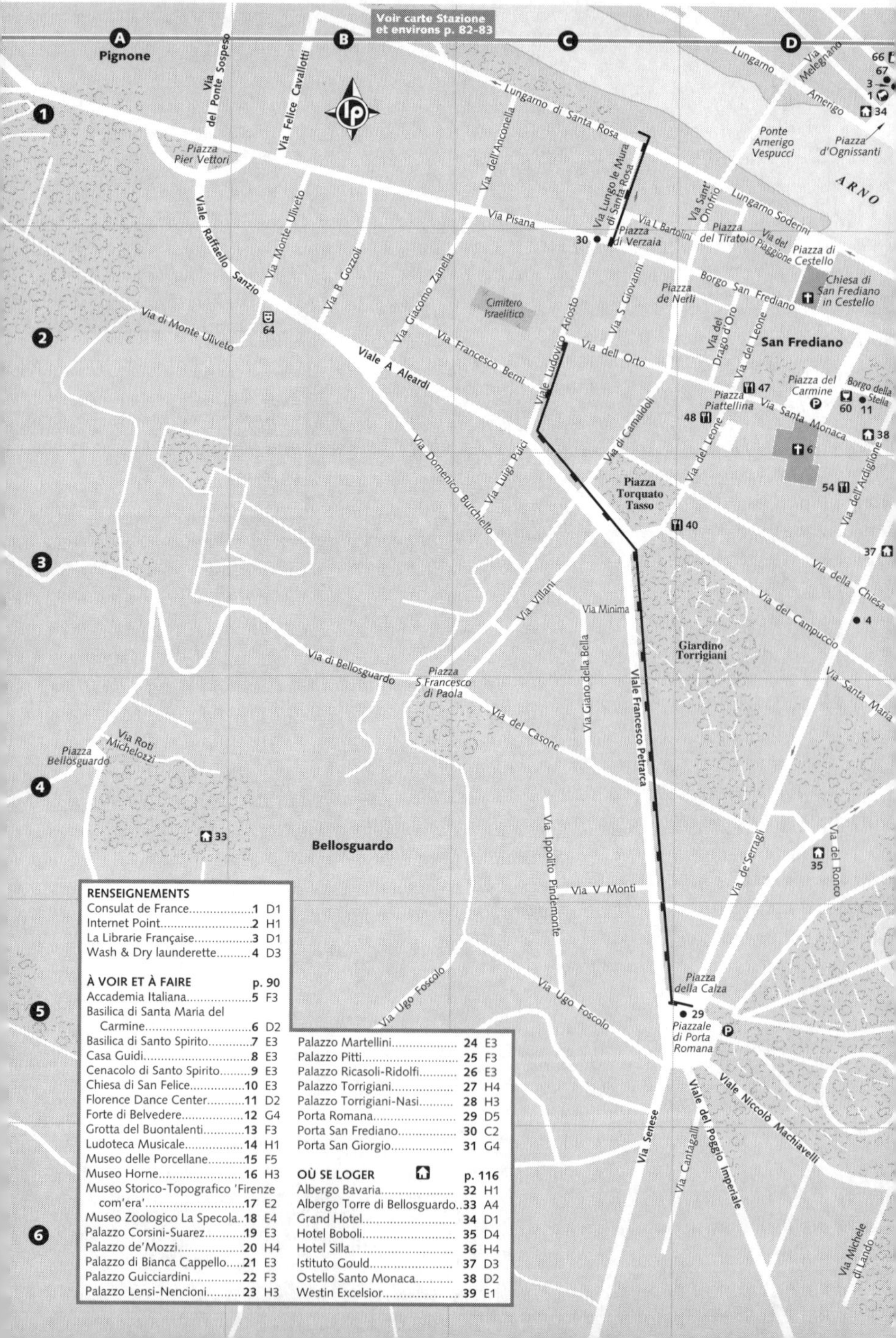

RENSEIGNEMENTS
Consulat de France 1 D1
Internet Point 2 H1
La Librarie Française 3 D1
Wash & Dry launderette 4 D3

À VOIR ET À FAIRE p. 90
Accademia Italiana 5 F3
Basilica di Santa Maria del Carmine 6 D2
Basilica di Santo Spirito 7 E3
Casa Guidi 8 E3
Cenacolo di Santo Spirito 9 E3
Chiesa di San Felice 10 E3
Florence Dance Center 11 D2
Forte di Belvedere 12 G4
Grotta del Buontalenti 13 F3
Ludoteca Musicale 14 H1
Museo delle Porcellane 15 F5
Museo Horne 16 H3
Museo Storico-Topografico 'Firenze com'era' 17 E2
Museo Zoologico La Specola 18 E4
Palazzo Corsini-Suarez 19 E3
Palazzo de'Mozzi 20 H4
Palazzo di Bianca Cappello 21 E3
Palazzo Guicciardini 22 F3
Palazzo Lensi-Nencioni 23 H3
Palazzo Martellini 24 E3
Palazzo Pitti 25 F3
Palazzo Ricasoli-Ridolfi 26 E3
Palazzo Torrigiani 27 H4
Palazzo Torrigiani-Nasi 28 H3
Porta Romana 29 D5
Porta San Frediano 30 C2
Porta San Giorgio 31 G4

OÙ SE LOGER p. 116
Albergo Bavaria 32 H1
Albergo Torre di Bellosguardo 33 A4
Grand Hotel 34 D1
Hotel Boboli 35 D4
Hotel Silla 36 H4
Istituto Gould 37 D3
Ostello Santo Monaca 38 D2
Westin Excelsior 39 E1

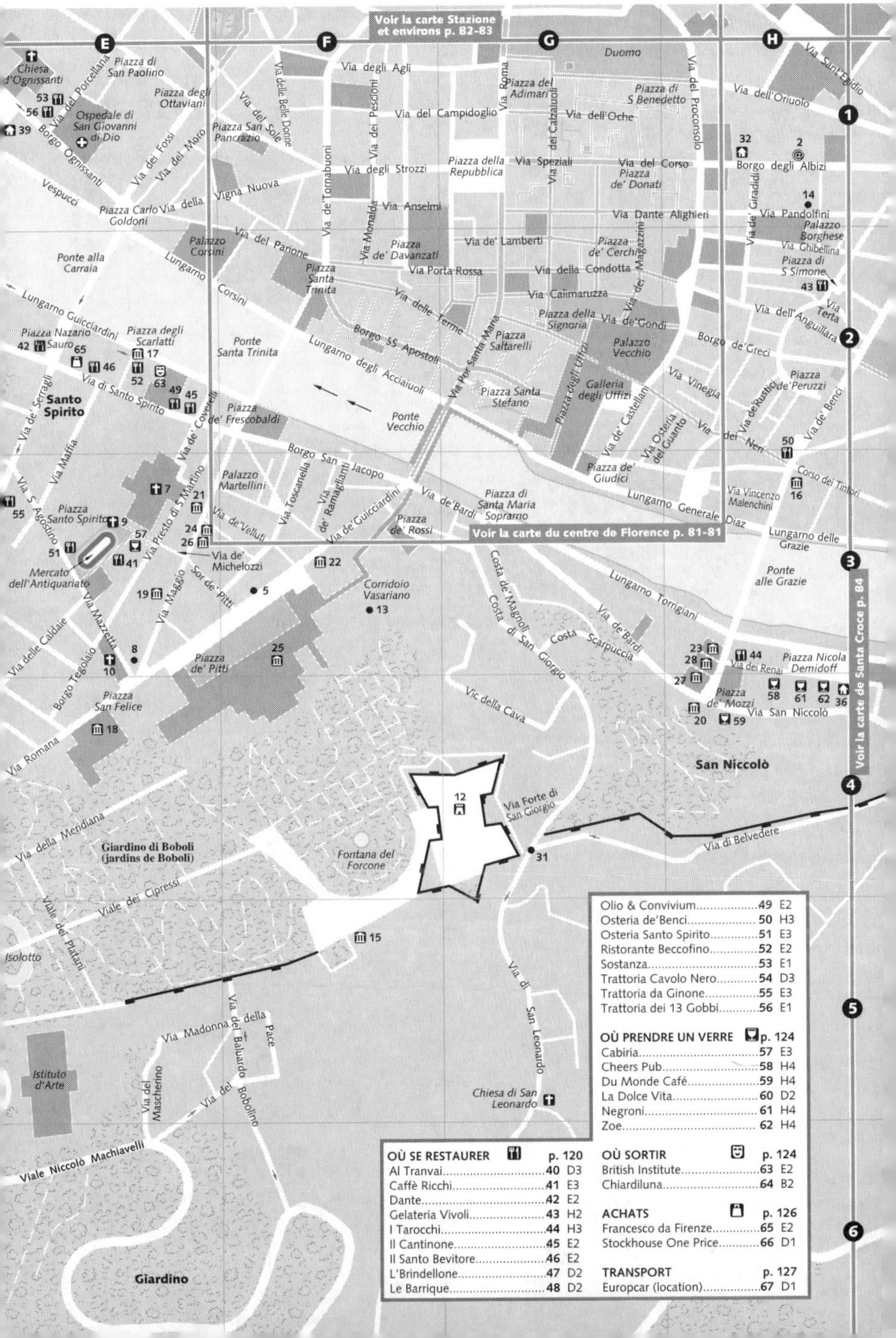

Olio & Convivium	49	E2
Osteria de'Benci	50	H3
Osteria Santo Spirito	51	E3
Ristorante Beccofino	52	E2
Sostanza	53	E1
Trattoria Cavolo Nero	54	D3
Trattoria da Ginone	55	E3
Trattoria dei 13 Gobbi	56	E1

OÙ PRENDRE UN VERRE p. 124

Cabiria	57	E3
Cheers Pub	58	H4
Du Monde Café	59	H4
La Dolce Vita	60	D2
Negroni	61	H4
Zoe	62	H4

OÙ SE RESTAURER p. 120

Al Tranvai	40	D3
Caffè Ricchi	41	E3
Dante	42	E2
Gelateria Vivoli	43	H2
I Tarocchi	44	H3
Il Cantinone	45	E2
Il Santo Bevitore	46	E2
L'Brindellone	47	D2
Le Barrique	48	D2

OÙ SORTIR p. 124

British Institute	63	E2
Chiardiluna	64	B2

ACHATS p. 126

Francesco da Firenze	65	E2
Stockhouse One Price	66	D1

TRANSPORT p. 127

Europcar (location)	67	D1

0 100 m

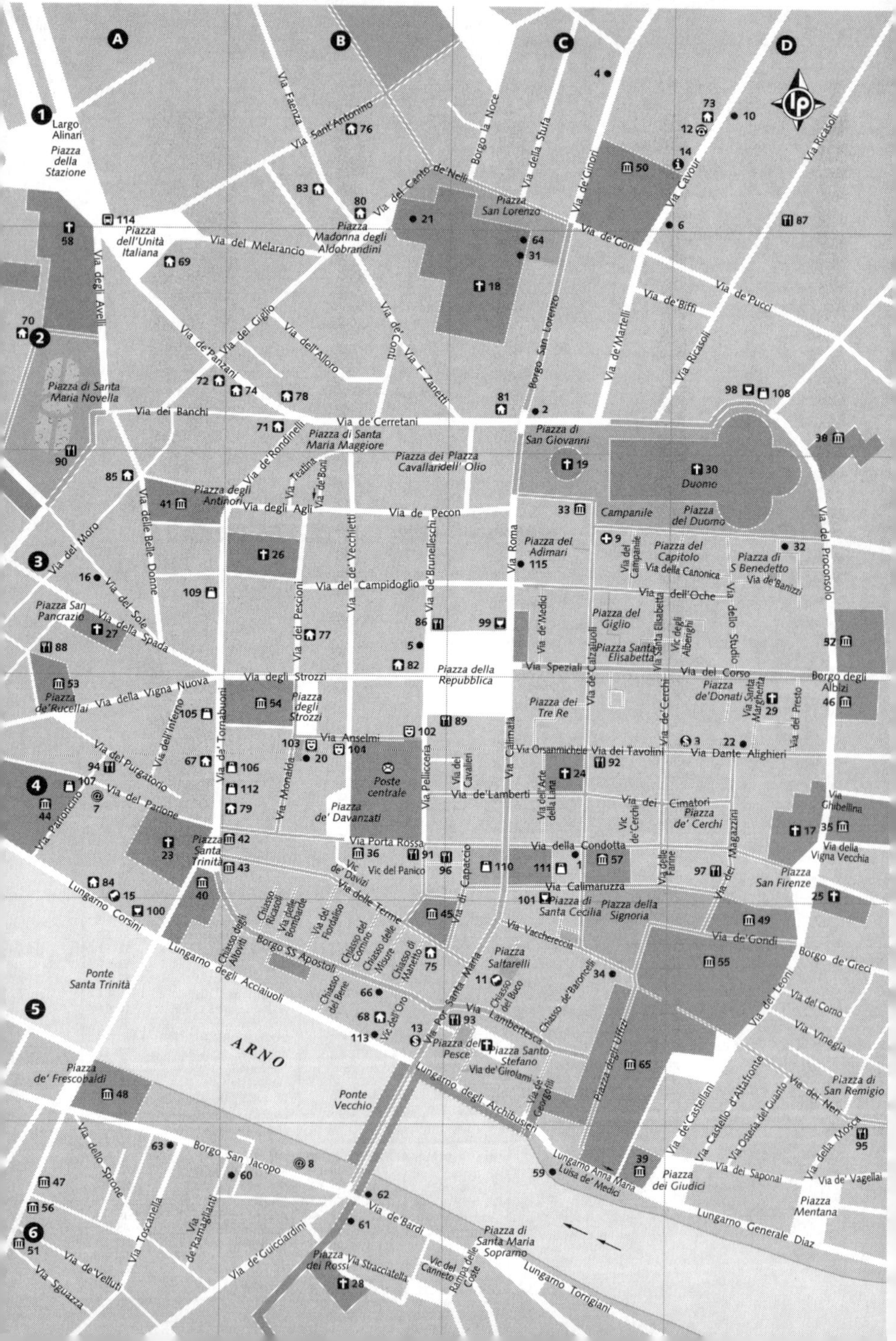

A
B
C
D
1
2
3
4
5
6
Largo Alinari
Piazza della Stazione
Piazza dell'Unità Italiana
Piazza di Santa Maria Novella
Via Faenza
Via Sant'Antonino
Borgo la Noce
Via della Stufa
Via de' Ginori
Via Cavour
Via Ricasoli
Via del Canto de' Nelli
Piazza Madonna degli Aldobrandini
Piazza San Lorenzo
Via del Melarancio
Via degli Avelli
Via de' Gori
Via de' Biffi
Via de' Pucci
Via de' Panzani
Via del Giglio
Via dell'Alloro
Via de' Conti
Via F Zanetti
Borgo San Lorenzo
Via de' Martelli
Via dei Banchi
Via de' Cerretani
Via de' Rondinelli
Piazza di Santa Maria Maggiore
Piazza dei Cavallari
Piazza dell' Olio
Piazza di San Giovanni
Duomo
Campanile
Piazza del Duomo
Via Teatina
Via de' Boni
Piazza degli Antinori
Via degli Agli
Via de Pecori
Via della Belle Donne
Via del Moro
Via dei Vecchietti
Via de' Brunelleschi
Via Roma
Piazza del Adimari
Via dei Campanile
Piazza del Capitolo
Via della Canonica
Piazza di S Benedetto
Via de' Bonizzi
Via del Proconsolo
Via del Sole
Via della Spada
Piazza San Pancrazio
Via dei Pescioni
Via del Campidoglio
Via dell'Oche
Via de' Medici
Piazza del Giglio
Via de' Calzaiuoli
Piazza Santa Elisabetta
Via Santa Elisabetta
Vic degli Alberghi
Via dello Studio
Piazza della Repubblica
Via Speziali
Via del Corso
Borgo degli Albizi
Via degli Strozzi
Piazza de' Rucellai
Via della Vigna Nuova
Piazza degli Strozzi
Piazza dei Tre Re
Piazza de' Donati
Via Santa Margherita
Via del Presto
Via dell'Inferno
Via de' Tornabuoni
Via Anselmi
Via Calimala
Via de' Cerchi
Via del Purgatorio
Via Monalda
Via Pellicceria
Via dei Cavalieri
Poste centrale
Via Orsanmichele
Via dei Tavolini
Via Dante Alighieri
Via del Parione
Via Parioncino
Via de' Lamberti
Via dell'Arte della Lana
Via dei Cimatori
Piazza de' Cerchi
Vic de' Cerchi
Via de' Magazzini
Via Ghibellina
Piazza de' Davanzati
Piazza Santa Trinità
Via Porta Rossa
Via della Condotta
Via della Vigna Vecchia
Vic de' Davizi
Vic del Panico
Via di Capaccio
Via delle Farine
Piazza San Firenze
Lungarno Corsini
Via delle Terme
Via Calimaruzza
Piazza di Santa Cecilia
Piazza della Signoria
Chiasso degli Altoviti
Chiasso Ricasoli
Via delle Bombarde
Via del Fiordaliso
Chiasso del Cornino
Chiasso delle Misure
Chiasso di Manetto
Via Vacchereccia
Via de' Gondi
Borgo de' Greci
Borgo SS Apostoli
Piazza Saltarelli
Lungarno degli Acciaiuoli
Ponte Santa Trinità
Chiasso del Bene
Via dell'Oro
Via Por Santa Maria
Chiasso del Buco
Chiasso de' Baroncelli
Via de' Leoni
Via del Corno
Via Lambertesca
Via Vinegia
ARNO
Piazza del Pesce
Piazza Santo Stefano
Via de' Girolami
Via de' Georgofili
Piazza degli Uffizi
Piazza de' Frescobaldi
Ponte Vecchio
Lungarno degli Archibusieri
Via de' Castellani
Via Castello d'Altafronte
Via Osteria del Guanto
Via dei Neri
Piazza di San Remigio
Via della Mosca
Via dello Sprone
Borgo San Jacopo
Lungarno Anna Maria Luisa de' Medici
Piazza dei Giudici
Via dei Saponai
Via de' Vagellai
Piazza Mentana
Via de' Bardi
Lungarno Generale Diaz
Via Toscanella
Via de' Ramaglianti
Via de' Guicciardini
Piazza di Santa Maria Soprarno
Piazza dei Rossi
Via Stracciatella
Vic del Canneto
Rampa delle Coste
Lungarno Torrigiani
Via de' Velluti
Via Sguazza

(Suite de la page 79)
tabaccai et chez les marchands de journaux (à partir de 5 €).

Offices du tourisme

Des guichets d'aide aux touristes ont été créés conjointement par la police et l'office du tourisme. Appelés Tourist Help, ils sont installés Ponte Vecchio et Piazza della Repubblica, et fonctionnent de 8h30 à 19h. D'avril à octobre, l'office du tourisme offre également un service spécial, le Florence SOS Turista (☎ 055 276 03 82). En cas de litige avec un hôtelier, par exemple, vous pourrez obtenir des conseils en appelant ce numéro du lundi au samedi de 10h à 13h et de 15h à 18h.

Office du tourisme principal (carte p. 88 ; ☎ 055 29 08 32 ; www.firenzeturismo.it ; Via Cavour 1r ; 🕒 8h15-19h15 lun-sam et 8h30-13h30 dim avr-oct, jusqu'à 13h30 et fermé dim nov-mars). Au nord du Duomo. Également représenté à l'aéroport de Perètola (☎ 055 31 58 74 ; 🕒 7h30-23h30).

Office du tourisme du Comune di Firenze (carte p. 82-83 ; ☎ 055 21 22 45 ; Piazza della Stazione 4 ; 8h45-20h lun-ven avr-sept, 9h-13h45 oct-mars). Géré par la municipalité de Florence.

Office du tourisme (carte p. 84 ; ☎ 055 234 04 44 ; Borgo Santa Croce 29r ; 🕒 9h-19h lun-sam, 9h-14h dim). Autre office du tourisme, efficace, près de la Basilica di Santa Croce.

Agences de voyages

CTS Viaggi (carte p. 88 ; ☎ 055 28 97 21 ; www.cts.it – en italien seulement ; Via de' Ginori 25r). Agence italienne de voyage pour étudiants.

Sestante (carte p. 88 ; ☎ 055 239 87 66 ; via Cavour 56r). Réservations de billets de train ou d'avion, visites guidées, etc.

Wasteels (carte p. 82-83 ; ☎ 055 28 06 83 ; www.wasteels.it – en italien seulement ; quai 16, Stazione di Santa Maria Novella). Billets de train internationaux à tarif réduit pour les moins de 26 ans.

DÉSAGRÉMENTS ET DANGERS

La foule, le trafic automobile et l'étroitesse des rues rendent assez pénible la circulation

UNE VILLE POUR VIP

De nombreuses célébrités ont visité Florence. Aucune n'est restée indifférente devant cette ville exceptionnelle. Les commentaires sont variés, des plus élogieux aux critiques acerbes. Mark Twain trouvait l'Arno bien faiblard pour un fleuve...

En revanche, Stendhal, l'écrivain romantique à la sensibilité exacerbée, s'évanouit littéralement devant cet étalage de trésors artistiques et architecturaux. On parle d'ailleurs de "stendhalisme" pour décrire ce symptome... Sade, lui, trouvait les Florentines "grandes, impertinentes, laides et mal fagotées".

Dickens et Anatole France succombèrent également au charme de la cité. Ce dernier déclara que "Dieu qui créa Florence était un artiste".

Mozart fit un court séjour à Florence en 1770, avec son père, lorsqu'il avait 14 ans. Il eut malgré tout le temps d'éblouir toute la noblesse locale par son génie.

Un siècle plus tard, la reine Victoria visita la ville à trois reprises. Elle préférait les parcs et les jardins aux musées.

La liste des célébrités passées par Florence ne cesse de s'allonger. Vous êtes en bonne compagnie !

à pied dans le centre-ville. Florence est une ville sûre, mais soyez vigilant dans le secteur de la Stazione di Santa Maria Novella et du Parco delle Cascine le soir. Méfiez-vous des pickpockets dans les endroits bondés et les bus.

À VOIR

Florence est une ville fascinante, qui regorge de trésors culturels. Ses innombrables musées et galeries consacrées à l'art de la Renaissance, son architecture somptueuse et son réseau de petites rues pleines de surprises vous griseront rapidement. Fort heureusement, la ville est relativement peu étendue et la plupart des centres d'intérêt sont accessibles à pied.

Heures d'ouverture

Les musées et les monuments sont en général fermés le lundi mais, pour faire face à la demande, un certain nombre d'établissements restent cependant ouverts ce jour-là. Demandez la liste auprès de l'office du tourisme.

Les heures d'ouverture changent au cours de l'année. Apparemment, la plupart des monuments appliquent des horaires d'été et d'hiver. Pour les musées nationaux, la période d'été dure du 1er mai au 31 octobre. Pour d'autres sites, on applique l'horaire d'été de Pâques à fin septembre. Impossible d'être plus précis, car les horaires varient d'une année à l'autre et même d'une saison à l'autre.

AVERTISSEMENT

Dans la plupart des sites, il n'est plus émis de billets 30 minutes avant l'heure de fermeture indiquée. Dans certains musées et monuments, il n'est pas rare de se voir conduire vers la sortie un quart d'heure avant la fermeture. Attention à votre tenue vestimentaire dans certaines églises (pas de shorts, de tee-shirts ou de décolletés).

Entrée libre

Tous les *musei statali* (musées nationaux) accueillent le public gratuitement une semaine par an, généralement au printemps. Les dates n'étant pas connues à l'avance, renseignez-vous au moment de votre départ.

Par ailleurs, les ressortissants de l'Union européenne âgés de moins de 18 ans et de plus de 65 ans bénéficient de la gratuité dans tous les musées nationaux. D'autres musées accordent différents types de réduction en fonction de l'âge aux citoyens de l'UE. Les personnes extérieures à l'UE devront se contenter de quelques rares réductions.

Le Duomo et ses environs

Le **Duomo** (cathédrale ; carte p. 88 ; ☎ 055 230 28 85 ; ⏲ 10h-17h lun-mer et ven, 10h-15h30 jeu, 10h-16h45 sam, 13h30-16h45 dim) est l'un des phares du tourisme en Italie, de la même importance que la tour de Pise ou le Colisée de Rome. Maîtresse du ciel florentin, la coupole, haute de 91 m, recouverte de tuiles rouges, tour de force architectural réalisé par Brunelleschi, est admirable. Elle dégage une impression de grandeur, de monumentalité, d'harmonie, avec sa façade de marbres rose, blanc et vert !

Le Duomo, ou plus exactement Santa Maria del Fiore, est la quatrième cathédrale du monde par la taille. Commencée en 1296 par l'architecte Arnolfo di Cambio, sa construction ne s'est achevée qu'un siècle et demi plus tard.

La façade actuelle date de la fin du XIXe siècle. L'architecte Emilio de Fabris s'inspira du décor des façades nord et sud, datant pour l'essentiel du XIVe siècle. Avant de pénétrer à l'intérieur, faites le tour de la cathédrale pour en apprécier toute la beauté.

Partie la plus ancienne et la plus clairement gothique de la cathédrale, la façade sud abrite la **Porta dei Canonici** (porte des Chanoines), du milieu du XIVe siècle. Il s'agit d'un élément de style haut gothique. C'est par là qu'on entre pour monter dans la coupole. Contournez les trois absides, comme disposées en corolle autour d'une tige symbolisée par la nef (d'où le nom de la cathédrale, Sainte-Marie-de-la-Fleur).

Sur la façade nord, la **Porta della Mandorla** (porte de l'Amande), la plus proche du chevet, date du début du XVe siècle. Elle est ainsi nommée car la Vierge y est représentée dans une niche dont la forme évoque celle d'une amande. La plupart des sculptures qui ornaient l'extérieur de la cathédrale ont été transférées au Museo dell'Opera del Duomo et, dans certains cas, remplacées par des copies.

INTÉRIEUR

Après l'éclat de l'extérieur, on est saisi par le dépouillement de l'intérieur, qui donne l'impression d'être très vaste. Dans le bas-côté gauche, deux immenses portraits équestres peints à fresque rendent hommage à deux *condottieri*, ces mercenaires chargés de défendre la ville. À gauche, il s'agit de Niccolò da Tolentino, par Andrea del Castagno ; l'autre représente Sir John Hawkwood, par Paolo Uccello.

Dante a toujours suscité l'admiration des Florentins. L'une des représentations les plus connues du poète et de son chef-d'œuvre en vers occupe ce même bas-côté gauche : il s'agit de la peinture sur bois *Dante et suoi mondi* (Dante et ses mondes), de Dominico di Michelino.

C'est une féerie de couleurs et d'images qui vous attend en entrant dans la coupole de Brunelleschi. Admirez les œuvres de Giorgio Vasari et de Federico Zuccari. Les fresques représentent le Giudizio Universale (Jugement dernier). De forme octogonale, le **coro** (chœur) est délimité par une clôture basse en marbre sculpté. Le christ au-dessus de l'autel est de Benedetto da Maiano.

Autour de la croisée rayonnent trois absides subdivisées chacune en cinq absidioles. Les piliers délimitant les transepts nord et sud ainsi que le chœur sont ornés de statues des apôtres, tout comme les deux imposants piliers situés juste à l'ouest du chœur.

Entre la travée gauche (nord) du transept et l'abside, la **Sagrestia delle Messe** (sacristie des Messes ou ancienne sacristie) abrite de splendides armoires marquetées de Benedetto et de Giuliano da Maiano. Œuvres du célèbre céramiste et sculpteur Luca della Robbia, les portes de bronze et la lunette qui les coiffe, représentant la résurrection, témoignent de l'habileté de cet artiste.

COMMENT ÉVITER LES FILES D'ATTENTE

Le meilleur moyen d'éviter les longues files d'attente (jusqu'à 4 heures en été !) devant les musées de la ville consiste à réserver. Moyennant 3 €, vous pouvez ainsi réserver un billet pour les Uffizi en téléphonant au **Firenze Musei** (☎ 055 29 48 83). On vous donnera un numéro de réservation et vous conviendrez d'une heure de visite. En arrivant à la galerie, suivez les panneaux indiquant l'entrée séparée pour les personnes ayant réservé, où vous réglerez votre droit d'entrée sans faire la queue. Ce système de réservation fonctionne pour tous les *musei statali* (musées nationaux). Pour les Uffizi, vous pouvez également acheter à l'avance une entrée à la galerie même (toujours moyennant des frais de réservation).

Par Internet, connectez-vous à **Weekend a Firenze** (www.weekendafirenze.com), un service de réservation de billets en ligne, valable pour les musées, les galeries, les spectacles et les excursions. Vous paierez un petit supplément. Les réservations doivent être effectuées au moins trois jours à l'avance. Vous recevrez une confirmation par e-mail, à imprimer et à présenter au guichet le jour de votre visite. Vous pouvez ainsi vous procurer des billets pour les Uffizi, la Galleria dell'Accademia, la Galleria Palatina, le Museo di San Marco, le Museo del Bargello, les Cappelle Medicee, le Museo Archeologico et la Galleria d'Arte Moderna. Un certain nombre d'hôtels de luxe effectuent également des réservations.

La cathédrale possède quelques-uns des plus beaux vitraux d'Italie, dessinés par Donatello, Andrea del Castagno, Paolo Uccello et Lorenzo Ghiberti.

Non loin de l'entrée principale, un escalier permet d'accéder à la **crypte** (☎ 055 230 28 85 ; 3 € ; 10h-17h lun-sam, sauf pendant les messes). Suite à des fouilles, on a mis au jour les vestiges de la Chiesa di Santa Reparata, érigée au Ve siècle. Des fragments de poteries romaines et de mosaïques paléochrétiennes sont exposés. La crypte abrite également la tombe de Brunelleschi, à côté de la boutique de souvenirs.

COUPOLE

Vous pouvez monter au sommet de la **coupole** (☎ 055 230 28 85 ; entrée par la Porta dei Canonici ; 6 € ; 8h30-19h lun-ven, 8h30-17h40 sam) afin de voir de près la prouesse technique et novatrice de Brunelleschi. À l'époque, c'était la plus grande coupole jamais construite. Le panorama sur Florence est impressionnant.

Tous les ans, le 8 septembre, la passerelle qui fait le tour du dôme est ouverte au public (accès par la même entrée).

CAMPANILE

On doit à Giotto le dessin de l'élégante structure du **Campanile** (carte p. 88 ; ☎ 055 230 28 85 ; 6 € ; 8h30-19h30), qui se dresse à côté du Duomo. Mesurant 84,70 m de haut (414 marches), il a été commencé trois ans avant la mort de Giotto, en 1337.

Andrea Pisano et Francesco Talenti continuèrent les travaux. Les bas-reliefs du registre inférieur autour de la base sont des copies de ceux qui ont été sculptés par Pisano d'après le projet vraisemblable de Giotto, et représentent la Genèse et les *attività umane* (travaux humains). Les originaux sont exposés au Museo dell'Opera del Duomo. Les reliefs du registre supérieur évoquent les planètes, les vertus cardinales, les arts et les sept sacrements. Les statues de prophètes et de sibylles occupant les niches des registres supérieurs sont également en partie des copies de l'œuvre de Donatello – les originaux sont exposés au Museo dell'Opera del Duomo.

Avertissement

Compte tenu de l'absence d'ascenseur, les personnes pouvant éprouver des difficultés lors de la montée doivent absolument s'abstenir.

MUSEO DELL'OPERA DEL DUOMO

Ce **musée** (carte p. 88 ; ☎ 055 230 28 85 ; Piazza del Duomo 9 ; 6 € ; 9h-19h30 lun-sam, 9h-13h40 dim), derrière la cathédrale, abrite de nombreuses et magnifiques sculptures qui ornaient autrefois le Duomo, le Battistero et le Campanile.

La première grande salle est consacrée à celles qui décoraient la façade gothique d'origine, commencée par Arnolfo di Cambio et jamais achevée. Plusieurs statues sont l'œuvre de l'artiste lui-même, notamment *Bonifacio VIII*, la *Vierge à l'enfant* et *Santa Reparata*. Parmi les quatre imposantes statues des évangélistes, celle de Saint Jean l'Évangéliste, avec sa longue barbe flottante, capte le regard.

Dans la cour sont exposés cinq des dix panneaux originaux du chef-d'œuvre de Ghiberti, la *Porta del Paradiso* du baptistère (les panneaux du baptistère sont des copies). Endommagés lors des inondations de 1966, ils ont été remarquablement restaurés.

En gravissant les escaliers, vous découvrirez la *Pietà* de Michel-Ange, que l'artiste réalisa pour sa propre chapelle funéraire. Dans sa *Vie des artistes*, Vasari rappelle que Michel-Ange, mécontent de la qualité du marbre ou de son travail, brisa la sculpture inachevée, abîmant le bras et la jambe gauche du Christ. L'un de ses élèves restaura ultérieurement le bras et termina le personnage de Marie-Madeleine.

Poursuivez jusqu'à l'étage et pénétrez dans la grande salle, dominée par les deux extraordinaires *cantorie*, ces tribunes des chantres qui étaient autrefois placées dans les sacristies du Duomo. L'une est de Donatello, l'autre de Luca della Robbia. Également de Donatello, la statue du prophète Habacuc (actuellement en cours de restauration) et, dans une salle voisine, une impressionnante sculpture sur bois, *Marie-Madeleine*.

BATTISTERO

Le **Battistero** (baptistère ; carte p. 88 ; 3 € ; 12h-19h lun-sam, 8h30-14h30 dim) est l'un des plus anciens bâtiments de Florence. Cet édifice roman aurait été construit au Ve siècle sur les ruines d'un temple romain. Il est dédié à saint Jean-Baptiste.

De forme octogonale, la structure actuelle, ou du moins sa façade, remonte au XIe siècle environ. Le travail en bichromie de marbre blanc et vert est caractéristique du style roman de Toscane.

Le baptistère doit surtout son renom à ses 3 doubles portes de bronze, constituées d'une série de panneaux décrivant l'histoire de l'humanité et de la Rédemption. La plus ancienne des portes, au sud, a été réalisée par Andrea Pisano en 1336.

Lorenzo Ghiberti a travaillé avec acharnement pendant une vingtaine d'années pour mener à bien la réalisation de ses portes nord, sur la droite. Les 20 panneaux supérieurs évoquent des épisodes du Nouveau Testament, tandis que les 8 panneaux inférieurs représentent les quatre évangélistes et les quatre pères de l'Église.

Son œuvre à peine achevée, Ghiberti reprit le chemin de ses ateliers pour produire les portes est, qu'il mettra 28 ans (de 1424 à 1452) à terminer, en raison de son perfectionnisme intransigeant. Sur 10 panneaux sont représentées des scènes de l'Ancien Testament. Ghiberti se donna tellement que Michel-Ange, lorsqu'il vit cette œuvre quelques années plus tard, l'appela ni plus ni moins *Porta del Paradiso* (la porte du Paradis), nom qui a traversé les siècles.

La plupart des panneaux en place aujourd'hui sont des copies. Les originaux sont en cours de restauration. Cinq panneaux de la Porta del Paradiso sont exposés au Museo dell'Opera del Duomo.

L'intérieur évoque une église byzantine. La bichromie extérieure se retrouve à l'intérieur, rendue encore plus saisissante par les motifs géométriques qui surmontent les fenêtres romanes.

Les mosaïques captent le regard, particulièrement celles de la coupole resplendissante, dues au savoir-faire des mosaïstes toscans – dont Cimabue – et vénètes, qui ont travaillé 32 ans, de 1270 à 1302. Les mosaïques dans l'abside ont été commencées en 1225.

Donatello a sculpté le tombeau de Baldassare Cossa, l'antipape Jean XXIII, sur le mur à droite de l'abside.

LOGGIA DEL BIGALLO

Cette élégante loggia de marbre fut construite dans la seconde moitié du XIVe siècle pour la Compagnia (ou Confraternità) di Santa Maria della Misericordia, fondée en 1244 pour venir en aide aux personnes âgées, au malades et aux orphelins. Les enfants perdus ou abandonnés étaient habituellement placés dans la loggia afin que leur famille puisse les réclamer ou que des adultes les recueillent. Pendant les épidémies de peste, les membres de la confrérie transportaient les malades à l'hôpital et enterraient les morts. En 1425, la compagnie fusionna avec une autre confrérie, la Confraternità del Bigallo. Un siècle plus tard, la Misericordia revenait s'installer Piazza del Duomo où, de nos jours, elle assure toujours un service d'aide médicale.

La loggia abrite un petit **musée** (carte p. 88 ; 3 € ; 🕒 8h30-12h lun, 16h-18h jeu), qui conserve une modeste collection d'œuvres d'art appartenant aux deux confréries.

MUSEO STORICO-TOPOGRAFICO "FIRENZE COM'ERA"

Ce **musée** (carte p. 86-87 ; ☎ 055 261 65 45 ; Via dell'Oriuolo 24 ; 2,60 € ; 🕒 9h-14h ven-mer) conviendra à ceux qui s'intéressent au développement de la ville au cours des siècles, notamment entre la Renaissance et les temps modernes. Des tableaux, des maquettes, des dessins topographiques et des gravures permettent de mieux comprendre l'histoire de la ville.

Du Duomo à la piazza della Signoria

(carte p. 88)

VIA DEL PROCONSOLO

Bernardo Buontalenti commença la construction du **Palazzo Nonfinito** (littéralement le palais inachevé) en 1593, pour le compte de la famille Strozzi. Seuls le premier étage et la cour, d'inspiration palladienne, furent terminés, les étages supérieurs restant inachevés, d'où le nom de l'édifice. Le palais abrite un musée peu connu, le **Museo dell'Antropologia e Etnologia** (☎ 055 239 64 49 ; Via del Proconsolo 12 ; 3,10 € ; 🕒 10h-12h mer-lun).

De l'autre côté du Borgo degli Albizi se dresse le **Palazzo dei Pazzi**, tout aussi majestueux, édifié un siècle plus tôt, manifestement inspiré du Palazzo Medici-Riccardi. Il abrite aujourd'hui des bureaux, mais l'on peut pénétrer dans la cour.

BADIA FIORENTINA

La **Badia Fiorentina** (abbaye de Florence ; via del Proconsolo ; 🕒 15h-18h lun) est une ancienne abbaye bénédictine fondée au Xe siècle par Willa, mère du comte Ugo, l'un des premiers marquis de Toscane, qui œuvra beaucoup pour la réforme de l'Église et contre les corruptions. La Badia mérite une visite, notamment pour l'*Apparition de la Vierge à saint Bernard* (1485), une œuvre signée Filippino Lippi, à gauche en entrant par le petit cloître

Renaissance (encombré d'échafaudages). À l'extrémité du transept gauche se dresse le monument funéraire du comte Ugo, que l'on doit à Mino da Fiesole. À droite de l'autel, des escaliers mènent à une galerie ouverte surplombant le cloître, agrémentée de fresques du XVe siècle représentant la vie de saint Bénédict.

PALAZZO DEL BARGELLO

Face à la Badia, de l'autre côté de la Via del Proconsolo, cet imposant palais, également appelé Palazzo del Podestà, dont la construction a commencé en 1254, était à l'origine la résidence du podestat avant de devenir un commissariat.

Il héberge désormais le **Museo del Bargello** (☎ 055 238 86 06 ; Via del Proconsolo 4 ; 4 € ; 🕒 8h15-13h50 mar-sam, et un dim et un lun sur deux), riche de la plus belle collection de sculptures de la Renaissance toscane en Italie. Ne manquez ce musée sous aucun prétexte.

On pénètre dans la cour par la Via Ghibellina. Prenez à droite, jusqu'aux guichets, puis vous arriverez dans la Sala del Cinquecento (salle du XVIe siècle), qui présente les œuvres de jeunesse de Michel-Ange, notamment un *Bacco* (Bacchus) ivre, réalisé alors qu'il avait seulement 22 ans, un buste en marbre de *Brutus* et une *Madonna col Bambino* (Vierge à l'Enfant). On remarquera aussi les marbres de Benvenuto Cellini, en particulier *Ganimede* (Ganymède), *Leda*, d'Ammannati, et le *Mercurio Volante* (Mercure ailé) de Giambologna, souvent copié.

À l'étage, le majestueux Salone del Consiglio generale (salle du Conseil général) renferme, à son extrémité, un tabernacle abritant le célèbre *San Giorgio* de Donatello, qui ornait à l'origine l'église Orsanmichele. Donatello, comme bien des sculpteurs, a aussi pris pour sujet David : la salle s'enorgueillit de deux versions, l'une en marbre, l'autre en bronze, réalisé dans les années de maturité de l'artiste. Ce bronze est tout à fait extraordinaire, notamment si l'on se souvient qu'il s'agit du premier nu en pied sculpté depuis l'Antiquité – à comparer avec le guerrier musculeux de Michel-Ange à l'Accademia. Cette salle comprend également quelques chefs-d'œuvre de Luca della Robbia, dont l'excellent *Madonna della Mela* (Vierge aux pommes, vers 1460), qui ornait autrefois la chambre de Laurent le Magnifique.

Au deuxième étage, vous admirerez une superbe collection de sculptures en terre cuite de la famille della Robbia, dont *Ritratto Idealizia di Fanciullo* (Buste d'un garçon, vers 1475), et une *Pietà* (1514), réalisée par Giovanni. À signaler également, une collection de bronzes, dont un autre *Ganymède* de Cellini, et une galerie d'armes.

CHIESA DI SAN FIRENZE

On ne reconnaît guère la petite **église** (fermée au public) paroissiale médiévale de San Firenze, noyée dans l'ensemble baroque qui abrite aujourd'hui le palais de justice. L'édifice d'origine, sur la droite, s'est transformé en petit oratoire lorsque l'on a construit, sur la gauche, l'église dédiée à San Filippo Neri. La façade (baroque tardif) qui rassemble les deux bâtiments a été achevée en 1775.

En face, sur le côté ouest de la Piazza, on aperçoit la façade principale du **Palazzo Gondi**, jadis occupé par le tribunal des marchands, où se réglaient leurs différends.

CASA DI DANTE ET ENVIRONS

La **Casa di Dante** (maison de Dante ; ☎ 055 21 94 16 ; Via Santa Margherita 1 ; 3 € ; 🕒 10h-17h mer-lun, 10h-14h dim) a été construite en 1910. Contrairement à ce que certains prétendent, le poète n'a donc pas vécu ici. À l'intérieur, l'exposition sur sa vie n'emporte pas franchement l'adhésion.

Un peu plus loin dans la même rue, la petite **Chiesa di Santa Margherita** (Via Santa Margherita) date du XIe siècle. Elle abrite plusieurs tombes de la famille Portinari, à laquelle appartenait Béatrice, la muse de Dante, qu'il aperçut pour la première fois dans la Badia.

CHIESA DI ORSANMICHELE

Établie sur le site de l'ancien marché aux grains, cette **église** (Via Arte della Lana ; fermée temporairement pour rénovation) a été créée au XIVe siècle lorsque l'on mura les arcades de la loggia des marchands et que le marché fut transféré ailleurs. Le nom d'Orsanmichele, contraction d'Orto di San Michele (le jardin de saint Michel), rappelle l'époque lombarde où un petit oratoire dédié au saint jouxtait le potager du couvent bénédictin. La *signoria* (Seigneurie, gouvernement de la ville) fit raser le site pour ériger un marché aux grains, détruit vingt ans plus tard par un incendie. Après la reconstruction, le nouveau marché aux grains, considéré comme trop élaboré pour sa fonction initiale, fut transformé en église.

LES DELLA ROBBIA, UNE FAMILLE D'ARTISTES

La famille della Robbia s'est distinguée par ses talents artistiques et ses œuvres majeures qui ont marqué la Renaissance florentine. Luca (v. 1399-1482), le premier, développa la technique de la terre cuite vernissée dans les années 1440. Au départ, il travaillait le marbre, et fut chargé de sculpter la magnifique *cantoria* (1438) du Duomo de Florence, aujourd'hui dans le Museo dell'Opera del Duomo. Pourtant, il passa rapidement à la production de terre cuite, et sa méthode fut longtemps considérée comme un secret de fabrication. En fait, il appliquait un vernis composé d'émail, de divers oxydes et de glaçure en plomb sur une statue en terre cuite. Cet artiste prolifique produisit de nombreuses pièces, de simples statues de la Vierge pour des particuliers à des maîtres-autels immenses, ainsi que des *stemmi* (armoiries) sur les façades des guildes à Florence. Gros avantage de ce matériau : sa robustesse, idéale pour la décoration des extérieurs des édifices publics.

Luca était aidé par son neveu Andrea (1435-1525), qui se distingua par ses médaillons en terre cuite de nourrissons emmaillottés ornant le portique du Spedale degli Innocenti (voir p. 105). La plupart de ses travaux sont exposés au Museo del Bargello (voir p. 94). Comme son oncle, Andrea réalisa de nombreuses Vierges à l'enfant dans des attitudes relativement conventionnelles. Pourtant, à la différence de Luca, qui plaçait l'enfant Jésus à droite de la Vierge, Andrea le mettait à gauche.

La tradition familiale s'est perpétuée avec Giovanni (1469-1521), fils d'Andrea, dont les réalisations les plus remarquables sont également exposées au Museo del Bargello. Facilement reconnaissables, elles sont plus élaborées que celles de Luca ou d'Andrea, grâce à une plus large palette de couleurs. Sa touche flamboyante se manifeste par l'utilisation de verts, jaunes, bleus et bruns clairs et éclatants, et par ses guirlandes de fruits et de fleurs qui encadrent ses compositions.

Les réalisations des della Robbia peuvent être vues partout à Florence et en Toscane, à l'intérieur de bâtiments ou à l'extérieur, ce qui les rend facilement accessible.

La Seigneurie confia la décoration de l'église à des guildes, chargées de trouver des sculpteurs qui réaliseraient la statue des saints patrons dans les tabernacles disposés sur les façades de l'édifice.

Commandées aux XVe et XVIe siècles, les statues sont l'œuvre de certains des plus grands artistes de la Renaissance. Plusieurs sont actuellement conservées au Museo del Bargello, mais de remarquables pièces ont été laissées sur place, notamment le *San Luca* de Giambologna (troisième à droite dans la Via de' Calzaiuoli), *San Matteo*, un bronze de Ghiberti (premier à gauche dans la Via Arte della Lana). Le *San Giorgio* de Donatello (le dernier sur la droite dans Via Orsanmichele) est une copie.

L'intérieur contient un splendide tabernacle gothique d'Andrea Orcagna, travaillé en polychromie de marbres.

PIAZZA DELLA REPUBBLICA

Cette place bruissante de vie a été construite dans les années 1880 après la démolition du Mercato Vecchio et des ruelles voisines du ghetto juif, dans le cadre d'un plan de restructuration urbaine. Ne subsiste qu'une colonne, qui soutenait autrefois une statue réalisée par Donatello. La **Loggia del Pesce** (marché aux poissons) de Vasari a cependant été conservée, et a été reconstruite Via Pietrapana. Aujourd'hui, cette place est bordée par de nombreux restaurants et des cafés branchés.

MERCATO NUOVO

En descendant la Via Calimala en direction du sud, on arrive à cette loggia construite pour abriter les marchandises, notamment la laine, la soie et l'or dont on faisait le commerce ici, au **Nuovo Mercato** (nouveau marché ; ⏲ tlj), au milieu du XVIe siècle. De nos jours, on ne vend que des objets pour touristes.

À son extrémité sud, le sanglier de bronze de la Fontana del Porcellino (fontaine du porcelet) est une copie du début du XVIIe siècle d'une sculpture grecque en marbre conservée aux Offices. Selon la légende, ceux qui jettent une pièce de monnaie dans la petite vasque et caressent le museau de l'animal reviendront à Florence.

PALAZZO DEI CAPITANI DI PARTE GUELFA

Au sud-ouest du Mercato Nuovo, ce palazzo (fermé au public), du début du XIIIe siècle, a été remanié par Brunelleschi et Vasari. Les chefs de file des guelfes ont fait élever cet édifice fortifié en 1265 sur des terres et des habitations confisquées aux gibelins.

PALAZZO DAVANZATI

Cette remarquable **demeure** (Via Porta Rossa 13) du XIVe siècle se dresse à un pâté de maisons plus à l'ouest. Elle est fermée pour restauration depuis 1995.

C'est en grande partie grâce à l'action de l'antiquaire Elia Volpi, qui acquit l'édifice en 1904, que celui-ci a pu être conservé dans sa forme d'origine, comme au Moyen Âge. Lorsque Volpi l'acheta, il avait été divisé en petits appartements et en boutiques et se trouvait dans un état lamentable. L'antiquaire le fit restaurer et lorsque le palais eut retrouvé toute sa beauté, il devint le **Museo dell'Antica Casa Fiorentina** (fermé au public), qui évoque la vie dans une demeure florentine médiévale.

Piazza della Signoria (carte p. 88)

Centre de la vie politique florentine depuis des siècles, la place, bordée de bâtiments très célèbres, ressemble un peu à une galerie de sculpture en plein air.

Au fil des siècles, chaque fois qu'une crise politique éclatait à Florence, on convoquait ici les habitants en *parlamento* afin qu'ils plébiscitent des décisions qui, bien souvent, signifiaient la ruine de certaines familles dominantes et la victoire pour d'autres. Ainsi, ce lieu a prêté son cadre aussi bien à des cérémonies d'apparat qu'à des scènes très cruelles, notamment la mise au bûcher de Savonarole et de deux de ses acolytes en 1498. Une plaque de bronze est apposée à cet endroit.

À côté du Palazzo Vecchio, l'imposante *Fontana di Nettuno* (fontaine de Neptune) d'Ammannati, surnommée avec ironie "Il Biancone" en raison de la masse de marbre blanc utilisée, présente de charmants satyres et divinités de bronze qui semblent batifoler sur ses bords. Ce monument laissa Michel-Ange dubitatif.

L'entrée du palais est flanquée des copies du *David* de Michel-Ange (l'original se trouve à la Galleria dell'Accademia) et du *Marzocco* de Donatello, le lion héraldique de Florence (l'original est conservé au Bargello). À droite, vous verrez une copie réalisée en 1980 de *Giuditta e Oloferne* (Judith et Holopherne), le bronze de Donatello exposé à l'intérieur du palais.

Sur la place se dresse une statue équestre en bronze de Cosme Ier, réalisée par Giambologna en 1594.

PALAZZO VECCHIO

Autrefois connu sous le nom de Palazzo della Signoria, ce **palais** (☎ 055 276 82 24 ; Piazza della Signoria ; 6 € ; 🕑 9h-19h, 9h-14h jeu et jours fériés ; entrée pour handicapés Via dei Gondi), construit par Arnolfo di Cambio entre 1298 et 1314 abrite traditionnellement le gouvernement de la ville. Avec ses 94 m de haut et ses impressionnants créneaux, la **Torre d'Arnolfo** est l'un des symboles de la ville, au même titre que le Duomo.

Édifié pour accueillir les *priori*, le collège des prieurs qui dirigeait les affaires communales, le bâtiment prit le nom de Palazzo della Signoria.

En 1540, lorsque Cosme Ier quitta le Palazzo Medici pour s'y installer, il devint résidence ducale et siège du gouvernement. Chargé par Cosme Ier de remanier l'intérieur, Vasari rénova et décora l'ensemble, mais l'épouse de Cosme, Éléonore de Tolède, qui n'aimait pas beaucoup l'édifice, acheta entre temps le Palazzo Pitti. La famille Médicis y emménagea en 1549, délaissant le Palazzo Ducale qui prit alors le nom de Palazzo Vecchio (Vieux Palais), un nom qui a toujours cours. Perpétuant la tradition, il abrite l'hôtel de ville, et le maire y a son cabinet.

En arrivant par la Piazza della Signoria, on découvre la cour, refaite dans le style du début de la Renaissance par Michelozzo en 1453. Plus d'un siècle plus tard, à l'occasion du mariage de Francesco de' Medici et de Jeanne d'Autriche, elle reçut un décor de fresques représentant des villes de l'empire autrichien, conçues comme les joyaux d'une couronne.

On passe alors dans la **Cortile della Dogana** (cour de la Douane), où se trouve le guichet d'entrée.

Un escalier mène au somptueux **Salone dei Cinquecento**, aménagé dans le bâtiment d'origine dans les années 1490 pour accueillir le Consiglio dei Cinquecento (Conseil des 500) mis en place par la république de Savonarole. Cosme Ier en fera ultérieurement le symbole de son pouvoir. Dans les années 1560, on rehaussa le plafond de 7 mètres et Vasari décora l'ensemble. On admirera également un ensemble de statues de Vincenzo de' Rossi représentant les travaux d'Hercule, et notamment une scène de combat entre Hercule et Diomède. La pièce maîtresse est cependant la *Victoire* de Michel-Ange, restée inachevée dans l'atelier de l'artiste au moment de sa mort.

Du salone dei Cinquecento, une porte permet d'accéder au **Quartiere di Leone X** (appartements de Léon X), le premier pape Médicis. Ils sont agrémentés de tableaux de Vasari évoquant divers épisodes de sa vie. À l'étage, on visite le **Quartiere degli Elementi** (appartements des Éléments), une série de pièces et de terrasses richement décorées et consacrées à des divinités païennes. La Sala di Giunone renferme l'original du *Putto col delfino* (Cupidon avec un dauphin), du sculpteur Verrocchio, mentionné par Vasari dans sa *Vie des artistes.*

De là, une galerie vous fera traverser le Salone dei Cinquecento et vous arriverez dans le **Quartiere di Eleonora**, les appartements de l'épouse de Cosme Ier. Le plafond de la première pièce, la Camera Verde, a été peint par Ridolfo del Ghirlandaio, inspiré par les motifs de la *Domus Aurea* de Néron à Rome, tandis que la petite chapelle, sur le côté, rassemble des fresques expressives de Bronzino.

Ne manquez pas la Sala di Gualadra, décorée de scènes représentant Florence au XVIe siècle, signées Giovanni Stradano, et plus particulièrement une scène de jeu de balle sur la Piazza Santa Maria Novella et une joute sur la Piazza di Santa Croce.

Vous traverserez la **Capella dei Priori** (chapelle des Prieurs), qui abrite une lunette de l'Annonciation par Ridolfo del Ghirlandaio, avant d'atteindre la **Sala dell'Udienza** (salle des Audiences), où les *priori* rendaient la justice au Moyen Âge.

Vient ensuite la **Sala dei Gigli** (salle des Lys). Elle doit son nom à l'emblème de la république florentine, le lys, qui agrémente trois des murs. Le mur le plus éloigné s'orne d'une fresque de Domenico Ghirlandaio, qui représente des personnages de l'histoire romaine. Cette fresque aurait dû faire partie d'un ensemble plus vaste dans lequel Botticelli aurait aussi apporté sa contribution. L'original de la sculpture en bronze de Donatello *Giuditta e Oloferne* est conservé ici. À côté de cette pièce, on découvre un petit bureau, très sobre, où Machiavel travailla lorsqu'il était secrétaire de la chancellerie. L'autre pièce dans cette section est la **Sala delle Carte Geografiche** (salle des Cartes), qui rassemble une étonnante collection de cartes du XVIe siècle ayant appartenu à Cosme Ier, plus ou moins exactes, et couvrant toutes les parties alors connues de la terre, des régions polaires aux Caraïbes.

Moyennant un petit supplément de prix, vous pouvez visiter le **Museo dei Ragazzi** (musée des Enfants), ou bien suivre une visite guidée qui vous dévoilera les *percorsi segreti* (passages secrets, non accessibles aux personnes handicapées). Plusieurs options sont proposées, notamment la visite du **Studiolo di Francesco** et du **trésor** de Cosme Ier, ou le plafond du Salone dei Cinquecento, ou encore les œuvres de Giorgio Vasari présentées par un comédien.

Au **Museo dei Ragazzi**, des acteurs costumés à l'image de Cosme 1er et d'Éléonore de Tolède viennent à votre rencontre. Les petits sont invités à se déguiser en Bia et Garcia, les enfants du couple, à s'amuser avec des jouets d'époque, ou à construire ou démolir un Palazzo Vecchio miniature et d'autres ouvrages d'architecture.

La visite coûte 8 €. Ajoutez 1 € si vous choisissez une visite supplémentaire. Un billet famille est également proposé à 16 € (deux adultes et trois enfants au maximum). Vous obtiendrez tous les renseignements nécessaires sur ces animations supplémentaires (et les billets nécessaires) dans le petit bureau situé derrière le guichet principal.

LOGGIA DELLA SIGNORIA

Construite à la fin du XIVe siècle pour accueillir les cérémonies publiques, cette loggia devint ensuite une galerie de sculptures. On l'appela également Loggia dei Lanzi, lorsque Cosme Ier, manifestant son pouvoir, y installa ses gardes suisses armés de lances, les Lansquenets.

À gauche des marches, vous verrez la célèbre statue de bronze due à Benvenuto Cellini, *Persée et Méduse* (1545). La difficile élaboration de cette œuvre est racontée par Cellini dans son autobiographie. À droite, on découvre *Il Ratto delle Sabine* (l'Enlèvement des Sabines, 1583), la dernière œuvre de Giambologna, clairement maniériste (en cours de restauration). Sous la loggia, l'*Ercole col centauro Nesso* (Hercule terrassant le centaure Nessus), du même artiste, provient du côté sud du Ponte Vecchio. Vous verrez également des statues d'impératrices.

RACCOLTA D'ARTE CONTEMPORANEA ALBERTO DELLA RAGIONE

Cette **collection** (piazza della Signoria 5 ; fermé au moment de la rédaction de cet ouvrage) plaira éventuellement à ceux qui se passionnent pour la peinture italienne du XXe siècle avec, comme œuvres significatives, celles de Giorgio Morandi et de De Chirico, entre autres.

Le collectionneur génois Alberto della Ragione, décédé en 1970, a fait don de ces œuvres à la ville de Florence.

Uffizi et environs (carte p. 88)

Conçu et construit par Vasari durant la seconde moitié du XVIe siècle à la demande de Cosme Ier de Médicis, le Palazzo degli Uffizi, au sud du Palazzo Vecchio, abritait à l'origine les bureaux de l'administration, de la justice et des corporations, d'où son nom de "palais des Offices". Vasari a aussi conçu le passage privé permettant de relier le Palazzo Vecchio au Palazzo Pitti en passant par les Uffizi et le Ponte Vecchio. Longtemps fermé au public, le **Corridoio Vasariano** peut maintenant se visiter, sur réservation (voir p. 100). Succédant à Cosme, Francesco Ier chargea l'architecte Buontalenti de modifier l'étage supérieur du Palazzo degli Uffizi afin d'y installer les collections d'art des Médicis qui ne cessaient de s'agrandir. L'idée de musée était née. La Galleria degli Uffizi (galerie des Offices) accueille désormais cette collection privée léguée à la ville en 1743 par la dernière des Médicis, Anna Maria Ludovica, à la condition que ses œuvres ne quittent jamais Florence. Au fil des ans, certaines ont été transférées au Museo del Bargello et au Museo Archeologico, tandis que d'autres collections sont venues rejoindre l'ensemble muséographique initial. Certains tableaux accrochés dans les églises florentines sont désormais aussi conservés aux Uffizi, qui peuvent s'enorgueillir de la plus belle collection au monde d'art italien et florentin.

Plusieurs œuvres ont malheureusement été détruites ou gravement endommagées, à l'occcasion de l'attentat à la voiture piégée commis par la Mafia en 1993 devant l'aile ouest de la galerie, qui a par ailleurs fait cinq victimes. Divers documents relatifs à l'archivage des œuvres ont également été détruits. Grâce à un travail colossal de rénovation, la galerie a pu rouvrir rapidement.

Pour bénéficier des meilleures conditions, venez le matin à l'ouverture, à l'heure du déjeuner, ou encore en fin d'après-midi. Vous pouvez aussi réserver pour un horaire dans la journée (voir l'encadré p. 91). Sachez qu'en haute saison, l'attente peut durer trois heures, voire plus.

GALERIE

Cette **collection** (☎ 055 238 86 51 ; Piazza degli Uffizi 6 ; 8,50 € ; 🕒 8h15-19h mar-dim) commence au premier étage, avec la petite **Galleria dei Disegni e delle Stampe** (galerie des dessins et des estampes), qui présente esquisses et croquis des grands maîtres de façon renouvelée, afin que la lumière ne les altère pas.

À l'étage, dans la galerie même, on traverse deux vestibules, le premier comportant des bustes de plusieurs membres de la famille Médicis, le second orné de statues romaines.

Le long corridor ressemble pour l'essentiel à ce qu'il était au XVIe siècle. Sous les fresques des plafonds, une série de petits portraits de grands hommes met en scène des membres ou des proches des Médicis. La salle 1, qui contenait des pièces archéologiques, est fermée au public.

Les premières salles auxquelles on peut accéder sont consacrées aux maîtres toscans des XIIIe et XIVe siècles. La salle 2 est dominée par les trois tableaux de la *Madonna in Maestà* (Vierge en Majesté) de Duccio di Buoninsegna, de Cimabue et de Giotto. Les trois étaient des retables dans les églises florentines avant d'être installés dans la galerie. En les observant dans cet ordre, on se rend compte du passage du gothique à la Renaissance. La salle abrite aussi le polyptyque de Giotto *Madonna col Bambino Gesù, Santi e Angeli* (Vierge et l'Enfant Jésus avec saints et anges).

Dans la salle 3 consacrée à l'école de Sienne du XIVe siècle, on remarque l'éclatante *Annunciazione* de Simone Martini, considérée comme l'une des œuvres majeures de l'école, et le triptyque d'Ambrogio Lorenzetti *Madonna col Bambino et Santi* (Vierge à l'Enfant avec saints). La salle 4 renferme des tableaux de peintres florentins du XIVe siècle.

Les salles 5 et 6 illustrent le style gothique international, avec, entre autres, le polyptyque de Lorenzo Monaco *Santa Maria degli Angeli* (Sainte Marie des Anges).

La salle 7 abrite des œuvres des peintres de l'école florentine, du début du XVe siècle au tout début de la Renaissance. On peut admirer le panneau central du saisissant triptyque de Paolo Uccello, *La Battaglia di San Romano* (La Bataille de San Romano). Dans sa recherche de la perspective, le peintre fait converger lances, chevaux et soldats vers un point de fuite central. Les deux autres panneaux sont conservés au Louvre et à la National Gallery à Londres. Parmi les autres œuvres de cette salle figurent les célèbres portraits de profil du duc et de la duchesse d'Urbino, de Piero della Francesca, et la *Madonna col Bambino* (Vierge à l'Enfant) peintre par Masaccio et Masolino. Dans la salle suivante, consacrée notamment à Filippo et Filippino Lippi, on découvre la superbe *Madonna col Bambino et due Angeli* (Vierge à l'Enfant et avec deux anges).

La salle 9 présente essentiellement des œuvres d'Antonio del Pollaiolo, dont les dix vertus sont complétées par la *Fortezza* (Force) de Botticelli. La pureté du trait et de la lumière ainsi que l'humanité du visage font particulièrement ressortir ce tableau. C'est un avant-goût de ce qui vous attend dans les salles Botticelli (n°10 et 14), point d'orgue de la visite. Parmi les chefs-d'œuvre figurent la *Nascita di Venere* (Naissance de Vénus) et l'*Allegoria della Primavera* (Allégorie du printemps). L'*Annunciazione* (Annonciation) est une œuvre profondément spirituelle, tandis que la *Calunnia* (Calomnie) témoigne de la perte de la foi en l'humain de l'artiste, à la fin de sa vie.

La salle 15 s'enorgueillit de l'*Annunciazione* de Léonard de Vinci (1472-1475), alors élève de Verrocchio. Plus étonnant, l'*Adorazione dei Magi* est restée inachevée. En jetant un œil dans la salle 16, condamnée, vous apercevrez des cartes anciennes. La salle 17, la Sala dell'Ermafrodito, était fermée au public au moment de la rédaction de cet ouvrage, mais vous pouvez là aussi tenter de jeter un œil sur les statuettes en bronze qu'elle contient.

Plus connue sous le nom de Tribuna, la salle 18 abrite la célèbre *Venere dei Medici* (Vénus des Médicis), copie romaine réalisée au Ier siècle av. J.-C. d'après l'œuvre de Praxitèle (IVe siècle av. J.-C.). Aux murs, des portraits de plusieurs membres de la famille Médicis réalisés par Bronzino.

Le grand peintre ombrien Le Pérugin, élève de Piero della Francesca, puis maître de Raphaël, occupe la salle 19 avec Luca Signorelli. Dans la salle 20 sont exposées des œuvres de la Renaissance allemande, dont l'*Adorazione dei Magi*, de Dürer (1471-1528), et des œuvres de Lucas Cranach. La salle 21 réunit de nombreux tableaux vénitiens, notamment de Giovanni Bellini et de son élève, Giorgione.

Plusieurs artistes allemands et flamands de la Renaissance sont à l'honneur dans la salle 22, où l'on peut admirer un petit autoportrait de Hans Holbein. La pièce suivante nous ramène en Vénétie, avec des œuvres dues essentiellement à Mantegna et à Correggio. Dans la salle 24, essayez d'apercevoir entre les barreaux les portraits du XVe au XIXe siècle conservés dans la salle des Miniatures, puis passez dans l'aile ouest, qui rassemble des œuvres de maîtres italiens postérieures au XVIe siècle.

En entrant dans la salle 25, vous serez captivé par l'éblouissant *Tondo Doni* de Michel-Ange, un chef-d'œuvre de la haute Renaissance qui représente la Sainte Famille dans une composition très originale, Joseph tenant l'Enfant Jésus sur l'épaule de Marie, alors que celle-ci se retourne pour le regarder. Grâce à des travaux de restauration exécutés dans les années 1980, les couleurs sont tout aussi expressives qu'à l'origine.

La salle suivante, consacrée notamment à Raphaël (1483-1520), expose le *Leone X* du maître, remarquable par la richesse des couleurs et des détails, et une copie de la *Madonna del Cardellino* (Vierge au chardonneret, dont l'original est en cours de restauration). La salle 27 est dominée par les réalisations parfois inquiétantes des deux grands maîtres florentins du maniérisme, Pontormo et Rosso Fiorentino.

La salle 28 s'enorgueillit de neuf Titien, parmi lesquels la *Madonna delle Rose* (Vierge aux Roses), une étude dans laquelle l'enfant Jésus joue avec des fleurs offertes par Jean Baptiste, sous l'œil de Marie. On s'attardera également devant le *Portrait du Pape Sixte IV* du Titien. Si les salles 29 et 30 contiennent des œuvres de peintres de l'Italie du Nord relativement mineurs, la 31 met à l'honneur le Vénitien Paolo Veronese et notamment sa *Sacra Famiglia con Santa Barbara*. La salle 32, qui comporte quelques toiles de Jacopo Bassano, est dominée par Le Tintoret et son *Leda e il Cigno*. La salle 33, appelée Corridoio del Cinquecento, comprend diverses toiles de peintres moins célèbres, dont Vasari, l'espagnol Le Greco avec *Saint Jean l'Évangéliste et saint François*, et quelques artistes français peu connus. Voyez les *Due Donne al Bagno* (Deux femmes au bain), caractéristique des tendances picturales françaises de l'époque. La salle suivante renferme principalement des œuvres d'artistes lombards du XVIe siècle.

Salle 35, vous serez confronté au choc provoqué par les gigantesques et somptueuses toiles à caractère religieux de Lodovico Buti (1560-1611) de Florence et Federico Barocci (1535-1612) d'Urbino. Les 36 et 37 font partie de la sortie, et la 38, attenante, était fermée pour travaux au moment de la rédaction de cet ouvrage.

On passe ensuite dans la salle 41, consacrée à la peinture flamande avec, comme œuvres maîtresses, les deux imposants tableaux débordant de force et de violence qui représentent le roi Henri IV à la bataille d'Ivry et son entrée triomphale dans Paris, signés Rubens. Le second est une véritable scène d'apothéose : le monarque protestant, vêtu comme un empereur romain, est couronné par des anges et transporté sur un chariot d'or. L'autoportrait de Van Dyck paraît bien petit en comparaison. Sous un merveilleux plafond à caissons et une splendide coupole, la salle 42 abrite des statues romaines de Niobe.

Le Caravage est à l'honneur dans la salle 43, avec sa *Méduse*, peinte sur un bouclier. Rembrandt tient le haut du pavé dans la salle 44, et l'on revient ensuite à Venise dans la salle 45, avec des œuvres du XVIIIe siècle signées Canaletto, Guardi et Crespi. Ce dernier retient l'attention avec *Amore e Psiche*, un bel exemple de travail des ombres et des lumières.

Entre les salles 25 et 34, on découvre une entrée, en principe fermée au public, qui permet d'accéder à un escalier menant au Corridoio Vasariano.

CORRIDOIO VASARIANO

Après leur emménagement au Palazzo Pitti, les Médicis souhaitèrent maintenir un lien – au sens physique du terme – avec leur ancienne résidence de la Seigneurie, désormais appelée "Palazzo Vecchio". Cosme chargea donc Vasari de construire cette galerie entre les deux bâtiments, afin que lui et ses proches puissent faire les allées et venues d'une rive à l'autre de l'Arno, en toute tranquillité.

Ce passage, agrémenté d'œuvres de Vasari, de Rubens et de Raphaël, entre autres, a été ouvert au public de manière restreinte en 1999. Il n'est accessible qu'à l'occasion de visites guidées (groupe de 30 personnes maximum). Celles-ci démarrent dans la Corte Dogana du Palazzo Vecchio et se termine dans les jardins de Boboli au Palazzo Pitti. Ces visites sont très prisées, aussi est-il conseillé de réserver deux mois à l'avance en appelant le ☎ 055 238 86 51 (26,50 €).

On suit les méandres du couloir le long de l'Arno, sur le Ponte Vecchio, autour de la Torre dei Mannelli (les propriétaires de cette tour médiévale avaient refusé à Cosme Ier l'autorisation de passer à travers), sur la chaussée et devant la Chiesa di Santa Felicità (où une tribune fermée permettait aux Médicis d'assister à la messe loin des regards), avant d'arriver au Palazzo Pitti et à la Grotta del Buontalenti dans le giardino di Boboli. Cet itinéraire réserve des points de vue inhabituels sur la ville, et l'on vous commentera plusieurs tableaux.

MUSEO DI STORIA DELLA SCIENZA

Ce **musée d'Histoire des Sciences** (☎ 055 26 53 11 ; Piazza dei Giudici 1 ; 6,50 € ; 🕑 9h30-17h lun et mer-ven, 9h30-13h mar et sam, 10h-13h le 2e dim du mois) rassemble une étonnante collection d'instruments de mesure de la distance, du temps et de l'espace, à laquelle s'ajoute une salle comportant des reproductions en plastique et en cire évoquant les diverses étapes de l'accouchement.

Santa Maria Novella et ses environs

BASILICA DI SANTA MARIA NOVELLA (carte p. 88)

Située juste au sud de la stazione di Santa Maria Novella, cette **église** (☎ 055 21 59 18 ; Piazza di Santa Maria Novella ; 2,50 € ; 🕑 9h30-17h lun-jeu et sam, 13h-17h ven et dim) fut commencée à la fin du XIIIe siècle pour abriter l'ordre des dominicains à Florence. Les travaux sur la façade et la décoration de l'intérieur se poursuivirent jusqu'au XVe siècle, mais pour l'essentiel, la basilique était achevée vers 1360. C'est là que se tint le concile de Florence en 1439. La tombe du patriarche de Constantinople, décédé à Florence, se trouve près de la **Capella Rucellai**.

La partie inférieure de la façade de marbre vert et blanc marque la transition du roman au gothique, tandis que la partie supérieure et le portail principal, dessinés par Alberti, ont été terminés vers 1470. L'intérieur gothique est dominé par la superbe fresque de Masaccio située au milieu du bas-côté nord, la *Trinità* (Trinité, 1428), l'une des premières œuvres à utiliser les techniques de la perspective et de la proportion.

La première chapelle à droite du chœur, la Cappella di Filippo Strozzi, comporte de belles fresques de Filippino Lippi évoquant la vie de saint Jean l'Évangéliste et de saint Philippe Apôtre (1489-1502). On doit la série de fresques derrière le maître-autel à Domenico Ghirlandaio et ses assistants parmi lesquels se trouvait peut-être l'élève Michel-Ange. Racontant la vie de la Vierge Marie et de saint Jean-Baptiste, elles témoignent de la vie à l'époque de la Renaissance, avec des portraits des membres de la famille Tornabuoni qui commandèrent ces œuvres. Un christ de Brunelleschi surmonte l'autel de la **Cappella Gondi**, la première chapelle à gauche du chœur. Un christ de Giotto (vers 1288) est au centre de la nef.

Sortez de l'église et suivez les panneaux vers le *museo* pour rejoindre le **Chiostro Verde** (cloître vert). Évoquant la Genèse, des fresques un peu passées à dominante verte (d'où le nom du cloître) couvrent trois des quatre murs. Sur le plan artistique, les plus intéressantes sont celles de Paolo Uccello décorant le mur mitoyen à l'église, notamment Il Diluvio universale (le Déluge).

De l'autre côté du cloître, le **Cappellone degli Spagnoli** (chapelle des Espagnols), jadis réservée aux membres de la suite d'Éléonore de Tolède, l'épouse de Cosme Ier, abrite des fresques bien conservées d'Andrea di Firenze.

Sur le côté ouest, le **musée** (☎ 055 28 21 87 ; 2,60 € ; 🕑 9h-17h lun-jeu et sam, 9h-14h dim) contient des vêtements sacerdotaux et quelques reliques.

CHIESA D'OGNISSANTI (carte p. 86-87)

Édifiée au XIIIe siècle, cette **église** (🕑 7h30-12h30 et 15h30-19h), considérablement remaniée au XVIIe siècle, présente une façade baroque. L'intérieur abrite des œuvres de Domenico Ghirlandaio et de Botticelli. Se détache, au-dessus du deuxième autel à droite, la *Madonna della Misericordia* (Vierge de la Miséricorde), peinte à la fresque par Ghirlandaio pour la famille Vespucci. Le jeune garçon dont on aperçoit la tête entre la Vierge et le vieil homme serait Amerigo Vespucci, le futur découvreur de l'Amérique.

Le chef-d'œuvre de Ghirlandaio, *L'Ultima Cena* (la Cène), couvre la plus grande partie du mur de l'ancien *cenacolo* (réfectoire) du monastère. Son portrait détaillé de *Saint Jérôme* est exposé dans la nef. En face, attardez-vous devant le *Saint Augustin*, pensif, de Botticelli. Ces trois œuvres datent de 1480.

LE CASCINE (carte p. 80-81)

En marchant environ 10 minutes vers l'ouest le long du borgo Ognissanti, vous arriverez à la **Porta al Prato**, qui faisait partie des remparts démolis à la fin du XIXe siècle lorsque l'on construisit les boulevards circulaires.

En continuant vers le sud en direction de l'Arno, vous arriverez à l'extrémité est du poumon vert de Florence, les Cascine (pâturages). Les Médicis en avaient fait une réserve de chasse privée, mais le grand-duc Pietro Leopoldo l'ouvrit au public en 1776 et aménagea des boulevards, des fontaines et des réserves d'oiseaux. De nos jours, le **Mercato delle Cascine**, un grand marché, se tient dans ce parc chaque mardi matin.

CHIESA DI SAN PANCRAZIO ET MUSEO MARINO MARINI (carte p. 88)

Le premier sanctuaire construit sur ce site remonte au IXe siècle. L'édifice actuel date des XIVe et XVe siècles. C'est aujourd'hui un **musée** (☎ 055 21 94 32 ; Piazza San Pancrazio ; 7,50 € ; 🕑 10h-17h lun et mer-sam, fermé en août) consacré au sculpteur Marino Marini (1901-1980), qui a légué son œuvre à la ville de Florence.

Les quelque 200 sculptures, portraits et dessins exposés laissent apparaître le thème récurrent de l'homme et du cheval. Très franchement, à moins de nourrir un intérêt particulier pour cet artiste, le prix de l'entrée ne vaut sans doute pas la visite.

VIA DE' TORNABUONI ET SES ENVIRONS (carte p. 88)

En prenant la Via della Vigna Nuova vers l'est et en tournant dans la Via dei Palchetti, vous passerez devant le **Palazzo Rucellai**, conçu par Alberti pour l'une des plus riches familles de la ville. En continuant vers le sud, vous atteindrez le Lungarno Corsini, au bord de l'Arno.

Pour profiter du meilleur angle de vue sur le **Palazzo Corsini**, au bord de l'Arno, traversez le Ponte alla Carraia. Ce somptueux bâtiment baroque tardif a appartenu aux Médicis, qui le vendirent en 1640. Les travaux extérieurs se poursuivirent à un rythme très lent jusqu'en 1735. À l'intérieur, la partie la plus intéressante est l'escalier en spirale appelé *lumaca* (escargot), que l'on aperçoit en entrant dans le palais par la Via del Parione 11b.

À l'est, le **Ponte Santa Trinità**, aux proportions harmonieuses, a été construit à la demande de Cosme Ier de Médicis. Chargé du projet, Vasari sollicita les conseils de Michel-Ange. L'ouvrage fut finalement confié à Ammannati, qui l'acheva en 1567. Pietro Francavilla a réalisé les statues des saisons. Ce pont a été rénové avec beaucoup de difficultés après avoir été détruit par les Allemands en 1944.

Si l'on tourne le dos au fleuve, on rejoint la **Chiesa della Santa Trinità**, une église du XIIIe siècle reconstruite dans le style gothique, puis embellie d'une façade maniériste relativement quelconque. Vu de l'intérieur, le mur de façade permet néanmoins de se faire une idée de l'aspect de l'édifice roman d'origine. La Cappella Sassetti renferme de belles fresques de Domenico Ghirlandaio évoquant la vie de saint François d'Assise.

En face de l'église, le **Palazzo Spini-Feroni** (via de' Tornabuoni), construit au XIIIe siècle pour Geri Spini, le banquier du pape, fait désormais partie de l'entreprise Ferragamo. Au 2e étage, le **Museo Salvatore Ferragamo** (☎ 055 336 04 56 ; Via de' Tornabuoni 2 ; gratuit ; 🕒 9h-13h et 14h-18h lun-ven ; accès par ascenseur) expose de nombreux modèles de chaussures créés pour des gens célèbres, dont Greta Garbo et Marylin Monroe, ainsi que des pieds en bois d'après lesquels les chaussures sont ensuite réalisées. En principe, il faut réserver par téléphone, mais on vous laissera probablement entrer même si vous n'avez pas réservé.

La rue la plus chic de la ville, la Via de' Tornabuoni, souvent appelée le "Salotto di Firenze" (le salon de Florence), suit l'ancien cours du Mugnone, un affluent de l'Arno.

Donnant également sur la Piazza Santa Trinità, le **Palazzo Buondelmonti** appartenait à une famille qui s'est trouvée au cœur de la rivalité entre les guelfes et les gibelins à Florence. Plus massif dans ses proportions, le **Palazzo Bartolini-Salimbeni** constitue un bel exemple d'architecture haute Renaissance, avec des touches plus classiques (les colonnes qui flanquent l'entrée principale et les tympans triangulaires).

Quant au **Palazzo Strozzi**, incontestablement le plus impressionnant des palais Renaissance, il a été construit par une influente famille rivale des Médicis. Cet énorme bâtiment de *pietra forte* (pierre dure) en bossage abrite aujourd'hui des expositions.

Deux rues plus au nord, on découvre la façade baroque de la **Chiesa di San Gaetano**, édifiée sur le site d'une église du XIe siècle. La façade date de 1683. En face, vous verrez le **Palazzo Antinori**, construit au XVe siècle par Giuliano da Maiano.

Quartier de San Lorenzo

BASILICA DI SAN LORENZO (carte p. 88)

Reconstruite en 1420 par Brunelleschi à la demande de la famille Médicis sur le site d'une basilique du IVe siècle, cette **église** (☎ 055 21 66 34 ; Piazza San Lorenzo ; 2,50 € ; 🕒 10h-17h lun-sam) constitue l'un des exemples les plus harmonieux de l'architecture Renaissance. Le projet de Michel-Ange pour la façade ne fut jamais exécuté, ce qui explique l'aspect inachevé de l'édifice à l'extérieur.

L'église paroissiale des Médicis abrite le tombeau de nombreux membres de la famille. La nef est séparée des bas-côtés par des colonnes de *pietra serena* (pierre tranquille) couronnées de chapiteaux corinthiens.

Dans la 2e chapelle du bas-côté droit, on remarque le *Sposalizio della Vergine* (Mariage de la Vierge, 1523) par Rosso Fiorentino. En poursuivant vers le transept, vous distinguerez deux chaires en bronze, ornées de panneaux de la Crucifixion (1466), dus à Donatello. À gauche de l'autel, on accède à la **Sagrestia Vecchia** (Ancienne Sacristie), dessinée par Brunelleschi et décorée pour l'essentiel par Donatello.

Par une autre entrée donnant Piazza San Lorenzo, on pénètre dans les paisibles cloîtres. Du premier, un escalier mène à la **Biblioteca Laurenziana Medicea** (2,50 € ; 🕒 8h30-13h30 lun-sam), que fit construire Giulio de' Medici (le pape Clément VII) pour loger la bibliothèque des Médicis. Admirez le magnifique vestibule et l'escalier dessinés par Michel-Ange et réalisés en *pietra serena* grise. Les lignes courbes des marches témoignent de l'évolution du maître, qui s'écarte là des règles strictes de l'architecture et du dessin de la Renaissance pour se tourner vers le maniérisme.

Une entrée séparée permet d'accéder aux **Cappelle Medicee** (chapelles Médicis ; ☎ 055 238 86 02 ; Piazza Madonna degli Aldobrandini ; 6 € ; 🕒 8h15-17h mar-dim). Après le guichet, on pénètre dans une crypte, où un escalier conduit à l'impressionnante Cappella dei Principi (chapelle des Princes), un mausolée élevé à la gloire des Médicis.

Marbre, granit et autres pierres nobles constituent un colossal et somptueux décor minéral, rehaussé de marqueterie de *pietre dure* (pierres semi-précieuses). Le grand-duc Ferdinand Ier créa l'**Opificio delle Pietre Dure** (carte p. 82-83), un atelier d'artistes, pour satisfaire les exigences de la décoration de la chapelle, qui existe toujours.

Les niches vides devaient accueillir des statues des Médicis, mais le projet ne fut pas mené à son terme ; seules les sculptures de Ferdinand Ier et de Cosme II furent achevées.

Un couloir relie la cappella dei Principi à la **Sagrestia Nuova** (Nouvelle Sacristie), la chapelle funéraire des Médicis.

C'est là que Michel-Ange acheva presque la commande qui lui avait été faite. Ses impressionnantes sculptures, *Il Giorno* et *La Notte* (Le Jour et La Nuit), *L'Aurora* et *Il Crepusculo* (L'Aurore et Le Crépuscule) et la *Madonna col Bambino* (Vierge à l'Enfant) ornent les sépultures (1520-1534) des Médicis, dont celle de Laurent le Magnifique.

PALAZZO MEDICI-RICCARDI (carte p. 88)

Lorsque Cosme eut assis son emprise sur Florence, il décida de faire construire sa propre demeure et, en 1444, confia à Michelozzo le soin de dessiner les plans de ce **palais** (☎ 055 276 03 40 ; Via Cavour 3 ; 4 € ; 9h-19h jeu-mar).

S'écartant de la maison fortifiée et flanquée de tours caractéristiques de la Florence gothique, mais désormais inutiles (le pouvoir de Cosme était solidement installé), Michelozzo créa un bâtiment résolument nouveau dont s'inspireraient toutes les grandes demeures de famille de Florence dans les années suivantes. Il imagina un édifice à trois niveaux, noble, solide et néanmoins élégant.

Le rez-de-chaussée se caractérise par son revêtement rugueux, le bossage dit "rustique". Plus raffinés, les deux étages s'ordonnent autour de lignes classiques sobres, préfigurant la Renaissance. Ils sont surmontés d'un toit massif et d'une corniche avançant largement sur la rue.

Les Médicis résidèrent dans ce palais jusqu'en 1540. Au XVIIe siècle, la famille Riccardi en fit l'acquisition et y apporta quelques modifications.

Des bureaux de l'administration occupent aujourd'hui la plus grande partie de l'édifice, mais l'on peut cependant pénétrer dans la cour et voir quelques pièces des étages. Au premier, la **Galleria**, ou sala Luca Giordano, dessinée pour les Riccardi, constitue un magnifique exemple de baroque tardif, avec ses dorures et ses personnages aux courbes caractéristiques qui semblent émerger du décor. Remarquez, en particulier, les fresques de Luca Giordano au plafond, dont *L'Apothéose de la dynastie Médicis* (1685), à la gloire de cette famille, représentée agenouillée autour de Dieu, avec des scènes empruntées à la mythologie classique.

Ne manquez pas la merveilleuse **Cappella dei Magi** (chapelle des Mages), une chapelle ornée de fresques magnifiques réalisées en 1459 par Benozzo Gozzoli. Le personnage barbu sur un cheval serait l'empereur byzantin Jean VIII Paléologue, qui avait assisté au concile de Florence en 1439.

Les billets sont en vente au guichet près de la deuxième cour. Compte tenu de l'exiguïté des lieux, on ne pénètre à l'intérieur que tous les quarts d'heure, par groupe de 15 personnes.

MERCATO CENTRALE (carte p. 82-83)

Construit en 1874 (sa structure de verre et d'acier ne passait pas inaperçue dans le paysage architectural florentin de l'époque), le marché aux produits frais de Florence est quelque peu envahi par les stands de fortune du marché aux vêtements et au cuir installés sur la place et dans les rues environnantes dans la journée.

Quartier San Marco

GALLERIA DELL'ACCADEMIA (carte p. 82-83)

Incontournable, ce **musée** (☎ 055 238 86 09 ; Via Ricasoli 60 ; 6,50 € ; 8h15-18h50 mar-dim) conserve l'un des plus grands et plus célèbres chefs-d'œuvre de la Renaissance, le colossal *David* de Michel-Ange.

On pénètre d'abord dans la majestueuse **Sala del Colosso**, dominée par le modèle en plâtre du *Ratto delle Sabine* (Enlèvement des Sabines) de Giambologna. On peut admirer également plusieurs peintures intéressantes, notamment une fresque d'Andrea del Sarto (*Pietà*), quelques œuvres de Fra Bartolommeo et une *Deposizione*, commencée par Filippino Lippi et achevée par Le Pérugin.

On accède sur la gauche à une grande salle au fond de laquelle trône le *David* de Michel-Ange (1501-1504). Taillé dans un seul bloc de marbre, cette statue de 5 m de haut se trouvait tout d'abord Piazza della Signoria, avant d'être déplacée dans ce musée en 1882, dans une alcôve spécialement conçue pour l'accueillir, mais qui ne la met qu'imparfaitement en valeur. Voyez également les quatre *Prigioni* (Captifs, 1530), une très belle composition qui devait orner le tombeau du pape Jules II à Rome, ainsi que le *San Matteo* (saint Mathieu, 1503), également de Michel-Ange.

Sur la gauche, la **Sala dell'Ottocento** (salle du XIXe siècle) expose une collection de modèles en plâtre d'une partie de la statuaire publique de Florence, dont le *Machiavelli* de Bartolini (1846), aujourd'hui dans l'arcade des Offices, ainsi qu'une série de bustes divers commandés par la petite et haute bourgeoisie qui visitait l'Europe, et notamment l'Italie, pour s'imprégner de culture classique et parfaire son éducation (voir l'encadré p. 90).

Les autres salles rassemblent diverses peintures et sculptures, dont des œuvres de Botticelli et de Taddeo Gaddi.

MUSEO DI SAN MARCO (carte p. 82-83)

Ce **musée** (☎ 055 238 86 08 ; Piazza San Marco 1 ; 6 € ; ⏲ 8h15-13h50 mar-ven, 8h15-18h50 sam, 8h30-13h50 un lun sur deux, 8h15-19h un dim sur deux) est aménagé dans l'ancien couvent dominicain et la Chiesa di San Marco. En 1481, un moine dominicain, Girolamo Savonarola, devint prieur de ce monastère, puis se retrouva à la tête d'une éphémère république théocratique avant de finir sur un bûcher de l'Inquisition.

L'église fut fondée en 1299, reconstruite par Michelozzo en 1437 puis remaniée une nouvelle fois par Giambologna. Elle abrite quelques peintures, mais elles n'ont pas la valeur des œuvres exposées dans le couvent attenant.

Plusieurs Florentins célèbres vécurent ici, notamment les peintres Fra (ou Il Beato) Angelico (v. 1400-1455) et Fra Bartolomeo (1472-1517). L'œuvre de Fra Angelico y a trouvé place depuis les années 1860.

On pénètre dans le **Chiostro di Sant'Antonio**, dessiné par Michelozzo en 1440. Prenez tout de suite à droite dans la **Sala dell'Ospizio**. Les peintures de Fra Angelico auparavant accrochées à l'Accademia et aux Uffizi ont été rassemblées ici. Parmi les plus connues, mentionnons la *Deposizione di Cristo* (1432), une commande réalisée par Fra Angelico, qui prit la suite de l'artiste initialement mandaté, Lorenzo Monaco, décédé prématurément. Le travail de la perspective et le rendu très réaliste des éléments naturels marquent un tournant dans l'histoire de l'art. Cette œuvre est considérée comme l'une des premières véritables peintures de la Renaissance.

Dans l'ancien réfectoire des moines, côté est du cloître, ne manquez pas la fresque de Giovanni Antonio Sogliani, *La Providenza dei Domenicani* (Le Souper miraculeux de saint Dominique, 1536). À l'extérieur, vous pourrez admirer la *Madonna col Bambino* (v. 1460), de Luca della Robbia, très haute en couleur, l'une des statues en terre cuite les plus expressives qu'il ait réalisées. Tout proche, dans l'ancienne cuisine, sont exposées des fresques représentant des portraits de Fra Bartolommeo.

L'ancien chapitre abrite une fresque de Fra Angelico, la *Crucifixion* (1442), ainsi qu'une cloche en bronze, appelée "La Pagnona", que l'on attribue à Michelozzo.

Les plus belles œuvres se trouvent à l'étage. Fra Angelico fut chargé de décorer les cellules des moines avec des fresques pieuses devant guider la méditation des moines. L'artiste en a réalisé certaines, mais d'autres ont été exécutées sous sa direction par ses assistants.

Les véritables chefs-d'œuvre se répartissent sur les murs des couloirs. En haut de l'escalier, l'*Annunciazione* (v. 1440) fait face à un *Crocifisso* représentant saint Dominique. À droite de la cellule n°25, admirez l'une des œuvres les plus célèbres du maître, la *Madonna delle Ombre*.

La cellule de Savonarole (en fait une suite composée de trois petites chambres) est à l'extrémité du couloir, en face. Elle renferme un portrait, quelques effets personnels et un grand monument en marbre érigé par des admirateurs en 1873. Dans une cellule avoisinante, vous pourrez voir une bannière en tissu, peinte d'une scène représentant la Crucifixion, que Savonarole portait lors des processions.

PIAZZA DELLA SANTISSIMA (SS) ANNUNZIATA (carte p. 85)

La statue équestre du grand-duc Ferdinand Ier de Médicis, réalisée par Giambologna, s'impose au centre de la place, que certains considèrent comme la plus belle de la ville.

Chiesa di SS Annunziata

L'**église** (Piazza SS Annunziata ; 7h30-12h30 et 16h-18h30) qui a donné son nom à la place a été créée en 1250 par les fondateurs de l'ordre des Serviteurs de Marie, puis reconstruite au milieu de XVe siècle par Michelozzo et d'autres. Dédiée à Marie, elle abritait une peinture de la Vierge réputée miraculeuse dans l'oratoire en forme de petit temple situé à gauche lorsqu'on entre dans l'atrium.

Ce tableau du XVe siècle, que l'on ne peut plus voir, aurait été commencé par un moine et achevé par un ange. Plusieurs fresques présentent un intérêt : celles d'Andrea del Castagno, dans les deux premières chapelles de gauche, celle du Pérugin dans la cinquième, et celles de l'atrium de Michelozzo, notamment la *Nascita delle Vergine* (Naissance de la Vierge), d'Andrea del Sarto, et la *Visitazione*, de Jacopo Pontormo. Au-dessus de l'entrée principale, une lunette en mosaïque de Davide Ghirlandaio (le frère de Domenico) représente l'Annonciation.

Spedale degli Innocenti

Premier orphelinat d'Europe, l'hôpital des Innocents fut bâti en 1421 sur le côté sud-est de la place.

Brunelleschi dessina le portique, qu'Andrea della Robbia décora de médaillons de terre cuite représentant des nourrissons emmaillotés. Sous le portique, à gauche de l'entrée, on découvre la porte pivotante où l'on déposait les enfants non désirés. Les Florentins portant des noms tels que Degli Innocenti, Innocenti ou Nocentini peuvent remonter leur arbre généalogique jusqu'ici. La création de l'orphelinat répondait à la nécessité d'une approche plus systématique d'un problème croissant. La vie à l'intérieur n'avait rien d'une partie de plaisir, mais au moins le Spedale prenait en charge et éduquait les pupilles jusqu'à l'âge de 18 ans.

Au 2e étage, on accède à une petite **galerie** (☎ 055 249 17 08 ; Piazza SS Annunziata 12 ; 2,60 € ; 8h30-14h jeu-mar) rassemblant des œuvres d'artistes florentins, dont l'*Adorazione dei Magi* (1488), de Domenico Ghirlandaio, au fond à droite.

MUSEO ARCHEOLOGICO (carte p. 85)

À environ 200 m au sud-est de la Piazza SS Annunziata, le **Museo Archeologico** (☎ 055 23 57 50 ; Via Colonna 38 ; 4 € ; 14h-19h lun, 8h30-19h mar et jeu, 8h30-14h mer et ven-dim), quelque peu suranné, rassemble des antiquités amassées par les Médicis, auxquelles se sont ajoutés d'autres trésors au fil des siècles.

Au premier étage, vous pouvez choisir entre l'Égypte ancienne, à gauche, et l'art étrusque et gréco-romain, à droite.

La première section rassemble une impressionnante collection de stèles portant des hiéroglyphes, des sculptures, des sarcophages peints et une multitude d'objets de la vie quotidienne (vêtements, paniers), remarquablement bien préservés.

La section étrusque se prévaut d'une superbe Chimère en bronze, datant du Ve siècle av. J.-C., trouvée à Arezzo, ainsi qu'un ensemble de petites statues en bronze et un Arringatore (Orateur) grandeur nature. Cette statue du Ier siècle av. J.-C. représente un personnage drapé dans une toge et illustre l'importance de la domination romaine à cette époque.

On entre ensuite dans un couloir où sont exposés des bijoux anciens.

Le deuxième étage est occupé par des poteries grecques et des fragments de statue en bronze d'époque romaine.

Quartier Santa Croce

PIAZZA DI SANTA CROCE (carte p. 84)

La basilique franciscaine de Santa Croce domine la piazza du même nom, qui vit le jour au Moyen Âge afin que les foules de fidèles puissent se rassembler lorsque l'église était pleine. À l'époque de Savonarole, on y exécutait les hérétiques.

À partir du XIVe siècle, la place accueillit joutes, fêtes et autres manifestations hautes en couleur, telles les parties de *calcio storico*, un sport à la croisée du football et du rugby qui se pratique encore aujourd'hui avec des règles pour le moins sommaires. Au pied de la façade décorée de fresques du **Palazzo dell'Antella**, sur le côté sud de la place, un morceau de marbre scellé dans le mur marque une ligne médiane fictive traversant la piazza (certainement l'une des plus anciennes de l'histoire du football !). De nos jours, des boutiques de souvenirs ont envahi la place.

Curieusement, les Romains, bien des siècles auparavant, se distrayaient à peu près au même endroit. L'amphithéâtre du IIe siècle occupait l'espace qui fait face à l'extrémité ouest de la Piazza di Santa Croce. Les actuelles Piazza de' Peruzzi, Via Bentaccordi et Via Torta marquent le contour ovale des côtés nord, ouest et sud du théâtre.

BASILICA DI SANTA CROCE (carte p. 84)

Attribuée à Arnolfo di Cambio, la construction de **Santa Croce** (☎ 055 244619 ; 4 € avec le Museo dell'Opera ; 🕑 9h30-17h30 lun-sam, 13h-17h30 dim) a commencé en 1294 sur le site d'une chapelle franciscaine. Elle s'acheva près d'un siècle plus tard, en 1385. Saint Louis offrit en 1258 aux franciscains un fragment de la Sainte Croix, d'où le nom de Santa Croce, célèbre pour ses tombeaux de personnages connus comme pour ses œuvres d'art.

La splendide façade n'est en fait qu'un ajout néo-gothique du XIXe siècle, tout comme le campanile. Plutôt austère si on la compare à celle du Duomo, de la même époque, elle est néanmoins égayée d'une polychromie de marbres. À gauche se dresse la statue de Dante.

L'intérieur, massif, s'organise autour d'une nef et de deux bas-côtés, séparés par de solides piliers octogonaux. La charpente, de forme triangulaire, est caractéristique de certaines églises italiennes gothiques.

En descendant le bas-côté droit, on découvre entre la 1re et la 2e travée le tombeau de Michel-Ange, dessiné par Vasari en 1570. Au pied, les muses de la sculpture, de la peinture et de l'architecture représentent les trois arts dans lesquels il s'est illustré. Suit le cénotaphe élevé à la mémoire de Dante (1829). Machiavel repose dans la 5e travée.

La 6e travée abrite un extraordinaire tabernacle en *pietra serena* grise enrichie d'or, sculpté par Donatello entre 1430 et 1435, représentant l'*Annunciazione*. Une porte située entre la 6e et la 7e travée donne accès au cloître où se trouve la Cappella de' Pazzi réalisée par Brunelleschi.

Vous passerez ensuite devant le tombeau de Giaocchino Rossini. Parvenu au transept, vous découvrirez à droite et un peu derrière vous les exquises fresques représentant saint Nicolas dont Agnolo Gaddi orna la **Cappella Castellani** en 1385. Celles de la **Cappella Baroncelli**, toute proche, évoquent la vie de la Vierge. Elles sont dues à Taddeo Gaddi. Juste à côté, un portail dessiné par Michelozzo permet d'accéder à un couloir donnant sur la **Sagrestia** du XIVe siècle que domine la *Crocifissione* de Taddeo Gaddi, sur la droite. On verra également quelques reliques de saint François, dont sa ceinture et son capuchon.

La pièce suivante, qui abrite désormais la librairie, permet d'accéder à la **Scuola del Cuoio**, l'école du cuir, où l'on peut observer la fabrication des articles et aussi acheter des produits finis. À l'extrémité du couloir de Michelozzo, une chapelle des Médicis renferme un grand retable d'Andrea della Robbia.

Dans l'église, le transept est bordé par 5 petites chapelles de chaque côté de la **Cappella Maggiore**. Les 2 situées juste à droite présentent des fragments de fresques de Giotto. La mieux conservée, dans la **Cappella Bardi**, évoque la vie de saint François (1315-1320). Une seconde Cappella Bardi au fond à gauche abrite un christ en bois (1412), de Donatello. Selon Vasari, Brunelleschi se plaignit que le christ, avec des bras amovibles, faisait penser à un paysan, et créa son propre christ, installé dans la chiesa di Santa Maria Novella.

Galilée repose dans le premier tombeau du bas-côté gauche après l'entrée. Un buste le représentant est érigé (1737).

Cloîtres et Cappella de' Pazzi

Brunelleschi a dessiné ces cloîtres juste avant sa mort, en 1446, ainsi que la **Cappella de' Pazzi**, à l'extrémité du premier cloître, véritable chef-d'œuvre de l'architecture Renaissance, construit pour la famille des Pazzi mais jamais utilisée par elle. À l'intérieur, ne manquez pas les médaillons en terre cuite des Apôtres, de Luca della Robbia. Le **Museo dell'Opera di Santa Croce**, près du premier cloître, possède un christ de Cimabue en partie restauré après avoir été endommagé lors des inondations de 1966 qui touchèrent gravement le quartier de Santa Croce. À voir également, la statue en bronze doré *Saint Louis de Toulouse* (1424), de Donatello, initialement placée dans un tabernacle sur la façade de la chiesa di Orsanmichele, un superbe buste en terre cuite de saint François subissant les stigmates, sorti de l'atelier des della Robbia, ainsi que des fresques de Giotto, notamment l'*Ultima Cena* (La Cène, 1333).

MUSEO HORNE (carte p. 86-87)

Cette demeure acquise au début du XXe siècle par un de ces Britanniques excentriques et fortunés vivant à l'étranger,

Herbert Percy Horne, fut réaménagée dans un esprit Renaissance pour abriter une collection d'objets d'art italiens des XIVe et XVe siècles. Ce **musée** (☎ 055 24 46 61 ; Via de' Benci 6 ; 5 € ; 9h-13h lun-sam) réunit peintures, sculptures, céramiques et monnaies de la collection du donateur où l'on trouve, entre autres grands noms, Giotto, Luca Signorelli et Giambologna, mais la plupart des œuvres ne présentent qu'un intérêt mineur. La visite vaut plus pour le mobilier, parfois très raffiné, que pour la peinture.

PONTE ALLE GRAZIE (carte p. 86-87)

Le premier pont constuit à cet endroit date de 1237, à la demande du podestat Messer Rubaconte da Mandella, de Milan. Emporté par les crues en 1333, il fut reconstruit et orné de plusieurs chapelles, dont l'une lui a laissé son nom (Madonna alle Grazie). Les Allemands le dynamitèrent en 1944 et l'actuelle structure date de 1957.

CASA BUONARROTI (carte p. 84)

Deux rues plus au nord de Santa Croce, la **Casa Buonarroti** (☎ 055 24 17 52 ; Via Ghibellina 70 ; 6,50 € ; 9h30-14h mer-lun) appartenait à Michel-Ange, mais il n'y habita jamais. À la mort du maître, un neveu en hérita et elle a été transformée en musée au milieu des années 1850.

Les collections ne sont pas dénuées d'intérêt, mais le prix d'entrée est élevé. Au rez-de-chaussée, les salles de gauche accueillent des expositions temporaires, généralement entre mai et septembre. À droite du guichet, on découvre quelque 150 pièces de l'Antiquité, rassemblées au fil des ans par la famille Buonarroti et entreposées pendant très longtemps au Museo Archeologico (voir p. 107).

À l'étage, une maquette de Michel-Ange montre en détail le travail préparatoire pour la façade de la Basilica di San Lorenzo. Vous admirerez également deux bas-reliefs en marbre, un christ et la Madonna della Scala (*Vierge à l'escalier, v.* 1490), une des œuvres de jeunesse de l'artiste.

D'autres salles, conçues par Michel-Ange Il Giovane, petit-neveu du génie, valent le coup d'œil. La première rassemble des peintures et des fresques qui symbolisent l'apothéose créatrice du grand homme.

PIAZZA SANT'AMBROGIO ET SES ENVIRONS

De la Casa Buonarroti, bifurquez vers le nord dans la Via Michelangelo Buonarroti jusqu'à la **Piazza dei Ciompi**, qui prête aujourd'hui son cadre à un marché aux puces.

Créée par Vasari à la demande de Cosme Ier de Médicis pour le Mercato Vecchio (Ancien Marché), au cœur de l'actuelle piazza della Repubblica, la **Loggia del Pesce** (marché aux poissons ; carte p. 84 ; Via Pietrapana) fut déménagée à la fin du XIXe siècle, lorsque l'on rasa le Mercato Vecchio et tout le quartier environnant. Elle fut reconstruite à cet endroit en 1955.

Une rue plus à l'est, la modeste **Chiesa di Sant'Ambrogio** (carte p. 84 ; Via Pietrapiana) présente sur la place du même nom une discrète façade du XVIIIe siècle. Élevé sur le site d'une église du Xe siècle, ce monument présente à l'intérieur des éléments gothiques du XIIIe siècle, auxquels sont venus s'ajouter des aménagements au XVe siècle. L'église est dédiée à saint Ambroise, l'influent archevêque de Milan (IVe siècle), en souvenir de son séjour florentin, et abrite les dépouilles de plusieurs artistes, notamment Mino da Fiesole et Il Verrocchio.

Non loin de là, le **Mercato di Sant'Ambrogio** (carte p. 84 ; Piazza Ghiberti) commercialise des produits frais.

Immédiatement au nord de la Piazza Sant'Ambrogio, la **Sinagoga** (synagogue ; carte p. 84 ; ☎ 055 234 66 54 ; Via Farini 4 ; 4 € ; 10h-17h dim-jeu, 10h-14h ven avr-oct, 10h-15h dim-jeu, 10h-14h ven nov-mars) est un bâtiment remarquablement ouvragé intégrant des éléments maures et byzantins. Le **Museo Ebraico** expose des objets et des vêtements liés au culte. Dans le jardin se tient un mémorial à la mémoire des Florentins juifs qui périrent dans les camps de concentration.

Oltrarno

PONTE VECCHIO (carte p. 88)

On retrouve trace d'un pont de pierre enjambant l'Arno en sa partie la plus étroite dès 972. Le fleuve d'apparence paisible se déchaîne quelquefois et les crues de 1177 et de 1333 emportèrent le pont. Il résista de justesse à l'inondation de 1966, mais les boutiques des bijoutiers furent endommagées.

Les orfèvres sont toujours là, perpétuant de génération en génération une tradition qui remonte au XVIe siècle, époque au cours de laquelle le grand-duc Ferdinand Ier de Médicis ordonna à la corporation de prendre la place des bouchers, qui avaient la mauvaise habitude de se débarrasser des carcasses et des déchets malodorants dans le fleuve.

L'actuel ouvrage date de 1345. Il est le plus ancien des ponts de Florence encore en place aujourd'hui. Lors de leur retraite, en août 1944, les forces allemandes dynamitèrent tous les autres ponts sur l'Arno, mais épargnèrent le Ponte Vecchio, sur ordre de Hitler lui-même, dit-on.

C'est une construction d'allure bizarre, car le Corridoio Vasariano la contourne, au lieu de la traverser comme l'auraient souhaité les Médicis. De l'autre côté de la Via de' Bardi, en suivant le Corridoio, on aperçoit la **Torre degli Ubriachi**, la tour des ivrognes.

CHIESA DI SANTA FELICITÀ (carte p. 88)

Reconstruite au XVIIIe siècle sur le site du plus ancien lieu de culte florentin (IVe siècle), l'**église** (Via de' Guicciardini; 🕒 9h-12h et 14h30-18h30 lun-sam, 9h-13h dim) présente une incroyable façade traversée par le Corridoio Vasariano. Les Médicis pouvaient s'arrêter pour assister à la messe à l'abri des regards !

À l'intérieur, on remarque surtout la petite **Cappella Barbadori** de Brunelleschi, à droite en entrant. Jacopo Pontormo (1494-1557) y a peint une fresque de l'*Annunciazione* et une *Deposizione*, particulièrement frappante, dans laquelle on a l'impression que les personnages se sentent regardés.

PALAZZO PITTI (carte p. 86-87)

En 1457, le riche banquier Luca Pitti demanda à Brunelleschi de construire une demeure à la mesure de son opulence. Suite à des revers de fortune, il dut revendre le somptueux palais aux Médicis (avant même qu'il soit achevé), la grande famille rivale.

Le noyau originel du **palais** (☎ 055 238 86 14; Piazza de' Pitti) correspondait alors à la partie comprenant les 7 fenêtres centrales du 1er et du 2e étage.

En 1549, l'épouse de Cosme Ier de Médicis, Éléonore de Tolède, acheta le palais à la famille Pitti, qui s'était appauvrie entretemps. Elle entreprit des travaux d'agrandissement (qui ne devaient s'achever qu'en 1839), dans le plus grand respect du plan originel, à tel point qu'il est difficile de distinguer les remaniements.

Après l'extinction de la dynastie des Médicis, le palais resta la résidence des maîtres de Florence, ducs de Lorraine et d'Autriche, puis de leurs (brefs) successeurs napoléoniens.

En 1865, lorsque Florence devint capitale du jeune royaume d'Italie, il se transforma en résidence de la famille de Savoie, qui en fit don à l'État en 1919.

Musées

Le palais n'abrite pas moins de 5 musées, notamment l'incontournable **Galleria Palatina** (galerie Palatine ; 6,50 € incluant les Appartamenti Reali ; 🕒 8h15-18h50 mar-dim), dont les salles somptueusement décorées contiennent des peintures du XVIe au XVIIIe siècle, rassemblées, pour l'essentiel, par les Médicis et les grands-ducs qui leur succédèrent.

Un grand escalier permet d'accéder à la galerie dont les premières pièces réunissent tableaux et meubles disposés sans souci didactique, selon la présentation et l'esprit de l'époque.

L'exposition commence réellement après la **Sala della Musica** (salle de musique), dans une succession de salles, sans ordre particulier, toutes décorées de magnifiques fresques au plafond, représentant des scènes de la mythologie. La collection comprend des tableaux de maîtres toscans, notamment Filippo Lippi, Botticelli, Vasari et Andrea del Sarto, ainsi que plusieurs œuvres importantes d'autres peintres italiens et étrangers. Citons en particulier Raphaël, avec la *Madonna della Seggiola* (Vierge à la chaise, 1515), Le Caravage et son *Amore Dormente* (Amour dormant, 1608), Guido Reni et son *Bacco Fanciullo* (Bacchus jeune, 1620) grimaçant, Guercino et *San Sebastiano*, et encore la *Deposizione* du Tintoret. S'y ajoutent Titien, Veronèse, Velasquez, Rubens et Van Dyck. Parmi les œuvres moins célèbres, on relèvera *Ninfa e Satiro* de Dosso Dossi, une toile représentant un satyre menaçant une nymphe, le portrait horrible de *Santa Agata* de Lorenzo Lippi et l'*Amore Artifice* (Faux amour) d'Orazio Rinaldi.

De la galerie, on peut pénétrer dans les **Appartamenti Reali** (appartements royaux), un ensemble de chambres plutôt sombres et à la décoration assez étouffante, où se déroulait la vie officielle et privée des Médicis.

Parmi les autres galeries méritant une visite, le **Museo degli Argenti** (musée de l'Argenterie ; 4 €, incluant les jardins de Boboli et le Museo delle Porcellane ; 🕒 8h15-18h30 mar-sam et un dim et un lun sur deux avr-mai et sept-oct, 8h15-19h30 juin-août, 8h15-16h30 nov-mars) possède une collection d'objets en verre bizarres et kitsch, de l'argenterie et des pierres précieuses, mais ce sont plutôt les magnifiques fresques peintes en trompe-l'œil sur les murs et au plafond qui captent le regard. Celles qui sont dans l'ancienne chambre des audiences publiques représentent des terrasses peuplées d'un mélange d'hommes et d'animaux, dont un garçon jouant avec un singe et un homme âgé ajustant ses lunettes. La **Galleria d'Arte Moderna** (galerie d'Art moderne ; 5 €, incluant la Galleria del Costume ; 🕑 8h15-13h50 mar-sam et un dim et un lun sur deux) est principalement consacrée à la peinture toscane du XVIIIe siècle jusqu'au milieu du XXe siècle, et la **Galleria del Costume** (galerie du Costume ; 5 €, incluant la galerie d'Art moderne ; 🕑 8h15-13h50 mar-sam et un dim et un lun sur deux) expose d'élégants vêtements des XVIIIe et XIXe siècles. Quant au **Museo delle Carrozze** (fermé au moment de la rédaction de ce guide), il réunit des carrosses et autres voitures ayant servi aux grands-ducs.

Giardino di Boboli

Accordez-vous une pause dans le parc Renaissance du palais, les **jardins de Boboli** (carte p. 86-87 ; 4 € avec le Museo degli Argenti et le Museo delle Porcellane ; 🕑 8h15-17h30 mar, 8h-15-18h30 avr-mai et sept-oct, 8h15-19h30 juin-août, 8h15-16h30 nov-fév), aménagé au XVIe siècle d'après un projet de l'architecte Il Tribolo. La grotte artificielle créée par Buontalenti (grotta del Buontalenti) abrite une Vénus de Giambologna. Attention, certains sentiers sont raides et peuvent être glissants en cas de pluie.

Au cœur du jardin, le **Museo delle Porcellane** (musée de la Porcelaine ; 4 € avec jardins de Boboli et Museo degli Argenti ; 🕑 8h15-18h30 mar-sam et un dim et un lun sur deux avr-mai et sept-oct, 8h15-19h30 juin-août, 8h15-16h30 nov-mars) présente une riche collection de porcelaine fine. Constituée au fil des ans par les hôtes du Palazzo Pitti, elle comporte notamment des Sèvres, des Vincennes, des Meissen et des Wedgwood, ainsi qu'un portrait de Napoléon en céramique réalisé à la manufacture de Sèvres.

On accède du **Forte di Belvedere** (voir p. 111) par l'extrémité sud-est du jardin

CHIESA DI SAN FELICE (carte p. 86-87)

Cette église d'apparence peu séduisante a été remaniée à plusieurs reprises. L'édifice d'origine, de style roman, date de 1066. Très sobre, la façade Renaissance est l'œuvre de Michelozzo. À l'intérieur, on peut admirer un christ de l'atelier de Giotto (début XIVe).

MUSEO ZOOLOGICO LA SPECOLA

En descendant la Via Romana depuis la Piazza San Felice, on débouche sur ce **musée zoologique** (carte p. 86-87 ; ☎ 055 228 82 51 ; Via Romana 17; 5 € ; 🕑 9h-13h jeu-mar), de conception un peu vieillotte. Célèbre pour sa collection de pièces anatomiques et ses reproductions en cire de diverses parties du corps disséquées ou illustrant diverses maladies, il conserve aussi des animaux naturalisés.

PORTA ROMANA (carte p. 86-87)

Les pèlerins partant pour Rome empruntaient autrefois la Via Romana, qui se termine à l'imposante Porta Romana. Des remparts de la ville démolis au XIXe siècle, il ne reste qu'une partie, au nord de la porte. En les longeant côté intérieur (un modeste parking a a été aménagé à cet endroit), vous arrivez rapidement à un passage permettant de monter en haut de la Porta Romana.

VIA MAGGIO

Cette grand'rue, ou Via Maggiore, était l'adresse cossue du XVIe siècle, comme en témoigne la succession de belles demeures Renaissance (sauf indication spéciale, toutes figurent sur le plan p. 86-87). Au n°26, le **Palazzo di Bianca Cappello** se remarque par sa façade décorée de graffiti. Maîtresse de François Ier de Médicis, Bianca Cappello finit par épouser son amant. De l'autre côté de la rue, vous admirerez différents palais, tous construits et aménagés aux XIVe, XVe et XVIe siècles : le **Palazzo Ricasoli-Ridolfi** (n°7), le **Palazzo Martellini** (n°9), le **Palazzo Michelozzi** (plan p. 88, n°11), le **Palazzo Zanchini** (plan p. 88, n°13) et le **Palazzo di Cosimo Ridolfi** (plan p. 88, n°15). Notez enfin l'impressionnant **Palazzo Corsini-Suarez** (n°42).

PIAZZA SANTO SPIRITO (carte p. 86-87)

De la Via Maggio, vous pouvez piquer dans la Via de' Michelozzi, qui conduit à la Piazza Santo Spirito. Sur le côté nord de cette place se dresse la façade décrépite de la **Basilica di Santo Spirito** (🕑 8h30-12h et 16h-17h30, fermé sam et dim matin et mer am), conçue par Brunelleschi.

La série de 38 chapelles semi-circulaires qui bordent l'église sur toute sa longueur et les colonnes corinthiennes en *pietra forte* confère à l'édifice une grandeur monumentale.

Au nombre des œuvres d'art à ne pas manquer, citons la *Madonna con il Bambino et Santi* (Vierge à l'Enfant avec deux anges)

de Filippino Lippi dans la Capella Nerli, dans le transept droit, la *Madonna del Soccorso* (Vierge du secours, 1485) de Domenico di Zanobi, dans la Cappella Velutti, représentant la Vierge repoussant un diable rouge avec un bâton, et *L'Arcangelo Raffaele e Tobiolo* (l'Archange Raphaël et Tobie, 1698), en marbre et en stuc, de Giovanni Baratta, évoquant un épisode des Apocryphes. Sous le dôme central, les voluptueuses décorations du maître autel détonnent un peu dans le cadre sobre voulu par Brunelleschi.

La Fondazione Romano occupe le **Cenacolo di Santo Spirito** (2,20 € ; 9h-14h mar-dim), qui jouxte l'église. Andrea Orcagna a peint dans cet ancien réfectoire une vaste fresque représentant la Cène et la Crucifixion (vers 1370). En 1946, l'amateur d'art napolitain Salvatore Romano fit don de sa collection de sculptures au Comune di Firenze. On trouve d'intéressantes pièces pré-romanes, ainsi que des œuvres de Jacopo della Quercia et de Donatello. C'est un site incontournable pour les passionnés de sculpture romane et pré-romane.

BASILICA DI SANTA MARIA DEL CARMINE (carte p. 86-87)

Située à l'ouest de la Piazza Santo Spirito, la Piazza del Carmine est envahie par les voitures en stationnement. Bordée au sud par la Basilica di Santa Maria del Carmine, elle attire nombre de visiteurs impatients de découvrir la **Cappella Brancacci** (☎ 055 238 21 95 ; 3,10/2,30 € adulte/enfant ; 10h-17h mer-lun, 13-17h dim).

Cette chapelle renferme de splendides peintures de Masolino da Panicale, Masaccio et Filippino Lippi. Témoignant de la rupture définitive avec l'art gothique et de la découverte des nouvelles formes d'expression du début de la Renaisance, les fresques de Masaccio, en particulier, figurent parmi ses œuvres les plus réussies. La plus connue, la *Cacciata dei Progenitori* (Adam et Ève chassés du paradis), sur le côté gauche de la chapelle, illustre le désespoir d'Ève avec une intensité psychologique inconnue jusque-là dans la peinture. Masaccio avait à peine 20 ans quand il peignit ces fresques. Il s'interrompit pour effectuer un voyage à Rome, où il mourut prématurément à l'âge de 28 ans. Filippino Lippi acheva le cycle une soixantaine d'années plus tard. Notez, dans la scène de *l'Intronisation de saint Pierre*, l'autoportrait de Masaccio, debout à côté de l'apôtre et regardant vers le spectateur. Les personnages autour de lui seraient Brunelleschi, Masolino et Alberti. Filippino Lippi s'est également peint dans la scène de la *Crucifixion de saint Pierre*, en compagnie de son maître, Botticelli.

Si vous entrez dans l'église après la fermeture de la Capella Brancacci, vous apercevrez l'intérieur de la chapelle à travers la clôture, mais les détails étonnants méritent d'être appréciés de près.

BORGO SAN FREDIANO (carte p. 86-87)

Au nord, la Piazza del Carmine débouche sur le Borgo San Frediano qui, comme les rues alentour, a conservé une atmosphère de quartier populaire d'autrefois.

À l'extrémité ouest de la rue se dresse, solitaire, la **Porta San Frediano**, épargnée lors de la démolition des remparts au XIXe siècle. La physionomie un peu brute du quartier apparaît nettement sur les murs de brique nue de la **Chiesa di San Frediano in Cestello** (9h-11h30 et 17h-18h lun-ven, 17h-18h dim), dont la façade inachevée cache un intérieur baroque assez sobre.

RETOUR AU PONTE VECCHIO

De la Chiesa di San Frediano in Cestello, vous pouvez suivre le fleuve pour revenir au Ponte Vecchio. Au passage, vous pourrez vous attarder devant plusieurs superbes demeures, notamment le **Palazzo Guicciardini** (plan p. 86-87), Via de' Guicciardini 7, et le **Palazzo Frescobaldi** (carte p. 88), construit au XIIIe siècle sur la place éponyme. Poursuivez vers l'est par le Borgo San Jacopo, où se dressent deux tours du XIIe siècle, la **Torre dei Marsili** et la **Torre de' Belfredelli**.

DU PONTE VECCHIO À LA PORTA SAN NICCOLÒ

Le premier tronçon de la Via de' Bardi, qui part du Ponte Vecchio en direction de l'est, dissimule mal son histoire récente. Toute la zone alentour, rasée par les mines allemandes en 1944, a été reconstruite à la hâte et sans grâce après la guerre.

La rue débouche sur la **Piazza di Santa Maria Soprarno** (carte p. 88), qui tire son nom d'une église disparue il y a bien longtemps. Suivez l'étroite Via de' Nardi (sur votre droite) et vous arriverez dans l'un des quartiers les plus tranquilles de Florence. L'influente famille Bardi qui possédait jadis toutes les maisons de la rue, avait perdu de sa superbe lorsqu'en 1415, Cosme de Médicis épousa la Contessina de' Bardi en 1415.

La Via de' Bardi s'achève à la **Piazza de' Mozzi** (carte p. 86-87), elle aussi bordée par les solides façades de somptueuses demeures appartenant à la haute société. Son côté sud (n°2) est occupé par l'imposante façade du **Palazzo de' Mozzi**, où le pape Grégoire X séjourna lorsqu'il négocia un accord de paix entre les guelfes et les gibelins. Sur le côté ouest s'élèvent le **Palazzo Lensi-Nencioni**, le **Palazzo Torrigiani-Nasi** (orné de graffiti) et le Palazzo Torrigiani, du XVe siècle.

De l'autre côté de la place, la longue façade du **Museo Bardini** (fermé pour restauration au moment de la rédaction de ce guide) témoigne de l'éclectisme du collectionneur Stefano Bardini, qui fit construire l'édifice au XIXe siècle. La collection rassemble des pièces très diverses, allant des tapis persans à des peintures en passant par des sculptures étrusques.

En vous dirigeant vers l'est par la Via dei Renai, vous dépasserez les frondaisons de la **Piazza Nicola Demidoff** (carte p. 86-87), une place portant le nom d'un philanthrope russe du XIXe siècle qui vécut dans la Via San Niccolò toute proche. Au bout de la Via dei Renai, vous atteindrez le **Palazzo Serristori** (carte p. 84), un palais du XVIe siècle où Joseph Bonaparte passa les dernières années de son existence. Il mourut à Florence en 1844.

Prenez sur votre droite pour rejoindre la Via di San Niccolò. D'aspect assez austère, la **Chiesa di San Niccolò Oltrarno** (carte p. 84) a subi les dommages du fleuve. Une petite plaque indique que l'eau a atteint ici son plus haut niveau (4 m environ) lors des inondations de 1966. En poursuivant vers l'est par la Via San Niccolò, vous débouchez sur la tour signalant la **Porta San Niccolò** (carte p. 84), seul vestige des remparts de la ville à cet endroit.

Vous pouvez vous faire une idée de ce mur d'enceinte en descendant vers le sud depuis la Chiesa di San Niccolò Oltrarno. Vous arriverez alors à la **Porta San Miniato** (carte p. 84), bordée de chaque côté (un peu moins vers l'est que vers l'ouest) par des tronçons de murailles. Suivez vers l'ouest la pente raide jusqu'au Forte di Belvedere.

FORTE DI BELVEDERE

Bernardo Buontalenti participa à l'élaboration des plans des vastes **fortifications** (carte p. 86-87 ; gratuit ; 9h-tombée de la nuit) que fit édifier le grand-duc Ferdinand Ier à la fin XVIe siècle, autant pour se protéger de l'agitation interne que pour anticiper les attaques étrangères. De cette imposante forteresse, d'où les soldats surveillaient tous les fronts, on découvre un magnifique panorama.

L'entrée principale se situe près de la Porta San Giorgio, à laquelle on accède soit par l'est en longeant les remparts (voir plus haut), soit par la Costa di San Giorgio depuis le Ponte Vecchio. On peut également atteindre le fort par les jardins de Boboli, ce que font la plupart des visiteurs (voir p. 109).

PIAZZALE MICHELANGELO (carte p. 84)

De la porta San Miniato, vous pouvez bifurquer vers l'est au lieu de monter au Forte di Belvedere. Après quelques virages, vous découvrirez une vue sur le Ponte San Niccolò. De là, plusieurs sentiers et escaliers permettent de grimper jusqu'au Piazzale Michelangelo, d'où l'on jouit d'un panorama splendide sur la ville. De nombreux étals de souvenirs sont installés à cet endroit.

Le bus urbain n°13, qui part de la Stazione di Santa Maria Novella et traverse le Ponte alle Grazie, s'arrête sur le Piazzale.

CHIESA DI SAN MINIATO AL MONTE (carte p. 84)

Prenez la pente raide au-dessus du Piazzale, et marchez pendant 5 minutes jusqu'à la merveilleuse **église romane** (8h-19h30 mai-oct, 8h-13h et 14h30-19h nov-avr), sans doute la plus belle de celles qui restent à Florence. Elle est dédiée à saint Minias, l'un des premiers martyrs chrétiens décapité sur les rives de l'Arno qui, selon la légende, aurait ensuite rejoint la colline.

L'édification de l'église commença au début du XIe siècle. Sa façade de marbre typiquement toscane est ornée d'une mosaïque du XIIIe siècle représentant le Christ entre la Vierge et saint Minias.

À l'intérieur, des fresques réalisées entre le XIIIe et le XVe siècle décorent le mur de droite. La nef présente un pavement à incrustations de marbre formant un savant motif. Dans le fond, on peut voir une jolie crypte romane sous le *presbiterio* (presbytère). Ce dernier, curieusement élevé, s'enorgueillit d'une belle chaire de marbre couverte de superbes motifs géométriques. Sur la droite, la sacristie (on vous invite à donner 0,50 € pour entrer) est décorée de fresques aux couleurs éclatantes. Celle de la voûte représente les quatre évangélistes. Sur le côté gauche de l'église, la **Cappella del Cardinale del Portogallo** abrite un tombeau du XVe siècle réalisé par Antonio Rossellino. Son plafond décoré de terre cuite est l'œuvre de Luca della Robbia.

Lors du siège de la ville par les Médicis et Charles Quint, en 1529 et 1530, Michel-Ange intégra l'église dans les fortifications qu'il édifia sur la colline et dont certaines parties restent visibles.

Le bus n°13 s'arrête tout près.

Nord de la vieille ville

FORTEZZA DA BASSO (carte p. 82-83)

C'est un Florentin vivant à Rome, Antonio da Sangallo il Giovane, qui construisit cette énorme forteresse en 1534, pour le compte d'Alessandro de' Medici. Il ne s'agissait pas de protéger la ville des invasions extérieures, mais de surveiller de près les Florentins eux-mêmes. De nos jours, la forteresse accueille parfois des expositions et d'autres manifestations culturelles.

CHIESA RUSSA ORTODOSSA (carte p. 82-83)

À quelques rues à l'est de la forteresse, les bulbes trahissent la présence de cette église orthodoxe, construite en 1902 pour les résidents russes de Florence. Ses deux niveaux intérieurs, décorés en partie par des artistes florentins, mais surtout par des spécialistes russes des icônes, sont caractéristiques des églises de la Russie du Nord.

MUSEO STIBBERT (carte p. 80-81)

Frederick Stibbert, l'un des plus importants marchands d'antiquités en Europe au XIXe siècle, acheta la villa di Montughi pour y installer sa propre collection. Ce **musée** (☎ 055 47 55 20 ; Via Stibbert 26 ; adulte/enfant 5/2 € ; 🕑 10h-14h lun-mer, 10h-18h ven-dim), à l'atmosphère incomparable, offre une grande variété d'objets (costumes, mobilier, tapisseries et peintures) de provenances diverses et s'étalant du XVIe au XIXe siècle. La collection d'armes et d'armures dans la **Sala della Cavalcata** (salle du défilé) est surprenante : uniformes et armures provenant de toute l'Europe et du Moyen-Orient sont présentés sur des mannequins juchés sur des chevaux grandeur nature.

Des visites guidées sont organisées (incluses dans le prix de l'entrée) par des comédiens jouant Giovanni delle Bande Nere ou le sultan ottoman Soliman le Magnifique. Pour les enfants, des visites d'une heure sont prévues le samedi et le dimanche.

Le musée se situe au nord de la Fortezza da Basso. Pour y accéder, prenez le bus n°4 de la Stazione di Santa Maria Novella jusqu'à la Via Vittorio Emanuele II, et finissez à pied.

Sud de la vieille ville

BELLOSGUARDO (carte p. 86-87)

Les peintres paysagistes du XIXe siècle appréciaient particulièrement la colline de Bellosguardo (Belle Vue), située au sud-ouest du centre-ville. De la Piazza Torquato Tasso, suivez la petite route en lacets, bordée de quelques villas, qui mène à la Piazza Bellosguardo. Continuez par la Via Roti Michelozzi jusqu'au jardin de l'Albergo Torre di Bellosguardo, aménagé dans un château du XIVe siècle, pour découvrir la vue.

CERTOSA DI GALLUZZO (carte p. 79)

À 3 km environ de la Porta Romana par la Via Senese, la localité de Galluzzo abrite une remarquable chartreuse du XIVe siècle, la **Certosa** (☎ 055 204 92 26 ; dons bienvenus ; 🕑 9h-12h et 15h-18h mar-dim mai-oct, 9h-12h et 15h-17h mar-dim nov-avr). Le grand cloître est décoré de bustes de l'atelier des della Robbia, et la salle gothique du Palazzo degli Studi abrite des fresques de Pontormo.

Seules les visites guidées sont autorisées. Pour vous rendre sur place, prenez le bus n°37 à la Stazione di Santa Maria Novella.

ACTIVITÉS

Aviron

Il est possible de participer aux activités des deux clubs d'aviron de Florence. Le plus facile d'accès est la **Società Canottieri Firenze** (carte p. 88 ; ☎ 055 28 21 30 ; Lungarno dei Medici 8). La **Società Canottieri Comunali** (carte p. 80-81 ; ☎ 055 681 21 51 ; Lungarno Francesco Ferrucci 6) est plus excentrée. Vous aurez plus de chance d'avoir une place dans ce dernier. Des cours pour débutants sont possibles.

Natation

La **Piscina Bellariva** (carte p. 80-81 ; ☎ 055 67 72 51 ; Lungarno Aldo Moro 6 ; adulte/enfant 6,50/4,50 €, carnet de 10 tickets 50 € ; 🕑 10h-18h mar et jeu, 8h30-23h30 juin-sept) est située à Bellariva, à 3,5 km à l'est du Ponte Vecchio par le Lungarno Aldo Moro (prenez le bus n°14 sur la Piazza dell'Unità ou au Duomo). L'été, le toit amovible découvre totalement le bassin olympique. Les horaires changeant parfois d'un mois sur l'autre, téléphonez au préalable pour confirmer les heures d'ouverture.

La **Piscina Le Pavoniere** (carte p. 80-81 ; ☎ 055 36 22 33 ; Viale della Catena 2 ; adultes/enfants 7/5 €, 7,50 € dim et jours fériés ; ⏲ 10h-18h juin à mi-sept) reste ouverte tard certains soirs. Elle dispose d'une pizzeria et d'un bar.

Les jours d'ouverture sont réduits durant la période hivernale, de mi-septembre à juin. Appelez pour vérifier les horaires.

Tennis

Vous pouvez louer un court (12 € l'heure) au **Campo Sportivo ASSI** (carte p. 80-81 ; ☎ 055 68 78 58 ; Viale Michelangelo 64).

PROMENADE À PIED

Partez de la **Piazza Santa Maria Novella (1)**, dominée par l'imposante basilique médiévale. Prenez ensuite la Via degli Avelli vers le nord, jusqu'à la Piazza dell'Unità Italiana, très animée, et poursuivez vers l'est dans la Via del Melarancio. Vous dépasserez la Piazza Madonna degli Aldobrandini avant de déboucher sur la Piazza San Lorenzo, typique par ses étals de marché, et la **Basilica di San Lorenzo (2)**, où reposent certains membres de la famille Médicis. Marchez vers le sud le long du Borgo San Lorenzo jusqu'au croisement avec la Via de' Cerretani. Traversez, et vous apercevrez le **Duomo (3)** et le **Battistero (4)**, une vision remarquable. Faites le tour de la Piazza del Duomo avant de bifurquer au sud dans la Via Roma, jusqu'à la Piazza della Repubblica puis la Via Calimala. Ensuite, engagez-vous dans la Via Orsanmichele à l'est, où vous admirerez la très belle **Chiesa di Orsanmichele (5)**.

Au bout de cette rue, vous parviendrez à un carrefour. Suivez la Via de' Calzaiuoli vers le sud et vous rejoindrez la Piazza della Signoria, remarquable par la **Loggia (6)** et l'emblématique **Palazzo Vecchio (7)**, siège du gouvernement florentin depuis le Moyen Âge. Tout proche, vers le sud, les **Uffizi (8)** abritent l'une des plus belles collections d'art de la Renaissance au monde. De la Piazza degli Uffizi, on rejoint facilement l'Arno.

À l'ouest, on distingue la silhouette caractéristique du **Ponte Vecchio (9)**, où sont installées des boutiques d'orfèvres.

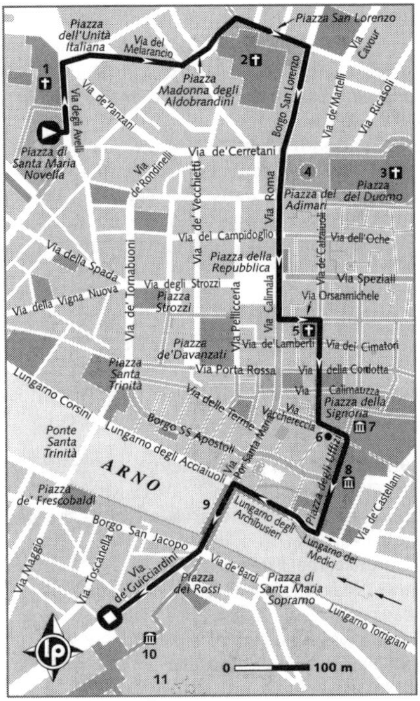

Traversez le pont, et profitez de la vue sur le fleuve. De l'autre côté, vous êtes dans le quartier d'Oltrarno. Continuez vers le sud le long de la Via de' Guicciardini et vous arriverez rapidement en vue du **Palazzo Pitti (10)**, qui servit de palais pendant une courte période aux Médicis. Aujourd'hui, il héberge plusieurs musées. À l'arrière se déploient les **jardins de Boboli (11)**.

Cette promenade de 2,2 km vous prendra une heure environ.

COURS

Florence compte une bonne trentaine d'écoles proposant des cours de langue et de culture italiennes, et bien d'autres qui organisent des formations artistiques (peinture, dessin, sculpture, histoire de l'art). Vous pouvez aussi vous initier à la cuisine.

Il est tentant de suivre une formation artistique ou linguistique à Florence, mais sachez que ces prestations sont chères. Tenez également compte du fait que la ville concentre un grand nombre d'étudiants étrangers et que, de ce fait, l'immersion n'est pas totale.

Les instituts culturels italiens à l'étranger vous fourniront toutes les brochures nécessaires. L'office du tourisme situé Via Cavour vous remettra également une liste d'écoles de langue.

Les ressortissants des pays non membres de l'Union européenne désirant étudier à l'université ou dans une école de langue doivent être munis d'un visa d'étudiant. Renseignez-vous directement auprès de l'établissement visé.

Cours de langue

Le coût varie en fonction de l'établissement, de la durée (un mois au minimum, en règle générale) et de la nature du stage. Parmi les établissements les plus connus figurent :

British Institute of Florence (carte p. 88 ; ☎ 055 267 78 200 ; Piazza Strozzi 2). Depuis 1917. Cours d'initiation de quatre semaines (430 €) et cours annuels (352 €). Plus divers cours thématiques (opéra, art, littérature, etc.)

Istituto Europeo (carte p. 88 ; ☎ 055 238 10 71 ; www.istitutoeuropeo.it ; Piazzale delle Pallottole 1). À partir de 202 € pour 20 heures (une semaine). Formule avantageuse de quatre semaines (460 €)

Scuola Leonardo da Vinci (carte p. 82-83 ; ☎ 055 26 11 81 ; www.scuolaleonardo.com ; Via Bufalini 3). Cours de 2 à 24 semaines, à raison de 4 heures par jour. À partir de 500 € les quatre semaines.

Centro Lorenzo de' Medici (carte p. 82-83 ; ☎ 055 28 73 60 ; Via Faenza 43). Fréquenté par des étudiants américains. La session d'un mois revient à 500 € (quatre cours par jour). Autres options : théâtre, cuisine, histoire de l'art, etc. Possibilité d'hébergement chez l'habitant à partir de 25 € par jour.

Autres cours

Plusieurs écoles répertoriées ci-dessus organisent aussi des cours d'histoire de l'art, de cuisine, de beaux-arts, de musique, etc.

D'autres sont spécialisées. Certaines écoles de beaux-arts proposent des ateliers d'été d'un mois, mais aussi des cursus complets beaucoup plus longs. Sur demande et moyennant finances, les écoles peuvent se charger de l'hébergement des étudiants (en appartement ou dans une famille italienne). Vous pourrez également vous initier aux arts appliqués, à la céramique, au théâtre et à la mode. Demandez une documentation complète à l'office du tourisme de la Via Cavour.

Istituto per l'Arte e il Restauro (carte p. 84 ; ☎ 055 24 60 01 ; www.spinelli.it ; Palazzo Spinelli, Borgo Santa Croce 10). On y enseigne toutes les techniques de restauration, qu'il s'agisse de tableaux, de céramiques, de fresques, de marqueterie... Également cours d'architecture d'intérieur, de graphisme, de dorure et d'italien.

Accademia Italiana (carte p. 86-87 ; ☎ 055 28 46 16 ; www.accademiaitaliana.com ; Piazza de' Pitti 15). L'école propose toute une gamme de cours de peinture, de dessin, de stylisme, d'art graphique... du stage d'un mois au semestre complet, dans une optique plus professionnelle.

Florence Dance Center (carte p. 86-87 ; ☎ 055 28 92 76 ; www.florencedance.org ; Borgo della Stella 23r). Cours de danse moderne, danse jazz, danse classique, ballet, tango et flamenco.

Scuola del Cuoio (carte p. 84 ; ☎ 055 24 45 33 ; www.leatherschool.it ; Piazza di Santa Croce 16). Initiation au travail du cuir. École située dans l'enceinte même de l'église de Santa Croce. Cours d'une demi-journée jusqu'aux formations à l'année, à partir de 125 €. Également initiation aux techniques de peinture sur parchemin.

SPÉCIAL ENFANTS

Comme partout ailleurs en Italie, les enfants sont très bien accueillis à Florence. Il est courant de voir des familles entières dans les restaurants, ou se promenant avec un *gelato* à la main. Côté mode, les boutiques de créateurs proposent des modèles pour enfants. Reste que Florence est une ville peu pratique si l'on voyage en compagnie de très jeunes enfants. Les espaces verts et aires de jeux sont rares, et les services de baby-sitting peu nombreux, sauf éventuellement dans les hôtels de luxe. Avec des enfants plus âgés, l'éventail des possibilités s'agrandit. Plusieurs publications visent d'ailleurs spécifiquement les adolescents, dont *Florence for Kids* (Stefano Filipponi et Annalisa Fineschi ; Lapis-snc 1998) et *Florence : Just Add Water* (Simone Frasca ; Mandragora 2002).

Les plus jeunes profiteront des diverses animations du **Museo dei Ragazzi** au Palazzo Vecchio (voir p. 109), ou bien encore s'inscriront à une visite guidée pour enfants au **Museo Stibbert** (voir p. 112), ou au **Museo di Storia della Scienza** (carte p. 88), avec une section consacrée à la médecine particulièrement étonnante.

Mondobimbo (carte p. 85 ; ☎ 055 553 29 46 ; Via Ponte Rosso ; 5 € ; 🕑 10h-24h mai-sept, 10h-19h oct-avr) est une aire de jeux pour les 2-10 ans, avec de nombreux agrès (trampolines, mini-train, etc.).

Ludoteca Musicale (carte p. 86-87 ; ☎ 055 263 86 00 ; www.musicarte.it – en italien uniquement ; Via Pandolfino 18 ; gratuit ; 🕑 9h30-12h30 mar, mer et ven). Démonstrations sur divers instruments de musique, et possibilité de participer à des activités et à des danses.

Les **Giardino di Boboli** (voir p. 109) conviennent parfaitement pour un pique-nique en famille, de même que le **Parco delle Cascine** (Via del Quercione ; voir p. 101), avec ses aires de jeux, prisé des familles florentines. Pour se rafraîchir en été, la **Piscina Bellariva** (voir p. 112) est tout indiquée.

CIRCUITS ORGANISÉS

Walking Tours of Florence (carte p. 88 ; ☎ 055 264 50 33 ; www.artviva.com ; Piazza Santo Stefano 2b) organise des promenades à pied en ville commentées par des spécialistes de l'histoire ou de l'histoire de l'art. Il existe plusieurs circuits de 3 heures (25 € par personne, réductions pour les enfants et les étudiants de moins de 26 ans), ainsi que des demi-journées de découverte de la campagne toscane.

CentralSita Viaggi (carte p. 82-83 ; ☎ 055 21 93 83 ; Via Santa Caterina da Siena 17) assure des excursions en bus au départ de la gare routière Sita, dans les environs de la ville (39 €). Également excursions à la journée à Chianti, Pise, Sienne, etc. (de 35 à 47 €).

CAF Incoming Tours (carte p. 88 ; ☎ 055 28 32 00 ; Via Roma 4) vous emmène en bus visiter les ateliers et les boutiques de divers stylistes (voir p. 126) moyennant 19 €. Il propose aussi d'autres excursions jusqu'à Venise et Rome (105 €).

FÊTES ET FESTIVALS

Outre le *carnevale* en février, les grandes fêtes florentines sont les suivantes :

Scoppio del Carro (Explosion du char). On fait exploser un char bourré de feux d'artifice devant la cathédrale à midi le dimanche de Pâques.

Festa di San Giovanni (fête de la Saint-Jean, patron de la ville). Célébrée le 24 juin, cette fête est marquée par les parties très animées de *calcio storico* (sorte de football du Moyen Âge) qui se déroulent sur la Piazza Santa Croce, et s'achève par un feu d'artifice tiré du Piazzale Michelangelo.

Festa delle Rificolone (fête des Lampions). Les enfants défilent avec des lampions, accompagnés par des tambours, des musiciens et d'autres artistes en costume médiéval, entre la Piazza di Santa Croce et la Piazza SS Annunziata, pour célébrer l'anniversaire de la Vierge, le 7 septembre.

Festa di Anna Maria Medici. La mort de la dernière des Médicis, Anna Maria, le 18 février 1743, est commémorée par un défilé de personnes déguisées depuis le Palazzo Vecchio jusqu'à sa tombe dans les Cappelle Medicee. On rend ainsi hommage au fait qu'elle a légué à la ville la somptueuse collection d'art amassée par sa famille. Certains musées sont gratuits ce jour-là.

Internazionale Antiquariato. Tous les deux ans, des exposants venus de toute l'Europe participent à cette foire

FLORENCE GAY ET LESBIEN

Forte d'une longue tradition de tolérance et d'ouverture, Florence possède une scène gay relativement développée. Reste qu'elle reste discrète, et il n'y a pas de "quartier gay" comme dans d'autres capitales européennes. **Azione Gay e Lesbica** (carte p. 80-81 ; ☎ 055 67 12 98 ; www.azionegayelesbica.it – en italien ; Via Manara 12) centralise toutes les informations relatives à la communauté homosexuelle. L'office du tourisme vous remettra également une carte gratuite, "Gay City Map", indiquant les lieux gays (bars, boîtes, boutiques et hôtels gay-friendly).

À la **Libreria delle Donne** (carte p. 84 ; ☎ 055 24 03 84 ; Via Fiesolana 2b), vous aurez toutes les dernières nouvelles relatives à la scène lesbienne de la ville.

Parmi les meilleures adresses de bars et de boîtes figurent :

Piccolo Café (carte 84 ; ☎ 055 24 17 04 ; Borgo Santa Croce 23r ; 🕒 17h-1h). Ce lieu tranquille est idéal pour prendre le pouls de la scène homo à Florence. Il accueille des expositions.

YAG Bar (carte p. 84 ; ☎ 055 246 90 22 ; Via de' Macci 8r ; 🕒 17h-2h). À une encablure du Piccolo, ce bar gay très tendance est ouvert et décontracté. Il se proclame le plus grand bar gay de la ville et accueille régulièrement des orchestres. Accès Internet et jeux vidéo sont disponibles.

Crisco (carte p. 84 ; ☎ 055 248 05 80 ; Via Sant'Egidio 43r ; 🕒 21h-3h dim et mar-jeu, jusqu'à 5h ven-sam). Club strictement réservé aux hommes, avec dark rooms. Look jeans-cuir de rigueur.

Du Monde Café (carte p. 86-87 ; ☎ 055 234 49 53 ; Via San Niccolò 103r ; 🕒 19h30-4h mar-dim). Bar à cocktails réservé aux membres, shows avec drag queens le week-end. Fait également restaurant, jusqu'à 1h.

Tabasco (carte p. 88 ; ☎ 055 21 30 00, Piazza di Santa Cecilia 3r ; entrée gratuite, boissons 7 € ; 🕒 22h-4h, boîte jusqu'à 6h mar, ven-sam). La seule vraie boîte gay de Florence, où l'on peut danser jusqu'à l'aube. On y trouve aussi un bar à cocktails et une dark room. Soirée cuir le mercredi. Une consommation obligatoire.

aux antiquités qui se tient au Palazzo Strozzi. La prochaine aura lieu en septembre/octobre 2005.

OÙ SE LOGER

Vous trouverez à Florence des centaines d'hôtels de toutes catégories, ainsi qu'un bon choix d'auberges de jeunesse et de chambres chez l'habitant. Gardez à l'esprit que les tarifs sont plus élevés que dans le reste de la Toscane.

Il est conseillé de réserver, notamment de mi-avril à octobre, ainsi que pour les vacances de Pâques et de Noël.

En complément de l'hôtellerie classique, quelque 175 *affittacamere* (chambres d'hôtes) sont officiellement répertoriées. Les hôtels et les *pensioni* se concentrent dans trois secteurs : près de la Stazione di Santa Maria Novella, près de la Piazza Santa Maria Novella et dans la vieille ville, entre la cathédrale et l'Arno.

Si vous arrivez à la Stazione di Santa Maria Novella sans avoir réservé, passez au bureau du **Consorzio ITA office** (☎ 055 28 28 93, fax 055 24 78 22 ; ⌚ 8h30-19h30 lun-sam), qui peut effectuer une réservation moyennant une petite contribution.

Vous pouvez vous procurer une liste des *affittacamere* auprès de l'office du tourisme, dont certaines se négocient entre 25 et 30 €. D'octobre à juin, la plupart sont occupées par des étudiants. C'est malgré tout une option intéressante si l'on séjourne une semaine ou plus.

Les prix figurant dans ce guide concernent la haute saison. De nombreux établissements, notamment dans la catégorie petits budgets, disposent de chambres triples ou quadruples. Si vous voyagez à 3 ou 4, ces grandes chambres se révéleront généralement plus avantageuses.

Les tarifs haute saison sont appliqués du 15 avril à la mi-octobre (on note parfois une baisse durant les mois les plus chauds, juillet et août). Certains établissements affichent un tarif de moyenne saison à partir du 1er mars. Les prix augmentent également à Pâques et à Noël. Mais attendez-vous à des valses de prix injustifiées dans certains cas.

Pensez également aux villes des environs, moins chères et facilement accessibles en train, comme Arezzo, Pise et Montecatini. Avec votre propre véhicule, vous augmentez encore votre rayon d'action.

Groupements hôteliers/centrales de réservation

Les organismes suivants peuvent vous réserver une chambre dans l'un des hôtels affiliés. Ils offrent en principe un choix assez vaste, dans des établissements d'au moins deux étoiles.

Associazione Gestori Alloggi Privati (AGAP ; ☎ 055 505 10 12 ; www.agap.it ; Viale Volta 127). Cette association peut vous trouver une *affittacamere* ou un *agriturismo*.

Florence Promhotels (☎ 055 55 39 41 ; www.promhotels.it ; Viale Volta 72)

Gente di Toscana (☎ 0575 52 92 75 ; www.gentedito scana.it ; Via San Michele 9, Scandicci). Chambres d'hôtes bon marché.

Top Quark (avec les Family Hotels and Sun Rays Hotels ; ☎ 055 33 34 03 ; www.familyhotels.com ; Viale Fratelli Rossi 39r)

Inphonline (☎ 02 268 30 102 - Milan ; www.initalia.it). Ce service gratuit de réservation en ligne et par téléphone fonctionne dans toute l'Italie (gratuit). Il propose également des réservations de voiture et peut organiser des congrès.

Où se loger – petits budgets

EST DE LA STAZIONE DI SANTA MARIA NOVELLA

La plupart des hôtels de ce quartier, autour de la Piazza della Stazione et à l'est vers la Via Cavour, sont propres, bien tenus et sûrs, mais les mauvaises surprises ne sont pas à exclure. Si vous n'avez rien réservé et si vous ne voulez pas perdre du temps à chercher une chambre, ce secteur présente l'avantage d'être près de la Stazione Santa Maria Novella.

Ostello Archi Rossi (carte p. 82-83 ; ☎ 055 29 08 04 ; fax 055 230 26 01 ; Via Faenza 94r ; dort/s à partir de 15/25,80 €). Cette auberge de jeunesse privée, prisée des jeunes Américains, est proche de la gare ferroviaire et constitue une option envisageable. Malheuresement, elle affiche souvent complet et il est impossible de réserver.

Ostello Spirito Santo (carte p. 82-83 ; ☎ 055 239 82 02 ; fax 055 239 81 29 ; Via Nazionale 8 ; d 42 € ; ⌚ juil-oct). Cette institution religieuse à proximité de la gare ferroviaire loge uniquement des femmes et des familles. Les chambres comprennent deux à trois lits, il n'y a pas de dortoir. Comme on peut s'y attendre dans un pareil endroit, on est au calme.

Pensione Bellavista (carte p. 82-83 ; ☎ 055 28 45 28 ; fax 055 28 48 74 ; Largo Alinari 15 ; s/d 60/80 €). Cet hôtel situé au début de la Via Nazionale loue des chambres peu spacieuses, mais à un tarif avantageux, surtout si vous réussissez à obtenir l'une des deux doubles avec balcon donnant sur le Duomo et le Palazzo Vecchio.

Hotel Globus (carte p. 88 ; ☎ 055 21 10 62 ; www.hotelglobus.com ; Via Sant'Antonino 24 ; s/d 70/90 € ; ❄). Voici un point de chute bien pratique, avec 23 chambres rénovées et d'une propreté irréprochable. Triples à 140 €.

ENVIRONS DE LA PIAZZA DI SANTA MARIA NOVELLA (carte p. 88)

Cette zone s'étend au sud de la Stazione di Santa Maria Novella et comprend la Piazza di Santa Maria Novella, les rues qui descendent vers l'Arno (au sud) et celles qui rejoignent la Via de' Tornabuoni (à l'est).

Hotel Abaco (☎ 055 238 19 19 ; www.abaco-hotel.it ; Via dei Banchi 1 ; d à partir de 72 € ; ❄). Cet établissement attrayant et bien tenu loue des chambres avenantes et meublées avec goût. Triples/quadruples 95/135 €.

Albergo Scoti (☎ 055 29 21 28 ; www.hotelscoti.com ; Via de' Tornabuoni 7 ; s/d 60/85 €). Cet hôtel accueillant, au 2e étage d'un ancien *palazzo*, possède plusieurs chambres simples et propres, avec sdb. Le salon, avec ses fresques du XVIIIe siècle et son lustre, fait forte impression.

Pensione Ferretti (☎ 055 238 13 28 ; http://ferretti.hotelinfirenze.com ; Via delle Belle Donne 17 ; s/d 60/98 € ; 💻). Cette modeste pension, cachée à hauteur d'un minuscule carrefour, très calme, comprend 16 chambres. Les simples/doubles avec sdb commune se négocient 48/78 €.

ENTRE LE DUOMO ET L'ARNO

Pensione Bretagna (carte p. 88 ; ☎ 055 28 96 18 ; www.bretagna.it ; Lungarno Corsini 6 ; s/d à partir de 60/95 € ; ❄). L'un des meilleurs points de chute dans cette catégorie, avec 18 chambres immaculées et bien équipées, dans le Palazzo Gianfigliazzi, un bâtiment historique donnant sur l'Arno. Seule la n°34 a vue sur le fleuve, comme la salle des petits déjeuners, agrémentée de fresques. Triples et quadruples à partir de 135/160 €.

Hotel San Giovanni (carte p. 88 ; ☎ 055 28 83 85 ; www.hotelsangiovanni.com ; Via de' Cerretani 2 ; s/d 70/95 € ; ❄). La cage d'escalier n'est pas bien entretenue, mais les chambres ont l'avantage d'être avenantes et spacieuses. La plupart donnent sur le Duomo. Celles avec sdb commune sont un peu moins chères tandis que les triples reviennent à 120 €.

Albergo Bavaria (carte p. 86-87 ; ☎ 055 234 03 13 ; Borgo degli Albizi 26 ; s/d 60/80 €). Un bon choix, mais il affiche souvent complet. Cet établissement occupe le Palazzo di Ramirez di Montalvo, aménagé autour d'une cour agréable et calme, dessinée par Ammannati.

Hotel Orchidea (carte p. 84 ; ☎ /fax 055 248 03 46 ; Borgo degli Albizi 11 ; s/d 50/70 €). Voici une *pensione* familiale, au charme suranné, dans une grande demeure, avec des chambres propres et simples. Évitez celles qui donnent sur la rue, trop bruyantes.

SANTA CROCE ET EST DU CENTRE

Hotel Wanda (carte p. 84 ; ☎ 055 234 44 84 ; www.hotelwanda.it ; Via Ghibellina 51 ; dort/d à partir de 25/50 €). Hôtel tranquille et accueillant, avec de grandes chambres près de la Piazza di Santa Croce. Certaines possèdent des fresques au plafond. Comptez à partir de 90 € pour une triple. Les chambres avec sdb coûtent un peu plus cher. Locations à la semaine à partir de 300 €.

OLTRARNO

Campeggio Michelangelo (carte p. 84 ; ☎ 055 681 19 77 ; fax 055 68 93 48 ; Viale Michelangelo 80 ; pers/tente/voiture 7/5/5 € ; 🕒 avr-fin oct). Ce camping est le plus proche du centre-ville, à proximité du Piazzale Michelangelo, au sud de l'Arno. Prenez le bus n°13 de la Stazione di Santa Maria Novella. Le site, spacieux et assez ombragé, est une bonne base pour partir à la découverte de la ville (mais la montée, au retour, est plus ardue).

Ostello Santa Monaca (carte p. 86-87 ; ☎ 055 26 83 38 ; www.ostello.it ; Via Santa Monaca 6 ; dort 16 €). Dans une rue calme du quartier d'Oltrarno, cette auberge de jeunesse un peu vieillotte possède des dortoirs (non mixtes) pouvant accueillir entre 4 et 20 personnes. Les chambres doivent être libérées à 9h30, et il faut quitter les lieux entre 13h et 14h. Fermeture à 1h.

Istituto Gould (carte p. 86-87 ; ☎ 055 21 25 76 ; gould.reception@dada.it ; Via de' Serragli 49 ; dort/s/d à partir de 19/32/50 €). Cette auberge de jeunesse occupe un *palazzo* du XVIIe siècle, prisé par des groupes scolaires. Les chambres sont simples mais d'une propreté exemplaire. Certaines donnent sur un jardin agréable. Réception ouverte de 9h à 13h et de 15h à 19h du lundi au vendredi et de 9h à 12h le samedi.

Hotel Boboli (carte p. 86-87 ; ☎ 055 229 86 45 ; www.hotelboboli.com ; Via Romana 63 ; s/d 60/86 € ; ❄). Ce petit hôtel sans prétention, familial, tout près des jardins de Boboli, loue des chambres immaculées et douillettes.

PÉRIPHÉRIE DE FLORENCE

Campeggio Panoramico (carte p. 79 ; ☎ 055 55 90 69 ; www.florencecamping.com ; Via Peramonda 1 ; pers/voiture et tente 8/14 €). Ce camping, à Fiesole, est accessible par le bus n°7 au départ de la Stazione di Santa Maria Novella. Le site n'est pas très bien organisé mais il y fait moins chaud en été qu'à Florence. Les infrastructures comprennent un petit supermarché.

Villa Camerata (carte p. 80-81 ; ☎ 055 60 03 15 ; Viale Augusto Righi 2-4 ; pers/tente 5/4,80 €). Ce camping est au même endroit que l'auberge de jeunesse du même nom (voir ci-dessous). D'une capacité de 220 places, il est bien équipé et offre un cadre agréable et verdoyant. Dommage qu'il ne soit pas facilement accessible depuis le centre de Florence. Ouvert à l'année.

Ostello Villa Camerata (carte p. 80-81 ; ☎ 055 60 14 51 ; fax 055 61 03 00 ; Viale Augusto Righi 2-4 ; dort 14 € ; 🕒 7h-9h, 14h-24h). Cette exceptionnelle auberge de jeunesse, dans un bâtiment du XVIe siècle, passe pour l'une des plus belles d'Europe. Il faut être en possession de sa carte de membre (voir le site www.iyhf.org). Le petit déjeuner est inclus. L'établissement est accessible par le bus n°17B, que l'on peut prendre à la sortie droite de la gare Stazione di Santa Maria Novella (30 minutes de trajet environ).

Catégorie moyenne

EST DE LA STAZIONE DI SANTA MARIA NOVELLA

Hotel Bonciani (carte p. 88 ; ☎ 055 2 60 90 ; fax 055 26 85 12 ; Via de' Panzani 17 ; s/d à partir de 80/100 € ; ❄). En son temps, Garibaldi fréquentait cette adresse chic. On ne se sent pas à l'étroit dans les chambres de bon confort. Certaines sont égayées de fresques.

Hotel Palazzo Benci (carte p. 88 ; ☎ 055 21 38 48 ; www.palazzobenci.com ; Piazza Madonna degli Aldobrandini 3 ; s/d 100/155 € ; ❄). Ce *palazzo* du XVIe siècle, près de la Basilica di San Lorenzo, était autrefois habité par une famille florentine très influente. Les chambres sont confortables et rénovées, et vous pourrez profiter d'une cour intérieur, très calme.

Hotel Decò (carte p. 88 ; ☎ 055 28 44 69 ; www.hoteldeco.it ; Via de' Panzani 7 ; d à partir de 90 € ; ❄). Un lieu accueillant et à visage humain, avec des chambres sans prétention mais douillettes. Le petit déjeuner est inclus.

Hotel La Gioconda (carte p. 88 ; ☎ 055 21 10 23 ; gioconda@italyhotel.com ; Via de' Panzani 2 ; s/d 105/170 € ; ❄). La Gioconda a défrayé la chronique en 1913 lorsqu'on retrouva le tableau de *La Joconde*, volé au Louvre, sous un lit dans la chambre 20. Les chambres sont petites, correctes, sans caractéristique particulière. Les simples avec sdb commune commencent à 70 €.

Hotel Le Due Fontane (carte p. 82-83 ; ☎ 055 21 01 85 ; www.leduefontane.it ; Piazza SS Annunziata 14 ; s/d 110/160 € ; ❄). Ce *palazzo* grandiose, entièrement rénové, installé sur l'une des places les plus attrayantes de Florence, loue des chambres confortables et bien tenues. Certaines offrent l'agrément d'une jolie vue. Le petit déjeuner est inclus.

Hotel Accademia (carte p. 88 ; ☎ 055 29 34 51 ; www.accademiahotel.net; Via Faenza 7 ; s/d 85/150 € ; ❄). Cette adresse attrayante possède des chambres agréables avec TV. L'hôtel est aménagé dans une demeure du XVIIIe siècle avec des portes magnifiques en vitraux et des plafonds en bois sculptés.

Hotel Casci (carte p. 88 ; ☎ 055 21 16 86 ; www.hotelcasci.com ; Via Cavour 13 ; s/d 100/140 € ; ❄). Tout le charme de cet hôtel réside dans son cadre, une belle demeure du XVe siècle située dans l'une des principales artères de la ville. Les chambres un peu démodées disposent néanmoins de tout le confort. Les prix baissent considérablement hors saison.

ENVIRONS DE LA PIAZZA DI SANTA MARIA NOVELLA

Hotel Aprile (carte p. 82-83 ; ☎ 055 21 62 37 ; fax 055 28 09 47 ; Via della Scala 6 ; d à partir de 120 € ; ❄). Cet agréable *palazzo* du XVe siècle est à une encablure de la piazza. Les chambres sont petites mais confortables. Le petit plus : un jardin fermé.

ENTRE LE DUOMO ET L'ARNO (carte p. 88)

Hotel della Signoria (☎ 055 21 45 30 ; www.hoteldellasignoria.com ; Via delle Terme 1 ; s/d à partir de 90/155 € ; ❄). Cette adresse se distingue par son emplacement très central et ses chambres pimpantes, joliment meublées. Le petit déjeuner est inclus.

Pendini (☎ 055 21 11 70 ; fax 055 28 18 07 ; Via degli Strozzi 2 ; s/d 110/150 € ; ❄). Le Pendini loue des chambres plutôt vieillottes aux 3e et 4e étages de ce bâtiment du XIXe siècle donnant sur la Piazza della Repubblica. Elles sont dotées de meubles anciens (ou copies). En basse saison, vous obtiendrez des réductions.

SANTA CROCE ET EST DU CENTRE

Hotel Dante (carte p. 84 ; ☎ 055 24 17 72 ; www.hoteldante.it ; Via San Cristofano 2 ; s/d 84/123 € ; ❄). Caché dans une ruelle près de la Basilica di Santa Croce, cet hôtel dispose de chambres quelconques mais propres, avec des sdb petit format. Le petit déjeuner est en sus (12 €).

OLTRARNO

Hotel Silla (carte p. 86-87 ; ☎ 055 234 28 88 ; www.hotelsilla.it ; Via dei Renai 5 ; s/d 125/170 € ; ❄). Installé dans un ancien *palazzo* de charme, dans un quartier verdoyant et attrayant, le Silla comprend des chambres impeccablement agencées, agréables, à deux pas du centre-ville.

Hotel San Remo (carte p. 84 ; ☎ 055 234 28 23 ; www.hotelsanremo-fi.it ; Lungarno Serristori 13; s/d 70/110 € ; ❄). Paisible villa du XIXe siècle avec des chambres sobrement aménagées, dont certaines bénéficient d'une vue superbe sur l'Arno.

Catégorie supérieure

EST DE LA STAZIONE DI SANTA MARIA NOVELLA (carte p. 82-83)

Hotel Loggiato dei Serviti (☎ 055 28 95 92 ; fax 055 28 95 95 ; Piazza SS Annunziata 3 ; s/d 140/205 € ; ❄). Cet hôtel ne manque pas d'atmosphère. Il occupe un bâtiment du XVIe siècle, du même style que le Spedale de Brunelleschi, juste en face. Les chambres sont simples mais confortables, et la décoration respecte l'esprit du lieu.

Hotel Il Guelfo Bianco (☎ 055 28 83 30 ; www.ilguelfobianco.it ; Via Cavour 57r ; s/d 135/180 €). Les chambres sont bien conçues et confortables. Quelques doubles "supérieures" et "deluxe" à partir de 210 et 235 €, avec une vue superbe.

ENVIRONS DE LA PIAZZA DI SANTA MARIA NOVELLA

Grand Hotel Baglioni (carte p. 88 ; ☎ 055 2 35 80 ; www.hotelbaglioni.it ; Piazza dell'Unità Italiana 6 ; s/d 227/315 € ; ❄). Cet hôtel de caractère, du XIXe siècle, possède 195 chambres spacieuses, meublées avec goût. On dîne sur le toit-terrasse qui découvre une très belle vue sur la ville. Suites à partir de 378 €.

Grand Hotel Minerva (carte p. 88 ; ☎ 055 2 72 30 ; www.grandhotelminerva.com ; Piazza di Santa Maria Novella 16 ; s/d 212/276 € ; ❄ 💻 🏊). Ce quatre-étoiles cossu, à côté de l'église, agrémenté d'un mobilier de style et de vastes suites à partir de 340 €, possède un bon restaurant et ménage de superbes vues sur la piazza depuis la piscine aménagée sur le toit-terrasse.

Hotel Croce di Malta (carte p. 82-83 ; ☎ 055 21 83 51 ; www.crocedimalta.it ; Via della Scala 7 ; s/d 205/270 € ; ❄ 🏊). Les chambres sont grandes, nettes, propres, et certaines disposent d'un balcon. On jouit d'une vue imprenable depuis le toit-terrasse.

ENTRE LE DUOMO ET L'ARNO

Hotel Helvetia & Bristol (carte p. 88 ; ☎ 055 28 83 53 ; www.hotelhelvetiabristolfirenze.it ; Via dei Pescioni 2 ; s/d à partir de 205/310 € ; ❄). Cet hôtel particulièrement attrayant se caractérise par un charme et une élégance d'un autre temps. Les prix baissent sensiblement en basse saison. Les 56 chambres sont toutes parfaitement aménagées. Le prix d'une suite débute à 440 €.

Grand Hotel (carte p. 86-87 ; ☎ 055 271 67 14 ; fax 055 21 74 00 ; Piazza d'Ognissanti 1 ; s/d à partir de 339/519 € ; ❄). Cet hôtel de luxe donne sur l'Arno. Il est à la hauteur de sa réputation, avec des chambres spacieuses et somptueusement décorées. Vous pouvez choisir entre le style Renaissance florentine ou Empire. Certaines sont ornées de fresques et dotées d'un balcon.

Gallery Hotel Art (carte p. 88 ; ☎ 055 272 64 000 ; www.lungarnohotels.com ; Vicolo dell'Oro 5 ; d/ste à partir 315/540 € ; ❄). Hôtel de standing, avec du cachet, appartenant à la maison Ferragamo. Les chambres sont décorées avec beaucoup de goût. Au rez-de-chaussée, on peut admirer des expositions d'art contemporain. L'établissement comprend un restaurant réputé, préparant une cuisine fusion, mélangeant les styles européen et asiatique.

Hotel La Residenza (carte p. 88 ; ☎ 055 21 86 84; www.laresidenzahotel.com ; Via de' Tornabuoni 8 ; s/d 130/210 € ; ❄). Dans l'artère commerçante la plus tendance de la ville, ce petit hôtel dispose de chambres spacieuses et personnalisées. Une terrasse est aménagée sur le toit. Le petit déjeuner est inclus.

Westin Excelsior (carte p. 86-87 ; ☎ 055 2 71 51 ; www.westin.com ; Piazza d'Ognissanti 3 ; s/d à partir de 497/670 € ; ❄). L'un des établissements les plus sélects de la ville, donnant sur l'Arno, le Westin loue des chambres spacieuses, joliment meublées. Les suites, luxueuses, se négocient à partir de 1 209 €. Brunch à l'américaine chaque dimanche (37 €), avec orchestre de jazz. Baby-sitting gratuit sur demande.

OLTRARNO

Albergo Torre di Bellosguardo (carte p. 86-87 ; ☎ 055 229 81 45 ; info@torrebellosguardo.com ; Via Roti Michelozzi 2 ; s/d 160/280 € ;). Ce séduisant albergo aménagé dans un petit château fort du XIVe siècle jouit d'un emplacement de choix sur la colline de Bellosguardo, au sud-ouest du centre-ville, un refuge bucolique apprécié depuis toujours par les citadins en quête d'un peu de fraîcheur en été. La vue superbe constitue un plus indéniable.

Locations

Difficiles à trouver, les appartements dans Florence se révèlent parfois très chers. Commencez vos recherches avant votre séjour. Si vous disposez d'un budget confortable, contactez **Florence & Abroad** (carte p. 82-83 ; ☎ 055 48 70 04 ; www.florenceandabroad.com ; Via San Zanobi 58), une agence spécialisée dans la location de courte et moyenne durée à Florence, à Fiesole et dans les environs.

OÙ SE RESTAURER

Florence compte de multiples possibilités de restauration. Même si les Florentins ont en grande partie abandonné le centre-ville aux touristes, on déniche encore un certain nombre de bonnes adresses ici et là, notamment dans les secteurs de l'Oltrarno et de Santa Croce.

Petits budgets

Vertu de la concurrence, on peut parfois manger dans une bonne trattoria pour un prix étonnamment avantageux. Ont été classés "petits budgets" les restaurants proposant un repas à moins de 25 €, qu'il s'agisse de sandwicheries (comptez 3 €), d'une trattoria servant un menu ou une formule (*menù del giorno* ou *menù turistico*) ou d'un petit restaurant. Entre 25 et 50 €, les établissements ont été classés dans la catégorie moyenne ; au-delà de 25 €, ils figurent dans la catégorie supérieure.

EST DE LA STAZIONE DI SANTA MARIA NOVELLA (carte p. 82-83)

Mario (☎ 055 21 85 50 ; Via Rosina 2r ; plats 5 € environ ; lun-sam au déj). Les touristes étrangers se mêlent aux Italiens dans ce petit bar-trattoria qui ne désemplit pas.

Ristorante ZàZà (☎ 055 21 54 11 ; Piazza del Mercato Centrale 26r ; repas 15 € environ ; lun-sam). Ce restaurant est tellement fréquenté qu'il a fini par empiéter sur la place. C'est l'une des meilleures adresses pour prendre un repas en terrasse. Le menu change régulièrement et comporte des plats originaux.

Il Vegetariano (☎ 055 47 50 30 ; Via delle Ruote 30r ; repas 15 € environ ; mar-sam). L'une des rares options végétariennes de la ville, avec une carte limitée et sans imagination mais qui change régulièrement.

PRÈS DE LA PIAZZA DI SANTA MARIA NOVELLA

Trattoria il Contadino (carte p. 82-83 ; ☎ 055 238 26 73 ; Via Palazzuolo 71r ; repas 14 € environ ; lun-sam). Une adresse fréquentée, sans prétention mais bon marché. On aime ses plats simples et copieux.

Il Grillo (carte p. 88 ; ☎ 055 28 24 38 ; Piazza di Santa Maria Novella 32 ; repas 12 € environ). Autre établissement modeste, servant des pâtes et des pizzas, doté d'une terrasse et d'un intérieur non-fumeurs.

ENTRE LE DUOMO ET L'ARNO

Les rues du quartier abritent de multiples pizzerias où l'on peut acheter des parts de pizza à emporter, vendues au poids (environ 1,80 € la part).

Queen Victoria (carte p. 88 ; ☎ 055 29 51 62 ; Via Por Santa Maria 32r). Voici un endroit animé où l'on peut commander de copieux panini et des focaccias à partir de 4 €, ainsi que des pizzas et des salades à partir de 7 €. Terrasse à l'arrière.

La Grotta Guelfa (carte p. 88 ; ☎ 055 21 00 42 ; Via Pellicceria 5r ; repas à partir de 12,50 €). Une autre adresse très courue, avec une terrasse, où l'on pourra savourer des spécialités de la région, à base de veau ou de bœuf, ainsi que des pâtes et des salades.

Trattoria Pasquini (carte p. 88 ; ☎ 055 21 89 95 ; Via Val di Lamona 2r ; repas 20 € ; jeu-mar). Dans cette trattoria miniature, la carte, variée, inclut des plats toscans (tripes, *bistecca alla fiorentina*) et des plats d'autres régions du pays. Les *gnocchi al pomodoro* ont laissé un bon souvenir. Un bon point pour le décor, composé d'une petite salle voûtée un peu sombre, avec du mobilier de bois rustique et un petit bar égayé de tresses d'ail et de guirlandes de tomates.

Trattoria da Benvenuto (carte p. 88 ; ☎ 055 21 48 33 ; Via della Mosca 16r ; repas 20 € ; lun-sam). Le cadre n'est pas le point fort de cette trattoria, installée au coin de la Via dei Neri,

DES FAST-FOODS À LA MODE FLORENTINE

Lorsque les Florentins ont envie d'avaler un en-cas plutôt que de faire un vrai repas, ils s'arrêtent dans un *trippaio* (souvent un simple stand) pour commander un sandwich aux tripes.

Les Florentins aiment les bons vins et la tradition du *vinaio* (marchand de vins) où l'on va déguster un bon cru accompagné d'en-cas (saucisses, fromage, *ribollita* ou soupe de légumes) connaît un véritable succès depuis plusieurs années. Certains ne portent pas l'enseigne "vinaio", mais fonctionnent de la même manière. Les établissement traditionnels, souvent de petits bars faiblement éclairés où l'on peut également prendre un repas léger, existent toujours. Cherchez le panneau "mescita di vini" (débit de boissons) ou "enoteca" (bar à vins).

Enoteca Fuori Porta (carte p. 84 ; ☎ 055 234 24 83 ; Via Monte alle Croci 10r ; plats environ 5 € ; ⏲ lun-sam). La carte des vins de cette jolie *enoteca* à l'ancienne comporte plus de 400 références, ainsi qu'une impressionnante variété de whiskies et d'autres alcools. Le soir, on peut choisir parmi quelques *primi* (entrées), à compléter par un délicieux dessert.

Le Barrique (carte p. 86-87 ; ☎ 055 22 41 92 ; Via del Leone 40r ; repas avec vin 30 € ; ⏲ mar-dim). Bien caché dans le quartier San Frediano, ce charmant petit établissement propose un *menù` del giorno* ou, pour ceux qui veulent se contenter d'un verre, quelques en-cas. C'est surtout le vin qui fait le succès du Barrique, mais les pâtes sont savoureuses et l'on peut commander des fromages toscans et français.

Olio & Convivium (carte p. 86-87 ; ☎ 055 265 81 98 ; Via di Santo Spitito 4 ; repas environ 12 € ; ⏲ mar-sam). Cette enseigne rassemble un petit restaurant gastronomique, un bar à vins bien approvisionné et une boutique commercialisant de nombreux produits, dont du pain, de la viande, des pâtes et du fromage.

Il Santo Bevitore (carte p. 86-87 ; ☎ 055 21 12 64 ; Via di Santo Spirito 64/66r ; plats environ 6-8 € ; ⏲ lun-sam). Cette petite *enoteca* à Oltrarno est le lieu idéal pour goûter l'une des nombreuses références de vins, que l'on peut accompagner de plats de pâtes.

Enoteca Boccadama (carte p. 84 ; ☎ 055 24 36 40 ; Piazza di Santa Croce 25-26r ; plats à partir de 7,50 € ; ⏲ mar-dim). Cet excellent bar à vins offre une terrasse sur la piazza, un lounge accueillant et une salle de restaurant. La carte des vins est impressionnante. On peut commander des salades ou des plats de pâtes. Le vin est servi avec des olives, des noix et divers amuse-bouche.

On a du mal à croire que l'une des dernières vraies *osterie* se trouve à deux pas de la Piazza della Signoria et de ses pièges à touristes. Il s'agit de **Vini e Vecchi Sapori** (carte p. 88 ; ☎ 055 29 30 45 ; Via dei Magazzini 3r ; repas environ 16 €), un petit repaire pour bons vivants où l'on mange correctement et où l'on peut déguster des vins locaux très convenables à des prix abordables. On y sert également du *fragolino*, un vin à goût de cerise produit dans le nord de l'Italie.

Osteria de' Macci (carte p. 84 ; ☎ 055 24 12 26 ; Via de' Macci 77r ; ⏲ 7h-1h lun-sam). L'endroit rêvé pour goûter différents crus, des salades et de la *bruschetta*.

Enoteca Baldovino (carte p. 84 ; ☎ 055 234 72 00 ; Via di San Giuseppe 18r ; ⏲ mar-dim). Cet établissement spacieux bénéficie d'un cadre agréable, avec des tables sur le trottoir, tout près de Santa Croce. Il propose de bons crus accompagnés de salades et d'en-cas raffinés.

mais la cuisine est correcte et bon marché. Quelques plats marquants : le *lampredotto* (plats à base de tripes) et la *bistecca*, ainsi qu'un bon choix de pâtes, dont les *rigatoni alla siciliana*, très corrects.

Caffè Daria (carte p. 84 ; ☎ 055 234 09 79 ; Borgo degli Albizi 36r ; plats 5 € environ). Un point de chute apprécié des étudiants, venus se régaler de sushi ou d'en-cas. Également boissons et dîner-buffet.

QUARTIER OGNISSANTI

Da il Latini (carte p. 88 ; ☎ 055 21 09 16 ; Via dei Palchetti 6r ; plats à partir de 10 € ; ⏲ mar-dim). Cette agréable trattoria, à deux pas de la Via del Moro, est un grand classique. La cuisine est essentiellement toscane avec, comme spécialité maison, la *bistecca alla fiorentina*.

Trattoria dei 13 Gobbi (carte p. 86-87 ; ☎ 055 21 32 04 ; Via del Porcellana 9r ; plats 10 € environ ; ⏲ mar-sam). Ce lieu possède du caractère, avec sa salle basse de plafond, son arrière-cour et son décor bucolique (certes un peu artificiel mais de bon goût).

Sostanza (carte p. 86-87 ; ☎ 055 21 26 91 ; Via del Porcellana 25 ; plats 7,50 € ; ⏲ lun-ven). Ne venez pas ici pour le cadre, quelconque, mais pour le contenu de l'assiette. La *bistecca alla fiorentina* de ce restaurant traditionnel est réputée.

SANTA CROCE ET PARTIE EST DU CENTRE

Ramraj (carte p. 84 ; ☎ 055 24 09 99 ; Via Ghibellina 61r ; repas à partir de 7 € ; 🕒 mar-dim). Ce restaurant indien sert d'excellents plats à emporter (tandoori, curries, riz, plats végétariens). Quelques tables à l'intérieur.

Osteria de' Benci (carte p. 86-87 ; ☎ 055 234 49 23 ; Via de' Benci 13r ; repas environ 20 € ; 🕒 lun-sam). Une valeur sûre sur la scène culinaire florentine, avec un menu régulièrement renouvelé, une bonne cuisine (dont une *bistecca alla fiorentina* fort honorable) et des prix raisonnables.

Antico Noè (carte p. 84 ; ☎ 055 234 08 38 ; Arco di San Piero 6r ; repas 15 € ; 🕒 lun-sam). Ce célèbre sandwich-bar, à deux pas de la Piazza San Piero Maggiore, constitue une bonne option pour une collation. Le bar à sandwichs ne sert que des produits à emporter, mais dans le restaurant attenant, vous savourerez une cuisine de haute volée sur fond de jazz et de blues.

Danny Rock (carte p. 84 ; ☎ 055 235 03 07 ; Via Pandolfini 13r ; repas environ 10 € ; 🕒 12h-14h45 et 19h30-1h). L'endroit ne paie pas de mine mais réserve de bonnes surprises à l'intérieur. Les pizzas, les pâtes et les pommes de terre rôties ont bonne presse.

Osteria Cibrèo (carte p. 84 ; ☎ 055 234 11 00 ; Via de' Macci 122r ; repas environ 20 € ; 🕒 mar-sam ; fermé août-sept). Une adresse pour se faire plaisir, avec des entrées délicieuses, comme la *ricotta al ragù* (ricotta et sauce à la viande), et un bon choix de poissons, fruits de mer et viandes en plats principaux.

Ruth's (carte p. 84 ; ☎ 055 248 08 88 ; Via Luigi Carlo Farini 2a ; repas environ 10 € ; 🕒 dim-ven). Pour changer un peu, jetez votre dévolu sur ce restaurant proche de la synagogue où l'on se régale d'une cuisine casher, de type proche-oriental. Les végétariens y trouveront leur compte.

Sedano Allegro (carte p. 84 ; ☎ 055 234 55 05 ; Borgo della Croce 20r ; plats 7-10 € ; 🕒 mar-dim). Ce modeste établissement aligne un bel éventail d'options végétariennes et de pâtes, ainsi que des plats de viande traditionnels. Aux beaux jours, on peut s'attabler dans le jardin à l'arrière.

OLTRARNO (carte p. 86-87)

Al Tranvai (☎ 055 22 51 97 ; Piazza Tasso 14r ; repas environ 10 € ; 🕒 lun-ven). Bienvenue dans ce restaurant toscan à l'atmosphère intime, fréquenté essentiellement par les Florentins, venus déguster des pâtes et des abats, notamment la *trippa alla fiorentina*. On peut également s'installer en terrasse.

Caffè Ricchi (☎ 055 21 58 64 ; Piazza Santo Spirito 8 ; repas environ 12 € ; 🕒 lun-sam). Cet accueillant café avec terrasse sur la piazza propose des pâtes et des plats à base de veau.

Trattoria da Ginone (☎ 055 21 87 58 ; Via de' Serragli 35r ; repas environ 11,50 € ; 🕒 7h-1h). Les jeunes et les étudiants se pressent dans cette trattoria bon marché, où l'on peut commander des plats consistants, notamment des pâtes et des plats végétariens.

L'Brindellone (☎ 055 21 78 79 ; Piazza Piattellina 10/11r ; repas environ 12,50 € ; 🕒 jeu-mar). Ce restaurant toscan au décor authentique (tresses d'ail suspendues et vieilles bouteilles de Chianti) mitonne des plats traditionnels, comme le *vitello tonnato* (veau accompagné d'une sauce au thon), ainsi que quelques spécialités végétariennes, notamment un couscous de légumes.

I Tarocchi (☎ 055 234 39 12 ; Via dei Renai 12/14r ; repas environ 6 € ; 🕒 mar-sam). Cette pizzeria-trattoria remporte un franc succès, grâce à ses excellentes pizzas. Les entrées, très copieuses, suffisent pour caler une petite faim.

Il Cantinone (☎ 055 21 88 98 ; Via di Santo Spirito 6r ; repas environ 13,50 €). Cette trattoria aménagée en sous-sol, avec bar à vin attenant, sert des spécialités toscanes traditionnelles à des prix raisonnables.

Catégorie moyenne

PRÈS DE LA PIAZZA DI SANTA MARIA NOVELLA

Osteria dei Cento Poveri (carte p. 82-83 ; ☎ 055 21 88 46 ; Via Palazzuolo 31r ; repas environ 25 € ; 🕒 mer-lun). Cette "auberge des cent pauvres" est conviviale, mais on ne peut pas en dire autant du quartier. On appréciera la cuisine toscane imaginative, dans un cadre sans prétention.

ENTRE LE DUOMO ET L'ARNO (carte p. 88)

Trattoria Coco Lezzone (☎ 055 28 71 78 ; Via Parioncino 26r ; repas environ 35 € ; 🕒 lun-sam). La spécialité maison est la *ribollita*, mais on peut également se régaler d'une *bistecca alla fiorentina*, à condition de commander à l'avance. Le lieu est branché mais le service n'est pas toujours à la hauteur.

Fusion (☎ 055 2 72 63 ; Vicolo d'Oro 5 ; 🕒 11h-24h lun-ven, 12h-14h sam-dim). Le restaurant en vogue du Gallery Hotel Art donne dans la cuisine

GELATO À GOGO

Les glaces italiennes sont délicieuses. Rien de tel qu'une *gelato* pour se faire plaisir. Comptez entre 2 € pour une *coppetta* (petite coupe) et 6 € pour un *cono* (grand cône). Les Florentins adorent se promener le soir en dégustant une glace, de sorte que la plupart des gelaterie restent ouvertes tard en soirée. Voici quelques bonnes adresses :

Gelateria Vivoli (carte p. 86-87 ; ☎ 055 29 23 34 ; Via dell'Isola delle Stinche 7 ; 9h-1h mar-sam). La file d'attente à l'extérieur de cette *gelateria*, près de la Via Ghibellina, témoigne de l'incontestable qualité des glaces que l'on y sert, les meilleures de la ville, dit-on.

Vestri (carte p. 84 ; ☎ 055 234 03 74 ; Borgo degli Albizi 11r ; lun-sam). Cette petite enseigne est spécialisée dans les glaces au chocolat, à combiner avec d'autres parfums (cannelle, orange, pistache).

Perchè No? (carte p. 88 ; ☎ 055 239 89 69 ; Via dei Tavolini 19r ; mer-dim). Cette *gelateria*, près de la Via de' Calzaiuoli, régale les gourmands depuis 1930, et passe pour l'une des meilleures de la ville.

Carabè (carte p. 82-83 ; ☎ 055 28 94 76 ; Via Ricasoli 60r ; jeu-mar). Cette gelateria familiale concocte des glaces siciliennes traditionnelles et de la *granita* (sorbet).

Baroncini (☎ 055 48 91 85 ; Via Celso 3r ; jeu-mar). Si vous êtes de passage dans ce secteur, faites halte dans cet établissement, l'un des plus renommés de la ville, avec son excellent choix de sorbets.

"fusion", savante alchimie entre des spécialités françaises, italiennes et japonaises, comme ce poulet teriyaki avec de la salade roquette (17 €). Brunch (25 €) le week-end.

SANTA CROCE ET EST DU CENTRE (carte p. 84)

La Pentola d'Oro (☎ 055 24 18 08 ; Via di Mezzo 24r ; repas environ 40 € ; lun-sam). Longtemps secret bien gardé, la Pentola d'Oro figure désormais sur les carnets gourmands de tout amateur de bonne chère. Le menu fait la part belle aux associations étonnantes, tel le bœuf servi avec une sauce au poivre noir et à la poire.

Trattoria Tirovino (☎ 055 263 89 40 ; Via Ghibellina 70r ; repas environ 35 € ; lun-sam). Une petite trattoria discrète, intime et traditionnelle, où officie un personnel avenant. La carte est régulièrement renouvelée. Morceaux choisis : blanc de poulet aux truffes.

Sésame (☎ 055 200 13 81 ; Via delle Conce 20r ; repas environ 30 € ; 20h-1h). On se croirait transporté au Maroc dans cet établissement, qui sert une cuisine française et marocaine.

OLTRARNO (carte p. 86-87)

Osteria Santo Spirito (☎ 055 238 23 83 ; Piazza Santo Spirito 16r ; repas environ 28 €). Pour un repas d'une qualité légèrement supérieure à celle des *locali* de la place, cette osteria confortable fait parfaitement l'affaire. Nous recommandons les *spagetthi con vongole* (spaghetti aux palourdes, 14 €).

Trattoria Cavolo Nero (☎ 055 29 47 44 ; Via dell'Ardiglione 22 ; repas environ 30 € ; mar-sam). Cette trattoria est cachée dans une ruelle. Optez pour le steak Angus cuit avec des herbes (14 €).

Dante (☎ 055 21 92 19 ; Piazza Nazario Sauro 12r ; repas environ 16 €). Le Dante présente l'avantage d'être bon marché et de préparer d'excellentes pizzas et des pâtes, dans une atmosphère traditionnelle, avec des jambons en plastique accrochés aux voûtes du plafond.

Ristorante Beccofino (☎ 055 29 00 76 ; Piazza degli Scarlatti 1r ; plats environ 20 €). Ce restaurant cossu se distingue par son décor très contemporain, sa cuisine inventive et ses prix élevés.

Catégorie supérieure

ENTRE LE DUOMO ET L'ARNO (carte p. 88)

Caffè Concerto Paszkowski (☎ 055 21 02 36 ; Piazza della Repubblica 6r ; 7h-2h mar-dim). Fondé voici plus de 150 ans, ce café est l'un des plus sélects de la ville. Bien qu'excentré, il vaut le détour, ne serait-ce que pour le cadre. Le prix des pizzas (environ 12 €) est très raisonnable.

Giubbe Rosse (☎ 055 21 22 80 ; Piazza della Repubblica 13-14r ; 8h-2h). Au début du XXe siècle, les quelques adeptes florentins du mouvement futuriste avaient coutume de se réunir ici pour boire un verre et débattre. À l'intérieur, les grandes salles voûtées décorées de vieilles photos, de dessins et d'œuvres d'art invitent à s'attarder auprès d'un café et d'un journal.

SANTA CROCE ET EST DU CENTRE

Ristorante Cibrèo (carte p. 84 ; ☎ 055 234 11 00 ; Via de' Macci 118 ; repas environ 60 € ; mar-sam). On vient de loin pour déguster une cuisine de haute volée dans ce restaurant, l'un des plus chics de la ville. Les prix sont à l'avenant. Réservations impératives.

Faire son marché

On trouve de multiples petits magasins d'alimentation, des marchés et des petits supermarchés.

Standa (carte p. 84 ; ☎ 055 234 78 56 ; Via Pietrapiana 4r). Bien pratique, ce supermarché central ouvre du lundi au samedi de 8h30 à 21h. Il y a d'autres succursales dans la ville.

OÙ SORTIR

Plusieurs publications répertorient les différents festivals, manifestations théâtrales et concerts qui ont lieu à Florence et dans les environs. Le bimensuel gratuit *Florence Today*, ainsi que les mensuels *Firenze Information* et *Firenze Avvenimenti* (une brochure municipale), sont en principe disponibles dans les offices du tourisme. Pour les spectacles et les sorties, consultez le *Firenze Spettacolo*, un mensuel en vente chez les marchands de journaux.

La billetterie centralisée **Box Office** (carte p. 82-83 ; ☎ 055 21 08 04 ; Via Luigi Alamanni 39) est bien pratique, tout comme **Ticket One** (www.ticketone.it – en italien), un service en ligne de réservation pour les pièces de théâtre, les matches de foot, etc.

Pubs et bars

Astor Caffè (carte p. 88 ; ☎ 055 239 90 00 ; Piazza del Duomo 20r ; ⏲ 10h-3h). On peut y prendre son petit déjeuner, mais les habitués viennent surtout le soir pour écouter de la musique et boire un verre à l'intérieur ou en terrasse, au pied des murs du Duomo. Concerts tous les soirs.

Capocaccia (carte p. 88 ; ☎ 055 21 07 51 ; Lungarno Corsini 12/14r ; ⏲ 12h-1h mar-dim). Tout ce que Florence compte comme beautiful people vient se montrer au Capocaccia, notamment les soirs de printemps ou d'été, pour un apéritif au bord du fleuve, avant d'aller en boîte ou au restaurant.

Caffè Gilli (carte p. 88 ; ☎ 055 21 38 96 ; Piazza della Repubblica 39r ; ⏲ 8h-1h mer-lun). L'un des cafés les plus raffinés de la ville, agrémenté de fresques Art nouveau au plafond. Les prix sont très raisonnables si vous consommez au bar.

The William (carte p. 84 ; ☎ 055 263 83 57 ; Via Magliabechi 7r ; ⏲ 12h-1h). Les Florentins semblent apprécier ce pub anglais, bruyant, qui possède une belle carte de bières et sert des repas légers.

Rex Caffè (carte p. 84 ; ☎ 055 248 03 31 ; Via Fiesolana 25r ; ⏲ 17h-1h30, fermé juin-août). Très animé, toujours bondé, le Rex est l'endroit à la mode pour siroter un cocktail. L'intérieur est clinquant. Soirées avec DJ le week-end.

Cabiria (carte p. 86-87 ; ☎ 055 21 57 32 ; Piazza Santo Spirito 4r ; ⏲ 11h-2h mer-lun). Ce café très fréquenté dans la journée se transforme en une boîte animée le soir. En été, il déborde sur la Piazza Santa Spirito, qui devient une scène pour des concerts gratuits, avec un bar extérieur.

La Dolce Vita (carte p. 86-87 ; ☎ 055 28 45 95 ; Piazza del Carmine 6r ; ⏲ 11h-2h). Non loin de la Piazza Santo Spirito, cet établissement de poche est prisé de la jeunesse branchée en soirée. Pendant la journée, on vient boire un verre en terrasse dans une ambiance plus reposante.

Zoe (carte p. 86-87 ; ☎ 055 24 31 11 ; Via dei Renai 13r ; ⏲ 8h30-1h lun-sam). Ce bar étroit, de couleur rouge, a les faveurs des jeunes Florentins. Le jeudi, la soirée "fusion food & DJ night" (17h-23h, 5 €) est très courue.

Negroni (carte p. 86-87 ; ☎ 055 24 36 47 ; Via dei Renai 17r ; ⏲ 8h-2h). Cette sympathique adresse convient parfaitement pour un café ou un cocktail. Le buffet au déjeuner, bon marché, est une option intéressante.

Cheers Pub (carte p. 86-87 ; ☎ 055 24 58 29 ; Via dei Renai 27 ; ⏲ 11h-2h). Un autre pub, qui ne désemplit pas. Happy hour de 16h à 21h (3 € la bière ou le cocktail).

Musique live

Certaines grandes salles de concert sont excentrées. Selon l'affiche, l'entrée peut coûter jusqu'à 20 €. Les boissons sont en sus (au moins 5 € pour une bière). La plupart des lieux font relâche en été.

Jazz Club (carte p. 85 ; ☎ 055 247 97 00 ; Via Nuova de' Caccini 3 ; 6 € ; ⏲ 21h30-1h30 jeu-ven, fermé juin-sept). L'un des meilleurs clubs de jazz de Florence, installé dans une cave voûtée. Orchestre tous les soirs.

Tenax (carte p. 79 ; ☎ 055 30 81 60 ; Via Pratese 46 ; ⏲ 22h30-4h mar-dim, fermé mai-sept). Cette grande salle, au nord-ouest de la ville, accueille des orchestres. L'entrée est variable selon l'affiche. Prenez le bus n°29 ou n°30 depuis la Stazione di Santa Maria Novella.

Auditorium Flog (carte p. 80-81 ; ☎ 055 49 04 37 ; Via M Mercati 24b ; ⏲ 22h-4h). Les groupes locaux se produisent à l'Auditorium Flog, dans le quartier Rifredi, également au nord de la ville (mais moins loin que le Tenax). La salle est plus petite qu'au Tenax mais la scène et la piste de danse font l'affaire. Bus n°8 ou n°14 de la gare ferroviaire.

Discos/Clubs

Central Park (carte p. 82-83 ; ☎ 055 35 35 05 ; Via Fosso Macinante 2 ; 20 € avec une boisson ; ⌚ 23h-4h mar-sam). L'une des boîtes les plus en vue de la ville, avec cinq pistes de danse, des musiques différentes tous les soirs, allant des rythmes latinos à la pop en passant par la house.

Meccanò (carte p. 82-83 ; ☎ 055 331 33 71 ; Viale degli Olmi ; 15 € avec une boisson ; ⌚ 23h-4h mar-sam). Le Meccanò attire une clientèle diversifiée, avec une programmation musicale qui ne l'est pas moins, à base de la house, du funk et des tubes du moment. Soirées à thème à certaines occasions.

YAB (carte 88 ; ☎ 055 21 51 60 ; Via Sassetti 5r ; 15 € ; ⌚ 21h-4h mer-lun). Le YAB est une institution à Florence, très fréquenté par les étudiants. On y danse sur plusieurs styles de musique, avec un net penchant pour le hip-hop.

Musique classique et opéra

Teatro Comunale (carte p. 82-83 ; ☎ 055 277 92 36 ; Corso Italia 16). Cette salle accueille des concerts, des opéras et des spectacles de danse. En mai et en juin, elle prête son cadre au Maggio Musicale Fiorentino, un festival musical international. Renseignez-vous directement au théâtre.

Teatro Verdi (carte p. 84 ; ☎ 055 21 23 20 ; www.teatroverdifirenze.it ; Via Ghibellina 99). Théâtre, opéra, concerts et spectacles de danse, de janvier à avril et d'octobre à décembre.

Teatro della Pergola (carte p. 85 ; ☎ 055 226 43 35 ; Via della Pergola 18). La programmation de ce théâtre est variée, de l'opéra aux pièces de Pirandello, Pinter ou Tchekov.

En été, des concerts de musique de chambre sont organisés dans les églises. Procurez-vous le programme de l'Orchestra da Camera Fiorentina (Orchestre de chambre florentin), qui se produit de mars à octobre.

Cinéma

Quelques salles programment des films en *versione originale*, généralement en anglais avec sous-titrage en italien. La plupart des cinémas assurent trois à quatre séances par jour, la dernière commençant entre 22h et 22h45. Le mercredi, le tarif réduit s'applique à tout le monde (4,60 € au lieu de 7,50 €).

Odeon Cinehall (carte p. 88 ; ☎ 055 21 40 68 ; Piazza Strozzi). Ce cinéma est connu pour ses films en VO, le lundi et le mardi.

Cinema Fulgor (carte p. 82-83 ; ☎ 055 238 18 81 ; Via Maso Finiguerra 22r). Projections de films en anglais le jeudi soir.

Plusieurs cinémas de plein air fonctionnent de mi-juin à septembre. Procurez-vous les programmes dans les offices du tourisme. Voici quelques adresses : **Chiardiluna** (carte p. 86-87 ; ☎ 055 233 70 42 ; Via Monte Uliveto 1) et **Cinema Poggetto** (carte p. 80-81 ; ☎ 055 48 12 85 ; Via M Mercati 24b).

Théâtre et danse

La saison théâtrale démarre en octobre et se poursuit jusqu'en avril-mai, laissant alors la place à des fêtes traditionnelles ou à d'autres festivals.

Ex-Stazione Leopolda (carte p. 82-83 ; ☎ 055 247 83 32 ; Viale Fratelli Rosselli 5). Le conseil municipal a eu la bonne idée, voici quelques années, de transformer cette ancienne gare ferroviare (près des Cascine) en plusieurs espaces de représentations culturelles. Les représentations théâtrales, essentiellement d'avant-garde, ont la vedette, mais le site est également un lieu de concerts. Pour le programme et les billets, passez au Box Office (voir p. 124) ou dans l'un des offices du tourisme de la ville.

Les autres salles mentionnées ci-dessus programment régulièrement du théâtre. Les pièces sont annoncées dans le *Firenze Spettacolo*. Les spectacles sont en italien.

Teatro della Limonaia (carte p. 79 ; ☎ 055 44 08 52 ; Via Gramsci 426 ; Sesto Fiorentino). Ce théâtre très excentré compte parmi les salles d'avant-garde les plus connues d'Italie (bus n°28A ou 28C).

Manifestations sportives

FOOTBALL

Après la relégation en quatrième division de l'AC Fiorentina en 2002, le club a été rebaptisé Florentina Viola (www.florentiaviola.it – en italien seulement). La nouvelle équipe compte déjà de nombreux supporters et s'est hissée en troisième division. Pour les supporters, il ne fait aucun doute que leur équipe rejoindra un jour l'élite.

Si vous voulez assister à un match, vous pouvez acheter un billet au **Stadio Comunale Artemio Franchi** (carte p. 80-81 ; ☎ 055 262 55 37 ; Campo di Marte) ou à la billetterie **Chiosco degli**

Sportivi (carte p. 88 ; ☎ 055 29 23 63 ; Via Anselmi, près de la Piazza della Repubblica ; 🕒 9h-13h et 15h-18h lun-mar et jeu, 9h-19h30 mer, 9h-19h ven, 9h-13h et 15h-20h sam, 10h-12h30 dim). Les billets coûtent entre 7 et 45 €.

Les réservations sont également possibles par l'intermédiaire du Box Office ou de Ticket One (voir p. 124).

ACHATS

On va généralement à Milan pour les vêtements et à Rome pour les chaussures, mais c'est à Florence que l'on trouve la plus grande diversité d'enseignes. Le principal secteur commerçant s'étend du Duomo à l'Arno, notamment dans la Via Roma, la Via de' Calzaiuoli et la Via Por Santa Maria. Les orfèvres travaillent sur le Ponte Vecchio. Les grands couturiers ont pignon sur rue dans la Via de' Tornabuoni, dont Gucci, Armani et Trussardi.

Deux magasins de vente en gros sont installés dans la campagne toscane. On peut réaliser de substantielles économies. Certaines agences de voyages organisent des déplacements en bus jusqu'à ces magasins (voir p. 115).

The Mall (☎ 055 865 77 75 ; Via Europa 8 ; 🕒 9h-18h lun-sam, 13h-18h dim). Ce gigantesque dépôt représentant, entre autres, les marques Gucci et Armani, se trouve sur la SS67, au nord de Leccio, à environ 30 à 40 minutes au sud-est de Florence sur la route d'Arezzo.

Prada (☎ 055 919 05 80 ; 🕒 9h30-12h30 et 13h30-18h lun-ven, 9h30-19h sam, 16h-19h dim). En poursuivant plus au sud sur la même route, il faut une demi-heure pour atteindre Levanella. À la sortie du village, vous verrez l'enseigne Prada, entre un café et une station de taxis. Depuis Florence, prenez l'autoroute A1, sortez à Valdarno et suivez les panneaux en direction de Montevarchi.

Voici quelques adresses dans Florence même (carte p. 88) :

Gucci (☎ 055 26 40 11 ; Via de' Tornabuoni 73r). Les déboires de la famille Gucci, originaires de la ville, ne freinent pas les inconditionnels de cette marque.

Ferragamo (☎ 055 29 21 23 ; Via de' Tornabuoni 16r). Autre grand nom florentin, le spécialiste de la chaussure haut de gamme fabrique aussi des vêtements et des accessoires. Voyez également le petit musée de la chaussure (voir p. 102).

House of Florence (☎ 055 650 53 34 ; Via de' Tornabuoni 6). Ici, on vend à une clientèle fortunée des accessoires traditionnels fabriqués à la main (sacs, écharpes et cravates).

Pucci (☎ 055 21 21 72 ; Via de' Tornabuoni 20/22r). Le succès des motifs extravagants de Pucci dans la mode féminine ne se dément pas depuis les années 1950.

Loretta Caponi (☎ 055 21 36 68 ; Piazza Antinori 4r). Si rien n'est trop beau pour vos enfants, vous trouverez dans cette boutique de somptueux vêtements, certains délicatement brodés.

Si vous souhaitez des dégriffés, faites un tour du côté des stocks qui vendent souvent des vêtements de créateur à des tarifs abordables. Essayez les adresses suivantes :

Stockhouse Il Giglio (carte p. 82-83 ; ☎ 055 21 75 96 ; Borgo Ognissanti 86r). La notion de "bon marché" reste très relative à Florence, mais ici vous trouverez des vêtements homme et femme à prix intéressant. Ce stock vend parfois des grandes marques à des prix défiant toute concurrence.

Stockhouse One Price (carte p. 86-87 ; ☎ 055 28 46 74 ; Borgo Ognissanti 74r). Mêmes caractéristiques que le précédent.

Pour la maroquinerie et les chaussures, essayez les marchés (voir p. 103) ou les enseignes spécialisées suivantes :

Francesco da Firenze (carte p. 86-87 ; ☎ 055 21 24 28 ; Via di Santo Spirito 62r). Dans cette petite entreprise familiale, on a l'amour du travail bien fait. Les chaussures en cuir sont cousues main. L'investissement vaut la peine. Également articles sur mesure.

Scuola del Cuoio (carte p. 84 ; ☎ 055 24 45 33 ; Piazza di Santa Croce 16). Avec un peu de chance, vous verrez les apprentis au travail. Accès par la Basilica di Santa Croce ou par une entrée située derrière l'église, Via San Giuseppe 5r.

Il Bisonte (carte p. 88 ; ☎ 055 21 57 22 ; Via del Parione 31r). La boutique se spécialise dans les accessoires, d'élégants sacs en cuir naturel aux articles de bureau raffinés (carnets reliés en cuir, serviettes, etc.).

Vous pourrez acheter les jolis papiers marbrés qui font la célébrité de Florence dans les multiples papeteries de la ville et sur les marchés.

Il Papiro (carte p. 88 ; ☎ 055 28 16 28 ; Piazza del Duomo 24r). Une enseigne avec six boutiques à Florence, vendant toutes sortes d'articles de papeterie.

Pineider (carte p. 88 ; ☎ 055 28 46 55 ; Piazza della Signoria 13r). Cette papeterie existe depuis 1774. On y trouve bien entendu du papier, mais également des objets en cuir et en verre.

Officina Profumo-Farmaceutica di Santa Maria Novella (carte p. 82-83 ; ☎ 055 21 62 76 ; Via della Scala 16). Cette parfumerie date de 1612, autant dire que c'est une institution florentine. On s'y approvisionne en savons, parfums et autres lotions de qualité à des prix élevés.

Mercato Centrale (marché central ; carte p. 82-83 ; près de la Piazza del Mercato Centrale ; 🕒 lun-sam). Ce marché propose des articles en cuir, des vêtements et des bijoux à bon prix, mais la qualité est très variable. On peut marchander, à condition de payer en espèces.

Mercato dei Pulci (carte p. 88 ; marché aux puces ; près de Borgo Allegri, à proximité de la Piazza dei Ciompi ; lun-sam). Une bonne adresse pour les antiquités et le bric-à-brac.

DEPUIS/VERS FLORENCE

Avion

Deux aéroports desservent la capitale toscane. Le premier, Perètola, également appelé **Amerigo Vespucci** (carte p. 79 ; ☎ 055 37 34 98), à 5 km au nord-ouest du centre, Via del Termine 11, accueille des vols intérieurs et quelques vols en provenance de pays européens ; le second, **Galileo Galilei** (☎ 050 50 07 07 ; www.pisa-airport.com), près de Pise, accessible en une heure de train ou de voiture depuis Florence, est l'un des principaux aéroports nationaux et internationaux d'Italie du Nord. Il offre des liaisons régulières avec Londres, Paris, Munich et des grandes villes d'Italie.

Bus

La gare routière **SITA** (carte p. 82-83 ; ☎ 055 47 82 1 ; www.sita-on-line.it – en italien seulement ; Via Santa Caterina da Siena 15) se situe juste à l'ouest de la Piazza della Stazione. Il existe une liaison directe et rapide de/vers Sienne (5,80 €, 1 heure 15). Des bus rallient par ailleurs Poggibonsi, d'où l'on peut prendre une correspondance pour San Gimignano (5,20 €, 1 heure 30) et Colle di Val d'Elsa, où un autre bus part en direction de Volterra (6,20 €, 1 heure 15). SITA assure des liaisons directes vers Arezzo, Castellina in Chianti, Faenza, Grosseto et d'autres localités de Toscane.

Des bus de plusieurs compagnies, notamment **CAP** (carte p. 82-83 ; ☎ 055 21 46 37) et **COPIT** (☎ 055 21 46 37), partent de Largo Alinari, à l'extrémité sud de la Via Nazionale, à destination de différentes cités toscanes, en particulier Prato (2,20 €, 45 minutes) et Pistoia (2,70 €, 50 minutes).

Lazzi (carte p. 82-83 ; ☎ 055 21 55 55 ; www.lazzi.it ; Piazza Stazione 3r), à côté de la Stazione di Santa Maria Novella, dessert Rome, Pistoia et Lucca. La compagnie appartient au réseau international Eurolines et propose des liaisons avec la plupart des grandes villes européennes.

Voiture et moto

L'A1 relie Florence à Bologne et Milan, au nord, Rome et Naples, au sud. L'Autostrada del Mare (A11) permet de rejoindre Prato, Lucca, Pise et la côte tyrrhénienne. Une *superstrada* (gratuite) relie Florence à Sienne. En arrivant du nord par l'A1, prenez la sortie Firenze Nord et suivez les panneaux indiquant "centro". Si vous venez de Rome, sortez à Firenze Sud.

La SS67, plus pittoresque, relie la ville à Pise, à l'ouest, et Forlì et Ravenna, à l'est.

Train

Florence se trouve sur la ligne Rome-Milan. La plupart des trains de/vers Rome (24,95 €, 2 heures), Bologna (13,17 €, 1 heure) et Milan (28,92 €, 3 heures 20) sont des Intercities ou des Eurostar Italia, accessibles uniquement moyennant un supplément.

Il existe également des liaisons régulières pour Venise (26,60 €, 3 heures). Pour Vérone, il faut généralement changer à Bologna. Pour Gênes et Turin, prenez la correspondance à Pise.

Le bureau d'information des chemins de fer (ouvert de 7h à 21h) se trouve dans le hall principal de la Stazione di Santa Maria Novella.

COMMENT CIRCULER

Desserte de l'aéroport

L'aéroport de Perètola (Amerigo Vespucci) n'est pas accessible par le train. En revanche, la SITA et **Azienda Trasporti Area Fiorentina** (ATAF ; ☎ 800 424500 ; www.ataf.net) assurent un service de navettes quotidiennes, le "Vola-in-Bus", entre la Stazione di Santa Maria Novella et l'aéroport de Perètola. Ce service fonctionne entre 6h et 23h30 depuis l'aéroport, entre 5h30 et 23h depuis la gare ferroviaire. Le trajet dure 30 minutes. Le billet (4 €) peut être acheté à bord ou à l'aéroport. À partir de 20h, départ toutes les heures seulement.

Des trains partent régulièrement du quai n°5 de la gare ferroviaire à destination de l'aéroport Galileo Galilei près de Pise. Enregistrez vos bagages 15 minutes avant le départ. Au départ de Florence, on compte environ un train par heure entre 6h46 et 17h (dernier départ à 23h07) ; au départ de l'aéroport, la fréquence est identique, entre 8h49 et 20h20. Le trajet dure 1 heure 30 et coûte 4,85 €.

Bicyclette

La bicyclette est une bonne manière d'éviter les problèmes de circulation à Florence, à condition d'être prêt à endurer les pavés. **Florence By Bike** (carte p. 82-83 ; ☎ 055 48 89 92 ; www.florencebybike.it ; Via San Zanobi 91r-120/122r) loue différents types de vélos. Vous paierez 7 € les cinq heures pour un vélo de ville (12 € la journée, 30,50 € les trois jours). Pour un VTT, comptez 13 € les cinq heures.

Bus

Les bus de l'ATAF desservent le centre-ville, Fiesole et d'autres secteurs dans la banlieue.

Près de la Stazione di Santa Maria Novella, vous trouverez plusieurs arrêts importants pour la plupart des destinations. Les lignes les plus pratiques pour les visiteurs ont un arrêt situé juste à l'extérieur de la sortie sud-est de la gare, en contrebas de la Piazza Adua. Les bus qui partent de cet endroit incluent le n°7 (Fiesole), le n°13 (Piazzale Michelangelo) et le n°70 (bus de nuit) pour le Duomo et les Uffizi.

De sympathiques petits *bussini* (minibus électriques) circulent dans le centre-ville. Seule la ligne D fonctionne tous les jours, de 7h à 21h. Les autres ne circulent que du lundi au samedi de 8h à 20h. Procurez-vous auprès des offices du tourisme le plan du réseau de l'ATAF.

Le ticket coûte 1 € pour une heure et 1,80 € pour trois heures. Un ticket valable 24 heures revient à 4,50 €. Un *biglietto multiplo* (carnet de quatre tickets, valables une heure chacun) coûte 3,90 €. Le ticket doit être composté à la montée dans le premier bus. Le *mensile* (coupon mensuel) s'élève à 31 € (20,70 € pour les étudiants).

Il existe un billet spécial valable 30 jours et réservé aux bussini (lignes A à D), vendu 14 €.

Voiture et moto

La circulation fait l'objet de restrictions en centre-ville. Les non-résidents ne sont pas autorisés à stationner du lundi au vendredi de 7h30 à 18h30, mais peuvent s'arrêter pour déposer ou charger des bagages devant leur hôtel. Certains hôtels possèdent un garage privé. Sachez que les parkings publics coûtent une fortune.

Vous trouverez des parcs de stationnement à l'extérieur du centre-ville. Le plus proche du centre est Piazza della Stazione di Santa Maria Novella. Si votre voiture est enlevée, appelez la Depositeria Comunale, autrement dit la fourrière (carte p. 79) au ☎ 055 783882. Elle est située à Ponte a Greve, assez loin du centre-ville. Vous devrez payer environ 50 € pour récupérer votre véhicule, plus une amende dont le montant varie en fonction de l'infraction.

LOCATION

Plusieurs agences de location de voiture sont installées dans le Borgo Ognissanti et les rues alentour (voir carte p. 82-83), notamment : **Avis** (☎ 055 21 36 29 ; Borgo Ognissanti 128r) ; **Europcar** (☎ 055 29 04 37 ; Borgo Ognissanti 53r) ; **Hertz** (carte p. 86-87 ; ☎ 055 28 22 60 ; Via Maso Finiguerra 33r) et **Happy Rent** (☎ 055 239 96 96 ; Borgo Ognissanti 153r). Comptez à partir de 52 € la journée pour un petit modèle.

Florence By Bike (carte p. 82-83 ; ☎ 055 48 89 92 ; www.florencebybike.it ; Via San Zanobi 91r-120/122r) loue des scooters et des motos (de 30 à 93 € la journée).

Taxi

Vous trouverez des taxis devant la Stazione di Santa Maria Novella et dans quelques autres stations de la ville. Vous pouvez aussi appeler le ☎ 055 42 42, ☎ 055 47 98 ou ☎ 055 43 90. Comptez 2,45 € la prise en charge, plus 1 € par kilomètre parcouru dans la ville (1,35 € à l'extérieur). De 22h à 6h, ces tarifs sont majorés de 0,10 €. Les jours fériés, vous devrez vous acquitter d'un supplément de 1,70 €. Prévoyez enfin 0,55 € par bagage.

ENVIRONS DE FLORENCE

L'un des grands bonheurs de Florence, c'est la campagne qui l'environne, magnifique. En quittant la ville, on découvrira des villes moins visitées au nord et à l'ouest. Accordez-vous le plaisir d'une escapade culinaire à Fiesole ou à Settignano, ou explorez au sud la région de collines et de vignobles du Chianti. Les transports publics, bien qu'assez lents, desservent la majorité des endroits mentionnés dans ce chapitre. En voiture, il est évidemment plus facile de visiter l'arrière-pays toscan.

PISTOIA

83 500 habitants

Nichée au pied des Apennins, à l'ouest de Florence, cette ville agréable a largement

ENVIRONS DE FLORENCE

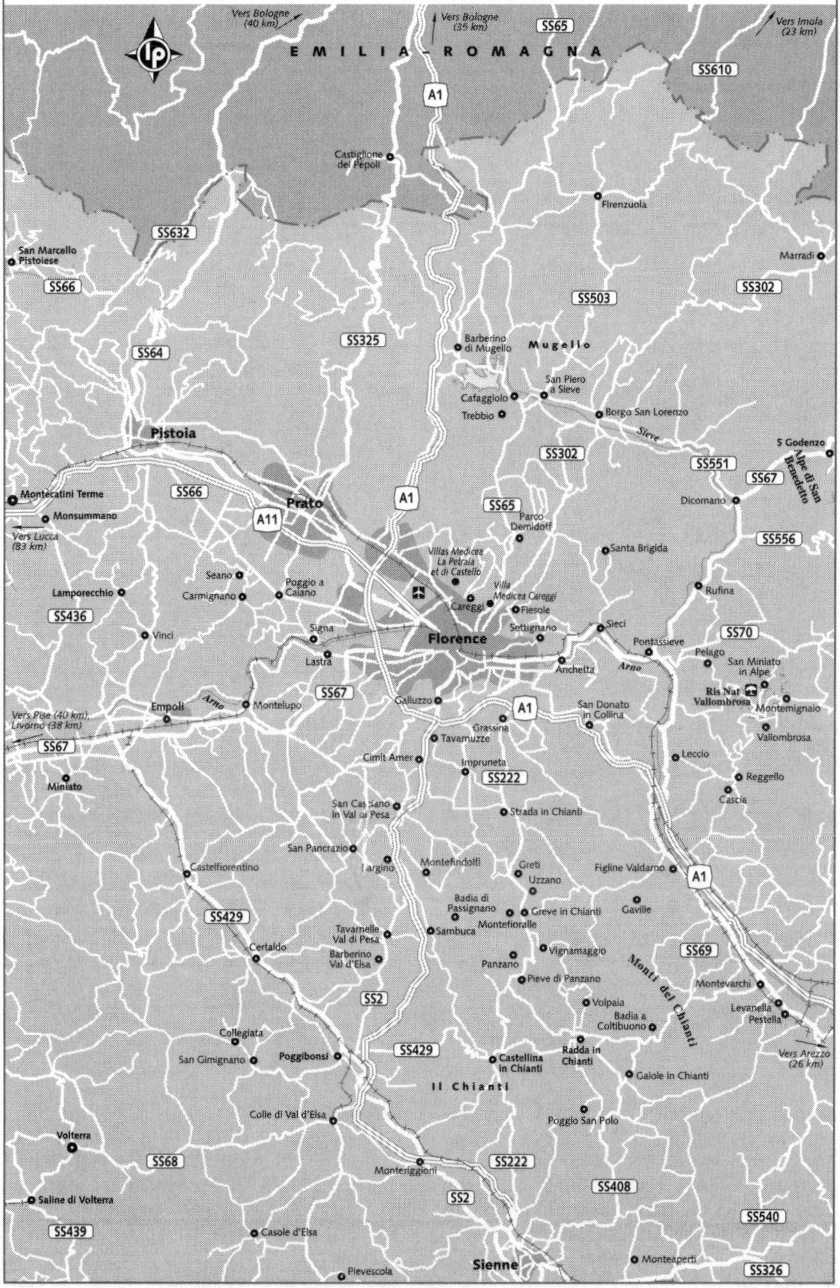

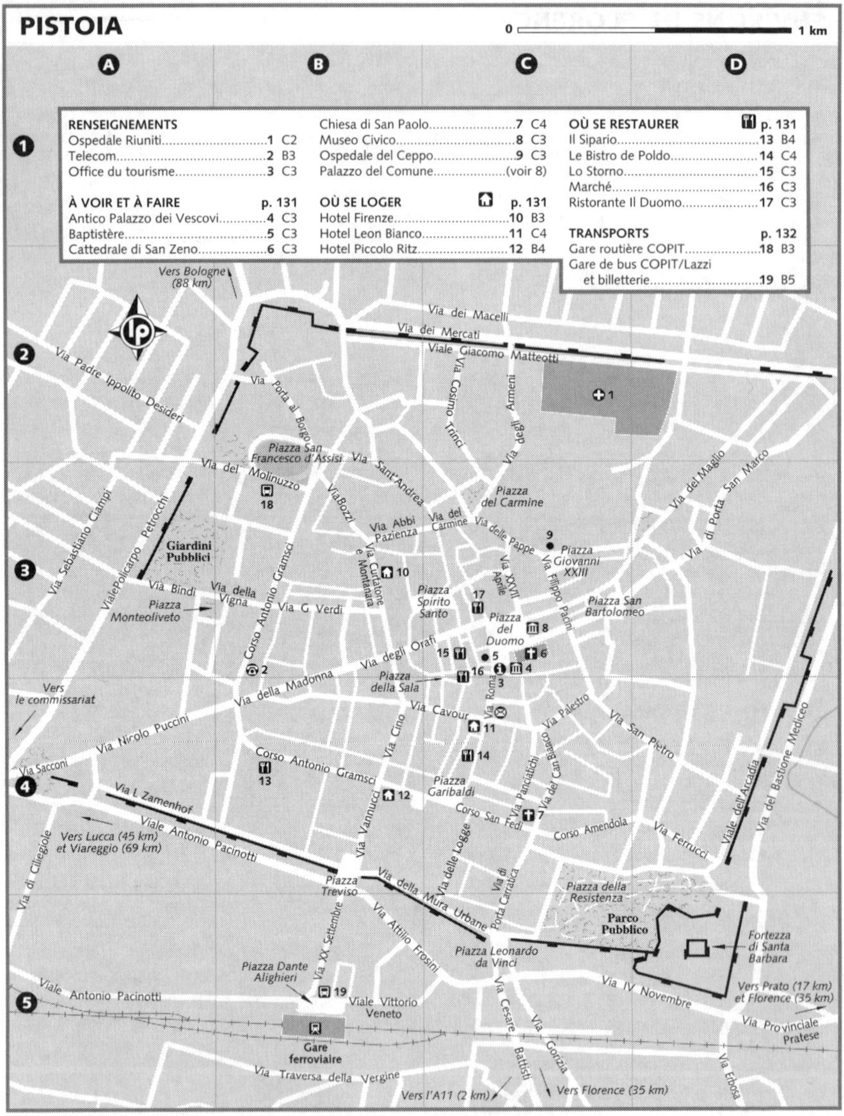

débordé ses remparts médiévaux bien préservés. Elle est aujourd'hui devenue l'un des centres mondiaux de la construction de trains. C'est à Pistoia, dont il tire son nom, que les ouvriers métallurgiques ont inventé le pistolet au XVIe siècle. La ville est accessible en une demi-heure de train depuis Florence.

Orientation

Il est facile de se repérer dans le centre de la vieille ville, bien qu'étendu. De la gare ferroviaire, Piazza Dante Alighieri, longez au nord la Via XX Settembre jusqu'à la Piazza Treviso, continuez vers le nord puis tournez à droite dans la Via Cavour. Empruntez la Via Roma, qui part de la Via Cavour côté nord, et vous déboucherez sur la Piazza del Duomo et l'office du tourisme.

Renseignements

Hospital (Ospedali Riuniti ; ☎ 0573 35 21 ; près du Viale Giacomo Matteotti, derrière l'ancien Ospedale del Ceppo)
Police (☎ 0573 2 67 05 ; Via Macallè 23)
Poste (Via Roma 5)
Office du tourisme (☎ 0573 37 16 80 ; Piazza del Duomo ; 9h-13h et 15h-18h lun-sam)

Piazza del Duomo

Cette place centrale rassemble une grande partie des richesses architecturales et historiques de Pistoia. De style romano-pisane, la façade de la **Cattedrale di San Zeno** (☎ 0573 2 50 95 ; Piazza del Duomo ; 8h30-12h30 et 15h30-19h) présente un portique dont la voûte est ornée de terres cuites émaillées d'Andrea della Robbia, auquel on doit également le tympan du portail central, une *Madonna col Bambino fra due Angeli* (Vierge à l'Enfant entre deux anges). À l'intérieur, la Cappella di San Jacopo abrite un magnifique autel en argent, le **Dossale di San Jacopo** (autel de saint Jacques ; 2 € ; 10h-12h et 16h-19h30). Commencé à la fin du XIIIe siècle, il réunit les talents des orfèvres les plus célèbres pendant les deux siècles suivants, jusqu'à ce que Brunelleschi apporte la touche finale, avec les deux demi-figures du côté gauche. Montez au **Campanile** (adulte/enfant 4/3 € ; 10h-13h et 14h-18h sam-lun) pour profiter de la vue sur la ville (visite guidée uniquement, inscription à l'office du tourisme).

Le vénérable édifice situé entre la cathédrale et la Via Roma est l'**Antico Palazzo dei Vescovi** (Piazza del Duomo ; 4 € ; 10h-13h et 15h-17h mar, jeu et ven, oct-juin). Les 4 visites guidées organisées chaque jour permettent d'apprécier les vestiges romains et les objets étrusques découverts au cours de travaux de restauration (inscription à l'office du tourisme).

De l'autre côté de la Via Roma, le **battistero** (baptistère ; gratuit ; 9h30-12h30 et 15h30-18h), élégante construction décorée de marbre blanc et vert, fut édifié à partir de 1337 sur les plans d'Andrea Pisano. L'intérieur, dépouillé, en brique rouge, est cependant égayé de fonts baptismaux en marbre.

À l'est, la Piazza est dominée par le Palazzo del Comune. Cet édifice gothique abrite le **Museo Civico** (☎ 0573 37 12 96 ; Piazza del Duomo 1 ; adulte/enfant 3,10/1,55 € ; 10h-19h mar-sam, 9h-12h30 dim et jours fériés), où sont exposées des œuvres d'artistes toscans du XIIIe au XIXe siècle.

L'élégant portique du tout proche **Ospedale del Ceppo** est surmonté d'une remarquable frise en terre cuite émaillée illustrant avec finesse *Le Virtù Teologali* (Vertus théologales) et *Le Sette Opere di Misericordia* (les Sept Œuvres de Miséricorde). Œuvre de Santi Buglioni et de Giovanni della Robbia, elle constitue l'un des plus beaux exemples de production des ateliers de la famille della Robbia. Les médaillons dépeignent des scènes religieuses plus conventionnelles, dont une remarquable Annonciation.

Fêtes et festivals

Le week-end de la mi-juillet, Pistoia accueille l'un des festivals de musique les plus courus d'Italie, **Pistoia Blues**. Pour le prix des billets, consultez le site Internet du festival.

Chaque 25 juillet, à la Saint-Jacques (patron de la cité), Pistoia organise la joute de l'Ours – Giostra dell'Orso –, une grande fête médiévale avec joutes et courses de chevaux, sur la Piazza del Duomo.

Où se loger

Hotel Leon Bianco (☎ 0573 2 66 75 ; www.hotelleonbianco.it ; Via Panciatichi 2 ; s/d 60/100 € ;). Cette belle demeure rénovée du XVe siècle, en plein cœur du centre historique, offre des chambres confortables et spacieuses dotées de tous les équipements modernes. Sur présentation de votre guide Lonely Planet, le petit déjeuner vous est offert.

Hotel Firenze (☎ 0573 2 31 41 ; www.hotel-firenze.it ; Via Curtatone e Montanara 42 ; s/d 60/80 € ;). Un bon point de chute, calme, agréable, au centre-ville, avec des chambres petites et douillettes. Également une simple et une double avec sdb commune à 30 et 40 €.

Hotel Piccolo Ritz (☎ 0573 2 67 75 ; fax 0573 2 77 98 ; Via Vannucci 67 ; s/d 56/75 € ;). Ce trois-étoiles convenable est pratique si vous souhaitez loger près de la gare ferroviaire. Toutes les chambres possèdent une sdb.

Où se restaurer

Ristorante Il Duomo (☎ 0573 3 19 48 ; Via Bracciolini 5 ; repas à partir de 12 € ; 12h-15h lun-sam). Bon marché, ce self-service style buffet sert des repas rapides et copieux.

Il Sipario (☎ 0573 3 33 30 ; Corso Antonio Gramsci 159 ; repas à partir de 15 € ; fermé lun). Ce restaurant agréable prépare des spécialités traditionnelles. Orchestre et soirées cabaret presque tous les jours.

Le Bistro de Poldo (☎ 0573 2 92 30 ; Via Panciatichi 4 ; repas à partir de 13 € ; fermé mer et jeu au déj). Dissimulé dans une rue paisible du centre-ville, le Bistro de Poldo concocte des plats toscans traditionnels.

Lo Storno (☎ 0573 2 61 93 ; Via del Lastrone 8 ; repas à partir de 15 € ; fermé dim et lun soir). Cet établissement a le mérite de sortir de l'ordinaire, mais reste abordable. Voilà six siècles qu'une osteria d'un genre ou d'un autre occupe les lieux ! Côté cuisine, le chef joue la carte de la diversité.

Un **marché** se tient du lundi au samedi sur la Piazza della Sala, à l'ouest de la cathédrale.

Comment s'y rendre

Des bus relient Pistoia à la plupart des villes toscanes. Le principal guichet des billets et la gare routière des bus COPIT et Lazzi se trouvent à l'angle de la Viale Vittorio Veneto et de la Via XX Settembre, près de la gare ferroviaire. Les bus pour Florence (3 €, 50 minutes) partent de la Piazza Treviso, à l'autre bout de la Via XX Settembre. D'autres bus COPIT partent de la Via del Molinuzzo, près de la Piazza San Francesco d'Assisi.

De Pistoia, il existe des liaisons ferroviaires pour Florence (2,80 €, 40 minutes), Lucca (3,20 €, 45 minutes) et Viareggio (4,10 €, 1 heure). En voiture, la ville est accessible par l'A11, ainsi que par la SS64 et la SS66, qui partent respectivement au nord vers Bologna et au nord-ouest vers Parma. Les bus n°1, 3, 4 et 10 font la liaison entre la gare ferroviaire et le centre-ville. Il est cependant facile d'explorer la ville au pied.

ENVIRONS DE PISTOIA

Montecatini Terme et environs

Cette charmante localité est l'une des principales stations thermales d'Italie. Verdi et Puccini y trouvèrent matière à inspiration. Audrey Hepburn et Woody Allen ont également profité de la quiétude du site. Aujourd'hui, la ville s'autoproclame capitale européenne du bien-être. C'est une destination idéale pour le week-end, ou pour se relaxer.

L'**office du tourisme** (☎ 0572 77 22 44 ; Viale Verdi 66 ; 9h-12h30 et 15h-18h lun-sam, 9h-12h dim) vous remettra le guide *Liberty Seasons in Tuscany*, dans lequel figure un circuit pédestre ayant pour thème l'Art nouveau dans la ville. Pour tout savoir sur les *terme* et les traitements proposés, adressez-vous au **bureau d'information des Terme di Montecatini** (☎ 0572 77 84 87 ; www.termemontecatini.it ; Viale Verdi 41 ; 8h-12h et 15h30-18h lun-ven, 8h-12h sam).

Les neuf thermes sont répartis dans de vastes bâtiments datant de la Belle Époque. Ils fonctionnent de mai à octobre, bien que certains prolongent les soins au-delà de cette période.

Seul l'**Excelsior's Centro di Benessere** (Centre thermal de bien-être ; ☎ 0572 77 85 11 ; Viale Verdi ; 8h-20h lun-sam, 10h-20h dim) est ouvert à l'année. La gamme des services et des soins proposés est impressionnante : soins de beauté (deux jours), bain de boue et masque facial (250 €), formule semaine avec massages, manucure et soins du visage (450 €), ou tout simplement épilation des sourcils (5 €).

Sur la même route, l'immense ensemble architectural Art nouveau des **Terme Tettuccio** (10,50 €) est réputé pour les vertus laxatives de ses eaux.

Le **funicolare** (funiculaire ; 10h-13h et 14h-24h tlj, jusqu'à 19h30 mars-avr et oct, toutes les 30 min ; 3/5 € aller simple/aller-retour), construit au XIXe siècle, monte à Montecatini Alto, petit village plein de charme offrant des vues imprenables sur la campagne. Vous trouverez plusieurs hôtels et restaurants. Bien que le site ait été le théâtre de nombreuses guerres au Moyen Âge, il n'a rien perdu de son aspect pittoresque. Parmi les centres d'intérêt, signalons la chiesa di Santa Maria a Ripa (XIIe siècle), avec son christ étrange à l'extérieur.

Si vous comptez séjourner à cet endroit, l'**Hotel Villa Gaia** (☎ 0572 7 86 37 ; www.villagaia.it ; Via Mura P Grocco 11 ; d à partir de 110 €), bien équipé, fera l'affaire. Demandez une chambre avec vue.

Le parc hôtelier de Montecatini comprend plus de 200 établissements. La plupart proposent des formules en demi-pension ou en pension complète, avec soins inclus.

Hotel La Pia (☎ 0572 7 86 00 ; www.lapiahotel.it ; Via Montebello 30 ; d à partir de 56 € ;). Cette adresse familiale et accueillante dispose d'un excellent restaurant. Les prix s'entendent en demi-pension, pour des séjours d'au moins trois jours. Plusieurs formules de soins aux thermes sont disponibles.

Grand Hotel Plaza (☎ 0572 7 58 31 ; www.hotelplaza.it; Piazza del Popolo 7 ; s/d à partir de

67/110 € ;). Verdi, Rossini et Garibaldi sont descendus dans cet hôtel au cachet indéniable. Demi-pension et pension complète sont possibles.

L'agence **Apia** (☎ 0572 7 56 61 ; www.apmmontecatini.it ; Via delle Saline 88) peut vous trouver un hébergement dans la province de Pistoia et organiser des dégustations de vin, des cours de cuisine, etc. Pour les formules d'*agriturismo*, contactez **Turismo Verde** (☎ 0572 6 72 25 ou 329 743 33 64 ; Molino delle Galere, Via Renaggio 12, Nievole ; nievole@tin.it). Le président, Giuseppe Mazzocchi, est un chef expérimenté qui assure des cours de cuisine (à partir de 90 €) dans un ancien moulin près du village de Nievole. On peut louer de grands appartements dans le moulin moyennant 80 € en double.

La Cascina (☎ 0572 7 84 74 ; Viale Giuseppe Verdi 43 ; plats environ 15 € ; mar-dim) est l'un des meilleurs restaurants de la ville, au bord du parc. Il y a un bar.

Profitez de votre séjour pour goûter les *cialde di Monticatini*, des gaufres de forme ronde, avec des amandes pilées, vendues uniquement chez **Bargilli** (☎ 0572 7 94 59 ; Viale Grocco 2 ; mar-dim), ouvert jusqu'à minuit en été.

Montecatini Terme est desservie par la ligne de train Lucca-Florence. Des bus réguliers, qui partent de l'arrêt près de la gare ferroviaire, relient Florence (3,50 €, 50 minutes), Pistoia, Lucca, Pescia, Monsummano (1,35 €) et d'autres localités voisines.

Monsummano

Les inconditionnels des centres thermaux pousseront jusqu'à Monsummano, à quelques kilomètres de Montecatini Terme, accessible en bus (1,35 €). Principale attraction : la **Grotta Giusti Terme** (☎ 0572 9 07 71 ; www.grottagiustispa.com ; Via Grotta Giusti ; 9h-13h et 15h-19h lun-sam 21 mars-8 jan), à la sortie de la ville. De nombreux soins et traitements sont proposés, de la pulvérisation nasale (20 €) à l'aromathérapie (65 €) en passant par des programmes de massages et de bains. Le bus s'arrête juste devant le complexe.

PRATO

170 100 habitants

Quasiment comprise dans la zone urbaine et industrielle de Florence, Prato est un grand centre de production de textiles. Fondée par les Ligures, la ville tomba aux mains des Étrusques, puis des Romains, avant de devenir un centre important de production de laine au XIe siècle. Aujourd'hui, cette ville animée, peu fréquentée par les touristes étrangers, offre plusieurs centres d'intérêt qui valent la visite depuis Florence.

Orientation

Le cœur historique de Prato, peu étendu, est entouré de murailles. La principale gare ferroviaire, Piazza della Stazione, est à l'est du centre-ville.

Renseignements

Hôpital (Ospedale Misericordia e Dolce ; ☎ 0574 43 41 ; Piazza dell'Ospedale). Au sud-ouest de la Piazza del Comune.

Police (☎ 0574 55 55 ; Via Cino 10). Excentré, mais un petit commissariat se trouve Via B Cairoli 29.

Office du tourisme (☎ 0574 2 41 12 ; Piazza Santa Maria delle Carceri 15 ; 9h-13h30 et 14h-19h lun-sam). À deux pâtés de maisons à l'est de la Piazza del Comune.

À voir

MUSEO CIVICO

Ce **musée** (Piazza del Comune ; fermé pour restauration au moment de la rédaction de cet ouvrage) présente une remarquable collection de peintures (toscanes pour la plupart) dans l'imposant Palazzo Pretorio médiéval. Pendant les travaux de restauration, une partie de la collection est exposée au Museo di Pittura Murale.

MUSEO DEL TESSUTO

Ce **musée du Textile** (☎ 0574 61 15 03 ; Via Santa Chiara 24 ; adulte/enfant 4/2 € ; 10h-18h mer-lun) est consacré aux textiles à travers les âges. Il s'intéresse surtout à la production et aux innovations de l'industrie locale, mais possède aussi de belles pièces (certains datant du IIIe siècle) venant d'Italie, du reste de l'Europe, d'Inde, de Chine et du continent américain.

CATTEDRALE DI SANTO STEFANO

De la Piazza del Comune, la Via Mazzoni mène à la **Cattedrale di Santo Stefano** (☎ 0574 2 62 34 ; Piazza del Duomo ; 7h-12h et 15h30-19h). Ce monument du XIIe siècle, à la façade romano-pisane rythmée de bandes de marbre vert et blanc, possède un tympan de della Robbia. L'élément le plus remarquable est le **Pulpito della Sacra Cintola**, dessiné par Michelozzo, qui forme une curieuse saillie sur la Piazza, à droite de l'entrée principale. Les panneaux de bronze de la chaire, garnis

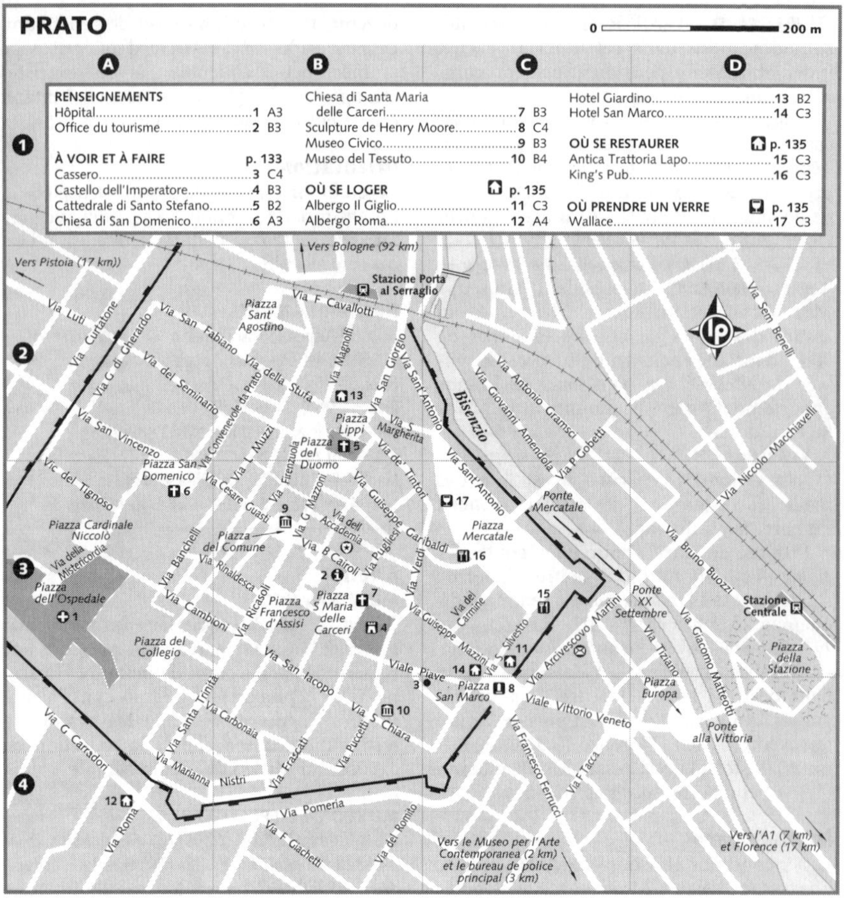

de *putti* enjoués, conçus par Donatello et Michelozzo dans les années 1430, sont exposés au **Museo dell'Opera del Duomo** (☎ 0574 2 93 39 ; Piazza del Duomo ; 5 €, billet combiné incluant le Castello dell'Imperatore et le Museo di Pittura Murale ; 🕒 9h30-12h30 et 15h-18h30, fermé mar et dim am), à côté. La chaire a été spécifiquement travaillée de sorte que la *sacra cintola* (sainte ceinture) puisse être présentée aux fidèles certains jours de l'année. On dit que la Vierge aurait donné cette ceinture à saint Thomas, et qu'elle aurait été rapportée de Jérusalem à Prato au temps des croisades.

Le musée comprend également une importante collection de peintures, dont des chefs-d'œuvre de Filippo Lippi, Le Caravage, Bellini et Santi di Tito.

Les superbes fresques de Filippo Lippo, derrière le maître-autel, évoquent la vie de saint Jean-Baptiste et de saint Étienne. Elles sont en cours de restauration depuis 2001, mais des visites guidées sur les échafaudages sont possibles (10h, 11h, 16h et 17h les samedi, 10h et 11h les dimanche ; 8 €), sur réservation à l'office du tourisme. Dans la chapelle à gauche de l'entrée, les fresques d'Agnolo Gaddi décrivent la *Légende de la sainte ceinture*.

CHIESA DI SANTA MARIA DELLE CARCERI

L'intérieur de cette **église** (☎ 0574 2 79 33 ; Piazza Santa Maria delle Carceri ; 🕒 7h-12h et 16h-19h), construite par Giuliano da Sangallo vers la fin du XVe siècle, est considéré comme un chef-d'œuvre de la Renaissance. La frise et les médaillons des évangélistes viennent de l'atelier d'Andrea della Robbia.

Non loin de là se dresse le **Castello dell'Imperatore** (☎ 0574 3 82 07 ; Piazza Santa Maria delle Carceri ; 2 €, 5 € billet combiné incluant le Museo dell'Opera del Duomo et le Museo di Pittura Murale ; 9h-13h et 16h-19h avr-sept), édifié au XIIIe siècle par Frédéric d'Antioche, fils de Frédéric II, maître du Saint-Empire romain germanique. Ce château, jamais achevé, fait penser à une coquille vide, mais offre une vue imprenable sur la ville. Un peu en contrebas, vous verrez le **Cassero** (Viale Piave ; gratuit ; 10h-13h et 16h-19h mer-lun), un passage couvert largement restauré qui permettait à l'origine d'aller du château à l'enceinte de la ville.

CHIESA DI SAN DOMENICO

Cette église abrite le **Museo di Pittura Murale** (☎ 0574 44 05 01 ; Piazza San Domenico ; 5 €, billet combiné incluant le Museo dell'Opera del Duomo et le Castello dell'Imperatore ; 10h-18h lun et mer-sam, 10h-13h dim). On accède à la collection de fresques et d'esquisses préparatoires du XIVe au XVIIe siècle par le cloître de l'église. Parmi les artistes représentés, citons Uccello, Bernardo Daddi, Lorenzo Monaco ainsi que Filippo et Filippini Lippi.

ART CONTEMPORAIN

Prato conserve des œuvres d'art contemporain. La plus frappante est la sculpture de Henry Moore, *Forma squadrata con Taglio*, un grand monolithe blanc installé en plein milieu de la Piazza San Marco. Installé au sud hors les murs, le **Museo per l'Arte Contemporanea** (Viale della Repubblica 277 ; fermé au moment de la rédaction de cet ouvrage) fait partie d'un centre dédié à l'art contemporain. Les collections permanentes regroupent surtout des peintures et des sculptures. Des expositions temporaires et diverses manifestations sont organisées tout au long de l'année.

Fêtes et festivals

Depuis 1979, le **Festival delle Colline** (festival des collines) se déroule en dehors de la ville, à Poggio a Caiano et dans d'autres localités des environs de Prato. Une série de concerts rassemble des groupes de world music de la fin juin à la fin juillet.

Où se loger

Hotel San Marco (☎ 0574 2 13 21 ; www.hotelsanmarco.com ; Piazza San Marco 48 ; s/d 60/90 € ;). Voici un trois-étoiles de qualité, sur une piazza animée. Les chambres, petites et propres, sont équipées d'un double vitrage et d'un réfrigérateur.

Hotel Giardino (☎ 0574 60 65 88 ; fax 0574 60 65 91 ; Via Magnolfi 2 ; s/d 78/110 € ;). Le Giardino est très central, à côté de la cathédrale. Dommage que les chambres, passablement vieillottes, soient surévaluées.

Albergo Roma (☎ 0574 3 17 77 ; fax 0574 60 43 51 ; Via Carradori 1 ; s/d 52/60 €). L'option la moins chère de la ville. Rien à redire sur la propreté, il faudrait juste moderniser les infrastructures.

Albergo Il Giglio (☎ 0574 3 70 49 ; fax 0574 60 43 51 ; Piazza San Marco 14 ; s/d 41/58 €, avec sdb 60/72 €). Tenu par les mêmes gérants que le précédent, cet albergo offre un niveau de prestations comparable.

Où se restaurer et prendre un verre

La Piazza Mercatale regroupe des petits restaurants populaires et animés. C'est l'endroit idéal pour déjeuner ou dîner.

Antica Trattoria Lapo (☎ 0574 2 37 45 ; Piazza Mercatale 141 ; repas à partir de 18 €). L'atmosphère de cette trattoria est informelle et détendue, et le service est attentif. La carte propose un bel éventail de plats toscans. Si vous arrivez tard, il vous faudra prendre votre mal en patience, jusqu'à ce qu'une table se libère.

King's Pub (☎ 0574 2 86 41 ; Via Garibaldi 148 ; pizzas à partir de 4,70 € ; fermé mer). Le succès est toujours au rendez-vous dans ce restaurant réputé pour ses pizzas, ses pâtes et ses salades.

Wallace (☎ 0574 44 20 03 ; Piazza Mercatale 24 ; 18h-2h30). Ce pub écossais est apprécié pour sa musique live (tous les soirs), ou ses soirées à thème. On peut également commander des pâtes ou diverses collations.

Comment s'y rendre et circuler

Les bus CAP et Lazzi effectuent des liaisons régulières vers Florence et Pistoia au départ de la gare ferroviaire, sur la Piazza della Stazione. Prato se trouve sur les lignes Florence-Bologna et Florence-Lucca. La liaison en train jusqu'à Florence est plus rapide et revient moins cher (1,80 €, 25 minutes). En voiture, prenez l'A1 depuis Florence et sortez à Calenzano, ou l'A11 et sortez à Prato est ou ouest. La SS325 relie Prato à Bologna. Plusieurs bus circulent entre la gare ferroviaire et le centre-ville, avec pour terminus la Piazza della Stazione.

LE MARCHAND DE PRATO

"Le destin l'a ainsi voulu : depuis ma naissance, je n'ai jamais connu un jour entier de bonheur." Cette phrase, écrite dans les années 1390, est de Francesco di Marco Datini, natif de Prato.

Datini a eu droit à une statue près du Palazzo Pretorio, à sa mort en août 1410. Pourtant, ce n'était ni un héros, ni un homme d'État, ni un artiste. Né en 1335 dans une famille pauvre, il connut une ascension fulgurante et devint l'un des commerçants les plus fortunés d'Europe.

Certes, il n'a jamais atteint le firmament qu'ont rejoint certaines grandes familles florentines, mais il est malgré tout parvenu à bâtir un empire commercial allant de Prato jusqu'à Avignon, Barcelone et les Baléares. Pas mal, pour un garçon de 15 ans qui débarqua un jour à Avigon avec 150 florins en poche.

Datini a su se sortir de sa condition modeste. Lorsqu'il revint à Prato 33 ans plus tard, il était l'homme le plus riche de la ville. Pour les habitants de Prato, il servit de modèle. Établi à Florence, il fit le commerce de toutes les marchandises rentables, des tissus aux matières premières en passant par les esclaves et les armes, grâce à un réseau d'agents et de comptoirs en France, en Espagne, en Angleterre et en Flandres.

Datini travaillait énormément, mais savait aussi s'amuser. Il menait une vie de sybarite et de jouisseur. À la fin de sa vie, il développa des sentiments altruistes. Dans son testament, il lègue sa fortune à une fondation portant son nom, installée dans sa maison de Via Rinaldesca.

C'est moins la réussite sociale de Datini que l'immense correspondance qu'il a laissée qui le rend intéressant. En effet, il passait chaque jour de longues heures à écrire à ses agents, à sa femme Margherita et à ses amis, conservait précieusement tout le courrier qui lui était adressé et exigeait la même chose de ses agents. Sa fondation, le Ceppo di Francesco di Marco, a gardé les archives de sa correspondance pendant plus de 500 ans. Ces archives apportent un témoignage précieux sur ce qu'était le mode de vie d'un commerçant à la fin de l'époque médiévale, et sur la bourgeoisie toscane, à Prato et à Florence.

Iris Origo a tiré un ouvrage de cette correspondance, *Le Marchand de Prato* (1957).

FIESOLE

Perchée sur les collines à environ 8 km au nord-est de Florence, entre les vallées de l'Arno et du Mugnone, Fiesole séduit par la beauté de son cadre, son atmosphère non polluée, ses oliveraies et ses panoramas spectaculaires. Fondée par les Étrusques au VIIe siècle av. J.-C., Fiesole devint une plaque tournante de l'Étrurie septentrionale. C'est un magnifique but d'excursion. Profitez-en pour y pique-niquer ou découvrir les environs à pied.

L'**office du tourisme** (☎ 055 59 87 20 ; www.comune.fiesole.fi.it ; Via Portigiani 3 ; 🕑 8h-18h lun-sam, 10h-13h et 14h-18h dim mars-oct, 8h-17h lun-sam, 10h-16h dim nov-fév) vous fournira des renseignements sur la ville, les hébergements, les promenades et d'autres activités. La plupart des services – dont une banque, un distributeur de billets et la poste – sont regroupés sur la place principale, la Piazza Mino da Fiesole.

À voir

Donnant sur la place principale, la **cathédrale** (☎ 055 59 95 66 ; Piazza della Cattedrale 1 ; 🕑 7h30-12h et 15h-18h mai-oct, 7h30-12h et 15h-17h nov-avr), édifiée au XIe siècle, a été modifiée au XIXe siècle. À l'intérieur, ne manquez pas la niche au-dessus de la porte principale ; elle abrite une statue en terre cuite émaillée de San Romolo (1521), de Giovanni della Robbia. Elle n'est pas facile à apercevoir dans la pénombre. Derrière la cathédrale, le minuscule **Museo Bandini** (☎ 055 5 94 77 ; Via Duprè ; 6,50 € avec la Zona Archeologica ; 🕑 10h-19h tlj mai-oct, 9h-17h mer-lun nov-avr) renferme une superbe collection d'œuvres du début de la Renaissance toscane, dont une*Annunciazione* de Taddeo Gaddi.

En face du musée, la **Zona Archeologica** (carte p. 79 ; ☎ 055 5 91 18 ; Via Portigiana 27 ; 6,50 € avec le Museo Bandini ; 🕑 9h30-19h mai-oct, 9h30-17h mer-lun nov-avr) comprend un théâtre romain du Ier siècle av. J.-C. De juin à août, le site accueille l'**Estate Fiesolana**, une série de concerts et de spectacles. Vous verrez également un petit temple étrusque et des bains romains. Le musée archéologique vaut également le coup d'œil pour ses vestiges des époques étrusque, romaine et lombarde.

Pour un panorama imprenable sur Florence, prenez la Via di San Francesco, à l'ouest de la Piazza Mino da Fiesole. Au bout de plusieurs centaines de mètres, vous traverserez un petit parc ménageant des perspectives spectaculaires.

Où se loger et se restaurer

Hotel Villa Aurora (☎ 055 5 91 00 ; www.aurorafiesole.com ; Piazza Mino da Fiesole 39 ; s/d 98/140 € ; ❄). Ce très bel hôtel de caractère, datant du XIXe siècle, sur la place principale, met à disposition des chambres pimpantes et spacieuses. Celles à l'arrière offrent l'agrément d'une vue superbe sur Florence. L'établissement comprend également un restaurant en terrasse (17 € environ le repas).

Hotel Villa Bonelli (☎ 055 5 95 13 ; www.hotelvillabonelli.com ; Via Poeti 1 ; s/d à partir de 67/111 € ; ❄). Un cadre agréable et tranquille, une grande terrasse, des chambres de style rustique, aérées et spacieuses, un accueil familial : tous les ingrédients sont réunis pour faire d'un séjour à la Villa Bonelli un moment agréable.

Pizzeria Etrusca (☎ 055 59 94 84 ; Piazza Mino da Fiesole 2 ; pizzas environ 5,50 €). Cette pizzeria sur la place principale a du succès. Au choix : des pâtes et des pizzas, à savourer sur la terrasse ombragée.

Depuis/vers Fiesole

Fiesole est facilement accessible depuis Florence. Le bus ATAF n°7 qui part de la Stazione di Santa Maria Novella à Florence s'arrête sur la Piazza Mino da Fiesole (5,50 € l'aller), au centre de la localité. En voiture, prenez la direction de la Piazza della Libertà, au nord de la cathédrale, et suivez les panneaux en direction de Fiesole.

SETTIGNANO

À 6 km à l'est de Fiesole, sur une pittoresque route de campagne, Settignano offre des vues somptueuses sur Florence (venez en matinée, pour éviter les brumes de chaleur). Ce plaisant petit *borgo* (bourg) vaut le détour, ne serait-ce que pour ses bonnes tables.

La Capponcina (carte p. 79 ; ☎ 055 69 70 37 ; Via San Romano 17r ; repas environ 35 € ; 🕑 mar-dim). Sur les collines qui dominent Florence au nord-est, cet établissement réputé cuisine une succulente *tagliata di manzo* (filet de bœuf émincé servi sur un lit de roquette). S'installer dans le jardin est un vrai plaisir en été. L'atmosphère y est plus fraîche qu'à Florence.

La **Chiesa di Santa Maria** vaut le coup d'œil pour sa chaire de Buontalenti et sa Vierge réalisée par les della Robbia.

Prenez le bus n°10 au départ de la Stazione di Santa Maria Novella ou de la Piazza San Marco à Florence (ce service est remplacé par le bus n°67 à partir de 21h). Le restaurant est à deux pas de la Piazza San Tommaseo, au centre, terminus du bus.

VILLAS DES MÉDICIS

Au cours des XVe et XVIe siècles, au fur et à mesure que s'accrurent leur fortune et leur prospérité, les Médicis firent bâtir plusieurs luxueuses villas dans la campagne florentine. La plupart d'entre elles, désormais englobées par les faubourgs de la ville, sont facilement accessibles par les bus ATAF au départ de la gare ferroviaire. Le bus n°28 dessert La Petraia et Castello, et le n°14 Careggi.

La magnifique **Villa Medicea La Petraia** (carte p. 79 ; ☎ 055 45 12 08 ; Via della Petraia 40 ; 2 € avec la Villa Medicea di Castello ; 🕑 8h15-20h tlj juin-août, horaires réduits sept-mai et les 1er et 3e lun du mois toute l'année) est à 3,5 km au nord de la capitale toscane. En 1576, Ferdinando de' Medici demanda à Buontalenti d'aménager cet ancien château en villa. Elle possède un superbe jardin, agrémenté d'une fontaine de Giambologna.

Plus au nord, la **Villa Medicea di Castello** (carte p. 79 ; ☎ 055 45 47 91 ; Via di Castello 47 ; 2 € avec la Villa Medicea La Petraia ; 🕑 8h15-20h tlj juin-août, horaires réduits sept-mai et les 1er et 3e lun du mois toute l'année) servit de résidence d'été à Laurent le Magnifique. Seul le parc se visite.

C'est à la **Villa Medicea di Careggi** (carte p. 79; ☎ 055 427 97 55 ; Viale Pieraccini 17 ; gratuit ; 🕑 9h-18h lun-ven, 9h-12h sam, sur réservation) que Lorenzo Il Magnifico a rendu son dernier soupir en 1492. L'accès à la villa est limité car elle abrite les services administratifs d'un hôpital. On peut néanmoins visiter les jardins à son gré.

Autre villégiature des Médicis, la **Villa di Poggio a Caiano** (carte p. 129 ; ☎ 055 87 70 12 ; Piazza Medici 14 ; 2 €, accès au parc gratuit ; 🕑 9h-18h30 juin-août, 9h-17h30 avr, mai et sept, 8h15-16h30 mars et oct, 8h15-15h30 nov-fév, fermé 2e et 3e lun du mois), à une quinzaine de kilomètres de Florence, sur l'ancienne route de Pistoia, est sertie dans un parc magnifique. L'intérieur a conservé un décor somptueux de fresques d'origine et une grande partie du mobilier du début du XXe siècle, lorsque la villa appartenait aux ducs de Savoie. Une visite de l'intérieur a lieu toutes les heures. Si vous n'avez pas de voiture, prenez le bus COPIT Florence-Pistoia qui s'arrête devant la villa.

IL MUGELLO

La région située au nord-est de Florence, qu'on appelle le Mugello, mène à Firenzuola, à la limite de l'Émilie-Romagne. Elle est connue pour ses villages toscans traditionnels. La vallée de la Sieve constitue l'une des plus grandes régions vinicoles de Toscane. Le Mugello est en outre un endroit idéal pour la randonnée.

Pour tout renseignement sur la région, contactez la **Comunità Montana del Mugello** (☎ 055 84 52 71 ; Via P. Togliatti 45).

Originaires du Mugello et grands propriétaires terriens, les Médicis sont restés fortement attachés à la région où leurs anciennes demeures fortifiées, réaménagées en villas, peuvent se visiter.

À la sortie de Pratolino, le **Parco della Villa Medici-Demidoff** (☎ 055 276 04 19 ; 3 € ; ⏲ 10h-20h jeu-dim avr-sept, 10h-19h jeu-dim mars-oct) entourait autrefois l'une des villas des Médicis, démolie en 1824. La famille Demidoff, propriétaire du terrain, en a fait un superbe jardin romantique. Suivez la SS65 pendant encore 13 km, et vous atteindrez la bifurcation (à l'est) pour **Trebbio** et, quelques kilomètres plus loin, une autre pour **Cafaggiolo**, deux autres villégiatures des Médicis. Les visites se font sur rendez-vous uniquement. Contactez l'**Associazione Turismo Ambiente** (☎ 055 845 87 93 ; Piazza Dante 29, Borgo San Lorenzo).

IL CHIANTI

La région du Chianti fait généralement penser à des paysages de collines verdoyantes, d'oliveraies et de vignobles, entre Florence et Sienne. Après avoir connu des difficultés économiques après la Seconde Guerre mondiale, elle est aujourd'hui très prisée par les Européens du Nord qui en ont fait un lieu privilégié de résidence estivale.

Le Chianti se divise en deux provinces : le Chianti Fiorentino et le Chianti Senese. Outre une campagne magnifique, vous trouverez là des vins parmi les plus réputés du pays, dont le chianti classico, un mélange de raisins rouges, avec un minimum de 75% de *sangiovese*, vendu sous l'emblème Gallo Nero (coq noir). Le reste de la région est divisé en six autres appellations : colli fiorentini, colli senesi, colline pisane, colli aretini, montalbano et rùfina, chacune avec ses caractéristiques. Autre spécialité régionale, le *vin santo* est un vin doux, âgé, à consommer en dessert avec des *cantucci*, biscuits parfumés à l'amande.

On peut circuler en bus dans la campagne, mais la voiture est nettement plus pratique. Vous pourrez également vous déplacer à bicyclette, voire à pied. Accordez-vous quelques jours pour découvrir toutes les richesses aux environs de la route nationale SS222, ou Via Chiantigiana, entre Florence et Sienne.

Les hébergements bon marché sont rares, et il faut réserver longtemps à l'avance compte tenu de la fréquentation touristique.

Vous trouverez quantité d'informations sur sur cette région, notamment dans les offices du tourisme locaux. Le plus efficace est sans doute celui de Radda in Chianti. Sur Internet, surfez sur le site www.chiantionline.com. Pour plus de renseignements sur les vins de la région, reportez-vous à la page 61.

Chianti Fiorentino

GREVE IN CHIANTI

Environ 20 km au sud de Florence, sur la Via Chiantigiana, Greve in Chianti constitue une bonne base pour explorer la région. Facilement accessible depuis Florence par les bus SITA (2,90 €), Greve se déploie autour de la Piazza Matteotti, version provinciale de la place florentine, bordée d'arcades. Au centre s'élève la statue de Giovanni da Verrazzano, qui découvrit le port de New York et donna son nom à un pont dans cette ville.

L'**office du tourisme** (☎ 055 854 62 87 ; Via Giovanni da Verrazzano 33 ; ⏲ 10h-13h et 14h30-19h lun-ven, 10h-13h et 14h30-17h sam), à 500 m au nord de la piazza, vous fournira cartes et informations disponibles en plusieurs langues. Contactez également **Chianti Slow Travel** (☎ 055 854 62 99 ; Via Giovanni da Verrazzano 59 ; www.chiantiechianti.it – en italien seulement), qui peut s'occuper des réservations d'hébergement et organiser des visites de caves. Pour déguster une viande locale, comme le traditionnel porc *cinta senese*, poussez la porte de l'**Antica Macelleria Falorni** (☎ 055 85 30 29 ; Piazza Matteotti 69-71 ; ⏲ lun-sam).

Si vous séjournez à Greve, le **Giovanni da Verrazzano** (☎ 055 85 31 89 ; www.verrazzano.it ; Piazza Matteotti 28 ; s/d 77/89 € ; ✖) fera l'affaire.

Certaines chambres donnent sur la place principale. À environ 5 km vers le sud, la **Villa Vinamaggio** (☎ 055 85 46 61 ; Via Petriolo 5 ; d à partir de 150 € ;) est un superbe manoir du XVe siècle, que l'on dit lieu de naissance de Mona Lisa. Kenneth Brannagh y tourna *Beaucoup de bruit pour rien* en 1993. Vous vous installerez dans une villa ou un bungalow entièrement équipé, avec d'immenses sdb et des jacuzzi (200-250 €). L'ensemble se prolonge par un jardin à l'italienne très agréable, une piscine et des courts de tennis.

Les fins palais feront halte à la **Cantine di Greve** (☎ 055 854 64 04 ; Piazza della Cantine ; 10h-19h), la plus grande *enoteca* du Chianti, qui fonctionne selon un principe original. On achète une carte prépayée (10 €, 15 € ou 20 €), que l'on insère dans plusieurs machines, qui distribuent plus de 140 sortes de vins, à partir de 0,80 € le verre. Consultez le site www.comune.greve-in-chianti.fi.it (en italien uniquement).

MONTEFIORALLE

Cet ancien village fortifié, à 2 km à l'ouest de Greve, vaut le déplacement. L'église de Santo Stefano renferme de très belles peintures médiévales. De Montefioralle, suivez la route en terre sur plusieurs centaines de mètres, puis tournez à droite pour rejoindre la **Pieve di San Cresci**, toute simple. De là, il est facile de descendre jusqu'à Greve.

BADIA DI PASSIGNANO

À environ 7 km à l'ouest, dans un magnifique cadre d'oliveraies et de vignobles, Badia di Passignano doit sa fondation en 1049 à une communauté de bénédictins de l'ordre vallombrosien. Le massif château à tourelles est entouré de cyprès.

CIRCUIT : VALLOMBROSA

Cette petite excursion, facile à effectuer si vous disposez d'un véhicule, vous fera découvrir les beautés de la forêt de **Vallombrosa** et l'*abbazia* (abbaye) du même nom.

En quittant Florence par la SS67 vers l'est (suivez les panneaux bleus en direction d'Arezzo), vous passerez d'abord devant le **Cimetière militaire du Commonwealth** (8h-16h30 tlj), situé à 500 m avant **Anchetta**.

Suivez la route jusqu'à **Sieci**, dont l'église romane est agrémentée d'un campanile élancé. Un crochet de 6 km par le nord (indiqué par des panneaux) vous emmènera au **Castello del Trebbio** (☎ 055 830 49 00 ; Via Montetrini 10), qui appartint jadis à la famille Pazzi. Cet avant-poste rural fortifié, typique du XIIe siècle, est devenu aujourd'hui un *agriturismo*. Vous pouvez faire des promenades à cheval et acheter du vin.

En revenant sur la SS67, vous traverserez **Pontassieve**, une petite ville animée et pittoresque au bord de la Sieve. Peu après, prenez la SS70 sur une brève distance pour obliquer en direction de **Pelago**, perché au sommet d'une crête dominant les cultures des vallées. De là, faites encore 12 km jusqu'à **Vallombrosa**. En montant, la forêt devient de plus en plus dense. Les sapins ont été plantés il y a des siècles par des moines vallombrosiens.

L'**abbaye** (☎ 055 86 20 74 ; gratuit ; 9h-12h et 15h-18h) est située à près de 1 000 m d'altitude. Fondée au XIe siècle par San Giovanni Gualberto, cette communauté bénédictine habitait au cœur d'une forêt encore plus impressionnante. Les moines, qui s'étaient donné pour tâche de mettre fin à la simonie et à la corruption du clergé, jouèrent par la suite un rôle important dans la politique florentine. Chassés à l'époque napoléonienne, ils ne revinrent à Vallombrosa que dans les années 1950. Vous pourrez vous promener dans le parc ou suivre la visite guidée à 10h30 les mardis et vendredis en juillet et en août. Comme dans de nombreux monastères toscans, vous aurez la possibilité d'acheter des onguents et des élixirs fabriqués par les moines à l'Antica Farmacia.

La région environnante se prête à merveille à des pauses pique-nique ou des promenades, par exemple autour du **Monte Secchieta** (1449 m). À l'abbaye comme à **Saltino**, 2 km plus loin sur la route, vous trouverez quelques restaurants et hôtels.

De là, suivez la route qui file vers le sud en direction de **Reggello** et de **Cascia** (qui possède une petite église romane), pour finir à **Figline Valdarno**. Connue autrefois comme le grenier à blé de Florence, cette cité abrite quelques édifices intéressants, notamment le Palazzo Pretorio (XIVe siècle), siège du pouvoir local, ainsi que ses murailles et ses tours, toujours debout.

De Figline Valdarno, suivez la SS69 pour revenir à Florence.

L'église de l'abbaye, **San Michele**, n'était pas ouverte au public au moment de la rédaction de cet ouvrage. Si elle rouvre, ne manquez pas les fresques du XVIIe siècle réalisées par Passignano (natif de l'endroit) et, dans le réfectoire, l'*Ultima Cena* (1476) peinte par Domenico et Davide Ghirlandaio. Faites-vous plaisir à l'**Osteria di Passignano** (☎ 055 807 12 78 ; Via Passignano 33 ; 🕑 lun-sam), réputée pour sa cuisine inventive réalisée à partir de produits du terroir (36 € le repas complet), et sa belle carte des vins. On peut visiter les caves (10 €) et prendre des cours de cuisine (110 €).

PANZANO

En continuant vers le sud le long de la Via Chiantigiana, vous arriverez à Panzano, un charmant village médiéval. Faites halte à l'**Antica Macelleria Cecchini** (☎ 055 85 20 20 ; Via XX Luglio ; 🕑 jeu-mar), une boucherie haute en couleur, tenue par Dario Cecchini, une figure locale qui accueille ses clients en leur présentant du vin et de la viande, et en déclamant des poèmes de Dante. Continuez sur 1 km et tournez en direction de la Chiesa di San Leolino, à **Pieve di Panzano**. Édifiée au Xe siècle, elle a été reconstruite dans le style roman au XIIIe siècle. De là, vous pourrez poursuivre votre route vers le Chianti Senese.

Chianti Senese

Hôtels et restaurants abondent à **Castellina in Chianti**, l'une des villes du Chianti les mieux équipées pour accueillir les touristes. L'**office du tourisme** (☎ 0577 74 23 11), sur la Piazza del Comune 1, au centre, est ouvert de 10h à 13h et de 15h30 à 19h30 tous les jours sauf le dimanche après-midi. L'**Albergo Squarcialupi** (☎ 0577 74 11 86 ; Via Ferruccio 26 ; d à partir de 85 € ; ✂ 🅿) dispose de chambres spacieuses et aérées, dans un *palazzo* du XIVe siècle plein de charme. Pour déguster des spécialités locales traditionnelles, essayez l'**Antica Trattoria La Torre** (☎ 0577 74 02 36 ; Piazza del Comune ; plats à partir de 9 €).

Radda in Chianti, à l'est de Castellina, se caractérise par son charme rural. Ce bourg constitue une bonne base pour partir à la découverte des plus beaux sites de la région. **Da Giovannino** (☎ 0577 73 80 56 ; Via Roma 6-8 ; s/d 50/60 €) est un hôtel familial très agréable, au centre. Vous aimerez les poutres au plafond et les perspectives sur la campagne alentour.

CIRCUIT : IL CHIANTI

Le Chianti est l'une des régions les plus agréables de Toscane. Pour en apprécier les multiples facettes, il est préférable d'avoir son propre véhicule. Au départ de Greve in Chianti, suivez la SS222, également appelée Via Chiantigina, en direction du sud, sur environ 1 km, jusqu'à ce que vous arriviez à hauteur d'une petite route sur la droite, que vous emprunterez. Vers le sud-est, elle traverse la campagne toscane et sa marqueterie typique de paysages, composés d'oliviers et de vignobles. Au bout de 2 km, vous rejoindrez Villa Vinamaggio, où vous pourrez faire une pause restauration et acheter du vin. Continuez vers l'est et, 2 km plus loin, cette route bifurque vers le sud et passe à Lamole, un charmant village réputé pour son *vin santo*. Encore 2 km vers le sud, et la route débouche sur la SP118. Prenez vers l'est (la route devient alors la SP112) et suivez cette route qui file vers le sud jusqu'au minuscule village de Volpaia, d'où vous bénéficierez de vues superbes sur l'arrière-pays florentin. Profitez-en pour visiter les caves des vignerons et déguster leur production.

De là, suivez la SP112 sur 3 km vers le sud. Vous traverserez des vignobles et des champs de pavots, avant d'arriver à Lo Spiccio. Empruntez la route secondaire vers l'est qui, après 1 km, rejoint la SS429. Faites éventuellement un crochet de 500 m vers le sud-ouest pour visiter Radda. Ensuite, suivez la SS429 vers l'est, sur 6 km, jusqu'à ce que vous voyiez une route secondaire au nord, qui mène rapidement à Badia a Coltibuono, un village isolé, plein de charme, où se trouvent un restaurant réputé et une exploitation vinicole.

L'établissement possède également un excellent petit restaurant. Pour acheter de l'huile d'olive et des vins locaux, passez à l'**Enoteca Toscana** (☎ 0577 73 88 45 ; Via Roma 29). On vous conseillera utilement et des dégustations gratuites vous seront proposées.

L'**office du tourisme** (☎ 0577 73 84 94 ; proradda@chiantinet.it ; Piazza Castello ; 🕑 10h-13h et 15h-19h lun-sam, 10h-13h dim mars-oct, 10h-13h nov-fév) vous indiquera les possibilités de randonnée dans le secteur et les visites de caves. **ChiantiMania** (☎ 0577 73 89 79 ; www.chiantimania.com ; Via Trento e Trieste 12), tenu par Alessandra and Lorenzo, très aimables, organise diverses excursions, notamment des visites du vignoble (à partir de 45 €), des randonnées accompagnées (35 €), le survol de la région en montgolfière (235 € la sortie de 3 heures 30), et peut également s'occuper des réservations hôtelières. Le quatre-étoiles **Hotel Villa la Grotta** (☎ 0577 74 71 25 ; www.hotelvillalagrotta.it ; d 230-325 € ;), un luxueux établissement isolé à 15 km au sud-est de Radda, se singularise par son décor rustique bienvenu.

Pour des cours de cuisine, contactez **Badia a Coltibuono** (☎ 0577 74 48 32 ; www.coltibuono.com), d'excellente réputation, à 7 km à l'est de Radda. Outre un *menu di degustazione*, ce restaurant propose différentes formules de cours, à partir de 148 € la journée (minimum 6 participants), ou 1 200 € les quatre jours/trois nuits.

De Radda, il est également facile de visiter les vignobles de la région, dont **Volpaia** (☎ 0577 73 80 66 ; www.volpaia.com ; visite guidée et dégustation 11 €), à 6 km environ au nord, un village de 44 habitants seulement, presque tous vignerons. On peut visiter les chais et le moulin à huile (dégustation de vin sur rendez-vous), et même louer de luxueux appartements, avec piscine, moyennant 903 € la semaine.

DEPUIS/VERS LE CHIANTI SENESE

Des bus relient Florence (3,40 €, 1 heure 45) et Sienne (2,70 €), en passant par Castellina et Radda, ainsi que d'autres petites localités. Le Chianti Senese est plus facilement accessible de Sienne que de Florence.

De Florence au Val d'Elsa

Au sud de Florence, un autre itinéraire consiste à partir de la Certosa di Galluzzo (voir p. 112). Suivez la *superstrada* SS2 qui relie Florence à Sienne, ou la route plus tortueuse qui serpente en parallèle. Cette dernière vous conduira à **Tavarnuzze**, d'où vous pourrez faire un détour par **Impruneta**, à environ 8 km au sud-est.

Des tuiles de toit aux ornements pour jardin les plus exubérants, la terre cuite émaillée est la spécialité d'Impruneta. Cette petite ville du Chianti fondée au VIIIe siècle doit surtout sa renommée à la Madonna dell'Impruneta, image miraculeuse conservée dans la Basilica di Santa Maria, qui donne sur la piazza.

De retour à Tavarnuzze, allez au sud en direction de **San Casciano in Val di Pesa**, un important centre vinicole. Sous contrôle florentin dès le XIIIe siècle, la petite cité s'est dotée plus tard d'une enceinte défensive, restée en partie intacte, et offre un point de vue superbe. Avant d'arriver à San Casciano, vous passerez devant le **cimetière militaire américain** (gratuit ; 8h-18h mi-avr à sept, 8h-17h oct à mi-avr), où l'alignement impeccable des croix blanches rappelle les massacres de la Seconde Guerre mondiale.

Juste avant Bargino, prenez la route qui part vers l'est en direction de **Montefiridolfi**. Ce pittoresque détour vous fera traverser les vignobles et les oliveraies. En chemin, vous passerez devant le **Castello di Bibbione** (☎ 0545 824 92 31 ; www.castellodibibbione.com), une demeure de caractère en pierre, qui appartint autrefois à Niccolò Machiavelli. Un séjour de deux nuits pour deux personnes coûte 550 € (des séjours plus longs sont possibles). Vous n'êtes plus loin d'une grande tombe étrusque, à 1,5 km. Continuez jusqu'à un carrefour, puis bifurquez en direction de **Tavarnelle Val di Pesa** (à l'ouest), d'où vous pourrez rejoindre le charmant petit *borgo* médiéval de **Barberino Val d'Elsa**.

À Tavarnelle, l'auberge de jeunesse **Ostello del Chianti** (☎ 055 807 70 09 ; Via Roma 137 ; dort 12,50 €, 16 € avec petit déj ; mars-fin oct) occupe un bâtiment moderne, doté de chambres familiales. On peut se restaurer sur place (8 €).

De Barberino, la route mène directement à Poggibonsi, au sud, d'où vous trouverez des liaisons en bus pour San Gimignano (voir p. 212). Certaines des localités mentionnées ci-dessus sont accessibles en bus (notamment avec la compagnie SITA) depuis Florence, mais le temps de transport est long.

Certaldo

Perchée sur une colline, environ 15 km à l'ouest de Barberino, Certaldo mérite amplement le détour, bien qu'elle se trouve en dehors des limites du Chianti. Fief de la famille de Boccace, la ville haute (Certaldo Alto) est d'origine étrusque, tandis que la ville basse qui s'étend dans la vallée date du XIIIe siècle – époque à laquelle les deux parties de la ville avaient déjà été absorbées par la république florentine.

Giovanni Boccacio fut enterré ici en 1375. La rue principale abrite une demeure en grande partie reconstruite, la **maison de**

Boccaccio (☎ 0571 66 42 08 ; Via Boccaccio ; 3,10 € ; ⌚ 10h-19h mai-sept, 10h30-16h30 oct-avr, fermé mar), gravement endommagée pendant la Seconde Guerre mondiale. La bibliothèque contient plusieurs fac-similés du *Décaméron*. Un peu plus loin, la Chiesa di SS Jacopo e Filippo abrite le cénotaphe de l'écrivain. Ses restes ont été éparpillés en 1783 par les villageois, qui trouvaient les écrits du poète scandaleux.

La masse du **Palazzo Pretorio** (☎ 0571 66 12 19 ; 3 € ; ⌚ 9h30-13h et 14h-19h30), siège du pouvoir temporel, domine tout le haut du borgo fortifié. Sa façade du XIVe siècle est richement décorée d'armoiries familiales. Le vestibule orné de fresques ouvre sur une cour de style Renaissance.

Ceux qui redoutent la montée (pentue) jusqu'à la ville haute emprunteront le *funicolare* (funiculaire ; aller-retour 1 €), qui part de la Piazza Boccaccio dans la nouvelle ville.

Bonne adresse à Certaldo Alto, l'**Albergo Il Castello** (☎ 0571 66 82 50 ; www.albergoilcastello.it ; Via della Rena 6 ; s/d 60/100 € ; ❄) est une ancienne demeure pleine de charme, dotée d'un jardin agréable et de chambres douillettes. Le petit déjeuner est inclus, et la demi-pension possible à partir de 3 nuits.

Le guide Lonely Planet *Walking in Italy* détaille la randonnée de 3 jours qui va de Certaldo à Volterra en passant par San Gimignano.

OUEST DE FLORENCE

À l'ouest de Florence et au sud de Pistoia (voir p. 126), plusieurs petites localités jalonnent l'itinéraire entre Florence et Pistoia. Elles disposent toutes de structures hôtelières.

Si vous prévoyez de visiter quelques musées dans la région, achetez le billet combiné (6 €) qui donne accès au Museo Leonardiano à Vinci, au Museo della Collegiata di Empoli et au Museo Archeologico e della Ceramica à Montelupo.

Vinci et environs

De Pistoia, une petite route de campagne, la SP13, file au sud vers Empoli. Après une longue série de virages à travers le haut plateau boisé du Monte Albano, vous passerez devant un panneau indiquant à gauche la **Casa di Leonardo** (maison de Leonardo ; Via di Anchiano 36 ; gratuit ; ⌚ 9h30-19h mars-oct, 9h30-18h nov-fév) à **Anchiano**, 1 km plus haut. C'est là qu'aurait vu le jour Leonardo da Vinci, fils illégitime d'un notaire florentin, Piero.

En revenant sur la SP13, vous n'êtes plus qu'à 1,5 km de Vinci. L'**office du tourisme** (☎ 0571 56 80 12 ; Via della Torre 11 ; ⌚ 10h-19h) se trouve près de l'imposant **Castello dei Conti Guidi**, siège des comtes Guidi, maîtres de la cité et des ses environs, jusqu'à ce que Florence en prenne le contrôle au XIIIe siècle. Le château abrite le **Museo Leonardiano** (☎ 0571 5 60 55 ; adulte/enfant 5/2 € ; ⌚ 9h30-19h mars-oct, 9h30-18h nov-fév), où est exposée une étonnante série de maquettes réalisées à partir des croquis de cet artiste visionnaire. En contrebas, le **Museo Ideale Leonardo da Vinci** (☎ 0571 5 62 96 ; Via Montalbano 2 ; adulte/enfant 5/3,50 € ; ⌚ 10h-13h et 15h-19h) est également consacré à Léonard de Vinci.

Les bus Lazzi circulent régulièrement entre Empoli et Vinci (1,90 €, 30 minutes). Pour Pistoia, changez à Crocifisso et prenez un bus Pistoia-Lamporecchio. La route jusqu'à Pistoia est très pittoresque, tout comme le parcours entre Poggio a Caiano (voir p. 137) et Vinci en passant par le centre vinicole de **Carmignano**, réputé pour ses vins DOCG. La première mention d'un cru Carmignano remonte à 1396, détail historique dont la région s'enorgueillit. L'office du tourisme de Prato vous remettra des cartes signalant les caves à vin de la région.

Empoli

Cette localité sans grand intérêt possède toutefois quelques sites méritant la visite, dont la façade romane en marbre blanc et vert de la **Collegiata di Sant'Andrea** sur la Piazza Uberti, qui témoigne de l'importance que dut avoir le village médiéval fondé sur un site du nom d'Emporium. À côté, passez au **Museo della Collegiata di Empoli** (☎ 0571 7 62 84 ; Piazza Uberti ; adulte/enfant 3/1 € ; ⌚ 9h-12h et 16h-19h mar-dim), qui présente des objets d'art religieux toscan des XIVe, XVe et XVIe siècles.

À l'ouest de la ville on distingue la silhouette quelque peu défraîchie de la **Chiesa di Santa Maria a Ripa** (XIIe siècle), témoin des origines de cette cité née au VIIIe siècle.

Les bus Lazzi relient régulièrement Vinci et Empoli. De Florence, prenez le train (4,50 €, 40 minutes), plus rapide et moins cher que le bus.

Montelupo

À un arrêt d'Empoli par le train (en direction de Florence), la cité commerçante de Montelupo s'est établie au confluent de l'Arno et de la Pesa. Centre de production de céramique réputé dès l'époque médiévale, la ville ne manque pas de boutiques spécialisées.

Le **Museo Archeologico e della Ceramica** (☎ 0571 5 13 52 ; Via Baccio da Montelupo 43 ; 3 € ; 🕑 9h-12h et 14h30-19h mar-dim) occupe l'ancien Palazzo del Podestà (XIVe siècle), en face de l'office du tourisme. Y sont exposées des collections de céramique datant de la préhistoire jusqu'au XVIIIe siècle.

Sur l'autre rive de la Pesa, la villa médicéenne **Ambrogiana**, construite par Ferdinand Ier, est devenue un hôpital psychiatrique et ne peut pas se visiter.

La troisième semaine de chaque mois, un marché de la poterie se tient dans le centre d'exposition du Corso Garibaldi. La dernière semaine de juin, Montelupo accueille une foire à la poterie internationale.

Pour Florence, prenez le train (2,10 €, 25 minutes).

Nord-ouest de la Toscane

SOMMAIRE

Hormis Pise et sa célèbre Tour penchée, le nord-ouest de la Toscane est souvent ignoré des touristes, qui préfèrent consacrer leur temps aux splendeurs de Sienne et de Florence. La région ne manque pourtant pas de charme et il serait dommage, par exemple, de ne pas profiter de la visite de Pise pour découvrir le charme pittoresque de ses ruelles anciennes. Et comment ne pas être séduit par Lucca, merveilleusement conservée à l'abri de remparts du XVIe siècle, véritable labyrinthe de ruelles, d'édifices romans, de *piazze* gracieuses et de magasins élégants.

Plus à l'intérieur des terres, des routes tortueuses serpentent à travers un paysage accidenté composé de pics montagneux et de luxuriantes forêts de pins. Certains villages pittoresques comme Bagni di Lucca sont presque typiquement alpins. Plus au nord se trouve Abetone, l'une des premières stations de ski du pays. À l'ouest, les superbes Alpes apuanes sont aussi populaires auprès des marcheurs italiens qu'étrangers.

Pays du marbre, la région concentre l'essentiel de son activité dans la ville de Carrara, dont la réputation attire des sculpteurs du monde entier, venus chercher ici le précieux marbre blanc qu'utilisait déjà Michel-Ange il y a cinq siècles.

Sur la côte, les stations comme Viareggio sont particulièrement prisées des touristes italiens et l'on y rencontre généralement assez peu de visiteurs étrangers.

À NE PAS MANQUER

- La Tour de Pise à l'aube ou à la tombée du jour, quand les touristes et les marchands de souvenirs kitsch sont partis (p. 159)
- Une visite à vélo de la vieille ville fortifiée de Lucca (p. 146)
- Le *carnevale* débridé de Viareggio, en février et en mars (p. 164)
- Les carrières de marbre de Carrara, les plus célèbres du monde (p. 168)
- La beauté sauvage de la région de la Garfagnana (p. 153) et de sa voisine du nord, la Lunigiana (p. 170)

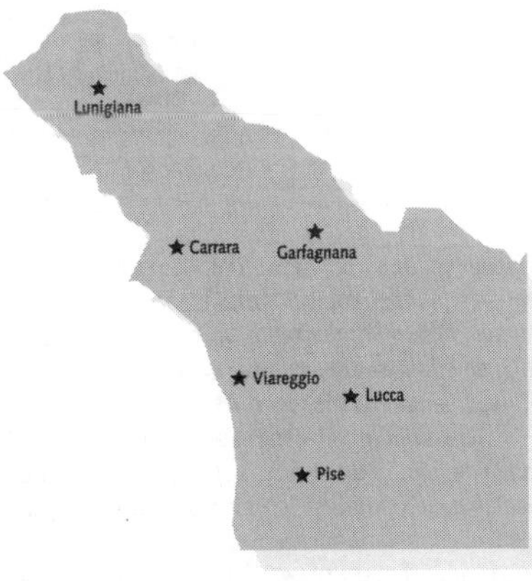

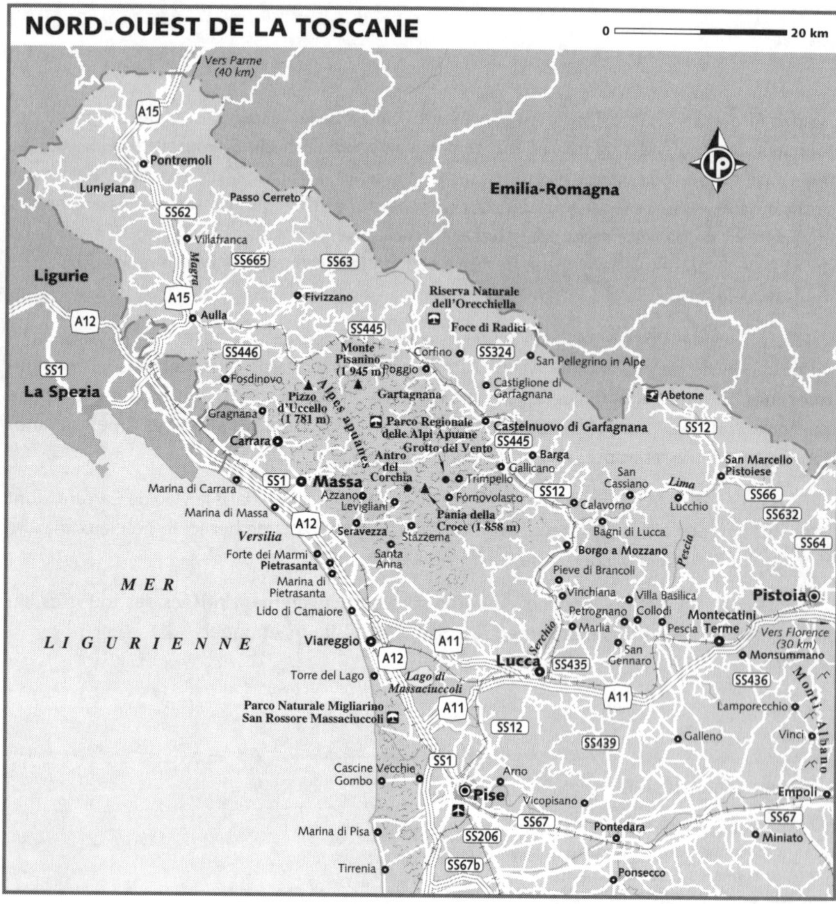

LUCCA

87 000 hab.

Comme protégée des injures du temps par ses imposants remparts Renaissance, Lucca est une ville élégante dotée d'un beau patrimoine historique, d'une centaine d'églises, de bons magasins et d'excellents restaurants. Elle offre en outre l'avantage de constituer un formidable point de départ pour partir explorer les Alpes apuanes et la Garfagnana.

Fondée par les Étrusques, Lucca devint colonie romaine en 180 av. J.-C. puis commune libre au XIIe siècle. Tombée aux mains de Pise en 1314, la cité retrouva son autonomie grâce à la poigne d'un aventurier local, Castruccio Castracani degli Anterminelli, et commença à étendre sa domination territoriale dans l'ouest de la Toscane, notamment à Carrara, la riche cité marbrière. À la mort de Castruccio, en 1325, Lucca demeura une république libre pendant près de cinq siècles.

En 1805, Napoléon créa la principauté de Lucca et installa à sa tête l'un des rares membres de sa nombreuse famille à ne pas avoir encore de fief en Italie. Cet fut sa sœur, Élisa, à qui fut confiée toute la Toscane en 1809. Douze ans plus tard, la ville devint un duché Bourbon avant d'être intégrée au grand-duché de Toscane en 1847, puis au royaume d'Italie.

Les longues périodes de paix que connut Lucca expliquent l'état de conservation

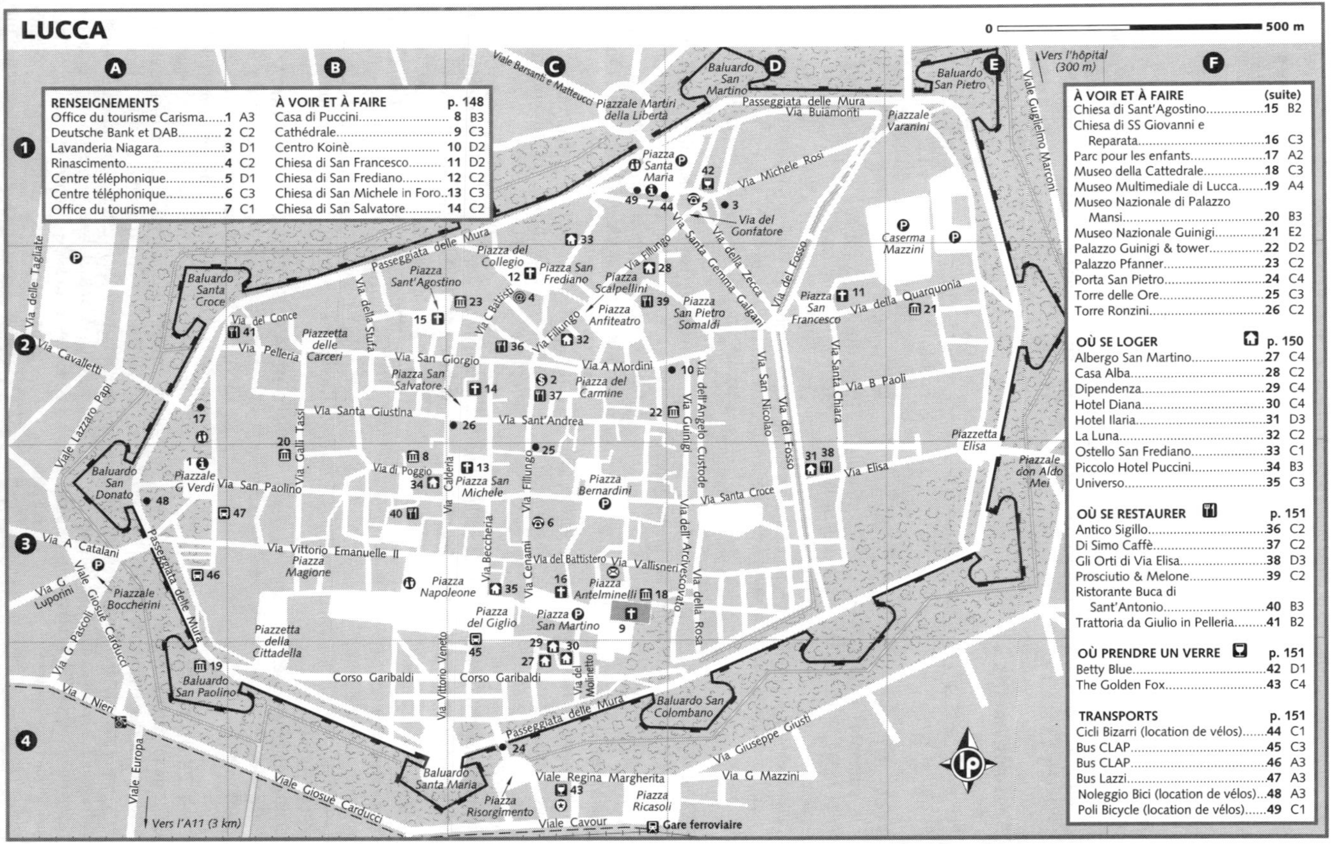
LUCCA
0 500 m
RENSEIGNEMENTS
Office du tourisme Carisma......1 A3
Deutsche Bank et DAB............2 C2
Lavanderia Niagara..............3 D1
Rinascimento....................4 C2
Centre téléphonique.............5 D1
Centre téléphonique.............6 C3
Office du tourisme..............7 C1
À VOIR ET À FAIRE p. 148
Casa di Puccini.................8 B3
Cathédrale......................9 C3
Centro Koinè....................10 D2
Chiesa di San Francesco.........11 D2
Chiesa di San Frediano..........12 C2
Chiesa di San Michele in Foro...13 C3
Chiesa di San Salvatore.........14 C2
À VOIR ET À FAIRE (suite)
Chiesa di Sant'Agostino.........15 B2
Chiesa di SS Giovanni e Reparata.16 C3
Parc pour les enfants...........17 A2
Museo della Cattedrale..........18 C3
Museo Multimediale di Lucca.....19 A4
Museo Nazionale di Palazzo Mansi.20 B3
Museo Nazionale Guinigi.........21 E2
Palazzo Guinigi & tower.........22 D2
Palazzo Pfanner.................23 C2
Porta San Pietro................24 C4
Torre delle Ore.................25 C3
Torre Ronzini...................26 C2
OÙ SE LOGER p. 150
Albergo San Martino.............27 C4
Casa Alba.......................28 C2
Dipendenza......................29 C4
Hotel Diana.....................30 C4
Hotel Ilaria....................31 D3
La Luna.........................32 C2
Ostello San Frediano............33 C1
Piccolo Hotel Puccini...........34 B3
Universo........................35 C3
OÙ SE RESTAURER p. 151
Antico Sigillo..................36 C2
Di Simo Caffè...................37 C2
Gli Orti di Via Elisa...........38 D3
Prosciutio & Melone.............39 C2
Ristorante Buca di Sant'Antonio..40 B3
Trattoria da Giulio in Pelleria..41 B2
OÙ PRENDRE UN VERRE p. 151
Betty Blue......................42 D1
The Golden Fox..................43 C4
TRANSPORTS p. 151
Cicli Bizarri (location de vélos)...44 C1
Bus CLAP........................45 C3
Bus CLAP........................46 A3
Bus Lazzi.......................47 A3
Noleggio Bici (location de vélos)...48 A3
Poli Bicycle (location de vélos)....49 C1
Vers l'hôpital (300 m)
Vers l'A11 (3 km)
Gare ferroviaire

quasi parfait de ses remparts, qui furent rarement mis à l'épreuve.

Orientation

Depuis la gare ferroviaire, située sur la Piazza Ricasoli, allez vers le nord-ouest jusqu'à la piazza Risorgimento, avant de franchir la Porta San Pietro. Suivez la Via Vittorio Veneto vers le nord jusqu'à l'immense Piazza Napoleone, puis continuez jusqu'à la Piazza San Michele, qui constitue le centre de la ville.

Renseignements

URGENCES

Police (☎ 0583 44 27 27 ; Viale Cavour 38). Près de la gare ferroviaire.

ACCÈS INTERNET

Rinascimento (☎ 0583 46 98 73 ; Via C. Battisti 50 ; 1,50 € /2,50 € 30 min/1 heure). Cet établissement fait également office de galerie d'art. L'office du tourisme Carisma (voir plus bas) dispose également d'un kiosque Internet fonctionnant à pièces au tarif plus élevé de 6 € les 15 min.

NETTOYAGE

Lavanderia Niagara (Via Michele Rosi 26 ; nettoyage et séchage d'une machine 4 €)

SERVICES MÉDICAUX

Hôpital principal (☎ 0583 97 01 ; Via dell'Ospedale). En dehors des remparts, au nord-est de la ville.

ARGENT

Deutsche Bank (Via Fillungo 76). L'une des quelques banques de la ville à être équipée d'un distributeur de billets.

POSTE

Poste principale (Via Vallisneri 2). Immédiatement au nord de la cathédrale.

TÉLÉPHONE

Centres téléphoniques (Via Cenami 19 et Via del Gonfalone 5). Ces deux centres téléphoniques fonctionnent en self-service.

OFFICES DU TOURISME

Office du tourisme principal (☎ 0583 91 99 31 ; www.luccatourist.it ; Piazza Santa Maria 35 ; 🕒 9h-19h). Dans l'entrée principale de la Porta Santa Maria. Une visite audio-guidée de la ville est disponible. Elle dure deux heures environ mais se loue à la journée (ce qui permet de prendre son temps) moyennant 9 €/pers (7 €/pers à partir de deux personnes).

Carisma (☎ 0583 31 60 24 ; Piazzale Verde ; 🕒 juin-sept 9h-19h, oct-mai 9h-15h). Office du tourisme privé. Possibilité d'effectuer des réservations hôtelières et d'organiser des visites.

À voir et à faire

CATHÉDRALE

Dédiée à saint Martin, la **cathédrale** romane (☎ 0583 49 05 30 ; Piazza San Martino ; 🕒 avr-oct 7h-19h, nov-mars 7h-17h) date du XIe siècle. Son élégante façade à galeries de style luccano-pisan a été conçue de façon à s'harmoniser avec le campanile plus ancien. Dans la partie supérieure, chacune des colonnes est différente et sculptée par un artiste local.

L'intérieur a été transformé dans le style gothique au cours des XIVe et XVe siècles. Matteo Civitali a réalisé la chaire et, dans le bas-côté nord, le *tempietto* (petit temple) du XVe siècle contenant le **Volto Santo**, représentation du Christ crucifié qui aurait été sculptée par Nicodemus, témoin de la crucifixion. Le Volto Santo, qui fait l'objet de nombreux pèlerinages, est porté chaque année en procession à travers les rues, le 13 septembre à la tombée du jour.

Dans la sacristie, la **Tomba di Ilaria del Carretto** (2 € ; 🕒 avr-oct 7h-19h, nov-mars 7h-17h) est un véritable chef-d'œuvre de la sculpture funéraire exécuté au XVe siècle par Jacopo della Quercia pour la femme du seigneur de Lucca, Paolo Guinigi. L'église abrite de nombreuses autres œuvres d'art, notamment une magnifique *Ultima Cena* (Cène) du Tintoret, au-dessus du troisième autel du bas-côté sud.

Voisin de la cathédrale, le **Museo della Cattedrale** (☎ 0583 49 05 30 ; Via Arcivescovato ; 3,50 € ; 🕒 avr-oct tlj 10h-18h, nov-mars lun-ven 10h-14h, sam-dim 10h-18h) abrite des collections d'art religieux (provenant en majeure partie des XVe et XVIe siècles), de sculptures de la cathédrale et de manuscrits enluminés.

CHIESA DI SS GIOVANNI E REPARATA

Derrière la façade XVIIe de cette église qui fut jadis la **cathédrale de Lucca** (☎ 0583 49 05 30 ; Piazza San Martino ; 2,50 € ; 🕒 avr-oct tlj 10h-18h, nov-mars lun-ven 10h-14h, sam-dim 10h-18h), on découvre plus de mille ans d'histoire. Des fouilles archéologiques menées sur place ont même révélé des vestiges datant du IIe siècle av. J.-C. L'actuel baptistère gothique laisse voir des restes de l'église et du baptistère chrétiens originels, datant du Ve siècle. Des ruines romaines, que l'on peut voir aujourd'hui, ont également été découvertes sous le niveau du sol. L'église d'aujourd'hui est en grande partie une version remodelée au XIIe siècle de son ancêtre du Ve siècle.

CHIESA DI SAN MICHELE IN FORO

Aussi éblouissante que la cathédrale, cette **église romane** (Piazza San Michele ; 7h40-12h et 15h-18h), occupe le site d'une ancienne église du VIIIe siècle. Commencée au XIe siècle, sa construction s'est étalée sur près de trois siècles. Sa superbe façade en pièce montée est couronnée par une statue de l'archange saint Michel terrassant le dragon. Ne manquez pas d'admirer la *Madonna e Bambino* (Madonne à l'enfant), d'Andrea della Robbia, à droite en entrant.

CASA DI PUCCINI

Près de l'église, en retrait de la Via di Poggio, la **Casa di Puccini** (0583 58 40 28 ; Corte San Lorenzo 9 ; adulte/enfant 3/2 € ; juin-sept tlj 10h-18h, mars-mai et oct-déc mar-dim 10h-13h et 15h-18h), où vécut le célèbre compositeur, semble être demeurée en l'état depuis son départ. Ses lunettes et son stylo restent posés sur son bureau à côté du piano sur lequel il composa *Madame Butterfly* et nombre de ses œuvres tardives. Surprise un peu morbide : un ancien salon a été réaménagé en une petite chapelle de marbre pour accueillir la tombe du musicien.

VIA FILLUNGO

La rue la plus animée de Lucca, la Via Fillungo, traverse le centre médiéval de la vieille ville. Entre autres bâtiments plusieurs fois centenaires, la **Torre delle Ore** (Tour de l'horloge ; Via Fillungo ; adulte/enfant 3,50/2,50 € ; mars 10h-18h30, avr-oct 10h-19h, nov-fév 10h30-17h) se dresse environ à mi-parcours. Si la montée des 208 marches peut se révéler éprouvante, la vue grandiose qui vous attend à l'arrivée vaut néanmoins quelques efforts.

À L'EST DE LA VIA FILLUNGO

Immédiatement à l'est de la Via Fillungo (où l'on accède par la Piazza Scalpellini) la **Piazza Anfiteatro** doit son nom et sa forme ovale à l'amphithéâtre qui se dressait là à l'époque de la Rome antique et sur les fondations duquel furent construits les bâtiments qui entourent la place. Aujourd'hui, certains diront qu'elle est en quelque sorte restée un théâtre, avec toutes ses boutiques originales et ses cafés branchés.

Au sud-est de la Piazza Anfiteatro se trouvent le **Palazzo Guinigi** et sa **torre** (tour ; 0583 4 85 24 ; Via Sant'Andrea ; adulte/enfant 3,50/2,50 € ; forfait pour les deux tours adulte/enfant 5/3 € ; mars 9h3-19h, avr 9h-20h, mai-sept 9h-24h, oct-fév 10h-16h30). Le chêne qui a réussi à pousser en haut de la tour offre un spectacle surprenant et la fraîcheur de son ombre est fort appréciable après cette nouvelle ascension.

Un peu plus loin vers l'est, le visiteur découvre la **Piazza San Francesco** et la séduisante église du même nom, datant du XIIIe siècle. Plus à l'est encore, la villa Guinigi abrite le **Museo Nazionale Guinigi** (0583 49 60 33 ; Via della Quarquonia ; adulte/enfant 4/2 € ; mar-sam 8h30-19h, dim et jours fériés 8h30-13h30) qui conserve peintures, sculptures et vestiges archéologiques.

À L'OUEST DE LA VIA FILLUNGO

Autre exemple de l'adaptation lucquoise de l'architecture romane, la façade de la **Chiesa di San Frediano** (Piazza San Frediano ; 8h30-12h et 15h-17h) est décorée d'une splendide (et très restaurée) mosaïque du XIIIe siècle. L'intérieur de cette belle basilique abrite la **Fontana Lustrale**, fonts baptismaux du XIIe siècle décorés de reliefs sculptés, derrière lesquels est accrochée une *Annunciazione* d'Andrea della Robbia.

Le **Museo Nazionale di Palazzo Mansi** (0583 5 55 70 ; Via Galli Tassi 43 ; adulte/enfant 4/2 € ; billet groupé avec le Museo Nazionale Guinigi adulte/enfant 6,50/3,25 € ; mar-sam 8h30-19h, dim et jours fériés 8h30-13h) présente des œuvres d'art et un intérieur intéressants.

PALAZZO PFANNER

Édifié à la fin du XVIIe siècle, ce **palazzo** (Via degli Asili 33 ; jardin et palais adulte/enfant 4/2 €, jardin ou palais adulte/enfant 2/1 € ; 1er mars-15 nov 10h-18h) offre un bel exemple de la façon dont vivaient les puissants Lucquois. Un superbe escalier mène à la résidence baroque, décorée de fresques d'origine et de mobilier des XVIIIe et XIXe siècles, à moins que vous ne préfériez flâner dans le magnifique jardin du XVIIIe.

REMPARTS

Si vous disposez d'un peu de temps, vous pouvez parcourir à pied ou à vélo les 4 km de remparts entourant la ville, qui furent édifiés aux XVIe et XVIIe siècles. Pour les enfants qui en auraient plus qu'assez des églises et des musées, vous trouverez des balançoires et d'autres activités près du Baluardo San Donato.

Cours

Le **Centro Koinè** (☎ 0583 49 30 40 ; koinelu@tin.it ; Via A. Mordini 60 ; cours d'été de 2 semaines 355 €, cours d'un mois disponibles toute l'année 500 €) propose des cours d'italien et peut se charger de l'hébergement.

Fêtes et festivals

Chaque année, depuis 1998, Lucca organise un **festival d'été** qui attire des artistes de dimension internationale. Craig David, Simply Red, Elton John et Julio Iglesias comptaient parmi les musiciens qui se sont produits en 2003. Le festival a lieu au mois de juillet et le billet pour l'ensemble du festival coûte environ 30 €. Un bureau d'information et de vente de billets est installé Piazza Napoleone à partir du mois de juin. Pour obtenir de plus amples renseignements, consultez le site web, http: //www.summer-festival.com, ou contactez l'office du tourisme principal.

Le troisième dimanche de juillet, une retraite aux flambeaux et un concours de tir à l'arc sont organisés à la **Festa di San Paolino**. Le 14 septembre voit se tenir une autre retraite aux flambeaux, la Luminaria di Santa Croce.

Où se loger

Bien que les hôtels soient plutôt rares dans le centre-ville, y passer une nuit permet de savourer l'ambiance magique que dégage la cité médiévale après le départ des cars de touristes. Plusieurs *affittacamere* (chambres à louer) sont disponibles, mais la plupart sont situées à l'est du centre-ville, près de la Via Romana.

PETITS BUDGETS

Ostello San Frediano (☎ 0583 46 99 57 ; fax 0583 46 10 07 ; Via della Cavallerizza 12 ; dort/d 15/39 € ; 💻). Cette auberge de jeunesse HI offre de nombreux avantages, notamment celui d'être bien située, non loin de la Chiesa di San Frediano. Elle dispose en outre d'un jardin verdoyant à l'arrière et de chambres assez spacieuses et impeccablement propres. Le petit déjeuner coûte la somme modique de 1,55 €, l'auberge a accès à Internet et est équipée pour recevoir les voyageurs handicapés.

Hotel et Dipendenza Diana (☎ 0583 49 22 02 ; www.albergodiana.com ; Via del Molinetto 11 ; hôtel d 67 € ; annexe s/d 75/93 € ; ❄) Parfaite pour l'été, la *dipendenza* (annexe) offre des chambres avec clim., sols en marbre, TV satellite et sèche-cheveux. Plus basiques, les chambres du bâtiment originel restent néanmoins correctes.

CATÉGORIE MOYENNE

Piccolo Hotel Puccini (☎ 0583 5 54 21 ; www.hotelpuccini.com ; Via di Poggio 9 ; s/d 55/80 €). Ce trois-étoiles élégant au hall de marbre offre des chambres modernes et bien équipées. La situation est idéale, juste à côté de la Piazza San Michele. Préférez les chambres avec vue sur la rue.

La Luna (☎ 0583 49 36 34 ; www.hotellaluna.com ; Corte Compagni 12 ; s/d 75/90 €). Cet établissement propre et bien tenu est installé juste en face d'une pizzeria, ce qui s'avère pratique. Certaines chambres dégagent une ambiance à l'ancienne, avec poutres apparentes et armoire, tandis que d'autres sont modernes et plus quelconques. Un garage séparé offre quelques places de parking.

Casa Alba (☎ 0583 49 53 61 ; www.casa-alba.com ; Via Fillungo 142 ; s/d 80/90 €). Après avoir escaladé quatre étages avec vos bagages, vous découvrirez des chambres dans les tons pastel, exiguës mais néanmoins lumineuses, agréablement décorées et équipées de frigos. Une réduction est possible si vous restez plus de quelques jours, et les prix baissent de 10% en hiver.

Albergo San Martino (☎ 0583 46 91 81 ; www.albergosanmartino.it ; Via della Dogana 9 ; s/d/ste 73/98/145 € ; ❄). Cet hôtel sympathique et accueillant propose dix chambres, toutes décorées dans de chaleureux tons pêche et équipées de réfrigérateurs. Installé dans un coin calme de la splendide Piazza Napoleone, il possède un parking, un service de location de vélos et des infrastructures pour accueillir les voyageurs handicapés.

CATÉGORIE SUPÉRIEURE

L'**Universo** (☎ 0583 49 36 78 ; www.universolucca.com ; Piazza del Giglio 1 ; s/d 120/170 € ; ❄), un peu décati, reste néanmoins un établissement de grand standing, avec de belles vues sur les arbres de la piazza et de la cathédrale (il est difficile d'en être plus près, à moins d'y entrer). Lieu très prisé depuis des lustres, il affiche rapidement complet.

Hotel Ilaria (☎ 0583 46 92 00 ; www.hotelilaria.com ; Via del Fosso 26 ; s/d 130/210 € ; P). L'adresse la plus chic de Lucca est installée dans l'ancien bâtiment des écuries de la superbe Villa Bottini, située juste à côté (qui accueille souvent des concerts en été, ce qui, selon vos goûts en matière de musique, peut se révéler un vrai plus ou un véritable cauchemar). Parfaitement adapté au tourisme d'affaire, il est équipé de nombreux accès à Internet et d'espaces de réunion. Les chambres, spacieuses et modernes, sont agrémentées de terrasses et de salles de bains en marbre clair.

Où se restaurer

Lucca offre un excellent choix de trattorie et restaurants. La plupart sont plutôt traditionnels, mais on trouve aujourd'hui un nombre croissant de restaurants élégants s'adressant à une clientèle plus branchée.

Prosciutto & Melone (☎ 0583 4 88 45 ; Via Anfiteatro 13/17 ; buffet 15 € ; fermé mar). À proximité de la Piazza Anfiteatro, voici une adresse idéale pour reprendre des forces. Le buffet quotidien, qui offre une grande variété de mets, dont des plats de pâtes, conviendra parfaitement aux familles avec enfants difficiles. L'intérieur présente des œuvres artistiques intéressantes, mais vous pouvez également choisir de manger sur la terrasse extérieure.

Ristorante Buca Sant'Antonio (☎ 0583 5 58 81 ; Via della Cervia 3 ; plats 13,50 € ; fermé dim soir et lun). Fondée en 1782, cette adresse offre un cadre magnifique avec ses salles blanchies à la chaux, ses vieilles poutres, ses sols carrelés et ses gamelles en cuivre. La cuisine semble délicieusement inventive, mais les plats proposés, paraît-il, sont traditionnels de Lucca. Nous vous recommandons tout particulièrement la tarte aux poireaux et à la ricotta et sa sauce aux pois chiches.

Trattoria da Giulio in Pelleria (☎ 0583 5 59 48 ; Via delle Conce 47 ; plats 7-9 € ; fermé dim-lun). Chaleureux et bon marché, ce restaurant est bondé le midi. Ne vous laissez pas décourager par la carte multilingue : la cuisine est solidement traditionnelle. Des photos de clients célèbres, et parfois moins célèbres, ornent les murs.

L'Antico Sigillo (☎ 0583 39 10 42 ; Via degli Angeli 13 ; plats 8 € ; fermé mer). Niché dans une paisible rue secondaire, l'Antico Sigillo est une bonne adresse pour prendre un repas léger le midi grâce à ses nombreuses salades, ses pizzas et ses plats de pâtes à petits prix.

Di Simo Caffè (☎ 0583 49 62 34 ; Via Fillungo 58 ; encas 2-4 € ; fermé lun). Ce petit café très intime semble ne pas avoir changé depuis l'époque où Puccini venait y bavarder avec son librettiste Giuseppe Giacosa. Regorgeant d'antiquités, l'établissement a un charme indéniable. Ne manquez pas la spécialité locale, le *buccellato*, sorte de petit pain sucré typique de Lucca.

Gli Orti di via Elisa (☎ 0583 49 12 41 ; Via Elisa 17) est une bonne adresse pour manger une pizza.

Où prendre un verre

En dehors des périodes de festivals, Lucca se couche tôt.

Betty Blue (☎ 0583 49 21 66 ; Via del Gonfalone 16/18). Dans ce lieu animé, où les gays *sont les bienvenus*, l'une ambiance sixties est de rigueur avec des œuvres pop art sur les murs et de nombreux coins où se prélasser.

The Golden Fox (☎ 0583 49 16 19 ; Viale Regina Margherita 207 ; fermé lun). Installée près de la gare ferroviaire, cette adresse de type pub est correcte pour boire une bière ou deux.

Comment circuler

La plupart des voitures n'ont pas le droit de circuler dans le centre, mais les touristes séjournant en ville sont autorisés à pénétrer dans la ville fortifiée pour se garer aux places de résidents (lignes jaunes), à condition de posséder une autorisation remise par un hôtel. Vous trouverez des parkings (1,20 €/heure) sur les piazze Bernardini, San Martino, Santa Maria et Boccherini. Les places de stationnement gratuit sont rares à l'extérieur de la cité médiévale.

Le bus CLAP n°3 relie la gare ferroviaire, la Piazza Napoleone et le Piazzale G. Verdi, mais faire le trajet à pied est aussi simple et nettement plus agréable.

On peut louer des bicyclettes à plusieurs endroits de la ville : **Noleggio Bici** se trouve à côté de l'office du tourisme Carisma, tandis que **Poli** et **Cicli Bizarri** sont tous deux installés sur la Piazza Santa Maria. Les tarifs de location sont quasiment les mêmes partout, soit environ 2,10 €/heure pour une bicyclette normale. Comptez à peu près le double pour un tandem.

Pour un taxi, appelez le ☎ 0583 49 49 89.

Depuis/vers Lucca

Les **bus CLAP** (☎ 0583 58 78 97) desservent la région, notamment la Garfagnana. La compagnie **Lazzi** (☎ 0583 58 48 76) dessert Florence (5 €, 1 heure 15), La Spezia, Carrara et Pise (2,20 €, 45 min). Les deux compagnies partent près du Piazzale G. Verdi.

Lucca se trouve sur la ligne de train qui va de Florence (4,45 €, 1 heure 30) à Viareggio. Une autre ligne dessert la Garfagnana. Par la route, l'A11 passe au sud de la ville et rejoint Pise et Viareggio. La SS12, qui devient la SS445 à Barga, relie Lucca à la Garfagnana.

À L'EST DE LUCCA

Villas

Entre le XVIe et le XIXe siècles, les hommes d'affaires lucquois ayant fait fortune se firent construire des villas à la campagne. Aujourd'hui, sur les 300 villas connues, la plupart ont disparu, été abandonnées ou sont devenues inaccessibles. Toutefois, une dizaine de beaux exemples sont encore disséminés dans la campagne au nord-est de Lucca. Vous trouverez plus d'informations sur les villas décrites ci-dessous et d'autres sur le site Internet www.villelucchesi.net.

La **Villa Reale** (☎ 0583 3 00 09 ; Via Fraga Alta ; 6 € ; 🕓 fermé lun et déc-fév), à Marlia, à 7 km de Lucca, est la plus surprenante. Son aspect actuel, tout comme celui des jardins méticuleusement dessinés, est en grande partie dû au goût d'Élisa Bonaparte, la sœur de Napoléon, qui régna brièvement sur la Toscane. Il n'est possible de visiter la villa qu'en se joignant à une visite guidée (6 visites entre 10h et 19h).

Immédiatement au nord, la néoclassique **Villa Grabau** (☎ 0583 40 60 98 ; Via di Matraia ; 5,50 € ; 🕓 mar-dim 10h-13h et 15h-19h) occupe un vaste parc de neuf hectares comprenant notamment des jardins traditionnels italiens et anglais, plusieurs fontaines et plus de cent citronniers centenaires dans leurs pots en terre cuite, dont les fruits sont entreposés depuis 1700 dans la Casa dei Limoni.

Pour rejoindre les villas, prenez la SS435 en direction de Pescia, puis de Marlia, vers le nord (indiquée à 7 km à l'est de Lucca).

Collodi

Si vous restez sur la SS435, vous atteindrez 8 km plus loin l'embranchement qui mène au nord jusqu'à cette ville. Sinon, en allant au sud vers la SS435 depuis la Villa Torrigiani, vous pouvez tourner à gauche au panneau indiquant le village de **Petrognano**. Cette route gravit la colline en serpentant à travers les oliveraies et offre des vues fantastiques sur la vallée en contrebas. Une fois à Petrognano, suivez les panneaux en direction de **San Gennaro**, d'où la route commence à redescendre sur Collodi. La ville n'offre pas grand intérêt en dehors de la **Villa Garzoni** (☎ 0572 42 95 90 ; Piazza della Vittoria ; adulte/enfant 5,20/3,10 € ; 🕓 9h-coucher du soleil), dont on aperçoit les majestueux jardins depuis l'entrée, sur la route principale de la ville. Richement décoré de fresques, le bâtiment baroque est fermé au moins jusqu'en septembre 2004.

Le **Parco di Pinocchio** (☎ 0572 429342 ; adulte/enfant 8,50/6,50 € ; 🕓 8h30-coucher du soleil), comme on s'en doute, s'adresse aux enfants. Pinocchio représente un phénomène à part dans la littérature italienne (et beaucoup plus intéressant que le portrait qu'en a fait Disney – voir l'encadré). Son auteur, l'écrivain florentin Carlo Lorenzini, passa une partie de son enfance à Collodi et choisit pour pseudonyme le nom du village natal de sa mère. La création de ce parc à thème était une façon de le remercier.

Attention : les bus qui circulent entre Lucca et Montecatini Terme s'arrêtent rarement à Collodi et il est donc beaucoup plus simple de s'y rendre en voiture.

Pescia

Avec quelque 130 millions d'euros annuels d'exportations nationales et internationales, Pescia est la capitale auto-proclamée des fleurs toscanes. Tous les deux ans (les années paires), au mois de septembre, elle accueille une foire aux fleurs. Traversée du nord au sud par la rivière qui a donné son nom à la ville, Pescia se prête agréablement à la promenade.

La longue Piazza Mazzini, de forme asymétrique, constitue le cœur médiéval de la ville. Elle s'anime chaque samedi pour le marché hebdomadaire. L'extrémité nord est dominée par le Palazzo Comunale et le Palazzo del Vicario, datant du XIIIe siècle. Quelques beaux bâtiments autour de l'église complètent agréablement le tableau sur la rive ouest. Quant à la rive, elle est dominée par la Chiesa di San Francesco, gothique, et la cathédrale baroque, moins intéressante.

LES VRAIES AVENTURES DE PINOCCHIO

Non, l'histoire de Pinocchio, le pantin de bois qui se transforme en petit garçon, n'est pas une invention de Walt Disney, mais l'une des œuvres littéraires italiennes les plus connues au monde. (L'adaptation qu'en fit Roberto Begnigni dans son fillm en 2002 était infiniment plus fidèle à l'original... bien que le choix du réalisateur cinquantenaire pour jouer un petit garçon n'ait pas convaincu tout le monde !)

Au début des années 1880, le journaliste florentin Carlo Collodi (Lorenzini de son vrai nom) ne se doutait pas que sa *Storia di un burattino* (histoire d'une marionnette), qui paraissait en feuilleton dans l'un des premiers magazines pour enfants de l'Italie unifiée, allait devenir, sous le titre *Le Avventure di Pinocchio* (Les aventures de Pinocchio), un classique de la littérature mondiale, qui l'aurait rendu millionnaire s'il avait vécu assez longtemps pour toucher les droits de traduction et d'exploitation commerciale.

Mais l'œuvre de Collodi dépasse largement le cadre de la littérature enfantine, et des critiques littéraires épluchent le texte depuis des décennies pour montrer que le conte s'adressait plus à des adultes qu'à des enfants.

Surprenant mélange de côtés sympathiques et odieux, le personnage de Pinocchio est un petit diable malicieux, exécrable et malhonnête qui mérite pratiquement tout ce qui lui arrive, qui pleure et est pétri de remords quand les choses tournent mal, mais cède à ses mauvais penchants dès que la situation s'améliore. La marionnette en bois illustre merveilleusement les faiblesses qui caractérisent les êtres faits de chair et de sang. Vous trouvez Jiminy Cricket mignon ? Pinocchio le trouve si insupportable qu'il l'aplatit contre un mur (dans le livre, bien entendu, non pas dans la version édulcorée de Disney).

Pinocchio passe une bonne partie de l'histoire à jouer les truands et l'un des messages essentiels de Collodi semble être que seuls les bons petits écoliers ont une chance de réussir dans la vie (ou, dans le cas de Pinocchio, de devenir un vrai garçon en chair et en os). Au-delà de la leçon de morale, Collodi cherche à montrer que l'Italie, alors récemment unifiée, a grand besoin d'un système scolaire convenable, qui aiderait le pays à sortir de la pauvreté et de la léthargie. Son texte peut se lire en partie comme la critique d'une société encore incapable de répondre à ce besoin.

De fait, ce conte, qui oscille entre fantasme et réalité, constitue une mine de références, certaines plus voilées que d'autres, sur la société italienne de la fin du XIXe siècle – un pays bouleversé, en proie à d'énormes problèmes socio-économiques auxquels le pouvoir n'a pas la volonté de remédier. Pinocchio attend la fin de l'histoire pour devenir un véritable petit garçon. Si le personnage fait parfois sourire, ses rencontres avec la pauvreté, la mesquinerie, la justice corrompue ou tout simplement la malchance sont une éducation douloureuse aux machinations du monde "réel".

Boutique del Cibo (☎ 0572 47 61 76 ; Via Libria Andreotti 6 ; plats 8 € ; ⏲ fermé jeu). Ce restaurant particulièrement sympathique est installé dans un coin animé du centre-ville. L'ambiance est "à la bonne franquette" et la terrasse sur la rue permet de dîner dans la fraîcheur du soir.

Les bus **CLAP** (☎ 0583 58 78 97) relient Pescia à Lucca (2,50 €, 45 min). Quantité de bus desservent également Montecatini Terme (1,20 €, 20 min).

LA GARFAGNANA

Le centre de la Garfagnana occupe la vallée formée par le Serchio et ses affluents. Malgré sa beauté sauvage, la région est assez peu connue. Très prisée des amateurs d'activités de plein air telles que la randonnée ou le cheval, elle sert également de point de départ à de nombreuses randonnées dans les Alpes apuanes. Pour plus d'informations sur la région et notamment pour obtenir la liste des *rifugi (refuges)*, adressez-vous aux offices du tourisme locaux.

La SS12 part des remparts nord de Lucca (suivez les panneaux pour Abetone) et suit la vallée du Serchio vers le nord. À **Vinchiana**, tournez vers l'est et suivez la route étroite et sinueuse sur quelques kilomètres pour découvrir la **Pieve di Brancoli**, une belle église romane du XIIe siècle.

Plus en amont, **Borgo a Mozzano** s'enorgueillit d'un magnifique pont médiéval, le Ponte della Maddalena (également appelé Ponte del Diavolo ou pont du Diable). Ses cinq arches sont toutes différentes les unes

DÉTOUR : LUCIGNANO

À 9,5 km entre Bagni de Lucca et Barga (sur la SS445), après les prairies alpines et immédiatement derrière Calavorno, empruntez la jonction qui mène au pittoresque village de Lucignano, que vous pouvez voir perché sur votre droite. À 4,7 km, franchissez le pont qui enjambe la rivière pour admirer le magnifique village médiéval de Montefegatesi (à 850 m au-dessus du niveau de la mer), sur votre droite. L'entrée du village est située 10 km plus loin. Gravissez la route étroite en première, rabattez vos rétroviseurs pour passer les portes en pierre et vous découvrirez un monde de ruelles pentues et de places pavées, peuplées de sympathiques personnes âgées. Avant de revenir sur la route principale, garez-vous pour aller admirer un moment la vue splendide dont on jouit depuis la muraille en pierre située tout au nord.

des autres, chacune étant extraordinaire. D'une forme en dos d'âne caractéristique de cette époque, il s'élève jusqu'à un point central avant de rejoindre l'autre rive... à ce détail près que le "point central" est particulièrement décentré !

Bagni di Lucca

Quelques kilomètres plus loin, là où la SS12 tourne vers l'est, juste après le virage au nord en direction de Barga, se trouve la délicieuse petite ville de Bagni di Lucca. Au début du XIXe siècle, l'endroit connut son heure de gloire en devenant un lieu de rendez-vous très prisé de la bonne société lucquoise et européenne. Byron, Shelley, le poète allemand Heinrich Heine et Puccini figuraient parmi les célébrités qui venaient ici prendre les eaux. Les bâtiments néoclassiques empreints de dignité et de nostalgie rappellent la splendeur passée de la ville.

La cité est divisée en deux zones distinctes, connues comme le *ponte* et la *villa* et situées à 2 km l'une de l'autre. La *villa* est la zone la plus importante et c'est elle qui rassemble le plus de commerces, de restaurants et d'hôtels, en plus du petit **office du tourisme** (☎ 0583 80 57 45 ; Via Angelina Wipple). Le *ponte* ressemble plus à un village groupé autour d'un pont qui enjambe la Lima.

OÙ SE LOGER ET SE RESTAURER

Hotel Roma (☎/fax 0583 8 72 78 ; www.paginegialle.it/albergoroma-lu, uniquement en italien ; Viale Umberto I 110 ; s/d 35/50 €). Situé dans la *villa*, cet hôtel extraordinaire fut construit en 1690 et servit plus tard de résidence d'été à Élisa Bonaparte. Le propriétaire, Renato (qui ressemble étrangement à Jack Nicholson) restaure à l'heure actuelle le bâtiment dans l'esprit de son intégrité historique. L'établissement dispose d'adorables jardins ombragés et une chambre a été transformée en un petit musée original.

Hotel Svizzero (☎/fax 0583 80 53 15 ; Via Casalini 30 ; s/d 45/55 €). Également installé dans la *villa*, cet adorable et gracieux bâtiment situé juste en face du parc dégage une atmosphère presque coloniale. En dépit des hauts plafonds et de l'ameublement sobre des chambres, l'ambiance est incomparablement chaleureuse. Une piscine étant en projet, attendez-vous à ce que les prix augmentent.

Albergo Bernabo (☎ 0583 80 52 15 ; Ponte a Serraglio ; s/d 55/65 €). Situé en hauteur par rapport au pont, cet hôtel qui ne manque pas de classe offre de superbes vues sur Bagni. Les chambres ne sont pas des plus spacieuses, mais disposent de tout le confort moderne, y compris de sèche-cheveux. L'établissement possède une grande terrasse ensoleillée, et les bars et les restaurants sont facilement accessibles à pied depuis l'hôtel.

Circolo dei Forestieri (☎ 0583 8 60 38 ; Piazza Jean Varraud 10 ; menu 20 € ; fermé lun). Avec ses lustres et ses hauts plafonds, ce "cercle pour expatriés", dans la *villa*, semble tout droit sorti de l'époque victorienne. L'adresse est excellente pour un dîner de qualité à prix modique. Essayez les *crêpes ai funghi (crêpes aux champignons)*.

Des bus Lazzi partent régulièrement de Lucca à destination de Bagni (2,50 €, 50 minutes).

La vallée de la Lima et Abetone

La SS12 s'éloigne de la Garfagnana en continuant vers le nord-est pour entrer dans la province de Pistoia. Si vous avez l'intention de chausser vos skis, c'est la route la plus pittoresque et la plus agréable à suivre, quoique sinueuse, pour gagner les pistes. En chemin, il est possible de faire quelques petits détours, notamment par **San Cassiano**, pour voir son église du XIIe siècle, ou **Lucchio**, perché de façon spectaculaire sur la pente nord-est d'une crête boisée.

Principale station de ski du centre de la Toscane depuis le XVIIIe siècle (pour plus d'informations, reportez-vous à la p. 43) **Abetone** compte une trentaine d'hôtels.

Ostello Renzo Bizzarri (☎ 0573 6 01 17 ; fax 0573 60 66 56 ; Via Brennero 157 ; dm avec petit déj 10,35 €, pension complète 25,80 €). Bien équipée pour recevoir les skieurs et agréablement située à l'écart, cette grande auberge de jeunesse (HI) est de loin l'établissement le plus abordable. Qui plus est, le personnel est très sympathique.

Sinon, les premiers tarifs pour une simple/double dans les hôtels de la ville tournent autour de 50/70 €. En haute saison, les hôteliers privilégient les réservations pour un séjour minimum de trois jours et imposent souvent la demi-pension. Une dizaine d'établissements sont par ailleurs disséminés dans les localités des environs. Pour ceux qui ne disposent d'aucun moyen de transport, le plus simple pour accéder à la station consiste à prendre un bus depuis Pistoia.

Barga

Le point culminant de la vieille ville escarpée de Barga est aussi le plus intéressant. Grimpez-y pour profiter de la vue panoramique avant de jeter un œil dans la cathédrale, édifiée entre les Xe et XIVe siècles. La chaire finement sculptée, attribuée à Guido Bigarelli, repose sur quatre piliers de marbre rouge. Les piliers avant s'appuient chacun sur un lion, terrassant un dragon pour l'un et un hérétique pour l'autre. L'un des piliers arrière repose sur un nain à l'air mécontent. La ville qui s'étend en contrebas de la cathédrale est un patchwork de ruelles étroites, de voûtes, de murailles anciennes et de petites piazze où les visiteurs étrangers sont très rares.

OÙ SE LOGER ET SE RESTAURER

La Pergola (☎ 0583 71 12 39 ; fax 0583 71 04 33 ; Via San Antonio 1 ; s/d 65/75 €) est un hôtel d'un bon rapport qualité/prix installé dans une zone résidentielle. Récemment rénové, il propose des chambres joliment décorées dont plusieurs offrent de belles vues sur le village (essayez d'obtenir la n°43 si elle est libre). Une terrasse est installée au troisième étage pour prendre le soleil ou simplement se relaxer.

Albergo Alpino (☎ 0583 72 33 36 ; alpino@bargaholiday.com ; Via Pascoli 41 ; s/d 55/65 €). Cet hôtel qui ressemble à un lodge des années 1920 possède un excellent bar-restaurant prisé de la clientèle locale. Les chambres sont bien tenues, propres et confortables. Autre avantage, la vieille ville n'est qu'à cinq minutes à pied.

Les bus CLAP effectuent jusqu'à dix liaisons par jour entre Lucca et Barga, mais seulement trois le dimanche (3 €, 1 heure 15). Les bus s'arrêtent Piazzale del Fosso, près de la Porta Mancianella, principal accès à la vieille ville. Pour Bagni di Luca, tablez sur deux liaisons quotidiennes.

Castelnuovo di Garfagnana

Hormis la magnifique **rocca**, du XIVe siècle, un château érigé pour la famille d'Este, ducs de Ferrara, la ville n'offre guère de choses à voir. C'est en revanche l'un des meilleurs endroits pour obtenir des renseignements sur les randonnées dans les Alpes apuanes (voir p. 38).

L'**office du tourisme Pro Loco** (☎ 0583 64 10 07 ; www.garfagnanavacanze.it ; Via Cavalieri di Vittorio Veneto ; lun-sam 9h30-12h et 15h30-19h) et un deuxième **office du tourisme** (☎ 0583 6 51 69 ; Piazza delle Erbe 1) ont à peu près les mêmes horaires. Ils vous permettront d'obtenir moult renseignements sur les *rifugi*, les pistes de randonnée, les centres équestres, etc.

Cicli Maggi (☎ 0583 63 91 66 ; Via Nicola Fabrizi 49 ; 10 €/jour) loue des bicyclettes et pratique des tarifs raisonnables à la semaine.

OÙ SE LOGER ET SE RESTAURER

Da Carlino (☎ 0583 64 42 70 ; www.dacarlino.it, uniquement en italien ; Via Garibaldi 15 ; s/d 40/65 €). Installé de l'autre côté du parc, cet hôtel représente un bon choix. À la fois rustiques et confortables, les chambres sont en outre agrémentées de balcons. Le restaurant installé en bas est l'un des meilleurs de la ville. Il est surtout réputé pour ses truites (la spécialité) et ses meringues maison.

La **Trattoria Marchetti** (☎ 0583 63 91 57 ; Via Montaltissimo 2a ; plats 6 €), décorée de boiseries, est un établissement chaleureux, bon marché et animé qui sert de délicieuses spécialités locales. Essayez le *zuppe di farro* (soupe aux haricots blancs et aux pommes de terre) en entrée.

En semaine, les bus CLAP assurent jusqu'à onze liaisons quotidiennes avec Lucca (3,50 €, 1 heure 30).

Les environs de Castelnuovo di Garfagnana

Plusieurs routes superbes partent de Castelnuovo. Si vous êtes motorisé et que vous avez les nerfs solides, vous pouvez suivre la succession d'épingles à cheveux qui mène par Castiglione au col Foce di Radici, qui franchit les Apennins jusqu'à l'Emilia-Romagna. Par endroits, le panorama est somptueux. Quelques bus circulent sur cet itinéraire. Vous pouvez également prendre la petite route parallèle vers le sud qui conduit à **San Pellegrino in Alpe**, site d'un beau monastère.

Les randonneurs peuvent se rendre dans le petit parc de la **Riserva Naturale dell'Orecchiella** en empruntant la route étroite qui passe par **Corfino**, petit village plaisant qui compte plusieurs hôtels. Sept kilomètres plus au nord, le **centre d'accueil** (☎ 0583 61 90 98 ; ⌚ juin-sept 10h-17h) du parc vous fournira toutes les informations et cartes nécessaires aux randonnées dans la réserve. Pour y accéder par une des routes les plus panoramiques, partez de la route principale qui passe par Castiglione. Peu après, une petite route part en direction de l'ouest (à gauche) et mène à la villa Collemandine, après laquelle vous tournerez à droite sur la route de Corfino.

À l'est, la SS45 suit la vallée du Serchio en direction des Alpes apuanes et de la région de la Lunigiana, au nord de la Toscane (voir p. 170). Cette superbe route en lacets vous fera traverser une campagne luxuriante. À Poggio, environ 8 km au nord de Castelnuovo, un joli détour mène jusqu'au Lago Vagli, un lac artificiel au bord du Torrente Edron. Libre à vous de faire d'agréables petites balades à pied dans les environs ou d'effectuer un circuit en boucle vous ramenant à Castelnuovo.

PISE

98 000 habitants

Autrefois puissance maritime rivale de Gênes et de Venise, Pise doit aujourd'hui sa réputation à un projet architectural qui eut toujours un avenir incertain : la Tour penchée. Pourtant, la ville a beaucoup plus à offrir. En fait, la Tour penchée n'est que l'un des trois joyaux romans du Campo dei Miracoli, l'un des sites les plus célèbres d'Italie avec la place Saint-Marc de Venise.

Riche d'une tradition universitaire pluricentenaire, Pise est aujourd'hui encore une ville estudiantine animée. D'une beauté souvent inattendue, elle mérite mieux que la visite d'une journée que lui consacrent la plupart des touristes.

Histoire

Établissement vraisemblablement hellénique à l'origine, Pise devint une base navale importante sous l'Empire romain et demeura un port actif pendant de nombreux siècles. Elle connut son âge d'or à la fin du XIe siècle, lorsqu'elle devint une république maritime indépendante, rivale de Gênes et de Venise. Cette période bénie se prolongea jusqu'au XIIIe siècle, date à laquelle Pise contrôlait la Corse, la Sardaigne et toute la côte toscane. Les plus beaux édifices pisans datent en majorité de cette période, tout comme le style architectural romano-pisan si singulier.

À l'époque des querelles entre le Saint Empire romain germanique et la papauté, le soutien des Pisans aux gibelins entraîna la ville dans un conflit avec ses voisines toscanes, majoritairement guelfes, Florence et Lucca. L'épreuve la plus dure fut néanmoins la défaite écrasante que la flotte génoise infligea à Pise lors de la bataille de la Meloria en 1284. Quand la ville tomba aux mains de Florence en 1406, les Médicis, en guise de compensation en quelque sorte, encouragèrent les projets artistiques, littéraires et scientifiques et rétablirent l'université de Pise. C'est là qu'enseigna plus tard le plus célèbre natif de la ville, Galileo Galilei.

La cité médiévale subit de profondes transformations sous le règne des grands ducs de Toscane, qui amorcèrent un processus de démolition afin de percer des boulevards et de faciliter la circulation. Les plus gros dégâts furent toutefois causés par la Seconde Guerre mondiale, durant laquelle près de la moitié du vieux Pise fut détruit.

Orientation

Les voyageurs qui arrivent à Pise en train descendent à la gare centrale, au sud de la vieille ville. Le terminus de la principale ligne de bus inter-urbaine se trouve sur la Piazza Vittorio Emanuele II, située à courte distance à pied au nord de la Via Gramsci.

Le centre médiéval se trouve à 15 minutes à pied vers le nord, de l'autre côté de l'Arno. Dix minutes de marche supplémentaires vers le nord-ouest sont nécessaires pour atteindre le Campo dei Miracoli

PISE

RENSEIGNEMENTS
- Hôpital 1 B3
- Internet Planet 2 C3
- Laverie Onda Blù 3 D4
- Pharmacie 4 D5
- Billetterie 5 C2
- Office du tourisme 6 C3
- Office du tourisme 7 B6

À VOIR ET À FAIRE p. 158
- Battistero 8 B2
- Cathédrale 9 C3
- Cimetière 10 B2
- Chiesa di Santa Caterina 11 D3
- Chiesa di Santa Maria della Spina ... 12 B5
- Chiesa di Santo Stefano dei Cavalieri 13 C4
- Le Navi Antiche di Pisa 14 A5
- Tour penchée (Torre Pedente) 15 C3
- Museo dell Sinopie 16 B3
- Museo dell'Opera del Duomo 17 C3
- Museo Nazionale di San Matteo ... 18 D5
- Palazzo dei Cavalieri 19 C4
- Palazzo dell'Orologio 20 C4
- Torre Guelfa 21 A5

OÙ SE LOGER p. 161
- Albergo Gronchi 22 C3
- Albergo Helvetia 23 C3
- Albergo Milano 24 B6
- Hotel Francesco 25 B3
- Hotel Il Giardino 26 B2
- Pensione Rinascente 27 C4
- Relais della Faggiola 28 C3
- Royal Victoria Hotel 29 C4
- Villa Kinzica 30 C3

OÙ SE RESTAURER p. 162
- Antica Trottoria Il Campano 31 C4
- La Bottega del Gelato 32 C4
- Numeroundica 33 C5
- Osteria dei Cavalieri 34 C4
- Marché 35 C4
- Ristorante La Clessidra 36 D4
- S Omobono 37 C4
- Trattoria La Grotta 38 D4

OÙ PRENDRE UN VERRE p. 162
- Big Ben Pub 39 D5
- Caffè Federico Salza 40 C4
- Pick a Flower 41 C4
- Pub Ambarabà 42 C4

OÙ SORTIR p. 162
- Teatro Verdi 43 D5

TRANSPORTS p. 163
- Bus CPT 44 B6
- Bus Lazzi 45 B6
- Scooter & Bike Rental 46 C3

DIVERS
- Il Navicello 47 D5
- Université 48 C4

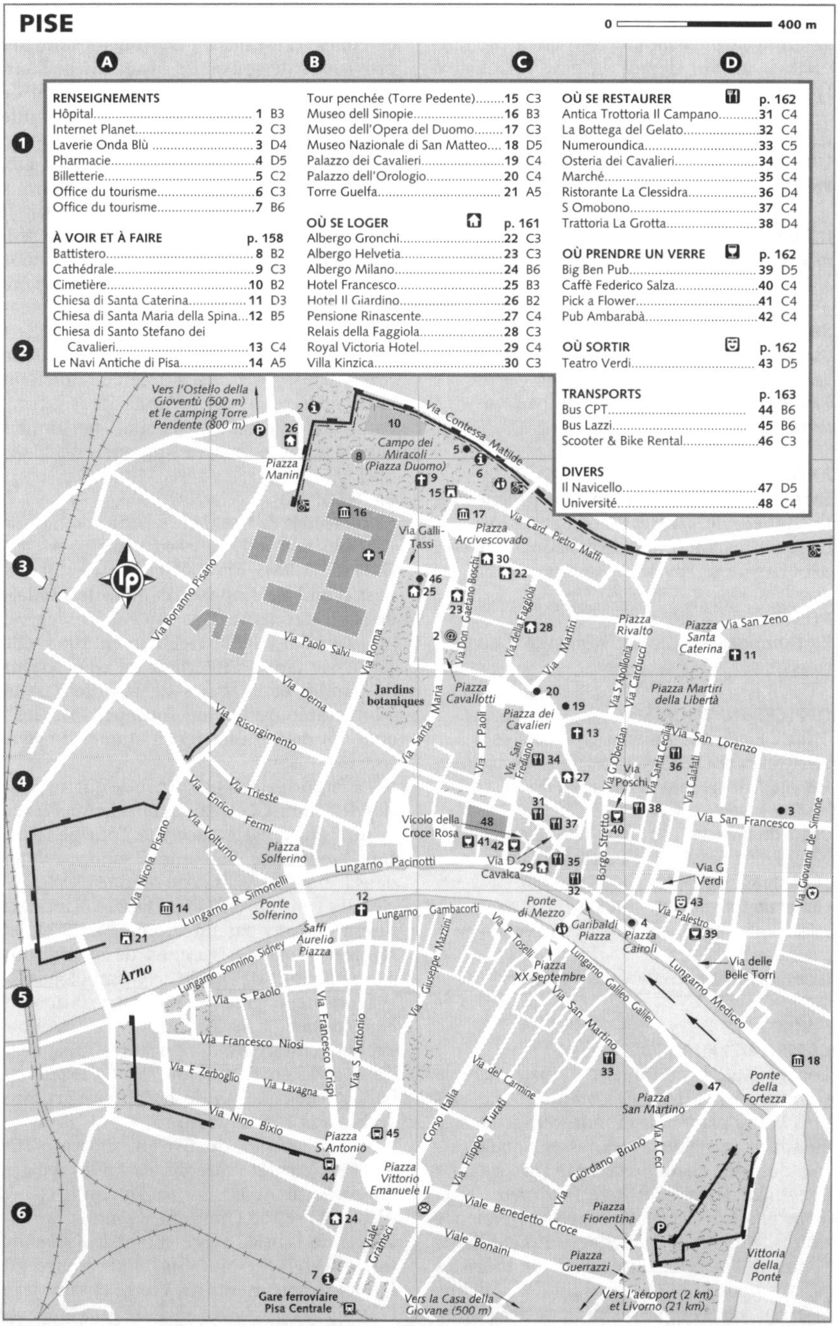

(également appelé Piazza del Duomo). La solution la plus rapide consiste à prendre un bus urbain depuis la gare ferroviaire (p. 163).

Renseignements

URGENCES

Police (☎ 050 58 35 11 ; Via Mario Lalli).

INTERNET

Internet Planet (☎ 050 83 07 02 ; Piazza Cavallotti ; 3,10 € /h). L'endroit le plus central pour accéder à Internet.

SERVICES MÉDICAUX

Ospedali Riuniti di Santa Chiara (☎ 050 99 21 11 ; Via Roma 67). Complexe hospitalier.

Farmacia Nuova Fantoni (pharmacie ; Lungarno Mediceo 51 ; 24h/24).

ARGENT

Évitez les guichets de change proches de la cathédrale. Adressez-vous plutôt aux banques installées le long du Corso Italia ou près la gare ferroviaire.

POSTE

Poste principale (Piazza Vittorio Emanuele II). Proche du centre.

OFFICES DU TOURISME

Office du tourisme principal (☎ 050 56 04 64 ; www.comune.pisa.it ; Piazza Duomo ; lun-sam 9h-19h, jusqu'à 18h en basse saison, jusqu'à 16h30 dim). Face à la Tour, à côté de la billetterie.

Office du tourisme (☎ 050 4 22 91 ; gare ferroviaire). Petite structure qui ne propose guère plus qu'une carte et la liste des hôtels.

Consorzio Turistico (☎ 050 83 02 53 ; www.pisae.it, uniquement en italien). Installé dans l'office du tourisme principal, le très efficace Consorzio Turistico vous renseigne sur les hébergements et effectue des réservations.

À voir

CAMPO DEI MIRACOLI

Les Pisans revendiquent à juste titre le Campo dei Miracoli comme l'une des plus belles places du monde. Sur ses vastes étendues de pelouse se dressent quelques-uns des plus beaux joyaux de l'art roman : la cathédrale, le baptistère *(battistero)* et la Tour penchée. La place est en permanence noire de monde, qu'il s'agisse d'étudiants venus se détendre ou étudier, de touristes posant pour la photo en train de "soutenir la Tour" ou d'employés du quartier piqueniquant sur l'herbe pendant leur pause déjeuner. C'est aussi l'endroit où faire ses provisions de souvenirs évoquant la Tour, plus kitsch les uns que les autres, allant de l'inévitable briquet à la plus intéressante lampe multicolore (et qui clignote).

Le tarif des billets donnant accès aux monuments de la place et des environs fonctionne selon un système dégressif. Il vous en coûtera donc 5 € pour un seul monument, 6 € pour deux et 8,50 € pour les quatre : les deux musées, le baptistère et le cimetière (cimitero). L'entrée de la cathédrale n'est pas comprise dans les billets groupés. Les billets s'achètent à la **billetterie** (☎ 050 56 05 47) située à côté de l'office du tourisme ; pour des raisons de sécurité, vous devrez y laisser vos effets personnels dans une pièce séparée sous surveillance.

CATHÉDRALE

La **cathédrale de Pise** (2 € ; avr à mi-oct lun-sam 10h-19h40, dim 13h-19h40, mi-oct à mars lun-sam 10h-12h45 et 15h-16h45, dim 15h-16h45), majestueuse, s'est d'emblée imposée comme le modèle de l'église romane dans toute la Toscane et jusqu'en Sardaigne. Débutée en 1064, elle est ornée tant à l'intérieur qu'à l'extérieur de bandes et de frises de marbre vert et ivoire (aujourd'hui quelque peu passées), qui sont devenues caractéristiques du style romano-pisan.

La façade principale, ornée de quatre galeries de colonnes, est saisissante. Les portes de bronze du transept, face à la Tour penchée, sont l'œuvre de Bonanno Pisano. Sculptés dans le bois, les vantaux d'origine (XVIe siècle) des trois portails de la façade principale furent détruits par un incendie en 1596 et remplacés par des vantaux de bronze dus aux sculpteurs de l'école de Giambologna.

L'intérieur, gigantesque, est rythmé par 68 colonnes de style classique. L'ensemble évoque l'intérieur de certaines mosquées du Moyen-Orient, ce qui peut s'expliquer par la participation de nombreux artisans arabes à la construction.

Après l'incendie de 1596, une grande partie de l'intérieur fut redécoré. Parmi les œuvres qui survécurent au sinistre figurent la chaire (début XIVe) de Giovanni Pisano et la mosaïque de l'abside représentant *Il Redentore fra la Vergine e San Giovanni Evangelista* (Le Rédempteur entre la Vierge et saint Jean l'Évangéliste), achevée en 1302 par Cimabue.

UN PROBLÈME D'ÉQUILIBRE

Lorsqu'en 1173, l'architecte Bonanno Pisano entreprit les travaux de construction du *campanile* de la cathédrale romane de Pise, il ne se doutait probablement pas de l'instabilité du terrain. Situé à peine 2 m au-dessus du niveau de la mer, le sous-sol du Campo dei Miracoli n'offre pas le terrain idéal pour établir les fondations d'un édifice de cette hauteur. Un mélange instable de sable et d'argile repose sur des couches de sable et d'argile qui alternent sur une profondeur de plus de 40 m.

Pisano venait tout juste d'entamer la construction quand le terrain commença à s'effondrer sous les fondations du côté sud. Cinq ans plus tard, au moment où les travaux furent interrompus, seuls trois étages étaient terminés, et la tour naissante avait déjà très nettement un petit air penché.

Un siècle plus tard, en 1272, une nouvelle équipe d'artisans et de maçons s'attaqua au problème. Ils tentèrent de consolider les fondations sans réussir pour autant à redresser la tour. Ils décidèrent alors de reprendre les travaux et de compenser l'inclinaison en construisant tout droit à la verticale à partir des étages inférieurs, ce qui donnait une courbe légère mais sensible en forme de banane. Le clocheton prit place au sommet de la tour en 1370. Jusqu'au XVIIIe siècle, la tour est restée stable et son inclinaison n'a pas semblé s'accentuer.

Mais durant les siècles suivants, la courbe de la banane ne résolut plus rien. La tour continua à s'incliner d'un millimètre chaque année. En 1993, elle était à l'écart de l'aplomb de 4,47 m, à plus de cinq degrés de la verticale.

Outre les problèmes liés à sa position au sol, la structure elle-même est quelque peu branlante. Ce joli cylindre vide est revêtu de marbre à l'intérieur et à l'extérieur. Entre les couches de marbre, un mélange assez lâche de blocaille et de mortier est très inégalement réparti. Les tensions provoquées par l'inclinaison font craindre à certains observateurs des fissurations du revêtement qui risque à la longue de s'effriter.

Fermée au public en 1990, la tour a fait l'objet deux ans plus tard d'une réunion d'experts chargés par l'État italien de trouver une solution. En 1993, les ingénieurs ont placé 1 000 tonnes de lingots de plomb au pied de la base nord de la tour afin de compenser l'affaissement du côté sud. Des cerclages d'acier sont venus comprimer le deuxième étage pour éviter qu'il ne s'écroule. Ces remèdes semblaient avoir apporté une solution, mais le niveau s'affaissa de 2,5 mm en 1995.

Il fut décidé en 1999 de consolider le troisième étage à l'aide de cadres d'acier, attachés à de lourdes ancres hydrauliques en forme de A installées à une certaine distance de la façade nord. Ces cadres furent par la suite remplacés par des câbles en acier reliés aux bâtiments voisins. La tour continuant ainsi à tenir debout, les ingénieurs retirèrent de la terre avec d'infinies précautions sous les fondations du côté nord. Après extraction de 70 tonnes de terre, la base de la tour finit par retrouver le niveau qu'elle avait au XVIIIe siècle, l'inclinaison étant dès lors rectifiée de 43,8 cm. Ce qui, selon les experts, devrait assurer l'avenir de la tour pour les trois prochains siècles.

TOUR PENCHÉE

Quel que soit le nombre de cartes postales et de photos de la **Tour penchée** (Torre Pendente ; 15 €, groupes d'environ 30 pers à la fois, réservation à l'avance indispensable) que vous avez pu voir, vous ne manquerez pas d'être surpris par cet édifice qui... semble réellement défier les lois de la gravité. Dès l'achèvement des trois premiers niveaux, le campanile de la cathédrale se mit à pencher du côté sud au grand dam de son architecte, Bonanno Pisano (voir l'encadré ci-dessus).

BATTISTERO

D'un plan circulaire, le très original **battistero** (baptistère ; ⌚ avr-oct 8h-19h40, nov-mars 9h-16h40) a été commencé sous les ordres de l'architecte Diotisalvi en 1153, puis repris et remanié plus d'un siècle plus tard par Nicola et Giovanni Pisano, avant d'être achevé dans la seconde moitié du XIVe siècle, ce qui explique le mélange des styles architecturaux. Les arcatures du niveau inférieur sont de style romano-pisan tandis que les pinacles de la section supérieure et la coupole sont gothiques. À l'intérieur, la somptueuse chaire a été sculptée par Nicola Pisano en 1260, et les fonts baptismaux par Guido da Como en 1246. L'acoustique sous la coupole est extraordinaire.

CIMETIÈRE

Derrière le mur blanc de la cathédrale, côté nord, ce ravissant *cimitero*, ou **Camposanto**

(mêmes horaires que le baptistère), repose, dit-on, sur de la terre du Golgotha rapportée des croisades. Malheureusement, un grand nombre des magnifiques fresques du cloître furent endommagées ou détruites par les bombardements alliés pendant la Seconde Guerre mondiale. Parmi celles qui ont subsisté, le *Trionfo della Morte* (Triomphe de la mort) et le *Giudizio Universale* (Jugement dernier) sont attribuées à un peintre anonyme du XIVe siècle, surnommé "le Maître du Triomphe de la mort".

MUSEO DELLE SINOPIE

Au sud du baptistère, ce **musée** (mêmes horaires que le baptistère) présente certaines des *sinopie* (dessins préparatoires) aux tons brun rouge qui étaient dessinées sur les murs pour servir de base aux fresques, découvertes dans le cimetière après les bombardements de la Seconde Guerre mondiale. Aujourd'hui restaurées, elles donnent un aperçu passionnant du processus qui préside à la réalisation d'une fresque.

MUSEO DELL'OPERA DEL DUOMO

Placé sur la trajectoire de la Tour si elle tombait, ce **musée** (Arcivescovado 8 ; mêmes horaires que le baptistère) renferme de nombreuses œuvres provenant de la Tour penchée, de la cathédrale et du baptistère, ainsi protégées des outrages du temps et de la pollution, tels la *Madonna e Crocifisso* (Madone et crucifix) de Giovanni Pisano ou le buste appelé *Madonna del Colloquio* (Madone du colloque), du même artiste, qui se trouvait autrefois à l'extérieur du baptistère.

LA VILLE

Une fois rassasié de la splendeur et de la majesté du Campo dei Miracoli, une bonne chose à faire est de s'en éloigner. Au sud du campo, où se pressent les touristes, les petites rues tranquilles et les artères commerçantes animées sont fréquentées par les Pisans qui vaquent à leurs affaires quotidiennes.

Prenez au sud la Via Santa Maria et tournez à gauche sur la Piazza Cavalotti pour rejoindre la superbe **Piazza dei Cavalieri**, centre du pouvoir temporel de la république maritime de Pise. Au nord de cette place remodelée par Vasari au XVIe siècle, le **Palazzo dell'Orologio** occupe le site de la tour où furent emprisonnés en 1288 et condamnés à mourir de faim le comte Ugolino della Gherardesca, ses fils et ses petits-fils, soupçonnés d'avoir aidé l'ennemi génois lors de la bataille de la Meloria. L'épisode a été repris par Dante dans l'*Inferno*.

Du côté nord-est de la piazza, le **Palazzo dei Cavalieri** fut redessiné par Vasari et arbore de remarquables fresques. La place et le palais doivent leur nom aux chevaliers de saint Étienne, ordre de moines-soldats fondé en 1561 par Cosme Ier de Médicis. Leur église, la **Chiesa di Santo Stefano dei Cavalieri**, est également de Vasari.

La **Chiesa di Santa Caterina** (Piazza Santa Caterina ; 9h-12h et 15h-19h) offre un bel exemple d'architecture pisane gothique et renferme des œuvres de Nino Pisano.

Plus au sud, le quartier de **Borgo Stretto** constitue le cœur médiéval de Pise. À l'est, sur le boulevard qui longe le fleuve, le **Museo Nazionale di San Matteo** (050 54 18 65 ; Lungarno Mediceo ; 4 € ; mar-sam 8h30-19h30, dim 8h30-13h) présente surtout de l'art religieux, notamment du XIVe siècle. Vous y verrez des œuvres de Giovanni et Nicola Pisano, de Masaccio et de Donatello.

Traversez l'Arno pour en suivre le cours vers l'ouest et rejoindre la **Chiesa di Santa Maria della Spina** (050 2 14 41 ; Lungarno Gambacorti ; avr, mai et sept mar-ven 10h-13h30 et 14h30-19h, sam-dim 10h-13h30; juin-août mar-ven 10h-13h30 et 14h30-18h, sam-dim 11h-20h ; 10h-14h mar-ven, 11h-20h sam-dim oct-mars). Dominant de manière étrange la route qui longe l'Arno, cette église fut construite au XIVe siècle pour abriter une épine censée provenir de la couronne du Christ.

Passez sur la rive nord de l'Arno et continuez vers l'ouest jusqu'au musée **Le Navi Antiche di Pisa** (Ancienne flotte de Pise ; 050 2 14 41 ; Lungarno R. Simonelli ; 3 € ; mai-sept mar-ven 10h-13h et 14h-19h, sam-dim 11h-13h et 14h-21h, oct-avr mar-dim 10h-13h et 14h-18h). Ce petit musée est consacré aux bateaux de l'Empire romain découverts par des ouvriers lors de travaux en 1998. Après la première découverte, les archéologues ont mis au jour dix bateaux, allant du bâtiment de guerre aux navires marchands, tous échoués dans le port de Pise à la suite de tempêtes. Le musée expose aussi d'innombrables jarres, bols et amphores exhumés du site archéologique, dont certains, encore scellés, contiennent des traces de vin ou de fruits. Outre les poteries, vous verrez des os d'animaux ou la dent d'un lion qui aurait été ramené d'Afrique pour être utilisé lors des combats de gladiateurs. Les bateaux sont très bien présentés ; des petites maquettes et des images en 3D vous permettront de vous faire une idée de l'état dans lequel ils étaient à leur découverte.

Un peu plus à l'ouest se dresse la **Torre Guelfa** (☎ 050 2 14 41 ; Lungarno R. Simonelli ; adulte/enfant 1,60/1 € ; ⏲ avr, mai et sept mar-ven 10h-13h30 et 14h30-19h, sam-dim 10h-13h30 ; juin-août mar-ven 10h-13h30 et 14h30-18h, sam-dim 11h-20h ; oct-mars mar-ven 10h-14h, sam-dim 11h-20h), dont l'ascension (200 marches) vous permettra d'admirer la vue sur les toits de la ville.

À faire

CROISIÈRES

Il Navicello (☎ 050 50 31 08 ; Marina di Pisa ; à partir de 8 € /h). Ces croisières en bateau sur l'Arno offrent la visite des principaux sites, avec les traditionnels bar et commentaire audio. La compagnie organise également d'autres excursions, dont des sorties de pêche.

Fêtes et festivals

Les 16 et 17 juin, l'Arno s'anime à l'occasion de la Regata di San Ranieri, une course nautique en l'honneur du saint patron de Pise. La compétition des rameurs est précédée par une retraite aux flambeaux, la Luminaria. Le dernier dimanche de juin a lieu le Gioco del Ponte (jeu du Pont), au cours duquel deux équipes revêtues de costumes médiévaux s'affrontent sur le Ponte di Mezzo, qui enjambe l'Arno.

Le Palio delle Quattro Antiche Repubbliche Marinare (régate historique annuelle des quatre anciennes républiques maritimes) se déroule, à la mi-juin, tour à tour à Pise, Venise, Amalfi et Gênes. Il se tiendra à Gênes à la mi-juin 2004.

Où se loger

Pise ne manque pas d'hôtels, mais ils affichent rapidement complet.

PETITS BUDGETS

Pensione Rinascente (☎ 050 58 04 60 ; Via dei Castelletto 28 ; d 51 €). Cette adresse sympathique occupe un vieux bâtiment plein de charme aux plafonds voûtés ornés de fresques et de lustres. L'ambiance un peu fouillis et chaleureuse met vite à l'aise. Avec ses chambres très vastes, il convient idéalement aux familles et aux petits groupes. Il n'y a pas de chambres simples.

Albergo Gronchi (☎ 050 56 18 23 ; Piazza Arcivescovado 1 ; s/d 35/38 €). Tenu par un couple d'un certain âge, cet *albergo* bon marché est propre et bien tenu. Sa situation, en plein sur la place, compense largement son manque de cachet.

Albergo Helvetia (☎ 050 55 30 84 ; Via Don Gaetano Boschi 31 ; s/d 35/45 €, d avec sdb 62 €). Au sud de la cathédrale, cette adresse sympathique loue des chambres spacieuses et agréables, dont certaines donnent sur une cour des plus originales, qu'occupent une centaine de cactus et le trampoline des enfants.

CATÉGORIE MOYENNE

Hotel Il Giardino (☎ 050 56 21 01 ; www.pisaonline.it/Giardino ; Piazza Manin 1 ; s/d 80/110 € ; ❄). Immédiatement à l'ouest du Campo dei Miracoli, cet hôtel propose des chambres exiguës mais étincelantes de propreté, décorées de boiseries claires et lumineuses et dans une gamme de couleurs très élégante. L'établissement dispose aussi d'une grande véranda et d'un petit salon.

Villa Kinzica (☎ 050 56 04 19 ; fax 050 55 12 04 ; Piazza Arcivescovado 2 ; s/d 78/103 € ; ❄). Ancienne villa appartenant à une famille aisée, cet établissement a été joliment réaménagé en hôtel. Quelques chambres ont vue sur la Tour penchée et un restaurant très prisé avec terrasse est installé sur l'avant.

Royal Victoria Hotel (☎ 050 94 01 11 ; www.royalvictoria.it ; Lungarno Pacinotti 12 ; s/d 95/115 € ; P ❄). Ce bel hôtel rétro à l'ambiance 'Belle Époque' ne manque pas de charme. Si vous pouvez vous le permettre, la chambre n°401, dans la vieille tour, est fabuleuse. Une restauration prochaine est prévue. Espérons que les tarifs et l'atmosphère resteront les mêmes.

Hotel Francesco (☎ 050 55 41 09 ; www.hotelfrancesco.com ; Via Santa Maria 29 ; s/d 105/115 € ; ❄ 💻). Idéalement situé (sauf pour se garer !) dans la principale rue des bars et des restaurants, ce petit hôtel a récemment été entièrement rénové dans un style moderne. Vous trouverez sur place un salon et de jolies vues sur le jardin botanique. Un service de navette depuis/vers l'aéroport est disponible et vous pouvez louer des bicyclettes.

L'**Albergo Milano** (☎ 050 2 31 62 ; www.pisaonline.it/hotelmilano ; Via Mascagni 14 ; s/d 38/49 €, d avec sdb 70 € ; ❄), à deux pas de la gare ferroviaire, est une valeur sûre.

CATÉGORIE SUPÉRIEURE

Relais della Faggiola (☎ 050 83 03 61 ; www.hotelrelaisorologio.com ; Via della Faggiola 12/14 ; s/d 225/326 € ; P). Si vous avez envie de faire une folie, cet ancien *palazzo* du XIVe siècle, qui a ouvert en tant qu'hôtel en 2003, ne devrait pas vous décevoir. L'ameublement élégant des chambres est complété par des fresques représentant des fleurs, une abondance de linge blanc, des miroirs anciens et une bouteille de champagne gracieusement offerte.

Où se restaurer

Pise ne manque pas de restaurants. Les adresses bon marché destinées aux étudiants sont notamment légion. Plus touristiques, celles installées près de la Tour sont naturellement plus onéreuses.

Antica Trattoria il Campano (☎ 050 58 05 85 ; Via D. Cavalca 44 ; plats 8-10 € ; fermé mer). Installée dans une vieille tour, cette trattoria ne manque pas d'ambiance. La carte propose un bon choix de pizzas végétariennes, mais les amateurs de viande préféreront sans doute la pièce de bœuf d'un kilo.

Trattoria la Grotta (☎ 050 57 81 05 ; Via San Francesco 103 ; plats 8-13 € ; fermé dim). Comme son nom l'indique, cette trattoria offre un intérieur pour le moins caverneux, dans lequel elle entretient la bonne humeur de ses clients à grand renfort de plats succulents à prix modiques. L'ambiance est chaleureuse et décontractée.

Le **Ristorante la Clessidra** (☎ 050 54 01 60 ; Via Santa Cecilia 34 ; plats 9-12 € ; fermé dim) est particulièrement recommandé aux amateurs de viande et de poisson. Les végétariens, en revanche, devront se contenter d'une salade avec *rucola e parmigiano*, à faire suivre d'un dessert copieux.

Osteria dei Cavalieri (☎ 050 58 085 8 ; Via San Frediano 16 ; plats 9-11 € ; fermé dim). La taille des parts servies impose une sieste ou une marche digestive après le repas, mais la qualité de la cuisine (plats de viande, de poisson ou végétariens) mérite amplement un petit excès. Oubliez le dessert et finissez le tout par une gorgée de *limoncello (alcool de citron)*.

Le **S. Omobono** (☎ 050 54 08 47 ; Piazza S. Omobono 6/7 ; plats 8-9 €) propose une cuisine sans prétention et seulement quelques tables (ainsi qu'une colonne romaine). La carte est délicieusement courte. Si vous avez faim, attaquez-vous à un bol de *minestra di fagioli* en entrée. Le vin servi au pichet est tout à fait correct.

Le **Numeroundici** (☎ 050 2 72 82 ; Via San Martino 47 ; plats 4-7 ; fermé sam midi et dim) mérite amplement l'ascension depuis le centre-ville, mais attendez-vous à partager votre table avec d'autres clients. Tous les plats sont en self-service et le choix ne manque pas, des spécialités indiennes (assez rares dans cette région) aux grosses parts de focaccina (sorte de pain farci), en passant par les grillades et de superbes salades.

La Bottega del Gelato (☎ 050 57 54 67 ; Piazza Garibaldi 11 ; fermé mer), au nord de la rivière, est l'endroit idéal pour déguster un *gelato* bien crémeux.

Un **marché de produits alimentaires en plein air** se tient sur la Piazza delle Vettovaglie, près du Borgo Stretto.

Où prendre un verre

La plupart des bons restaurants sont rattachés à un bar, où il est possible de prendre un verre tardif. Sinon, vous trouverez également nombre de bars et de cafés dans le centre.

Caffè Federico Salza (☎ 050 58 01 44 ; Borgo Stretto 46 ; fermé lun). Très prisé des branchés pisans, cet établissement est l'un des meilleurs bars de la ville. Les gâteaux, *gelati* et chocolats méritent également le détour.

Big Ben Pub (☎ 050 58 11 85 ; Via Palestro 11). Façon pub britannique, ce bar sert de la Guinness à la pression.

Le **Pick a Flower** (☎ 050 4 03 78 ; Via Serafini Angolo) dégage une ambiance à la fois branchée et élégante avec ses bougies, ses hauts plafonds, ses vins au verre et ses tapas. La terrasse à l'extérieur attire une clientèle aussi chic que remuante.

Pub Ambarabà (☎ 050 57 67 97 ; Vicolo della Croce Rossa 5 ; fermé mar ;). Spécialisé dans les cocktails extravagants et les bières internationales, ce bar propose également des encas végétariens et un accès à Internet.

Où sortir

Teatro Verdi (☎ 050 94 11 11 ; www.teatrodipisa.pi.it, uniquement en italien ; Via Palestro 40). Ce théâtre présente des spectacles d'opéra et de ballet. Parmi les manifestations culturelles et historiques figure le Gioco del Ponte, une fête en costumes traditionnels qui a lieu le dernier dimanche de juin.

Depuis/vers Pise

AVION

L'**Aéroport Galileo Galilei** (☎ 050 50 07 07), à environ 2 km au sud du centre-ville, est le plus grand aéroport international de Toscane et accueille les vols depuis/vers les principales villes européennes. **Alitalia** (☎ 8488 6 46 41) et d'autres grandes compagnies aériennes possèdent des bureaux à l'aéroport.

BUS

Lazzi (☎ 050 4 62 88 ; Piazza S. Antonio) effectue des liaisons régulières vers Lucca (2,20 €, 45 minutes), Florence (6,10 €, 3 heures, il faut changer à Lucca) et Viareggio. Des services moins fréquents desservent Prato, Pistoia, Massa et Carrara.

CPT (☎ 050 50 55 11 ; Piazza S. Antonio), également proche de la gare ferroviaire, dessert Volterra, Livorno (Livourne), Marina di Pisa et Tirrenia.

VOITURE ET MOTO

Pise est proche de l'A12, qui relie Gênes à Livourne et dont le prolongement au sud jusqu'à Rome est en construction. La ville se trouve également à proximité de l'A11 (à péage) et de la SS67 à destination de Florence, tandis que la SS1 (la Via Aurelia) rejoint La Spezia et Rome.

Pise compte plusieurs grands parkings, notamment un situé immédiatement au nord de la cathédrale.

TRAIN

La gare ferroviaire se trouve sur Piazza della Stazione, au sud de la ville. La ville est reliée à Florence (en passant par Empoli, 4,85 €, 1 heure) et se trouve sur la ligne Rome–La Spezia, où circulent de nombreux trains.

Comment circuler

Pour vous rendre à l'aéroport, un train (1 €) depuis la gare principale vous amènera en quatre minutes à la stazione FS Pisa Aeroporto. Sinon, le bus local CPT n°3 (0,80 €) passe dans le centre-ville et devant la gare ferroviaire avant de rejoindre l'aéroport.

Pour aller de la gare ferroviaire à la cathédrale, prenez le bus CPT n° 3 ou n°4, ou parcourez à pied 1,5 km. Un ticket de bus coûte 1 € pour une heure, 1,20 € pour deux heures et le carnet de dix tickets s'élève à 8 € (le nombre de changements est illimité dans la limite de validité du ticket).

Le vélo et le scooter sont d'excellents moyens pour découvrir Pise. Vous pourrez louer l'un ou l'autre à **Scooter & Bike Rental** (☎ 393 29 08 25 861 ; Via Santa Maria 129 ; 12,50 € /jour), dans le centre-ville.

Pour un taxi, appelez le ☎ 050 54 16 00.

PONTEDERA

25 000 habitants

À quelque 21 km au sud-est de Pise, la ville de Pontedera est l'endroit idéal pour apprendre à parler italien (il y a très peu de touristes) ou acheter un scooter (c'est ici qu'est installée la société Piaggio). Pour vous aider à méditer l'achat d'un nouveau bolide, vous trouverez sur place quelques hôtels et un grand nombre de restaurants servant une cuisine locale qui tient au corps. Corso Matteotti est la principale rue piétonne. L'hôtel ci-dessous jouit d'une bonne situation dans le centre-ville, en face de l'église Santi Jacopo e Filippo (XIXe siècle), qui arbore une surprenante façade de style grec.

Hotel Il Falchetto (☎ 0587 21 21 13 ; Piazza Caduti di Cefalonia 3 ; s/d 45/64 €). Cet établissement à la décoration ravissante et où règne un doux désordre est à déconseiller à ceux qui aiment le conformisme froid des hôtels modernes. Professeur d'arts plastiques à Florence, le propriétaire a couvert les murs de ses toiles.

> **DÉTOUR : CAPANNE**
>
> Sur la route très fréquentée qui va de Pise à Florence, parcourez 9,5 km et, après Pontedera, prenez la direction de la charmante localité de Montópoli, dans le Val d'Arno. Après avoir traversé le hameau quelconque de Capanne, vous vous retrouverez pris dans un système compliqué de voies à sens unique (avant d'arriver au village). Une fois à Montópoli, suivez les panneaux indiquant le centre et l'office du tourisme. Également bien indiqué, le restaurant **Quattro Gigli** jouit à l'arrière d'une terrasse très agréable, qui domine la vallée plus que verdoyante. À la carte, un choix inventif de plats traditionnels toscans, notamment des pommes de terre rôties, rares en Italie. Après ce festin, passez à l'office du tourisme vous procurer la brochure sur les balades historiques et brûlez le surplus de calories en explorant à pied cette vieille ville exquise.

VIAREGGIO

60 000 habitants

Viareggio est sans conteste la plus prisée des stations balnéaires de la Versilia. De sa naissance, dans les années 1920, elle a conservé de belles façades Art nouveau, notamment le long de la Passeggiata. Elle est également connue pour son magnifique *carnevale,* le deuxième après Venise en termes d'animation.

Orientation

Le principal office du tourisme et le front de mer ne sont situés qu'à une courte distance à pied de la gare ferroviaire. Du nord au sud, le plan de Viareggio suit un quadrillage à peu près régulier. Au sud du Canale Burlamacca, où sont amarrés quelques bateaux, s'étend la forêt attrayante de la Pineta di Levante. Une autre forêt, la Pineta di Ponente, occupe une bonne portion du nord de la ville. Au-delà, Viareggio s'étire sans discontinuer jusqu'à la station balnéaire suivante, Lido di Camaiore.

Renseignements

URGENCES

Police (☎ 0584 4 27 41 ; Piazza S. Antonio).

ACCÈS INTERNET

Floating Point (☎ 0584 43 30 25 ; Piazza Dante ; 5 € /h). Dans le centre-ville.

NETTOYAGE

Wash & Dry (Corso Garibaldi 5 ; 2,20 € /machine).

SERVICES MÉDICAUX

Hôpital central (☎ 0584 60 51 ; via Aurelia 335). L'hôpital a déménagé à l'est du centre-ville.

POSTE

Poste principale (Corso Garibaldi).

OFFICES DU TOURISME

Office du tourisme principal (☎ 0584 96 22 33 ; www.versilia.turismo.toscana.it ; Carducci 10 ; 🕙 juin-sept lun-sam 9h-13h et 16h-19h, dim 9h-13h ; oct-mai lun-sam 9h-13h et 15h-18h, 10h-12h dim).

Office du tourisme (🕙 9h30-12h30). Plus petit, près de la gare ferroviaire.

À faire

En dehors de flâner sur les sentiers de la Pineta di Levante, aux alentours du Canale Burlamacca et le long de la Via Regina Margherita, les activités se résument à aller à la plage.

Une grande partie des maisons qui bordent le rivage datent des années 1920 et 1930. Certains bâtiments, comme le Gran Caffé Margherita, où Puccini avait ses habitudes, ont gardé un charme incontestable.

Payante, la plage est divisée en plusieurs *stabilimenti* (établissements balnéaires), parcelles privées, où se louent des cabines, des parasols, des transats et d'autres équipements. Comptez environ 19 € par jour pour deux transats avec parasol. Pour amuser les enfants, emmenez-les voir les dauphins au **CETUS** (☎ 356 56 44 69 ; www.cetus.supereva.it/ , uniquement en italien ; adulte/enfant 40/30 € ; 🕙 9h30-18h), dans le port principal.

Fêtes et festivals

Viareggio connaît son moment de gloire en février et mars, lorsque la ville se consacre pendant trois semaines environ au *carnevale* – une fête avec défilé de chars (souvent porteurs d'effigies géantes et peu flatteuses d'hommes politiques ou de personnalités), feux d'artifice et bonne humeur toute la nuit.

Où se loger

CAMPING

Une demi-douzaine de terrains de camping sont éparpillés dans les bois de la pineta di Levante, entre Viareggio et Torre del Lago. La plupart sont ouverts d'avril à septembre

Le **Campeggio dei Tigli** (☎/fax 0584 34 12 78 ; Viale dei Tigli ; adulte/tente 9/14 €) est l'un des plus grands et comprend un restaurant et une discothèque. Si vous ne disposez pas d'une voiture, prenez le bus CLAP n°1 ou n°2 sur la Piazza d'Azeglio.

HÔTELS

Viareggio compte plus de 120 établissements de toutes catégories, ainsi que des *affittacamere* et des villas. Regroupés en majorité sur le front de mer ou à proximité, ils sont pour la plupart propres, modernes... et sans charme. En plein été, surtout en juillet, de nombreux hôteliers imposent au minimum la *mezza pensione* (demi-pension), voire souvent la *pensione completa* (pension complète).

L'**Al Piccolo** (☎ 0584 5 10 14 ; Via Duilio 16 ; alpiccolohotel@cheapnet.it ; s/d 45/60 € ; 💻) loue de grandes chambres dans un bâtiment

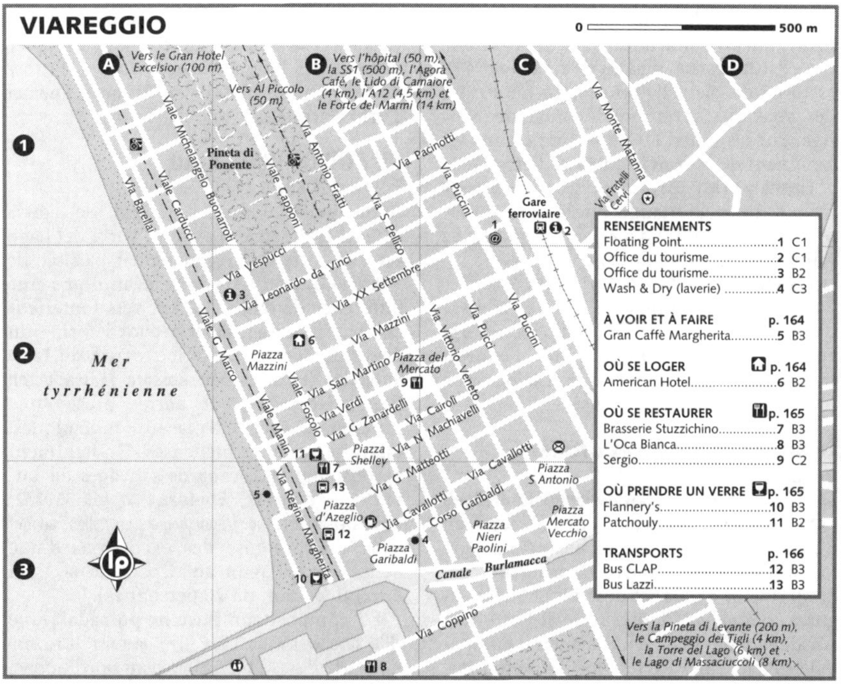

ancien installé dans une rue résidentielle calme. Vous trouverez sur place une salle TV et un accès à Internet, mais c'est surtout le splendide buffet du petit déjeuner, bien loin de l'habituel croissant, qui remporte tous les suffrages.

American Hotel (☎ 0584 4 70 41 ; fax 0584 4 70 43 ; Piazza Mazzini 6 ; s/d 110/180 € ; P ❄). Le décor de cet hôtel impeccable et moderne est principalement constitué de marbre brillant et de tissus couleur corail. Les chambres sont équipées de grands lits et jouissent de la vue sur la piazza, la fontaine et (en penchant un peu la tête) la mer.

Le **Gran Hotel Excelsior** (☎ 0584 5 07 26 ; www.excelsiorviareggio.it ; Viale Carducci 88 ; s/d 70/180 € ; P ❄) est le comble de l'élégance avec ses chambres à l'ameublement de style, rehaussé par des lustres et des antiquités.

Où se restaurer

Si n'avez pas choisi de formule en pension complète, la ville compte de nombreux restaurants où vous pourrez vous sustenter. Ceux installés le long du rivage sont souvent chers et peu inspirés.

Brasserie Stuzzichino (☎ 0584 43 30 65 ; Viale Foscolo 3 ; salades 6,50-10,50 € ; fermé lun). Outre un grand choix de pâtes, ce restaurant au décor simple, installé dans une rue animée, propose un choix impressionnant de salades.

Sergio (☎ 0584 96 37 50 ; Piazza del Mercato 130 ; plats 7,75 € ; fermé lun). Cer endroit merveilleux est installé en plein cœur du marché (vous n'avez qu'à suivre l'odeur alléchante du poulet rôti pour le trouver). Les fromages et les viandes froides sont particulièrement délicieux, mais vous trouverez peu de tables à l'intérieur.

L'Oca Bianca (☎ 0584 38 84 77 ; Via Coppono 409 ; menu 45-47 € ; fermé lun). Un cran au-dessus, cette adresse élégante propose des menus qui, s'ils sont onéreux, vous donnent à goûter trois vins différents. Parmi les spécialités de la maison, citons les ravioli aux truffes blanches.

Où prendre un verre

Viareggio compte bon nombre de bars et de clubs sympathiques où prolonger la soirée. Procurez-vous un exemplaire de *Note* ou d'*Il*

Mangiarbere (plus complet) à l'office du tourisme, qui en donnent une bonne sélection.

Le **Patchouly** (☎ 0368 353 99 00 ; Viale Foscolo 17) est un café plein d'atmosphère où siroter des cocktails sur fond de musique New Age. Sur les murs, les photos de clients témoignent de la convivialité des lieux.

Flannery's (☎ 0584 4 58 46 ; Del Greco Lungomolo). Ce pub de style irlandais avec patio sur le toit en terrasse offre des concerts à partir de minuit, du jeudi au dimanche.

L'**Agorà Café** (☎ 0584 61 04 88 ; Viale Colombo 666, Lido di Camaiore) est une adresse confortable, idéale pour prendre un verre en se prélassant. En fin de soirée, l'endroit se transforme en discothèque et la place ne manque pas pour se dépenser.

Comment s'y rendre et circuler

BATEAU

De juin à septembre, **Navigazione Golfo dei Poeti** (☎ 0187 73 29 87 ; Via Minzoni 13), de La Spezia, en Ligurie, assure des liaisons entre Viareggio (ainsi que Forte dei Marmi, Marina di Carra et Marina di Massa) et des villes côtières ligures comme les Cinque Terre et Portofino. Au départ de Viareggio, la même compagnie organise des excursions d'une journée aux îles de Capraia (voir p. 177) et d'Elbe (de mi-juillet à août uniquement). Dans les deux cas, les bateaux partent à 9h et reviennent à 18h15. L'aller-retour coûte 35 €.

BUS

Les bus **Lazzi** (☎ 0584 4 62 34) et **CLAP** (☎ 0584 3 09 96) partent de la Piazza d'Azeglio à destination de plusieurs villes toscanes, dont Florence (6,70 €, 1 heure 30).

CLAP relie assez régulièrement différentes stations de la côte comme Pietrasanta et Forte dei Marmi. Par ailleurs, il existe jusqu'à douze liaisons quotidiennes pour Lucca, et entre trois et six pour Massa. C'est également CLAP qui gère les bus locaux de la ville.

De juin à septembre, les bus longue distance desservent des destinations comme Milan (22,50 €).

TAXI

Des taxis sont disponibles 24h/24 au ☎ 0584 4 70 00.

TRAIN

Les trains locaux relient Livorno (3 €, 1 heure), Pise (2,10 €, 20 minutes) et La Spezia (4 €, 1 heure) en passant par Massa et Carrara. Les trains réguliers pour Florence passent par Lucca. Plusieurs trains Eurostar Italia à destination de Rome, Gênes et Turin s'arrêtent à Viareggio.

AU SUD DE VIAREGGIO

Torre del Lago

À quelques kilomètres au sud, de l'autre côté de la Pineta di Levante, Torre del Lago est une sorte de prolongement paisible de Viareggio, mais présente néanmoins une différence de taille. À 2 km vers l'intérieur des terres, le **Lago di Massaciuccoli** forme un lagon peu profond qui fait partie du **Parco Naturale Migliarino San Rossore Massaciuccoli** (voir ci-dessous). Il abrite plus d'une centaine d'espèces d'oiseaux endémiques, migratoires ou nicheuses (notamment hérons, aigrettes, canards sauvages ou busards des roseaux). **Eco-Idea** (☎ 0584 35 02 52 ; www.laversilia.it/eco-idea/, uniquement en italien ; adulte/enfant 5/2 €) organise des excursions d'une heure sur le lagon au départ de la Villa Puccini (minimum 20 personnes).

Le compositeur Puccini possédait une **villa** (adulte/enfant 5/1,50 € ; 🕒 mar-dim 10h-12h30 et 15h-18h30, jusqu'à 17h30 en hiver) au bord du lac, où il écrivit plusieurs de ses opéras, notamment *Madame Butterfly*. En juillet et en août, le théâtre en plein air installé au bord du lac accueille certaines manifestations du Festival Pucciniano, au cours duquel sont donnés les opéras du maestro (pour plus de détails, contactez l'office du tourisme de Viareggio ou visitez le site officiel du festival : www.puccinifestival.it).

Plusieurs hôtels modestes offrent une base paisible où séjourner, à condition toutefois d'être motorisé pour vous déplacer dans les environs. Si tel n'est pas le cas, vous dépendrez du bus CLAP n°4 pour vous rendre dans le centre de Viareggio.

Parco Naturale Migliarino San Rossore Massaciuccoli

Ce parc, qui couvre 24 000 ha et s'étend de Viareggio, au nord, à Livorno, au sud, est l'une des rares zones protégées du littoral toscan.

Composé en partie de marécages et de forêts de pins, le parc abrite des espèces d'oiseaux extrêmement variées, en particulier durant les périodes de migration. Plusieurs espèces de faucons, de canards, de hérons, de cormorans et d'autres oiseaux marins élisent domicile ici une partie de l'année. La faune terrestre comprend notamment des cerfs, des sangliers et des chèvres.

Le **centro visite** (accueil des visiteurs ; ☎ 050 53 01 01 ; visitesr@tin.it ; 🕑 week-ends uniquement 8h-19h30, jusqu'à 17h30 en hiver), à Cascine Vecchie, vous fournira de plus amples informations.

La bande de littoral qui s'étire entre l'Arno et Livorno ne fait pas partie du parc. Le week-end, nombre de Pisans se retrouvent sur les plages des petites villes balnéaires de **Marina di Pisa** ou de Tirrenia, cette dernière plus attrayante. Le port très vivant de Livourne (voir p. 174) est le prochain arrêt côtier sur la route allant vers le sud.

LA VERSILIA

La bande côtière qui s'étend de Viareggio à la frontière régionale avec la Ligurie, au nord, s'appelle la Versilia. Elle reste très appréciée des vacanciers locaux et d'un bon nombre d'étrangers (Allemands, Français et Britanniques), bien que les constructions le long du front de mer l'aient défigurée.

La région représente cependant un bon tremplin pour accéder aux Alpes apuanes (voir page 171). Les routes qui partent de la côte et serpentent jusqu'au cœur des montagnes relient des petits villages et des chemins de randonnée.

Pietrasanta et ses environs

En remontant la côte de Viareggio, vous arriverez à **Lido di Camaiore**. L'urbanisation se réduit au fur et à mesure qu'on gagne le nord, et les plages attirent une foule moins dense.

Une fois parvenu à **Marina di Pietrasanta**, bifurquez vers l'intérieur des terres pour rejoindre **Pietrasanta**, à 3,5 km de là. La Piazza Duomo constitue le centre de la vieille ville. La visite de la Chiesa di Sant'Agostino, si elle est ouverte, s'impose car elle cache, derrière une austère façade gothique, un cloître très plaisant. La cathédrale du XIIIe siècle et le Palazzo Moroni, qui abrite un modeste musée archéologique, sont également à voir.

Si vous circulez en voiture (ou par la ligne circulaire du bus CLAP qui part de la Piazza Matteotti), vous pourrez pénétrer un peu plus loin dans les terres et rejoindre **Seravezza**, important centre d'extraction du marbre depuis le XVIe siècle (Michel-Ange venait chercher ici sa matière première). C'est aujourd'hui un des accès au Parco regionale delle Alpi Apuane. Le **centre d'information** du Parco delle Alpi Apuane (☎ 0584 75 73 25 ; Via Corrado del Greco 11 ; 🕑 été tlj 9h-13h et 16h-20h, hiver lun-sam 9h-13h et 14h30-16h30) vous fournira des cartes et des brochures sur les randonnées à faire dans les Alpes.

Située au confluent de la Serra et de la Vezza du côté de La Versilia, avec les Alpes apuanes pour arrière-plan, Seravezza est une petite ville agréable. La cathédrale abrite de superbes œuvres d'orfèvres florentins, notamment un crucifix et, à près de 4,5 km au nord, la Pieve della Cappella (église paroissiale) d'**Azzano** possède une magnifique rosace baptisée "l'œil de Michel-Ange". Le Palazzo Mediceo, autre édifice d'intérêt, fut bâti pour servir de résidence d'été à Cosme Ier de Médicis.

Un des plus beaux itinéraires suit la Vezza en direction du sud-est jusqu'à la pittoresque *frazione* (hameau) de **Stazzema**, perchée dans les collines (également accessible en bus CLAP depuis la Piazza Matteotti). À l'entrée du village s'élève une église romane, la Chiesa di Santa Maria Assunta. C'est un excellent point de départ pour des randonnées dans les Alpes apuanes.

Procinto (☎ 0584 77 70 04 ; Via Novembre 21 ; d à partir de 41 €). Un repas dans cet établissement rural au cœur de Stazzema s'impose, même si la direction n'est pas toujours aimable. Les plats sont très copieux et peu onéreux. Les gros appétits choisiront la succulente *polenta con funghi*.

Si vous avez envie de plonger dans la "grande bleue", retournez à Seravezza et prenez la route qui mène directement à **Forte dei Marmi**. L'endroit regorge d'hôtels et de restaurants regroupés le long du rivage ou à proximité. Demandez la liste à l'**office du tourisme** (☎ 0584 8 00 91 ; Via Franceschi 8b).

Au-delà de Forte dei Marmi, le littoral ne présente guère d'attraits ; mieux vaut gagner la côte ligure.

Massa

À l'intérieur des terres, Massa est le centre administratif de la province du même nom (que l'on appelle également Massa Carrara).

Le principal **office du tourisme** (☎ 0585 24 00 63 ; Viale Vespucci 24) est installé sur la côte, à Marina di Massa. Hormis la cathédrale de peu d'intérêt, il ne demeure pas grand-chose du vieux centre-ville. Dominant la ville, le **Castello Malaspina** (☎ 0585 4 47 74 ; adulte/enfant 5/3 € ; ⌚ mi-juin à mi-sept mar-dim 9h30-12h30 et 17h30-20h) était la résidence de la famille Malaspina qui, à partir du milieu du XVe siècle, a régi la région plusieurs siècles durant. Cet emplacement leur permettait de surveiller tout leur territoire alentour.

Au cas où vous décideriez de rester, sachez que Massa ne compte que deux hôtels. Vous pouvez également aller jusqu'à Marina di Massa, une ville animée et sympathique qui compte de nombreux bars et restaurants. Des dizaines de terrains de camping s'étendent au nord de la marina.

L'**Hotel Caprice** (☎ 0585 86 80 28 ; www.hotelcaprice.net ; Via delle Pinete 237 ; s/d 55/60 €) dispose de charmants jardins et de plusieurs terrasses. Bien qu'un peu défraîchies, les chambres sont confortables. Toujours de bonne humeur, les propriétaires anglo-italiens vous donneront quantité de renseignements sur la région.

COMMENT CIRCULER

Les bus à destination d'un grand nombre de villes du nord-ouest de la Toscane partent devant la gare ferroviaire, à Massa même. Cinq bus quotidiens desservent Lucca (3,50 €, 1 heure 30).

Carrara

Capitale mondiale de l'extraction et de la taille du marbre blanc, Carrara (Carrare) est située à 7 km au nord de Massa. Elle reçut souvent la visite de Michel-Ange venu sélectionner les meilleurs matériaux pour réaliser ses commandes. En voyant le ballet des camions qui sortent aujourd'hui des carrières, on se rend compte à quel point l'extraction et le transport du marbre ont dû être un travail exténuant et périlleux à la Renaissance.

La tradition est très ancienne, puisque les carrières de marbre des collines de Carrara étaient déjà exploitées sous l'Empire romain. En 1442, la ville passa sous le contrôle de la famille Malaspina et partagea le sort de Massa, plus au sud. L'extraction du marbre est loin d'être un jeu d'enfant – un monument érigé à la mémoire des ouvriers qui ont perdu la vie dans les carrières se dresse sur la Piazza XXVII Aprile. Malgré les protestations des écologistes qui désapprouvent l'extraction massive et continuelle du marbre, les propriétaires des carrières continuent de résister et de défendre leurs 14 000 employés. Ces ouvriers furent à l'origine de la solide tradition anarcho-syndicaliste de Carrara, ce qui ne leur attira pas la sympathie des fascistes, ni, plus tard, des troupes allemandes d'occupation.

Petit et charmant, le cœur historique de Carrara est niché dans l'angle nord-ouest de la ville, à une dizaine de kilomètres de la ville côtière jumelle, Marina di Carrara, et au pied des premières collines des Alpes apuanes sur lesquelles on voit encore les cicatrices laissées par des siècles d'extraction.

RENSEIGNEMENTS

L'**office du tourisme** (☎ 0585 84 4 403 ; Via Settembre XX ; ⌚ juin-sept tlj 9h30-19h, oct-mai lun-sam 10h-13h et 16h-19h) se situe sur la côte. Si les *laboratori* (ateliers de marbre) vous intéressent, procurez-vous un plan avec leur emplacement.

La poste principale se trouve à l'intersection de la Via Mazzini et de la Via Aronte. **Carrara Point** (☎ 0585 77 96 36 ; Ulivi 19) propose un accès à Internet pour 5 € par heure (les étudiants bénéficient de tarifs préférentiels). Le commissariat de police se dresse à l'angle de la Via Cavour et du Corso Fratelli Rossi.

À VOIR

Au cœur de la vieille ville, la **cathédrale** (☎ 0585 7 19 42 ; piazza Duomo ; ⌚ 7h-12h et 15h30-19h) est l'un des premiers édifices médiévaux des Alpes apuanes entièrement érigés en marbre. Sa construction, entreprise au XIe siècle se prolongea pendant deux siècles. La façade, mélange de roman (partie inférieure) et de gothique, s'inspire largement des modèles pisans.

La plus jolie place de la ville est sans aucun doute la **Piazza Alberica**, bâtie au XVe siècle et bordée de maisons aux couleurs chatoyantes.

Le château de la Piazza Gramsci, qui servit d'abord de résidence fortifiée au clan des Malaspina, abrite aujourd'hui le **Palazzo dell'Accademia di Belle Arti** (☎ 0585 7 16 58 ; Via Roma 1 ; ⌚ mar-sam 9h-13h), qui possède, entre autres, une belle collection de fragments de sculptures romaines.

Au sud du centre-ville, en direction de Marina di Carrara, le **Museo civico del Marmo** (☎ 0585 84 57 46 ; Via Settembre XX ; adulte/enfant 3,10/1,55 € ; ⌚ juil-août lun-sam 10h-20h, mai, juin et sept lun-sam 10h-18h, oct-avr 8h30-13h30) retrace l'histoire de

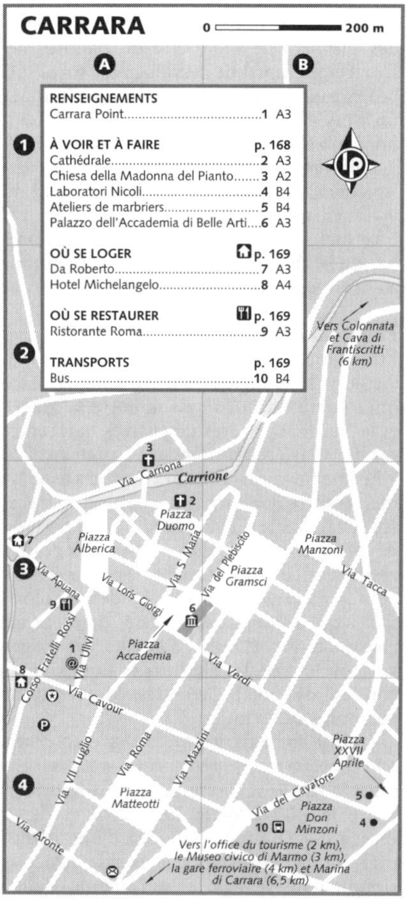

l'industrie du marbre et présente 310 sortes de marbre, granit et autres pierres décoratives existant en Italie. Une modeste collection de sculptures modernes a également pris place dans ce musée. Les bus qui circulent entre Marina di Carrara et Carrara s'arrêtent à côté, près du *stadio* (stade).

Les carrières se trouvent à **Colonnata** et à la **Cava di Fantiscritti**. Suivez les panneaux indiquant *cava* (carrière). Les bus locaux desservent régulièrement Colonnata (1,50 €, 30 min), où auraient été logés les esclaves romains chargés d'extraire le marbre. Aujourd'hui, les ouvriers utilisent des scies mécaniques pour débiter les immenses blocs de pierre blanche. À la Cava di Fantiscritti a été installé un **musée** privé, (☎ 0585 7 09 81 ; 🕓 Pâques-nov 9h-19h) où l'on découvre l'outillage des ouvriers des carrières. On accède au musée par le Ponte di Vara, viaduc construit au XIXe siècle pour la ligne de chemin de fer, une des grandes prouesses techniques de l'époque.

Vous pouvez également visiter l'un des *laboratori* de marbre. Les commandes vont des plus banales aux plus bizarres. Des artistes demandent souvent à des ateliers de tailler une pièce de telle ou telle façon, ou du moins de commencer le travail, évitant ainsi la tâche ardue et poussiéreuse de l'ébauche. Les **Laboratori Nicoli** sont commodément situés sur la Piazza XXVII Aprile. Ou sinon, jetez un coup d'œil par la porte des ateliers situés de chaque côté de la place, où l'air est nimbé de poussière blanche.

Les bus CAT qui circulent l'été effectuent des arrêts devant plusieurs *laboratori*, le musée et Colonnata. Les tickets coûtent 8 €. Renseignez-vous à l'office du tourisme.

OÙ SE LOGER ET SE RESTAURER

Quelques adresses méritent d'être essayées.

Le **Da Roberto** (☎ 0585 7 06 34 ; Via Apuana 3f ; s/d 31/46,50 €) est un établissement familial d'un bon rapport qualité/prix. Comme il se situe au croisement de deux routes très fréquentées, il est généralement préférable de dormir les fenêtres closes.

L'**Hotel Michelangelo** (☎ 0585 77 71 61 ; fax 0585 7 45 45 ; Corso Fratelli Rossi 3 ; s/d 60/90 €) a connu des jours meilleurs, mais les chambres restent confortables et sont agrémentées de vieux meubles charmants.

Le **Ristorante Roma** (☎ 0585 7 06 32 ; Piazza Cesare Battisti 1 ; plats 8 €) affiche un décor un peu désuet, largement compensé toutefois par la cuisine, d'autant que le service est rapide et sympathique. Nous vous conseillons le risotto aux fruits de mer, revigorant, suivi d'un *gelato* à la vanille, simple mais particulièrement savoureux.

DEPUIS/VERS CARRARA

La gare routière est située sur la Piazza Don Minzoni. Les **bus CAT** (☎ 0585 8 53 11) desservent les environs, notamment Massa (0,90 €, 30 minutes) au sud et, dans la région de la Lunigiana, Fivizzano (2,20 €, 2 heures), Aulla (1,80 €, 1 heure) et Pontremoli (2,80 €, 2 heures).

Les trains qui circulent sur la ligne côtière (au départ de Gênes, Rome, Viareggio, etc.) s'arrêtent plus près de Marina di Carrara, d'où les bus locaux desservent Carrara (0,75 €).

LUNIGIANA

Plus au nord se cache l'un des coins les plus secrets de Toscane. La Lunigiana forme une enclave isolée, bordée au nord et à l'est par l'Emilia-Romagna, à l'ouest par la Ligurie, au sud par les Alpes apuanes. La ville de Pontremoli s'avère idéale pour les voyageurs qui désirent visiter la région.

Le territoire très découpé qui jouxte les montagnes dans la province de Parme, au nord, est superbe à explorer. Principale voie romaine entre le nord et le centre de l'Italie, la Via Francigena du Moyen Âge était à la fois un axe commercial et stratégique, et un chemin de pèlerinage vers Rome. Elle suit plus ou moins l'autostrada A15, depuis le col de Cisa, au nord, jusqu'à Sarzana (Ligurie), sur la côte.

L'un des itinéraires possible consiste à quitter Carrara en suivant la route départementale SP446d vers le nord, et à suivre les panneaux en direction de **Fosdinovo**.

Le superbe **château** (☎ 0187 6 88 91 ; 3,10 € ; ⌚ visites guidées mer-lun à 16h, 17h et 18h), propriété des Malaspina depuis 1340 (et qui appartient toujours à une branche de la famille), est le principal attrait de Fosdinovo. Les murs d'enceinte et les tours furent peu à peu modifiés à partir du XVIe siècle, époque à laquelle la famille en fit sa résidence.

De Fosdinovo, empruntez la SS446 jusqu'au carrefour en T avec la SS63. Obliquez à droite (à l'est) en direction de **Fivizzano** (les bus suivent cet itinéraire), centre agricole en grande partie moderne où l'on peut faire une pause déjeuner avant de repartir en direction des Apennins et de la frontière avec l'Emilia-Romagna.

Les bus CAT desservent régulièrement Aulla, et un peu moins souvent Massa, Carrara, Fosdinovo et le Passo Cerreto (col qui permet de franchir les Apennins pour gagner l'Emilia-Romagna). Au-delà de Fivizzano, la route de montagne offre un panorama somptueux sur l'Emilia-Romagna.

Si vous partez dans le sens inverse, au sud de Fivizzano, vous arriverez à **Aulla**, une ville morne dont l'unique centre d'intérêt est la *fortezza* du XVIe siècle.

En poursuivant vers le nord au départ d'Aulla, vous rejoindrez **Villafranca**, ancienne étape de la Via Francigena et, si l'on en croit les récits, piège à voyageurs où la collecte des impôts relevait plutôt du banditisme. L'extrémité nord de ce village est surplombée par un moulin (occupé aujourd'hui par un musée d'ethnographie local) et par un pont qui franchit la Magra.

L'**Albergo Manganelli** (☎ /fax 0187 49 30 62 ; Piazza San Nicolò 5 ; s/d 32/37 €, avec sdb 37/42 €), au sud du vieux village et en aval de la voie ferrée, est un hôtel séduisant qui loue des chambres basiques, claires et spacieuses. Le restaurant adjacent est tout à fait convenable.

Pontremoli

Étape importante sur la Via Francigena, la vieille ville se compose d'une longue place qui s'étend du nord au sud entre la Magra et la Verde. Barrières défensives naturelles, ces deux rivières conféraient également à la ville une position clé pour contrôler le commerce entre le nord et le centre de l'Italie. Au XVIIe siècle, la ville connut une période de prospérité. La plupart des splendides résidences datant de cette époque et les petites piazzas cernées d'arcades à colonnades qui abritent bars et cafés donnent un charme tout particulier à la ville. Ses magasins, où les articles élégants et sophistiqués côtoient des objets démodés, conviendront aux goûts éclectiques.

L'**office du tourisme** (☎ 0187 83 32 78 ; Piazza della Repubblica 6 ; ⌚ lun-ven 9h-13h et 15h30-18h30, sam 9h30-12h30) est une mine d'informations.

De la Piazza della Republica et de la Piazza del Duomo (flanquée d'une cathédrale du XVIIe siècle à la façade néoclassique), dans le centre, un chemin pentu et sinueux monte au **Castello del Piagnaro** (☎ 0187 83 14 39 ; 3,10 € ; ⌚ mar-dim 9h-12h et 15h-18h). Érigé au IXe siècle, l'édifice que l'on voit aujourd'hui a été largement reconstruit au cours des XIVe et XVe siècles et offre une vue enchanteresse sur la ville. Le musée qu'il abrite conserve une collection étonnante de menhirs trouvés dans la région.

Deux établissements sont à la disposition des voyageurs.

Le **Golf Hotel** (☎ 0187 83 15 73 ; golfhotel@tin.it ; 1 Via della Pineta 32 ; s/d 62/99 €) est un hôtel somptueux bénéficiant de magnifiques vues sur la campagne boisée de pins. L'immense hall en marbre mène à des chambres spacieuses et lumineuses. Le nom reste un mystère : aucun terrain de golf n'existe à proximité.

Trattoria Da Bussè (☎ 0187 83 13 71 ; Piazza del Duomo 32 ; plats 8-12 € ; ⌚ lun-jeu déj uniquement,

LE MONDE DE BENIGNI

Lorsque l'on parle du cinéma italien actuel, c'est souvent la verve et les apparitions enflammées de l'acteur-réalisateur Roberto Benigni qui viennent à l'esprit

Avant l'immense succès de *La vie est belle*, le cinéma italien connaissait une crise tant artistique que commerciale. Le délicat sujet de l'Holocauste vu par l'acteur toscan reçut rapidement le succès le plus faramineux qu'aucun film étranger ait connu aux États-Unis et le chiffre d'affaires atteignit quelque 35,8 millions de dollars. Benigni fut également le premier acteur italien, qui plus est non anglophone, à recevoir le prix du meilleur acteur aux Oscars.

Durant la décennie précédente, très peu de films, à l'exception peut-être de *Cinema Paradiso*, *Ciao Professore!* et *Il Postino*, séduirent le marché international. De longues années s'étaient écoulées depuis que des réalisateurs comme Fellini, Rossellini, Visconti, Antonioni et De Sica avaient conquis le public étranger.

Le succès de Benigni fut le déclic dont le cinéma italien avait besoin. En 2001, Nanni Moretti reçut la palme d'or à Cannes pour *La Stanza del Figlio* (La chambre du fils) et, l'année suivante, *Il Più Bel Giorno della mia vita* (Le plus beau jour de ma vie), de Cristina Comencini, remporta le prix du meilleur film étranger au Festival du film de Montréal. En 2003, *Pinochio* de Benigni fut désigné comme étant l'un des plus beaux films italiens, notamment par ses costumes somptueux et ses décors féeriques. Principale critique : à 50 ans, Roberto Benigni était trop âgé pour le rôle.

Benigni a vu le jour en 1952 à Misericordia, petit village de la province d'Arezzo. Peu de temps après sa naissance, ses parents déménagèrent pour Vergaio, un village de 3 000 habitants à une vingtaine de kilomètres au nord-ouest de Florence. C'est là qu'il rejoignit les virtuoses locaux à la *casa del popolo* (centre social de la ville) perfectionnant la technique théâtrale typiquement toscane d'improvisation d'histoires en rimes. Il conserve encore aujourd'hui de cette formation précoce, une incroyable facilité à improviser.

À l'âge de 20 ans, Benigni s'installa à Rome. Il travailla dans des bars et des théâtres où il présentait son spectacle de monologue d'avant-garde à un public ébahi. Il y fut découvert par Giuseppe Bertolucci. Grâce à Benigni, le cinéma italien a pu faire son retour sur les écrans internationaux, devant un public las de la sentimentalité sirupeuse des scénarios hollywoodiens.

sam-dim déj et dîner), à l'ombre de la cathédrale, sert d'excellentes spécialités locales.

Les bus CAT desservent régulièrement le sud, notamment Aulla, et d'autres localités de la Lunigiana. Il existe aussi des services de bus pour La Spezia (sur la côte ligure). Pontremoli se trouve sur la ligne de chemin de fer Parma-La Spezia.

Alpes apuanes

Cette chaîne montagneuse s'insère entre la Versilia côtière et l'immense vallée de la Garfagnana. Peu élevé en comparaison des Alpes plus au nord, ce massif culmine à 1 945 m, au Monte Pisano. Les Alpes apuanes n'en offrent pas moins de magnifiques randonnées et comptent un grand nombre de sentiers bien tracés ainsi que plusieurs *rifugi*. Pour plus de détails sur les itinéraires, reportez-vous à la page.

En dehors des randonnées, la région abrite des grottes qui combleront les amateurs de spéléologie. La **Grotta del Vento** (☎ 0583 72 20 24 ; www.grottadelvento.com ; visites 6,50-15 €) est un réseau de cavités renfermant stalactites, stalagmites et lacs incrustés de cristaux. Ouvert toute l'année, ce site souterrain se visite guidé : 3 itinéraires d'une durée de 1 à 3 heures sont proposés. Les premiers groupes partent à 10h. De novembre à mars, seule la visite d'une heure est possible (du lundi au samedi). Pour s'y rendre en bus au départ de Lucca, il est nécessaire de traverser Gallicano et de parcourir le dernier kilomètre à pied.

Au nord de Seravezza, près de Levigliani, l'**Antro del Corchia** (☎ 0584 77 84 05 ; adulte/enfant 11/10) a été récemment ouvert au public. Cette grotte fait partie du réseau souterrain le plus long et le plus profond d'Italie. Les premières visites guidées partent à 10h et durent 2 heures. Pensez à vous munir d'un vêtement chaud car la température des grottes ne dépasse pas 7,6°C tout au long de l'année. Des bus partent bien de Pietrasanta en passant par Seravezza (1,45 €, 40 min), mais aucun retour n'est assuré le soir.

La côte centrale et Elbe

SOMMAIRE

Curieux mélange de villes ordinaires, de cités médiévales fascinantes et de sites étrusques bien conservés, la côte centrale est une destination intéressante pour les voyageurs, non seulement par sa diversité mais aussi parce qu'on y trouve des endroits encore intacts, comme le village millénaire de Suvereto. Bien qu'elle n'ait jamais figuré parmi les hauts lieux du tourisme, la ville de Livorno possède une personnalité rude que certains trouveront étrangement séduisante. Les amateurs de civilisation étrusque se passionneront pour Populonia et sa jumelle médiévale, Populonia Alta. Par ailleurs, Livorno et Piombino sont le point de départ des ferries pour les îles de l'archipel toscan ou pour d'autres, plus lointaines.

La majeure partie de la côte qui s'étend au sud de Livorno, appelée la Maremma Pisana, était autrefois une zone humide, infestée de moustiques. Les premières tentatives pour assécher ces marais datent du XVIIIe siècle, mais la véritable mise en valeur des terres ne fut entreprise que sous Léopold II, grand-duc de Toscane (1765-1790). Dès lors, l'activité agricole et industrielle prospéra, entraînant la construction de routes et d'infrastructures. La Maremma Pisana entra officiellement dans la province de Livorno en 1925.

Aujourd'hui, les plages constituent un avantage évident de la côte centrale ; certaines méritent le détour, notamment sur le Golfo di Baratti, au sud. Pour les vrais amoureux du soleil et de la mer, le mieux est cependant de sauter dans un ferry pour Elbe, agréable surtout hors saison, qui dégage toute la séduction d'une île méditerranéenne typique tout en étant épargnée par le développement immobilier sauvage.

À NE PAS MANQUER

- Déguster une bonne assiettée de *cacciucco*, traditionnel et délicieux ragoût de produits de la mer, qui vaut largement la dépense
- Allier le farniente sur les plages du Golfo di Baratti (p. 181) à la découverte des sites étrusques et médiévaux de Populonia (p. 181)
- Prendre un ferry jusqu'à l'île encore intacte de Capraia (p. 177), idéale pour la plongée, la randonnée ou simplement les bains de soleil sur la plage
- Faire travailler ses mollets en arpentant les rues escarpées et tortueuses de Suvereto (p.180) pour s'imprégner de son atmosphère gothique
- Enfiler des chaussures de marche ou empoigner un VTT pour explorer les hauteurs occidentales de l'île d'Elbe autour du Monte Capanne (p. 189)

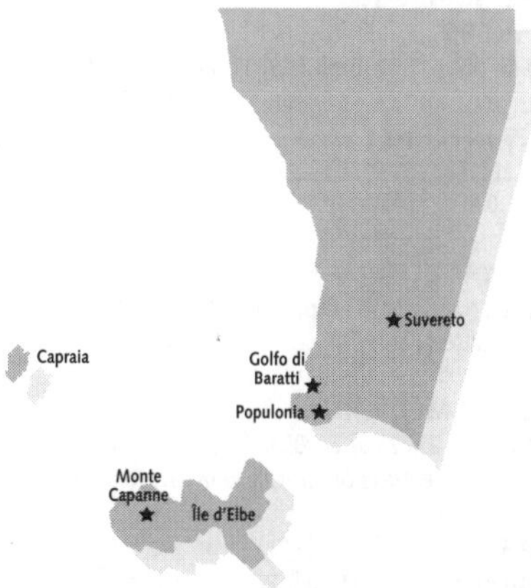

LIVORNO (LIVOURNE)

173 000 habitants

Deuxième ville de Toscane par la taille, Livorno a subi de sévères bombardements pendant la Seconde Guerre mondiale (c'était l'une des grandes bases navales de l'Italie fasciste), et le centre-ville conserve une atmosphère un rien mélancolique. Le programme de reconstruction lancé après guerre manquait singulièrement d'imagination. En l'absence de merveilleuses vieilles églises et de bâtiments anciens, profitez-en pour vous tourner vers d'autres choses, par exemple les fruits de mer, réputés comme les meilleurs de la côté tyrrhénienne. Ne manquez pas de goûter au *cacciucco*, remarquable ragoût de poisson et de fruits de mer.

La première mention historique de la cité remonte à l'année 1017. Le port fut pisan, puis génois pendant plusieurs siècles, avant que Florence en prenne le contrôle en 1421. Ce minuscule village de 48 âmes dans les années 1550 se transforma en cité portuaire solidement fortifiée sous Cosme Ier de Médicis.

À la fin du XVIIIe siècle, Livorno était devenue une ville animée d'environ 80 000 habitants, accueillant les marchands britanniques et hollandais qui organisaient le négoce entre l'Europe occidentale et le Moyen-Orient. Au siècle suivant, elle devint un port libre, ce qui stimula sa croissance et sa prospérité.

Renseignements

URGENCES

Poste de police (☎ 0586 23 51 11 ; Piazza Unità d'Italia).

ACCÈS INTERNET

Internetcafé (☎ 0586 83 95 20 ; Vicolo delle Rimesse 13 ; 3 €/30 min).

NETTOYAGE

Niagara (☎ Borgo dei Cappuccini 13 ; 3,60 € pour un lavage et un séchage).

SERVICES MÉDICAUX

Hôpital (☎ 055 21 67 61, 0586 22 31 11 ; Viale Alfieri 36) Situé entre le centre-ville et la gare ferroviaire.

POSTE

Bureau de poste (Via Cairoli 46).

TÉLÉPHONE

Telecom (Largo Duomo 14) Ce bureau ne possède pas de personnel.

OFFICES DU TOURISME

Office du tourisme principal (☎ 0586 20 46 11 ; www.livorno.turismo.toscana.it ; 2e étage, Piazza Cavour 6 ; ⌚ lun-ven 9h-13h et 15h-17h) Juste au sud de la Piazza Grande ; il existe également un petit office du tourisme sur la Piazza del Municipio ; un troisième **office du tourisme** (☎ 0586 89 53 20 ; ⌚ été uniquement) est situé près de Calata Carrara, principal terminal de ferries.

À voir

La ville compte quelques sites intéressants. Dans le quartier appelé Piccola Venezia en raison de ses petits canaux, la **Fortezza Nuova** (nouveau fort) fut bâtie pour les Médicis à la fin du XVIe siècle selon les techniques de construction vénitiennes destinées à gagner du terrain sur la mer. Sans gondoles ni touristes américains, le quartier possède un charme un peu déliquescent avec ses canaux bordés d'immeubles aux façades écaillées et ornées de linge multicolore.

Près du front de mer, la **Fortezza Vecchia** (vieux fort), édifiée soixante ans plus tôt sur le site d'un bâtiment du XIe siècle, est en assez mauvais état, avec de profondes fissures dues au poids des ans et à l'affaissement.

Livorno possède deux musées modestes. Le **Museo civico Giovanni Fattori** (☎ 0586 80 80 01 ; Via San Jacopo 65 ; adulte/enfant 4/2,50 € ; ⌚ mar-dim 9h-13h), dans un joli parc au sud du centre-ville, présente des œuvres s'inscrivant dans le mouvement des Macchiaioli au XIXe siècle. Des expositions temporaires se tiennent également de temps à autre.

Pour les fervents de musées, le **Museo di Storia naturale del Mediterraneo** (☎ 0586 80 22 94 ; Via Roma 234 ; 2,60 € ; ⌚ mar-dim 9h-13h et 15h-19h) abrite toutes sortes de créatures botaniques et marines de la Méditerranée, notamment "Annie", le squelette d'un rorqual commun.

Une **cathédrale** moderne peu spectaculaire se dresse sur la Piazza Grande.

Au sud de la ville commence la côte étrusque (Costa degli Etruschi) où se succèdent des plages de galets sans grand charme, leur seul intérêt résidant dans les vieilles villas du bord de mer. Le bus n°1 qui part de la gare ferroviaire longe la côte après avoir fait halte au centre-ville et à Porto Mediceo.

Où se loger

Trouver une chambre convenable ne devrait pas poser de difficulté.

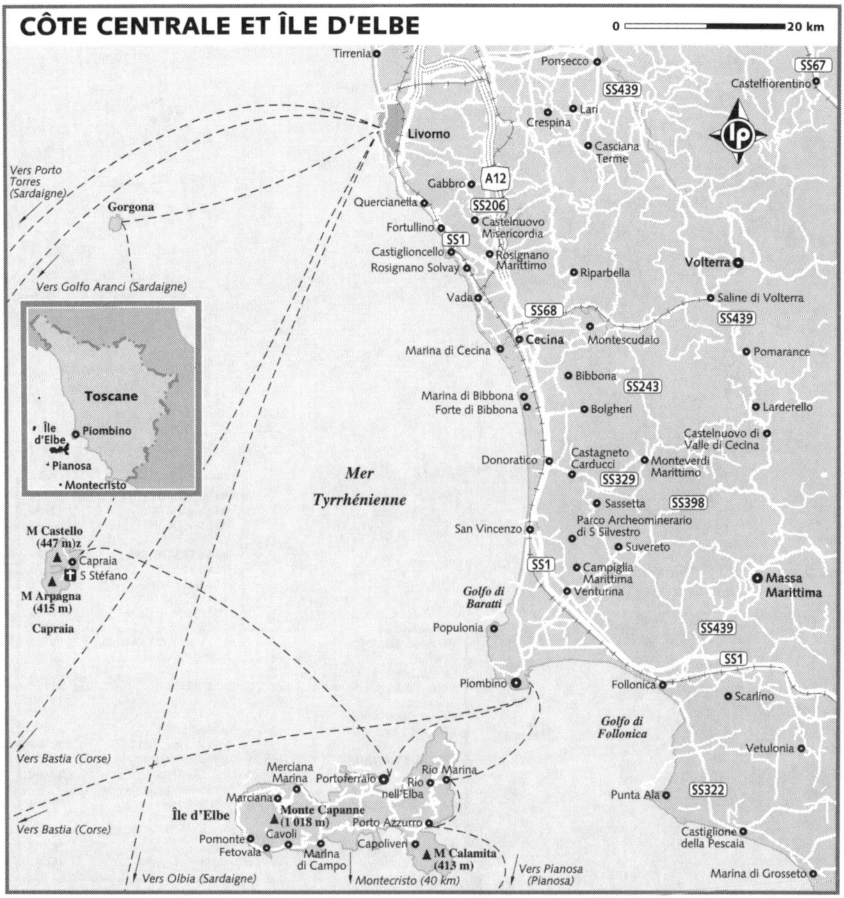

Pensione Dante (☎ 0586 89 34 61 ; Scali d'Azeglio 28 ; s/d 35/40 €) Près du front de mer, cet endroit familial et sans prétention, avec des chambres vastes et simplement meublées, équipées de lavabos, représente une bonne solution si votre budget est serré.

Villa Morazzana (☎ 0586 50 00 76 ; fax 50 24 26 ; Via di Collinet 68 ; dort/d 16/45 €, avec sdb 75 €) Mélange d'auberge de jeunesse et d'hôtel, l'établissement bénéficie d'une situation agréable dans les collines, à deux kilomètres au sud-est du centre. Ce délicieux vieux bâtiment dispose de chambres spacieuses et claires et les murs sont tapissés d'œuvres d'art plaisantes à l'œil. Le prix peu élevé comprend le petit déjeuner et l'accès au jardin. Pour y aller, prenez le bus n°3 sur la Piazza Grande.

Hotel Gran Duca (☎ 0586 89 10 24 ; www.granduca.it ; Piazza Micheli 16 ; s/d 86/124 € ; P ❄) Un hôtel chic et moquetté, avec tout le confort moderne, très bien situé face au port. Le restaurant adjacent propose une assez bonne cuisine.

Où se restaurer

Pour faire vos courses, le **marché** se tient Via Buontalenti. Le quartier de la Piazza XX Settembre est celui des **bars** et des **cafés**.

Il Travaso delle Idee (☎ 0586 21 94 15 ; Scali d'Azeglio 64 ; plats 6-8 €) Ce petit bar-restaurant élégant aux lumières douces pour tête-à-tête amoureux propose un bon choix d'*antipasti*.

Cantina Senese (☎ 0586 89 02 39 ; Borgo dei Cappuccini 95 ; plats 6-8 € ; 🕒 fermé dim) Ce vrai res-

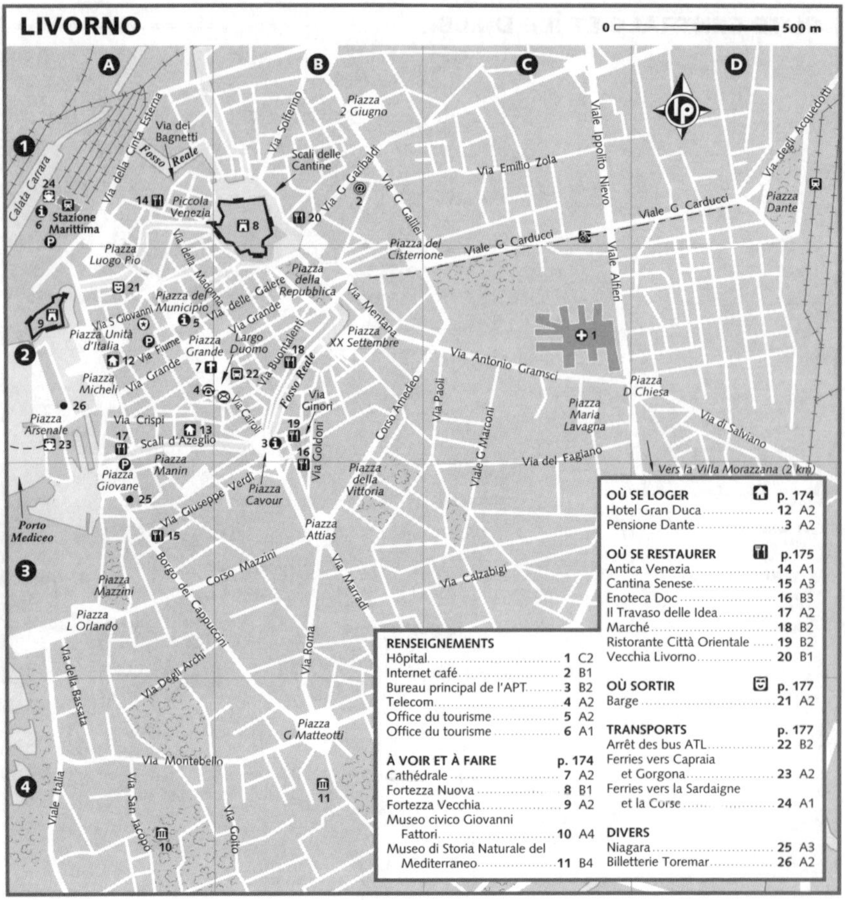

taurant de quartier constitue une excellente option pour sa cuisine et son atmosphère détendue. Malheureusement, l'adresse est connue. Essayez la *carbonara di mare* (pâtes nappées d'une sauce aux fruits de mer et à la crème).

Enoteca Doc (☎ 0586 88 75 83 ; Via Goldoni 40-44 ; plats 10-12 € ; fermé lun) Le menu change chaque semaine dans cette *enoteca* (bar à vins) où vous dégusterez des pâtes fraîches, un bon *carpaccio* ou des en-cas. Son atout majeur reste cependant son large choix de vins.

Vecchia Livorno (☎ 0586 88 40 48 ; Scali delle Cantine 34 ; plats 7,50 € ; fermé mar) Face à la Fortezza Nuova, l'endroit est d'une simplicité désarmante avec ses longues tables en bois et son animation populaire. Il prépare une cuisine copieuse ; nous vous recommandons particulièrement les plats de fruits de mer.

Antica Venezia (☎ 0586 88 73 53 ; Piazza dei Domenicani ; plats 14-15 € ; fermé dim) Ce restaurant attire une clientèle chic avec sa carte pleine d'imagination où figurent des poissons du jour préparés de manière inhabituelle. L'ambiance est plaisamment animée. Réservation indispensable.

Ristorante Città Orientale (☎ 0586 88 82 66 ; Via Ginori 23 ; plats 3,10-6,20 €) Pour changer de la cuisine italienne, poussez la porte de ce restaurant chinois qui sert un grand choix de spécialités et vous épargne l'habituel décor criard. Les menus à prix fixe offrent un excellent rapport qualité/prix.

Ristorante Aragosta (☎ 0586 89 53 95 ; Piazza Arsenale 6 ; plats 8-12 €) Une autre bonne option pour de succulents fruits de mer.

Où sortir

The Barge (☎ 0586 88 83 20 ; Scali delle Ancore 6) Faux pub anglais où la jeunesse branchée vient écouter un mix de musiciens tous les soirs.

Depuis/vers Livorno

BATEAU

Grand port de la côte ouest, Livorno accueille des lignes maritimes régulières pour la Sardaigne et la Corse au départ de Calata Carrara, immédiatement au nord de la Fortezza Vecchia. Des ferries partent également d'un terminal plus petit, le Porto Mediceo, près de la Piazza Arsenale. Le port est bien desservi par le bus depuis la gare ferroviaire principale. Pour les liaisons vers les îles de Capraia et de Gorgona, les billets s'achètent à l'agence Toremar, sur la Piazza Arsenale, en face du terminal des ferries.

Ferries au départ de Livorno :

Porto Mediceo

Toremar (☎ 0586 89 61 13 ; www.toremar.it) Les liaisons pour Gorgona et Capraia partent du Porto Mediceo.

Porto Nuovo

Lloyd Sardegna Compagnia di Navigazione Marittima (☎ 0586 22 23 00 ; www.lloydsardegna.it) À Varco Galvani, Calata Carrara : cette compagnie propose des traversées jusqu'à Olbia (Sardaigne).

Grandi Navi Veloci (☎ 0586 40 98 04 ; www.grimaldi.it) À Varco Galvani, Calata Carrara, Darsena 1 : liaisons pour Palerme en Sicile (aller simple de 56,25 à 87,25 €).

Stazione Marittima

Corsica Ferries (☎ 0586 88 13 80 ; www.corsicaferries.com) Services réguliers vers la Corse (aller-retour pour Bastia en catégorie pont et en journée de 23 à 37 €).

Corsica Marittima (☎ 0586 21 05 07) Dessert la Corse (Bastia et Porto Vecchio) aux mêmes tarifs que Corsica Ferries.

Sardinia Ferries (☎ 0586 88 13 80 ; www.corsicaferries.com) Liaisons régulières avec la Sardaigne (aller-retour en catégorie pont pour Golfo Aranci, près d'Olbia, de 23,48 à 58,48 € – les tarifs les plus élevés concernent les week-ends d'été seulement).

Moby Lines (☎ 0586 82 68 23/4/5 ; www.mobylines.it) Services vers la Corse (aller simple en catégorie pont pour Bastia de 15,20 à 28,75 € selon la saison) et la Sardaigne (aller simple en catégorie pont pour Olbia de 22 à 47,50 €).

BUS

Les **bus ATL** (☎ 0586 88 42 62) partent du Largo Duomo à destination de Cecina (2,80 €, 1 heure), Piombino (5,85 €, 2 heures 15) et Pise (2,20 €, 45 minutes).

VOITURE ET MOTO

L'A12 passe près de la ville et la SS1 relie Livorno à Rome. Plusieurs parkings sont aménagés près du front de mer.

TRAIN

La gare principale, sur la Piazza Dante, se trouve sur la ligne Rome-La Spezia. La ville est également reliée à Florence (5,73 €, 1 heure 20) et Pise (1,29 €, 15 minutes). Les trains sont moins fréquents à la Stazione Marittima, la deuxième gare située près du grand port, il est donc plus pratique de descendre à la gare principale et de prendre ensuite un bus pour les ports.

Comment circuler

En été, une navette (2 €) circule régulièrement entre le Largo Duomo et le port. Sinon, prenez le bus n°7. Dans les bus municipaux, le billet coûte 0,85 € si vous l'achetez à l'avance dans les *tabaccai* (bureaux de tabac) ou 1,10 € si vous l'achetez à bord.

ENVIRONS DE LIVORNO

Capraia et Gorgona

Toremar assure des liaisons par bateau vers les îles de Capraia et de Gorgona au départ de Livorno. Avec Elbe et quatre autres îles plus méridionales (Pianosa, Montecristo, Giglio et Giannutri), elles forment le Parco nazionale dell'Arcipelago Toscano.

L'île volcanique en forme d'ellipse de **Capraia** s'étend à 65 km au large de Livorno. Son point culminant est le Monte Castello (447 m) et elle est presque entièrement couverte de *macchia* composée de divers types de buissons. Troisième île par la taille, elle a connu plusieurs maîtres au cours de l'histoire : les Génois, les Sardes, les Sarrasins d'Afrique du Nord, puis Napoléon.

Des bateaux font le tour de ses 30 km de côte (12 €), mais rien ne vous empêche d'explorer l'intérieur à pied. La balade la plus classique mène au Stagnone, un petit lac situé au sud. Il existe deux sites de plongée au large ; pour plus d'informations, contactez **Capraia Diving** (☎ 0565 91 94

AMEDEO À PARIS

Les portraits de femmes peints par Modigliani, avec leurs cous allongés, leurs visages évoquant des masques africains et leurs têtes oblongues et penchées, figurent parmi les plus reconnaissables de l'art moderne.

Né à Livorno en 1884, Amedeo Modigliani manifesta très jeune des dons pour le dessin et subit l'influence des Macchiaioli, qui avaient bouleversé le monde de l'art à Florence et dans tout le pays dans les années qui avaient précédé et suivi l'unité italienne. Giovanni Fattori, né lui aussi à Livorno, avait été l'un des chefs de file du mouvement.

Modigliani quitta rapidement sa ville natale. Ses premières sources d'inspiration étaient les maîtres de la Renaissance, et il fit un séjour à Florence, puis à Venise, avant de gagner Paris en 1906, alors épicentre du monde de l'art, où il subit l'influence de Cézanne, Picasso et Cocteau.

Il retourna brièvement en Italie en 1909, puis s'installa définitivement (jusqu'à sa mort en 1920) dans le quartier parisien de Montparnasse. Les cinq années suivantes, il se consacra à la sculpture, accélérant rapidement le processus de stylisation et d'accentuation des contours. Cette période se refléta dans les toiles peintes par la suite – les visages allongés typiques des œuvres de sa maturité sont le résultat de ses expériences sculpturales. En 1914 et 1915, il se concentra sur l'art du portrait. Dans les dernières années de sa vie, il réalisa la série des nus qui comptent parmi ses œuvres les plus célèbres, d'un érotisme classique et serein.

On ne commença à applaudir son talent qu'après sa mort, notamment après une exposition de ses peintures organisée à la Biennale de Venise en 1930. La majeure partie de son œuvre est dispersé dans des musées à travers l'Italie, ainsi qu'en Suisse, en France, en Grande-Bretagne, aux États-Unis et ailleurs.

11 ; www.capraiadiving.it ; à partir de 37 € la plongée). Seule plage digne de ce nom, la **Cala della Mortola** s'étend à quelques kilomètres au nord de la ville de **Capraia Isola**.

Minuscule avec ses 2,23 km2, l'île de **Gorgona** est la plus verte et la plus septentrionale de l'archipel. Ses deux tours témoignent pour l'une de l'époque pisane, pour l'autre de celle des Médicis. La présence d'une petite prison de faible sécurité la rend en partie inaccessible. En réalité, vous ne pourrez visiter Gorgona que le mardi, jour où le ferry Toremar partant de Livorno à 8h30 y fait escale à 10h sur la route de Capraia, ce qui vous laisse environ cinq heures pour la découverte.

RENSEIGNEMENTS

Office du tourisme (☎ 0586 90 51 38 ; www.arcipelago.turismo.toscana.it/capraia ; Via Assunzione 42 ; avril-sept 9h-12h30 et 15h30-18h, juillet 9h-19h30)

Agenzia Turistica Parco/Agenzia Viaggi e Turismo (☎ 0586 90 50 71 ; www.isoladicapraia.it) Située dans les locaux de l'office du tourisme, cette agence vous renseignera sur les activités à pratiquer, comme la randonnée et les excursions en bateau.

OÙ SE LOGER ET SE RESTAURER

Les hébergements sont rares sur Capraia et inexistants sur Gorgona.

Da Beppone (☎ 0586 90 50 01 ; Via della Assunzione 78 ; s/d 40/70 €) Un établissement fiable et très sympathique, avec des chambres petites mais agréables et un bar/restaurant. Animaux de compagnie acceptés.

Il Saracino (☎ 0586 90 50 18 ; www.hotelilsaracino.it ; Via Cibo 30 ; s/d en demi-pension 110/220 €) Près de la plage, Il Saracino propose des chambres modernes et claires, aux meubles en bois et aux murs peints en blanc. Sur le toit, un bar élégant dispose d'une petite piste pour danser joue contre joue sous les étoiles.

Relais La Mandola (☎ 0586 90 51 19 ; www.lamandola.it ; Via della Mandola 1 ; s/d en demi-pension 135/270 € ; P £ M) Pour ceux qui ont les moyens, ce nouvel hôtel haut de gamme possède une plage privée (avec son bar). Les chambres offrent balcon, vue sur la mer et tout le confort moderne. Les prix dégringolent en basse saison.

DEPUIS/VERS CAPRAIA ET GORGONA

Toremar organise un service quotidien par bateau de Livorno à Capraia. La plupart du temps, le retour est prévu, mais mieux vaut vérifier à deux fois, voire trois. L'aller simple coûte 10,40 €, que vous alliez à Capraia ou à Gorgona. L'été, il existe aussi des liaisons entre Elbe et Capraia.

CÔTE ÉTRUSQUE

La province de Livorno s'étend au sud le long de la côte jusqu'à Piombino, où l'on peut prendre un ferry pour l'île d'Elbe.

Dans l'ensemble, les plages de Toscane se révèlent des plus classiques, mais certaines sont faites de galets et non de sable. Vérifiez bien les prix car une chaise longue et un parasol coûtent parfois les yeux de la tête.

Plusieurs petites villes agréables s'égrènent dans l'arrière-pays vallonné de cette province filiforme. Deux parcs archéologiques et la possibilité de découvrir des vins toscans peu connus mais souvent délicieux complètent le tableau.

De Livorno à Cecina

Pour longer la côte, vous avez le choix entre le train, le bus ou la voiture, en sachant qu'être motorisé vous donne bien plus de liberté pour partir à la découverte de la région.

Une jolie plage s'étend à deux kilomètres avant **Quercianella**. En roulant vers le sud depuis Livorno, tâchez de repérer une tour et un château au sommet d'un promontoire. La plage en question se trouve exactement au nord de ce promontoire. Au moment où la route suit l'incurvation de la crique, vous apercevez un petit panneau indiquant un chemin qui descend vers la plage. Les places de parking sont rares.

La verdoyante Quercianella possède deux petites plages de galets gris. Les surfeurs se réunissent à l'extrémité nord de la localité, même lorsque le vent est peu propice. Environ 5 km plus loin, guettez la pancarte signalant le **Parco Comunale di Fortullino**. Si vous parvenez à stationner, gagnez le bord de l'eau. Ce parc agréable dispose d'un bar en été. Mais là encore, les amateurs de baignade devront compter avec les galets.

Castiglioncello

Cette petite station balnéaire d'une plaisante simplicité était à la fin du XIXe siècle le lieu de villégiature de Digo Martelli, célèbre critique et mécène d'art qui invitait souvent les Macchiaioli à lui rendre visite, donnant ainsi naissance un mouvement artistique connu sous le nom de Scuola di Castiglioncello.

Les petites plages de sable du côté nord de la ville sont les plus belles, mais vous débourserez 8 € minimum pour un transat. La vaste terrasse du Caffè Ginori (voir ci-dessous) occupe le cœur de la ville.

RENSEIGNEMENTS

Un petit **office du tourisme** (☎ 0586 75 48 90, Via Aurelia 967 ; 🕒 lun-sam 9h30-12h30) situé dans la gare ferroviaire peut vous aider à réserver un hébergement.

OÙ SE LOGER ET SE RESTAURER

Pensione Bartoli (☎ 0586 75 20 51 ; Via Martelli 9 ; s/d 43/52 €, avec sdb 48/58 € ; Ⓟ) Un endroit un peu désuet avec de grandes chambres bien tenues, des rideaux en dentelle et de lourds meubles en bois. Si vous souhaitez une vue sur la mer, demandez la chambre 19.

Villa Parisi (☎ 0586 75 16 98 ; www.emmeti.it/VillaParisi ; Via Martelli 9 ; s/d 105/180 € ; Ⓟ) Dans une ancienne villa romaine, cet établissement à réserver pour les occasions spéciales offre des chambres élégantes et spacieuses dont la plupart donnent sur la mer, ainsi qu'une piscine, un grand solarium et un accès privé à la plage.

Caffè Ginori (☎ 0586 75 90 55 ; Piazza della Vittoria) Ce café fin de siècle sorti tout droit d'un tableau de Renoir dispose d'une vaste et sympathique terrasse où savourer un petit déjeuner, un verre, un en-cas et s'imprégner de l'ambiance animée et conviviale. C'était, dit-on, le lieu de prédilection de Marcello Mastroianni, qui possédait une villa d'été en ville.

DEPUIS/VERS CASTIGLIONCELLO

Le moyen de transport le plus rapide et le plus pratique reste le train ; le service est fréquent depuis Livorno (2 €, 25 minutes).

De Castiglioncello à l'intérieur des terres

Perché tout en haut d'une colline, **Rosignano Marittimo** existait déjà à l'époque des Lombards avant de devenir l'un des terrains de chasse préférés de Laurent de Magnifique. Placé sous la protection du château dès le VIIIe siècle, Rosignano a été fortifié sous Cosme Ier.

De retour sur la côte, vous atteindrez **Vada**, station balnéaire sans aucun cachet mais ourlée de sable. Huit kilomètres plus au sud, la bourgade très animée de **Marina di Cecina** possède un front de mer bordé d'hôtels et de restaurants. Les enfants apprécieront sans doute le parc aquatique, ouvert uniquement l'été (suivez les panneaux).

À mi-chemin entre la mer et le centre-ville moderne de **Cecina**, le **Parco Archeologico** (☎ 0568 26 08 37 ; Via Ginori ; adulte/enfant 3/2,50 € ; 🕒 mar-ven 9h-12h et 17h-19h, juillet-sept sam-dim 15h30-18h30) renferme des vestiges étrusques. Au moment de notre passage, un **Museo Archeologico** plus grand était en cours de construction, l'ouverture étant prévue pour fin 2004.

Les hébergements ne manquent pas dans la région, notamment les campings.

De Livorno, on peut gagner Cecina par le train ou par le bus. Préférez la voie ferroviaire (5 €, 30 minutes), plus intéressante.

De Cecina à Piombino

En quittant Cecina vers le sud, vous avez le choix entre la SS1 et des petites routes côtières. Une autre option, plus agréable, consiste à passer par l'intérieur des terres. L'office du tourisme de Livorno a publié une carte intitulée Strada del Vino (route du vin, p. 174) où figurent les vignobles situés entre Cecina et **Montescudaio**, un bel itinéraire qui change du circuit côtier un peu monotone.

Depuis Montescudaio, partez au sud pour gagner le bourg médiéval de **Bibbona** dominant la plaine qui s'étend jusqu'au littoral. Un peu plus au sud et sur la côte même, on atteint **Marina di Bibbona**, avec son étroite plage de sable adossée à la *macchia* et aux pinèdes.

Pour l'hébergement, vous n'aurez que l'embarras du choix.

L'**Hotel Paradiso Verde** (☎/fax 0586 60 00 22 ; Via del Forte 9 ; s/d 90/120 €) est un petit établissement situé à un jet de frisbee de la plage, qui dispose de chambres impeccables et d'un petit bar-restaurant sur le devant. Vous paierez plus cher pour un balcon et la vue sur la mer.

Un peu au sud de Marina di Bibbona, le **Rifugio Palustre di Bolgheri** (☎ 0565 22 43 61 ; entrée juste à l'ouest de la SS1 ; adulte/enfant 5/3 € ; 🕓 oct-mai ven et sam 9h et 14h) est une petite réserve naturelle qui constitue une étape importante sur les voies migratoires des oiseaux. Le meilleur moment pour les voir se situe en décembre et janvier. Les visites, d'une durée de deux heures, s'effectuent avec un nombre limité de personnes, il est donc impératif de réserver. L'entrée du parc se trouve juste au sud de la route toute droite bordée de cyprès qui mène vers l'est et le village de **Bolgheri**. Le château qui enserre la porte du village et la Chiesa di SS Giacomo e Cristoro, de style roman, a été restructuré à la fin du XIXe siècle. Ravissante, la localité est malheureusement infestée de restaurants chics et de boutiques pour touristes. Jetez un coup d'œil, prenez quelques photos et repartez.

La portion suivante de la Strada del Vino vous fait traverser une épaisse forêt par une petite route qui débute au sud de Bolgheri. Cette partie de l'itinéraire s'avère moins intéressante, jusqu'à ce que le parcours grimpe sur les collines pour atteindre **Castagneto Carducci**.

Dans cette ville, les remparts dissimulent un dédale d'étroites ruelles escarpées, bordées de maisons sévères et dominées par le château (transformé en manoir au XVIIIe siècle) des comtes de Gherardesca, dont cette région était autrefois le fief. C'est ici que le poète du XIXe siècle Giosuè Carducci a passé une bonne partie de son enfance.

Il n'existe malheureusement aucun hébergement sur place. Vous devrez vous replier sur l'une des nombreuses possibilités d'*agriturismo* (séjour à la ferme ou en auberge) des alentours.

Le charmant **Ristorante Glorione** (☎ 0565 76 33 22 ; Via Carducci 6 ; plats 11-15 € ; 🕓 fermé mar) a ressuscité de vieilles recettes traditionnelles servies dans une salle à manger éclairée aux chandelles. En été, vous vous attablerez dans une cour ombragée de palmiers.

Boutique centenaire, **l'Elixir** (☎ 0565 76 60 17; Via Garibaldi 7) vend des liqueurs, des boissons et de l'huile d'olive produite localement.

L'escale suivante sur cette route forestière en lacets est le minuscule hameau de **Sassetta**. En arrivant de Castagneto, vous aurez l'impression que les maisons menacent de se décrocher de leur base à tout moment. À l'entrée du village, une grande carte indique les excursions pédestres à faire dans la région.

L'**Albergo La Selva** (☎/fax 0565 79 42 39 ; hotel.selva@tiscallinet.it ; Via Fornaci 32 ; s/d 47/68 €) vous loge dans de grandes chambres sans prétention mais extrêmement propres, avec sdb ou douche. Une vaste terrasse offre une vue imprenable sur la vallée, et le restaurant concocte un excellent dîner pour deux composé de six plats.

Suvereto

Les rues tortueuses et les escaliers escarpés de Suvereto existent depuis bien avant l'an 1000. D'abord siège d'un évêché, cette petite ville animée a été incorporée au grand-duché de Toscane en 1815. Son caractère gothique demeure très présent.

RENSEIGNEMENTS

Office du tourisme (☎ /fax 0565 82 93 04 ; Piazza Gramsci ; ⏲ juin-sept tlj 10h-12h30 et 17-22h, le dim uniquement le soir) Également ouvert durant la Sagra del Cinghiale (voir ci-dessous). Le personnel vous fournira des informations sur les randonnées dans les collines environnantes.

OU SE LOGER ET SE RESTAURER

Hormis une poignée d'*affittacamere* (chambres à louer) et de gîtes d'*agriturismo*, les possibilités d'hébergement sont rares.

Il Chiostro (☎ 0565 82 87 11 ; www.vacanzeilchiostro.it ; Via del Crocifisso 14 ; appartements à partir de 903 € la semaine, électricité non comprise) Un bon choix si vous souhaitez rester une semaine. Les appartements varient en superficie et en qualité, mais même le plus petit est ravissant, avec cuisine, poutres au plafond et murs en pierre.

Enoteca dei Difficili (☎ 0565 82 80 18 ; Via San Leonardo ; plats 5-8 €; ⏲ fermé lun) Dans un décor de briques et de poutres, c'est l'endroit idéal pour un repas et surtout un verre. Outre un vaste choix d'en-cas, de salades et de plats délicieux (dont un *carpaccio)*, il propose une carte des vins fort bien fournie.

En venant à la mi-août, vous pourrez assister à la traditionnelle **Corsa delle Botte**, qui voit les habitants s'affronter dans des courses en poussant de gigantesques tonneaux de vin à travers les rues pavées de la ville. En décembre, Suvereto célèbre la **Sagra del Cinghiale** (fête du sanglier), de joyeuses festivités qui mêlent bonne chère, dégustation de vin et démonstrations de tir à l'arbalète.

De Campiglia Marittima à la côte

De Suvereto, prenez la SS398 sur 5 km en direction de Piombino ; elle vous ramènera dans les plaines. Puis bifurquez à droite pour gagner les hauteurs où se nichent les maisons de pierre brun-gris de **Campiglia Marittima**, ancien site étrusque que le temps ne semble pas avoir altéré depuis le Moyen Âge.

De la Piazza della Repubblica, au centre, entourée de demeures plusieurs fois centenaires, rejoignez le Palazzo Pretorio, ancien siège du gouvernement, dont la grande façade est couverte d'une multitude de blasons qui la font ressembler au torse d'un général d'aujourd'hui. Pour dormir, le choix se compose d'un camping et de plusieurs *affittacamere* et *agriturismo*.

À quelques kilomètres au nord-ouest, sur la route de San Vincenzo, se trouve le **Parco Archeominerario di San Silvestro** (☎ 0565 83 86 80 ; Via di San Vincenzo 34b ; adulte/enfant 12/9 € les deux visites, 8/5 € une seule visite, forfait familial 28 € ; ⏲ juin-sept mar-dim 9h30-coucher du soleil, oct-mai sam-dim uniquement). Juste avant la bifurcation, vous verrez les fours que les Étrusques utilisaient pour produire du cuivre.

Ce parc retrace trois millénaires d'exploitation minière dans la région. Le lieu le plus intéressant est **Rocca di San Silvestro**, ville minière médiévale abandonnée au XIVe siècle. Les mines de Temperino qui l'entourent produisaient du cuivre et du plomb, dont une partie fut utilisée pour forger les pièces de monnaie de Lucca, puis de Pise.

Deux visites guidées sont possibles : la première concerne Rocca di San Silvestro, la seconde, les mines de Temperino et le musée. Mines et musée (ce dernier occupe le même bâtiment que la billetterie) sont à proximité de l'entrée du parc, tandis que Rocca di San Silvestro se trouve à une demi-heure de marche (il existe également une navette). Les visites démarrent à peu près toutes les heures, les horaires variant selon la période de l'année.

Quelques bus desservent occasionnellement le parc depuis San Vincenzo, à 6 km de là.

En reprenant la route qui vient de Campiglia, vous atteindrez la station balnéaire assez quelconque mais très populaire de **San Vincenzo** où viennent s'amarrer les plaisanciers. À part cela, il n'y a pas grand-chose à faire. Des plages de sable s'étirent au nord et au sud de la ville. Celles du sud sont bordées de *macchia* et de pinèdes. Si les hôtels ne manquent pas, trouver une chambre en été relève de l'exploit et les prix s'en ressentent. Il n'existe qu'un seul camping.

Le **Ristorante La Barcaccina** (☎ 0565 70 19 11 ; Via Tridentina ; plats 13-15 € ; ⏲ fermé mer) sert de bons fruits de mer qui s'accordent parfaitement avec sa situation privilégiée, sur une belle plage de sable blond. Évitez d'arriver en tenue négligée car l'endroit est chic et entièrement vitré. De la route côtière (et non la SS1), suivez les panneaux qui mènent au parking aménagé près du Parco Comunale.

Golfo di Baratti et Populonia

À 23 km au sud de San Vincenzo, une petite route conduit vers le sud-ouest et

DÉTOUR : DE SAN VINCENZO À PIOMBINO

Depuis l'office du tourisme de San Vincenzo, Via B. Alliata, prenez la route de la côte vers Piombino : c'est l'une des plus attrayantes de la région, flanquée de pins et d'épaisses forêts. Si vous voulez vous arrêter pour manger sur une table et des bancs, guettez les panneaux *tavoli* (aires de pique-nique). Après environ 11 km, vous apercevrez un vieux château d'eau sur la gauche : garez-vous sur le bas-côté et traversez la route pour gagner une agréable plage bordée de broussailles et de coquelicots (en saison). Continuez ensuite vers les autres jolies plages de sable du Golfo di Baratti (voir ci-dessous) ou suivez la route jusqu'à Piombino.

le Golfo di Baratti. C'est sans doute ici que l'on trouve les plus jolies plages du littoral toscan, même si, comme l'attestent les formes étranges et merveilleuses des arbres, le vent souffle souvent – pour la plus grande joie des véliplanchistes.

À l'intérieur des terres, le **Parco Archeologico di Baratti e Populonia** (☎ 0565 2 90 02 ; Populonia ; adulte/enfant 12/9 € tout le parc, 8/5 € certaines zones, forfait familial 28 € ; ⌚ juillet-août tlj 9h-20h, avril-juin mar-dim 9h-coucher du soleil, sept-mars mar-ven 9h-14h et sam-dim 9h-coucher du soleil), abrite plusieurs sépultures étrusques dont les plus intéressantes sont les tombes circulaires de la Necropoli di San Cerbone, entre la route côtière et le centre d'accueil.

Juste après le parc, **Populonia Alta** est un petit hameau de trois rues fortifiées et protégées par un château. Bâti au XVe siècle, l'ensemble s'est développé sur le site d'une tour de guet pisane. Vous pouvez visiter le petit **musée étrusque** (adulte/enfant 1,50/1 €) privé pour examiner quelques trouvailles archéologiques. Les heures d'ouvertures sont sporadiques. Pour profiter du superbe panorama qui s'étend au sud le long de la côte, grimpez au sommet de la **Torre di Populonia** (adulte/enfant 2/1 € ; ⌚ 9h-12h30 et 14h-19h), au nord du musée. Dans la rue principale, allez jetez un coup d'œil à la **galerie** située au n°19, qui présente une exposition permanente de sculptures et de lampes en verre créées par l'artiste américaine Laura Pescae.

À côté du parking vous attend l'**acropole étrusque** (⌚ 9h-19h) de la Populonia antique mise au jour entre 1980 et 1990. Si vous comprenez l'italien, joignez-vous à la visite guidée (toutes les demi-heures). Les fouilles ont révélé les fondations d'un temple étrusque datant du IIe siècle av. J.-C., ainsi que des bâtiments adjacents.

Populonia compte un **restaurant** très cher et un nombre surprenant de boutiques de souvenirs, mais pas un seul hôtel. Du Golfo di Baratti, accessible par bus ATM depuis Piombino et San Vincenzo, il faut un véhicule particulier pour venir (le parking coûte 1 € les deux heures).

Piombino

Piombino n'a pas bonne presse. Il est vrai que les cheminées qui se dressent au sud, vision déconcertante, vous poussent à vous précipiter à bord du premier ferry en partance pour Elbe – ce qui est probablement la raison de votre venue dans la ville, de toute façon. Ville portuaire dans l'Antiquité romaine et centre de production sidérurgique depuis la fin du XIXe siècle, Piombino a beaucoup souffert durant la Seconde Guerre mondiale, de sorte qu'il ne reste pas grand-chose de son centre historique fortifié.

Si vous avez un peu de temps devant vous, le centre-ville, avec son **Torrione Rivellino** du XVe siècle, et le port de pêche ne sont pas totalement dénués de charme.

Plus au nord (par la côte en direction de Populonia), vous atteindrez deux plages modestes qui ne méritent pas une halte si vous partez à Elbe.

Pour ceux qui sont obligés de passer la nuit en ville, l'**Hotel Roma** (☎ 0565 3 43 41 ; fax 3 43 48 ; Via San Francesco 43 ; s/d 37/55 €) est un établissement correct et central, d'une austérité monacale, à deux minutes à pied de l'arrêt des bus ATM.

DEPUIS/VERS PIOMBINO

Piombino se trouve sur la ligne de chemin de fer Rome–Gênes. Des liaisons régulières sont également assurées avec Florence. Les **bus ATM** (☎ 0565 26 01 80) partent du centre-ville, Via Leonardo da Vinci 13.

Pour les ferries à destination de l'île d'Elbe, voir p. 185.

COMMENT CIRCULER

Les bus ATM de Piombino qui circulent entre cette ville et Cecina (2,80 €, 1 heure 30) s'arrêtent généralement à

Castagneto Carducci (2,60 €, 1 heure), Sassetta (3 €, 1 heure 15), San Vincenzo (2 €, 40 minutes) et au Golfo di Baratti (1 €, 15 minutes). Une autre ligne dessert régulièrement Suvereto (2 €, 40 minutes) sur la route de Monterotondo. Une autre encore relie Piombino à Campiglia Marittima. Les bus ATM rejoignent aussi Massa Marittima (3,60 €, 1 heure 30).

Pour se rendre dans les villes de la côte, comme San Vincenzo, mieux vaut prendre le train. En revanche, les villages nichés dans les collines sont souvent très éloignés de la gare la plus proche.

ELBE

29 400 habitants

Arrivé en mai 1814, Napoléon n'est resté qu'un an exilé sur l'île avant de repartir à la conquête de son empire. De nos jours, l'île d'Elbe attire chaque année plus d'un million de touristes. Longue de 28 km et d'une envergure de 19 km en son point le plus large, elle possède quantité d'hôtels et de campings. Les villes principales sont Portoferraio, au nord, et Marina di Campo, au sud. Évitez le mois d'août, période où les vacanciers arrivent en masse et où les prix montent en flèche.

HISTOIRE

L'occupation d'Elbe remonte à l'âge de fer. Jusqu'à la seconde moitié du XXe siècle, l'extraction du minerai et la métallurgie ont d'ailleurs constitué la principale ressource économique de l'île. Les amateurs s'en donneront à cœur joie dans les musées consacrés à la minéralogie.

Les tribus ligures furent les premières à s'implanter, suivies plus tard par les Étrusques et les Grecs venus de la Magna Graecia. Le commerce du fer, déjà bien établi à cette époque, ne manqua pas de susciter la convoitise des Romains fortunés, qui se firent bâtir des villas sur l'île.

Les siècles de paix imposés par la Pax Romana cédèrent la place à des temps plus incertains au cours des invasions barbares, quand Elbe devint le refuge de tous ceux qui fuyaient les razzias sur le continent. Au XIe siècle, Pise (et plus tard Piombino) plaça l'île sous son contrôle et fit ériger des forteresses pour repousser les attaques des pillards et des pirates musulmans venus d'Afrique du Nord.

Au XVIe siècle, Cosme Ier de Médicis obtint un territoire dans le nord de l'île où il fonda la ville portuaire de Cosmopolis (actuelle Portoferraio). À la même époque, les Espagnols prirent le contrôle du sud-est.

Au XVIIIe siècle, le grand-duc Léopold II encouragea les réformes foncières, l'assèchement des marécages et le développement de la production agricole. Le fer n'en resta pas moins la principale ressource de l'île, qui en produisait 840 000 tonnes en 1917. Durement frappée par les Alliés pendant la Seconde Guerre mondiale, l'industrie minière se ralentit fortement pour ne plus atteindre que 100 000 tonnes dans les années 1980. L'issue était inéluctable : le tourisme succéda à l'activité métallurgique.

ORIENTATION

Île la plus grande et la plus peuplée de l'archipel toscan, Elbe ne mesure que 28 km de long et 19 km de large au maximum. Elle se trouve à 15 km au sud-ouest du port de Piombino, d'où partent les ferries.

RENSEIGNEMENTS

Urgences

Poste de police (☎ 0565 91 95 11 ; Via Garibaldi, Portoferraio).

Nettoyage

Onda Blu (Viale Elba 51, Portoferraio ; 6,20 € pour un lavage et un séchage).

Services médicaux

Les services médicaux suivants fonctionnent tout l'été :

Service médical pour touristes Portoferraio (☎ 0565 91 42 12 ; hôpital public, località San Rocco).
Marina di Campo (☎ 0565 97 63 21 ; Piazza Dante Alighieri 3).
Rio Marina (☎ 0565 96 24 07 ; Via Principe Amadeo).
Marciana Marina (☎ 0565 90 44 36 ; Viale Regina Margherita).
Capoliveri (☎ 0565 96 89 95 ; Via Soprana).

Offices du tourisme

Office du tourisme (☎ 0565 91 46 71 ; www.aptelba.it ; Calata Italia 35, Portoferraio ; ⌚ avril-oct tlj 8h-20h, nov-mars lun-sam 8h-18h) Proche du port, il fournit une liste complète des cybercafés de l'île.
Associazione Albergatori Isola d'Elba (☎ 0565 91 55 55 ; agenziailva@elbalink.it ; Calata Italia 20 ; ⌚ mai-sept 9h-17h) Si vous venez en été, cette association

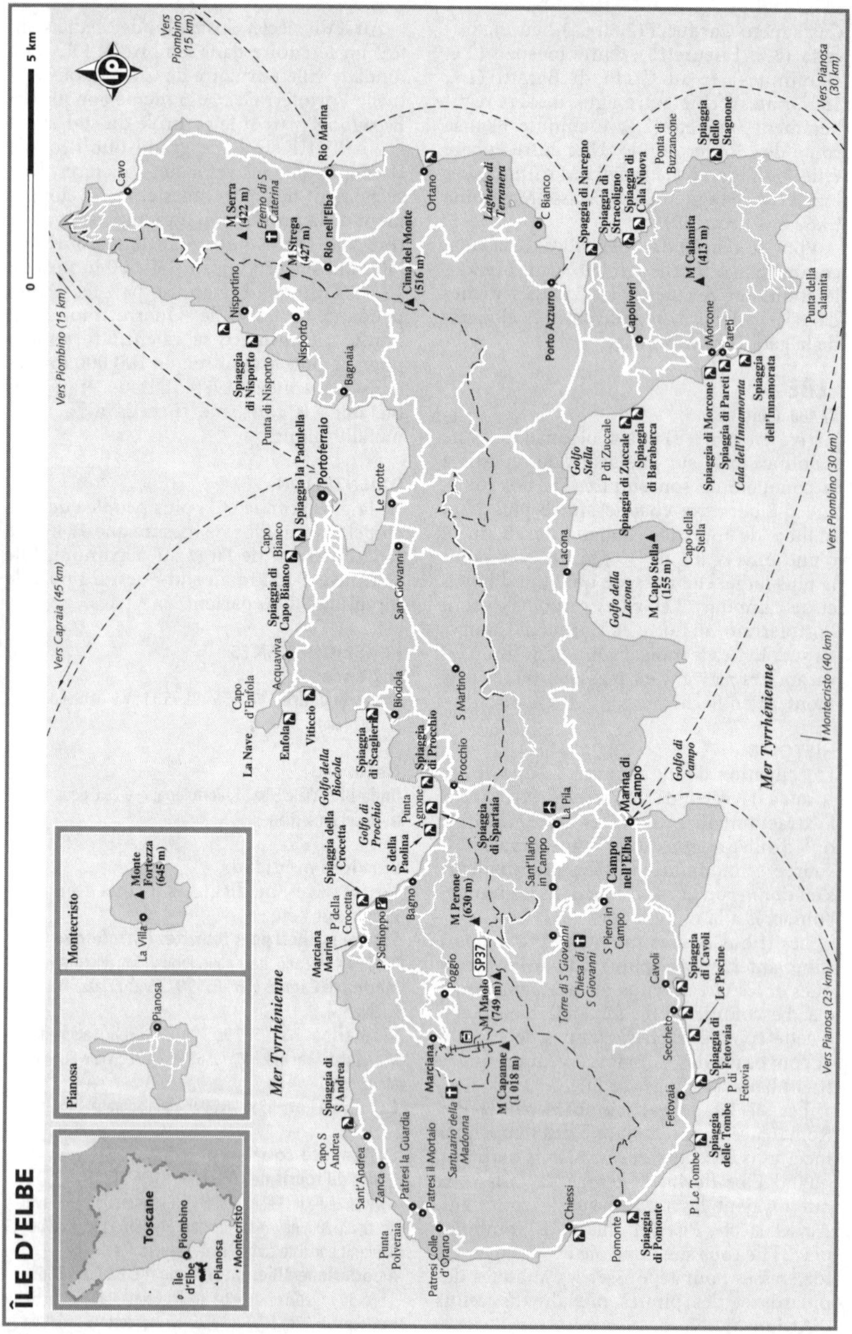

ÎLE D'ELBE
Toscane
Piombino
Île d'Elbe
Pianosa
Montecristo
La Villa
Monte Fortezza (645 m)
0
5 km
Mer Tyrrhénienne
Vers Piombino (15 km)
Vers Capraia (45 km)
Vers Piombino (30 km)
Vers Pianosa (30 km)
Vers Pianosa (23 km)
Montecristo (40 km)
Cavo
Rio Marina
M Serra (422 m)
Eremo di S Caterina
M Strega (427 m)
Rio nell'Elba
Nisportino
Nisporto
Spiaggia di Nisporto
Punta di Nisporto
Bagnaia
Spiaggia la Padulella
Portoferraio
Le Grotte
Cima del Monte (516 m)
Ortano
Laghetto di Terranera
C Bianco
Porto Azzurro
Spiaggia di Naregno
Spiaggia di Stracoligno
Spiaggia di Cala Nuova
Spiaggia dello Stagnone
Ponta di Buzzancone
M Calamita (413 m)
Capoliveri
Morcone
Pareti
Punta della Calamita
Spiaggia di Morcone
Spiaggia di Pareti
Cala dell'Innamorata
Spiaggia dell'Innamorata
Golfo Stella
P di Zuccale
Spiaggia di Zuccale
Spiaggia di Barabarca
Capo della Stella
M Capo Stella (155 m)
Golfo della Lacona
Lacona
San Giovanni
S Martino
Capo Bianco
Spiaggia di Capo Bianco
Acquaviva
Capo d'Enfola
La Nave
Enfola
Viticcio
Biodola
Golfo della Biodola
Spiaggia di Scaglieri
Spiaggia di Procchio
Procchio
Golfo di Procchio
Punta Agnone
Spiaggia di Spartaia
Spiaggia della Crocetta
S della Paolina
P della Crocetta
Marciana Marina
P Schioppo
Bagno
M Perone (630 m)
La Pila
Sant'Ilario in Campo
Marina di Campo
Golfo di Campo
Campo nell'Elba
S Piero in Campo
Torre di S Giovanni
Chiesa di S Giovanni
Poggio
SP37
M Maolo (749 m)
M Capanne (1 018 m)
Marciana
Santuario della Madonna
Spiaggia di S Andrea
Capo S Andrea
Sant'Andrea
Zanca
Patresi la Guardia
Patresi il Mortaio
Punta Polveraia
Patresi Colle d'Orano
Chiessi
Pomonte
Spiaggia di Pomonte
P Le Tombe
Spiaggia delle Tombe
Fetovaia
P di Fetovaia
Spiaggia di Fetovaia
Seccheto
Le Piscine
Cavoli
Spiaggia di Cavoli

peut vous aider à réserver un hébergement. Guettez aussi les panneaux *camere* (chambres) ou *affittacamere*.

À FAIRE

La randonnée, le VTT, la planche à voile, la plongée et la voile figurent au nombre des activités pratiquées sur l'île. Plusieurs agences louent des bateaux à moteur, notamment **Enfola Rent Boats** (☎ 333 360 56 28 ; Loc. Enfola, Portoferraio ; à partir de 65 € la journée). Les enfants apprécieront les excursions de deux heures dans un bateau à fond transparent organisées par **Aquavision** (☎ 323 709 54 70 ; port de Portoferraio ; adulte/enfant 15/8 €). Pour plus d'informations sur les activités de plein air en Toscane et en Ombrie, voyez p. 38.

DEPUIS/VERS ELBE

Pendant l'été, Lufthansa et plusieurs petites compagnies aériennes assurent des vols réguliers au départ de Vienne, Altenrhein, Zürich, Berne, Brescia, Parme et Milan. Ils atterrissent sur le minuscule **aérodrome** (☎ 0565 97 60 11) installé à La Pila dans le centre ouest de l'île. Les prix démarrent aux alentours de 350 € l'aller-retour. Il n'existe qu'un vol charter occasionnel à partir du continent italien ; la plupart des voyageurs optent pour le ferry.

Des ferries relient Piombino à Elbe. Si vous arrivez à Piombino par le train, prenez une correspondance pour le port. Moby Lines et Toremar possèdent des bureaux à Piombino et Portoferraio. En dehors du mois d'août, vous devriez pouvoir acheter un billet sur le port. Taxes portuaires comprises, comptez un minimum de 6,20 € par personne ou de 26,75 € pour une petite voiture et un conducteur. Les deux compagnies pratiquent des réductions sur certaines traversées (indiquées dans la brochure des horaires). Le voyage dure une heure. La plupart des bateaux arrivent à Portoferraio, capitale de l'île d'Elbe et plaque tournante pour les transports, mais certains s'arrêtent à Rio Marina, Marina di Campo et Porto Azzurro.

Toremar assure toute l'année une liaison en aéroglisseur (9,80 €, 30 minutes) pour les passagers sans voiture et une autre pour les passagers avec voiture pendant l'été (deux passagers/voiture à partir de 54 € l'aller-retour).

COMMENT CIRCULER

Bus

ATL (☎ 0565 91 43 92) effectue des liaisons dans toute l'île. De Portoferraio, il est possible de rejoindre toutes les villes principales de même que les petites stations balnéaires, notamment Marciana Marina, Marina di Campo, Capoliveri, Porto Azzurro, Bagnaia (1,80 € pour toutes ces destinations, 30 minutes), Cavo (2,60 €, 1 heure 15) et Fetovaia (2,20 €, 1 heure). Un billet valable toute la journée revient à 6,50 €. Les horaires sont disponibles à la gare routière (Viale Elba, Portoferraio) ou à l'office du tourisme.

Voiture, moto et bicyclette

La meilleure façon d'explorer Elbe consiste à louer un vélo (à partir de 11 € la journée, 52 € la semaine), un scooter (à partir de 18 € par jour) ou une moto (à partir de 52 € par jour). Entre autres adresses, on peut citer **TWN** (Two Wheels Network ; ☎ 0565 91 46 66 ; www.twn-rent.it ; Viale Elba 32, Portoferraio), qui dispose de succursales à Marciana Marina, Marina di Campo, Porto Azzurro et dans d'autres localités, et **Happy Rent** (☎ 0565 91 46 65 ; Viale Elba 7; www.renthappy.it), près de l'office du tourisme de Portoferraio.

Portoferraio

Connu des Romains sous le nom de Fabricia puis de Ferraia (du fait des exportations de fer), ce petit port est passé aux mains de Cosme Ier de Médicis au milieu du XVIe siècle. C'est de cette époque que datent les fortifications qui relient les deux forts (Stella et Falcone) en surplomb et la troisième tour à l'entrée du port (Linguella). En 1814, on y installa Napoléon quand il arriva en exil, ses ennemis ayant généreusement transformé l'île en un petit État napoléonien (voir l'encadré p. 186). Les usines métallurgiques commencèrent à fonctionner en 1902, mais furent détruites par les Alliés en 1943.

À VOIR

La vieille ville entoure le pittoresque port de pêche et de plaisance. Vous pourrez flâner aux alentours des forts en entrant par la Via Guerrazzi. Le Forte Falcone est fermé pour une durée indéterminée, mais on peut visiter le **Forte Stella** (Via della Stella ; 1,30 € ; 🕓 9h-19h). Au pied des murailles menant au fort Falcone s'étire une petite bande de **plage** étroite mais attirante.

Dans la vieille ville, sur les bastions qui

NAPOLÉON EN PRÉRETRAITE

À 18h le 3 mai 1814, la frégate anglaise *Undaunted* mouillait dans le port de Portoferraio, avec à son bord un voyageur inhabituel : Napoléon, exilé sur l'île d'Elbe aux termes du traité de Fontainebleau, après avoir tenu l'Europe sous son emprise durant de longues années.

Les choses auraient pu être bien pires. Les coalisés avaient opté pour la manière douce dans l'idée de court-circuiter d'éventuels mouvements d'opposition en France, en octroyant à l'empereur la souveraineté sur Elbe jusqu'à la fin de ses jours.

L'île accueillit son arrivée en grande pompe en tirant 100 coups de canon auxquels la frégate répondit. C'est du moins ce que raconte Alexandre Dumas. D'autres versions affirment que les canons tiraient *sur* la frégate.

Quoi qu'il en soit, Elbe n'allait plus être tout à fait la même. Tout en gardant un œil sur la situation en Europe, Napoléon se lança dans une activité frénétique sur son nouveau, quoique modeste, territoire. Après avoir fait le tour de l'île et rencontré ses habitants, il entreprit une longue série de mesures d'intérêt public : amélioration de l'extraction du minerai de fer (dont les bénéfices lui revenaient), développement de l'agriculture, construction de routes, assainissement des marais, refonte des systèmes législatif et éducatif, etc. Les 500 hommes de sa fidèle garde impériale assurèrent en partie la mise en œuvre de ces réformes.

On a beaucoup écrit sur le comportement dictatorial du Corse et ses ambitions démesurées, mais il n'était sans doute pas aussi mauvais qu'on le dit. En tout cas, l'île célèbre tous les ans en mai une messe à sa mémoire dans la Chiesa della Misericordia.

Napoléon emménagea dans les bastions des remparts, qui prirent le nom de Residenza dei Mulini. Sa résidence d'été, située tout près de la ville, à San Martino, lui servait occasionnellement de lieu d'étape lorsqu'il partait en excursion – il n'y dormait jamais. Quelques semaines après son arrivée, sa mère Letizia et sa sœur Paolina vinrent le rejoindre. Mais il resta séparé de son épouse Marie-Louise et sa maîtresse, Maria Walewska, ne lui rendit visite que deux jours.

Sur le continent, la situation commençait à s'enflammer. La rumeur circulait que l'exil confortable de Napoléon pourrait être écourté. Au congrès de Vienne, la France demanda l'envoi de Napoléon dans un lieu plus éloigné. L'Autriche manifesta aussi des signes d'inquiétude. Certains suggérèrent l'île de Malte, mais les Britanniques s'y opposèrent. C'est alors que Londres proposa l'île de Sainte-Hélène, dans l'Atlantique Sud.

Napoléon ne savait plus que penser. Certains affirmaient qu'il serait déplacé tôt ou tard. D'autres estimaient que ces rumeurs avaient pour but de le pousser à une action inconsidérée qui lui ferait rompre le traité de Fontainebleau, et donner ainsi aux coalisés l'excuse parfaite pour se débarrasser de lui. Si le congrès s'acheva sans qu'aucune décision officielle ait été prise, les coalisés savaient que Napoléon comptait encore de nombreux partisans en France et ailleurs et qu'il était en mesure de lever une armée si l'envie lui en prenait.

Et ce fut le cas. Il n'accepterait sous aucune prétexte de se laisser expédier sur un îlot rocheux au beau milieu de l'Atlantique. Toujours prêt à prendre des risques, il décida de tenter sa chance. Peut-être le prévoyait-il depuis le début, car cela faisait des mois qu'il envoyait deux navires arborant le pavillon d'Elbe effectuer des sorties de "routine" en Méditerranée. Quand l'un d'eux, l'*Incostante*, largua les amarres au matin du 26 février 1815 (un dimanche), personne ne soupçonna qu'il était caché à son bord. Sir Neil Campbell, son geôlier anglais, était reparti à Livorno la veille avec l'impression que Napoléon était plus que jamais plongé dans les affaires de l'île.

Elbe perdit son empereur et Napoléon sa cage dorée. Il venait de s'embarquer dans les Cent-Jours, qui allaient aboutir à la défaite de Waterloo – et s'il ne put échapper à l'exil au milieu de l'Atlantique, ce ne fut pas faute d'avoir essayé

se dressent entre les deux forts, la **Villa dei Mulini** (☎ 0565 91 58 46 ; Piazzale Napoleone ; 5 €, billet comprenant la visite de la Villa Napoleonica di San Martino ; ⌚ lun-sam 9h-19h, dim 9h-13h), l'une des résidences de Napoléon, mérite un petit détour pour son splendide jardin en terrasse et sa bibliothèque.

La **Villa Napoleonica di San Martino** (☎ 0565 91 46 88 ; Loc. San Martino ; adulte/enfant 3/5 €, comprend la visite de la Villa dei Mulini, parking 1,50 € ; ⌚ mar-sam 9h-19h, dim 9h-13h), résidence d'été de Napoléon, se trouve dans les collines à environ 5 km au sud-ouest de la ville. Elle renferme une petite collection d'objets ayant appartenu à l'empereur et organise chaque année une exposition sur un thème napoléonien.

Les fortifications de la Linguella, près du port, abritent le modeste **Museo Civico Archeologico** (☎ 0565 93 73 70 ; La Linguella ; 2 € ; 🕑 mi-juin/mi-sept 9h30-14h30 et 17h-minuit, mi-sept/mi-juin mer-lun 10h30-13h30 et 16h-20h), qui présente une collection consacrée aux anciens navigateurs.

OÙ SE LOGER

Les campings les plus proches se trouvent à environ 4 km à l'ouest de Portoferraio en allant vers Viticcio.

Acquaviva (☎/fax 0565 91 55 92 ; Località Acquaviva ; adulte/tente/voiture 11/9,50/3 €) L'endroit idéal pour voir le soleil se coucher sur la mer et le plus proche de la plage sans avoir à se mouiller les pieds. Les installations sont bonnes et le site affiche rapidement complet en été.

Albergo Ape Elbana (☎/fax 0565 91 42 45 ; apelbana@elba2000.it ; Salita de' Medici 2 ; s/d 56/112 €) Ce magnifique bâtiment ancien ocre clair dispose de terrasses donnant sur l'animation de la Piazza della Repubblica. Sa situation constitue son point fort car les chambres, bien que vastes, manquent de cachet et auraient besoin d'un coup de neuf.

Hotel Acquamarina (☎ 0565 91 40 57 ; www.hotelacquamarina.it ; Loc Paduella ; s/d 73/146 €) Ce très bel hôtel accessible à pied de Portoferraio propose des chambres claires et ensoleillées, dotées de grandes terrasses donnant sur un jardin sauvage. Un chemin descend vers une petite crique.

Villa Ombrosa (☎ 0565 91 43 63 ; info@villaombrosa.it ; Via de Gasperi 3 ; s/d 91/182 €) L'un des hôtels classiques d'Elbe, installé dans un gracieux bâtiment du XIXe siècle, près du parc, face à la plage. La demi-pension offerte uniquement l'été change de l'habituel buffet sans intérêt. Un bon restaurant sert de savoureux repas toscans.

OÙ SE RESTAURER

Trattoria da Zucchetta (☎ 0565 91 53 31 ; Piazza della Repubblica 40 ; plats 8-10 € ; 🕑 fermé mer midi) Parfait pour regarder passer les gens, ce restaurant napolitain niché dans un coin de la piazza existe depuis 1891. Une carte d'une extraordinaire variété propose tous les choix de pâtes et plus de 40 garnitures de pizza.

Trattoria La Barca (☎ 0565 91 80 36 ; Via Guerrazzi 60-62 ; plats 10-13 € ; 🕑 fermé mer) Une bonne adresse pour commander un *cacciucco* (pâtes au poisson). Très prisé des habitants, l'endroit est souvent bondé : tâchez d'obtenir une table en terrasse.

OÙ SORTIR

Sir William's Irish Bar (☎ 0565 91 92 88 ; Via Manganaro 28 ; 🕑 tlj 18h-6h) Vous viendrez là savourer un whisky ou une bière. L'animation ne démarre généralement pas avant minuit et la clientèle, très variée, regroupe habitants du quartier et jeunes branchés.

À l'ouest jusqu'au Capo d'Enfola

Plusieurs petites plages s'étirent à l'ouest de Portoferraio. La **Spiaggia la Padulella** et son homologue, la **Spiaggia di Capo Bianco**, juste à l'ouest du cap du même nom, sont assez agréables, quoique étroites et couvertes de coquillages. Deux plages similaires bordent cette côte le long des 7 km qui conduisent au **Capo d'Enfola**. Vous pouvez vous y baigner ou parcourir quelques kilomètres de plus pour arriver à **Viticcio**, qui possède une poignée d'hôtels et de restaurants et se révèle plus tranquille que le reste de l'île. De Viticcio, les plages du **Golfo della Biodola** sont accessibles à pied.

OÙ SE LOGER ET SE RESTAURER

Hotel Scoglio Bianco (☎ 0565 93 90 36 ; www.scogliobianco.it ; Viticcio ; s/d 68/85 € en demi-pension) Les chambres claires et spacieuses sont disposées autour d'un patio parsemé de chaises longues et de chats. Au rez-de-chaussée, la Pizzeria da Giacomino possède une terrasse ouverte sur la mer : idéal pour une demande en mariage.

Hotel Paraiso (☎ 0565 93 90 34; www.elbaturistica.it ; Viticcio ; d 90-120 €; ☒) Propriété d'un couple italo-britannique, cet hôtel a vue sur les mouettes. Les chambres les plus chères s'agrémentent d'un balcon de bonne taille. Situé au-dessus de la route, l'endroit possède un grand bar de plein air, une piscine, un terrain de tennis et un accès privé à la plage.

Emanuel (☎ 0565 93 90 03 ; Enfola ; menu 24,50 € ; 🕑 été tlj, reste de l'année jeu-mar) Le nouveau propriétaire Alberto a maintenu l'excellente réputation de ce restaurant pourvu d'une terrasse sur la plage à l'ombre d'un magnifique figuier. Attardez-vous devant les délicieux plats de fruits de mer concoctés par le chef.

À l'ouest jusqu'à Marciana Marina

De Portoferraio, une route départementale part vers le sud, puis bifurque à l'ouest le long de la côte pour gagner Marciana Marina *via* Procchio.

Les plus belles plages sont les bandes de sable qui longent le **Golfo della Biodola**. Quand l'Hermitage a ouvert en 1951, l'île ne comptait en tout et pour tout que cinq petites *pensioni*. Depuis, une série d'hôtels sont venus s'implanter sur le golfe.

Hermitage (☎ 0565 93 69 11 ; www.hotelhermitage.it ; La Biodola ; s/d 227/454 € ;) Un endroit magnifique qui rappelle Beverly Hills, avec une immense piscine surplombant la mer. C'est l'un des premiers et des seuls hôtels réellement luxueux de l'île.

PROCCHIO

Ce petit bourg animé regorge de restaurants, de boutiques et de bars, et compte quelques plages de sable.

Osteria del Piano (☎ 0565 90 72 92 ; Via Provinciale 24 ; plats 12 € ; fermé mer) Ce restaurant sans prétention se trouve juste après la bifurcation pour Marciana Marina. La cuisine ouverte vous permet d'observer la préparation énergique de plats étonnants comme les spaghetti noirs et blancs à la sauce au crabe.

À l'ouest de Procchio, la route grimpe sur les falaises et procure au fil des tournants de très beaux points de vue. Si vous parvenez à vous garer, la **Spiaggia di Spartaia** et la **Spiaggia della Paolina** comptent au nombre des belles petites plages qui se succèdent le long du littoral et sont accessibles à pied par une descente très raide.

Marciana Marina

À près de 20 km à l'ouest de Portoferraio, Marciana Marina, bordée par d'agréables plages de galets, constitue une bonne base pour partir à la découverte de certains des plus beaux sentiers de randonnée de l'île.

Hotel Marinella (☎/fax 0565 9 90 18 ; Viale Margherita 36 ; s/d 75/150 €) Cet établissement classique ayant vieilli avec grâce se tient au milieu de la "grand-rue", face à la mer. Dans l'annexe, les chambres donnent sur le jardin, mais les meilleures, sur le devant, possèdent un balcon sur la mer.

Casa Lupi (☎/fax 0565 9 91 43 ; Località Ontanelli 35 ; s/d 41/82 €) Près d'un vignoble, à deux kilomètres de la plage, avec un jardin de pêchers et de rosiers, ce petit hôtel est parfait pour se détendre dans un cadre paisible. Les chambres, très simples, sont confortables et propres.

Poggio et l'intérieur des terres

En suivant la route qui mène dans les hauteurs depuis Marciana Marina, vous rejoindrez Poggio, petit bourg médiéval enchanteur célèbre pour son eau de source, aux rues pavées et tortueuses.

Albergo Monte Capanne (☎/fax 0565 9 90 83 ; Via dei Pini 13 ; s/d 52/84 €) Pour une nuit de rêve, ce charmant hôtel dispose d'un bâtiment principal couvert de lierre et d'une grande terrasse. Les chambres, douillettes et intimes, offrent une vue spectaculaire sur Marciana Marina.

Publius (☎ 0565 9 92 08 ; repas 38 € ; fermé lun) Si vous êtes prêt à dépenser un peu plus d'argent pour faire un excellent repas, essayez ce restaurant situé à l'entrée du village. La vue époustouflante sur la côte vous fera oublier l'addition.

De Poggio, deux solutions s'offrent à vous : soit continuer à l'ouest jusqu'à Marciana et revenir sur la côte (voir la rubrique suivante), soit vous engager sur l'étroite SP37 qui serpente dans l'une des parties les plus élevées et les plus boisées de l'île, peu fréquentée par les touristes.

Garez-vous sur l'aire de pique-nique au pied du **Monte Perone** (630 m) – impossible de ne pas le voir. Les VTTistes devront avancer prudemment. À gauche (vers l'est), vous pouvez grimper jusqu'au sommet de la montagne, d'où la vue sur l'île est spectaculaire. À droite (vers l'ouest), vous atteindrez assez rapidement une hauteur d'où le panorama embrasse Poggio, Marciana et Marciana Marina, et pourrez rejoindre ensuite le **Monte Maolo** (749 m).

À partir de là, la route redescend vers la côte sud. En chemin, vous apercevrez la structure de granit d'une église romane, la **Chiesa di San Giovanni** et, peu après, une tour en ruine, la **Torre di San Giovanni.**

Deux hameaux, **Sant'Ilario in Campo** et **San Piero in Campo**, ne possèdent pas grand-chose à visiter, mais sont agréables et peu touchés par le tourisme. Le plus grand, San Piero, rassemble quelques *osterie* (restaurants préparant des spécialités locales sans prétention) et snack-bars.

L'**Albergo La Rosa** (☎ 0565 98 31 91 ; Piazza Maggore Gadani 17 ; s/d 48/63 €) est un hôtel désuet et calme situé dans une petite rue, qui dispose de grandes chambres un peu sombres. Son restaurant très apprécié sert d'énormes assiettées de pâtes à des prix défiant toute concurrence.

Ces deux hameaux se trouvent sur des routes séparées qui conduisent au sud vers Marina di Campo, ils sont donc faciles à rejoindre en voiture. Sinon, il existe jusqu'à huit bus par jour qui les relient à Marina di Campo, où vous trouverez des correspondances vers le reste de l'île.

Marciana et la côte ouest

De Poggio, l'autre possibilité consiste à continuer vers l'ouest jusqu'à Marciana (355 m), la plus charmante des villes intérieures dans la partie occidentale de l'île. Avant-poste défensif important à l'époque de la domination pisane, Marciana passa sous le contrôle de Piombino, puis des Français et enfin du grand-duché de Toscane.

L'extérieur de la **Fortezza Pisana** (fermée) témoigne du passé médiéval de la ville. En marchant une quarantaine de minutes vers l'ouest, on atteint le **Santuario della Madonna**, principal lieu de pèlerinage de l'île. Cette église du XIe siècle considérablement modifiée renferme une pierre sur laquelle une main divine aurait peint une image de la Vierge. La Via Crucis qui y mène marque les 14 stations du chemin de Croix parcouru par Jésus. Derrière la *fortezza* se tient un petit **Museo Archeologico** (☎ 0565 90 12 15 ; Via del Pretorio ; 2 € ; ⏲ fermé mar).

Près de Marciana, un **téléphérique** (☎ 0565 90 10 20 ; aller simple/aller-retour 8/12 €) conduit au sommet du **Monte Capanne** (1 018 m), point culminant de l'île. De là, le regard embrasse l'ensemble d'Elbe et va jusqu'à la Corse, à l'ouest.

La route qui part à l'ouest de Marciana fait le tour de la partie occidentale de l'île en restant à une distance prudente de la côte souvent à pic.

Très fréquentée, la nouvelle station balnéaire de **Sant'Andrea** regroupe pas moins d'une douzaine d'hôtels parsemés sur la colline jusqu'à la route principale.

Hotel Barsalina (☎ 0565 90 80 13 ; Sant'Andrea ; s/d 76/152 €) À 20 m à peine de la plage, cet hôtel conçu avec amour loue des chambres spacieuses, claires et confortables. Son restaurant flanqué d'un aquarium propose une carte excellente et très variée.

Plusieurs petites plages ponctuent l'itinéraire au sud de l'île. À **Chiessi** comme à **Pomonte**, vous marcherez sur des galets, mais l'eau est magnifique. La **Spiaggia delle Tombe**, une plage de sable, est l'une des rares où l'on peut s'adonner au nudisme.

Fetovaia, **Seccheto** et **Cavoli** abritent des étendues de sable protégées, ainsi que des hôtels et des restaurants. À l'ouest de Seccheto, **Le Piscine** est une autre plage essentiellement nudiste.

Marina di Campo

Seconde ville d'Elbe par la taille, Marina di Campo se situe sur le Golfo di Campo, au sud de l'île. Les plages sont agréables, quoique très fréquentées (pour échapper aux foules, éloignez-vous vers l'ouest). Il existe de nombreux terrains de camping alentour. Noire de monde en été, Marina di Campo est l'endroit idéal pour les noctambules avec ses nombreuses discothèques où se pressent les jeunes.

Le **Montecristo** (☎ 0565 97 68 61 ; www.elbalink.it/hotel/montecristo ; Viale Nomelini ; s/d 69/140 €) est un hôtel agréablement chic situé sur la plage et arborant des balcons fleuris. Il possède un bar et une piscine dominant la mer. Les chambres, vastes et ensoleillées, bénéficient d'un ameublement de style scandinave et de lits immenses.

Capoliveri et le sud-est

Perché sur une crête majestueuse au sud-est de l'île, le village enchanteur de Capoliveri, avec ses ruelles étroites et pentues et ses maisons serrées les unes contre les autres, est pris d'assaut par les touristes en pleine saison, à tel point qu'un journaliste italien a déclaré qu'on pourrait aussi bien y faire flotter le drapeau allemand. Venez hors saison, vous profiterez du calme de ce hameau qui vivait autrefois de l'exploitation des mines de fer des environs de la Punta della Calamita.

Il n'existe aucun hôtel dans le village, mais plusieurs hébergements sont établis à proximité.

OÙ SE RESTAURER

L'arrivée des touristes a fait pousser les restaurants et les bars, et le choix ne manque pas.

Il Chiasso (☎ 0565 96 87 09 ; Via Cavour 32 ; menu 32 € ; ⏲ fermé mar) C'est l'un des meilleurs restaurants du village qui offre un menu restreint mais très fin. La décoration mêle avec goût le traditionnel et le moderne, et la carte des vins ravira les amateurs.

Freccia Azzurra (☎ 0565 96 89 68 ; Via Verdi 4 ; plats 8-10 €) Optez pour la vaste terrasse qui donne sur la piazza plutôt que pour la salle à manger un peu exiguë. Ce restaurant prisé où règne une certaine pagaille sert les plats habituels. Les *penne con gamberetti e rucola* (penne aux crevettes et à la roquette) feront le bonheur de vos papilles gustatives.

OÙ PRENDRE UN VERRE

Fandango (☎ 0565 93 54 24 ; Via Cardenti 1 ; boissons à partir de 4 € ; fermé lun) Juste en dessous de la place principale, vous siroterez ici de bons vins toscans dans une atmosphère pittoresque.

OÙ SORTIR

Velvet Underground (Vicolo Lungo 14) Ce bar façon pub, à quelques mètres de la place principale, dégage une ambiance très locale.

Sugar Reef (☎ 0338 917 90 26 ; Località La Trappola) C'est l'endroit où se déhancher sur un air de salsa, *live* ou mixé par un DJ. Il se trouve à environ 1 km au sud de Capoliveri sur la route de Morcone.

Environs de Capoliveri

Si vous disposez d'une voiture, vous pourrez accéder à plusieurs petites plages agréables, ce qui est également possible en bus, mais moins facile. Directement à l'ouest de Capoliveri, en prenant la route de Portoferraio et en suivant les panneaux, on atteint les plages de **Zuccale** et de **Barabarca**. Une fois arrivé sur un chemin en terre, garez-vous au parking et parcourez la dernière portion à pied.

Si vous prenez la route qui part au sud de Capoliveri, vous découvrirez successivement trois charmantes criques de sable : Marcone, Pareti et Innamorata. Plusieurs hôtels sont disséminés sur ces plages et quelques petits restaurants simples servent des spécialités locales.

À l'est de Capoliveri, deux options s'offrent à vous. La première est une route qui conduit à la plage relativement longue de **Naregno**, bordée d'une série d'hôtels discrets.

Les plus aventureux, quant à eux, suivront les panneaux pour **Stracoligno**, l'une des premières plages s'étirant à l'est sur la côte. La route se transforme en un chemin de terre et si vous ne craignez pas de salir votre voiture, vous accéderez à d'autres plages moins fréquentées. La petite **Cala Nuova**, plutôt agréable, est dotée d'un bon restaurant.

Le **Ristorante Calanova** (☎ 0565 96 89 58 ; plats 16-18 € ; été uniquement, fermé mar) est un endroit situé au calme, parfait pour une soirée en tête-à-tête, avec le clapotis de la mer pour compagnie. Il va de soi que la carte fait une large place aux fruits de mer.

En parcourant encore 4 ou 5 km, vous parviendrez à un sentier qui descend vers la **Spiaggia dello Stagnone**, peu fréquentée même en été en raison des efforts nécessaires pour l'atteindre.

Porto Azzurro

Dominé par le fort construit en 1603 par Philipe III d'Espagne et aujourd'hui reconverti en prison, Porto Azzurro est une plaisante station balnéaire, proche de plusieurs belles plages.

Hotel Villa Italia (☎/fax 0565 9 51 19 ; villaitalia@infoelba.it ; Viale Italia 41 ; s/d 60/80 €) Un peu spartiate mais familial, situé dans une rue résidentielle tranquille, l'établissement loue des chambres petites mais correctes qui comptent parmi les moins chères de la ville. Une petite terrasse borde le devant.

Hotel Belmare (☎ 0565 9 50 12 ; fax 95 82 45 ; Banchina IV Novembre ; s/d 55/90 €) Bien situé sur la promenade, cet hôtel traditionnel aux volets verts n'a rien d'extraordinaire, mais il loue des chambres confortables et dispose d'un petit bar et d'un salon télé pour se détendre après la plage.

Ristorante Cutty Sark (☎ 0565 95 78 21 ; Piazza del Mercato 25 ; plats 20 € ; fermé mar) Sortez votre carte de crédit et offrez-vous un dîner ici. Les *ravioloni alla Cutty Sark* sont de gros raviolis aux courgettes et aux crevettes, nappés d'une sauce aux crevettes et à la tomate. Pour un repas plus simple, commandez les *gnocchetti dello scampi* (petits gnocchis aux crevettes).

La Lanterna Magica (☎ 0565 95 83 94 ; Lungomare Vitaliani 5 ; plats 15-18 €) Nous vous recommandons cet endroit sur le front de mer.

Nord-est

En quittant Portoferraio, partir vers l'est en direction de Rio nell'Elba vous permettra de découvrir la partie la moins touristique de l'île, des plages ravissantes, bien que couvertes de galets, et des points de vue grandioses.

La route suit la côte jusqu'à **Bagnaia**, première étape qui vaille la peine. Sur le trajet, vous passerez par **San Giovanni** et son morne centre de remise en forme proposant des bains de boue assez chers, et par **Le Grotte**, où vous apercevez les ruines maigrichonnes d'une villa romaine. À l'embranchement conduisant d'un côté à Porto Azzurro et de l'autre à Bagnaia se tient l'**Elbaland** (☎ 0335 819 46 80 ; Località Fonte Murato ; adulte/enfant de moins de 12 ans 6/3 € ; ⌚ mar-dim 11h-19h), un parc de loisirs sans attractions majeures mais avec balançoires.

De là, partez au nord pour rejoindre Bagnaia, blottie dans une végétation verdoyante et luxuriante et dotée d'une jolie plage et de quelques hébergements, dont un camping.

Pizzeria Sunset (☎ 0565 93 07 86 ; Bagnaia ; pizzas à partir de 5,15 € ; ⌚ mai-oct) La vue sur Portoferraio, de l'autre côté du golfe, est magnifique et l'ambiance, agréable et détendue. L'endroit propose des réductions à certaines heures, de la sangria et des pizzas exceptionnelles. Le soir, la musique tonitruante d'une discothèque baigne la plage.

De Bagnaia, vous pourrez suivre le chemin de terre qui mène au bout de 3 km à **Nisporto,** puis à **Nisportino**. Le trajet offre par endroits de superbes panoramas. Chacun de ces villages possède une petite plage ainsi qu'un ou deux restaurants et quelques échoppes ouvertes en été. De Nisportino, revenez au croisement avec la route qui relie Nisporto et Rio nell'Elba. Sur cette route, à peu près à mi-chemin, les ruines d'un minuscule ermitage en pierre, l'**Eremo di Santa Caterina**, vous permettront de vous dégourdir les jambes en profitant d'un joli point de vue.

La route plonge ensuite vers le bastion de **Rio nell'Elba**, au cœur de la zone minière de l'île. L'endroit est un peu triste, mais au moins vous y échapperez à la foule. Le **Museo della Gente di Rio** (☎ 0565 93 91 82 ; Passo della Pietà ; 2,60 € ; ⌚ mi-avril-sept mar-dim 10h-13h et 16h-19h30) présente quelque 200 échantillons de minéraux rares provenant de l'est de l'île et du Monte Capanne. Pour déjeuner, dirigez vos pas vers l'un des restaurants de la place centrale, la Piazza del Popolo.

Ensuite, descendez vers la côte et **Rio Marina** où vous attend un autre musée minéralogique, mais pas grand-chose d'autre.

L'**Hotel Rio** (☎ 0565 92 42 25 ; www.elbahotelrio.it ; Via Palestro 31 ; s/d 70/140 € ; ⌚ mars–mi-oct) est un établissement un peu décati avec des chambres de taille familiale, certaines donnant sur la mer, un salon télé, un jardin et une profusion de tableaux de qualité douteuse, le tout baignant dans une atmosphère rétro rappelant les années 1970.

Pour déjeuner, pourquoi ne pas choisir **Da Oreste La Strega** (☎ 0565 96 22 11 ; Via Vittorio Emanuele 6 ; plats 10 € ; ⌚ fermé mar), restaurant de spécialités de la mer doté de grandes fenêtres dominant le port et offrant un

LE COMTE DE MONTE-CRISTO

Ce roman de cape et d'épée est né de la relation entre Alexandre Dumas et le frère de Napoléon, Jérôme Bonaparte, qui avait accompagné l'écrivain lors d'un voyage à l'île d'Elbe. Au retour, Dumas avait aperçu une autre île, déserte celle-ci, du nom de Montecristo, et décidé d'en faire le cadre d'un roman. L'histoire illustre la vengeance du romantisme napoléonien contre la maison royale d'Orléans restaurée. Avec le personnage de Dantès, qui se fait vengeance lui-même, Dumas s'en prend à la corruption de la bourgeoisie. Dantès, fringant officier emprisonné à tort, jure de se venger. Il parvient à s'échapper et se lance à la recherche d'un trésor dans l'île de Montecristo, dont on lui a révélé l'existence. Après moult aventures et rebondissements, notre homme parvient à ses fins : devenu riche, le comte de Monte-Cristo savoure pleinement sa vengeance contre ceux qui lui avaient tendu un piège.

Tout cela est bien sûr pure fiction. Mais si personne n'a jamais trouvé de trésor sur Montecristo, le roman a eu de belles retombées financières pour beaucoup. Pas moins de 25 films ont été tournés pour le cinéma et la télévision avec plus ou moins de talent. Certaines des meilleures réalisations sont les plus anciennes, comme celles de Rowland Lee (1935) et de Robert Vernay (1943). En Italie, le feuilleton d'Edmo Fenoglio avec Andrea Giordana a attiré en 1966 des milliers d'Italiennes devant leur poste de télévision. Richard Chamberlain a interprété le rôle-titre dans la version de David Greene (1975), tout comme, plus récemment, Gérard Depardieu (1997).

excellent choix de vins. Essayez la *frittura mista* (friture de fruits de mer).

La plus belle plage se trouve un peu plus loin, à **Ortano**. Pour y accéder, revenez sur deux kilomètres vers Rio nell'Elba et obliquez vers le sud. L'emplacement est agréable mais, là encore, n'espérez pas une plage de sable fin. Si vous décidez de passer la nuit sur place, vous aurez le choix entre un camping et un immense complexe hôtelier.

Petites îles

Elbe fait partie du Parco Nazionale dell'Arcipelago Toscano. Deux des sept îles, Capraia et Gorgona, sont évoquées plus haut dans ce chapitre (p. 177), celles de Giglio et de Giannutri figurant dans le chapitre *Le sud de la Toscane*. Les trois autres sont Elbe, Pianosa et Montecristo.

Pianosa, à 14 km à l'ouest d'Elbe, est un îlot triangulaire tout plat mesurant 5,8 km sur 4,6 km. De 1858 au milieu des années 1990, l'île a abrité une colonie pénitentiaire ; elle fait désormais partie du parc national. Des **excursions** (adulte/enfant 68/34 € ; 110 pers/jour maximum) sont organisées depuis Marina di Campo en été, avec un départ à 9h et 11h et un retour huit heures plus tard. On peut aussi se rendre sur l'île le mardi par le ferry Toremar qui part de Porto Azzurro. À moins de vouloir jouer les Robinson pendant une semaine, vous disposerez de deux heures pour explorer le coin, un laps de temps amplement suffisant dans la mesure où l'ancienne prison est interdite d'accès.

Montecristo, à 40 km au sud d'Elbe, n'est relié par aucun service de ferry. L'île servit elle aussi (brièvement) de prison. Classée réserve marine biologique depuis 1979, elle n'est accessible que dans le cadre d'une visite organisée. Il faut pour cela obtenir une autorisation spéciale auprès de l'**Ufficio Forestale de Follónica** (☎ 0566 4 06 11), sur le continent.

Le centre de la Toscane

SOMMAIRE

Le centre de la Toscane, avec ses merveilleux paysages, ses vallées encaissées, ses coteaux boisés et ses constructions aux tons dorés, semble incarner le plus parfaitement cette région. Les cyprès hautains forment une haie majestueuse en bordure des prairies parsemées de moutons, et si vous visitez la contrée au printemps, vous verrez ondoyer les champs de coquelicots rouge vif dans un paysage verdoyant et ensoleillé. Quelques-unes des villes les plus célèbres de Toscane se trouvent dans cette région, que ce soit Montepulciano, tout en longueur et en dénivelé, ou Monteriggioni, ancienne citadelle dotée de 14 tours défensives. Plus à l'ouest, sur un itinéraire de pèlerinage, le bastion de San Gimignano, hérissé de tours, donne une idée du faste et de l'opulence dont même les petites cités jouissaient au Moyen Âge. Volterra, digne héritière d'une cité étrusque, domine majestueusement un paysage lunaire qui s'étend au sud. Au cœur de cette région se dresse la ville de Sienne, avec sa somptueuse piazza, ses rues animées pavées de pierres et son impressionnante cathédrale qui alterne les lignes de marbre clair et sombre.

Au Moyen Âge, la frontière la plus disputée en Toscane fut celle qui séparait Florence de ses territoires du comté de Sienne. Cette fière cité gothique réfugiée au sommet d'une colline garde aujourd'hui encore son identité, même si elle a été annexée depuis bien longtemps par Florence pour former le grand duché de Toscane. À certains égards, les Siennois n'ont ni oublié ni pardonné.

À NE PAS MANQUER

- Gravir les 400 marches menant à la Torre del Mangia (p. 198) pour embrasser Sienne du regard et savourer une bière fraîche à la terrasse d'un bar de la Piazza del Campo (p. 197)
- Admirer l'édifice gothique le plus raffiné et le plus étonnant d'Italie : la cathédrale de Sienne (p. 198),
- Découvrir les paysages de pâturages verdoyants des Crete (p. 209), l'imposante abbaye de Monte Oliveto Maggiore et les fresques équivoques du Sodoma
- Contempler les 14 tours hérissant la cité fortifiée de San Gimignano (p. 212)
- Faire une pause à l'*Enoteca* installée dans l'impressionnante Fortezza de Montalcino (p. 222) pour une dégustation de *brunello*
- Flâner dans les rues de Montepulciano (p. 227), une petite ville médiévale perchée parmi les plus belles de la région

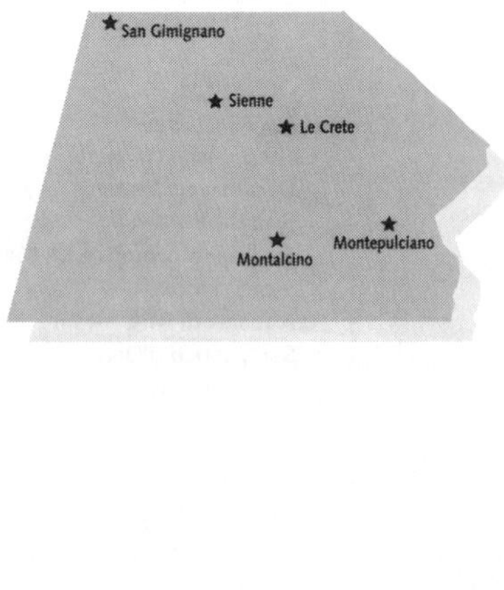

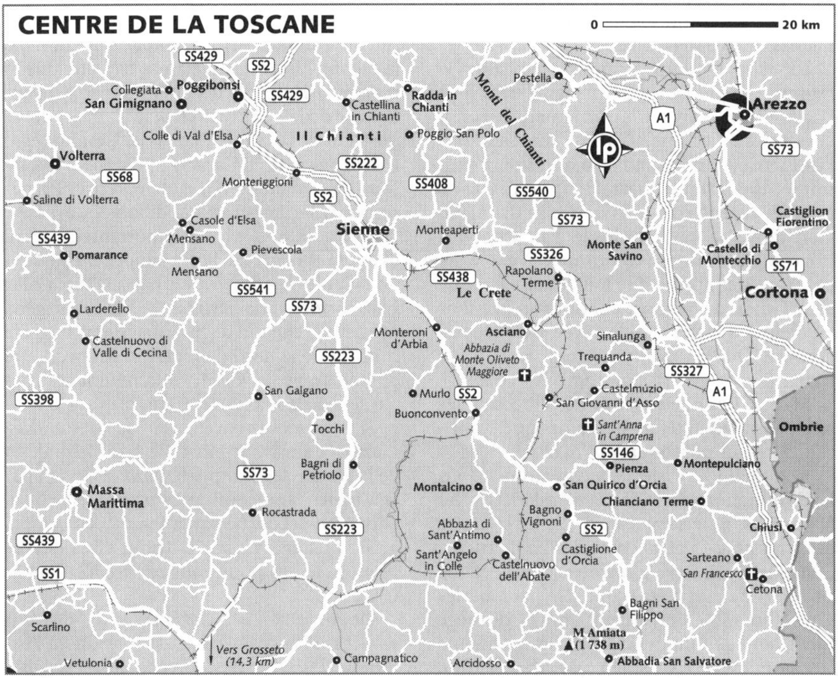

SIENNE

59 200 habitants

Avec son cœur médiéval jalonné de majestueux édifices gothiques, Sienne figure parmi les joyaux de l'Italie. Les tours roses et dorées de la ville contrastent avec les teintes chaudes des constructions anciennes en brique et en pierre. Comme Florence, Sienne abrite d'innombrables trésors qui nécessitent plus d'une journée de visite pour être admirés. Si possible, dormez au moins une nuit sur place ou, mieux encore, accordez-vous quelques jours pour apprécier les richesses architecturales de la ville et l'art de l'école siennoise.

Histoire

Selon la légende, Sienne a été fondée par Sénius, le fils de Rémus. Comme à Rome, l'emblème de la cité, la louve nourrissant Romulus et Rémus, est omniprésent à Sienne. En réalité, la ville a probablement des origines étrusques, et elle est restée un avant-poste sans grande importance jusqu'à l'arrivée des Lombards au VIe siècle. Sienne devint alors une étape incontournable sur la principale route reliant le nord de l'Italie à Rome, la Via Francigena. La cité médiévale se constitua en englobant trois bourgs – Città, Camollia et San Martino – les futurs *terzi* (tiers). Après les Lombards, la ville fut gouvernée par ses évêques, puis par des *consoli* (consuls), élus localement.

Au XIIIe siècle, Sienne était devenue une cité marchande prospère, tirant sa richesse de la production de textile, safran, vin, épices et cire. Les familles de banquiers et de marchands comme les Piccolomini, Chigi, Malavolti et Buonsignori, présentes sur tous les marchés et places financières d'Europe, devenaient de plus en plus puissantes et entreprenantes.

Florence et Sienne étant résolues à agrandir leur territoire respectif, la rivalité entre les deux cités s'accentua et la guerre devint inévitable. Sienne la gibeline l'emporta sur Florence la guelfe à la bataille de Monteaperti en 1260, mais cette victoire fut de courte durée. Neuf ans plus tard, les gibelins (partisans de l'enpereur) toscans furent défaits par Charles d'Anjou. Durant près d'un siècle, Sienne fut contrainte de s'aligner sur la politique étrangère de Florence et de rejoindre la ligue toscane des guelfes (partisans du pape).

La ville atteignit son apogée sous le régime républicain du Consiglio dei Nove (Conseil des Neuf), gouvernement exécutif élu dominé par une classe de marchands à l'influence grandissante. De nombreux monuments gothiques, parmi les plus beaux de la ville, furent édifiés sous l'impulsion du Consiglio : la cathédrale, le Palazzo Pubblico et la Piazza del Campo. L'école de peinture siennoise vit le jour à cette époque avec Guido da Siena et connut son âge d'or au début du XIVe siècle, avec des artistes comme Duccio di Buoninsegna, Simone Martini et Pietro et Ambrogio Lorenzetti.

Mais la Grande Peste de 1348 décima les deux tiers des 100 000 habitants que comptait la cité et provoqua son déclin.

À la fin du XIVe siècle, Sienne tomba sous la domination de la famille milanaise des Visconti. Un siècle plus tard, elle fut soumise au tyrannique patricien Pandolfo Petrucci. Sous sa férule, la ville retrouva une certaine prospérité avant d'être conquise par Charles Quint en 1556, après deux années de siège qui firent des milliers de victimes. Sienne fut alors livrée à Cosme Ier de Médicis qui, pendant un temps, interdit à ses habitants d'exercer le métier de banquier, sonnant le glas de la puissante cité marchande.

Sienne est placée sous la protection de sainte Catherine (Santa Caterina), née dans la ville, l'une des figures les plus vénérées d'Italie. Mais aujourd'hui, la cité doit sa prospérité non pas à la sainte, mais au tourisme et à la notoriété de sa banque, le Monte dei Paschi di Siena. Fondée en 1472, elle est actuellement l'un des principaux employeurs de la ville.

Que Sienne ait conservé presque intact son patrimoine gothique représente une sorte de récompense pour les souffrances endurées par les Siennois au fil des siècles. Le déclin qui suivit l'arrivée au pouvoir des Médicis fut si profond que personne ne songea à démolir les vieux bâtiments pour restaurer la ville. La courbe démographique augmenta de nouveau au lendemain de la Seconde Guerre mondiale (la population était tombée à 16 000 habitants dans la seconde moitié du XVIIIe siècle) et, en 1965, Sienne fut la première ville d'Italie à bannir la circulation des véhicules dans son centre historique.

Orientation

Encore entourée par ses remparts médiévaux, la Sienne historique n'est pas très étendue et on peut aisément la découvrir à pied. Cependant, le dédale des rues en demi-cercle autour du cœur de la cité, la Piazza del Campo (également appelée "Il Campo") peut mettre votre sens de l'orientation à rude épreuve. Préparez-vous à grimper des raidillons escarpés.

Deux des rues les plus importantes, Banchi di Sopra et Banchi di Sotto, rappellent par leur nom l'influence passée de la banque sur la ville. Elles forment une partie de la Via Francigena médiévale, chemin de pèlerinage et principale route entre le nord de l'Italie et Rome. Autre grande artère, la Via di Città rejoint ces rues au-delà de la Piazza del Campo.

Si vous arrivez par le bus, vous descendrez Piazza Gramsci, au nord de la cathédrale et de la Piazza del Campo. Partez vers le sud par la Via dei Montanini, puis prenez Banchi di Sopra qui débouche sur la Piazza del Campo.

Si vous arrivez par le train, vous devrez prendre le bus pour vous rendre à la Piazza Gramsci.

Quant aux automobilistes, ils doivent savoir que la circulation est interdite à l'intérieur des remparts. Si votre hôtel se situe en centre-ville, vous pourrez aller y déposer vos bagages, mais vous devrez ensuite garer votre véhicule sur un parking extérieur.

On entre dans Sienne par huit portes. La porta Romana, au sud du centre-ville, représente le meilleur accès : elle est à 10 minutes de marche de la Piazza del Campo sur un parcours relativement plat, et on y trouve un vaste parking souterrain. Voir plus loin la rubrique *Depuis/vers Sienne*, pour plus de détails.

Renseignements

LIBRAIRIE

Libreria Senese (☎ 0577 27 02 75 ; Via di Città 64). Cette librairie propose un grand choix d'ouvrages anglais, néerlandais et allemands ainsi que des journaux de la presse étrangère.

URGENCES

Commissariat de police (☎ 0577 20 11 11 ; Via del Castoro).

ACCÈS INTERNET

Engineering Systems (Via di Stalloreggi 8 ; 2 € :30/min)
Internet Train (☎ 0577 24 74 60 ; www.sienaweb.com ; Via di Pantaneto 54 et 121 Via di Città ; 3 €/30 min.

NETTOYAGE

Onda Blù (Via del Casato di Sotto 17). Vous pourrez laver et sécher 7 kg de linge pour 6 €.

SERVICES MÉDICAUX

Hôpital (☎ 0577 58 51 11 ; Viale Bracci). Situé à Le Scotte, un peu au nord de Sienne.

ARGENT

Exact Change (☎ 0577 28 81 15 ; Via di Città 80-82 et ☎ 0577 22 61 33 ; Via Banchi di Sopra 33) est un bureau de change.

POSTE

Poste centrale (Piazza Matteotti 1).

TÉLÉPHONE

Des cabines téléphoniques en accès libre sont disponibles Via dei Rossi 86, Via di Città 113 et Via di Pantaneto 44.

OFFICES DU TOURISME

L'**office du tourisme** (☎ 0577 28 05 51 ; www.terresiena.it ; Piazza del Campo 56 ; 🕓 lun-sam 8h30-19h30, dim 9h-15h). Si vous envisagez de visiter plusieurs monuments, il peut vous fournir une liste de billets combinés pouvant vous faire économiser quelques euros.

Bureau des étrangers (Ufficio Stranieri ; Piazza Jacopo della Quercia ; 🕓 tlj 8h30-10h30 sauf mar et dim pour tous et 12h-13h pour les citoyens de l'UE)

À voir

PIAZZA DEL CAMPO

Construite sur le site de l'ancien forum romain, cette place inclinée en forme d'éventail représente le centre du pouvoir temporel de la ville depuis qu'elle a été aménagée par le Conseil des Neuf, au milieu du XIVe siècle.

Aujourd'hui, touristes et Siennois aiment y flâner. Les voyageurs et les étudiants s'installent au milieu de la place tandis que les promeneurs plus aisés s'attablent aux cafés qui l'entourent pour siroter un café ou une bière, à prix d'or.

Le sol de la piazza est divisé en neuf secteurs, représentant les neuf membres du gouvernement. En 1346, l'eau jaillit pour la première fois dans la partie supérieure de la place, à la **Fonte Gaia**, au grand plaisir des Siennois (d'où viendrait son nom de fontaine joyeuse). Des reproductions des panneaux créés par Jacopo della Quercia au début du XVe siècle décorent la fontaine. Les originaux, fortement endommagés, sont exposés dans le Complesso Museale di Santa Maria della Scala (voir p. 202).

PALAZZO PUBBLICO

Au pied de la place, l'impressionnant **Palazzo Pubblico** (☎ 0577 29 22 63 ; adulte/étudiant : 6,50/4 €, billet combiné Palazzo et tour : 9,50 € ; 🕓 juil-août 10h-23h, mi-mars à juin et sept-oct 10h-19h, nov à mi-mars 10h-16h) dresse son campanile, la **Torre del Mangia**, construit en 1344, à 102 m de hauteur.

Édifié en 1297, le palazzo est l'un des monuments gothiques les plus élégants d'Italie. Construit pour abriter le gouvernement républicain, il s'inscrit dans le projet global de la piazza. D'où l'impression que l'on a de se retrouver dans un amphithéâtre avec le Palazzo Pubblico comme scène centrale.

Le Conseil des Neuf souhaitait regrouper les différents services et magistratures de l'État en un seul et même lieu. De cette façon, il asseyait davantage son autorité, à la fois symbolique et concrète, face aux seigneurs féodaux.

Au premier étage de l'édifice, le **Museo Civico** occupe une enfilade de salles ornées de fresques réalisées par des artistes de l'école siennoise. Comme vous allez bientôt le découvrir, le goût des Siennois pour les fresques est inégalé. Là, comme dans d'autres grands monuments de Sienne et partout dans la province (le Palazzo del Popolo et la Collegiata, à San Gimignano, confirment la règle), la décoration, souvent sur un fond de tons bleu profond au plafond, tend à être riche et chargée, couvrant le moindre millimètre carré de surface.

À l'étage se trouvent cinq salles assez banales où sont exposées des œuvres pour la plupart dues à des artistes siennois du XVIe au XVIIIe siècles. Tournez à gauche dans la **Sala del Risorgimento** ornée de fresques plus impressionnantes datant de la fin du XIXe siècle, qui illustrent les hauts faits de la campagne d'unification de l'Italie.

Ensuite, traversez le couloir central pour entrer dans la **Sala di Balia** (ou Sala dei Priori). Les 15 fresques dépeignent des épisodes de la vie du pape Alexandre III (le Siennois Rolando Bandinelli), notamment ses affrontements avec l'empereur Frédéric Barberousse.

Passez ensuite dans l'**Anticamera del Concistoro**, surtout remarquable pour sa fresque de *Santi Caterina d'Alessandria, Giovanni e Agostino* (sainte Catherine d'Alexandrie, saint Jean et saint Augustin) réalisée par

Ambrogio Lorenzetti et transférée ici au XIXe siècle,

La salle suivante, la **Sala del Concistoro**, est dominée par son plafond orné de fresques allégoriques, œuvre du maniériste Domenico Beccafumi.

De retour dans l'Anticamera del Concistoro, passez dans le **Vestibolo** (vestibule) sur la droite, où se dresse une louve en bronze, symbole de la ville. Dans l'**Anticappella** voisine, d'autres fresques représentent des scènes de la mythologie et de l'histoire gréco-romaine, tandis que la **Cappella** (chapelle) abrite une splendide *Sacra Famiglia e San Leonardo* (Sainte Famille avec saint Léonard) par le Sodoma. Les stalles du chœur sont rehaussées de marqueterie.

Le musée réserve ses plus belles pièces pour la fin. De la Cappella, entrez dans la **Sala del Mappamondo** où vous pourrez admirer le chef-d'œuvre du Palazzo, la saisissante *Maestà* (Vierge en majesté). L'une des premières fresques connues de Simone Martini, elle compte parmi les œuvres les plus importantes de l'école de Sienne.

Sur le mur opposé, le portrait équestre d'un condottiere, Guidoriccio da Fogliano, a longtemps été attribué au peintre Martini, paternité aujourd'hui sujette à caution. Sur le long mur intérieur, d'autres fresques immenses dépeignent des victoires célèbres remportées par les Siennois.

Ensuite, la **Sala dei Nove** (ou Sala della Pace) est dominée par un ensemble de fresques d'Ambrogio Lorenzetti représentant les *Effetti del Buon e del Cattivo Governo* (allégories du bon et du mauvais gouvernement). Sur le mur mitoyen avec la Sala del Mappamondo, des scènes d'une charmante sérénité donnent une idée de la vie quotidienne dans la Sienne médiévale et la campagne alentour. Cette représentation idyllique, baignée de soleil, illustre les effets d'un gouvernement bon et sage, que symbolisent les personnages peints sur l'étroit mur intérieur. En vous retournant vers le grand mur voisin, vous découvrirez la représentation symbolique de tous les vices qui peuvent dominer le cœur des princes et conduire à la misère dépeinte à côté. Malheureusement, cette fresque a subi des détériorations importantes.

Vous pouvez poursuivre cette visite en montant jusqu'à la **loggia** qui surplombe la Piazza del Mercato et le paysage qui s'étend au sud-est de la ville.

TORRE DEL MANGIA

Grimpez au sommet de ce magnifique **campanile** (entrée 5,50 €, billet combiné tour et palazzo 9,50 € ; mêmes horaires que le Palazzo) pour contempler une vue splendide sur la ville. Les guichets ferment 45 minutes avant l'heure limite et 30 personnes au maximum sont autorisées à monter en même temps.

CATHÉDRALE

Bien qu'elle conserve quelques éléments typiquement romans, la **cathédrale** de Sienne (Piazza del Duomo ; mi-mars à oct 7h30-19h30, nov-mars 7h30-13h et 14h30-17h) compte parmi les fleurons de l'architecture gothique italienne. Commencée en 1196, sa construction s'acheva vers 1215. Les travaux sur l'abside et le dôme se poursuivirent toutefois pendant une bonne partie du XIIIe siècle.

Extérieur

Une fois le gros œuvre achevé, les efforts se concentrèrent sur la modification, l'agrandissement et l'embellissement de la structure. La somptueuse façade de marbre polychrome blanc, vert et rouge fut ainsi commencée par Giovanni Pisano et terminée vers la fin du XIVe siècle. Les mosaïques des gâbles furent ajoutées au XIXe siècle. Les statues de philosophes et de prophètes, de Giovanni Pisano, installées au-dessus de la partie inférieure, ne sont que des copies. Les originales sont à l'abri dans le musée voisin, le Museo dell'Opera Metropolitana. Le campanile est de style roman, et la date de son achèvement reste imprécise.

En 1339, les dirigeants de la cité décidèrent de faire de la cathédrale l'un des monuments les plus imposants de la chrétienté. Les vestiges de ce projet inabouti, appelé Duomo Nuovo (nouvelle cathédrale) sont visibles sur la Piazza Jacopo della Quercia, à l'est de la cathédrale actuelle. La Grande Peste de 1348 donna un coup d'arrêt à ce projet grandiose. Vous pouvez monter en haut du Duomo pour admirer la vue magnifique en passant par le Museo dell'Opera Metropolitana (voir p. 200).

Intérieur

L'intérieur de la cathédrale est vraiment saisissant. Les murs et les colonnes reprennent l'alternance de marbre clair et sombre de l'extérieur tandis que les voûtes sont peintes en bleu rehaussé d'étoiles dorées. Au-dessus

SE DÉSALTÉRER À SIENNE

En 1556, l'empereur Charles V aurait affirmé que "Sienne est aussi belle sous terre qu'à l'air libre". Mais après les deux années qu'il avait passées à piller la ville et à massacrer la plupart de ses habitants, sa réflexion ne fut pas très bien accueillie à l'époque. Et pourtant, son observation apparemment farfelue était en partie vraie.

Le sous-sol de la cité recèle un incroyable réseau de 24 km de galeries souterraines, reliées entre elles par des passages, qui date du XIIIe siècle. Sienne était alors la principale ville située sur la route très fréquentée qui allait du nord de l'Italie à Rome. Alors que la ville se développait, le manque d'eau était devenu critique.

Les galeries souterraines furent le résultat d'un véritable exploit technique. Deux équipes d'ouvriers débutèrent les travaux à l'opposé l'une de l'autre : la première à environ 15 km de la ville, au niveau des sources jaillissant dans les collines, et la deuxième sous le sol de la ville. Elles ne pouvaient pas communiquer entre elles et les seuls instruments à la disposition des bâtisseurs étaient le fil à plomb et la pioche. Sans oublier qu'ils travaillaient quasiment dans l'obscurité, mise à part la lumière tremblotante des lampes à huile. Les galeries furent construites avec une précision millimétrée, avec une très faible pente pour que l'eau puisse s'écouler à un débit constant. Plus de 700 ans après, le réseau de galeries fonctionne toujours et alimente plusieurs fontaines de Sienne. L'eau de la galerie principale est également utilisée pour refroidir le réfrigérateur de Nannini, le célèbre salon de thé proposant crèmes glacées et pâtisseries. Un bel exemple de continuité de l'histoire, où se conjuguent Moyen Âge et modernité.

L'office du tourisme de la ville organise des visites des galeries souterraines.

des arcades de la nef, une longue série de bustes de papes contemple les visiteurs.

Mais c'est en baissant les yeux que vous découvrirez le joyau le plus précieux de la cathédrale : le sol en marqueterie de marbre est composé de 56 panneaux dépeignant des scènes historiques ou bibliques. Les premiers, simples mosaïques de marbre noir et blanc, datent du milieu du XIVe siècle alors que les derniers ont été achevés au XVIe siècle. Beaucoup sont recouverts d'une protection toute l'année, mais d'autres, choisis avec soin, sont laissés à l'air libre et entourés d'une corde, ce qui permet au visiteur d'admirer ces œuvres exceptionnelles. Chaque année, à la fin du mois d'août et en septembre, tous les panneaux sont exposés. Renseignez-vous à l'office du tourisme pour connaître les dates. Si vous souhaitez en savoir plus à ce sujet, visitez l'exposition du Museo dell'Opera Metropolitana consacrée aux relevés picturaux effectués au XIXe siècle (voir p. 200).

Outre le sol, la magnifique chaire octogonale constitue le trésor le plus délicat du monument. Sculptée dans du marbre et du porphyre, elle fut réalisée par Nicola Pisano au XIIIe siècle. Souvent comparée à celle, de forme hexagonale, du baptistère de Pise, réalisée par le même artiste, celle-ci est peut-être encore plus belle et représente l'un des chefs-d'œuvre exceptionnels du gothique. Décorés de scènes de foule remarquablement expressives, les sept panneaux marquent un tournant dans l'art sculptural gothique. Malheureusement, on ne peut s'en approcher autant que l'on voudrait car des barrières retiennent les visiteurs à une distance respectable. Pour éclairer les panneaux, insérez des pièces dans la machine (0,50 € donne droit à une minute d'éclairage).

Parmi les autres œuvres d'art importantes, ne manquez pas la statue de bronze de saint Jean-Baptiste, par Donatello, dans le transept nord.

Libreria Piccolomini

Accessible par une porte située dans le bas-côté gauche, la **Libreria Piccolomini** (1,50 € ; 🕓 mi-mars à oct 9h-19h30, nov à mi-mars 10h-13h et 14h30-17h) constitue l'un des autres trésors de la cathédrale. Le pape Pie III fit construire cette salle de dimensions modestes pour abriter la bibliothèque de son oncle, Enea Silvio Piccolomini, le pape Pie II. Seule une série de gigantesques psautiers reste exposée au public.

Réalisées par Bernardino Pinturicchio, d'impressionnantes fresques richement colorées dépeignent des épisodes de la vie du pape, de ses débuts comme secrétaire de l'épiscopat italien en mission à Bâle, à sa mort à Ancône alors qu'il tentait d'organiser une croisade contre les Turcs, sans oublier son accession à la papauté.

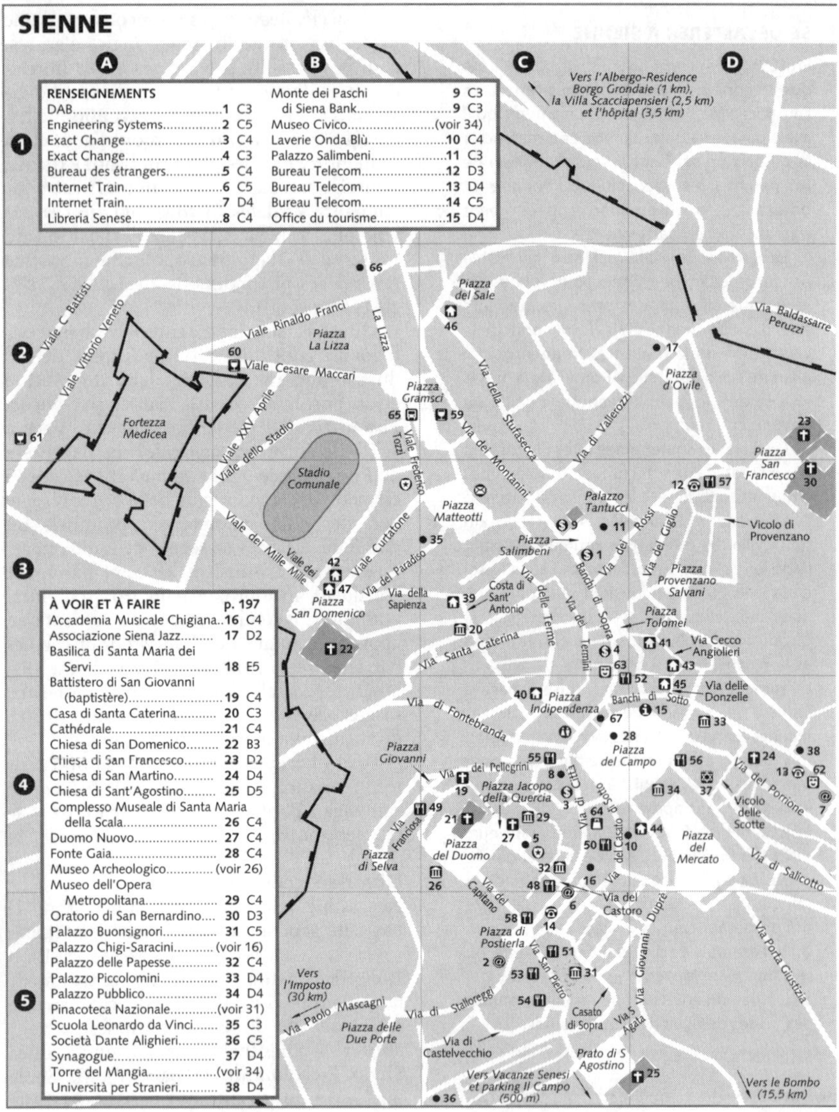

Au centre de la pièce trône la sculpture des *Tre Grazie* (Trois Grâces), copie d'une œuvre grecque antique réalisée au IIIe siècle.

MUSEO DELL'OPERA METROPOLITANA

Le **Museo dell'Opera Metropolitana** (☎ 0577 4 23 09 ; Piazza del Duomo 8 ; 5,50 € ; 🕓 mi-mars à sept 9h-19h30, oct 9h-18h, nov à mi-mars 9h-13h30) jouxte la cathédrale. Les superbes objets d'art qu'il renferme ornaient autrefois la cathédrale, notamment les 12 statues de prophètes et de philosophes de Giovanni Pisano qui décoraient la façade. L'artiste les avaient conçues pour être regardées d'en bas, ce qui explique leur distorsion (toutes sont penchées en avant dans une position inconfortable).

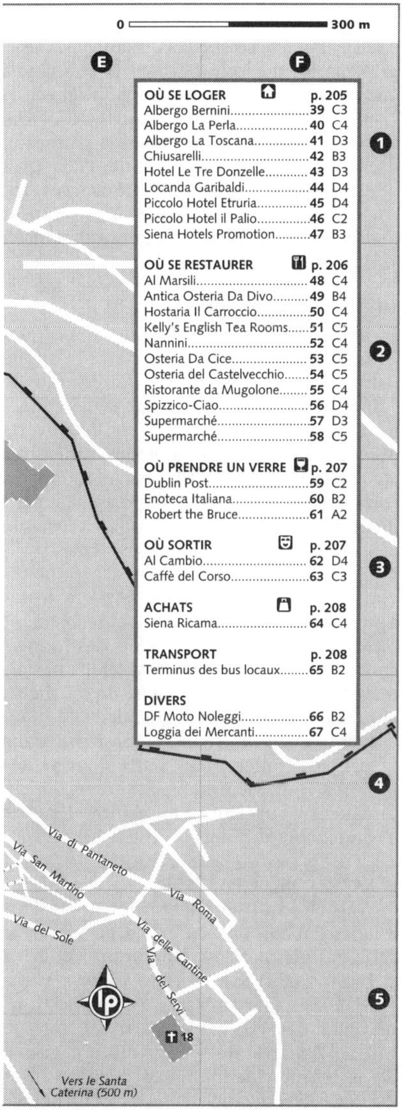

Le 1er étage expose la saisissante *Maestà* (Vierge en majesté) du début du XIVe siècle par Duccio di Buoninsegna. L'œuvre était peinte sur les deux côtés pour le maître-autel de la cathédrale : le verso et le recto sont aujourd'hui séparés et les panneaux dépeignant la *Passione* (récit de la Passion du Christ) sont accrochés sur le mur opposé à la Maestà. Il est intéressant de comparer l'œuvre de Buoninsegna à la Maestà de Martini, qui lui est légèrement postérieure, exposée au Palazzo Pubblico. Regardez attentivement : les scènes de la Passion sont extrêmement expressives. Il ne faut pas oublier qu'elles ont été créées pour la population médiévale, en grande majorité analphabète, afin qu'elle puisse connaître l'histoire des Écritures. Le génie narratif de Duccio est impressionnant. Sur la moitié inférieure du grand panneau central, trois scènes se déroulent : le Christ prêche devant les apôtres dans le jardin de Gethsémani, puis il leur demande de l'attendre avant d'être représenté en prière. Dans la moitié supérieure de ce panneau, il reçoit le baiser de Judas tandis que Pierre tranche l'oreille d'un soldat et que les autres apôtres s'enfuient.

La porte à droite de la *Maestà* donne accès à une petite salle ornée de statues de Jacopo della Quercia, tandis que celle de gauche mène à la salle où sont exposés des dessins du XIXe siècle représentant l'ensemble des panneaux de marbre qui constituent le pavement de la cathédrale.

Aux étages supérieurs, le musée expose les œuvres d'autres artistes comme Ambrogio Lorenzetti, Simone Martini et Taddeo di Bartolo. Les collections comprennent également des tapisseries et des manuscrits.

Suivez les pancartes qui mènent au **Panorama del Facciatone** (le parcours comporte un escalier en colimaçon déconseillé aux claustrophobes) pour parvenir au sommet de la façade de ce qui aurait dû former la gigantesque extension de la cathédrale. D'en haut, la vue sur Sienne est somptueuse.

BATTISTERO DI SAN GIOVANNI

Derrière la cathédrale, au pied d'un escalier, se trouve le **Battistero di San Giovanni** (baptistère Saint-Jean ; Piazza San Giovanni ; 2,05 € ; mi-mars à sept 9h-19h30, oct 9h-18h, nov à mi-mars 10h-13h et 14h30-17h). Sa façade gothique n'est pas achevée dans sa partie supérieure, mais l'ensemble en marbre n'en reste pas moins splendide.

À l'intérieur, plafonds et voûtes sont bien sûr revêtus de somptueuses fresques. La vie de Jésus est représentée dans l'abside de ce baptistère qui possède une curieuse forme rectangulaire. La peinture de droite montrant le Christ portant la croix présente un intérêt tout particulier : si l'on regarde la ville d'où semblent venir Jésus et la foule, il est difficile de ne pas reconnaître, parmi les bâtiments imaginaires de l'œuvre, le dôme de Brunelleschi et le campanile de Giotto, à Florence. S'agit-il d'une pierre jetée dans le jardin des Florentins, suggérant que la rivale de Sienne serait à l'origine des souffrances du Christ ?

Toutefois, l'intérêt majeur de ce baptistère réside dans les fonts baptismaux de marbre de Jacopo della Quercia. Ils sont décorés de panneaux de bronze en relief qui relatent la vie de saint Jean-Baptiste. Les bas-reliefs furent réalisés par plusieurs artistes de premier ordre, notamment la *Cattura del Battista* (arrestation de Saint-Jean) de Lorenzo Ghiberti et le *Banchetto di Erode* (banquet d'Hérode) de Donatello.

COMPLESSO MUSEALE DI SANTA MARIA DELLA SCALA

Il y a encore quelques années, un hôpital presque millénaire (à l'origine un hospice pour les pèlerins) s'élevait en ce lieu. Aujourd'hui, ces immenses locaux ont été transformés pour accueillir un grand **centre d'art** (☎ 0577 22 48 11, Piazza del Duomo 2 ; adulte/enfants 5,20/3,10 €, groupes de 15 personnes sur réservation 4,20 €/pers ; ⏲ mi-mars à oct 10h-19h, nov à mi-mars 10h30-16h30). Situé au sud-ouest de la Piazza del Duomo, il abrite notamment l'extraordinaire cycle de fresques de Domenico di Bartolo, dans ce qui était la grande salle des malades.

Avant d'entrer dans l'hôpital proprement dit, tournez à gauche dans la **Chiesa della Santissima Annunziata**. Cette église du XIIIe siècle fut embellie deux siècles plus tard.

Dirigez-vous sur la droite vers la **Cappella del Manto** décorée de fresques. La plus frappante d'entre elles est celle de Beccafumi (1514), qui représente l'*Incontro di San Gioacchino con Santa Anna* (rencontre de saint Joachim et de sainte Anne), parents supposés de la Vierge Marie.

Vous passerez ensuite dans un long couloir pour tourner sur la gauche dans la remarquable **Sala del Pellegrinaio**, datant du XIVe siècle, dortoir des pèlerins fatigués, qui devint la grande salle des malades.

La majeure partie des fresques ont été réalisées par Domenico di Bartolo dans les années 1440. Le premier panneau, réalisé par Il Vecchietta, représente des *gettatelli* (orphelins) montant au paradis. La prise en charge des orphelins constituait l'une des missions les plus courantes des hôpitaux de Toscane. Les derniers panneaux montrent des *balie* (nourrices) donnant le sein à des orphelins ou à des enfants nécessiteux. Un autre panneau présente un médecin hochant la tête tandis que son patient lui décrit ses symptômes.

Au bas de l'escalier se trouve le **Fienile**, ancienne réserve de l'hôpital. Les panneaux décoratifs originaux de la Fonte Gaia ainsi que quelques copies sont conservés ici. Au-delà du Fienile, on allait prier pour les malades dans le petit et lugubre **Oratorio di Santa Caterina della Notte**.

MUSEO ARCHEOLOGICO

Si les chapelles obscures commencent à vous lasser, visitez ce musée situé dans le Labirinto di Santa Maria (labyrinthe de Sainte-Marie). La majeure partie des collections sont constituées d'objets découverts près de Sienne, allant d'urnes funéraires étrusques raffinées en albâtre aux monnaies romaines en or. Le musée expose également des terres cuites, pour la plupart d'origine étrusque et datant de plusieurs siècles av. J.-C., divers objets du quotidien, des statuettes votives en bronze et même une paire de dés à jouer. Les collections sont agréablement mises en valeur et les décors – des tunnels sinueux et voûtés – les complètent parfaitement. L'endroit est un havre de fraîcheur, apprécié les jours d'été caniculaires.

L'entrée au musée est comprise dans le prix du billet pour Santa Maria. Les horaires sont identiques, à l'exception du dimanche : ouverture uniquement les 2e et 4e dimanches du mois de 10h à 13h.

PALAZZO DELLE PAPESSE

Si vous êtes suffisamment informé sur l'art religieux médiéval, variez les plaisirs avec cette **galerie d'art** contemporain (☎ 0577 2 20 71 ; Via di Città 126 ; adulte/enfant 5/3,50 € ; ⏲ lun-sam 12h-19h). Elle présente des collections permanentes d'œuvres d'artistes comme Micha Ullman et Botto & Bruno, associées à des expositions temporaires. Sur la terrasse du dernier étage, on peut admirer une vue magnifique sur Sienne.

PALAZZO CHIGI-SARACINI

La splendide façade gothique percée de fenêtres géminées de ce **palazzo** (Via di Città) est en partie un pastiche, résultat d'une "restauration" effectuée aux XVIIIe et XIXe siècles pour recréer son aspect médiéval. On raconte que de sa tour, seule partie authentique du palais, un jeune garçon doté d'une vue exceptionnelle suivit la bataille de Monteaperti en 1260, criant à la foule massée en bas les progrès de son camp face aux Florentins (comme vous le savez, les Siennois l'emportèrent).

Le palazzo accueille aujourd'hui l'Accademia Musicale Chigiana (voir p. 205). Si vous souhaitez le visiter, contactez la banque **Monte dei Paschi di Siena** (☎ 0577 29 47 87). Les salles, luxueusement meublées, abritent une intéressante collection d'œuvres d'art en majorité siennoises.

PINACOTECA NAZIONALE

Cette **galerie** (☎ 0577 28 11 61 ; Via San Pietro 29 ; adulte/enfant 4/2 € ; 🕑 lun 8h30-13h30, mar-sam 8h15-19h15, dim 8h15-13h15) occupe un bâtiment du XIVe siècle, le Palazzo Buonsignori. Elle rassemble l'essentiel de l'art siennois et recèle des chefs-d'œuvre gothiques. En progressant à travers ces collections, vous ne pourrez que vous étonner de l'abîme qui, au XVe siècle, sépare Sienne de Florence en matière artistique. Tandis que la Renaissance s'épanouissait à 70 km de là, artistes et mécènes siennois restaient profondément enracinés dans la tradition byzantine et gothique qui leur avait si bien réussi depuis le XIIIe siècle. Scènes et portraits religieux classiques prédominent, richement rehaussés d'or et fort éloignés des recherches picturales des Florentins impatients d'exprimer perspective, émotion et mouvement.

Commencez de préférence votre visite par le 2e étage : les deux premières salles présentent des œuvres prégothiques de l'école siennoise parvenues jusqu'à nous, notamment des tableaux de Guido da Siena. Les salles 3 et 4 sont consacrées à Duccio di Buoninsegna et à ses successeurs. La salle 6 expose l'œuvre la plus extraordinaire de Simone Martini, la *Madonna della Misericordia* (Vierge de la miséricorde), dans laquelle la Vierge Marie semble prendre toute la société sous ses ailes protectrices.

Les tableaux des frères Pietro et Ambrogio Lorenzetti dominent dans les salles 7 et 8, tandis que les trois salles suivantes regroupent des œuvres signées de plusieurs artistes du début du XVe siècle.

L'œuvre de Giovanni di Paolo est largement représentée dans les salles 12 et 13 et certains de ses tableaux montrent d'intéressants signes de rupture vis-à-vis de la tradition. Ses deux versions de la *Presentazione nel Tempio* (présentation de Jésus au Temple) introduisent de nouveaux thèmes architecturaux, une touche de perspective, pas d'or ou presque et des signes d'émotion perceptibles chez les personnages représentés.

La petite **Collezione Spannochi** exposée au 3e étage rassemble une série de peintures hétéroclites d'où se détachent quelques chefs-d'œuvre.

Au 1er étage, la rétrospective de l'école siennoise se poursuit, mais à quelques exceptions près, l'intérêt se relâche. Les salles les plus captivantes sont les n°27 à 32 et la n°37, où sont largement représentées les œuvres du maniériste Domenico Beccafumi et du Sodoma. Parmi celles-ci, le *Cristo alla Colonna* (Christ à la colonne) du Sodoma dans la salle 31 est la plus troublante. Les larmes du Christ reflètent une humanité émouvante.

CHIESA DI SAN AGOSTINO

À quelques rues au sud de la Pinacoteca Nazionale, cette **église** (☎ 0577 38 57 86 ; prato di San Agostino ; 2 € ; 🕑 mi-mars à oct 10h30-13h30 et 15-17h30) date du XIIIe siècle. Elle fut conçue par le Néerlandais Vanvitelli, architecte en chef du roi de Naples, et représente avec faste la période rococo. L'intérieur, entièrement détruit par un incendie, date du XVIIIe siècle.

CHIESA DI SAN DOMENICO

Cette imposante **église** gothique du XIIIe siècle (Piazza San Domenico ; 🕑 7h30-13h et 15h-18h30) a subi maintes et maintes modifications au fil des siècles.

L'intérieur frappe par son dépouillement, en accord avec la philosophie spartiate de l'ordre dominicain. Près de l'entrée se trouve la **Cappella delle Volte**, où sainte Catherine prononça ses vœux et aurait accompli certains de ses miracles. Un portrait de la sainte est exposé dans la chapelle.

Dans la **Cappella di Santa Caterina**, côté sud de l'église, des fresques du Sodoma dépeignent des épisodes de la vie de la sainte. Celle-ci mourut à Rome, où repose la majeure partie de sa dépouille. Mais, conformément à cette curieuse coutume consistant à collecter des reliques de saints, sa tête fut rendue à Sienne où elle est conservée dans un reliquaire, sur l'autel de la Cappella di Santa Caterina.

Sienne possède également un pouce de la sainte, exposé de manière macabre dans une petite boîte vitrée, sur la droite de la chapelle. Est aussi exposé dans ce lieu le

IL PALIO

Cette fête spectaculaire en l'honneur de la Vierge, organisée deux fois l'an, le 2 juillet et le 16 août, remonte au Moyen Âge. Aux défilés en costumes d'époque, s'ajoutent une course de chevaux effrénée autour de la Piazza del Campo et moult festins, toasts et festivités dans les rues.

Il Palio compte sans doute parmi les plus grandes fêtes médiévales en Italie. Cette survivance souligne l'attachement indéfectible des Siennois à leur passé et à leur identité. En réalité, la plupart des autres festivités d'inspiration médiévale, bien qu'indiscutablement plaisantes, ont été ranimées au XXe siècle à la fois par nostalgie et par désir d'attirer davantage de touristes à Sienne. La RAI (chaîne de télévision publique) verse des droits incroyablement élevés pour retransmettre l'événement.

Dix des 17 quartiers historiques de Sienne, les *contrade*, s'affrontent pour remporter le *palio*, un étendard de soie, tant convoité. Chaque contrada possède ses traditions, son emblème et ses couleurs, ainsi que sa paroisse et son musée du *palio*. En flânant dans les rues, il est difficile de ne pas voir les drapeaux des différents quartiers, chacun d'eux symbolisé par un nom et un animal emblématique. Mais toute médaille a son revers : la rivalité entre les contrade est si forte que des coups de poing sont parfois échangés entre les jockeys. Ceux-ci vivent bien souvent dans la peur des contrade adverses. On a vu certains participants tendre une embuscade à leurs concurrents et même droguer leurs chevaux.

Les jours de *palio*, la Piazza del Campo se transforme en champ de courses : on répartit de la terre sur tout son périmètre, où se déroule la cavalcade endiablée. À partir de 17h, les représentants des différentes contrade paradent en costume d'époque, sous la bannière de leur quartier.

La course débute à 19h45 en juillet et à 19h en août. Au cours d'une minute de délire, pas plus, les dix chevaux et leurs cavaliers, qui montent à cru, font trois fois le tour de la Piazza del Campo à une vitesse et avec une violence qui donnent froid dans le dos.

Un cheval qui a perdu son cavalier peut être considéré comme vainqueur. Malgré les nombreuses chutes chaque année, les rois de la fête sont bien les chevaux. Une seule règle doit être respectée pendant la course : un cavalier n'a pas le droit de saisir les rênes d'un autre cheval que le sien.

Réservez très longtemps à l'avance si vous souhaitez séjourner à Sienne à ces deux dates et rejoignez la foule sur la Piazza del Campo au moins quatre heures avant la course pour avoir une bonne place. Les rues menant à la place sont fermées bien avant l'heure du départ, à l'exception de la Via Giovanni Dupré, qui reste ouverte jusqu'à ce que les bannières retombent. Si vous arrivez tard, vous pourrez tenter d'atteindre la place par cette rue, mais sachez que vous serez nombreux à avoir eu la même idée. Si vous préférez voir la course d'un fauteuil confortable dans l'un des bâtiments qui entourent la place, demandez aux cafés et aux boutiques. Mais les bons postes d'observation sont rares. Si vous parvenez à en trouver un libre, soyez prêt à débourser quelque 220 € pour le privilège. Sinon, ne désespérez pas : la course est transmise en direct à la télévision. Elle est ensuite rediffusée tout au long de la soirée.

Si vous vous trouvez à Sienne les jours qui précèdent la manifestation, peut-être verrez-vous les jockeys et leurs chevaux s'entraîner sur la Piazza del Campo – le spectacle est aussi époustouflant que la course elle-même !

fouet avec lequel elle se flagellait le corps de temps à autre pour le salut des fidèles.

FORTEZZA MEDICEA

À l'ouest de la Chiesa di San Domenico, cette **forteresse** typique de l'époque, également appelée Forte di Santa Barbara, permettait de rappeler massivement aux Siennois la domination florentine. Ses quatre gigantesques bastions furent bâtis en 1560 sur l'ordre de Cosme Ier de Médicis.

CASA DI SANTA CATERINA

C'est dans cette **maison** (☎ 0577 4 41 77 ; Costa di Sant'Antonio 6 ; 🕑 9h-12h30 et 14h30-18h) que naquit sainte Catherine. Au XVe siècle, les chambres furent converties en petites chapelles. Elles sont ornées de fresques dépeignant la vie de la sainte et de tableaux réalisés par des artistes siennois, dont Il Sodoma.

SYNAGOGUE

Cette **synagogue** du VIIIe siècle (Vicolo delle Scotte 4 ; 2,60 € ; ouvert uniquement dim 10h-13h et 14h-16h) est le seul et unique édifice de la ville consacré au culte juif. L'intérieur ne présente pas énormément d'intérêt, mais vaut la peine qu'on lui accorde quelques instants.

ORATORIO DI SAN BERNARDINO

Cette chapelle (☎ 0577 28 30 48 ; Piazza San Francesco 9 ; 2 € ; ⏲ mi-mars à fin oct 10h30-13h30 et 15h-17h30), bâtie dans les années 1400, possède des fresques peintes par Il Sodoma et Beccafumi. Elle renferme également un petit musée consacré à l'art religieux.

Cours

Les tarifs des cours ne comprennent pas les frais d'hébergement.

LANGUES

L'**Università per Stranieri** (Université pour les étrangers ; ☎ 0577 24 01 15 ; www.unistrasi.it ; Via di Pantaneto 45 ; session 10 sem 750 €) est ouverte toute l'année. Seul impératif pour y accéder, il faut avoir un baccalauréat (ou son équivalent) ou passer un certificat sur place. En revanche, rien n'est exigé pour suivre les quatre semaines d'université d'été.

La **Scuola Leonardo da Vinci** (☎ 0577 24 90 97 ; www.scuolaleonardo.com ; Via del Paradiso 16 ; session 12 sem à partir de 1 330 €) propose plusieurs formules, allant du professeur particulier à la classe de 12 élèves. L'école assure aussi des cours de culture générale, d'œnologie et de cuisine.

La **Società Dante Alighieri** (☎ 0577 4 95 33 ; www.dantealighieri.com ; Via Tommaso Pendola 37 ; session de 4 semaines 610 €) représente une troisième possibilité. Comme la Scuola Leonardo da Vinci, l'établissement propose des cours de culture générale, d'œnologie et de cuisine. Cette école siennoise est la seule de son genre à être reconnue par l'État.

MUSIQUE

L'**Accademia Musicale Chigiana** (☎ 0577 4 61 52 ; www.chigiana.it ; Via di Città 89 ; cours 160-454 €) propose chaque été des stages de musique classique de 8 à 10 semaines. Elle propose également des séminaires et des concerts, donnés par des musiciens invités, des professeurs et des étudiants.

L'**Associazione Siena Jazz** (☎ 0577 27 14 01 ; www.sienajazz.it ; Via di Vallerozzi 77 ; cours d'été de 2 semaines à partir de 350 €) offre des cours de jazz et compte parmi les principales institutions de ce type en Europe.

Circuits organisés

Le **Treno Natura** (☎ 0577 20 74 13 ; www.ferrovieturistiche.it – uniquement en italien ; 15 €) a été inauguré au début des années 1800 ; ce train n'a plus aujourd'hui qu'un usage touristique. C'est une excellente façon de découvrir le fantastique paysage des Crete, au sud de Sienne. Le circuit forme une boucle au départ de Sienne, en passant par Asciano, le Val d'Orcia et la gare de Monte Antico avant de revenir à Sienne. Renseignez-vous auprès de l'office de tourisme pour connaître les horaires.

Ecco Siena (☎ 0577 4 34 97 ; www .guidedisiena.it ; Piazza San Domenico 2 ; à partir de 20 € ; ⏲ lun-sam 9h-20h en été, 9h-19h en hiver) organise des visites guidées de Sienne, pour les groupes et les touristes particuliers. La visite réservée aux groupes dure environ deux heures et part chaque jour de l'extérieur de l'église San Domenico à 16h30.

Fêtes et festivals

L'**Accademia Musicale Chigiana** organise la Settimana Musicale Senese en juillet et l'**Estate Musicale Chigiana** (☎ 0577 2 20 91) en juillet et août. Les places de concert valent de 5 à 35 €. Les spectacles se déroulent généralement à l'Abbazia di San Galgano (une ancienne abbaye située à 20 km au sud-ouest de la ville, considérée comme l'un des plus beaux édifices gothiques d'Italie) et à Sant'Antimo, près de Montalcino (voir p. 210 et p. 223).

Chaque année, la ville accueille le festival international **Siena Jazz** (☎ 0577 27 14 01 ; www.sienajazz.it – uniquement en italien) en juillet et en août. Les concerts se déroulent à la Fortezza Medicea ainsi que dans divers sites de la ville.

En novembre, des concerts et des expositions rendent hommage à la sainte patronne des musiciens dans le cadre de la Festa di Santa Cecilia.

Où se loger

Sienne ne manque pas de possibilités d'hébergement convenables, sauf pendant le Palio. Si vous souhaitez visiter la ville durant cette fête, effectuez vos réservations longtemps à l'avance. Pour vous faire aider dans vos démarches, contactez l'office de tourisme ou **Siena Hotels Promotion** (☎ 0577 28 80 84 ; www.hotelsiena.com ; Piazza San Domenico 2 ; ⏲ lun-sam 9h-20h en été, 9h-19h en hiver) situé près de l'église San Domenico. **Vacanze Senesi** (☎ 0577 4 59 00 ; info@vacanzesenesi.it ; ⏲ lun-ven 10h-18h), dont le local est situé en haut de l'escalier du parking souterrain Il Campo, dispose d'une liste d'hôtels et peut vous aider à effectuer des réservations en *agriturismo* (séjour à la ferme). En outre, il existe environ 120 *affittacamere* (chambres à louer) en ville.

PETITS BUDGETS

Hotel Le Tre Donzelle (☎ 0577 28 03 58 ; fax 0577 22 39 33 ; Via delle Donzelle 5 ; s/d 33/46 €, d avec sdb 60 €). Bien situé en centre-ville, ce petit hôtel est tout proche de Banchi di Sotto, au nord de la Piazza del Campo. Les chambres sont d'une simplicité monacale, mais d'une propreté irréprochable.

Locanda Garibaldi (☎ 0577 28 42 04 ; Via Giovanni Duprè 18 ; d 70 €). L'hôtel bénéficie d'un emplacement idéal au sud de la Piazza del Campo. Il y règne une ambiance originale et décontractée. Spacieuses et claires, les chambres disposent de tout le confort moderne. Le restaurant attenant est assez bon, à en juger par la longue file d'attente devant sa porte.

Piccolo Hotel Etruria (☎ 0577 28 80 88 ; hetruriqa@tin.it ; Via delle Donzelle 3 ; s/d 44/75 €). Toujours de bonne réputation, l'hôtel a bénéficié d'un récent ravalement de sa façade. Il propose de grandes chambres propres ainsi qu'un salon clair et aéré.

CATÉGORIE MOYENNE

Albergo Bernini (☎/fax 0577 28 90 47 ; www.albergobernini.com ; Via della Sapienza 15 ; d 62 €, s/d avec sdb 78/82 €). Ce vieil hôtel est quelque peu décati, mais il offre une ambiance agréable et charmante. Si vous êtes chanceux, Mauro, le propriétaire de l'établissement, vous jouera même un petit air d'accordéon. Les chambres simples avec terrasse offrent une vue splendide sur la cathédrale.

Piccolo Hotel il Palio (☎ 0577 28 11 31 ; fax 0577 28 11 42 ; Piazza del Sale 19 ; s/d 60/85 €). Situé à un bon quart d'heure de marche au nord de la Piazza del Campo, cet hôtel occupe un monastère du XVe siècle ; il propose des chambres assez petites mais confortables.

Albergo-Residence Borgo Grondaie (☎ 0577 33 25 39 ; www.borgogrondaie.com ; Via delle Grondaie 15 ; s/d 70/120 €, app 6 pers 209 € ; P ✱). À quelques kilomètres au nord du centre-ville, cette ancienne ferme produit encore de l'huile d'olive. Les chambres sont simples mais décorées avec goût, dans des teintes terre cuite. De ravissants appartements ont été aménagés dans les anciennes étables. L'hôtel possède une piscine d'eau de mer et un service de location de bicyclettes.

Chiusarelli (☎ 0577 28 05 62 ; www.chiusarelli.com ; Viale Curtatone 15 ; s/d 75/112 € ; P ✱). Situé dans un vieux bâtiment élégant, l'hôtel dispose de chambres meublées avec simplicité. Un salon luxueux en stuc conduit à un grand restaurant où vous devrez jouer des coudes pour pouvoir vous installer au milieu des Siennois.

Nous vous recommandons également les hôtels suivants :

Albergo La Perla (☎ 0577 4 71 44 ; Via delle Terme 25 ; s/d 62/83 €). L'établissement propose des chambres simples et nettes et des cabinets de toilette minuscules mais ingénieusement aménagés.

Albergo La Toscana (☎ 0577 4 60 97 ; fax 0577 27 06 34 ; Via Cecco Angiolieri 12 ; s/d 67/83 €). Les chambres doubles sont quelconques mais propres.

CATÉGORIE SUPÉRIEURE

Hotel Santa Caterina (☎ 0577 22 11 05 ; www.hscsiena.it ; Via Enea Silvio Piccolomini 7 ; s/d 98/144 € ; P ✱). Cet établissement très élégant réserve de surcroît à ses hôtes un accueil chaleureux. Les chambres luxueuses sont décorées avec goût et donnent sur un magnifique jardin ombragé, planté de magnolias et d'autres essences similaires.

Villa Scacciapensieri (☎ 0577 4 14 41 ; www.villascacciapensieri.it ; Via Scacciapensieri 10 ; s/d 128/235 € ; P ✱ 🏊). Situé à environ 2,5 km au nord de Sienne, l'hôtel donne sur les remparts de la cité. Cette villa du XVIIIe siècle est absolument somptueuse : plafonds en bois sculpté, peintures à l'huile, antiquités, jardins à la française et ancienne chapelle familiale. Des courts de tennis sont à disposition et on peut louer des bicyclettes.

Où se restaurer

Les Siennois affirment que la cuisine toscane puise ses origines à Sienne, où l'on utilise encore des méthodes apportées par les Étrusques.

Cette paternité fanfaronne est bien sûr contestée dans le reste de la Toscane, mais les Siennois soutiennent que les spécialités comme la *ribollita* (soupe épaisse de légumes), la *panzanella* (salade mélangée) et les *pappardelle al sugo di lepre* (parpadelle au lièvre) ont été inventées chez eux. Les *pici*, sorte de gros spaghetti, sont également revendiqués par les Siennois, alors que les habitants de Montalcino (voir p. 221) soutiennent dur comme fer qu'ils en sont les auteurs. Quant au *panforte*, gâteau à base d'amandes, de miel, de citron et de melon confits, il a bel et bien ses origines dans la ville. Ce "pain fort" fut élaboré à l'intention des croisés qui partaient en Terre sainte.

Spizzico-Ciao (☎ 0577 4 01 87; Piazza del Campo 77-81; 6-10 €; fermé mar). En dépit du cadre artificiel évoquant la restauration rapide, ce bar en self-service est de bonne qualité et même diététique. Les coupes de fruits et la salade sont au même prix que deux boules de glace sur la place.

Hostaria Il Carroccio (☎ 0577 4 11 65; Via Casato di Sotto 32; 7-10 €; fermé mer). Cet établissement, tout proche de la Piazza del Campo, sert d'excellentes pâtes. Goûtez les *pici* suivis de *tegamata di maiale* (porc accompagné de graines de fenouil). Ce restaurant est membre du mouvement Slow Food (voir p. 317), ce qui est toujours bon signe.

Osteria del Castelvecchio (☎ 0577 4 95 86; Via di Castelvecchio 65; 9-10 €; fermé mar). Ce petit restaurant sans prétention occupe deux salles qui attirent aussi bien les Siennois que les visiteurs connaissant les lieux. Si vous avez une grosse faim, essayez le *menù di degustazione* (25 €), qui change en permanence.

L'**Al Marsili** (☎ 0577 4 71 54; Via del Castoro 3; à partir de 11 €; fermé lun) compte parmi les restaurants les plus chics. Des garçons en noir et blanc servent des plats siennois traditionnels comme les *pici alla casareccia* (*pici* à la viande et aux champignons) et des spécialités plus novatrices comme des gnocchi à la sauce de canard.

Ristorante da Mugolone (☎ 0577 28 32 35; Via dei Pellegrini 8; 10-12 €; fermé mar). Voici un autre restaurant excellent, bien que l'ambiance soit un peu trop guindée. Vous serez facilement rassasié avec les *contorni* comme les *funghi fritti* (champignons frits) et les *fagioli bianchi al'olio* (haricots blancs à l'huile).

Kelly's English Tea Rooms (☎ 3485 54 20 25; Via San Pietro 19; en-cas 2-3 €; fermé sam). Ceux qui rêvent de pommes de terre farcies au four ou du thé de cinq heures trouveront ici le nec plus ultra des sandwiches au concombre (sans croûte) ou, pour les plus audacieux, des petits pains au fromage bleu, garnis de poire et de noix.

Antica Osteria Da Divo (☎ 0577 28 43 81; Via Franciosa 29; plats principaux 16-20 €). Vous n'oublierez pas l'ambiance de ce restaurant situé dans une caverne, près de la cathédrale, qui occupe un site historique étrusque : vous pourriez en effet dîner dans une tombe datant de 3 000 ans av. J.-C. Inventif, le menu propose notamment de l'agneau à l'estragon, du filet de bœuf dans une croûte de basilic, suivis de douceurs comme un gâteau à la vanille et à la pistache sur coulis de framboise.

Nous vous recommandons également le restaurant suivant :

Osteria Da Cice (☎ 0577 28 80 26; Via San Pietro 32; 8-10 €). Vous dégusterez ici des ravioli traditionnels au beurre et à la sauge.

FAIRE SON MARCHÉ

La plupart des supermarchés sont disséminés dans le centre-ville, notamment Via di Città 152-156 et Via Dei Rossi 88.

Nannini (☎ 0577 74 15 91; Banchi di Sopra 22 et 95; pâtisseries à partir de 0,75 €). Ce salon de thé et *pasticceria* est l'un des meilleurs et des plus réputés de la ville.

Où prendre un verre

Enoteca Italiana (☎ 0577 28 84 97; Fortezza Medicea; fermé lun soir). Abrités derrière les enceintes de la forteresse, ces anciens dépôts de munitions ont été habilement transformés en une élégante *enoteca* où vous pourrez déguster des vins italiens, notamment certaines *riserve* poussiéreuses. Les plus anciennes datent de 1944.

Au The Dublin Post (☎ 0577 28 90 89; Piazza Gramsci 20-21), l'animation ne cesse jamais de trépider, surtout en été lorsque le trop-plein se déverse à l'extérieur. Dans une ambiance à l'irlandaise, vous pourrez commander des plats froids pour accompagner votre Guinness à la pression.

Robert the Bruce (Via Monte Santo 1; fermé mer). Les Italiens aiment les bars à thème et Robert the Bruce en est un justement. Établissement très modeste, mais assez confortable malgré tout, il vous servira une ale britannique et du cidre à la pression.

Où sortir

Comme partout en Italie, les grandes discothèques sont assez éloignées de la ville. Consultez les annonces, par exemple sur le tableau d'affichage du cloître de la Chiesa di San Francesco.

Caffè del Corso (Bianchi di Sopra 25; 💻). La journée, c'est un endroit branché pour prendre un espresso et un croissant. La nuit, l'activité de l'établissement se déplace à l'étage vers le sombre piano-bar décoré dans des tons prune. Le bar propose un accès Internet.

Al Cambio (☎ 0577 22 05 81 ; Via di Pantaneto 48 ; fermé lun). Voici l'une des rares boîtes de nuit de Sienne où vous pouvez danser avec frénésie jusqu'au petit matin.

Bombo (☎ 0577 37 50 21 ; Via Roma ; entrée avec une consommation 15,50 € ; juil-août uniquement). Cet endroit populaire se situe à Monteroni d'Arbia, à environ 15 km au sud-est de Sienne sur la SS2.

Imposto (Località l'Imposto ; 6 € ; juil-août uniquement). Cette boîte de nuit en plein air se trouve à environ 30 km au sud de Sienne sur la SS223, juste au nord de Bagni di Petriolo. Des concerts sont parfois proposés.

Achats

La Via di Città est une rue commerçante très chic (et très tournée vers les touristes). Vous pourrez y trouver céramique, produits gastronomiques, antiquités, bijoux, etc. Si vous recherchez plutôt des vêtements, préférez-lui la Banchi di Sopra.

Siena Ricama (☎ 0577 28 83 38 ; Via di Città 61). Cette boutique vend des articles fabriqués à Sienne, en particulier des ouvrages de broderie. Elle vaut la peine qu'on y jette un coup d'œil.

Comment circuler

BUS

La compagnie Tra-in propose des liaisons routières au départ de la Piazza Gramsci. De la gare ferroviaire, vous pouvez également prendre les lignes de bus n°3, 9 ou 10 (0,90 €) jusqu'à la Piazza Gramsci.

VOITURE ET MOTO

Seuls les riverains sont autorisés à circuler dans le centre-ville. Vous trouverez plusieurs parkings souterrains à l'extérieur des remparts. Sinon, cherchez des places gratuites plus éloignées et soyez prêts à faire un peu de marche. Pour pénétrer dans la ville en voiture, une autorisation spéciale est nécessaire, même pour déposer vos bagages à l'hôtel. Vous l'obtiendrez auprès des *vigili urbani* du Viale Federico Tozzi, à condition de présenter le bon de réservation de l'hôtel. Si vous n'en avez pas, téléphonez à votre hôtel pour demander conseil. Ne garez pas votre véhicule intra muros ou à proximité des remparts, il serait mis en fourrière en un temps record. Vous pouvez louer un scooter de 50cc à **DF Moto Noleggi** (Via dei Gazzani 16/18) pour 26 € par jour.

TAXI

Pour appeler un taxi, composez le 0577 4 92 22.

Depuis/vers Sienne

BUS

Le bus est le meilleur moyen de quitter Sienne. Prenez-le Piazza Gramsci où la SENA assure jusqu'à 7 départs par jour pour Rome (16 €, 3 heures).

Des bus Tra-in desservent régulièrement Florence (6 €, 2 heures 15; service *rapido* 7 €, 1 heure 15), tandis que ceux de la LFI (jusqu'à 8 par jour en été) rejoignent Arezzo (5 €).

Des bus Tra-in relient Sienne à d'autres destinations de Toscane, avec des départs fréquents pour San Gimignano (5,20 €, 1 heure, toutes les 30 minutes, changement à Poggibonsi) et Colle di Val d'Elsa (2,50 €, 30 minutes, toutes les 30 minutes, changement à Volterra). Il existe également des bus réguliers à destination de Montalcino (3 €, 1 heure 15) et de Montepulciano (4,40 €, 1 heure 30). Les autres villes desservies sont Monterrigioni (1,50 €), Chianciano, Radda in Chianti, Rapolano, San Quirico d'Orcia (3 €), Pienza (3,40 €), Grosseto (5,60 €) et Bologne (10 €, deux fois par jour).

Sur la Piazza Gramsci, Tra-in et SENA disposent de guichets de vente de billets et d'information en sous-sol, ainsi que d'une consigne à bagages (2/3,50 € demi-journée/journée) et d'un DAB.

VOITURE ET MOTO

Empruntez la SS2 qui relie Florence à Sienne ou prenez la SS222 ("la Chiantigiana"), qui serpente à travers les collines du Chianti. Suivez la direction d'Il Campo, vers le sud du centre-ville, où vous pourrez vous garer dans un immense parking souterrain (1,50 €/heure). Vous y trouverez aussi un bureau très pratique où réserver votre hébergement.

TRAIN

Sienne n'est pas située sur une grande ligne ferroviaire. Si vous venez de Rome, vous devrez donc changer à Chiusi, et à Empoli si vous partez de Florence. Le bus constitue donc le moyen de transport le plus commode. La gare ferroviaire est située Piazza F. Rosselli, au nord du centre-ville.

ENVIRONS DE SIENNE

Les Crete

Au sud-est de Sienne, cette région vallonnée et argileuse offre un régal de paysages toscans classiques : crêtes dépourvues de végétation, dominées par un cyprès solitaire qui flanque une ferme médiévale, ou enfilade de collines s'estompant dans la brume. La région des Crete décline les couleurs au fil des saisons, passant du violet de l'argile labourée au vert intense du blé jeune, qui vire ensuite au blond doré. Si vous le pouvez, louez une voiture pour consacrer quelques jours à explorer cette contrée. Autre solution : le Treno Natura, un train touristique qui circule de Sienne à Asciano en passant par le Val d'Orcia.

RAPOLANO TERME

Cette ville d'eau relativement moderne présente peu d'intérêt pour qui n'a pas l'intention de suivre une cure à l'ancienne dans les eaux bouillonnantes des sources chaudes. L'un des deux établissements de bains fonctionne toute l'année. Mais il existe d'autres lieux plus intéressants pour se baigner dans des eaux sulfureuses, au centre et au sud de la Toscane (comme Bagni di San Filippo, Bagno Vignoni et Saturnia – pour cette dernière ville, voir p. 209).

ASCIANO

Ce joli bourg médiéval possède un trio de musées consacrés à l'art siennois et aux découvertes étrusques dans la région. Il est facilement accessible par la pittoresque route SP438, au sud-est de Sienne. Le village est desservi au départ de Sienne par quelques trains locaux, lents et peu fréquents. Asciano et ses musées sont assez intéressants par eux-mêmes, mais c'est surtout sa situation au cœur des Crete qui fait son intérêt. En effet, le trajet qui y mène et qui se poursuit au sud vers l'Abbazia di Monte Oliveto Maggiore est un ravissement. Le petit **office du tourisme** (☎ 0577 71 95 10 ; Corso Matteotti 18) vous renseignera sur le village et ses environs.

ABBAZIA DI MONTE OLIVETO MAGGIORE

Ce **monastère olivétain** du XIVe siècle (☎ 0577 70 70 61 ; avr-oct 9h15-12h et 15h15-18h, 9h15-12h, nov-mars 15h15-17h) est connu en raison des fresques de Signorelli et du Sodoma illustrant la vie de saint Benoît, qui décorent son **Chiostro Grande** (grand cloître). Une quarantaine de moines vivent encore dans le monastère.

Le cycle de fresques débute avec l'œuvre du Sodoma sur le mur est, à droite de l'entrée, et se poursuit sur la paroi sud du cloître. Les neuf fresques de Signorelli ornent le mur ouest et celles du Sodoma occupent le mur nord. Équivoques, les œuvres du Sodoma posent des questions. En effet, un examen plus attentif révèle des traits plutôt efféminés chez de nombreux personnages masculins. On peut se poser les mêmes questions concernant une partie de la seconde fresque peinte sur le mur est : un nouvel acolyte est agenouillé aux pieds du sévère saint Benoît, qui relève un pan de son habit. Même si l'allusion sexuelle est imaginaire, il semble curieux que le père supérieur du monastère n'ait pas objecté à la scène. Sur le mur sud, saint Benoît est représenté en train d'infliger à un moine un juste châtiment afin d'exorciser un démon, de nouveau une scène plutôt perverse. Et que représente exactement le démon sur la droite qui s'accroche à l'habit du moine ?

Prêtez attention aux décorations des colonnes entre certaines fresques du Sodoma. Il s'agit de grotesques figurant parmi les plus anciens, réalisés sur le modèle de décorations figurant dans la Domus Aurea de Néron, qui venait alors d'être mise au jour à Rome.

Après avoir admiré les fresques, sortez du cloître et promenez-vous dans l'**église**. L'intérieur baroque représente un jeu très sobre de formes et de perspectives. Vous pourrez y admirer d'autres œuvres du Sodoma. À l'extérieur du cloître, un escalier mène à la **bibliothèque** Renaissance, que vous ne pourrez voir qu'à travers les petites vitres de la porte.

Il est possible de passer la nuit dans le monastère (☎ 0577 70 76 52 ; fax 0577 70 76 44 ; environ 23 €/nuit ; déc-oct uniquement), bien que la documentation indique clairement qu'il s'agit d'un ordre silencieux et que le visiteur doit considérer son séjour comme une retraite spirituelle.

En partant du monastère, prenez la direction de **San Giovanni d'Asso**, dont l'église du XIe siècle présente une intéressante façade de style toscan et lombard. San Giovanni est un pittoresque *borghetto* (bourgade) doté d'un château en ruine. Continuez jusqu'à Montisi et Castelmuzio. Sur une petite route, aux abords de Castelmuzio, se trouve la **Pieve di Santo Stefano in Cennano**, une église abandonnée depuis le XIIIe siècle, habituellement ouverte.

Sur la route de Pienza, environ 2 km après Castelmuzio, vous découvrirez le monastère olivétain de **Sant'Anna in Camprena** (☎ 0578 74 80 37 ; mar-dim 15h30-19h30), datant du XIVe siècle, qui a servi de cadre au tournage du film *Le Patient anglais*. Le réfectoire est orné de fresques du Sodoma.

L'itinéraire entre Monte Oliveto Maggiore et Pienza (p. 215) suit une corniche élevée sur presque tout le parcours, offrant une vue superbe sur cette région des Crete.

BUONCONVENTO

En arrivant par la SS2, Buonconvento a des allures de ville-étape banale en bordure d'autoroute. Ce gros bourg agricole qui s'étend sur l'une des rares parties plates de la Toscane dissimule derrière ses remparts peu élevés un petit centre historique médiéval. Il connut son heure de gloire en août 1313 lorsqu'y mourut Henri VII, empereur du Saint Empire romain germanique qui venait de la conquérir. Avec lui disparaissait l'ambition nourrie par l'Empire de raffermir son emprise sur la Toscane. Seul centre d'intérêt de la ville, le **Museo d'Arte Sacra** (☎ 0577 80 71 81 ; Via Soccini 18 ; adulte/enfant 3/2 € ; mars-oct mar-sam 10h30-13h et 15h-19h, nov-fév sam-dim 10h-13h et 13h-17h) est situé dans la rue principale. Il regroupe des objets d'art religieux provenant de la ville ainsi que d'églises et de hameaux voisins.

Pour trouver à vous loger, allez jusqu'à San Quirico d'Orcia (p. 224), qui offre un très joli cadre.

Sinon, prenez à l'est la direction de San Giovanni d'Asso et du charmant petit village de **Castelmuzio**, dont l'entrée est bordée de châtaigniers. Visitez la **Chiesa di Santa Maria** du XVIe siècle et sa façade mêlant les styles gothique et roman.

Ouvert en 2001, **La Locanda della Moscadella** (☎ 0577 66 53 10 ; www.lamoscadella.it ; Trequandafraz ; s/d 95/160 €) est un ancien monastère du XVIe siècle, ingénieusement transformé en hôtel, restaurant et bar à vins haut de gamme. Un minibus fait la navette depuis l'aéroport. Ce lieu à l'écart du monde offre des vues de toute beauté.

San Galgano et ses environs

ABBAZIA DI SAN GALGANO

Située à 20 km au sud-ouest de Sienne, à proximité de la SS73, l'abbaye de San Galgano (⌚ lever-coucher du soleil), bâtie au XIIIe siècle, n'est plus que ruines. Elle fut en son temps l'un des plus beaux monuments gothiques du pays. Même s'il ne reste plus grand-chose de l'édifice, il s'en dégage aujourd'hui encore une atmosphère particulière.

Les moines de cette ancienne abbaye cistercienne comptaient parmi les personnages les plus influents de Toscane. Ils étaient juges, tenaient les comptes des *comuni* (conseils) de Volterra et de Sienne et arbitraient les conflits entre les villes. Ils jouèrent un rôle significatif dans l'édification de la cathédrale de Sienne et se firent construire pour eux-mêmes une imposante église.

Dès le XIVe siècle, Sir John Hawkwood, redoutable condottiere anglais, mit l'abbaye à sac à deux reprises au moins. Dès lors, la situation alla de mal en pis pour les moines. Au XVIe siècle, leur richesse et leur influence avaient diminué et leur église commençait à tomber en ruine. Une tentative de restauration à la fin de ce siècle tourna court, la dégradation de l'édifice étant trop avancée. En 1786, le clocher s'effondra, de même que les voûtes quelques années plus tard.

L'imposant édifice de pierre et de brique à ciel ouvert se dresse silencieusement au milieu de la campagne. Si vous venez par une pluvieuse journée d'hiver, vous aurez l'impression de vous trouver en France ou en Angleterre, entouré par une nature verdoyante face à ces ruines grises. Le style de l'ancienne abbaye rappelle d'ailleurs le gothique français.

Près de l'église, les vestiges du monastère jouxtent les ruines d'un cloître qui abrite un petit **office du tourisme** (☎ 0577 75 67 38).

L'abbaye mérite absolument une visite si vous être motorisé. Si vous utilisez les transports en commun, vous devrez marcher quelques kilomètres avant d'y arriver.

Pendant l'été, l'Accademia Musicale Chigiana de Sienne y organise des concerts. Consultez plus haut à Sienne la rubrique Fêtes et festivals.

À flanc de colline, surplombant l'abbaye, se trouve la minuscule et ronde **Cappella di Monte Siepi**, de style roman. C'est là que les moines construisirent leur premier sanctuaire avant de faire bâtir la grande abbaye. Dans la chapelle, des fresques d'Ambrogio Lorenzetti en très mauvais état dépeignent la vie de saint Galgano, un soldat de la région qui eut à cet endroit une vision de l'archange

CENTRE DE LA TOSCANE

Michel. Un glaive (grandeur nature) enfoncé dans la pierre est protégé par une dalle de verre dans le sol de la chapelle. Selon la légende, il y aurait été placé par Galgano.

MURLO

En continuant dans la vallée, vous atteindrez cet intéressant village médiéval fortifié. Il s'agissait autrefois d'un important site étrusque et des analyses ADN ont révélé que les habitants avaient d'étroits liens de parenté avec le peuple étrusque. Le village n'offre pas beaucoup à voir, mais il a conservé un charme pittoresque. Quelques randonnées agréables vous feront découvrir les collines environnantes.

BAGNI DI PETRIOLI

À mi-chemin entre Sienne et Grosseto, sur la SS223, une petite route descend vers Bagni di Petrioli et ses sources chaudes sulfureuses. Des cascades d'eau brûlante se jettent dans de petits bassins naturels. Chacun peut venir s'y tremper, si bien que l'endroit est en permanence peuplé d'une foule bigarrée de campeurs.

Il faut être motorisé pour y accéder, à moins que vous soyez tenté par les 9 km de marche depuis la route.

Val d'Elsa

MONTERIGGIONI

Cette célèbre place forte médiévale se dresse en bordure de la SS2, à 12 km au nord de Sienne.

Bâties en 1203 pour servir d'avant-poste défensif contre Florence, ces fortifications restent aujourd'hui l'un des plus parfaits exemples d'architecture défensive en Toscane. Les remparts ont été reconstruits vers 1260, et sept des 14 tours au XXe siècle. À en croire la description qu'en fit Dante, ces dernières s'élevaient beaucoup plus haut à l'époque où les Florentins avaient des raisons de craindre les défenseurs siennois.

Village magnifique, Monteriggioni est en passe de se figer dans le temps à cause des milliers de touristes qui déferlent ici chaque jour. Outre les autocars, des bus desservent régulièrement le village depuis Sienne (1,50 €).

Le village recèle de multiples possibilités pour se loger et se restaurer.

Hotel Monteriggioni (☎ 0577 30 50 09 ; www.hotelmonteriggioni.net ; Via Primo Maggio 4 ; s/d 106/210 € ;). Les jolis jardins de l'hôtel sont bordés par les murailles du village d'origine. L'intérieur de l'établissement, qui se compose de deux maisons en pierre, est luxueusement décoré avec des antiquités. Les chambres donnent sur un paysage de carte postale. Cerise sur le gâteau, l'hôtel dispose d'une piscine.

Ristorante Il Pozzo (☎ 0577 30 41 27 ; Piazza Roma 20 ; 13-15 € ; fermé lun). Vous ne regretterez pas d'avoir poussé la porte de ce restaurant sis sur la place principale du village. Vous y goûterez une cuisine délicieuse. L'endroit, réputé pour ses desserts faits maison, notamment ses légendaires crêpes Suzette, donne sur un plaisant patio où l'on dîne en plein air.

COLLE DI VAL D'ELSA

La plupart des visiteurs se contentent ici de changer de bus pour gagner Volterra. C'est dommage, car cette ville, dégagée de la présence pesante d'une église remarquable, d'un musée ou d'une œuvre d'art majeure, a su garder son allure de bourg rural. La vieille ville, qui occupe le sommet d'une colline, est un endroit idéal pour déjeuner. Chaque vendredi se tient un marché animé où toutes sortes de marchandises sont proposées, des meules de fromage aux culottes à fanfreluches. Pendant longtemps, Colle fut également un centre important de production de cristal italien.

L'attachant cœur médiéval historique, **Colle Alta,** est perché sur une crête. De la Piazza Arnolfo, où vous arrivez en bus, il vous faut 10 minutes pour grimper la Via San Sebastiano. En voiture, garez-vous à la Porta Nova, à l'extrémité ouest de la ville. Là encore, vous devrez marcher 10 minutes, mais en terrain plat.

Dans les deux cas, vous vous retrouverez bientôt sur la Via del Castello, grand-rue de la ville. À l'extrémité est du bourg, s'élève la *casa torre* (maison tour) médiévale où naquit, dit-on, l'architecte Arnolfo di Cambio. À mi-chemin, vous traverserez la Piazza del Duomo, dominée par la façade néoclassique de la cathédrale.

Trois petits musées sont regroupés près du lieu de culte. Le **Museo Civico** et le **Museo d'Arte Sacra** (☎ 0577 92 38 88 ; Via del Castello 31 ; 3 € chacun ; avr-oct mar-dim 10h-12h et 16h-19h, nov-mars sam, dim et jours fériés 10h-12h et 15h30-18h30) occupent le même bâtiment. En revanche, le **Museo Archeologico** (☎ 0577 92 29 54 ; Piazza del Duomo 42 ; 1,55 € ; mai-sept mar-dim 10h-12h et 17h-19h, mar-ven 15h30-17h30, oct-avr sam-dim 10h-12h et 15h30-18h30) est situé sur la droite de la Piazza del Duomo. Le plus intéressant des trois, le Museo d'Arte Sacra, possède de beaux tableaux de maîtres siennois. Le **Museo del Cristallo** (☎ 0577 92 41 35 ; Via dei Fossi 8/A ; 3 € ; 10h30-12h30 et 15h-19h) est situé dans la ville neuve. Exposant quelques pièces saisissantes, il vous informera de manière détaillée sur l'histoire et la production de cristal (mieux vaut ne pas y emmener vos jeunes enfants).

Vous aurez le choix entre quatre hôtels, dont trois situés dans la ville neuve, Colle Bassa. Nous vous recommandons les hôtels ci-dessous :

L'**Hotel Arnolfo** (☎ 0577 92 20 20 ; www.hotelarnolfo.it ; Via Campana 8 ; s/d 53/75 €), le seul hôtel situé dans la partie historique de la ville, propose des chambres confortables et assez grandes. En bas, un bar en angle donne sur une grande terrasse ombragée. C'est un endroit privilégié pour siroter un verre et observer la vie quotidienne des habitants.

La Vecchia Cartiera (☎ 0577 92 11 07 ; www.chiantiturismo.it ; Via Oberdan 5-9 ; s/d 66/93 €) est un établissement assez moderne, disposant de tout le confort. Il est situé dans un emplacement animé, en particulier le vendredi au moment du marché. Le propriétaire, qui parle plusieurs langues, est un grand charmeur et le buffet du petit déjeuner plus copieux qu'ailleurs.

Des bus réguliers arrivent de Sienne (2,50 €) et de Florence (4,70 €). Au moins 4 bus de la compagnie CPT desservent Volterra, à l'ouest.

CASOLE D'ELSA ET SES ENVIRONS

Au sud-ouest de Colle, ce paisible village fortifié était au Moyen Âge un bastion clé de la défense occidentale de Sienne contre ses rivales Volterra et Florence. Les rares vestiges de ce lointain passé ne suffiront pas à vous retenir, mais si vous êtes d'humeur romantique et disposez d'un budget très confortable, empruntez la route en lacets au sud qui mène au ravissant petit village perché de **Mensano** et tournez à l'est en direction de **Pievescola.**

Relais La Suvera (☎ 0577 96 03 00 ; www.lasuvera.it ; Pievescola ; s/d 350/780 € ; fermé nov à mi-avr ; P). Cette ancienne forteresse du XIIe siècle est encore gérée par la famille Marchese Ricci. La décoration de ce château dénote une grande opulence : lourds brocards, tapisseries, gigantesques et sombres peintures à l'huile, miroirs rococo et lits à baldaquin. Un jacuzzi flambant neuf a remplacé l'ancien puits du château.

Il Colombaio (☎ 0577 94 90 02 ; Loc Il Colombaio ; 18 € ; fermé lun-mar midi). Face aux vignobles derrière lesquels se profile joliment Casole, cet élégant restaurant est décoré de vitraux et de tableaux. La carte des vins fait l'objet d'une attention particulière : au moins 1 400 vins y figurent, dont des crus japonais, israéliens et un Bodegas Vega Sicilia de 1990 (pour 500 €). Parmi les gourmandises proposées, une salade de caille, un soufflé au pecorino décoré de poires sur un coulis au miel de châtaignier. L'établissement loue des appartements.

POGGIBONSI

La Seconde Guerre mondiale a eu raison des quelques sites dignes d'intérêt de cette ville, qui figure parmi les plus laides du centre de la Toscane. Si vous voyagez en bus de Florence ou Sienne à San Gimignano, vous ne pourrez pas éviter Poggibonsi.

Ambassador Hotel (☎ 0577 98 29 22 ; www.toscana-ambassador.it ; s/d 75/125 € ; P). Cet hôtel falot, bien placé pour qu'on en parte rapidement, offre tout le confort nécessaire, y compris la TV par satellite et le cirage à chaussures.

SAN GIMIGNANO

7 100 habitants

Lorsqu'on arrive au sommet de la colline en venant de l'est, les 14 tours hérissant cette cité fortifiée apparaissent. San Gimignano attire les touristes comme un aimant. Venez au plus creux de l'hiver, de préférence par temps de pluie, si vous voulez pouvoir laisser vagabonder votre imagination. En été, vous devrez consacrer toute votre attention à vous frayer un chemin parmi la foule de visiteurs.

Bien sûr, la beauté du lieu explique cette intense fréquentation. Autrefois au nombre de 72, les tours symbolisaient la puissance et la richesse des familles rivales. San Gimignano delle Belle Torri ("des belles tours") est entourée de terres fertiles, qui ajoutent au caractère enchanteur du site.

Village étrusque à l'origine, la ville prit par la suite le nom de l'évêque de Modène, saint Gimignano, qui l'aurait sauvée d'une attaque des Barbares. En 1199, elle acquit le statut de *comune* et affronta régulièrement sa voisine Volterra. Les luttes intestines qui opposèrent la famille Ardinghelli (guelfe) à la famille Salvucci (gibeline) au cours des deux siècles suivants créèrent de profondes divisions. La plupart des tours furent édifiées à cette époque, et au XIIIe siècle, le *podestà* (conseil municipal) dut interdire la construction de tours plus hautes que celle du Palazzo del Podestà (51 m).

La Grande Peste de 1348 décima la population et affaiblit la puissance des nobles, et la ville dut se soumettre à Florence en 1353. Mais aujourd'hui, même la peste, semble-t-il, ne parviendrait pas à décourager la foule des estivants.

Orientation

Les jardins soignés du Piazzale dei Martiri di Montemaggio, à l'extrémité sud de la ville, s'étendent au pied des remparts médiévaux et près de la porte principale, la Porta San Giovanni. De là, la Via San Giovanni rejoint la Piazza della Cisterna au nord et sa voisine la Piazza del Duomo, au cœur de la ville. Autre artère importante, la Via San Matteo débute à la Piazza del Duomo pour gagner l'entrée nord, la Porta San Matteo.

Renseignements

RÉDUCTIONS

Il existe deux types de billets combinés. Le billet à 5,50 € vous donne accès à la Collegiata et au Museo d'Arte Sacra et celui de 7,50 € vous ouvre les portes du Museo Civico, de la Torre Grossa, du Museo Archeologico et de la Speziera di Santa Fina, ainsi que de la Collezione Ornitologica.

URGENCES

Police municipale (☎ 0577 94 03 46 ; Via Santo Stefano)
Police nationale (☎ 0577 94 03 13 ; Piazzale dei Martiri di Montemaggio)

ACCÈS INTERNET

Tam Tam (☎ 0577 90 71 00 ; Via XX Settembre 4b ; 6,20 €/h ; 🕑 10h-19h).

POSTE

Poste (Piazza delle Erbe 8)

OFFICES DU TOURISME

L'**office du tourisme** (☎ 0577 94 00 08 ; www.sangimignano.com ; Piazza del Duomo 1 ; 🕑 9h-13h et 15h-19h, jusqu'à 18h nov-mars). Très serviable, le personnel parle plusieurs langues.

À voir

Partez de la Piazza della Cisterna, qui doit son nom à sa citerne du XIIIe siècle. Cette place triangulaire est bordée de maisons et de tours des XIIIe et XIVe siècle. À côté, sur la Piazza del Duomo, la Collegiata (cathédrale) fait face au **Palazzo del Podestà** construit à la fin du XIIIe siècle ; il est flanqué d'une tour, la **Torre della Rognosa**. Le Palazzo del Popolo, à droite de la cathédrale, fait encore office d'hôtel de ville.

COLLEGIATA

En haut d'une volée de marches partant de la place, la **cathédrale** (☎ 0577 94 22 26 ; Piazza Luigi Pecozi 4 ; adulte/enfant 3,50/1,50 € ; 🕑 avr-oct lun-ven 9h30-19h30, sam 9h30-17h et dim 13h-17h, nov-mars lun-sam 9h30-17h et dim 13h-17h) est bâtie dans le plus pur style roman, la sobriété de sa façade ne laissant pas deviner la richesse des remarquables fresques à l'intérieur.

Achetez votre billet au bureau se trouvant Piazza Pecori, au sud de l'église. Vous serez impressionné à la vue des fresques (pour la plupart restaurées), exceptionnelles, et des arcades à bandes blanches et noires qui séparent les trois nefs.

Dirigez-vous vers l'extrémité de l'église, c'est-à-dire vers la porte principale (par où sortent les visiteurs). La fresque de Taddeo di Bartolo, qui couvre la partie supérieure du mur intérieur de la façade, représente le Jugement dernier. La partie inférieure est consacrée au martyre de saint Sébastien, peint par Benozzo Gozzoli. Les fresques se prolongent à l'intérieur de l'église, représentant sur la droite le *Paradiso* (paradis) et sur la gauche l'*Inferno* (enfer). Ces deux fresques sont l'œuvre de Taddeo di Bartolo, qui semble avoir pris un plaisir particulier à peindre les horreurs de l'enfer. Il ne faut pas oublier que de nombreux croyants du Moyen Âge prenaient ces scènes au pied de la lettre.

Sur le bas-côté gauche (nord), les fresques de Bartolo di Fredi relatant la Genèse et l'Ancien Testament datent d'environ 1367. La partie supérieure évoque la Création, la scène du fruit défendu et l'expulsion d'Adam et Ève du paradis. Plus bas, d'autres scènes dépeignent le meurtre d'Abel par Caïn, l'arche de Noé et le manteau de Joseph. Le niveau inférieur reprend cette

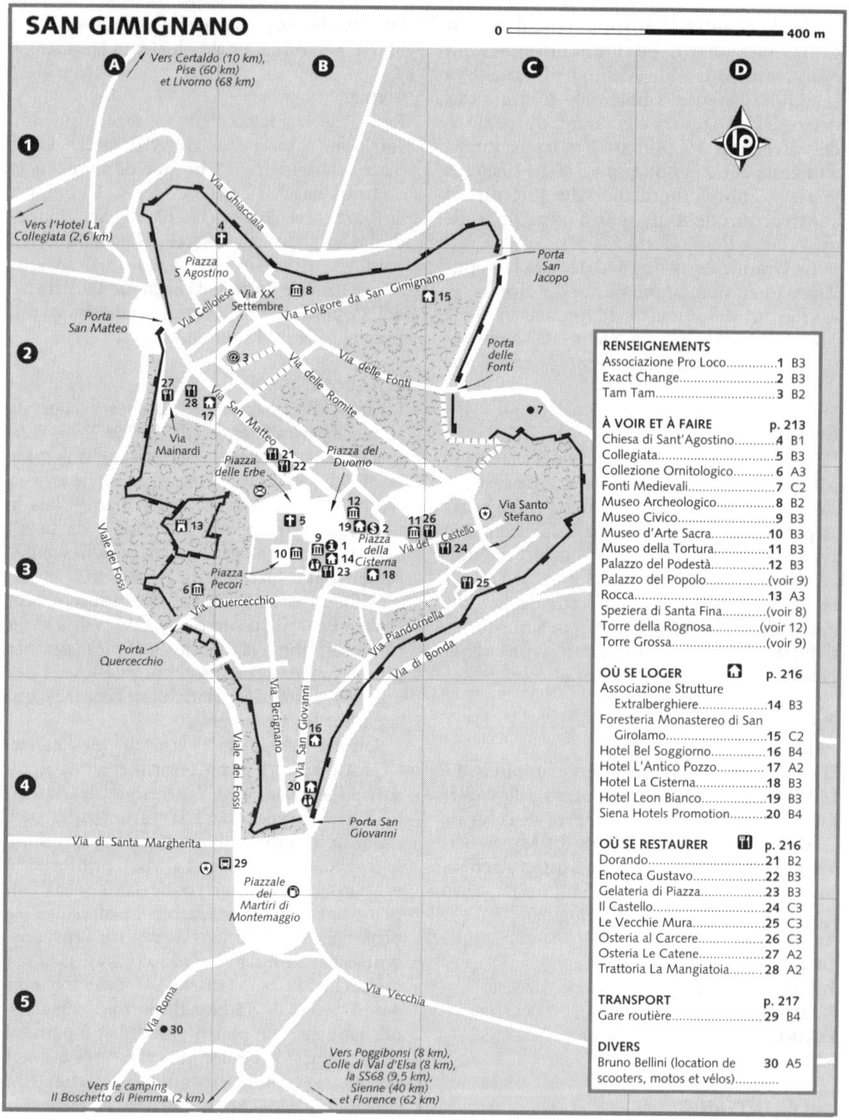

dernière scène et y ajoute la sortie d'Égypte, avec Moïse guidant les Juifs hors de ce pays, puis les tourments de Job.

Sur le bas-côté droit (sud), les scènes du Nouveau Testament attribuées à Barna da Siena et achevées en 1381 s'étendent également sur trois niveaux. Leur lecture débute par les six lunettes supérieures. À l'Annonciation succèdent différents épisodes, comme l'Épiphanie, la présentation de Jésus au temple et le massacre des Innocents sur ordre d'Hérode. Les niveaux inférieurs résument la vie et la mort de Jésus, la Résurrection, etc. Certains sont en mauvais état.

Sur le bas-côté droit, la **Cappella di Santa Fina** est un joyau de la Renaissance. Outre le reliquaire-autel où repose la sainte, dessiné par Benedetto da Maiano, la chapelle recèle deux fresques magnifiques de Domenico Ghirlandaio.

MUSEO D'ARTE SACRA

Ce **musée** (☎ 0577 94 03 16 ; Piazza Pecori 1 ; adulte/enfant 3/1 € ; ⏲ avr-oct lun-ven 9h30-19h30, sam 9h30-17h, dim 13h-17h, nov-jan lun-sam 9h30-17h, dim 13h-17h) abrite une passionnante collection d'objets d'art religieux, dont des sculptures. Une œuvre singulière est notamment exposée au rez-de-chaussée, le *Volto Santo Adorato* de Sebastiano Mainardi. Ce tableau représente deux personnages, la tête recouverte d'un capuchon, ressemblant à des membres du Klu Klux Klan. Ils sont agenouillés aux pieds de Jésus, qui se trouve sur la croix, incroyablement bien vêtu.

PALAZZO DEL POPOLO

Siège du pouvoir temporel depuis 1288, l'édifice actuel est le résultat de travaux d'agrandissement réalisés au XIVe siècle. La façade néo-gothique a été ajoutée à la fin du XIXe siècle.

De la cour intérieure, décorée de fresques et de blasons, l'escalier mène au **Museo Civico** (☎ 0577 94 00 08 ; Piazza del Duomo ; adulte/enfant musée et tour 5/4 € ; ⏲ mars-oct 9h30-19h30, nov-fév 10h-17h30).

Dans la grande salle du Conseil, appelée **Sala di Dante** car le poète y aurait plaidé la cause de la ligue guelfe menée par les Florentins, le regard est tout de suite capté par la *Maestà*, fresque magistrale réalisée par Lippo Memmi en 1317. Elle représente la Vierge Marie en majesté, tenant l'enfant Jésus dans ses bras, entourée d'anges et de saints. D'autres fresques dépeignent des châteaux, des scènes de chasse ou de joutes, et d'autres épisodes de la vie médiévale.

Au 2e étage, la petite **Pinacoteca** abrite une collection assez limitée d'œuvres d'art religieuses du Moyen Âge, notamment un *Crocifisso* de Coppo di Marcovaldo et deux remarquables *tondi* (tableaux ronds) de Filippino Lippi.

En face de la pinacothèque, une salle exiguë est ornée de fresques de scènes nuptiales. Les experts sont partagés quant à la signification de ces œuvres. Les jeunes mariés semblent en tout cas bien s'amuser, que ce soit lorsqu'ils prennent un bain ensemble ou quand ils sautent dans leur lit.

Montez ensuite au sommet de la **Torre Grossa** pour jouir d'une vue spectaculaire sur la ville et sur le paysage environnant.

MUSEO ARCHEOLOGICO ET SPEZIERA DI SANTA FINA

Le bâtiment abrite en réalité deux **musées** (☎ 0577 94 03 48 ; Via Folgore da San Gimignano 11 ; adulte/enfant 3,50/2,50 € chacun ; ⏲ 11h-18h) ainsi qu'une galerie d'art. La Speziera di Santa Fina (hôpital de Santa Fina) regroupe des récipients en céramique et en verre provenant de l'ancienne pharmacie de l'hôpital, qui date du XVIe siècle. De nombreux pots sont magnifiquement peints et contiennent encore des préparations thérapeutiques. La seconde salle, appelée la "cuisine", était utilisée pour la préparation d'élixirs à base d'herbes et d'épices.

Vous découvrirez ensuite un petit musée archéologique composé d'une section étrusque et romaine et d'une autre, médiévale. Les objets présentés proviennent de la campagne environnante.

Le musée abrite également une galerie d'art moderne d'une qualité étonnante ; on y voit notamment les tableaux abstraits du peintre réaliste Renato Guttuso ainsi que quelques superbes huiles sur toile de Raffaele de Grada.

MUSEO DELLA TORTURA

Le sinistre petit **Museo della Tortura** (☎ 0577 94 22 43 ; Via del Castello 1-3 ; adulte/enfant 8/5 € ; mars-avr 10h-18h, reste de l'année 10h-19h) remporte apparemment un vif succès auprès des enfants. Plus d'une centaine d'instruments de torture sont exposés, des potences aux poucettes, ce qui montre à quel point la pratique était répandue au Moyen Âge.

AUTRES CURIOSITÉS

À l'ouest de la Piazza del Duomo, la **Rocca**, site plein de charme, offre, parmi les ruines de l'ancien fort de la ville, une vue magnifique sur la vallée. Les enfants trouveront une petite aire de jeu.

Au sud, la **Collezione Ornitologica** (Via Quercecchio ; adulte/enfant 1,50/1 € ; ⏲ avr-sept 11h-18h) présente une collection d'oiseaux empaillés, dont certains datent de 1886.

À l'extrémité nord de la ville, la **Chiesa di Sant'Agostino** doit à Benozzo Gozzoli les fresques qui retracent la vie de saint Augustin.

En direction de l'est en sortant des remparts, suivez les panneaux qui mènent aux **Fonti Medievali** – fontaines à arcades aujourd'hui en ruines, qui entouraient d'anciennes sources naturelles.

Circuits organisés

Si vous appréciez le vernaccia di San Gimignano, l'un des meilleurs vins blancs de Toscane, vous pouvez visiter une série de vignobles environnants sélectionnés par l'office du tourisme. En été, les circuits partent à 11h le mardi et à 17h le jeudi. Il vous en coûtera 26 € et il est essentiel de réserver sa place à l'avance.

Où se loger

Dans l'enceinte des remparts de San Gimignano, les hôtels sont rares et les prix élevés (catégories moyenne et supérieure). L'office du tourisme vous proposera également une liste d'*affittacamere* à tarif plus raisonnable.

Siena Hotels Promotion (☎ 0577 94 08 09 ; www.sangimignano.com ; Via San Giovanni 125) peut vous dénicher une chambre d'hôtel. Elle effectuera des réservations des mois à l'avance moyennant une commission de 2 €. L'**Associazione Strutture Extralberghiere** (☎/fax 0577 94 31 90 ; Piazza della Cisterna 7) vous renseignera sur un mode d'hébergement non hôtelier à la campagne.

PETITS BUDGETS

Foresteria Monastero di San Girolamo (☎ 0577 94 05 73 ; Via Folgore da San Gimignano ; 25 €/pers avec sdb). Le monastère pratique des tarifs concurrentiels pour une ville toscane haut perchée comme celle-ci. Rudimentaires mais impeccables, les chambres sont spacieuses et confortables. Il existe aussi des chambres plus grandes pour 9 personnes. Si vous n'avez pas réservé, présentez-vous à l'entrée du monastère entre 9h30 et 12h30 ou entre 15h30 et 17h30, et agitez la cloche du monastère (et non celle de la Foresteria à laquelle personne ne répond).

CATÉGORIE MOYENNE

Hotel Bel Soggiorno (☎ 0577 94 03 76 ; www.hotelbelsoggiorno.it ; Via San Giovanni 91 ; d 90 €). Dans cet hôtel, chaque chambre a sa personnalité, et la décoration fait appel aux couleurs et à la gaieté ; optez pour une chambre avec une belle vue sur la campagne. Le restaurant a rarement été critiqué par nos lecteurs.

Hotel Leon Bianco (☎ 0577 94 12 94 ; www.leonbianco.com ; Piazza della Cisterna 13 ; s/d 90/125 € ; ❄). Cet hôtel agréable et convivial tire parti de son cadre avec goût, multipliant baies vitrées, plantes et colonnes. Il donne sur une charmante cour intérieure et, en tendant le cou de certaines chambres, vous aurez une vue sur la tour.

Hotel La Cisterna (☎ 0577 94 03 28 ; www.hotelcisterna.it ; Piazza della Cisterna 24 ; s/d 95/103 € ; ❄). À l'opposé de la place, La Cisterna occupe un superbe bâtiment du XIVe siècle aux plafonds voûtés, agrémentés de lustres. Les chambres sont calmes, spacieuses et confortables ; celles avec vue sont un peu plus chères.

Hotel L'Antico Pozzo (☎ 0577 94 20 14 ; www.anticopozzo.com ; Via San Matteo 87 ; s/d 95/130 € ; ❄). L'établissement doit son nom à l'ancien puits (*pozzo*), faiblement éclairé à l'extérieur du salon. Chaque chambre possède sa touche personnelle, avec d'épais murs en pierre, des fresques, des estampes anciennes et des murs couleur pêche. La chambre n°20 est dotée d'un magnifique plafond voûté.

CATÉGORIE SUPÉRIEURE

Hotel La Collegiata (☎ 0577 94 32 01 ; www.lacollegiata.it ; Località Strada 27 ; s/d 200/340 € ; P ❄). Dans cet établissement sérieux, l'argent n'a pas d'importance. Pour y accéder, il vous faudra être motorisé car il se situe en dehors de la ville. Occupant un ancien couvent franciscain, les somptueux jardins à la française sont entourés d'espaces verts. Bien que traditionnelles, les chambres n'en sont pas moins élégantes. Au moment de notre visite, il flottait une légère odeur d'égouts ; vérifiez avant de réserver que le plombier est bien passé !

Où se restaurer

Enoteca Gustavo (☎ 0577 94 00 57 ; Via San Matteo 29 ; en-cas et vins à partir de 2,10 € ; ⏲ sam-jeu). L'intérieur est plutôt exigu ; si possible, choisissez une table en terrasse. On vous servira des en-cas comme de la focaccia plutôt grasse et un plateau de fromages avec du miel pour accompagner votre cru.

Il Castello (☎ 0577 94 08 78 ; Via del Castello 20 ; 11-15 €). Ce restaurant-bar à vins est doté d'un ravissant patio d'où la vue est superbe. Vous prendrez plaisir à siroter un verre de vernaccia di San Gimignano. Les plats sont copieux, à l'instar de la *bistecca alla floren-*

tina (bifteck d'aloyau grillé) et du *cinghiale alla sangimignanese con polenta* (sanglier à la polenta avec salade de tomates).

Osteria Le Catene (☎ 0577 94 19 66 ; Via Mainardi 18 ; 12-14 € ; fermé mer). Éclairé par une lumière tamisée, l'intérieur est décoré de briques cylindriques. Outre de nombreux classiques de la gastronomie toscane, le chef tente des expériences, ajoutant par exemple une touche de safran, épice de base de la cuisine médiévale, dans des plats comme la *zuppa medievale*. Le soufflé aux carottes et aux poireaux est sublime.

Le Vecchie Mura (☎ 0577 94 02 70 ; Via Piandornella 15 ; 8-14 € ; uniquement le soir, fermé mar). Ce restaurant populaire est apprécié pour sa terrasse qui offre une vue splendide sur le sud de la ville. Aussi faut-il réserver si vous souhaitez bénéficier d'une table à l'extérieur. Parmi les délicieux plats gastronomiques, choisissez les *primi piatti* comme les *gnocchi con tartufo e formaggio* (gnocchi aux truffes et au fromage).

Osteria al Carcere (☎ 0577 94 19 05 ; Via del Castello 5 ; soupe 6,20 € ; fermé mer). Cette belle *osteria* (auberge) propose une cuisine de qualité à prix modérés. La carte assez concise propose une demi-douzaine de soupes, dont la *zuppa di farro e fagioli* (soupe aux pâtes et aux haricots blancs) qui est un plat à elle seul.

Dorando (☎ 0577 94 18 62 ; Vicolo del Oro 2 ; 15-20 €). Ce restaurant est membre du mouvement Slow Food ; sa carte classique comporte cinq plats inspirés d'authentiques recettes étrusques, comme les boulettes de carottes aux courgettes, ou le *pecorino* sur son lit d'échalotes. L'ambiance est un peu prétentieuse mais reste décontractée, avec des recoins tranquilles et des œuvres d'art accrochées aux murs.

La **Gelateria di Piazza** (☎ 0577 94 22 44 ; Piazza della Cisterna 4 ; glaces à partir de 1,50 €) sert des crèmes glacées divines, confectionnées par maître Sergio uniquement avec des ingrédients de premier choix, comme des pistaches de Sicile et du cacao du Venezuela. Goûtez la glace au safran.

Nous vous recommandons également la **Trattoria La Mangiatoia** (☎ 0577 94 15 28 ; Via Mainardi 5 ; plats principaux 13 € ; fermé mar) pour sa cuisine régionale succulente.

Pour vous approvisionner, un **marché alimentaire** se tient le jeudi matin sur la Piazza della Cisterna et la Piazza del Duomo. L'**alimentari** de la Via Cellolese prépare de délicieux *panini* (1,50 €).

Comment s'y rendre et circuler

BUS

San Gimignano est accessible par bus au départ de Florence et de Sienne, en changeant à Poggibonsi. Pour Volterra, une correspondance est prévue à Colle di Val d'Elsa, mais il existe un bus direct pour Certaldo. Les bus arrivent sur le Piazzale dei Martiri di Montemaggio, à la Porta San Giovanni. N'oubliez pas que le service est réduit le dimanche.

La gare ferroviaire la plus proche de San Gimignano est celle de Poggibonsi.

VOITURE ET MOTO

De Florence, le plus simple consiste à prendre la SS2 jusqu'à Poggibonsi, puis à suivre les panneaux routiers. Sinon, prenez la SS68 de Colle di Val d'Elsa. De Volterra, empruntez la SS68 vers l'est, puis bifurquez vers le nord et San Gimignano en suivant les indications.

À votre arrivée, vous pourrez vous garer sur différents parkings (2 €/heure). Il existe également des places de stationnement gratuites dans les nouveaux quartiers de la ville, au nord-ouest du centre. **Bruno Bellini** (☎ 0577 94 02 01 ; www.bellinibruno.com ; Via Roma 41) vous louera des scooters (à partir de 51 €/jour) ou des motos (à partir de 62 €/jour). Il propose également des VTT (2 €/heure).

VOLTERRA

13 400 habitants

Dressés au sommet d'un plateau rocheux, les remparts médiévaux bien conservés de Volterra donnent à cette ville haut perchée et balayée par les vents une allure hautaine et menaçante.

À l'origine, l'implantation étrusque de Velathri était un important pôle d'échanges et l'une des cités clés de la Dodecapolis (confédération des 12 cités étrusques). Selon certaines sources, pas moins de 25 000 personnes vivaient ici à l'âge d'or étrusque. En partie à cause du terrain inhospitalier qu'elle avait conquis, la ville fut l'un des derniers bastions de résistance à Rome. Elle ne fut absorbée par sa rivale latine qu'en 260 av. J.-C. et rebaptisée Volaterrae.

La vieille ville fut érigée en grande partie aux XIIe et XIIIe siècle par la volonté d'un *comune* libre défendant farouchement son indépendance. Volterra n'entra dans l'or-

DÉTOUR : DE SAN GIMIGNANO À VOLTERRA

Au lieu d'emprunter la route classique pour Volterra, au sud de San Gimignano, prenez une petite route qui traverse des paysages spectaculaires et offre des endroits agréables pour pique-niquer. Bifurquez à gauche à la sortie du parking de San Gimignano (à l'extérieur de la porte principale). À 2,3 km de là, juste après l'Hotel San Michele, tournez encore à gauche lorsque vous verrez le panneau indiquant la direction de Páncole et Castelfalfe. Passez devant l'Hotel La Collegiata et continuez sur cette route à travers un décor vallonné et verdoyant, où se succèdent bois et vignobles. Après avoir parcouru 7,2 km, tournez à gauche vers Volterra (distante de 15 km). Après environ 10 km, virez à droite pour parcourir les 5 derniers kilomètres qui vous séparent de Volterra.

bite de Florence qu'en 1361, mais il fallut un certain temps à cette dernière pour en prendre vraiment le contrôle. Lorsqu'en 1472, ses élus s'opposèrent pour la première fois à Florence, Laurent le Magnifique commit l'une de ses plus grandes erreurs et se fit des habitants de Volterra des ennemis irréductibles lorsque ses troupes pénétrèrent dans la ville et qu'il élimina sans pitié toute résistance à Florence.

Depuis l'époque étrusque, Volterra est un centre d'extraction de l'albâtre et attire depuis toujours des artisans de qualité. Les carrières restèrent plusieurs siècles à l'abandon puis la Renaissance renouvela l'intérêt de cette pierre blanche en sculpture. Jusqu'à ce jour, les traditions ont été conservées et transmises de génération en génération.

Orientation

Il est interdit de circuler ou de se garer à l'intérieur des remparts. Stationnez sur l'un des parkings fléchés (dont un très grand à plusieurs niveaux) et entrez par la porte la plus proche. Toutes les rues principales mènent à la Piazza dei Priori.

Renseignements

RÉDUCTIONS

Un billet global de 7 €, valable un an, donne accès au Museo Etrusco Guarnacci, à la Pinacoteca Comunale et au Museo Diocesano di Arte Sacra. L'accès au théâtre romain et au Parco Archeologico est gratuit.

ACCÈS INTERNET

Web & Wine (☎ 0588 8 15 31 ; Via Porta all'Arco ; 3 €/30 min). Naviguez sur l'Internet et consultez votre messagerie électronique en sirotant un cappuccino crémeux.

ARGENT

Vous pouvez changer de l'argent dans plusieurs banques, notamment le Bancomat proche de l'office du tourisme.

POSTE

Poste (Piazza dei Priori).

OFFICES DU TOURISME

Office du tourisme (☎ 0588 8 72 57 ; www.volterratur.it ; Piazza dei Priori 20 ; 🕒 avr-oct 9h-13h et 14h-19h, nov-mars 10h-13h et 14h-18h, fermé les 3 dernières semaines de nov). Des audio-guides loués pour 5 € permettent de découvrir la ville et son histoire.

Viaggi Atuv Volterra (☎ 0588 8 63 33 ; fax 0588 8 63 03 ; Piazza Martiri della Libertà 4-6 ; 🕒 10h-13h et 15h-18h). Peut vous aider à réserver un hébergement.

À voir

PIAZZA DEI PRIORI ET SES ENVIRONS

La Piazza dei Priori est cernée d'austères demeures médiévales. Érigé au XIIIe siècle, le **Palazzo dei Priori** (1 € ; 🕒 sam-dim 10h-13h et 14h-18h) est le palais communal le plus ancien de Toscane. Il aurait servi de modèle au Palazzo Vecchio de Florence. Le **Palazzo Pretorio**, construit à la même époque, est dominé par la Tour du Porcelet, qui tient son nom du marcassin sculpté dans sa partie supérieure.

Derrière le Palazzo dei Priori se trouve la **cathédrale** (☎ 0588 8 76 54 ; Via Turazza ; 🕒 8h-12h30 et 15h-18h), édifiée aux XIIe et XIIIe siècles. Ne manquez surtout pas la petite fresque de Benozzo Gozzoli, l'*Adorazione dei Magi*, dans l'oratoire. Le tabernacle du XVe siècle, sur le maître-autel, est l'œuvre de Mino da Fiesole. Vous pourrez également admirer l'alternance de marbre noir et blanc et le plafond à caissons Renaissance.

En face de la cathédrale, le **baptistère** du XIIIe siècle abrite des fonts baptismaux d'Andrea Sansovino. Sur le côté ouest de la Piazza San Giovanni, l'**Ospedale di Santa Maria Maddalena**, orné d'un portique, accueillait jadis les enfants trouvés. Non loin de la cathédrale, le **Museo Diocesano di Arte Sacra** (☎ 0588 8 62 90 ; Via Roma 13 ; billet combiné

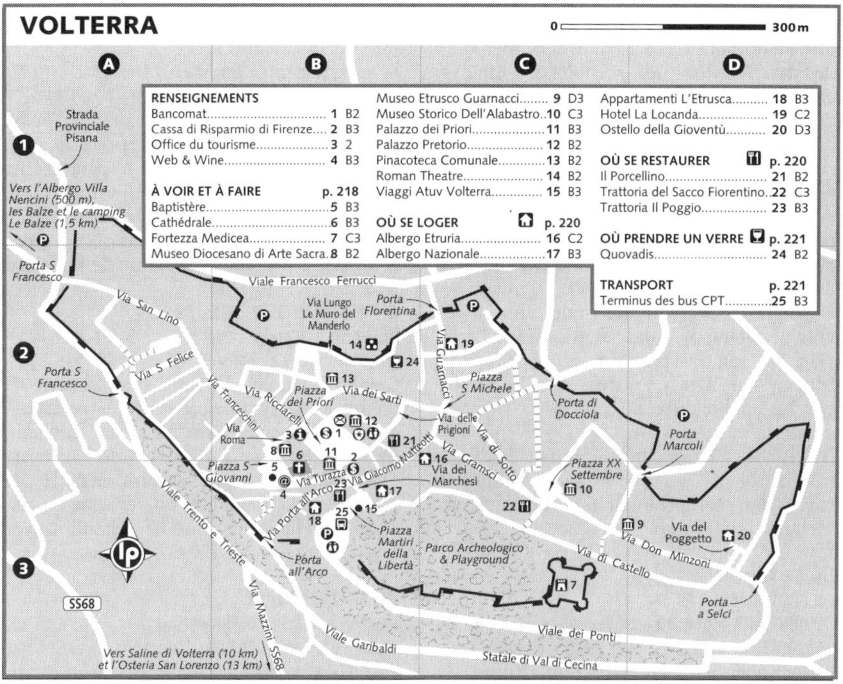

7 € ; mi-mars à oct 9h-13h et 15h-18h, nov à mi-mars 9h-13h) réunit de nombreuses œuvres religieuses, notamment des sculptures.

La **Pinacoteca Comunale** (0588 8 75 80 ; Via dei Sarti 1 ; billet combiné 7 € ; ouvert mi-mars à oct 9h-19h, nov à mi-mars 9h-14h) occupe le Palazzo Minucci Solaini et présente une modeste collection d'œuvres locales, siennoises et florentines.

MUSEO ETRUSCO GUARNACCI

Toutes les collections de ce passionnant **musée étrusque** (0588 8 63 47 ; Via Don Minzoni 15 ; billet combiné 7 € ; mi-mars à oct 9h-19h, nov à mi-mars 9h-14h) ont été découvertes dans la ville et ses abords, y compris les quelque 600 urnes funéraires.

Ces urnes sont exposées chronologiquement et par thèmes. Privilégiez les plus beaux spécimens, à savoir ceux des périodes tardives, qui se trouvent aux 2e et 3e étages.

Les pièces maîtresses du musée sont la longiligne et étrange statuette de bronze nue, *Ombra della Sera*, qui aurait sa place dans un musée d'art moderne, et l'urne des *Sposi*, représentant des époux. Leurs visages sont sculptés en portrait et non pas de manière stylisée comme le voulait la tradition.

FORTEZZA MEDICEA ET PARCO ARCHEOLOGICO

Plus loin, dans la rue parallèle Via di Castello, on parvient à l'entrée de la **Fortezza Medicea**, construite au XIVe siècle et remaniée par Laurent le Magnifique. Elle sert aujourd'hui de prison (et ne se visite pas).

Non loin de là, l'agréable **Parco Archeologico** (entrée gratuite ; mai-sept 8h30-20h, oct-avr 8h30-17h) expose des vestiges archéologiques qui ont visiblement souffert de l'usure du temps. Il est situé à l'endroit où a été découverte l'acropole antique. Il n'en reste pas grand-chose, mais les balançoires et les jeux du parc permettront à vos enfants de se dépenser. Le site est parfait pour pique-niquer.

MUSEO STORICO DELL'ALABASTRO

Installé dans un couvent du XIIe siècle, ce musée (0588 8 68 68 ; www.museodellalabastro.it ; Piazza XX Settembre 5 ; adulte/enfant 2,50/1,50 € ; 9h30-12h30 et 14h30-18h30) s'étend sur 12 salles luxueusement décorées, qui constituent un décor approprié à cette collection d'objets en albâtre. Il possède plusieurs magnifiques sculptures d'animaux de Raffaello, artiste du XVIIIe siècle, ainsi que de nombreuses figurines sentimentales de style Lladro, des meubles étonnants, comme une table en mosaïque provenant du Palazzo Cenci de Rome. Les poupées de l'époque victorienne en raviront certains.

AUTRES CURIOSITÉS

À l'extrémité nord de la ville, le **théâtre romain** (entrée gratuite ; 11h-17h), est un complexe antique bien conservé qui comporte des thermes.

Situées à 3,5 km au nord-ouest du centre-ville, les **Balze**, profond ravin créé par l'érosion, ont englouti plusieurs églises depuis le Moyen Âge. Un monastère du XIVe siècle, perché en bordure du précipice, menace de subir le même sort. Pour parvenir aux Balze, sortez de la ville en prenant la direction du nord-ouest par la Via San Lino et suivez dans son prolongement Borgo Santo Stefano, puis Borgo San Giusto.

Où se loger

PETITS BUDGETS

Ostello della Gioventú (/fax 0588 8 55 77 ; Via del Poggetto 3 ; lit à partir de 11 €, pension complète 32 €). Cette auberge de jeunesse (non affiliée HI) ressemble à un hôpital, avec ses murs peints en bleu comme dans une clinique et une réelle odeur de désinfectant. Au moins, les chambres sont propres !

Albergo Etruria (/fax 0588 8 73 77 ; Via Giacomo Matteotti 32 ; s/d 52/68 €). Il s'agit de l'établissement le plus abordable intra-muros. Les chambres, un peu sombres et dénuées de charme, sont cependant impeccables et calmes.

CATÉGORIE MOYENNE

Albergo Nazionale (0588 8 62 84 ; www.albergonazionalevolterra.it ; Via dei Marchesi 11 ; s/d 60/70 €). Cet hôtel datant de la fin du XIXe siècle a bénéficié récemment de travaux de rénovation. Variables en dimension et en style, les chambres donnent pour la plupart sur une terrasse ; la n°403 est vraiment sensationnelle. Le restaurant propose des plats simples mais copieux.

Albergo Villa Nencini (0588 8 63 86 ; www.villanencini.it ; Borgo Santo Stefano 55 ; s/d 68/90€ ;). Cet établissement, géré par une famille, occupe une villa du XVIe siècle. La nouvelle aile surplombe les murs d'origine étrusque. Il est doté d'un parc ombragé et d'une piscine. Les chambres donnent sur la vallée et, luxe suprême, possèdent baignoire ou douche, au choix.

Appartamenti L'Etrusca (/fax 0588 8 40 73 ; letrusca@libero.it ; Via Porta all'Arco 37-41 ; s/d 39/65 €). Si vous préférez séjourner dans un appartement, cet établissement représente une bonne option : il loue des appartements indépendants pour 3 personnes maximum, petits mais confortables (avec kitchenette), moyennant 77 € la nuit. Les tarifs sont dégressifs à partir d'une semaine de location.

CATÉGORIE SUPÉRIEURE

Hotel La Locanda (0588 8 15 47 ; www.hotel-lalocanda.com ; Via Guarnacci 24-28 ; s/d 95/150 € ;). Cela vaut la peine de faire jouer sa carte de crédit pour cet hôtel, le seul quatre-étoiles de la ville, installé dans un ancien couvent. Les chambres n'ont plus rien de l'austérité monacale et sont au contraire élégantes, et vous avez le choix entre une douche à massage ou un bain à remous. Une chambre avec sauna vous coûtera 250 €.

Où se restaurer

Trattoria del Sacco Fiorentino (0588 8 85 37 ; Piazza XX Settembre 18 ; plats principaux 10-12 € ; fermé mar). Ce restaurant fabuleux sert une cuisine inventive arrosée d'une sympathique sélection de vins locaux. Goûtez le *coniglio in salsa di aglio e vin santo* (lapin mitonné dans une sauce à l'ail et au vin) ou les appétissants gnocchi aux petits légumes.

Trattoria Il Poggio (0588 8 52 57 ; Via Porta all'Arco 7 ; plats principaux 12 € ; fermé mar). Ce restaurant populaire mais discret offre une bonne carte, une terrasse en plein air et des plats comme du risotto aux palourdes, des scampi accompagnés de roquette, et au moins trois sortes de lasagnes.

Osteria San Lorenzo (0588 4 41 60 ; Via Massetana ; 8-12 € ; fermé mar). Si vous souhaitez vous aventurer en-dehors de la ville, rendez-vous à Saline di Volterra, puis prenez la SS439 en direction du sud vers Pomarance. Environ 3 km après Saline di Volterra, vous atteindrez le minuscule village de San Lorenzo et le restaurant. Vous ne regretterez pas le déplacement lorsque vous aurez goûté à la succulente cuisine maison.

Il Porcellino (0588 8 63 92 ; vicolo delle Prigioni ; 8-10 € ; fermé mar). Avec son service attentif, quoique bourru, ce restaurant est très fréquenté par les habitants. La carte propose des plats de gibier et des fruits de mer et réserve quelques surprises, comme le pigeon rôti et le sanglier aux olives.

Où prendre un verre

Quovadis (☎ 0588 8 00 33 ; Via Lungo Le Mura del Mandorlo 18). Si vous êtes amateur de Guinness à la pression, ne manquez pas cet endroit : c'est le seul établissement de ce genre à plusieurs kilomètres à la ronde et à en croire la rumeur, le propriétaire serait irlandais.

Depuis/vers Volterra

BUS

Que vous veniez de Florence (6,50 €, 2 heures), de Sienne (4,75 €, 1 heure 30) ou de San Gimignano (4,75 €, 1 heure 30), vous devrez changer à Colle di Val d'Elsa. Du lundi au samedi, la CPT assure 4 liaisons (2,75 €, 50 minutes) entre Volterra et Colle di Val d'Elsa.

Il existe au moins 9 bus quotidiens pour Pise (5 €, 2 heures) en passant par Pontedera. D'autres bus desservent le sud, en direction de Massa Marittima, mais ne vont pas au-delà de Pomarance et de Castelnuovo di Valle di Cecina.

VOITURE ET MOTO

En voiture, prenez la SS68, qui va de Cecina à Colle di Val d'Elsa. Quelques routes secondaires menant à San Gimignano, plus au nord, sont fléchées le long de cette nationale.

TRAIN

De la petite gare de Saline di Volterra, située à 10 km au sud-ouest de Volterra, un train rejoint Cecina, sur le littoral, où passe la ligne Rome–Pise. Cinq bus CPT au minimum relient chaque jour Volterra à cette gare.

SUD DE VOLTERRA

Si vous êtes motorisé et souhaitez vous rendre à Massa Marittima (un objectif intéressant – voir p. 237), la route vers le sud depuis Volterra est très pittoresque.

La SS68 quitte Volterra vers le sud-ouest en direction de Cecina. À Saline di Volterra (gare ferroviaire la plus proche de Volterra), la SS439 coupe la SS68 entre Lucca et Massa Marittima, au sud. **Saline di Volterra** doit son nom aux mines de sel toutes proches qui firent sa richesse au XIXe siècle.

L'itinéraire au cœur de ce paysage lunaire traverse **Pomarance**, ville surtout industrielle. Au sud, prenez la route vallonnée pour rejoindre **Larderello**, première productrice d'acide borique d'Italie. De là, la route continue de serpenter en descendant vers le sud jusqu'à Massa.

SUD DE LA PROVINCE DE SIENNE

Peut-être avez-vous déjà une idée de cet étrange paysage vallonné des Crete (voir p. 209). Il persiste pendant quelque temps tandis que vous roulez vers le sud. Vous reconnaîtrez les clichés classiques de la Toscane : succession de collines surmontées de bosquets de cyprès. Peu à peu cependant, ce paysage fait place à un décor plus turbulent. Cette partie de la province frappe par sa diversité : fiers centres viticoles médiévaux haut perchés, comme Montalcino et Montepulciano, bains chauds sulfureux, comme Bagno Vignoni, splendeurs romanes de l'Abbazia di Sant'Antimo ou merveilles de la Renaissance comme Pienza, l'une des premières villes bâties selon un plan idéal.

Montalcino

5 100 habitants

Jolie ville perchée très haut au-dessus de la vallée d'Orcia, Montalcino est surtout célèbre pour son vin, le *brunello*. Produit exclusivement par les vignobles environnants, celui-ci passe pour l'un des meilleurs crus d'Italie.

Les nombreuses *enoteche* (bars à vins) de la ville vous donneront l'occasion de déguster et d'acheter du brunello (au minimum 20 € la bouteille). Si l'année est excellente, il peut même atteindre les 105 €, voire les 5 000 € pour les crus des années 1940. Toutefois, le prix de la bouteille n'est pas la seule indication de la qualité du vin. Ce cru étant soumis à une réglementation rigoureuse, son prix ne reflète pas toujours la seule qualité du vin.

RENSEIGNEMENTS

Essepi Informatica (☎ 0577 84 61 05 ; Via Mazzini 30 ; accès Internet 6 €/heure).

Pro Loco (☎ 0577 83 90 32 ; www.prolocomontalcino.it - uniquement en italien ; Costa Municipio 8). Vous aidera à réserver un hébergement.

Office du tourisme (☎ 0577 84 93 31 ; www.prolocomontalcino.it - uniquement en italien ; Costa del Municipio 1 ; 🕒 avr-oct tlj 10h-13h et 14h-17h40, nov-mars mar-dim). Il vous renseignera amplement sur la région. Notez que son site Internet est le même que celui de Pro Loco.

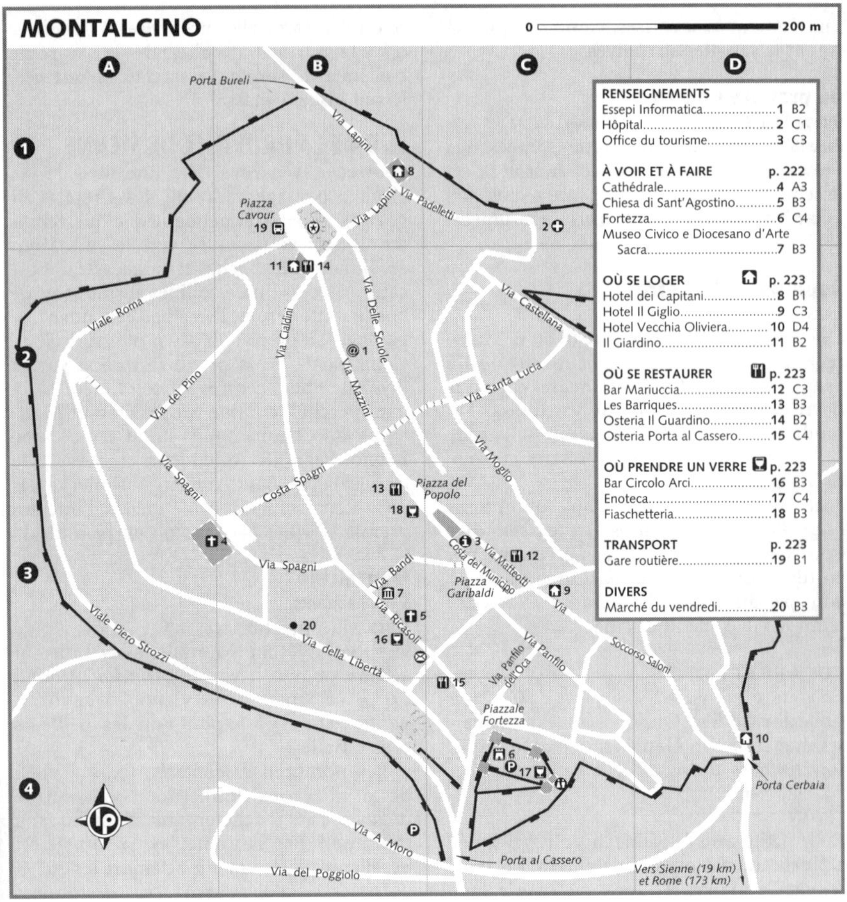

À VOIR ET À FAIRE

Dominant la ville de très haut au sud, se dresse l'impressionnante **Fortezza** (☎ 0577 84 92 11 ; Piazzale Fortezza ; accès libre à la cour, remparts adulte/enfant 3/1,50 €, billet combiné avec le Museo Civico e Diocesano d'Arte Sacra 6 € ; ⌚ avr-oct tlj 9h-20h, nov-mars mar-dim 9h-18h) du XIVe siècle, agrandie plus tard par les Médicis. Vous pourrez goûter et acheter des vins locaux dans l'*Enoteca*, d'où débute la visite des remparts.

Le **Museo Civico e Diocesano d'Arte Sacra** (☎ 0577 84 60 14 ; Via Ricasoli 31 ; adulte/enfant 4,50/3 €, billet combiné avec la Fortezza 6 € ; ⌚ avr-oct mar-dim 10h-18h, nov-déc 10h-13h et 14h-18h, jan-mars 10h-13h et 14h-17h) occupe l'ancien couvent de l'église voisine, la **Chiesa di Sant'Agostino**. Il conserve une importante collection d'objets d'art religieux provenant de la ville et de ses environs. Parmi eux, citons un triptyque de Duccio di Buoninsegna et une *Madonna con Bambino* (Madonne à l'enfant) de Simone Martini. D'autres artistes comme les frères Lorenzetti, Giovanni di Paolo et Sano di Pietro sont également exposés.

La ville compte plusieurs églises qui n'offrent aucun intérêt particulier. La **cathédrale,** notamment, présente une assez laide refonte néoclassique du XIXe siècle plaquée sur ce qui était autrefois une belle église romane.

Pour visiter les **vignobles** de la région de Montalcino, l'office du tourisme vous fournira une liste de quelque 141 viticulteurs (nombreux sont ceux qui ne possèdent guère qu'un hectare ou deux de vignes) ainsi que des indications sur les bons et mauvais millésimes. Il pourra aussi vous procurer la liste des propriétés ouvertes aux visiteurs.

Montalcino accueille le festival **Jazz and Wine** qui attire pendant une semaine mi-juillet des artistes italiens et étrangers. Renseignez-vous à l'office du tourisme. Un **marché** se tient dans la Via della Libertà le **vendredi.**

OÙ SE LOGER

Les hôtels sont peu nombreux à Montalcino. S'ils affichent complet, l'office du tourisme vous fournira une liste d'*affittacamere* (une dizaine en ville) ou d'*agriturismo* disséminés aux alentours et pourra effectuer une réservation pour vous.

Il Giardino (☎/fax 0577 84 90 76 ; Piazza Cavour 4 ; s/d 42/53 €). Cet hôtel, le moins cher de Montalcino, loue des chambres pour le moins spartiates. Il est installé tout près d'un restaurant excellent et chic (voir Osteria Il Giardino dans la rubrique Où se restaurer).

Hotel Il Giglio (☎/fax 0577 84 81 67 ; www.gigliohotel.com ; Via Soccorso Saloni 5 ; s/d 53/80 €). Ce bâtiment du XVIe siècle a été transformé avec un talent d'artiste. Les chambres sont décorées de tableaux et de fresques peintes à la main. Demandez la chambre n°1 dotée d'une vaste terrasse, sans supplément.

Hotel dei Capitani (☎ 0577 84 72 27 ; deicapitani@tin.it ; Via Lapini 6 ; s/d 83/103 € ; ⌘). Option assez intéressante dans le centre-ville, cet hôtel du XVe siècle propose des chambres de qualité très variable, de la chambre très spacieuse à la chambrette avec vue. Il vaut mieux les voir avant de se décider. L'hôtel comporte une terrasse et une piscine.

Hotel Vecchia Oliviera (☎ 0577 84 60 28 ; www.vecchiaoliviera.com ; Porta Cerbaia, Via Landi 1 ; s/d 83/150 € ; ⌘). Cet ancien moulin à huile a été restauré avec beaucoup de goût. Orné de couleurs chaudes et de tuiles en terre cuite, il dispose de chambres luxueuses jouissant de tout le confort moderne. Le patio à l'arrière de l'hôtel offre une vue magnifique.

OÙ SE RESTAURER

Il existe plusieurs bonnes tables à tester en ville.

Osteria Il Giardino (☎ 0577 84 90 76 ; Piazza Cavour 1 ; 7-10 € ; fermé mer). Entièrement décoré de boiseries claires et d'arcades, ce restaurant propose une bonne carte de plats traditionnels, notamment le *risotto al radicchio rosso e pecorino* (risotto à la salade rouge et au pecorino) et des spécialités de sanglier.

Bar Mariuccia (☎ 0577 84 82 48 ; Via Matteotti 31 ; 6-8 €). Le pain fait maison permet de rehausser la carte par ailleurs assez simple composée de sandwiches, de *bruschette*, de salades et de pizza. Venez ici de bonne heure pour dîner afin de jouir d'une vue de premier choix sur la terrasse à l'arrière de l'établissement.

Osteria Porta al Cassero (☎ 0577 84 71 96 ; Via Ricasoli 32 ; plats principaux 7 € ; fermé mer). Dans cette auberge sans prétention, vous pourrez déguster de solides plats campagnards, comme une soupe aux haricots et aux légumes ou une saucisse de porc toscane accompagnée de haricots blancs.

Les Barriques (☎ 0577 84 84 11 ; Piazza del Popolo 20-22 ; 5-12 €). Dans une ambiance agréable, parmi les alignements de bouteilles, vous pourrez déguster un vin plaisant accompagné de plats légers et succulents. Une carte limitée propose des *bruschette*, des *crostini* et au moins cinq salades différentes.

OÙ PRENDRE UN VERRE

Enoteca (☎ 0577 84 92 11 ; Piazza Fortezza ; 4-6 € le verre de vin). Ce bar à vins, installé dans la Fortezza, est l'endroit idéal pour goûter aux innombrables variétés de *brunello* ou acheter une bouteille. De là, vous pouvez aussi monter sur les remparts. L'établissement organise des soirées dégustation moyennant 8 à 20 € par personne, accompagnées d'amuse-gueule délicieux.

Bar Circolo Arci (Via Ricasoli 2). Ce bar vaut la visite pour son intérieur somptueux, sa cour pavée et son ambiance agréable.

Fiaschetteria (☎ 0577 84 90 43 ; Piazza del Popolo 6 ; fermé jeu). Dans ce beau café carrelé du siècle dernier très fréquenté par les gens du coin, vous pourrez refaire le monde en sirotant une bouteille de vin.

DEPUIS/VERS MONTALCINO

Montalcino est desservie par le bus (3 €, 1 heure 15, jusqu'à 6 par jour) au départ de Sienne. Pour le retour, le départ s'effectue Piazza Cavour. En voiture, prenez la SS2 au sud de Sienne, puis bifurquez 8 km après Buonconvento lorsque vous verrez le panneau pour Montalcino.

Abbazia di Sant'Antimo

Préférez le matin pour visiter cette superbe église romane, exceptionnellement grande, du XIIe siècle (☎ 0577 83 56 59 ; Castelnuovo dell'Abate ; lun-sam 10h30-12h30 et 15h-18h30, dim et jours fériés 9h-10h30 et 15h-18h) lorsque le soleil éclaire les fenêtres du côté est et crée une atmosphère un peu surnaturelle. Même le soir, le monument est impressionnant, éclairé comme un phare dans l'obscurité. Installée dans une large vallée, en contrebas du village de **Castelnuovo dell'Abate**, l'église présente une architecture clairement influencée par le style roman du nord de l'Europe, en particulier celui des cisterciens.

La fondation du monastère bénédictin en 781 est généralement attribuée à Charlemagne. Au cours des siècles suivants, l'influence de ses moines fut telle qu'ils devinrent les propriétaires terriens les plus puissants du sud de la Toscane. Au XIIIe siècle, ils entrèrent en conflit avec Sienne. Jusqu'au milieu des années 1990, l'église et l'abbaye sont restées à l'abandon. Des moines s'y installèrent ensuite et en supervisèrent la restauration. Les prières ont lieu tous les jours à 19h et des messes ouvertes à tous sont également célébrées. C'est l'occasion d'entendre les moines chanter en grégorien (CD en vente sur place).

Parmi les caractéristiques du lieu, remarquez les sculptures de pierre du clocher et des fenêtres de l'abside, qui représentent une *Madonna con Bambino* et divers animaux fantastiques typiques du style roman. À l'intérieur, prenez le temps d'observer les chapiteaux des colonnes de la nef : sur l'un d'eux, vous verrez une représentation de Daniel dans la fosse aux lions.

Avec un peu de chance, le gardien vous laissera entrer dans la **sacristie** où des fresques monochromes, qui datent probablement du XVe siècle, relatent la vie de saint Benoît. La crypte du XIe siècle sous la chapelle est fermée au public, mais vous pouvez y jeter un coup d'œil par le petit œil-de-bœuf situé à l'extérieur, à la base de l'abside de la chapelle.

Des concerts sont parfois organisés ici dans le cadre de l'Estate Musicale Chigiana de Sienne (voir p. 205).

Locanda Sant'Antimo (☎ 0577 83 55 46 ; Via Bassomondo 8 ; 6-9 €). Si vous avez prévu de visiter Sant'Antimo, arrêtez-vous pour déjeuner dans ce restaurant qui vous servira une cuisine traditionnelle et consistante. Il est situé à moins de 1 km de Castelnuovo dell'Abate.

Agriturismo Aiole (☎ 0577 88 74 54 ; www.agriturismo-aiole.com ; strada Provinciale 22 della Grossola ; d 65 €). Cette fabuleuse ferme vieille de 150 ans offre de magnifiques panoramas. Les chambres sont spacieuses et la cuisine est assez grande pour accueillir des groupes.

Trois bus relient quotidiennement Montalcino (1 €) à Castelnuovo dell'Abate, d'où vous pourrez rejoindre l'église à pied.

Si vous êtes motorisé, vous pouvez envisager une excursion vers l'ouest pour aller déjeuner ou dîner un peu plus loin : prenez la petite route cahoteuse qui mène à **Sant'Angelo in Colle**. De là, la vue est merveilleuse. Si vous êtes à pied, prenez le bus depuis Montalcino ; 3 à 4 bus quotidiens circulent du lundi au samedi (aucun service le dimanche).

Au cœur de Sant'Angelo, tout près de la place, la **Trattoria Il Pozzo** (☎ 0577 84 40 15 ; repas complet à partir de 17 € ; fermé mar) sert une excellente cuisine maison.

San Quirico d'Orcia

Situé en bordure de la Via Cassia (SS2), ce village médiéval fortifié vaut le détour. Sa **Collegiata** romane du XIIe siècle est caractérisée par ses trois portails de pierre ornés d'extraordinaires sculptures. À l'intérieur, vous découvrirez un triptyque de Sano di Pietro. Flânez un moment dans les **Horti Leononi**, un ravissant jardin Renaissance à l'italienne qui s'étend à l'autre extrémité du bourg. Ce joli petit village représente un bon point de chute pour explorer la région, du fait de sa situation entre Montalcino et Pienza.

OÙ SE LOGER ET SE RESTAURER

Plusieurs possibilités se présentent à vous. Si vous n'avez pas trouvé de logement, contactez le **Consorzio Terra di Val d'Orcia** (☎ 0577 89 90 05 ; www.terradivaldorcia.it ; Via Dante 33) qui vous aidera à trouver une solution.

Affittacamere L'Orcia (☎ 0577 89 76 77 ; Via Dante Alighieri 49 ; s/d 30/50 €). En plein centre du village, ce bâtiment intemporel décoré de tableaux religieux dégage une atmosphère surannée et dépouillée.

Trattoria Al Vecchio Forno (☎ 0577 89 73 80 ; Via Piazzola 8 ; 9-13 € ; fermé mer). À quelques pas de la Via Dante Alighieri, ce restaurant donnant sur un joli jardin vous servira une cuisine de qualité. Les spécialités locales comme le *pollo al brunello* (poulet au brunello) sont particulièrement délicieuses.

CENTRE DE LA TOSCANE

Café Central (Piazza della Libertà 6). C'est le genre de café typique où l'on peut passer une journée à s'imprégner de l'ambiance au milieu des habitués qui jouent aux cartes en buvant de la grappa. Les jeunes préfèrent la terrasse extérieure, où ils s'attablent devant l'incontournable duo crème glacée-cola.

DEPUIS/VERS SAN QUIRICO

San Quirico est accessible par bus de Sienne (3 €), Buonconvento, Pienza et Montepulciano.

Bagno Vignoni

À 5 km de San Quirico par la SS2 en direction de Rome, cette petite ville thermale date de l'époque romaine. Les eaux chaudes sulfureuses bouillonnent dans un bassin pittoresque, construit par les Médicis sur la place centrale. Quelque 36 sources produisent une eau pouvant monter à 51°C et convergent dans le bassin. En hiver, l'eau est nettement moins chaude !

Malheureusement, il est interdit de s'y baigner, mais la beauté du lieu justifie néanmoins le déplacement. Si vous souhaitez prendre les eaux, rendez-vous à la Piscina del Sole, bassin découvert de l'**Hotel Posta Marcucci** (☎ 0577 88 71 12 ; www.hotelpostamarcucci.it ; Via Ara Urcea 43a ; journée adulte/enfant 10/7 €, demi-journée 7/5 € ; fermé jeudi soir).

Sinon, vous pourrez vous tremper les pieds dans les eaux chaudes du Parco dei Mulini di Bagno Vignoni, juste au-dessus de l'entrée de l'hôtel.

Albergo Le Terme (☎ 0577 88 71 50 ; www.albergoleterme.it ; s/d 45/90 €). Cet édifice du XVe siècle fut construit par Rossellino pour le pape Pie II qui en fit sa résidence d'été. L'établissement, décoré de boiseries brillantes et de tissus luxueux, est somptueux. Demandez une chambre en façade, avec vue sur la piscine.

Osteria del Leone (☎ 0577 88 73 00 ; Piazza del Moretto 28 ; 10-15 €). À un pâté de maisons de la piscine, ce restaurant sert à déjeuner comme à dîner. Dans une maison rustique joliment éclairée et dotée d'un plafond à poutres apparentes, on vous sert une solide cuisine toscane, avec des spécialités comme la *faraona al vinsanto* (pintade cuisinée au vin blanc moelleux).

Les bus assurant la liaison Sienne–Grosseto font halte à Bagno Vignoni.

Bagni San Filippo

Si l'idée de payer pour batifoler dans l'eau chaude vous heurte, prenez la SS2 en direction du sud sur 15 km pour gagner Bagni San Filippo. La plupart des bus Sienne–Grosseto vous y déposeront également. Un parking est signalé sur l'unique route du village, un peu en amont de l'hôtel. Une courte descente par le chemin conduit à une série de petites cascades chaudes, dans lesquelles vous pourrez faire trempette. L'expérience est plus sympathique en hiver, saison creuse pour l'hôtel et période où la pression de l'eau est la plus forte.

Pienza

2 400 habitants

C'est dans cette ville que les théories urbanistes de la Renaissance furent mises en pratique pour la première fois. Pienza est en effet née de la volonté du pape Pie II qui, en 1459, décida de transformer la ville où il naquit et de lui donner son nom. Il fit appel à l'architecte Bernardo Rossellino qui conçut cette cité parfaite en appliquant la philosophie de son maître, Leon Battista Alberti. Ce nouvel idéal de l'espace urbain se concrétisa dans la superbe Piazza Pio II et les bâtiments environnants. La seule question qui se pose aujourd'hui est de savoir comment font les habitants pour acheter leur pain ? Car les boutiques s'adressent uniquement aux touristes gourmets, ne proposant que fromage et produits en conserve.

RENSEIGNEMENTS

Accès Internet (☎ 0578 74 87 47 ; Via della Rosa 5 ; 4 €/30 min).

Office du tourisme (☎ /fax 0578 74 90 71 ; www.infinito.it/utenti/ufficio.turistico ; Piazza Pio II ; 🕓 9h30-13h et 15h-18h30). Des audio-guides d'une heure sont à disposition pour visiter la ville moyennant 6 €.

À VOIR

Les principaux monuments se concentrent autour de la Piazza Pio II. La place fut dessinée par Rossellino, qui ne laissa rien au hasard. L'espace disponible était limité si bien que pour accroître la perspective et la majesté des grands édifices qui allaient lui donner tout son charme, Rossellino choisit de placer le Palazzo Borgia et le Palazzo Piccolomini en angle de part et d'autre de la cathédrale.

La **cathédrale** (Piazza Pio II ; 🕓 7h-13h et 15h-19h) fut édifiée sur le site d'une église romane, la

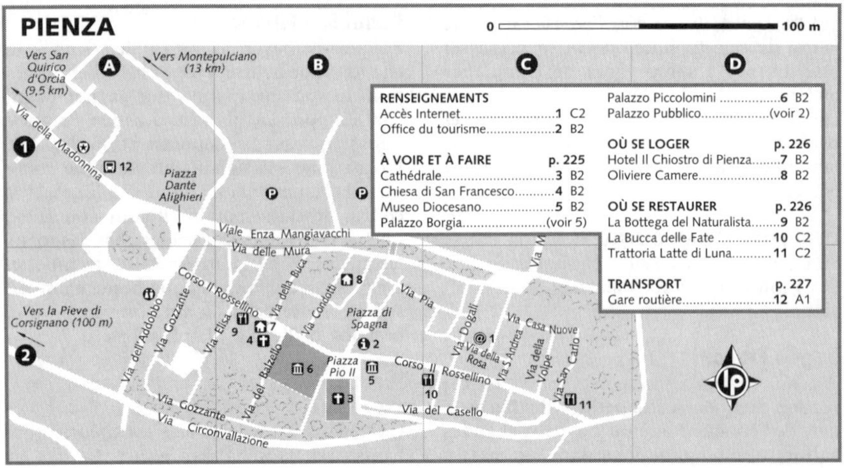

Chiesa di Santa Maria, dont il ne reste presque rien. La façade Renaissance, en travertin, est clairement d'inspiration albertienne.

L'intérieur, singulier mélange de styles gothique et Renaissance, possède cinq autels peints par des artistes siennois de l'époque, ainsi qu'un superbe tabernacle de marbre de Rossellino.

Cet édifice souffre malheureusement d'un affaissement de terrain au niveau du transept et de l'abside. Des fissures importantes dans le mur et le sol font le pendant de l'inquiétante inclinaison de l'extrémité est de l'église. Plusieurs tentatives pour résoudre le problème ont échoué, comme le prouve l'état actuel du bâtiment.

Sur la droite en regardant la cathédrale s'élève le **Palazzo Piccolomini** (☎ 0578 74 85 03 ; Piazza Pio II ; adulte/enfant avec visite guidée de 30 minutes 3/2 € ; ⌚ mar-dim 10h-12h30 et 15h-18h), dont le pape avait fait sa résidence. Il passe pour le chef d'œuvre de Rossellino. Construit sur le site des demeures de la famille Piccolomini, il témoigne de la dette artistique de l'architecte envers Alberti, dont il semble copier en partie le Palazzo Rucellai de Florence.

De la belle cour intérieure part un escalier qui mène aux appartements papaux, aujourd'hui meublés et décorés dans le style de l'époque. À l'arrière, une loggia à trois niveaux découvre un superbe panorama sur la campagne environnante.

À gauche de la cathédrale se dresse le **Palazzo Borgia** (également appelé Palazzo Vescovile) construit par le cardinal Borgia, futur pape Alexandre VI. Il abrite le **Museo Diocesano** (☎ 0578 74 99 05 ; Corso Il Rossellino 30 ; adulte/enfant 4,10/2,60 € ; ⌚ mi-mars à oct mer-lun 10h-13h et 15h-18h30, nov à mi-mars sam et dim seulement) qui possède de remarquables peintures siennoises, manuscrits enluminés, tapisseries et miniatures.

Prenez le temps de visiter la **Pieve di Corsignano**, située à 500 m du centre par la Via Fonti qui part de la Piazza Dante Alighieri. Cette église romane du Xe siècle s'enorgueillit d'un étrange clocher cylindrique. Soumise à aucune heure d'ouverture fixe, ses portes sont généralement ouvertes.

OÙ SE LOGER ET SE RESTAURER

De nombreux hôtels vous accueilleront pour la nuit et il existe tout autant de restaurants où se régaler.

Oliviere Camere (☎ 0578 74 82 74 ; www.nautilus-mp.com/oliviera ; Via Condotti 4 ; s/d/ste 30/48/60 €). Cet ancien moulin à huile, niché dans une petite rue, loue des chambres modernes et sympathiques, quoiqu'un peu exiguës.

Hotel Il Chiostro di Pienza (☎ 0578 74 84 00 ; fax 0578 74 84 40 ; Corso Il Rossellino 26 ; s/d 120/180 € ;). Luxe et histoire sont les deux maîtres mots de cet hôtel qui occupe les anciens couvent et cloître de la Chiesa di San Francesco voisine. Le cadre est d'une agréable sobriété et les jardins soignés et romantiques sont un ravissement pour l'œil.

La Buca delle Fate (☎ 0578 74 84 48 ; Corso il Rossellino 38 ; 6,50-8 € ; fermé lun). Ce restaurant n'est pas aussi cher que pourrait le laisser penser son cadre très chic. Il propose une carte simple, mais dont chaque plat est un délice. Gardez un peu de place pour l'assortiment de desserts.

Trattoria Latte di Luna (☎ 0578 74 86 06 ; Via San Carlo 6 ; 7-10 € ; fermé mar). Très fréquenté par les touristes, ce restaurant est situé sur une toute petite place à l'embranchement du Corso Il Rossellino. Il dispose d'une jolie terrasse ombragée par une armée de parasols. Goûtez l'*anatra arrosta alle olive* (canard rôti aux olives), couronnée d'une crème glacée aux noisettes faite maison.

La Bottega del Naturalista (☎ 0578 74 80 81 ; Corso il Rossellino 16). Pienza est réputée pour son *pecorino*, célèbre fromage toscan. Pour vous faire une idée des multiples variétés (frais, "vieux", goûteux, classique, au poivre ou aux truffes), poussez la porte de cette boutique fort appétissante et odorante.

DÉTOUR PAR MONTICHIELLO

De l'embranchement principal pour Pienza (porte nord), prenez la petite route vers le sud, en direction de San Lorenzo Nuovo et de Montichiello. Cette route serpente au cœur de vallées verdoyantes, parmi les prairies et les cultures. Au bout de 6,2 km, juste après avoir franchi un petit pont, bifurquez à gauche vers Montichiello. Au niveau de l'intersection située 11 km plus loin, tournez à droite et continuez sur 500 m jusqu'à un parking. Prenez le temps de flâner dans ce charmant petit village médiéval. Dégustez une crème glacée à la terrasse du bar La Guardiola. En repartant, tournez à gauche et suivez les panneaux pour Montepulciano. La route traverse un parc naturel où vous trouverez une aire de pique-nique sur votre gauche.

DEPUIS/VERS PIENZA

En semaine, il existe au moins 6 liaisons routières entre Sienne et Pienza (3,40 €, 1 heure 15). Vous pouvez également prendre une correspondance pour San Quirico d'Orcia et Montepulciano. Les bus s'arrêtent à quelques pas de la Piazza Dante Alighieri.

Montepulciano

14 000 habitants

Juché sur une étroite arête volcanique, Montepulciano possède deux atouts : un cadre superbe et l'un des meilleurs crus de Toscane. Cette cité médiévale est le lieu idéal pour passer quelques jours au calme et déguster les crus locaux.

Un *castrum* étrusque tardif fut la première d'une série d'implantations. Au Moyen Âge, la ville fut une pomme de discorde continuelle entre Florence et Sienne jusqu'à ce qu'en 1404, elle tombe définitivement sous la juridiction de la première. Le Marzocco, lion de Florence, vint remplacer la louve de Sienne comme symbole de la ville, au sommet de la colonne, Piazza Savonarola. Le nouveau gouvernement apporta un renouveau dans la construction : il invita des artistes comme Michelozzo, Sangallo il Vecchio à faire souffler le vent de la Renaissance sur ce bastion du gothique. À lui seul, le mélange des styles fait de la ville une halte intéressante.

ORIENTATION

D'où que vous veniez, vous arriverez certainement Porta al Prato (appelée aussi Porta al Bacco), au nord. De là, un bus vous mènera Piazza Grande. Sinon, lancez-vous dans une ascension à pied d'un quart d'heure, largement récompensée.

RENSEIGNEMENTS

Banca Nazionale di Lavoro (Piazza Savonarola 14)

Fotociurnelli (☎ 0578 7 57 27 ; Via di Gracciano nel Corso 8 ; internet 5 €/heure)

Commissariat de police (☎ 0578 75 74 52 ; Palazzo Comunale)

Poste (Via dell'Erbe)

Bureau d'information de la Strada del Vino Nobile di Montepulciano (☎ 0578 71 74 84 ; Piazza Grande 7). Il vous renseignera sur les vins régionaux. Des visites de vignobles sont organisées moyennant 23 € par personne.

Office du tourisme (☎ 0578 75 73 41 ; www.proloco montepulciano.it ; Via di Gracciano nel Corso 59a ; 🕓 lun-sam 9h-12h30 et 15h-20h, oct-mars jusqu'à 18h, matin seulement dim et jours fériés). Situé à deux pas de la Chiesa di Sant'Agostino, au pied de la ville, il vous fournira des audio-guides pour 1 € les 15 minutes.

À VOIR ET À FAIRE

La plupart des monuments se regroupent autour de la Piazza Grande. Si vous arrivez par la Porta al Prato, vous apercevrez la belle façade à bandes alternées de la **Chiesa di Sant'Agnese**. L'église originale fut fondée au début du XIVe siècle, puis rénovée par Antonio da Sangallo il Vecchio en 1511. Il aurait également remanié la **Porta al Prato**, porte sud de la ville.

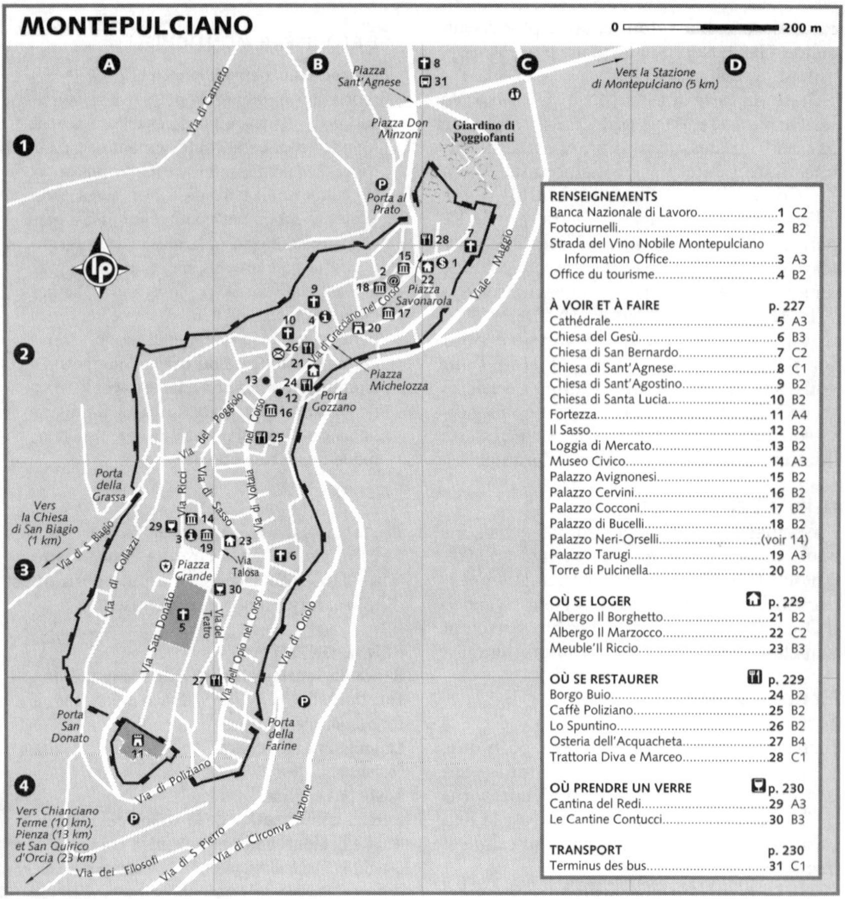

Une fois la porte franchie, vous apercevrez sur la gauche la **Chiesa di San Bernardo**, bâtie au XVIIIe siècle. Non loin de là se trouve le **Palazzo Avignonesi**, érigé à la fin de la Renaissance par Giacomo da Vignola. D'autres belles **demeures** bordent la Via di Gracciano nel Corso, tel le **Palazzo di Bucelli**, au n°73, dont la façade est gravée d'inscriptions étrusques et latines. Sangallo fut également l'architecte du **Palazzo Cocconi**, au n°70.

La saisissante façade Renaissance dessinée par Michelozzo pour la **Chiesa di Sant'Agostino** domine la Piazza Michelozzo. En face, le polichinelle en bois de la **Torre di Pulcinella** sonne les heures du haut de la tour médiévale.

Montez encore et prenez la première à droite après la **Loggia di Mercato** pour parvenir Via del Poggiolo, puis Via Ricci. De style Renaissance, le **Palazzo Ricci** abrite l'une des anciennes *cantine* de la ville ; vous pourrez vous promener dans ce dédale souterrain d'anciennes caves à vins pour parvenir finalement dans une salle de dégustation faisant également office de boutique.

Le **Museo Civico** (☎ 0578 71 73 00 ; Via Ricci 10 ; adulte/enfant 4,15/2,60 € ; été mar-dim 10h-19h, hiver mar-dim 10h-13h et 15h-18h) fait face au palais gothique Neri-Orselli. Il abrite une petite collection de terres cuites attribuées à la famille della Robbia et quelques peintures gothiques et Renaissance.

Sur la Piazza Grande, point culminant de la cité, l'austère édifice gothique du XIIIe siècle du **Palazzo Comunale** (☎ 0578 75

74 52 ; Piazza Grande 1 ; lun-sam 9h-13h30) a été remanié au XVe siècle par Michelozzo. (Il rappelle, au niveau de la structure si ce n'est des couleurs, le Palazzo Vecchio de Florence.) Du haut de son campanile du XIVe siècle, on aperçoit les Monti Sibillini à l'est et, paraît-il, Sienne au nord-ouest.

Sur la piazza se dressent également le **Palazzo Contucci**, aujourd'hui une cave à vins, et le **Palazzo Tarugi**, près de la fontaine, attribué à Giacomo da Vignola. La **cathédrale** (Piazza Grande ; temporairement fermée) du XVIe siècle présente une façade qui n'a jamais reçu de revêtement. À l'intérieur, un ravissant triptyque de l'Assomption, de Taddeo da Bartolo, orne l'autel. Au moment de notre visite, la cathédrale était en cours de restauration ; renseignez-vous auprès de l'office du tourisme pour connaître sa date de réouverture au public.

Si, de la Piazza Michelozzi, vous descendez pour rejoindre la Via di Voltaia nel Corso, vous découvrirez sur votre gauche le **Palazzo Cervini**, construit pour le cardinal Marcello Cervini, le futur pape Marcel II. Les formes curvilignes de ce palais Renaissance (la plupart des palazzi présentent d'austères façades toutes droites) doivent leur harmonie à Sangallo. Autre création de l'architecte, le palais inclut une cour dans sa façade. Un peu plus loin, toujours sur votre gauche, se dresse la **Chiesa del Gesù**, œuvre baroque très élaborée.

À l'extérieur des remparts, à 1 km de la Porta della Grassa, la **Chiesa di San Biagio**, beau sanctuaire Renaissance dû également à Antonio da Sangallo il Vecchio, fut consacrée en 1529 par le pape Clément VII.

Le Bravio delle Botti a lieu le dernier dimanche d'août : les rues sont alors livrées aux courses de tonneaux.

COURS

Il Sasso (0578 75 83 11 ; www.ilsasso.com ; Via di Gracciano nel Corso 2 ; 1 heure à partir de 28 €, 4 heures/jour pendant 2 semaines à partir de 340 €) peut organiser des cours de langues. Cet institut propose également des sessions de réalisation de mosaïques. Par une heureuse coïncidence, il se double d'une agence immobilière, **Informazioni Turistiche** (0578 71 72 42 ; www.agriturismoonline.com), spécialisée dans la location d'appartements et de villas aux touristes.

OÙ SE LOGER

Les possibilités d'hébergement sont assez limitées à Montepulciano. Plusieurs *affittacamere* sont disséminés dans les alentours. L'office du tourisme vous en donnera la liste. Comptez 77 € maximum pour une double.

Meublé Il Riccio (/fax 0578 75 77 13 ; www.ilriccio.net ; Via Talosa 21 ; s/d 70/90 €). Pour entrer dans cet hôtel, il faut traverser un patio du XVIe siècle. Outre ses chambres spacieuses et décorées d'antiquités, l'hôtel dispose d'un solarium et d'une terrasse où vous pourrez déguster un verre de vin en admirant la vue magnifique qui se découvre à vos yeux.

Albergo Il Marzocco (0578 75 72 62 ; fax 0578 75 75 30 ; Piazza Savonarola 18 ; s/d 60/90 €). Géré par un charmant couple de personnes âgées, ce splendide hôtel du XVIe siècle dispose de chambres spacieuses et confortables. Demandez une chambre avec vue et terrasse (sans supplément).

Albergo Il Borghetto (0578 75 75 35 ; www.ilborghetto.it ; Via Borgo Buio 7 ; s/d 93/105 €). De l'extérieur, rien ne le distingue des autres édifices du XVe siècle que compte la rue, mais une fois à l'intérieur, ce lieu s'avère être un véritable joyau, orné d'antiquités et de lits de l'époque napoléonienne. Il y a même un souterrain qui mène à la maison d'en face.

OÙ SE RESTAURER

Toutes sortes d'établissements se prêtent à la dégustation de cuisine toscane et de vins de pays.

Lo Spuntino (0578 75 77 68 ; Via Gracciano nel Corso 25 ; parts de pizza 1,15-1,55 € ; fermé mar) vous sert de copieuses parts de pizza que vous pouvez emporter ou savourer à un petit comptoir.

Osteria dell'Acquacheta (0578 75 84 43 ; Via del Teatro 22 ; plats principaux 5-6 € ; fermé mar). Ce petit restaurant possède le style et l'atmosphère d'une vraie trattoria. La table est excellente et la carte offre une grande variété de délices allant du *misto di salami Toscani* à d'énormes steaks.

Trattoria Diva e Maceo (0578 71 65 91 ; Via di Gracciano nel Corso 92 ; 13 € ; fermé mar). Dans cet établissement, vous dégusterez une savoureuse cuisine toscane, comme les *taglatelle al tartufo* (tagliatelles aux truffes), servie dans un cadre sobre.

Borgo Buio (0578 71 74 97 ; Via Borgo Buio 10 ; 12-14 € ; fermé jeu). Ce restaurant rustique au plafond voûté en briques, à peine éclairé, vous ravira les papilles avec de délicieuses spécialités toscanes à prix raisonnables. L'établissement fait aussi *enoteca* (vous pouvez boire de 10h30 à minuit) et propose une bonne sélection de vins.

Caffé Poliziano (☎ 0578 75 86 15 ; Via di Voltaia nel Corso 27 ; 6-8 €). Venez ici de bonne heure pour trouver une table sur le balcon car l'établissement jouit, à juste titre, d'une bonne réputation. Il propose un large choix de plats pour calmer une petite faim, comme une omelette aux artichauts, qui change agréablement des pâtes.

OÙ PRENDRE UN VERRE

Parmi les nombreux autres établissements où le cru local, le *vino nobile*, vous mettra l'eau à la bouche, figurent les diverses *cantine* présentes dans la ville depuis toujours.

Cantina del Redi (Via Ricci 13 ; 🕒 avr-sept 10h30-13h et 15h-19h). Cet endroit se double d'une cave à vins dans laquelle vous pouvez vous promener. Elle se trouve en contrebas de la Piazza Grande dans la Via Ricci.

Le Cantine Contucci (☎ 0578 75 70 06 ; Palazzo Contucci, Piazza Grande). Dans cette cave animée, où l'on est viticulteur depuis la Renaissance, vous pourrez déguster un verre du vin local. Le propriétaire est un personnage haut en couleur et s'il vous trouve à son goût, il vous offrira une visite personnalisée, avec dégustation et séance photos.

COMMENT S'Y RENDRE ET CIRCULER

Tra-in assure 5 liaisons quotidiennes entre Montepulciano et Sienne (4,40 €, 1 heure 30) en passant par Pienza. Des bus réguliers LFI relient la ville à Chiusi (2,10 €, 50 minutes, toutes les 30 minutes). Un direct LFI dessert également Sienne (départ à 6h25) et 3 autres partent pour Florence à 5h45, 8h30 et 14h10. Deux bus sont prévus à destination d'Arezzo (changez à Bettolle). Il est aussi possible de prendre le bus pour Rome. Les départs se font à la Piazza Sant'Agnese, devant la Porta al Prato, au nord de la ville.

La gare ferroviaire la plus commode est celle de Chiusi-Chianciano Terme, à 10 km au sud-est, sur la ligne Rome–Florence. À chaque arrivée de train, un bus pour Montepulciano (2,10 €) attend les voyageurs. C'est donc la solution la plus simple, que l'on vienne de Rome ou de Florence. La Stazione di Montepulciano, à 5 km au nord-est, est moins bien desservie.

En voiture, si vous ne venez pas de Pienza, prenez sur l'A1 la sortie Chianciano Terme, puis la SS166. Montepulciano est à 18 km.

La circulation à l'intérieur des remparts est interdite aux voitures de tourisme, aussi devrez-vous stationner dans l'un des parkings proches de la Porta al Prato. De là, de petits bus municipaux desservent la Piazza Grande (0,80 €).

Chianciano Terme

Légèrement au sud de Montepulciano, cette station thermale soigne les maladies du foie. Le petit centre médiéval semble résister à l'essor environnant de l'urbanisme. Mais si vous n'avez pas trouvé à vous loger à Montepulciano, Chianciano Terme offre de bonnes possibilités. Quelque 250 hôtels accueillent en effet les curistes. Malgré leur cadre assez banal, ils disposent de tout le confort moderne et pratiquent des prix raisonnables. Cependant, vous devrez probablement opter pour la demi-pension ou la pension complète car, étrangement, il existe peu de bars et de restaurants en ville.

Chiusi

9 000 habitants

Comptant parmi les plus importantes des 12 cités de la confédération étrusque, Chiusi fut jadis assez puissante pour attaquer Rome, sous le commandement du roi étrusque Porsenna. C'est aujourd'hui une ville assoupie, mais ne renoncez pas pour autant à y faire une halte. Elle possède un **bureau d'information Pro Loco** (☎ 0578 22 76 67 ; Piazza Carlo Baldini ; 🕒 tlj 10h-12h30, juin-août 15h30 à 18h30).

À VOIR

Chiusi est célèbre pour les **nécropoles étrusques** qui parsèment ses environs. Malheureusement, la plupart sont en trop mauvais état pour être présentées au public. Vous pourrez visiter les deux qui restent accessibles : la Tomba della Scimmia (de loin la plus belle) et la Tomba del Leone. Les visites guidées (obligatoires) partent du **Museo Archeologico Nazionale** (☎ 0578 2 01 77 ; Via Porsenna 93 ; 4 € ; 🕒 9h-20h). Le musée lui-même abrite une collection assez intéressante d'objets provenant des sépultures.

Faites un tour à la **cathédrale** romane et au **Museo della Cattedrale** voisin (☎ 0578 22 64 90 ; Piazza del Duomo ; adulte/enfant 2/0,52 € ; ouvert juin à mi-oct tlj 9h30-12h45 et 16h30-19h; mi-oct à mai lun-sam matin seulement 9h30-12h45, dim et jours fériés 9h30-12h45 et 16h30-19h), qui renferme une belle collection de 22 antiphonaires (livres de psaumes) enluminés.

Le **Labirinto di Porsenna** est un dédale de tunnels qui courent sous la Piazza del Duomo. À l'époque étrusque, ils constituaient une partie du système d'alimentation en eau. Depuis l'Antiquité, la légende associe le labyrinthe au roi étrusque Porsenna, dont il dissimulait, dit-on, le superbe tombeau. Une partie du labyrinthe a été mise au jour dans les années 1980 et se visite avec un guide (3 €). Achetez votre billet au Museo della Cattedrale.

Bon nombre de **catacombes** chrétiennes, situées à 2 km de Chiusi, sont également accessibles aux curieux (entrée 5 € ; visites guidées juin à mi-oct 11h et 17h, mi-oct à mai lun-sam 11h, 11h et 16h). Les visites partent également du Museo della Cattedrale, où l'on se procure les billets.

OÙ SE LOGER ET SE RESTAURER

Il existe plusieurs *agriturismi* (séjour à la ferme ou gîte) dans les alentours de Chiusi ; contactez le bureau Pro Loco pour tout renseignement.

Albergo La Sfinge (☎ /fax 0578 2 01 57 ; www.albergolasfinge.com ; Via Marconi 2 ; s/d 35/70 €). Dans le centre historique de Chiusi, cet établissement propose des chambres convenables, quoiqu'un peu petites, avec des sdb toutes neuves. Les chambres climatisées sont un peu plus chères. Demandez une chambre avec vue.

La Solita Zuppa (☎ 0578 2 10 06 ; Via Porsenna 21 ; 12-14 € ; fermé mar). Il s'agit sans conteste de l'une des meilleures tables de Toscane. Attaché à la gastronomie régionale, le chef prépare un vaste choix de soupes, spécialités du lieu. La cuisine est saine et préparée à la perfection, et les propriétaires vous mettent parfaitement à l'aise.

DEPUIS/VERS CHIUSI

Chiusi est bien desservie par les transports en commun. Installée en contrebas dans la vallée, la gare ferroviaire est située sur la ligne Rome-Florence. L'autoroute A1 passe à proximité de la ville.

Sarteano et Cetona

En parvenant dans cette partie de la province, vous aurez la certitude d'avoir laissé les autocars des voyages organisés loin derrière vous. Mais il vaut mieux disposer d'un véhicule pour explorer cette paisible contrée rurale. Sarteano et Cetona sont deux curieux villages médiévaux, dont le premier est dominé par un château d'allure maussade. Ni l'un ni l'autre n'abrite de monuments exceptionnels, mais ils se prêtent tous deux à la flânerie. Au camping de Sarteano, Via Campo dei Fiori 30, vous pourrez profiter des eaux chaudes de la Piscina Bagno Santo. Près de Cetona, la modeste montagne du même nom invite à quelques randonnées énergiques dans l'air pur de la campagne.

Frateria di San Francesco (☎ 0578 23 82 61 ; www.mondox.it ; Via di San Francesco ; d/ste 200/260 € ; repas vin non compris 88 € ; 🕑 restaurant mer-lun ; fermé jan-fév). Ce lieu est parfait pour un séjour paisible et raffiné, à condition d'en avoir les moyens. Situé à environ 2 km au nord de Cetona, en bordure de la route qui mène à Monte Cetona, cet ancien couvent restauré avec goût est reconverti en restaurant de luxe, auquel sept chambres ont été adjointes. Vous pourrez déguster un menu composé de cinq plats gastronomiques dignes des plus grands chefs du monde ! Sur la route, repérez les pancartes indiquant "Mondo X".

Du lundi au samedi, 5 bus au minimum desservent tous les jours les deux villages au départ de Montepulciano (avec changement à Chianciano Terme pour certains horaires).

Abbadia San Salvatore et ses environs

Au cours de votre périple dans cette partie de la Toscane, il vous sera difficile de ne pas remarquer le village de **Radicófani** et plus précisément sa **Rocca** (☎ 0578 5 57 00 ; 3 € ; 🕑 avr-oct mar-dim 10h-19h, nov-mars 10h-18h). Bâtie en hauteur sur une colline, elle embrasse toute la campagne alentour de façon saisissante. On y découvre un petit musée consacré au Moyen Âge. Promenez-vous dans le joli village de Radicófani qui mérite une visite et se trouve à 17 km au sud-ouest de Sarteano, sur la SS478.

La Torre (☎ 0578 5 59 43 ; Via G. Matteotti 7 ; s/d 30/52 €) est le seul établissement du village. Ne laissez pas sa terne façade en brique rouge vous dissuader. Agrémentées de balcons, les chambres sont de bonne qualité et le restaurant, qui sert une appétissante cuisine familiale, ne désemplit pas.

À 18 km de là, vers l'ouest, Abbadia San Salvatore est une cité minière sans charme dans l'ensemble, qui s'est développée anarchiquement à la fin du XIXe siècle.

DÉTOUR : LAGO DI CHIUSI

Faites des provisions de pain rassis et quittez Chiusi en prenant la direction de Castiglione del Lago. Laissez la station-service sur votre gauche. Au bout de 2 km, laissez l'église sur votre droite et bifurquez à gauche lorsque vous verrez le panneau "Lago di Chiusi". À l'embranchement situé à 2,6 km de là, tournez à droite vers le lac, en suivant la route de droite. Suivez le panneau "Restaurant da Gino" et virez à droite sur une route bordée de pins. Garez-vous près du quai et descendez tranquillement jusqu'au lac, où vous pourrez donner du pain aux canards. Reprenez la même route en sens inverse jusqu'au panneau indiquant le restaurant. À cet endroit, au lieu de tourner à gauche sur Chiusi, continuez tout droit en direction de Montepulciano et de Chanciano Terme. Après 5,2 km, bifurquez à droite vers Chanciano. Juste avant d'entrer en ville, tournez à gauche à l'embranchement, en direction de Sarteano (distante d'environ 10 km) et de Cetona.

Elle compte pourtant quelques attraits. La vieille ville, une sombre enfilade de maisons de pierre où l'on entre par la grand-place, le Piazzale XX Settembre, a de quoi surprendre, sans toutefois justifier un déplacement spécial. Un petit **office du tourisme** (☎ 0577 77 58 11 ; ⌚ tlj 9h-13h et 16h-19h, fermé dim sept-juin) est installé Via Adua 25.

L'**Abbazia di San Salvatore** (☎ 0577 77 80 83 ; Piazzale Michelangelo 8 ; ⌚ lun-sam 7h-18h, dim 10h30-18h, jusqu'à 17h seulement en hiver) fut fondée en 743 par le Lombard Erfo. Il reste peu de choses de ce monastère devenu ensuite cistercien. Construite au XIe siècle dans le style roman, l'église a été restaurée à la fin du XVIe siècle et ornée de larges arcades recouvertes de fresques. Partie la plus belle de l'église, la crypte lombarde a conservé ses 36 colonnes à chapiteaux décorés de motifs végétaux, animaux ou humains. Personne ne sait avec certitude à quoi servait cette salle.

La ville est nichée au pied du **Monte Amiata** (1 738 m) et sert de lieu de villégiature. L'hiver, les amateurs de ski viennent dévaler l'unique piste (quand l'enneigement le permet) et l'été, les randonneurs s'en donnent à cœur joie. On peut, par exemple, faire tout le tour de la montagne en suivant l'Anello della Montagna, un sentier de randonnée de 30 km. Le circuit est balisé et des cartes sont disponibles à l'office du tourisme (elles indiquent toutes les balades à faire dans la région). Les hôtels ne manquent pas à Abbadia San Salvatore ainsi que dans d'autres villages alentour, vous n'aurez donc aucun mal à trouver une chambre.

Quelques bus RAMA reliant Grosseto à Bagni San Filippo s'arrêtent à Abbadia San Salvatore (4,50 €, 2 heures 30). Il est également possible de venir de Sienne (4,50 €, 1 heure 15, 2 bus par jour).

Le sud de la Toscane

SOMMAIRE

La région recèle de très beaux paysages, collines à la végétation luxuriante et sauvage, montagnes embrumées dans le lointain, petits villages centenaires blottis au sommet des collines. S'y trouvent également plusieurs des sites étrusques les plus importants de Toscane, notamment Saturnia et ses sources sulfureuses chaudes. Pour les amateurs de spectaculaire, la cité médiévale de Pitigliano est inégalable, perchée en haut d'une falaise truffée de grottes abritant d'anciennes tombes étrusques. Dans un registre plus léger, la vieille ville de Grosseto offre un cadre pittoresque pour observer la *passeggiata* du soir, tandis que sur la côte, la péninsule du Monte Argentario constitue un grand pôle d'attraction avec ses ports élégants et ses belles plages.

Comme dans la Maremma Pisana au sud de Livorno, le défrichement des terres et l'assèchement des marais ne commencèrent sérieusement qu'à la fin du XVIIIe siècle et au début du XIXe siècle sous la direction des grands-ducs de Toscane appartenant à la maison de Lorraine. Ces mesures s'accompagnèrent d'une série de réformes destinées à desserrer l'emprise quasi féodale des propriétaires terriens sur ce territoire jusque-là improductif. Des routes furent construites, des canaux creusés, l'agriculture stimulée et la production laitière encouragée. Dans une région aussi vallonnée et montagneuse que la Toscane, les plaines "assainies" de la Maremma se révélèrent idéales pour le pâturage. Aujourd'hui, l'agriculture continue à jouer un rôle majeur, bien que l'industrie et le tourisme en plein essor soient également venus doper l'économie.

À NE PAS MANQUER

- Partez à la découverte de la spectaculaire ville de Pitigliano (p. 244), jaillissant du sol sur son piton rocheux, et de son quartier juif parfaitement conservé
- Suivez les traces des Étrusques dans leurs *vie cave* (voies creusées) et leurs nécropoles des environs de Sovana (p. 245)
- Baignez-vous dans les sources chaudes naturelles de Saturnia (p. 243)
- Joignez-vous à une visite guidée dans les paysages encore sauvages du Parco Regionale della Maremma (p. 239)
- Régalez-vous de fruits de mer au bord de l'eau dans l'un des restaurants du pittoresque Porto Santo Stefano (p. 241)

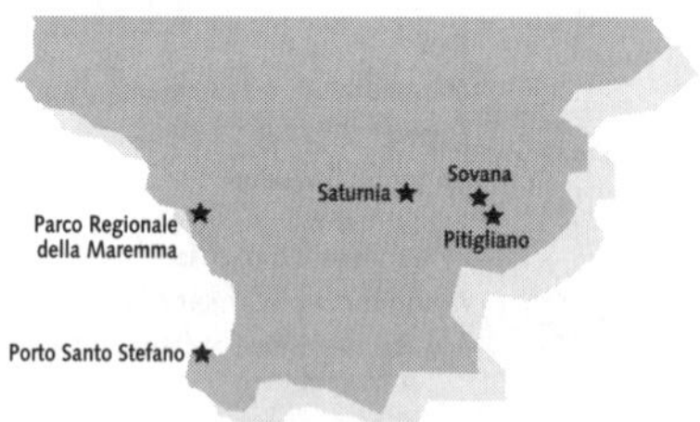

GROSSETO

71 600 habitants

Grosseto fut la dernière des communes sous domination siennoise à tomber entre les mains des Médicis en 1559. Les maîtres de Florence firent ériger les remparts, les bastions et la forteresse pour protéger ce qui était alors un important dépôt de céréales et de sel pour le grand-duché.

On a récemment donné un coup de neuf à la ville. Ignorez les quartiers modernes pour rejoindre directement les remparts. Datant de 1559, ils forment un hexagone presque parfait. À l'intérieur, la vieille ville historique dégage un charme sans prétention, mais attire peu les touristes, sans doute parce que Grosseto ne s'est pas encore débarrassée de sa réputation de plaque tournante de la drogue.

Renseignements

Office du tourisme (☎ 0564 42 26 11 ; www.grosseto.turismo.toscana.it ; Monte Rosa 206). Peut vous réserver un hébergement et vous fournir des informations sur le Parco Regionale della Maremma.

À voir

À l'intérieur des remparts, la **cathédrale** (☎ 0564 42 01 43 ; Chiasso degli Zuavi 6 ; 🕓 8h-13h et 15h-19h), construite au XIIIe siècle, arbore une allure nettement siennoise. Des éléments ont été ajoutés par la suite, notamment une grande partie de la façade, rénovée dans le style néo-roman au XIXe siècle, et le campanile bâti au début des années 1900. Autre édifice intéressant sur la Piazza Dante, le Palazzo della Provincia, de style gothique siennois, date en fait du début du XXe siècle. Le **Museo d'Arte della Diocesi di Grosseto** (☎ 0564 41 76 29 ; Piazza Baccarin 3 ; adulte/enfant 5/1 € ; 🕓 1er mars-30 avr 9h-13h et 16h30-19h, 2 mai-31 oct 10h-13h et 17h-20h, 1er nov-28 fév 9h-13h et 16h30-19h) présente une impressionnante collection, notamment des urnes étrusques, des statuettes de bronze et des sculptures romaines.

Où se loger et se restaurer

Hotel Ristorante l'Italiana (☎ 0564 2 84 19 ; Via Mazzini 78 ; s/d 40/80 €). En plein cœur de la vieille ville, cet hôtel vieillot aux traditionnels volets verts propose des chambres petites mais correctes à des prix raisonnables. Le restaurant adjacent est très apprécié des habitants du quartier, un bon signe.

Bastiani Grand Hotel (☎ 0564 2 00 47 ; fax 0564 2 93 21 ; Piazza Gioberti 64 ; s/d 82/142 €). Hôtel récent et chic dans un grandiose édifice ancien, agrémenté d'un escalier digne d'*Autant en emporte le vent*. Les élégantes chambres se déclinent dans des tons chauds et renferment des d'œuvres d'art assorties à la décoration. L'établissement bénéficie d'une excellente situation, à proximité de certains des meilleurs bars et restaurants.

Danubio Blù (☎ 0564 2 22 16 ; Via Cavour 6 ; plats 7-9 €). On se presse dans ce restaurant bruyant où les serveurs débordés mais pleins d'entrain vous apportent un extraordinaire choix de plats, des plus traditionnels (polenta et risotto) aux plus inattendus (poulet au curry).

Depuis/vers Grosseto

Les bus **Rama** (☎ 0564 2 52 15 ; www.griforama.it – en italien uniquement ; Piazza Marconi) desservent plusieurs villes de la province et partent pour la plupart de la gare ferroviaire. Les bus pour Sienne, d'où vous pourrez prendre une correspondance pour les bus Tra-in ou SITA à destination de Florence, circulent toutes les 45 minutes environ à partir de 5h40. Il existe aussi trois liaisons directes pour Florence. Un seul bus par jour dessert directement Massa Marittima (3 €, aucun le dimanche). Les autres destinations comprennent Piombino (4,50 €), Magliano in Toscana (2 €), Follonica (3 €), Castiglione della Pescaia (4 €), Porto San Stefano (3 €) et Pitigliano (5 €).

Grosseto se trouve sur la principale ligne de chemin de fer côtière entre Rome et Livorno. Pour des villes comme Pise (7,50 €, 2 heures), Florence (10 €, 3 heures) ou Sienne (5,80 €, 1 heure 30), le train représente sans doute la meilleure solution.

ENVIRONS DE GROSSETO

Roselle

Peuplée dès le VIIe siècle av. J.-C., Roselle fut d'abord une cité étrusque d'importance moyenne avant de passer sous contrôle romain au IIIe siècle av. J.-C.

S'il ne reste aucun grand monument debout, le vaste **site historique** (☎ 0564 40 24 03 ; entrée 4,50 € ; 🕓 9h-coucher du soleil) comprend des murs d'enceinte, un amphithéâtre de forme curieusement elliptique, des vestiges de maisons, un forum et des rues de l'époque romaine, ainsi que les ruines d'un village médiéval abandonné. Le panorama englobe les plaines alentour et s'élargit jusqu'à la mer.

Si vous arrivez en bus, demandez au chauffeur de vous déposer au point le plus proche et faites le reste du trajet à pied.

Vetulónia

Sur une colline balayée par les vents, ce village dominant la plaine semble surgi de nulle part. On peut apercevoir la mer dans le lointain, mais Vetulónia donne l'impression d'appartenir à un autre temps, ce qui explique que les Étrusques se soient implantés ici. La ville renferme quelques pierres qui auraient appartenu à l'ancien mur d'enceinte ainsi qu'un petit **Museo Archeologico** (☎ 0564 94 80 58 ; Via Garibaldi ; adulte/enfant 4,15/3 € ; 🕑 10h-14h et 16h-20h) consacré aux vestiges de Vetulónia. À proximité s'étendent deux **sites** (☎ 0564 94 95 87 ; entrée gratuite ; 🕑 9h-crépuscule) où les fouilles ont mis au jour des parties de l'établissement étrusque. Le plus vaste, appelé Scavi Città (fouilles de la ville), se trouve juste en dessous du village quand on sort par l'unique route.

Plus intéressantes sont les quatre **tombes étrusques** (Via dei Sepolcri ; 🕑 9h-crépuscule) situées 2 km plus bas le long d'une route qui bifurque vers la droite. La plus remarquable est la dernière, qui se trouve à environ 1 km sur un chemin en terre.

Taverna Etrusca (☎ /fax 0564 94 98 02 ; Piazza Stefani 12 ; d 45 €) Très pittoresque, ce petit hôtel possède au rez-de-chaussée un restaurant bénéficiant d'une vue panoramique. Attendez-vous à un accueil plein de swing, car le propriétaire partage son temps entre la Toscane et Cuba. L'hôtel prévoit de se doter d'une piscine, les prix pourraient donc augmenter.

Le village compte un seul autre bar, fréquenté par des anciens grisonnants, qui déborde de charme provincial.

Deux bus quotidiens desservent Vetulónia de Grosseto et il existe une liaison par jour depuis Castiglione della Pescaia.

MASSA MARITTIMA

9 500 habitants

Massa Marittima est une ville séduisante dotée d'un centre médiéval en parfait état. Un temps sous le contrôle de Pise, elle vécut de l'exploitation des ressources minières de la région. Devenue commune indépendante en 1225, elle passa sous domination siennoise un siècle plus tard. La peste de 1348 et l'arrêt de l'exploitation minière 50 ans plus tard condamnèrent la ville à une quasi-extinction. Massa Marittima dut attendre le XVIIIe siècle pour connaître un nouvel essor grâce à l'assèchement des marécages et à la réouverture des mines.

Renseignements

Banca Toscana (Piazza Garibaldi 17)

Bureau de poste (Piazza Mazzini)

Office du tourisme (☎ 0566 90 27 56 ; www.amatur.it – en italien uniquement ; Via Todini 315 ; 🕒 avr-oct lun-sam 9h30-13h et 15h30-19h, dim 9h30-13h, reste de l'année mar-dim 10h-12h30). Fournit quantité d'informations sur la région, ainsi que des cartes de la *Strada del Vino*.

À voir

La Piazza Garibaldi, cœur de la cité médiévale, est dominée par la masse imposante de la **cathédrale** (Piazza Garibaldi ; 🕒 8h-12h et 15h30-19h), de style romano-pisan, dont le plan est attribué à Giovanni Pisano. L'intérieur comporte d'importants vestiges de fresques et plusieurs tableaux, notamment une *Madonna delle Grazie* due à l'atelier siennois de Duccio di Buoninsegna.

En face, le **Palazzo Comunale** abrite le siège historique du gouvernement. Les fières armoiries florentines des Médicis n'éclipsent pas la louve allaitant Romulus et Remus, symbole de l'ascendance qu'exerça Sienne par le passé.

Le **Palazzo del Podestà**, datant du XIIIe siècle, accueille le **Museo Archeologico** (☎ 0566 90 22 89 ; Piazza Garibaldi 1 ; adulte/enfant 3/1,50 € ; 🕒 avr-oct mar-dim 10h-12h30 et 15h30-19h, nov-mars jusqu'à 17h), surtout apprécié pour la magnifique *Maestà* (Majesté) d'Ambrogio Lorenzetti, à côté de laquelle la petite collection d'objets romains et étrusques mis au jour dans la ville paraît insignifiante.

La **Torre del Candeliere** (Piazza Matteotti ; adulte/enfant 2,50/1,50 € ; 🕒 11h-13h et 15h-18h) domine la Città Nuova (nouvelle ville). Elle est reliée aux bastions des remparts par l'**Arco Senese** (arc siennois). Il est possible d'entrer dans la tour et de parcourir l'arc. De là, la vue sur la Città Vecchia (vieille ville) est splendide.

Le **Museo della Miniera** (Via Corridoni ; adulte/enfant 5/3 € ; 🕒 mar-dim 10h-17h45), consacré à l'histoire minière de la ville, abrite la réplique d'une galerie. Des visites guidées (1 heure 30) ont lieu jusqu'à sept fois par jour à partir de 10h. Le **Museo di Arte e Storia delle Miniere** (Piazza Matteotti 4 ; adulte/enfant 1,50/1 € ; 🕒 avr-oct mar-dim 10h-11h30 et 15h-17h30) porte sur le même thème et présente notamment une chronologie détaillée.

Fêtes et festivals

Durant la deuxième semaine de juillet, des photos sont exposées dans toute la ville à l'occasion du **Toscana Foto Festival** (www.toscanafotofestival.com – en italien uniquement).

Où se loger

Le choix d'hébergement est limité ; l'office du tourisme vous procurera une liste.

Il Girifalco (☎ 0566 90 21 77 ; www.cometanet.it/girifalco ; Via Massetana Nord 25 ; s/d 45/72 €). Juste à l'extérieur des remparts, cet établissement tranquille doté d'une aire de jeux et de pique-nique s'avère idéal pour les familles. Bénéficiant d'une vue imprenable, il dispose de chambres propres et claires et d'un nouveau salon TV.

Duca del Mare (☎ 0566 90 22 84 ; www.cometanet.it/duca ; Piazza Dante ; s/d 52/93 €). À 10 minutes de marche du centre historique, cet hôtel moderne et ensoleillé arbore un look nettement scandinave avec son ameublement de bois clair. Le marchand de glaces installé à côté ajoute à son attrait.

La Fenice Park Hotel (☎ 0566 90 39 41 ; www.lafeniceresidence.it ; Via A. Diaz ; s/d 76/140 € ; Ⓟ ❄). Ce séduisant hôtel revêtu de marbre loue des chambres équipées d'une kitchenette. Demandez une chambre donnant sur la pelouse parfaitement entretenue à l'arrière. C'est le meilleur des deux hôtels installés dans le centre historique.

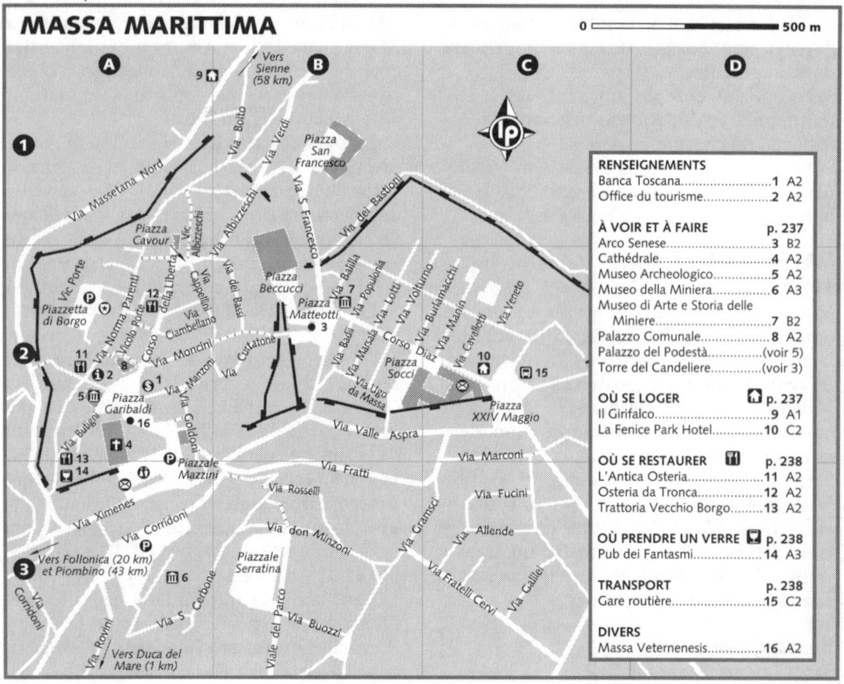

Où se restaurer

Si les hôtels sont rares, la ville regorge en revanche de restaurants d'une qualité supérieure à la moyenne.

Trattoria Vecchio Borgo (☎ 0566 90 39 50 ; Via N. Parenti 12 ; plats 9,50 € ; fermé lun). Derrière une façade en briques, ce restaurant possède une immense salle voûtée où vous viendrez vous réchauffer l'hiver devant une bonne flambée. Il propose un menu à prix fixe ainsi qu'un bon éventail de spécialités auxquelles il faut ajouter d'imbattables *gnocchi al pomodoro*.

L'Antica Osteria (☎ 0566 90 26 44 ; Via N. Parenti 19 ; plats 8-9 €). Cuisine d'un bon rapport qualité/prix. L'établissement propose en particulier de savoureux plats végétariens, comme les ravioli au fromage accompagnés de champignons. Le week-end, l'endroit est pris d'assaut par les touristes allemands amateurs de bonne chère.

Osteria da Tronca (☎ 0566 90 19 91 ; Vicolo Porte 5 ; plats 9 € ; fermé lun). Niché dans une petite rue, ce restaurant douillet aux murs de pierre sert une cuisine absolument délicieuse. Outre les nombreux *antipasti* (2,50 €), essayez un des plats à base de *cinghiale* (sanglier).

Où prendre un verre et sortir

Pub dei Fantasmi (☎ 0566 94 02 75 ; Via N. Parenti 2/4 ; jeu-mar jusqu'à 3h). Pour continuer la soirée après le dîner, c'est le seul endroit assez grand pour accueillir la foule des fêtards. Des musiciens de jazz se produisent de temps à autre.

Le premier dimanche qui suit le 19 mai, la ville organise un concours d'arbalète, le Balestro del Girifalco.

Depuis/vers Massa Marittima

Deux bus rallient quotidiennement Sienne à 7h05 et 16h40 (4,30 € l'aller simple) et quatre se rendent à Volterra (avec une correspondance à Monterotondo). La gare ferroviaire la plus proche, Massa-Follónica, est régulièrement desservie par une navette (1,80 €). La gare routière (Via Valle Aspra) se trouve au sud-est de la ville nouvelle. L'endroit le plus central pour acheter les billets de train et de bus est **Massa Veternensis** (☎ 0566 902 20 16 ; Piazza Garibaldi 18).

CÔTE

Ne vous attendez pas à découvrir d'immenses étendues de sable sur la côte qui s'étire au sud de Piombino. Quelques portions de plage bordées de pins sont agréables ici et là, sans pour autant être extraordinaires. Le Parco Regionale della Maremma reste la destination la plus intéressante.

Golfo di Follónica

Les cheminées d'usines et des industries en activité, sans nul doute nécessaires à l'économie locale, ne vous inciteront pas à rester ici. La première ville que vous atteindrez en partant vers le sud est **Follónica,** hérissée d'immeubles modernes sans grâce. Quelques kilomètres plus loin le long du golfe, le paysage s'améliore et une jolie pinède vient border les plages ; guettez les panneaux indiquant l'embranchement vers l'intérieur des terres et **Scarlino**.

Les campings, restaurants et hôtels ne manquent pas dans les environs.

Punta Ala, refuge luxuriant mais plutôt clinquant, réservé aux plus fortunés, est doté d'un système de circulation véritablement kafkaïen. Cela dit, ce promontoire verdoyant reste relativement épargné par les promoteurs immobiliers. Au nord s'étend une agréable plage de sable bordée de pins.

Castiglione della Pescaia

Enfin un endroit qui mérite une halte dans votre fuite vers le sud ! Les faubourgs modernes bâtis au pied du village médiéval sur la hauteur ne parviennent pas à gâcher le charme du lieu. Le point de jonction entre les quartiers anciens et modernes reste animé jusqu'à la mi-octobre.

La vieille ville fortifiée, hiératique dans ses pierres, ne renferme aucun monument d'un intérêt particulier, mais il fait bon y flâner en admirant la vue sur la mer.

L'**office du tourisme** (☎ 0564 93 36 78 ; Piazza Garibaldi 6 ; www.castiglionepescaia.com ; 🕑 lun-sam 9h-13h et 16h-20h, dim 10h-13h) fait face au port.

OÙ SE LOGER ET SE RESTAURER

Hotel Bologna (☎ /fax 0564 93 37 46 ; Piazza Garibaldi 8 ; d 47 €). Ce petit hôtel sans façons ne possède pas de chambres simples et ne propose que des sdb communes. Les chambres sont confortables quoiqu'un peu rustiques, mais l'emplacement, face au port, mérite cinq étoiles. Certaines chambres disposent d'une vue exceptionnelle, de même que la salle où l'on sert le petit déjeuner.

Hotel Lucerna (☎ 0564 93 36 20 ; Via IV Novembre 27 ; s/d 49/83 €). La même famille dirige depuis plusieurs générations ce plaisant hôtel au style désuet. Les chambres, vastes et accueillantes, possèdent un balcon donnant sur la mer ou sur la vieille ville. La pizzeria voisine comblera les petits creux nocturnes.

Ristorante La Fortezza (☎ 0564 93 61 00 ; Via del Recinto 1/3 ; plats 9-12 € ; 🕑 fermé lun). Si vous voulez vous asseoir à l'extérieur (ou ailleurs, après avoir grimpé la pente abrupte), ce restaurant spacieux sert des plats typiques de la Maremma, notamment des pâtes au homard.

DEPUIS/VERS CASTIGLIONE DELLA PESCAIA

Les bus Rama assurent fréquemment la liaison avec Grosseto (4 €) et avec d'autres localités sur la côte, comme Marina di Grosseto (2 €). En été, il existe jusqu'à cinq bus quotidiens pour la gare ferroviaire de Massa-Follónica, l'une des principales de la région.

Marina di Grosseto

Le long d'une vaste plage de sable, cette station balnéaire moderne s'articule autour d'un plan en quadrillage et d'habitations construites à la va-vite. Assez bas dans l'ensemble, les immeubles sont heureusement camouflés derrière les pins parasols typiques de la côte de la Maremma. Les habitants de la région aiment se baigner là, bien qu'il existe des endroits plus séduisants à proximité.

Parco Regionale della Maremma

Le long de la côte entre Piombino et Rome, ce parc est sans doute le site le plus intéressant. Formé des Monti dell'Uccellina et d'une magnifique bande de littoral restée intacte, il abrite diverses espèces animales locales, notamment des sangliers, des chats sauvages, des porcs-épics et des faucons.

Le principal **office de tourisme** (☎ 0564 407098, fax 0564 40 72 78 ; 🕑 mi-juin-fin sept 7h-18h, oct-mi-juin 8h-14h) se trouve à Alberese. Un petit bureau (mêmes coordonnées et heures d'ouverture) est installé à l'extrémité sud du parc. L'embranchement situé à 1 km avant le charmant village fortifié de **Talamone** y conduit directement. Le village dispose d'un camping et de plusieurs hôtels et restaurants.

LA CULTURE COW-BOY

La fascination que nourrissait l'Europe pour les cow-boys de l'Ouest américain ne fut jamais aussi manifeste qu'à la fin des années 1880, lorsque le colonel William Cody (plus connu sous le nom de Buffalo Bill) partit pour deux grandes tournées européennes avec son célèbre Wild West Show. Les spectateurs affluèrent en masse, impatients de voir le célèbre chasseur de buffles, la tireuse d'élite Annie Oakley et de véritables guerriers sioux, dont la plupart avaient combattu Custer à la bataille de Little Big Horn. En Grande-Bretagne, la reine Victoria apprécia tant le spectacle qu'elle alla le voir deux fois.

Lorsque Buffalo Bill et sa troupe arrivèrent en Italie, ils furent conviés au Vatican pour assister au dixième anniversaire du couronnement du pape Léon XIII. À Vérone, Cody concrétisa son ambition : donner dans l'amphithéâtre romain une représentation dont le clou était un duel entre ses cow-boys et les *butteri*, légendaires gardiens de troupeaux travaillant dans les difficiles conditions naturelles de la Maremma, ces marécages infestés de moustiques porteurs du paludisme. La Maremma était partagée entre plusieurs propriétaires terriens possédant de vastes domaines où les *butteri* veillaient sur les troupeaux de cajetans, des chevaux parmi les plus sauvages et les plus indociles d'Europe. Devant quelque 20 000 spectateurs, les *butteri* prouvèrent aux Américains leur capacité à débourrer des cajetans. Le correspondant du *New York Herald* à Rome écrivit : "Les brutes bondirent dans les airs, se jetèrent de ça de là, se contorsionnèrent en tout sens, mais en vain. En cinq minutes, les *butteri* avaient attrapé les chevaux sauvages au lasso, les avaient sellés, soumis et enfourchés. Puis ils leur firent faire le tour de la piste tandis que la foule applaudissait à tout rompre."

Aujourd'hui, bovins à longues cornes et chevaux paissent toujours en liberté dans la Maremma et, le premier dimanche d'août, les *butteri* les rassemblent et les marquent. L'**Equinos Association** (☎ 0564 24988 ; www.cavallomaremmano.it) propose des spectacles de *butteri* et des excursions équestres et donne même des renseignements sur l'achat de chevaux de la Maremma – vraisemblablement dressés. Il existe également une organisation officielle, **Butteri di Alta Maremma** (www.butteri-altamaremma.com), qui protège et fait connaître les *butteri* encore en activité, et organise des rodéos.

L'accès au parc étant réglementé, les voitures doivent stationner dans les parkings prévus à cet effet. La marche est la meilleure façon d'explorer l'endroit grâce aux neuf sentiers de randonnée balisés qui le sillonnent.

Plusieurs sociétés proposent des excursions en canoë et à cheval, pour un prix respectif d'environ 20 et 25 €. Il est également possible de chevaucher aux côtés des légendaires *butteri*, gardiens de troupeaux travaillant à cheval dans le parc et ses environs (voir l'encadré ci-dessus). L'office du tourisme d'Alberese vous fournira la liste des organismes à contacter.

Le parc ne comportant aucun refuge, prévoyez de la crème solaire et de l'eau. Marina di Alberese attire les foules en été, surtout le week-end.

Il est impossible de loger dans le parc, mais il existe quelques possibilités d'*agriturismo* à proximité.

Trattoria Romoli (☎ 0564 40 50 33 ; Via Provinciale ; Alberese ; plats 10-15 € ; fermé mar). Ce merveilleux restaurant situé à la sortie de Santa Maria di Rispescia sur la route d'Alberese sert des spécialités comme le tiramisu maison, le *cinghiale* (sanglier) nappé d'une sauce au vin rouge et des poissons et fruits de mer fraîchement pêchés.

MONTE ARGENTARIO

Cette ancienne île s'est trouvée progressivement rattachée au continent par l'accumulation du sable qui forme aujourd'hui l'isthme d'Orbetello. D'autres cordons sablonneux, le Tombolo della Giannella (au nord) et le Tombolo di Feniglia (au sud) délimitent une lagune protégée au titre de réserve naturelle. L'urbanisation intense a gâché la partie nord du promontoire, mais le sud et le centre ont été épargnés (les incendies de forêts mis à part). Les week-ends d'été, cette retraite très appréciée des habitants de Rome est noire de monde.

Orbetello

En 1559, Orbetello était une base militaire espagnole portant le nom de Presidio. L'occupation, qui dura jusqu'en 1707, a laissé son empreinte sur la ville. Le principal centre d'intérêt est la **cathédrale** qui a conservé sa façade gothique du XIVe siècle, malgré sa refonte dans le style espagnol au XVIe siècle. Le fort et les remparts, dont plusieurs portions appartiennent à la muraille étrusque d'origine, rappellent également la tutelle espagnole.

Le meilleur endroit pour observer les oiseaux (pas moins de 140 espèces ont été répertoriées) sur la lagune d'Orbetello est le **Tombolo della Feniglia**, bande de sable qui s'étire au sud et relie Monte Argentario au continent. Il est interdit à la circulation – vous pourrez garer votre voiture près du terrain de camping et continuer à pied ou à vélo. La plage côté mer est l'une des plus belles de la péninsule.

Environs de la péninsule

Ferrari et strings font partie du décor à **Porto Santo Stefano** et **Porto Ercole**, les deux principales stations balnéaires. Pittoresquement situé entre deux forts espagnols, Porto Ercole a en partie gardé son charme de village de pêcheurs.

Renseignements

Accès Internet (Via Martiri d'Ungheria 35 ; 💻 5 € /h)
Office du tourisme (☎ 0564 81 42 08 ; immeuble Monte dei Paschi di Siena ; Corso Umberto I 55, Porto Santo Stefano ; 🕒 sept-juin lun-sam 9h-13h et 16-18h, juil-août lun-sam 9h-13h et 17h-19h)

À voir et à faire

Sur le front de mer de Porto Santo Stefano, l'**Acquario Mediterraneo** (☎ 0564 81 59 33 ; Lungomare dei Navigatori 44/48 ; 4,50 € ; 🕒 17h-minuit) présente une petite collection intéressante sur la vie marine. L'entrée de la **Fortezza Spagnola** (☎ 0564 81 06 81 ; Piazza del Governatore ; 4,50 € ; 🕒 juin-sept 18h-minuit, oct-mai sam-dim uniquement) coûte un peu cher mais, outre les découvertes archéologiques sous-marines qu'il renferme, l'endroit présente l'avantage d'offrir une vue splendide sur Porto Santo Stefano.

Une jolie balade en voiture consiste à suivre les panneaux pour "Il Telegrafo", l'un des plus hauts sommets de la région, puis à obliquer en direction du **Convento dei Frati Passionisti**, une église et un couvent d'où l'on découvre un panorama sensationnel sur le continent. Autre itinéraire agréable : la Via Panoramica, qui part de Porto Santo Stefano.

Plusieurs belles plages, essentiellement de galets, jalonnent le littoral. Celle qui se situe près de Porto Ercole est aménagée, ce qui signifie qu'elle est propre mais couverte de transats et de parasols à louer. Plus vous vous éloignez, moins la plage est envahie mais plus elle devient sale, comme bien des plages publiques italiennes.

Où se loger

Généralement chers, les hôtels de la péninsule sont pris d'assaut en été.

ORBETELLO

Albergo Piccolo Parigi (☎ 0564 867 23 33 ; fax 0564 86 72 11 ; Corso Italia 169 ; d 62 €). Si gravir des escaliers ne vous fait pas peur, cet hôtel simple, accueillant et bien tenu offre un hébergement relativement peu coûteux. Il se situe dans un quartier tranquille, assez proche toutefois de l'animation de la ville.

Hotel Sole (☎ 0564 86 04 10 ; Via Colombo ; d 80 €). Cet établissement un peu vieillot à la façade ocre dispose de chambres de bonne taille et jouit d'une situation idéale, non loin des cafés, des bars et de la charmante et pittoresque Piazza Groe dei due Mondi.

PORTO SANTO STEFANO

Pensione Weekend (☎/fax 0564 81 25 80 ; www.pensioneweekend.it – en italien uniquement ; Via Martiri d'Ungheria 3 ; d à partir de 55 €). Ce bel hôtel perché sur une colline à la sortie de la ville représente l'une des meilleures options. Sans être rutilantes, les chambres sont spacieuses, confortables et pleines de charme. Chaleureux et accueillant, le propriétaire parle plusieurs langues. Vous bénéficierez en outre de prix réduits dans les restaurants du coin.

Hotel La Caletta (☎ 0564 81 29 39 ; caletta@nevib.it; Via del Fortino 51 ; s/d 84/96 € ; Ⓟ ❄). Une plage de sable privée ajoute à l'attrait de cet établissement trois-étoiles. Certains trouveront sans doute la décoration blanche et fleurie un peu trop efféminée, mais les prix sont raisonnables et l'emplacement parfait.

Torre di Cala Piccola (☎ 0564 82 51 11 ; www.torredicalapiccola.com ; Località Cala Piccola ; s/d 201/268 € ; Ⓟ ❄). Pour les plus fortunés, cet hôtel bénéficie d'une situation superbe et retirée sur la Via Panoramica, d'où la vue sur la mer fait le bonheur des yeux. Le jardin offre un cadre enchanteur où dîner par une belle soirée d'été.

Proche de l'entrée de la ville, l'**Albergo Belvedere** (☎ 0564 8126 34 ; Via Fortino 51) constitue un bon choix de catégorie moyenne.

PORTO ERCOLE

Feniglia (☎ 0564 83 10 90 ; fax 0564 86 71 75 ; sur la bordure nord de la plage de Feniglia ; adulte/tente 8/10,75 €).

Ce camping doté de toutes les installations nécessaires est la meilleure option.

Où se restaurer

La péninsule abonde en restaurants, qui servent bien sûr des produits de la mer.

ORBETELLO

Osteria del Lupacante (☎ 0564 86 76 18 ; Corso Italia 103 ; plats 9-13 € ; 🕒 fermé mar). Dirigé par des Siciliens, ce restaurant concocte une cuisine inventive et épicée. Les *spaghetti alla messinese* (façon Messine) sont préparés avec de l'espadon, de la tomate, des poivrons, des graines de tournesol et des épices. Admirablement doué, le chef mitonne aussi une paella quasiment authentique.

Osteria il Nocchino (☎ 0564 86 03 29 ; Via dei Mille 64 ; plats 10-12 € ; 🕒 fermé mer). Voilà une autre adresse excellente, même si la taille minuscule de sa salle limite vos chances de trouver une table (en été, il est possible de s'attabler dehors). La cuisine est faite maison et les prix modérés.

PORTO SANTO STEFANO

Il Veliero (☎ 0564 81 22 26 ; Via Panoramica 149 ; menù degustativo 40 € ; 🕒 fermé lun). Ici, la carte propose tous les jours du poisson frais – le père du propriétaire tient une poissonnerie. Si cela ne vous persuade pas de grimper la pente raide qui mène à la Via Panoramica, la vue depuis la terrasse du restaurant devrait vous convaincre. Tâchez de goûter aux *scampi flambati al cognac* (crevettes flambées).

Trattoria La Locandina (☎ 0564 81 44 57 ; Via del Molo 25 ; plats 12-15 € ; 🕒 fermé lun). Cet endroit un peu chic sur le front de mer sert d'excellentes brochettes d'écrevisses, des penne à la sauce au crabe et du risotto au calamar.

Lo Sfizio (☎ 0564 81 99 52 ; Corso Umberto I 26 ; plats 12 €). Toujours sur le front de mer, vous pourrez déguster ici des pâtes, des pizzas ou des fruits de mer comme le *sauté di cozze e vongole veraci* (sauté de moules et de palourdes).

PORTO ERCOLE

Gatto e la Volpe (☎ 0564 83 52 05 ; Via dei Cannoni 3 ; plats 20 € ; 🕒 fermé mer). En descendant la route vers le port, arrêtez-vous dans ce restaurant sur la droite, d'où la vue est magnifique. Essayez la spécialité, les *linguine all'astice* (aspic de homard), sans oublier de garder de la place pour les desserts maison.

Comment s'y rendre et circuler

Les bus Rama relient la plupart des localités de Monte Argentario à Orbetello (les horaires coïncident avec l'heure d'arrivée des trains) et à Grosseto. En voiture, suivez les panneaux indiquant Monte Argentario depuis la SS1, qui va de Grosseto à Rome.

ÎLES

Une partie de la population locale évite Monte Argentario au profit des deux îles situées au large de la côte, Giglio et Giannutri, qui font partie du **Parco Nazionale dell'Arcipelago Toscano**.

Giannutri

Ce minuscule îlot de 5 km de long abrite les ruines d'une villa romaine datant du Ier siècle de notre ère. Hormis une agréable baie ombragée, Cala Spalmatoio, à l'est, elle n'a pas grand-chose pour vous retenir.

Giglio

À 14 km de Monte Argentario, la jolie petite île vallonnée de Giglio est régulièrement desservie par des liaisons maritimes au départ de Porto Santo Stefano. L'arrivée se fait à Giglio Porto, ancien port romain qui est aujourd'hui le meilleur endroit où trouver un hébergement. Le service de bus local vous conduira 6 km plus loin à l'intérieur des terres jusqu'à la place forte de Giglio Castello, dominée par une forteresse pisane.

À part deux ou trois étendues de sable à peine plus grandes qu'une serviette, les plages se trouvent sur la côte occidentale, aux alentours de la station moderne de Giglio Campese, construite autour d'une ancienne tour de guet.

Toremar (☎ 0564 81 08 03) et **Maregiglio** (☎ 0564 81 29 20) assurent trois à quatre liaisons quotidiennes en ferry durant l'été. L'hiver, les traversées se font moins fréquentes. L'aller simple coûte 5,20 € en semaine et 6,20 € le week-end.

LAGO DI BURANO

À un peu plus de 10 km à l'est le long de la côte et à environ 5 km de la frontière régionale avec le Lazio, ce marais d'eau salée classé réserve naturelle depuis 1980 et géré par le World Wide Fund for Nature (WWF) constitue la **Riserva Naturale Lago di Burano** (☎ 0564 89 88 29 ; Capalbio Scalo ; 5,15 € ; visites guidées sept-avr dim 10h et 14h30). Cette réserve de 410 hectares abrite une flore caractéristique de la Maremma, mais son attrait tient surtout aux oiseaux migrateurs. Des dizaines de milliers d'oiseaux de diverses espèces passent ici l'hiver, notamment plusieurs espèces de canards et même des faucons. Parmi les mammifères terrestres, le plus remarquable est le castor. Un sentier jalonné de sept points d'observation serpente à travers la réserve.

Pour accéder à la réserve, prenez la sortie Capalbio Scalo sur la SS1 (quelques trains s'arrêtent également à la gare).

INTÉRIEUR DES TERRES ET SITES ÉTRUSQUES

Sources thermales, bourgs médiévaux dressés à flanc de colline et trésors archéologiques étrusques vous attendent dans l'extrême sud de la Toscane.

Magliano et Scansano

D'**Albinia**, à l'extrémité nord de la lagune d'Orbetello, prenez la SS74 en direction de Manciano et faites un détour en remontant sur la SS323.

La première étape est **Magliano in Toscana**. Cerains tronçons de ses impressionnants remparts quasiment intacts datent du XIVe siècle, la plus grande partie ayant été édifiée par les dirigeants siennois au XVIe siècle. À l'intérieur, la ville est bâtie de bric et de broc.

Antica Trattoria Aurora (☎ 0564 59 20 30 ; Via Chiasso Lavagnini 12/14 ; plats 12 € ; ⏲ jeu-mar). Vous pouvez déjeuner ici, mais le joli jardin ombragé est réservé au dîner. À la carte figurent des plats aussi appétissants que le *cinghiale al finocchio selvatico* (sanglier au fenouil sauvage).

Quelques bus rallient Grosseto, Scansano et Orbetello. Après Magliano in Toscana, poussez jusqu'à **Scansano**. Bien que dépourvu de grands monuments, le vieux centre tout en ruelles étroites et arcades offre un agréable lieu de promenade d'où se déploie un splendide panorama sur la campagne avoisinante.

Montemerano, Saturnia et Manciano

En allant vers Manciano, on atteint tout d'abord la petite ville médiévale fortifiée de **Montemerano**. Achetez une bouteille de vin de production locale à **La Vecchia Dispensa** (Via Italia 31) avant de visiter la Chiesa di San Giorgio, décorée de fresques du XVe siècle de l'école de Sienne. Pour finir, rejoignez la Piazza del Castello, où vous réaliserez de superbes photos. Les vallées alentour abritent quelques gîtes d'*agriturismo* exceptionnels.

Le Fontanelle (☎ 0564 60 27 62 ; Poderi di Montemerano ; d 73 €) est une excellente option avec son hébergement type bungalow dans un espace agrémenté d'un étang, ombragé par de nombreux arbres et où les cerfs font parfois une apparition. Pour 19 € de plus, vous vous attablerez devant un dîner servi par la charmante fille du propriétaire, Daniella, et qui vous permettra de pratiquer votre italien avec les autres convives.

De là, 6 km vous séparent de **Saturnia** et de ses eaux sulfureuses. Les **Terme di Saturnia** se trouvent à la sortie du village. Prévoyez un maillot et une serviette si vous voulez profiter des installations thermales. Vous aurez le choix entre le centre de remise en forme privé très moderne qui dispense tous les soins de ce type d'établissement (privilège qui vous coûtera un minimum de 14 €) ou la cascade d'eau sulfureuse pour une douche chaude gratuite (en compagnie d'une foule d'autres personnes), suivie d'une baignade dans les bassins où l'eau est à une température constante de 37,5° C.

Si vous êtes amateur de vieilles pierres, les vestiges étrusques de Saturnia, notamment une partie des remparts de la ville, valent le détour. La tombe située à **Sede di Carlo**,

DÉTOUR : DE MONTE ARGENTARIO À MANCIANO

En allant vers Manciano depuis Monte Argentario, tournez à droite au bout de 18,8 km au panneau indiquant Vallerana, puis, après 1,4 km, prenez à gauche vers Pitardi. La route, bordée de vignes sur le côté gauche, traverse un paysage vallonné où l'on voit la ville de Manciano au sommet d'une colline dans le lointain. Au bout de 3,2 km, tournez à gauche pour pénétrer dans une ferme (guettez le panneau *vendita vino-olio*) et demandez Renato, l'exploitant, qui vend une excellente huile d'olive ainsi que du vin rouge et blanc. Après avoir fait vos achats, tournez à gauche en quittant la ferme et continuez à travers les champs peuplés de vaches et de moutons. Prenez à nouveau à gauche au bout de 3,9 km. Après 8,3 km, vous rejoindrez la route de Manciano, chargé de votre précieuse cargaison.

immédiatement au nord-est de la ville, est l'une des mieux conservées de la région.

Venir ici en bus relève de l'utopie car il n'existe quasiment qu'un bus, qui assure irrégulièrement le trajet Grosseto-Pitigliano. La plupart des voyageurs font du stop à partir de Montemerano.

Autre ville fortifiée siennoise, **Manciano** constituera probablement une halte obligatoire si vous vous déplacez dans les environs, mais hormis sa Rocca (forteresse) maintes fois remaniée, elle ne présente guère d'intérêt.

Pitigliano

De Manciano, prenez la SS74 vers l'est jusqu'à Pitigliano, petite ville de 4 300 habitants qui offre une vision inoubliable, surgissant du piton volcanique qui surplombe la campagne environnante. Les gorges qui flanquent la ville sur trois côtés constituent une défense naturelle, complétée à l'est par la forteresse.

Construite à l'origine par les Étrusques, la ville resta hors de l'orbite des grandes cités toscanes comme Florence et Sienne avant d'être finalement absorbée par le grand-duché sous le règne de Cosme Ier de Médicis.

Au cours du XVe siècle, une communauté juive s'y installa, puis s'agrandit avec le bannissement des juifs de Rome en 1569 par le pape Pie IV. Elle fonda un minuscule ghetto où elle vécut jusqu'en 1772. À partir de cette date, la communauté locale de 400 âmes se développa au point que Pitigliano fut surnommée "la Petite Jérusalem". Lorsque les fascistes italiens imposèrent les lois raciales, en 1938, la plupart des juifs étaient déjà partis. Sur les quelque 80 qui restèrent, très peu survécurent à la guerre.

RENSEIGNEMENTS

Le principal **office du tourisme** (☎ 0564 6 71 11 ; Piazza Garibaldi 51 ; ⌚ mai-sept 9h30-13h et 15h-19h, jusqu'à 18h le reste de l'année) fournit quantité d'informations.

À VOIR

Découvrir la ville en arrivant de Manciano est un spectacle magique (surtout la nuit, lorsqu'elle est illuminée) et flâner dans ses ruelles étroites procure un plaisir exquis. Perché sur un piton entouré de gorges, l'endroit aurait pu inspirer Escher. Les escaliers tortueux disparaissent au coin des rues, les allées pavées s'évanouissent sous des arcades et les maisons de pierre semblent avoir été empilées les unes sur les autres par un géant éméché qui aurait joué à entasser des cubes.

En entrant dans Pitigliano, on aperçoit tout d'abord l'aqueduc construit au XVIe siècle. Veillant sur la Piazza Garibaldi et la Piazza Petruccioli qui s'entrelacent, le **Palazzo Orsini** (☎ 0564 61 44 19 ; 3 € ; ⌚ avr-sept mar-dim 10h-13h et 17h-19h (20h en août), oct-mars mar-dim 10h-13h et 15h-17h) date du XIIIe siècle. Dix-huit de ses pièces, accessibles au public, contiennent des œuvres d'art sacré, dont deux peintures de Francesco Zuccarelli, natif de la ville. La majeure partie de l'édifice a été bâtie au cours des siècles suivants. Le palais, aujourd'hui siège de l'évêché local, est une véritable citadelle, une ville dans la ville qui comprend une forteresse, une résidence et un dépôt de munitions.

Dans une zone séparée du palais, le **Museo Archeologico** (☎ 0564 61 40 67 ; Piazza della Fortezza ; adulte/enfant 2,60/1,55 € ; ⌚ avr-sept mar-dim 10h-13h et 16h-19h, oct-mars mar-dim 10h-13h et 15h-18h) abrite une collection présentée de manière didactique au lieu des habituelles vitrines pleines de bric-à-brac antique sans la moindre explication. Dans les caves du palais, le **Museo della Civiltà Giubonnai** (☎ 3477 2 89 65 ; ⌚ groupes de 8 pers minimum sur réservation) est consacré à l'outillage agricole propre à la Maremma.

En pénétrant plus avant dans la ville par la Via Zuccarelli, vous verrez un panneau indiquant sur la gauche **La Piccola Jerusalemme** (☎ 0564 61 60 06 ; Vicolo Manin 30 ; adulte/enfant 2,50/1,50 € ; ⌚ juin-sept mar-dim 10h-12h30 et 16h-19h, oct-mai mar-dim 10h-12h30 et 15h-19h), au cœur de l'ancien ghetto autrefois plein d'animation. Plus ou moins abandonnée jusqu'en 1995, elle a été restaurée à l'aide de vieilles photos et d'autres documents. Un musée de la culture juive, installé dans un bâtiment de 1598, présente une boucherie kasher et une boulangerie où l'on fabriquait du pain azyme, fermée en 1939. Il est possible de visiter le cimetière juif sur rendez-vous.

La **cathédrale** de la ville date du Moyen Âge, mais sa façade est de style baroque et l'intérieur a été modernisé. Plus ancienne, la **Chiesa di Santa Maria** se distingue par sa forme singulière.

Le *bianco di Pitigliano*, cru local, est un vin blanc sec plein de vigueur, d'appellation d'origine contrôlée (voir p. 61 pour plus de détails sur la classification des vins), vendu dans les boutiques qui bordent la Via San Chiara, près de la Piazza Petruccioli.

OÙ SE LOGER ET SE RESTAURER

Plusieurs *affittacamere* (chambres à louer) accueillent des hôtes en ville ou aux alentours. Guettez les panneaux ou renseignez-vous auprès de l'office du tourisme.

Hotel Valle Orientina (☎ 0564 61 66 11 ; www.valleorientina.it ; Località Valle Orientina ; s/d 55/90 €). Dans un charmant cadre pastoral, cet établissement très tranquille possède des thermes du VIIe siècle, ainsi qu'une piscine, des terrains de tennis et une aire de tir à l'arc pour ceux qui ont besoin de se dépenser.

Osteria Il Tufo Allegro (☎ 0564 61 61 92 ; Vico della Costituzione 2, à deux pas de la Via Zuccarelli ; plats à partir de 12 € ; fermé mar). C'est vraiment l'endroit où aller se restaurer. Le service comme la cuisine sont fabuleux, mais le nombre de place limité. Mieux vaut réserver.

OÙ SORTIR

Jerry Lee Bar (☎ 0564 61 60 66 ; Via Roma 28 ; fermé lun ; 3 € /30 min). Les jeunes noctambules se rassemblent ici et des groupes se produisent de temps en temps.

Il Ghetto (Via Zuccarelli 47). Ce nouveau bar à vins élégant, aux murs de brique et au sol dallé, propose du fromage et du saucisson pour accompagner votre boisson favorite.

DEPUIS/VERS PITIGLIANO

Les bus Rama s'arrêtent dans la Via San Chiara, juste à côté de la Piazza Petruccioli. Chaque jour du lundi au samedi, jusqu'à cinq bus se rendent à Grosseto (5 €) en passant par Manciano, mais aucun ne circule le dimanche. Il existe aussi quelques liaisons vers Sorano, mais deux seulement pour Sovana (sauf le dimanche). Pour rejoindre Saturnia, il faut changer de bus à Manciano. Renseignez-vous au terminal pour vérifier les correspondances.

Sovana

Cette jolie petite bourgade rassemble bon nombre de sites étrusques importants et de monuments historiques. Vous trouverez en outre un **bureau d'information** (☎ 0564 61 40 74 ; Palazzo Pretorio, Piazza del Pretorio ; juil-août tlj 9h-13h et 15h-20h, jusqu'à 19h le reste de l'année, nov-fév ven-dim seulement).

Si vous prévoyez de visiter tous les sites archéologiques de Sovana, de Sorano et des environs, l'achat d'un forfait (6,50 €) vaut la peine car il donne accès à la Tomba della Sirena et à la Tomba di Ildebranda, à la Fortezza Orsini de Sorano, aux Necropoli di San Rocco et aux grottes de Vitozza près de San Quirico. Il est en vente sur tous ces sites.

Ville natale du pape Grégoire VII, Sovana possède des demeures médiévales et les vestiges d'une forteresse ayant appartenu à sa famille, à l'extrémité est de la ville, par laquelle vous arriverez. Continuez vers l'ouest le long de la rue principale, qui est pratiquement l'unique de la ville, pour rejoindre la vaste Piazza del Pretorio où se dresse la **Chiesa di Santa Maria** (Piazza del Pretorio ; mai-sept 10h-13h et 14h30-19h, oct-avr jusqu'à 18h,

LES VIE CAVE

Depuis les vallées situées en dessous de Pitigliano, il existe au moins 15 passages creusés dans le roc qui partent dans toutes les directions. Certains voient dans ces gigantesques routes encaissées (*vie cave*) mesurant jusqu'à 20 m de profondeur et 3 m de large des voies sacrées qui reliaient les *necropoli* et les autres sites religieux étrusques. Selon une explication plus prosaïque et moins populaire, ces étranges couloirs mégalithiques auraient été utilisés pour déplacer les troupeaux ou comme une sorte d'ouvrage de défense permettant aux populations de passer d'un village à l'autre sans se faire repérer. Quoi qu'il en soit, chaque année au printemps, durant la nuit de l'équinoxe (19 mars), une procession aux flambeaux parcourt la Via Cava di Giuseppe et rejoint la Piazza Garibaldi à Pitigliano, où on allume un immense feu de joie, symbole de purification et de renouveau qui marque la fin de l'hiver.

La campagne des environs de Pitigliano, Sovana et Sorano est truffée de *vie cave*, qui sont l'occasion de faire de passionnantes excursions depuis chacune de ces localités. Deux des plus remarquables se trouvent à 500 m à l'ouest de Pitigliano sur la route de Sovana : la Via Cava di Fratenuti, avec ses hautes parois à la verticale et ses inscriptions étrusques, et la Via Cava di San Giuseppe, qui passe devant la Fontana dell'Olmo, fontaine creusée dans le roc, dont l'orifice est orné d'une tête sculptée de Bacchus, dieu mythologique de la fécondité, par la bouche duquel l'eau jaillit. Autre bel exemple, la Via Cava San Rocco, près de Sorano, serpente à travers les collines sur 2 km entre la ville et les Necropoli di San Rocco.

janvier sam-dim uniquement). Cette église romane très dépouillée (mais en partie remaniée au cours des siècles suivants) renferme, placé sur l'autel, un superbe ciboire du IXe siècle en marbre blanc, l'un des rares exemples d'art préroman à avoir traversé les siècles en Toscane. Elle abrite également des fresques du début du XVIe siècle.

En suivant la Via del Duomo, vous atteindrez l'imposante **cathédrale** (☎ 0564 61 65 32 ; mêmes horaires que la Chiesa di Santa Maria), à l'extrémité ouest de la ville. De style gothico-roman, elle date à l'origine du IXe siècle.

En parcourant deux kilomètres vers l'ouest sur la route de Saturnia, vous accéderez à une série de **sites archéologiques** (5,50 € pour les deux sites ; ⌚ mars-oct 9h-19h, nov-fév ven-dim 9h-18h). Un panneau jaune, sur la gauche, indique la **Tomba della Sirena**. À partir du premier site, on peut suivre le chemin qui longe des tombes monumentales creusées dans la paroi rocheuse et marcher le long d'une *via cava* (voie creusée).

Le second site, à 300 m plus à l'ouest sur le même chemin, est dominé par la **Tomba di Ildebranda**, de loin la plus grandiose des sépultures étrusques car elle conserve des vestiges de colonnes et d'escaliers. Juste à l'est du minuscule hameau de San Quirico, indiquées depuis la place principale, se trouvent les **grottes troglodytiques de Vitozza** (2 € ; ⌚ mars-oct 9h-19h, nov-fév ven-dim 9h-18h) situées le long d'une crête rocheuse élevée. Durant la préhistoire, des piliers de bois fichés dans des trous creusés dans le roc servaient de fondations. Au nombre de 200 environ, ces habitations troglodytiques forment l'un des ensembles les plus vastes d'Italie.

OÙ SE LOGER ET SE RESTAURER

Taverna Etrusca (☎ 0564 61 61 83 ; fax 0564 614193 ; Piazza Pretorio 16 ; s/d 49/80 €). Si vous voulez passer la nuit à Sovana, essayez cette adresse. Le très bon **restaurant** (plats autour de 13 € ; ⌚ fermé lun) sert des plats typiques de la Maremma.

Scilla (☎ 0564 61 65 31 ; www.scilla-sovana.it ; Via Siviero 1/3 ; s/d 63/92 € ; Ⓟ ❄). Cet hôtel de choix de manque pas d'élégance et les oreillers douillets de ses huit chambres à la décoration blanc et rouille vous garantissent une excellente nuit. Très chic également, le **restaurant** (fermé mar) tout en verre sert des menus à prix raisonnables (26 €), comportant notamment des plats végétariens ou de poisson.

Sorano

De Sovana, faites demi-tour et dépassez l'embranchement vers Pitigliano pour continuer au nord-est en direction de Sorano. Deux kilomètres avant d'arriver, vous découvrirez les **Necropoli di San Rocco** (2 € ; ⌚ mars-oct 9h-19h, nov-fév ven-dim uniquement), un autre lieu de sépulture étrusque. De là, vous pourrez rejoindre Sorano à pied en empruntant une *via cava*.

Dressée sur un piton rocheux, la petite bourgade médiévale de Sorano a conservé en grande partie son plan d'origine. Les maisons blotties les unes contre les autres semblent s'efforcer de ne pas tomber de leur perchoir. Les ruelles du centre médiéval paraissent pour beaucoup n'appartenir qu'aux chats. Un petit **office du tourisme** (☎ 0546 63 30 99) vous attend Piazza Busati.

Principal centre d'intérêt de la ville, la **Fortezza Orsini** (☎ 0564 63 37 67 ; 2 €, visites guidées 3 € à 11h et 17h ; ⌚ mars-oct 9h-13h et 15h-19h, nov-fév ven-dim uniquement) a fait l'objet d'une restauration partielle et renferme un musée consacré à l'époque médiévale.

Vous pouvez aussi monter en haut du **Masso Leopoldino** (2 € ; ⌚ avr-nov 10h-13h et 15h-19h), une vaste plate-forme située au sommet du village, d'où la vue sur la campagne environnante est absolument spectaculaire.

OÙ SE LOGER ET SE RESTAURER

Hotel della Fortezza (☎ 0564 63 20 10 ; www.fortezzahotel.it ; Piazza Cairoli ; s/d 72/123 € ; ❄). Si l'envie de dormir dans une forteresse vous tente, rien de plus simple. Les chambres dégagent une atmosphère moyenâgeuse indéniable avec leurs poutres au plafond et leurs tapisseries, et certaines offrent un merveilleux panorama.

Talismano (☎ 0564 63 32 81 ; Via San Marco 29 ; plats 5-7 € ; ⌚ fermé mar). Cet endroit qui évoque une grotte est chaleureusement recommandé par les habitants. La carte comporte une excellente sélection de pizzas et de spécialités toscanes parmi lesquelles il est difficile de ne pas trouver son bonheur.

L'est de la Toscane

SOMMAIRE

Capitale de la région, facilement accessible en train depuis Florence, Arezzo attire une foule de touristes, mais peu s'aventurent au-delà de cette ancienne cité étrusque dont le cœur historique, dominé par l'un des plus beaux édifices romans de Toscane, recèle assez de trésors pour justifier une excursion d'une journée ou d'un week-end. La ville constitue par ailleurs une excellente base d'où explorer les environs, notamment le nid d'aigle de Cortona (Cortone), qui ouvre des points de vue spectaculaires sur les plaines environnantes de Toscane et d'Ombrie.

Les amateurs d'art ne manqueront pas de se lancer sur les traces de Piero della Francesca, dont on peut voir un cycle de fresques à Arezzo avant de découvrir d'autres de ses chef-d'œuvres à Monterchi et Sansepolcro.

En dehors des villes, l'un des endroits les moins visités de Toscane est le Casentino, région de collines et de forêts luxuriantes parsemée de châteaux et de monastères, qui s'étend à la frontière avec l'Emilia-Romagna.

À NE PAS MANQUER

- Joignez-vous au divertissement médiéval de la Giostra del Saracino, sur la Piazza Grande d'Arezzo (p. 251)
- Admirez le magnifique cycle de fresques de Piero della Francesca à la Chiesa di San Francesco, à Arezzo (p. 249)
- Explorez les petites routes de la région méconnue du Casentino (p. 254)
- Lancez-vous sur les traces de Piero della Francesca, d'Arezzo à Sansepolcro (p. 253)
- Découvrez le patrimoine étrusque de Cortona et savourez le merveilleux panorama sur la campagne toscane et ombrienne (p. 256)

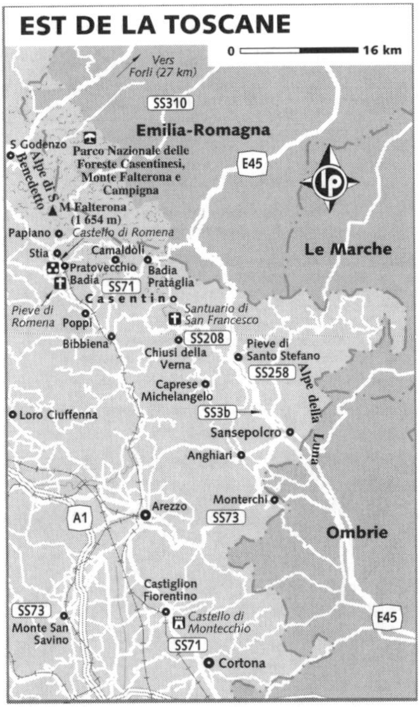

AREZZO

91 400 habitants

Arezzo a gravement souffert des bombardements pendant la Seconde Guerre mondiale. La partie moderne de la ville n'offre pas le paysage urbain le plus attrayant, mais le petit centre médiéval a conservé son charme et renferme plusieurs merveilles. La plus connue, le cycle de fresques réalisées par Piero della Francesca dans la Chiesa di San Francesco, ne saurait vous faire oublier la charmante Piazza Grande ou le joyau de l'architecture romane qu'est la Pieve di Santa Maria. Tous les soirs, les habitants convergent sur le Corso Italia, principale artère piétonnière de la ville, bordée de boutiques, pour flâner, bavarder, manger des *gelati* ou tout simplement passer le temps.

Puissante cité étrusque, absorbée plus tard par l'Empire romain, Arezzo demeura un centre de commerce majeur et florissant. Devenue commune libre au Xe siècle, elle défendit la cause des gibelins lors du long et sanglant conflit qui opposa le pape et l'empereur. Elle perdit finalement son indépendance en 1384 lorsque les guelfes de Florence l'achetèrent.

Arezzo s'enorgueillit à juste titre d'avoir vu naître le poète Pétrarque, l'artiste Vasari, surtout connu pour son livre sur les *Vies des plus excellents architectes, peintres et sculpteurs italiens*, et le producteur et comédien Roberto Benigni, réalisateur et acteur oscarisé de La vie est belle – les lieux de tournage dans la ville sont indiqués par des panneaux où figurent des photos du film ainsi que les dialogues en italien et en anglais.

Orientation

De la gare ferroviaire, située au sud du cœur historique fortifié, longez la Via Guido Monaco en direction du nord-est jusqu'à la piazza du même nom. La vieille ville se trouve au nord-est et la partie moderne au sud-est, le long de la Via Roma.

Renseignements

Hôpital (☎ 0575 3051 ; Via Paolo Toscanelli). Nuovo Ospedale San Donato.
Poste de police (☎ 0575 3181 ; Via Fra Guittone 3).
Bureau de poste (Via Guido Monaco 34).
Office du tourisme (☎ 0575 37 76 78 ; Piazza della Repubblica 28 ; 🕒 avr-oct lun-sam 9h-13h et 15h-19h, dim 9h-13h, nov-mars lun-sam 9h-13h et 15h-18h30).

Chiesa di San Francesco

L'abside de cette **église gothique** du XIVe siècle (☎ 0575 35 27 27 ; Piazza San Francesco ; 🕒 8h30-12h et 14h-19h) renferme l'un des chef-d'œuvres de l'art italien, la *Leggenda della Vera Croce* (Légende de la vraie Croix), cycle de fresques réalisées par Piero della Francesca qui relatent en dix épisodes l'histoire de la croix sur laquelle le Christ fut crucifié. Leur restauration, achevée en 2000, a nécessité 15 ans de travail.

La narration de cette légende médiévale commence dans le coin en haut à droite. Elle retrace l'histoire de l'arbre que Seth plante sur la tombe de son père Adam et dont le bois servira plus tard à fabriquer la Croix. Sur le mur opposé, une scène dépeint Hélène, mère de l'empereur Constantin, découvrant la Croix ; derrière elle, la ville de Jérusalem est représentée sous l'aspect d'Arezzo au Moyen Âge.

La chapelle de la croix étant protégée par un cordon, vous devez acheter un billet (5,10 €) pour observer les fresques de plus près. Les visites ont lieu du lundi au vendredi

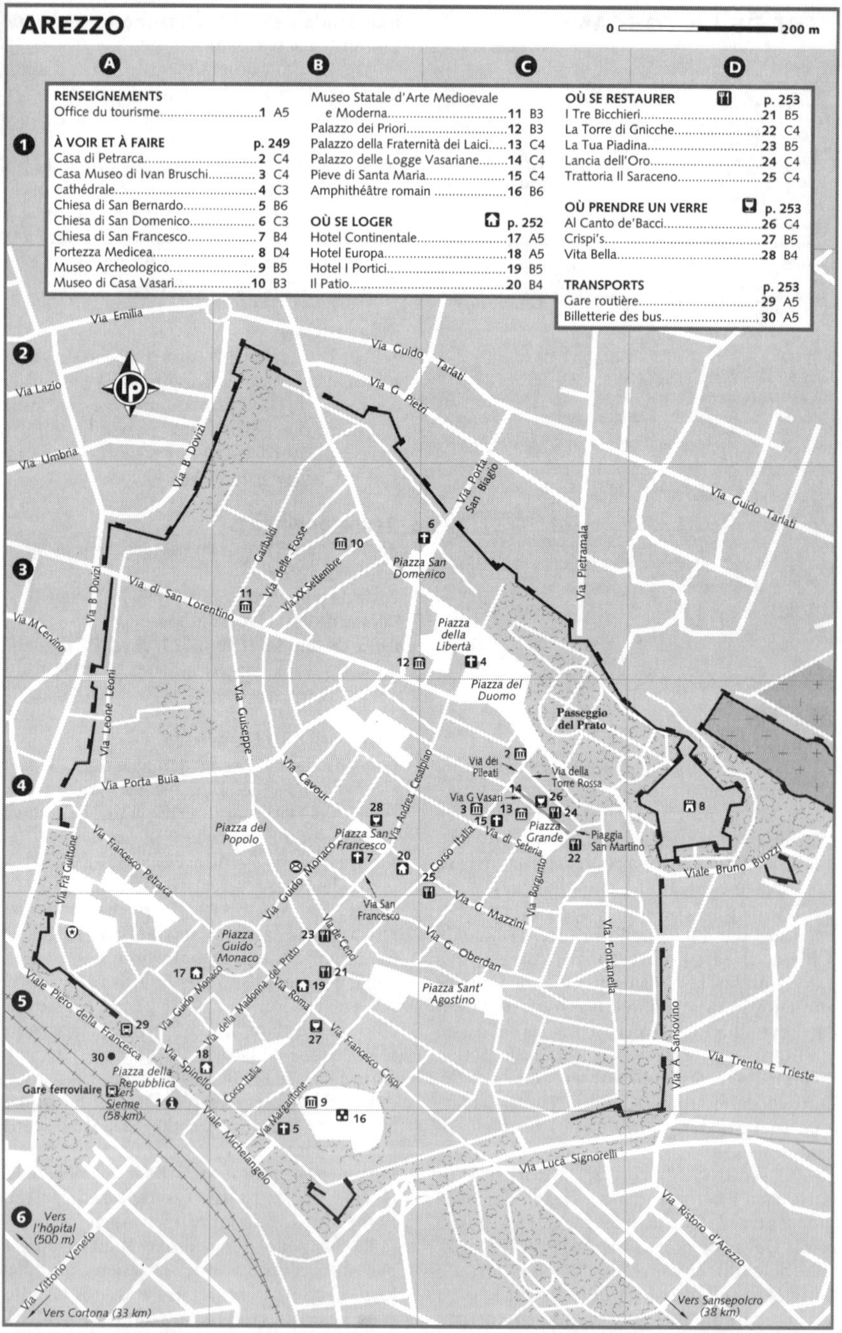
AREZZO
0 200 m
A
B
C
D
1
2
3
4
5
6
RENSEIGNEMENTS
Office du tourisme....1 A5
À VOIR ET À FAIRE p. 249
Casa di Petrarca....2 C4
Casa Museo di Ivan Bruschi....3 C4
Cathédrale....4 C3
Chiesa di San Bernardo....5 B6
Chiesa di San Domenico....6 C3
Chiesa di San Francesco....7 B4
Fortezza Medicea....8 D4
Museo Archeologico....9 B5
Museo di Casa Vasari....10 B3
Museo Statale d'Arte Medioevale e Moderna....11 B3
Palazzo dei Priori....12 B3
Palazzo della Fraternità dei Laici....13 C4
Palazzo delle Logge Vasariane....14 C4
Pieve di Santa Maria....15 C4
Amphithéâtre romain....16 B6
OÙ SE LOGER p. 252
Hotel Continentale....17 A5
Hotel Europa....18 A5
Hotel I Portici....19 B5
Il Patio....20 B4
OÙ SE RESTAURER p. 253
I Tre Bicchieri....21 B5
La Torre di Gnicche....22 C4
La Tua Piadina....23 B5
Lancia dell'Oro....24 C4
Trattoria Il Saraceno....25 C4
OÙ PRENDRE UN VERRE p. 253
Al Canto de'Bacci....26 C4
Crispi's....27 B5
Vita Bella....28 B4
TRANSPORTS p. 253
Gare routière....29 A5
Billetterie des bus....30 A5
Via Emilia
Via Lazio
Via Umbria
Via B Dovizi
Via Guido Tarlati
Via G Pietri
Via Porta San Biagio
Via Pietramala
Garibaldi
Via delle Fosse
Via XX Settembre
Piazza San Domenico
Via di San Lorentino
Via M Cervino
Piazza della Libertà
Piazza del Duomo
Passeggio del Prato
Via Leone Leoni
Via Guiseppe
Via Cavour
Via Andrea Cesalpino
Via dei Pileati
Via della Torre Rossa
Via G Vasari
Via Porta Buia
Via Frà Guittone
Via Francesco Petrarca
Piazza del Popolo
Piazza San Francesco
Via Guido Monaco
Corso Italia
Via di Seteria
Piazza Grande
Piaggia San Martino
Via Borgunto
Viale Bruno Buozzi
Via San Francesco
Via G Mazzini
Via Fontanella
Via de' Cenci
Via G Oberdan
Piazza Guido Monaco
Via della Madonna del Prato
Via Roma
Piazza Sant' Agostino
Viale Piero della Francesca
Via A Sansovino
Via Francesco Crispi
Via Trento E Trieste
Piazza della Repubblica
Via Spinello
Gare ferroviaire
Vers Sienne (58 km)
Via Margaritone
Viale Michelangelo
Via Luca Signorelli
Via Ristoro d'Arezzo
Vers l'hôpital (500 m)
Via Vittorio Veneto
Vers Cortona (33 km)
Vers Sansepolcro (38 km)

de 9h à 18h, le samedi de 9h à 17h30 et le dimanche de 13h à 17h30. Un audio-guide (30 minutes) est compris dans le prix du billet. Le guichet se trouve à droite de l'entrée principale de l'église. Durant la saison touristique, en été notamment, mieux vaut réserver (☎ 0575 90 04 04). Il est également possible d'acheter un billet groupé (10 €), qui comprend les fresques, le Museo Archeologico, le Museo Statale d'Arte Medioevale e Moderna et le Museo di Casa Vasari.

Pieve di Santa Maria et alentours

La magnifique façade romane à arcature de cette **église** du XIIe siècle (☎ 0575 295254 ; Corso Italia ; 8h-13h et 15h-19h) rappelle celle de la cathédrale de Pise. Chaque colonne décline un motif différent. Le campanile du XIVe siècle, avec ses 40 fenêtres, est en quelque sorte l'emblème de la ville. L'intérieur est assez austère, la seule touche de couleur venant du polyptyque (1324) du maître-autel dû à Pietro Lorenzetti, à l'arrière de l'église.

Au-dessous de l'autel trône un buste-reliquaire en argent du XIVe siècle représentant le saint patron de la ville, San Donato. L'église renferme également un crucifix de Margherito di Arezzo, du XIIIe siècle, et un bas-relief en marbre représentant l'*Adoration des Mages* et datant de la même période.

Face à l'église, la **Casa Museo di Ivan Bruschi** (☎ 0575 90 04 04 ; Corso Italia 14 ; 4 € ; mar-dim 10h-13h et 14h-18h) permet de jeter un œil à la collection d'œuvres d'art et d'antiquités rassemblées par le fondateur de la foire à la brocante d'Arezzo.

Piazza Grande et alentours

Cette place pavée et inclinée où se déroule la Giostra del Saracino (voir l'encadré p. 252) est bordée dans sa partie haute par les portiques du **Palazzo delle Logge Vasariane**, achevé en 1573. Côté ouest, le **Palazzo della Fraternità dei Laici** date de 1375. Sa construction, commencée dans le style gothique, s'acheva après le début de la Renaissance. Sur le flanc sud-est de la place s'alignent une série de maisons du Moyen Âge.

La Via dei Pileati mène à la **Casa di Petrarca**, ancienne maison du poète, qui abrite un petit musée et l'Accademia Petrarca. Les visites, sur rendez-vous uniquement, sont à conseiller aux vrais amateurs. Pour tout renseignement, contactez l'office du tourisme.

Cathédrale et alentours

Au sommet de la colline, la **cathédrale** (☎ 0575 2 39 91 ; Via Ricasoli ; 7h-12h30 et 15h-18h30) a été édifiée entre le XIIIe et le XVe siècle. L'intérieur de style gothique renferme plusieurs œuvres d'art exceptionnelles, parmi lesquelles la fresque de la *Maddalena* (Marie-Madeleine) de Piero della Francesca est la plus remarquable. Sur la gauche, la Capella della Madonna del Conforto s'orne de plusieurs images en terre cuite vernissée dues à l'atelier de la famille della Robbia. La cathédrale abrite également la tombe du pape Grégoire X, mort en 1276.

Au sud-est de la cathédrale, de l'autre côté des paisibles jardins à l'anglaise du **Passeggio del Prato**, se dresse la **Fortezza Medicea** (entrée gratuite ; avr-oct 7h-20h, nov-mars 7h30-18h), achevée en 1560. La vue sur la ville et la campagne environnante est encore plus splendide au coucher du soleil.

Chiesa di San Domenico et alentours

La **Chiesa di San Domenico** (☎ 0575 2 29 06 ; Piazza di San Domenico ; 8h30-13h et 15h30-19h) mérite le détour pour son insolite façade asymétrique et son crucifix peint par Cimabue entre 1265 et 1270 et accroché au-dessus du maître autel, où il a été replacé en janvier 2002 après restauration. Le seul autre crucifix de Cimabue, qui se trouve dans la Basilica di Santa Croce de Florence, a été gravement endommagé par les inondations de 1996 et est en bien moins bon état de conservation. L'église renferme également des fresques de Spinello Aretino (1350–1410) et une statue de San Antonio exécutée par della Robbia.

À l'ouest de San Domenico, le **Museo di Casa Vasari** (☎ 0575 40 90 40 ; Via XX Settembre 55 ; 2 € ; mer-lun 9h-19h, sam-dim 9h-13h) a été dessiné et somptueusement décoré par l'artiste lui-même.

Un peu plus à l'ouest, le **Museo Statale d'Arte Medioevale e Moderna** (☎ 0575 409050 ; Via di San Lorentino 8 ; 4 € ; mar-ven 9h-19h, sam-dim 9h-13h) présente des œuvres de maîtres arétins, tels Luca Signorelli et Vasari. Une petite galerie contenant essentiellement des sculptures provenant d'églises des environs occupe le rez-de-chaussée. Le 1er étage abrite des peintres du Moyen Âge, comme Neri di Bicci et Domenico Peccori, une collection de terres cuites vernissées créées par la famille della Robbia et des assiettes en majolique. Le second étage est réservé aux œuvres du XIXe siècle.

LA GIOSTRA DEL SARACINO

Remontant aux temps des Croisades, la joute du Sarrasin est l'une de ces fêtes grandioses et bruyantes dont les Italiens sont si friands et qui opposent les habitants de quartiers rivaux, vêtus de costumes somptueux. Ce tournoi n'a été ressuscité sous sa forme actuelle qu'en 1931 après être longtemps resté dans l'oubli. La journée commence par la lecture d'une proclamation par un héraut, suivie d'une procession de 311 personnes en habits du XIVe siècle et de 31 chevaux. Les participants à la joute sont ensuite bénis par l'évêque d'Arezzo sur les marches de la cathédrale. Cette journée constitue le point fort de l'année pour les quatre *quartieri* (quartiers) de la ville, représenté chacun par une équipe de chevaliers armés de lances. Les chevaliers chargent une effigie de bois installée sur la Piazza Grande, représentant un guerrier sarrasin, le Buratto (pantin). Dans une main, le Buratto tient un bouclier où sont gravés des points et que les chevaliers doivent toucher sans se faire désarçonner par le *mazza-frustro* – trois lourdes balles de cuir suspendues au bout d'une corde – que le Buratto tient de l'autre main. L'équipe gagnante remporte la très convoitée Lance d'or et couvre son quartier de gloire. En 2003, c'est le Quartiere Sant'Andrea qui a gagné le tournoi ; son site web (www.portasantandrea.com) donne des informations intéressantes sur la joute et sur la vie du quartiere en italien et en anglais.

Arezzo est divisée en quartieri depuis le XIe siècle au moins, et on sent toujours dans ville un fort sentiment de fierté et de loyauté au quartier : les drapeaux héraldiques flottent sur les boutiques et les maisons, et des manifestations communautaires ponctuent l'année. Les quartieri portent le nom des quatre portes de la ville et possèdent chacun leurs couleurs : jaune et bleu pour la Porta San Spirito, blanc et vert pour la Porta Sant'Andrea, jaune et cerise pour la Porta del Foro, vert et rouge pour la Porta Crucifera. Ils sont le centre de la vie sociale et culturelle de leurs habitants. À de nombreux égards, ils évoquent de grandes familles, organisant des dîners, des manifestations sportives et des excursions et, plus généralement, stimulant l'esprit communautaire.

Museo Archeologico et amphithéâtre romain

Le **musée archéologique** (☎ 0575 2 08 82 ; Via Margaritone 10 ; 4 € ; ⌚ 8h30-19h30) occupe un ancien couvent dominant les vestiges de l'amphithéâtre romain du IIe siècle, qui accueillait à l'époque 10 000 spectateurs. Il conserve une importante collection d'objets étrusques et romains, notamment des céramiques et des bronzes réalisés dans la région. Parmi les plus belles pièces figurent le *Cratere di Euphronios*, grand vase étrusque datant du VIe siècle av. J.-C., décoré de scènes montrant Hercule en train de se battre, et une rareté, le minuscule portrait d'un homme barbu exécuté sur verre au IIIe siècle de notre ère.

Fêtes et festivals

Fin juin/début juillet, la ville accueille pendant 5 à 6 jours **Arezzo Wave** (www.arezzowave.com - en italien uniquement ; gratuit), un festival de musique qui rassemble des artistes et des groupes venant d'Italie et de l'étranger, ainsi que des musiciens mondialement connus.

La **Giostra del Saracino** (joute du Sarrasin, voir l'encadré ci-dessus) a lieu l'avant-dernier dimanche de juin, puis le premier dimanche de septembre. Tâchez d'être en ville pour cette manifestation pleine de couleur et de pittoresque.

Le premier dimanche de chaque mois, le centre d'Arezzo accueille l'une des plus grandes **foires à la brocante** de Toscane, où il est fortement conseillé d'aller chiner.

Où se loger

Il Patio (☎ 0575 40 19 62 ; fax 0575 2 74 18 ; Via Cavour 23 ; s/d/ste à partir de 130/176/224 € ; ❄). Cet hôtel se détache du lot avec ses sept chambres à thème pleines de caractère, chacune consacrée à l'un des récits de voyage de l'écrivain Bruce Chatwin et décorée de meubles provenant des pays représentés, parmi lesquels l'Australie, le Maroc et la Chine. L'établissement possède également un bon restaurant et la réplique d'un bar de Chicago des années 1930.

Hotel I Portici (☎ 0575 30 09 34 ; Via Roma 18 ; d/ste à partir de 155/260 € ; ❄). Cet élégant quatre-étoiles ne comporte que huit chambres au 4e étage d'un immeuble d'habitation du centre-ville. Il offre des suites luxueuses, toutes différentes, dotées d'une vaste sdb et même d'un jacuzzi pour certaines.

Hotel Continentale (☎ 0575 2 02 51 ; www.hotelcontinentale.com ; Piazza Guido Monaco 7 ; s/d 67/98 € ; ❄ 💻). Ce trois-étoiles moderne et central constitue une option possible, avec ses chambres confortables et immaculées. On peut cependant déplorer le service un peu impersonnel.

Hotel Europa (☎ 0575 35 77 01 ; Via Spinello 43 ; 52/90 s/d €). Un bâtiment plutôt morne qui aurait besoin d'être rénové, mais qui est pratique car proche des gares ferroviaire et routière.

Où se restaurer

La Torre di Gnicche (☎ 0575 35 20 35 ; Piaggia San Martino 8 ; plats environ 6 € ; fermé mer). Non loin de la Piazza Grande, cette *osteria* (restaurant servant des spécialités locales), établie de longue date, dispose d'une belle terrasse et d'une excellente carte des vins.

Trattoria Il Saraceno (☎ 0575 2 76 44 ; Via G. Mazzini 3a ; plats 6,80-35 € ; fermé mer). Les Arétins apprécient cette cuisine toscane sans chichis et à prix modérés. Les pizzas (à partir de 5 €) ne sont servies que le soir.

I Tre Bicchieri (☎ 0575 2 65 57 ; Piazzetta Sopra I Ponti 3-5 ; plats 15 € ; fermé mer). Adresse chic sur une petite place à proximité du Corso Italia, idéale pour manger des cailles rôties au chianti ou des pâtes, ou bien encore prendre un verre au calme.

Lancia d'Oro (☎ 0575 2 10 33 ; Piazza Grande 18-19 ; plats environ 10,50 € ; fermé lun et dim soir). Cuisine toscane typique au menu de cette agréable trattoria, sous une loggia offrant une vue imprenable sur la piazza.

La Tua Piadina (☎ 0575 2 32 40 ; Via de' Cenci 18). Cet établissement très prisé, caché dans une petite rue, propose des plats à emporter et une variété de savoureux *panini* à partir de 3 €.

Où prendre un verre

Crispi's (☎ 0575 2 28 73 ; Via Francesco Crispi 10/12). Pour côtoyer la jeunesse locale, allez prendre un verre dans ce pub qui abrite également un bon restaurant (pizzas à partir de 5,50 €).

Al Canto de' Bacci (☎ 0575 40 14 40 ; Logge Vasari 16). Ce plaisant petit bar à vins permet de goûter les crus de la région, attablé dehors sous la loggia.

Vita Bella (☎ 0575 35 37 96 ; Piazza San Francesco 22). Un endroit agréable face à l'église où vous pourrez siroter un Negroni en regardant passer les gens.

Depuis/vers Arezzo

Les bus qui partent et arrivent Piazza della Repubblica desservent plusieurs villes de Toscane, comme Cortona (2,30 €, 1 heure), Sienne (4,50 €, 1 heure 30) et Florence (5,40 €, 2 heures 30). Arezzo se trouve sur la ligne de chemin de fer qui relie Florence (4,80 €, 1 heure 15) à Rome. La ville est située à quelques kilomètres à l'est de l'A1. La SS73 rejoint Sansepolcro, à l'est.

NORD-EST D'AREZZO

Les amateurs d'art désireux de voir les œuvres maîtresses de Piero della Francesca partiront vers le nord-est et les villes de Monterchi et Sansepolcro, toutes deux pouvant faire l'objet d'une journée d'excursion à partir d'Arezzo.

Monterchi et Anghiari

Monterchi conserve la fresque de Piero della Francesca, la **Madonna del Parto** (Vierge de l'Enfantement ; ☎ 0575 7 07 13 ; Via della Reglia 1 ; adulte/moins de 14 ans/femme enceinte 3,10 €/gratuit/gratuit ; avr-sept mar-dim 9h-13h et 14h-19h, oct-mars jusqu'à 18h), considérée comme l'une des œuvres majeures de l'art italien du XVe siècle, et la seule représentation de la Vierge enceinte datant de cette période.

À quelques kilomètres au nord de Monterchi sur la route de Sansepolcro, le joli village médiéval d'**Anghiari** mérite une

DÉTOUR : CIRCUIT PIERO DELLA FRANCESCA

Cet agréable itinéraire vous conduira dans la Valtiberina (haute vallée du Tibre), l'une des régions les moins connues de Toscane. D'Arezzo, prenez la SS71 au nord sur environ 4 km jusqu'à Ponte alla Chiassa. Obliquez vers l'est à travers les paysages vallonnés des Alpe di Catenaia et passez par le village de Chiaveretto. Poursuivez votre route pour arriver au bourg médiéval bien conservé d'Anghiari, bon endroit pour faire une petite halte. De là, la route, assez terne, continue vers le nord-est sur 6 km pour rejoindre Sansepolcro, où vous attendent plusieurs des chefs-d'œuvre de Piero della Francesca.

Dirigez-vous ensuite vers le sud-ouest le long de la SS73 ; au bout d'une douzaine de kilomètres, vous verrez un panneau indiquant la *Madonna del Parto* (Vierge de l'Enfantement). Prenez la petite route qui part vers l'est sur 3 km, puis tournez au sud et parcourez 500 mètres pour atteindre Monterchi. Arrêtez-vous pour admirer cette œuvre étonnante. Faites ensuite demi-tour pour retrouver la SS73 et continuer vers l'ouest et Arezzo.

brève halte, le temps de flâner dans ses ruelles étroites et tortueuses. Si vous voulez y séjourner plus longtemps, quelques hôtels peuvent vous accueillir, notamment **La Meridiana** (☎ 0575 78 81 02 ; www.hotellameridiana.it ; Piazza IV Novembre 8 ; s/d 34/52 €).

Un bus dessert de temps en temps **Caprese Michelangelo**, village natal du grand Michel-Ange, 17 km plus au nord. Le château abrite le **Museo Michelangelo** (☎ 0575 79 37 76 ; Via Capoluogo 1 ; adulte/enfant 2,58/1,55 € ; mi-juin-oct mar-dim 9h30-18h30, nov-mi-juin 10h-17h) consacré à l'artiste, mais ne présentant guère d'intérêt.

Sansepolcro

Sansepolcro est surtout connu pour être la ville natale de Piero della Francesca (v. 1420-1492), qui la quitta dans sa prime jeunesse et n'y revint que septuagénaire pour rédiger ses traités, notamment l'ouvrage *De la perspective en peinture*. Aujourd'hui, malgré de vilains faubourgs industriels, la ville offre un centre médiéval agréable à explorer.

L'**office du tourisme** (☎ 0575 74 05 36 ; Piazza Garibaldi 2 ; 9h30h-13h et 15h30-19h) est une bonne source de renseignements sur la ville et la région.

Juste à l'extérieur de la principale porte d'entrée dans la ville, le **Museo Civico** (☎ 0575 73 22 18 ; Via Aggiunti 65 ; adulte/enfant 6,20/3 € ; juin-sept 9h-13h30 et 14h30-19h30, oct-mai 9h30-13h et 14h30-18h), dans l'ancien hôtel de ville, abrite plusieurs chefs-d'œuvre de Piero della Francesca. Le plus célèbre est la *Resurrezione* (Résurrection) dans laquelle le Christ, bannière à la main tel un guerrier triomphant, regarde le spectateur d'un air impassible. On trouve également d'autres compositions importantes du maître, notamment le merveilleux polyptyque de la *Madonna della Misericordia*, peint entre 1455 et 1458 à la demande de la confrérie de Sansepolcro Misericordia.

Le musée présente aussi d'autres artistes de la ville, tels Luca Signorelli et Santi di Tito, dont le *Riposo durante la fuga in Egitto* (Repos durant la fuite en Égypte) montre la sainte Famille sous un jour tendre et humaniste.

À l'étage, on peut admirer des fresques des XIVe et XVe siècles, notamment un portrait de saint Sébastien, tandis que le sous-sol contient quelques trouvailles archéologiques et un bric-à-brac d'objets religieux.

Un peu plus loin, le **musée Aboca** (☎ 0575 73 35 89 ; Via Aggiunti 75 ; adulte/enfant 8/4 € ; juin-sept mar-dim 10h-13h et 15h-19h, oct-mai 10h-13h et 14h30-18h), consacré à l'histoire de la pharmacie et des herbes médicinales, renferme une réplique d'un laboratoire du XVIIe siècle. Étant donné son prix d'entrée élevé, l'endroit n'attirera sans doute que les passionnés.

À proximité, la **cathédrale**, érigée au XIe siècle, s'enorgueillit de son *Volto Santo* (Visage saint), étonnant Christ de bois aux yeux grand ouverts remontant au moins au XIIe siècle.

Le second dimanche de septembre, a lieu le **Palio della Balestra**, concours de tir à l'arbalète entre les hommes de Gubbio et de Sansepolcro. C'est l'occasion pour les concurrents de revêtir des costumes médiévaux et de manier des armes anciennes.

Si vous souhaitez passer la nuit en ville, nous vous recommandons les adresses suivantes :

Orfeo (☎ 0575 74 20 61 ; Viale Armando Diaz 12 ; s/d 30/50 €). Cet établissement correct et bon marché se tient juste à l'extérieur de la porte ouest de la vieille ville.

Albergo Fiorentino (☎ 0575 74 03 50 ; fax 0575 74 03 70 ; Via Luca Pacioli 60 ; s/d 50/70 €). Ce vénérable établissement plein de caractère propose des chambres bien tenues. Son pittoresque restaurant (plats environ 8,50 € ; ouvert sam-jeu) sert une cuisine toscane traditionnelle, comme du porc rôti aux fleurs de fenouil.

Les bus SITA relient Arezzo à Sansepolcro (3,10 €, 1 heure, départ toutes les heures), et la ville se trouve sur la ligne de chemin de fer Terni-Perugia.

RÉGION DU CASENTINO

Un circuit dans la région forestière et agricole isolée du Casentino vous fera découvrir cette campagne peu connue qui abrite deux des plus grands monastères toscans et offre de splendides occasions de balade dans le Parco Nazionale delle Foreste Casentinesi, Monte Falterona e Campigna.

Les bus et la ligne de train privée qui partent d'Arezzo permettent de circuler dans la région à petite vitesse, l'idéal étant bien sûr de disposer de son propre véhicule.

Pratovecchio et ses environs

D'Arezzo, suivez la SS71 vers le nord jusqu'à Bibbiena. Là, prenez la SS310 qui traverse Poppi pour rejoindre Pratovecchio. La ville offre peu d'intérêt en soi, hormis la vaste Piazza Garibaldi et ses arcades. Les trains de la société privée La Ferroviaria Italiana (LFI) s'arrêtent régulièrement ici sur la ligne qui relie Arezzo à Stia en passant par Bibbiena et Poppi.

Dans le centre-ville, un **bureau d'information** (☎ 0575 5 03 01 ; Via Brochi 7 ; ⌚ lun-jeu 9h-13h et 15h-17h, ven 9h-13h) fournit des renseignements sur le Parco Nazionale delle Foreste Casentinesi.

Juste à l'ouest de la ville, suivez les panneaux bruns indiquant le **Castello di Romena** et la **Pieve di Romena** de style roman, deux sites qui valent la visite mais ne sont accessibles qu'en voiture ou à pied par le sentier de randonnée du Club Alpino Italiano (CAI).

Propriété privée, le **château** (☎ 0575 58 13 53) renferme un petit musée archéologique. Bâti vers l'an 1000 sur le site d'un village étrusque, l'édifice était au temps de sa splendeur un immense ensemble architectural entouré d'une triple enceinte. Dante se serait inspiré du donjon dans ses cercles de l'Enfer. Avant de vous déplacer, appelez pour vous renseigner sur les horaires d'ouverture, très fluctuants.

Deux kilomètres plus loin, **Stia** est le terminus de la ligne de chemin de fer. Comme Pratovecchio, elle n'a rien pour vous retenir, en dehors de sa jolie place centrale et de ses arcades.

Parco Nazionale delle Foreste Casentinesi

Ce parc national s'étend de part et d'autre de la frontière entre la Toscane et l'Emilia-Romagna et englobe plusieurs zones parmi les plus spectaculaires des Apennins. La partie toscane couvre un territoire plus souriant que sa voisine.

C'est au **Monte Falterona** (1 654 m), l'un des plus hauts sommets, que l'Arno prend sa source. Les autorités du parc ont tracé neuf courts sentiers de découverte de la nature. En dehors de la population humaine, qui comprend les habitants des deux monastères, ce territoire abrite une faune très variée (renards, loups, cerfs, sangliers et près de 80 espèces d'oiseaux). Les forêts épaisses offrent en été un refuge plein de fraîcheur, idéal pour marcher et échapper à la foule. La Grande Escursione Appenninica (GEA) passe par là, et d'autres sentiers (notamment ceux balisés par le CAI) sillonnent le parc. Pour plus de détails, contactez le bureau d'information à Pratovecchio (voir p. 254).

Camaldoli

Une route serpente à flanc de colline vers l'ouest de Pratovecchio (en traversant la ligne de chemin de fer au nord de la gare) en direction de Camaldoli. Le parcours est un vrai plaisir : la forêt luxuriante et les panoramas splendides compensent largement l'énergie dépensée à négocier les virages. La route débouche sur un croisement qui mène à gauche à l'**Eremo di Camaldoli** et à droite au **Monastero di Camaldoli** (☎ 0575 55 60 12 ; www.camaldoli.it ; ⌚ 8h30-12h30 et 14h30-18h30). Des visites guidées gratuites ont lieu sur demande.

L'histoire veut que le comte Maldolo (auquel la localité doit son nom) ait fait don en 1012 de ces terres isolées à saint Romuald. Vers 1023, celui-ci entreprit de construire le monastère pour accueillir la congrégation des Camaldolesi (camaldules), branche ascétique de l'ordre bénédictin, qui devint l'une des forces les plus puissantes de la Toscane médiévale. À travers une grille, on aperçoit 20 maisonnettes revêtues de céramiques, qui abritent les cellules des moines vivant encore ici aujourd'hui.

Suivez la route en descendant sur 3 km pour vous rendre au monastère. Autrefois, les moines cultivaient des plantes dans les forêts des alentours pour mettre au point diverses potions. Après vous être promené librement dans les environs, ne manquez pas d'aller faire un tour à l'**Antica Farmacia** (⌚ mar-jeu 9h-12h30 et 14h30-18h), où les moines continuent à fabriquer toutes sortes de liqueurs, miels, parfums et chocolats. Si la *farmacia* est fermée, le bar de l'Albergo Camaldoli vend quelques-uns de leurs produits, que l'on trouve également dans les villes de la région, notamment à Arezzo.

Pour dormir sur place, essayez **La Foresta** (☎ 0575 55 60 15 ; Via Camaldoli 5 ; s/d à partir de 19/31 €), établissement au confort spartiate installé juste de l'autre côté de la route.

Poppi et Bibbiena

Perchée au sommet d'une colline qui domine l'Arno, Poppi est indubitablement la cité la plus frappante du Casentino. Elle est dominée par l'impressionnant **Castello dei Conti Guidi** (☎ 0575 52 05 16 ; Piazza Repubblica 1 ; adulte/enfant 4/3 € audio-guide compris ; ⌚ juin-oct 10h-18h), bâti par les comtes qui édifièrent également le Castello di Romena. Vous admirerez surtout la chapelle du second étage, avec ses fresques de Taddeo Gaddi. *Le Festin d'Hérode* montre

Salomé en train de danser en faisant claquer ses doigts, accompagnée par un joueur de luth, et le corps décapité de saint Jean-Baptiste effondré dans un coin. Allez aussi jeter un coup d'œil à la Sala della Feste et à ses fresques restaurées datant du Moyen Âge. Une incertitude entoure l'origine de cette résidence médiévale fortifiée. Vasari l'attribue au père d'Arnolfo di Cambio, qui s'en servit ensuite comme modèle pour ériger le Palazzo Vecchio à Florence. D'autres affirment qu'Arnolfo construisit une partie de ce château en s'inspirant du travail qu'il réalisa à Florence. Le mystère demeure.

Si vous souhaitez passer la nuit ici, l'**Albergo Casentino** (☎ 0575 52 90 90; www.albergocasentino.it ; Piazza della Repubblica 6 ; s/d 47/62 €) loue d'agréables chambres avec vue sur le château, et son restaurant possède un jardin ombragé.

Poppi se trouve sur la ligne de chemin de fer LFI entre Arezzo et Stia. Les bus LFI desservent également plusieurs destinations dans toute la province.

L'intérêt de **Bibbiena** réside dans les transports en commun qui la relient au parc national. Six bus par jour se rendent en 45 minutes environ à Camaldoli (1,60 €) et Verna (2,10 €). Ils partent en général quelques minutes après que les trains soient arrivés en gare.

Santuario di San Francesco (Verna)

À 23 km à l'est de Bibbiena, cet ensemble monastique franciscain attire un plus grand nombre de pèlerins que le monastère de Camaldoli. Marquant la limite méridionale du parc national, il se trouve à 5 km au-dessus de Chiusi della Verna, dans un endroit qui porte le nom de Verna. C'est ici que saint François d'Assise aurait reçu les stigmates et, dans un sens, le site est plus emblématique de l'état d'esprit franciscain que la ville même d'Assise.

En entrant dans le complexe monastique, suivez les panneaux indiquant le **sanctuaire** (☎ 0575 5341 ; ⌚ 6h30-21h). Vous arriverez tout d'abord devant la Chiesa Maggiore (ou Basilica), décorée d'admirables terres cuites vernissées d'Andrea della Robbia. Sont exposés là plusieurs reliquaires contenant des objets ayant appartenu au saint, notamment son bâton de marche et des vêtements portant des traces de sang laissées par les blessures des stigmates.

Près de l'entrée de la Basilica, la Cappella della Pietà ouvre sur le Corridoio delle Stimmate (orné de fresques racontant la vie du saint) qui conduit au cœur du sanctuaire – une série de chapelles consacrées à la vie de saint François d'Assise. Le chef-d'œuvre est la Cappella delle Stimmate, magnifiquement décorées de terres cuites exécutées par Luca et Andrea della Robbia.

Les pèlerins peuvent loger dans la *foresteria* (maison pour les hôtes de passage) du monastère. Pour plus d'informations, appelez le sanctuaire.

SUD D'AREZZO

Castiglion Fiorentino

Si vous avez le temps, n'hésitez pas à faire halte dans ce village accroché à flanc de colline qui se trouve sur la ligne de bus reliant Arezzo à Cortona. Âprement disputé tout au long du Moyen Age pour sa position stratégique, il finit par passer sous la domination de Florence en 1384.

Son principal centre d'intérêt est la **Pinacoteca** (☎ 0575 65 74 66 ; Via del Cassero ; 3 € ; ⌚ mar-dim 10h-12h30 et 16h-18h30) qui rassemble quelques peintures médiévales, dont des œuvres de Taddeo Gaddi. Non loin, le **Museo Archeologico** (☎ 0575 65 94 57 ; Via del Tribunale 8 ; 3 €, 5 € avec la Pinacoteca ; ⌚ mar-dim 10h-12h30 et 16h-18h30) présente une petite collections d'objets mis au jour dans la région.

Quelques kilomètres plus au sud sur la route de Cortona, vous ne manquerez pas d'apercevoir le **Castello di Montecchio**, formidable redoute que Florence donna en remerciement au mercenaire anglais Sir John Hawkwood (v. 1320–1394), dont on peut voir le portrait au Duomo de Florence (voir p. XX). Aujourd'hui propriété privée, le château est fermé aux visiteurs.

Cortona

22 000 habitants

Bâtie au flanc d'une colline couverte d'oliviers, Cortona, qui a peu changé depuis le Moyen Âge, offre un splendide point de vue sur la campagne toscane. Ce petit village fondé par les Étrusques au VIIIe siècle av. J.-C., devenu plus tard romain, attira à la fin du XIVe siècle des personnages tels que Fra Angelico, qui vécut et travailla ici une dizaine d'années. La ville se visite en quelques heures et elle vaut largement le détour, ne serait-ce que pour admirer le panorama : par une belle journée, la vue s'étend jusqu'au Lago di Trasimeno en Ombrie.

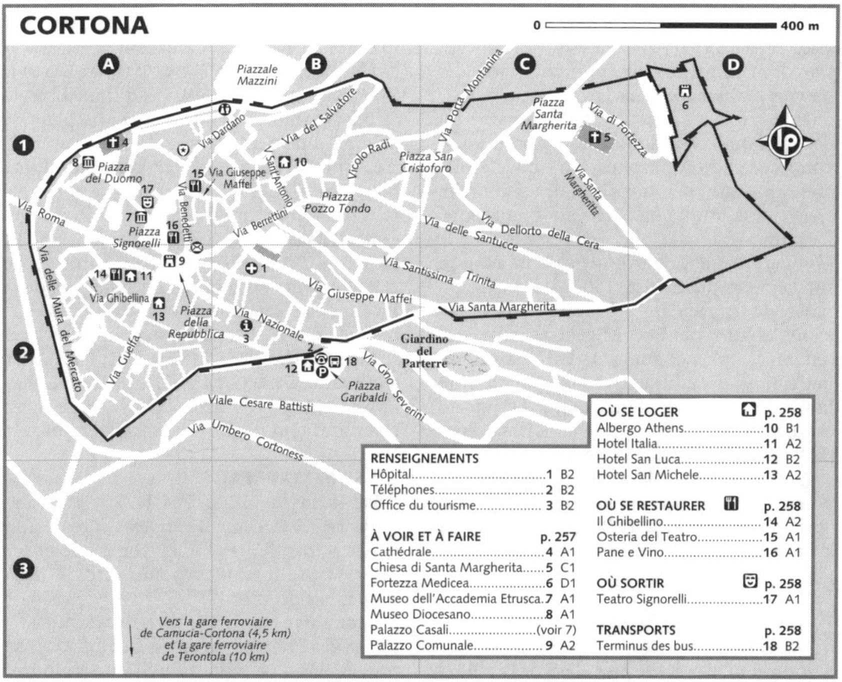

ORIENTATION ET RENSEIGNEMENTS

Les bus arrivent sur la Piazza Garibaldi, à la périphérie sud-est des remparts, après une longue montée tortueuse depuis la vallée. La place, où est aménagé un parking, offre une vue exceptionnelle sur la campagne toscane et ombrienne. De là, prenez la Via Nazionale jusqu'à la Piazza della Repubblica, le centre de la ville.

L'**office du tourisme** (☎ 0575 63 03 52 ; Via Nazionale 42 ; 🕓 9h-13h et 15h-18h, juillet-sept jusqu'à 19h) propose quelques brochures touristiques.

À VOIR ET À FAIRE

Commencez par la Piazza della Repubblica et son **Palazzo Comunale** crénelé, rénové au XIXe siècle.

Au nord se trouve la Piazza Signorelli, baptisée en l'honneur du peintre Luca Signorelli, dominée par le **Palazzo Casali** du XIIIe siècle. À l'intérieur, le **Museo dell'Accademia Etrusca** (☎ 0575 63 04 15 ; Piazza Signorelli 9 ; 4,20 € ; 🕓 avr-oct 10h-19h, nov-mars 10h-17h) présente un ensemble éclectique d'œuvres d'art et d'antiquités, notamment des bronzes étrusques, des peintures médiévales et des meubles du XVIIIe siècle. L'une des pièces les plus étonnantes est une lampe à huile étrusque en bronze datant du Ve siècle av. J.-C. et décorée de personnages mythologiques. La collection égyptienne comprend des papyrus et des momies remarquablement bien conservés. Sont également exposées des peintures de Ghirlandaio et de Neri di Bicci, ainsi que des œuvres du futuriste Gino Severini, né à Cortona. La salle Médicis, à la décoration très élaborée, conserve deux globes terrestres du début du XVIIIe siècle, dont l'un montre l'*Isola di California* séparée de la côte ouest de l'Amérique. À l'étage, on peut voir certains objets découverts dans les tombes étrusques de la région. Des visites guidées (7 €) organisées pour des groupes de six personnes minimum partent du guichet de vente des billets à 10h30. Il existe aussi des visites guidées (10,50 €, réservation un jour à l'avance) des trois tombes étrusques qui se trouvent dans la campagne environnante.

Sur la Piazza del Duomo, au nord-ouest de la Piazza Signorelli, la **cathédrale** de style largement XVIIIe contient tout un éventail de peintures sans grand intérêt. L'ancienne église du Gesù qui lui fait face accueille le

Museo Diocesano (☎ 0575 6 28 30 ; Piazza Duomo 1 ; adulte/enfant 5/3 € ; avr-oct 10h-19h, nov-mars 10h-17h), dont la petite collection comporte des œuvres maîtresses. Dans la salle 1, un remarquable sarcophage de l'époque romaine est décoré d'une scène de bataille acharnée entre Dionysos et les Amazones. On trouve également quelques peintures de Luca Signorelli, série qui continue dans la salle 4 adjacente. La composition la plus intéressante est le *Compianto sul Cristo Morto* (Lamentation sur la mort du Christ, 1502). Le joyau du musée se trouve dans la salle 3 : l'*Annunciazione* (1436) de Fra Angelico, l'une des œuvres les plus connues de la Renaissance, qui éclipse les tableaux voisins par sa pure luminosité. Au rez-de-chaussée, l'Oratorio est orné de fresques représentant des scènes bibliques, dues à l'atelier de Vasari.

La partie est de la ville est sillonnée de petites rues pavées calmes et escarpées, qui abritent la **Chiesa di Santa Margherita**, église de style XIXe et son tombeau de sainte Marguerite (XIVe siècle), patronne de Cortona. Plus haut sur la colline, au bout de la Via di Fortezza, se dresse la silhouette menaçante de la **Fortezza Medicea** qui domine encore aujourd'hui le point le plus élevé de la ville et d'où le panorama embrasse toute la région.

FÊTES ET FESTIVALS

La **Giostra dell'Archidado** (joute de l'Archidado) se déroule sur dix jours fin mai/début juin et donne lieu à des démonstrations de tir à l'arbalète et à la présentation de pièces de théâtre, sur fond de rivalité entre quartiers et de défilés en costume au son des trompettes. Chaque année, l'immense **Mostra Antiquaria**, l'une des foires aux antiquités les plus importantes d'Italie, dure environ une semaine entre la fin août et les premiers jours de septembre. La **Sagra della Bistecca** (fête du bifteck), organisée les 14 et 15 août, fait le bonheur des amateurs de viande qui se réunissent dans le Giardino del Parterre envahi par les stands de grillades.

OÙ SE LOGER

Hotel San Luca (☎ 0575 63 04 60; www.sanlucacortona.com, en anglais ; Piazza Garibaldi 1 ; s/d 70/100 € ;). Bien situé près de l'arrêt des bus, cet hôtel agréable et moderne propose des chambres spacieuses, certaines bénéficiant d'une vue panoramique. Vous pourrez manger au restaurant adjacent.

Albergo Athens (☎ 0575 63 05 08 ; fax 0575 60 44 57 ; Via Sant'Antonio 2 ; s/d 29/42 €). Option correcte et bon marché, si vous n'avez pas peur de grimper une pente très raide. Les chambres très simples jouissent pour certaines d'une belle vue. Celles qui n'ont pas de sdb coûtent légèrement moins cher.

Hotel Italia (☎ 0575 63 02 54 ; fax 0575 60 57 83 ; Via Ghibellina 5 ; s/d 70/97 € ;). Les chambres de cette demeure ancienne, à quelques pas de la Piazza della Repubblica, sont confortables et bien tenues. Il existe un restaurant sur place.

Hotel San Michele (☎ 0575 60 43 48 ; www.hotelsanmichele.net ; Via Guelfa 15 ; s/d 83/150 € ;). C'est l'établissement le plus luxueux de la ville, avec chambres tout confort et parking gratuit.

OÙ SE RESTAURER

Il Ghibellino (☎ 0575 63 02 54 ; Via Ghibellina 9 ; plats à partir de 6,20 €). Dans les caves voûtées d'un *palazzo* du XVIIe siècle, venez déguster une cuisine toscane typique arrosée d'un bon choix de vins.

Pane e Vino (☎ 0575 63 10 10 ; Piazza Signorelli 27 ; plats environ 20 €). Au cœur de Cortona, on se presse dans ce restaurant pour savourer des *lambatine di cinghiale brasato* (sanglier braisé), un vrai régal.

Osteria del Teatro (☎ 0575 63 05 56 ; Via Giuseppe Maffei 2 ; repas environ 25 € ; fermé mer). Meilleure adresse de la ville, c'est aussi sans doute la dernière *osteria* authentique de Cortona. À essayer absolument : les *ravioli ai fiori di zucca* (ravioli aux fleurs de potiron).

COMMENT S'Y RENDRE ET CIRCULER

Les bus LFI qui partent de la Piazza Garibaldi se rendent à Arezzo *via* Castiglion Fiorentino, au rythme d'au moins 12 départs par jour en semaine.

Deux gares ferroviaires desservent la ville. Les trains venant d'Arezzo (2 €) s'arrêtent à la gare de Camucia-Cortona, à environ 5 km de Cortona dans la vallée. Ceux qui vont à Rome font halte à Terontola, à environ 10 km au sud de la ville. Des navettes relient Camucia (1 €, 10 minutes) et Terontola (1,60 €, 25 minutes) à la Piazza Garibaldi. En voiture, la ville se trouve sur l'axe nord-sud de la SS71, qui traverse Arezzo et passe non loin de la superstrada reliant Perugia à l'A1.

Ombrie

Le nord de l'Ombrie

SOMMAIRE

L'Italie possède un cœur vert : l'Ombrie.

Ce slogan touristique s'avère parfaitement fondé. La province, dépourvue d'ouverture maritime, ne borde aucun autre pays. Région la plus rurale de l'Italie, elle rassemble cités médiévales, terres arables doucement ondulant et ruines antiques. Si elle n'est pas terre inconnue, elle n'est pas prise d'assaut par le tourisme comme sa voisine la Toscane... du moins pas encore.

Hormis quelques sites fort laids le long des autoroutes et dans les banlieues, l'Ombrie reste pour l'essentiel incroyablement pittoresque et ses habitants saisissent la moindre occasion de faire la fête, que ce soit pour célébrer les peintres de la Renaissance, les pièces de monnaie romaines ou l'huile d'olive. L'Ombrie accueille plus de *manifestazioni* – festivals, films en plein air, concerts, défilés, foires, tournois médiévaux, salons professionnels, etc. – que toute autre région de la planète. Sa ville la plus connue est bien sûr Assise, mais Perugia, avec sa vaste gamme d'activités et de curiosités, constitue une destination cosmopolite. Le vrai visage de l'Ombrie se trouve cependant dans ses petites villes, Todi, Spoleto et Spello, sans parler des innombrables villages et hameaux que l'on pourrait passer des jours à explorer. On peut faire le tour de l'Ombrie en voiture en une journée. Partez donc au hasard le long de ses petites routes !

Si vous disposez d'un véhicule, vous pourrez loger où vous voudrez. Sinon, trouvez un hébergement dans une ville bien desservie par les transports en commun, comme Perugia. Foligno, Spello et Assise se trouvent aussi sur la principale voie de chemin de fer. Le Lago di Trasimeno, équidistant de Rome et de Florence, offre un point de vue remarquable sur les villes avoisinantes.

À NE PAS MANQUER

- Dégustez du *cinghiale* (sanglier) et des *tartufi* (truffes) et savourez du *sagrantino* (vin ombrien) dans un restaurant de Montefalco (p. 299)
- Assistez au festival Umbria Jazz à Perugia (p. 268)
- Profitez d'une séance de cinéma en plein air à la Pinacoteca de Città di Castello (p. 285)
- Plongez dans l'histoire de saint François à la basilique d'Assise (p. 289)
- Participez à des festivals célébrant aussi bien l'histoire que la danse, le chocolat, les gnocchi ou les escargots

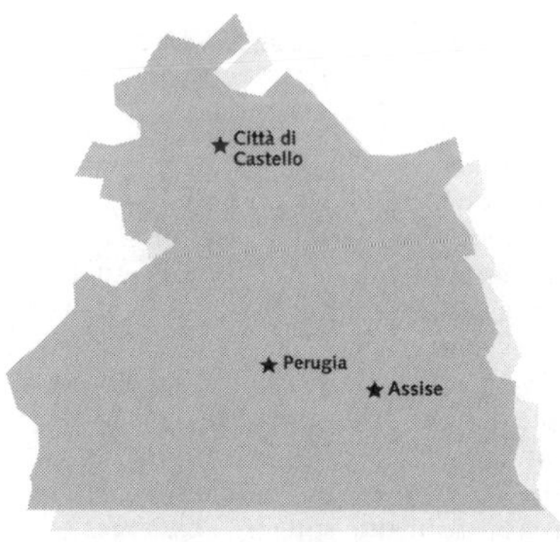

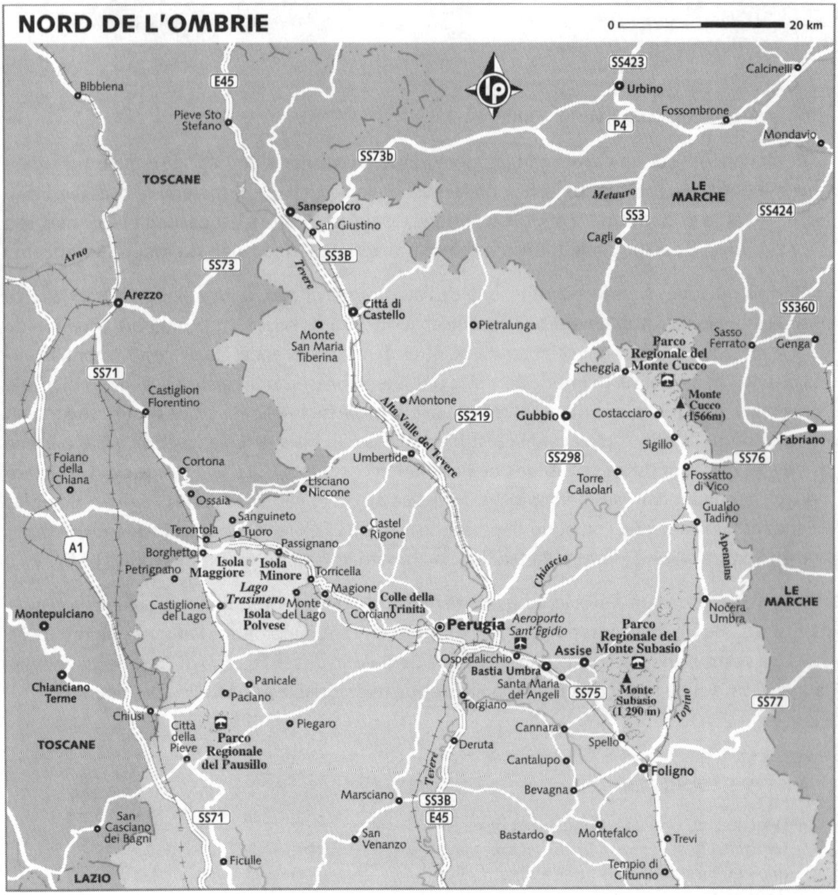

PERUGIA

149 350 habitants

L'une des cités médiévales italiennes les mieux conservées, Perugia est aussi une ville étudiante pleine de vie où foisonnent les manifestations culturelles, les restaurants et les concerts.

Elle a vécu une histoire riche et sanglante. Le peuple des Ombriens, installé dans la région, contrôlait le territoire compris entre l'actuelle Toscane et les Marches, mais la ville ne vit le jour que sous les Étrusques et atteignit son apogée au VIe siècle av. J.-C. Passée sous domination romaine en 310 av. J.-C. et baptisée Perusia, elle subit au Moyen Âge les querelles intestines opposant les Baglioni et les Oddi, et s'engagea dans de violents conflits avec ses voisines. Au milieu du XIIIe siècle, elle vit naître l'étrange secte des Flagellants, dont les membres s'autoflagellaient en signe de pénitence. En 1538, sous le pape Paul III, la ville entra dans le domaine pontifical pour y rester près de trois siècles. C'est durant cette période, sous la domination des guelfes, qu'elle mena des guerres contre nombre de cités voisines.

Perugia possède une longue tradition culturelle et artistique. Au XVe siècle, ville des grands peintres Bernardino Pinturicchio et son maître Pietro Vannucci, dit le Pérugin (dont Raphaël fut l'élève), elle attira également les Toscans Fra Angelico et Piero della Francesca. Aujourd'hui, l'Università per Stranieri, fondée en 1925, propose des cours en italien à des milliers d'étudiants du monde entier.

Orientation

Principale artère du vieux Perugia, le Corso Vannucci (patronyme du Pérugin) relie, du sud au nord, la Piazza Italia, la Piazza della Repubblica et la Piazza IV Novembre. Cette dernière, qui marque le cœur de la vieille ville, est bordée par la cathédrale et par le Palazzo dei Priori. Presque toutes les adresses mentionnées dans la rubrique ci-dessous se trouvent dans un rayon de quelques pâtés de maisons autour de cette place. Les bus interurbains vous déposent à la Piazza dei Partigiani, d'où vous pouvez prendre une *scala mobile* (escalator) jusqu'à la Piazza Italia. Plusieurs bus municipaux vont directement de la Stazione Fontivegge, gare ferroviaire située à l'ouest du centre-ville, à la Piazza Italia.

Renseignements

LIBRAIRIE

La Libreria (☎ 075 573 50 57 ; Via Oberdan 52) Propose un choix de livres en anglais.

URGENCES

Poste de police (☎ 075 5 06 21 ; Piazza dei Partigiani).

COMMUNAUTÉ HOMOSEXUELLE

Solidarietà Totale (☎ 075 572 31 75 ; Via A. Fratti 18) Renseignements sur les manifestations homosexuelles.

ACCÈS INTERNET

InformaGiovani (voir Offices du tourisme).
InfoUmbria (voir Offices du tourisme).
Tempo Reale (voir Téléphone).

SITES INTERNET

www.perugia.it Informations sur la région de Perugia, notamment le Lago di Trasimeno.
www.umbria2000.it
www.bellaumbria.net Le site web le plus complet sur l'Ombrie. La page "Manifestations et traditions" permet de rechercher un festival en entrant la ville ou la date. Les informations sont traduites en anglais, en français, en allemand et en espagnol.
www.umbria.org
www.argoweb.it
www.umbriaonline.it
www.umbriatrasporti.it Donne des renseignements sur les trains et les bus – vous pouvez aussi appeler le ☎ 800 51 21 41 une fois arrivé en Italie pour obtenir des informations.
www.perugia.it Bonnes informations sur la région de Perugia, y compris le Lago di Trasimeno.
www.tourinumbria.com Liste complète d'adresses pour les voyageurs handicapés.
www.abitarelastoria.it Regroupement de grands hôtels historiques, de manoirs et de châteaux, dont plus d'une douzaine en Ombrie et en Toscane.

NETTOYAGE

67 Laundry (Via Pinturicchio ; ⏲ tlj 8h-20h).Vend des doses de lessive.
Onda Blù (Corso dei Bersaglieri 4 ; ⏲ tlj 8h-20h).

CONSIGNE

InfoUmbria (voir Offices du tourisme). Comptez 1,30 € la première heure, 0,80 € l'heure supplémentaire et 3 € la journée pour laisser vos bagages dans ses bureaux situés près de la gare routière, sur la Piazza dei Partigiani.

SERVICES MÉDICAUX

Médecin de garde (☎ 075 3 40 24).
Farmacia San Martino (pharmacie ; Piazza Matteotti 26 ; ⏲ 24h/24)
Hôpital Monteluce (☎ 075 578 34 22 ; Piazza Monteluce)

ARGENT

Les changeurs automatiques de devises ne fonctionnent plus maintenant que l'Italie est passée à l'euro. De nombreuses banques, toutes dotées de distributeurs de billets, jalonnent le Corso Vannucci.

POSTE

Mail Boxes Etc (☎ 075 50 17 98 ; Via D'Andreotto 71 ; ⏲ 8h30-12h30 et 15h-18h). Pour envoyer des paquets par FedEx ou Airborne Express.
Bureau de poste (Piazza Matteotti ; ⏲ lun-sam 8h10-18h).

TÉLÉPHONE

Centro Omnitel (☎ 075 572 37 78 ; Piazza Danti 17). Vend des téléphones portables parmi les moins chers de Perugia. Les prix peuvent aller jusqu'à 500 €, mais vous en trouverez ici pour 79 €.
Tempo Reale (☎ 075 573 55 33 ; Via del Forno 17 ; ⏲ tlj 8h-22h ; 💻). Dispose de cabines d'où appeler le Canada et la plupart des pays d'Europe pour 0,11 €. L'accès Internet coûte 1,50 € l'heure, au prorata du temps utilisé.

OFFICES DU TOURISME

InformaGiovani (☎ 075 572 06 46 ; Via Idalia 1, près de la Via Pinturicchio ; ⏲ lun-ven 10h-13h30, lun-mer 15h30-17h ; 💻 1 € /30 min) Donne aux jeunes voyageurs et aux étudiants vivant à Perugia des informations sur la culture italienne, les possibilités d'emploi, les cours et les voyages. Cette agence distribue toutes sortes de brochures

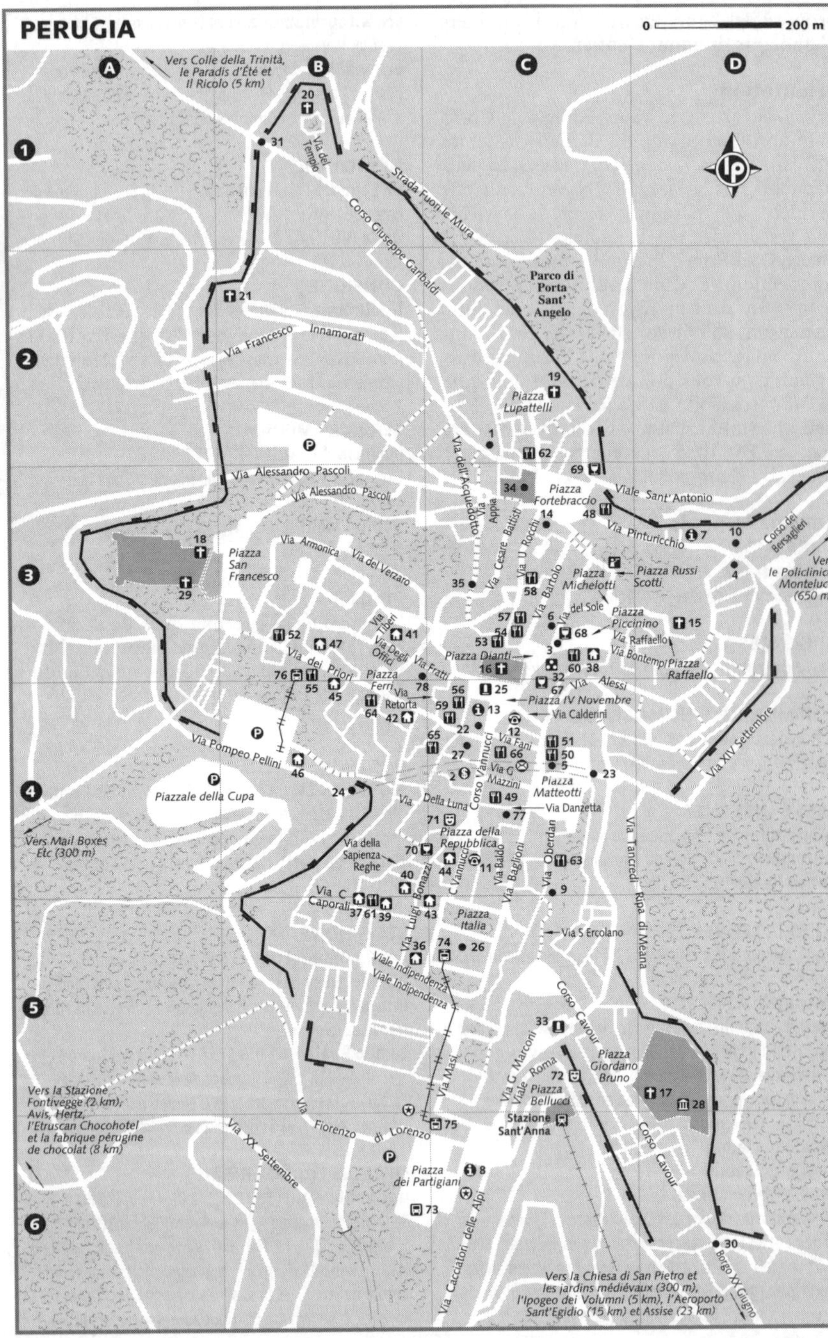
PERUGIA
0
200 m
A
B
C
D
1
2
3
4
5
6
Vers Colle della Trinità, le Paradis d'Été et Il Ricolo (5 km)
Via del Tempio
Strada Fuori le Mura
Corso Giuseppe Garibaldi
Parco di Porta Sant' Angelo
Via Francesco Innamorati
Piazza Lupattelli
Via Alessandro Pascoli
Via dell' Acquedotto
Via Appia
Piazza Fortebraccio
Viale Sant' Antonio
Via Pinturicchio
Corso dei Bersaglieri
Vers le Policlinico Monteluce (650 m)
Via Cesare Battisti
Via U Rocchi
Via Bartolo
Piazza Michelotti
Piazza Russi Scotti
Via Armonica
Via del Verzaro
Piazza San Francesco
Via del Sole
Piazza Piccinino
Via Raffaello
Via Bontempi
Piazza Raffaello
Via Tiberi
Via Degli Offici
Via Fratti
Via dei Priori
Piazza Dianti
Piazza Ferri
Via Retorta
Via Alessi
Piazza IV Novembre
Via Calderini
Via XIV Settembre
Via Pompeo Pellini
Piazzale della Cupa
Corso Vannucci
Via Fani
Via G Mazzini
Piazza Matteotti
Via Della Luna
Via Danzetta
Vers Mail Boxes Etc (300 m)
Piazza della Repubblica
Via della Sapienza
Via Reghe
Via Baldo
Via Baglioni
Via Oberdan
Via Tancredi Ripa di Meana
Via C Caporali
Via Luigi Bonazzi
C Vannucci
Piazza Italia
Via S Ercolano
Viale Indipendenza
Corso Cavour
Piazza Giordano Bruno
Via G Marconi
Viale Roma
Piazza Bellucci
Stazione Sant'Anna
Via Masi
Vers la Stazione Fontivegge (2 km), Avis, Hertz, l'Etruscan Chocohotel et la fabrique pérugine de chocolat (8 km)
Via XX Settembre
Via Fiorenzo di Lorenzo
Piazza dei Partigiani
Via Cacciatori delle Alpi
Borgo XX Giugno
Vers la Chiesa di San Pietro et les jardins médiévaux (300 m), l'Ipogeo dei Volumni (5 km), l'Aeroporto Sant'Egidio (15 km) et Assise (23 km)

RENSEIGNEMENTS
67 Laundry....1 C2
Cassa di Risparmio di Perugia (banque et distributeur)....2 C4
Centro Omnitel....3 C3
CTS....4 D3
Farmacia San Martino....5 C4
Il Periscopio....6 C3
InformaGiovani....7 D3
InfoUmbria/InfoTourist....8 C6
La Libreria....9 C4
Onda Blu....10 D3
Cabines téléphoniques....11 C4
Tempo Reale....12 C4
Office du tourisme....13 C4

À VOIR ET À FAIRE P. 265
Arco d'Augusto....14 C3
Cappella di San Severo....15 D3
Cathedral of San Lorenzo....16 C3
Chiesa di San Domenico....17 D5
Chiesa di San Francesco al Prato....18 A3
Chiesa di Sant'Agostino....19 C2
Chiesa di Sant'Angelo....20 B1
Chiesa San Francesco delle Donne....21 B2
Collegio del Cambio....22 C4
Collegio della Mercanzia....(voir 22)
Entrée de la Galleria Kennedy....23 C4
Entrée de la Galleria Kennedy....24 B4
Entrée de la Rocca Paolina....(voir 74)
Entrée de la Rocca Paolina....(see 75)
Fontana Maggiore....25 C4
Galleria Nazionale dell'Umbria....(voir 22)
Giardini Carducci....26 C5
Fabrique de tissus Guiditta Brozzetti ...(voir 21)
Istituto Europeo di Arti Operative....27 C4
Museo Archeologico Nazionale dell'Umbria....28 D5
Oratorio di San Bernardino....29 A3
Palazzo dei Priori....(see 22)
Porta San Pietro....30 D6
Porta Sant'Angelo....31 B1
Pozzo Etrusco....32 C3
Sala dei Notari....(see 22)
Tre Archi....33 C5
Umbria Jazz....(see 74)
Università per Stranieri....34 C3
Via dell'Acquedutto....35 C3

OÙ SE LOGER P. 268
Brufani Palace....36 B5
Casa Spagnoli....37 B5
Centro Internazionale per la Gioventù..38 C3
Hotel Eden....39 B5
Hotel Fortuna....40 B4
Hotel Morlacchi....41 B3
Hotel Priori....42 B4
Hotel/Ristorante la Rosetta....43 B5
Locanda della Posta....44 C4
Pensione Anna....45 B4
Pensione Paola....46 B4
Primavera Mini-Hotel....47 B3

OÙ SE RESTAURER P. 270
Augusta Perusia Cioccolato....48 C3
Caffè di Perugia....49 C4
Coop....50 C4
Marché couvert....51 C4
Gelateria degli Sciri....52 B3
Hotel/Ristorante la Rosetta....(see 43)
Il Falchetto....53 C3
Il Settimo Sigillo....54 C3
La Cambusa....55 B3
La Fonte Maggiore....56 C4
La Vecchia Perusia....57 C3
Pizzeria Etrusca....58 C3
Pizzeria Marchigiana....59 C4
Pizzeria Mediterranea....60 C3
Ristorante Altromondo....61 B5
Ristorante dal Mi'Cocco....62 C2
Ristorante del Sole....63 C4
Ristorante Giancarlo....64 B4
Ristorante Il Bacio....65 C4
Sandri....66 C4

OÙ PRENDRE UN VERRE P. 271
Bar Centrale....67 C4
Botega di Vino....68 C3
Contrappunto Jazz Club....69 C3
Joyce's Pub....70 B4

OÙ SORTIR P. 271
Shamrock Pub....(see 32)
Teatro del Pavone....71 C4
Velvet....72 C5

TRANSPORTS P. 272
Gare des bus interurbains....73 B6
Scala Mobile....74 C5
Scala Mobile....75 C6
Via dei Priori Scala Mobile....76 B3

DIVERS
Sala Borsa Merci....77 C4
Solidarità Totale....78 B3

et les murs sont couverts de panneaux où sont affichés les dates de concerts, les appartements à louer et toutes les manifestations pouvant intéresser les jeunes.

InfoUmbria (075 5757 ; www.infoumbria.com ; Largo Cacciatori delle Alpi 3, dans la gare des bus interurbains de la Piazza dei Partigiani ; lun-ven 9h-13h30 et 14h30-18h30, sam 9h-13h, fermé dim ; 1 € /30 min). Cette association privée, également appelée Infotourist, propose des informations sur toute l'Ombrie et constitue une mine de renseignements sur l'*agriturismo* (séjours à la ferme ou en auberge), les festivals, les attractions touristiques, les hôtels, etc. Sachez cependant que ce service est gratuit parce que financé par les hôtels et les commerces. InfoUmbria vérifie la qualité des prestations proposées par ses sponsors, mais elle ne présente qu'une partie des adresses possibles.

Office du tourisme (075 573 64 58 ; info@iat.perugia.it ; Palazzo dei Priori, Piazza IV Novembre 3, face à la cathédrale ; lun-sam 8h30-13h30 et 15h30-18h30, dim 9h-13h). Le mensuel *Viva Perugia* (0,80 €) recense toutes les manifestations et les renseignements utiles. Pour vous en procurer un exemplaire, rendez-vous au bureau des relations publiques, installé à côté (un panneau sur la porte indique "Ceci n'est pas l'office du tourisme").

Renseignements ferroviaires (800 51 21 41). Appelez ce numéro pour obtenir des informations sur les horaires des trains dans toute l'Ombrie. Si vous comprenez les chiffres en italien et êtes capable d'indiquer la ville qui vous intéresse, on vous donnera avec beaucoup de patience les tarifs et les horaires.

AGENCES DE VOYAGES

CTS (075 572 70 50 ; Via del Roscetto 21). Spécialisée dans les voyages économiques et pour les étudiants, cette agence vend des cartes d'étudiant internationales (ISIC) aux personnes inscrites à l'université.

Il Periscopio (075 5730808 ; Via Sole 6). Agence de voyages et "point d'accueil" pour touristes qui organise des excursions, des circuits guidés et des voyages en Italie et à l'étranger. Le propriétaire parle couramment français.

À voir

CENTRE HISTORIQUE

Le centre de Perugia – donc de l'Ombrie – est la Piazza IV Novembre. Pendant des milliers d'années, elle a été le point de rencontre des civilisations étrusque et romaine, avant de devenir à l'époque médiévale le centre politique de Perugia. Aujourd'hui, les étudiants et les touristes s'y rassemblent pour bavarder et déguster des *gelati*. En plein centre de la place, la **Fontana Maggiore** ("Fontaine Majeure") fut réalisée entre 1275 et 1278 par Nicola Pisano et son fils Giovanni selon des plans de Fra Bevignate. Les sculptures en bas-relief qui ornent le bord représentent des scènes de l'Ancien Testament, la fondation de Rome et les "arts libéraux". Y figurent également un griffon et un lion. Le griffon est omniprésent à Perugia, car c'est le symbole de la ville. Le lion est le symbole des guelfes, alliés de la Papauté contre le Saint Empire romain germanique durant le Moyen Âge.

Le **Palazzo dei Priori** abrite certains des meilleurs musées de Perugia. La plus grande galerie d'art ombrienne, la **Galleria Nazionale dell'Umbria** (Galerie nationale d'Ombrie ; ☎ /fax 075 572 10 09 ; www.gallerianazionaledellumbria.it ; Corso Vannucci 19, Palazzo dei Priori ; adulte/tarif réduit 6,50/3,25 €, gratuit pour les citoyens de l'UE de moins de 18 ans et de plus de 65 ans ; ⏲ lun-dim et jours fériés 8h30-19h30, fermé 1er lun de chaque mois) occupe le bâtiment face à la cathédrale, qui borde le Corso Vannucci. La construction, commencée en 1270, ne s'acheva que plusieurs siècles plus tard, en 1902. L'entrée se fait par une porte gigantesque. La galerie nationale contient 30 salles rassemblant des œuvres d'art dont les plus anciennes remontent au XIIIe siècle. Certaines salles sont consacrées au Pinturicchio et au Pérugin.

Le **Collegio del Cambio** (guilde du change ; ☎ 075 572 85 99 ; Corso Vannucci 25, Palazzo dei Priori ; adulte/étudiant 2,60/1,60 € ; ⏲ lun-sam 9h-12h30 et 14h30-17h30, dim et jours fériés 9h-12h30) se compose de trois salles : la sala dei Legisti (salle des légistes) renferme des panneaux de bois sculptés par Zuccari au XVIIe siècle ; la sala dell'Udienza (salle d'audience) contient des fresques du Pérugin ; la chapelle de San Giovanni Battista est décorée de peintures réalisées par un élève du Pérugin, Giannicola di Paolo. À côté, le **Collegio della Mercanzia** (guilde du commerce ; ☎ 075 573 03 66 ; Corso Vannucci 15, Palazzo dei Priori ; adulte/tarif réduit 1,03/0,52 € ; ⏲ mars-oct et 20 nov-6 déc lun-sam 9h-13h et 14h30-17h30, dim et jours fériés 9h-13h ; 1er nov-19 déc et 7 janv-28 fév mar-jeu et ven 8h-14h, mer et sam 8h-16h30, dim et jours fériés 9h-13h) renferme une salle d'audience plus ancienne, du XIIIe siècle, couverte de panneaux de bois sculptés par des artisans du nord. Le billet combiné pour la visite des deux *collegi* coûte 3,10/2,10 € adulte/tarif réduit.

Le quatrième musée installé dans le Palazzo dei Priori est la **Sala dei Notari** (salle des notaires ; entrée gratuite ; ⏲ mar-dim et jours fériés 9h-13h et 15h-19h, fermé lun sauf juillet-sept), construite entre 1293 et 1297 pour accueillir l'assemblée des citoyens. Les arcs soutenant les voûtes, de style roman, sont couverts de fresques évoquant des scènes de la Bible et des fables d'Ésope. Du côté nord de la piazza se dresse la **Cattedrale di San Lorenzo** (☎ 075 572 38 32 ; Piazza IV Novembre), édifiée sur le site d'une ancienne église du Xe siècle et mise en chantier en 1345 d'après des plans dessinés par Fra Bevignate en 1300. La construction dura jusqu'en 1587 et le portail fut construit à la fin des années 1700 ; cependant, la façade n'a jamais été achevée. L'impressionnant intérieur témoigne du style gothique.

À l'extrémité sud du Corso Vannucci, les minuscules **Giardini Carducci** découvrent une belle vue sur la campagne. C'est ici que se tient le marché aux antiquités le troisième week-end de chaque mois. Ces jardins sont perchés au sommet d'une forteresse autrefois massive, la **Rocca Paolina**, édifiée par le pape Paul III dans les années 1540, qui surplombe un quartier médiéval jadis habité par certaines des familles les plus influentes de Perugia. Démolie après l'unification italienne, ses vestiges demeurent un symbole de la résistance contre l'oppression. La rocca est équipée de plusieurs *scale mobili (escalators)* et l'on peut se promener au milieu des ruines qui servent souvent de cadres à des expositions d'art.

Il est possible d'acheter un forfait appelé **circuit des musées de la ville de Perugia** (valable 1 semaine ; adulte/senior/enfant 2,50/2/1 €) dans l'un des trois lieux suivants. Tout d'abord, vous pouvez vous aventurer au fond du **Pozzo Etrusco** (puits étrusque ; ☎ 075 573 36 69 ; Piazza Danti 18 ; ⏲ avr -oct tlj 10h30-13h30 et 14h30-18h30, nov-mars tlj 10h30-13h30 et 14h30-16h30). Creusé au IIIe siècle av. J.-C., ce puits de 36 m de profondeur était le principal réservoir d'eau de la ville étrusque. Arrêtez-vous ensuite à la **Cappella di San Severo** (☎ 075 573 38 64 ; Piazza Raffaello ; ⏲ mêmes horaires que le Pozzo Etrusco), qui renferme ce qui fut peut-être la première fresque de Raphaël, la *Sainte Trinité avec des saints,* ainsi que des fresques du Pérugin. Le troisième musée compris dans le forfait est le **Cassero di Porta Sant'Angelo** (tour panoramique ; ☎ 075 573 36 69 ; Porta Sant'Angelo ; ⏲ avr -oct tlj 11h-13h30 et 15h-18h30, nov-mars tlj 11h-13h30 et 15h-17h). Outre la vue qui embrasse tout Perugia, l'endroit retrace l'histoire des trois remparts de la ville.

En redescendant vers l'Università per Stranieri, on atteint l'**Arco d'Augusto**, l'une des portes de la muraille antique. Sa partie basse, étrusque, date du IIIe siècle av. J.-C., mais sa partie supérieure est romaine et porte l'inscription "Augusta Perusia". Elle est coiffée de fortifications qui datent, quant à elles, de la Renaissance.

En empruntant le Corso Giuseppe Garibaldi vers le nord, on arrive à la **Chiesa di Sant'Agostino** (Piazza Lupattelli ; entrée gratuite ; ⏲ tlj

8h-12h et 16h-coucher du soleil), dont le beau chœur du XVIe siècle est dû au sculpteur et architecte Baccio d'Agnolo. Des petits panneaux marquent l'emplacement des œuvres d'art emportées en France par Napoléon et ses hommes. En poursuivant vers le nord sur la même artère, on parvient à la Via del Tempo qui mène à la **Chiesa di Sant'Angelo** (☎ 075 57 22 64 ; Via Sant'Angelo ; entrée gratuite ; ⌚ 10h-12h et 16h-18h), église romane de plan circulaire apparemment édifiée sur le site d'un ancien temple. Les colonnes proviennent d'autres bâtiments plus anciens. Le Corso Giuseppe Garibaldi franchit les remparts du XIVe siècle par la **Porta Sant'Angelo**. Construite au XIIIe siècle, la Chiesa di San Francesco delle Donne abrite aujourd'hui la **fabrique de tissus Giuditta Brozzetti** (☎ 075 4 02 36 ; fax 500 24 92 ; www.brozzetti.com ; Via T. Berardi 5/6 ; ⌚ lun-ven 9h-13h et 15h-18h), fondée en 1921, où vous pourrez acheter du linge tissé à la main selon des techniques traditionnelles vieilles de mille ans. Sont également organisés des cours de tissage à la main, de broderie et de confection de dentelles, d'une durée comprise entre un jour et trois semaines.

Sur le Corso Cavour se dresse la plus grande église de la ville, la **Chiesa di San Domenico** (☎ 075 573 15 68 ; Piazza Giordano Bruno ; entrée gratuite ; ⌚ 8h-12h et 16h-coucher du soleil) du début du XIVe siècle. L'intérieur roman éclairé par d'immenses vitraux a été largement remanié dans le style gothique au XVIe siècle. Ici repose le pape Benoît XI, mort en 1325 après avoir mangé des figues empoisonnées. Le couvent qui jouxte l'église abrite le **Museo Archeologico Nazionale dell'Umbria** (☎ 075 572 71 41 ; Piazza Giordano Bruno 10, dans l'ancien monastère San Domenico ; adulte/tarif réduit 2/1 €, gratuit pour les citoyens de l'UE de moins de 18 ans et de plus de 65 ans ; ⌚ mar-dim 8h30-19h30, lun 14h30-19h30). Le musée possède une remarquable collection d'objets étrusques ainsi qu'une section consacrée à la préhistoire. L'objet phare est le *Cippo Perugino* (pierre commémorative pérugine), pierre de travertin portant l'une des plus longues inscriptions existantes en langue étrusque.

EN DEHORS DE LA VILLE

Pour passer un après-midi de rêve à flâner ou à pique-niquer, rendez-vous aux **jardins médiévaux** (☎ 075 585 64 20 pour obtenir des renseignements auprès du département de biologie végétale de l'Université de Perugia ou pour les horaires des visites guidées ; Borgo XX Giugno 74 ; entrée gratuite ; ⌚ 8h-18h30), derrière la Chiesa di San Pietro, à 300 m au sud-est de la ville. Durant le Moyen Âge, les monastères créaient souvent des jardins évoquant le Jardin d'Éden et les récits bibliques, où poussaient des plantes symbolisant des mythes et des légendes sacrées. Le jardin comporte plusieurs emplacements numérotés, notamment : 3) l'Arbre cosmique, qui symbolise le père de tous les arbres, 6) l'Arbre de la lumière et du savoir, 7) l'Arbre du bien et du mal, 11) et 12) les plantes médicinales et comestibles employées depuis des siècles, 16) les vestiges d'un ancien étang aux poissons, 20) la Source de l'ovulation cosmogonique (une mare couverte de nénuphars) et 24) la sortie des jardins médiévaux, qui symbolise l'élévation de l'homme au-dessus du plan naturel. Ne manquez pas de jeter un coup d'œil à l'étonnant atelier de l'alchimiste, niché dans un coin près de la pente d'Yggdrasil.

Devant les jardins se tient la **Chiesa di San Pietro** (☎ 075 3 47 70 ; Borgo XX Giugno ; entrée libre ; ⌚ 8h-12h et 16h-coucher du soleil). On pénètre dans cette église du Xe siècle par un portail orné de fresques qui ouvre sur une première cour. Parmi les riches marbres et les dorures intérieures se détache une *Pietà* du Pérugin. De nombreuses peintures représentent des personnages féminins bibliques.

À environ 5 km au sud-est de la ville, à Ponte San Giovanni, s'étend l'**Ipogeo dei Volumni** (☎ 199 10 13 30 renseignements et réservations ; Via Assisana; 2,05 €, gratuit pour les citoyens de l'UE de moins de 18 ans ; ⌚ sept-juin tlj 9h-13h et 15h30-18h30, juillet-août tlj 9h-12h30 et 16h30-19h), sépulture étrusque du IIe siècle av. J.-C. Une chambre funéraire contient une série de niches destinées à recevoir les urnes funéraires de la famille Volumnio. Le site fait partie de la nécropole étrusque de Palazzone. Les visites sont limitées à sept personnes à la fois toutes les cinq minutes, et il faut parfois attendre. Prenez le bus APM de la Piazza Italia jusqu'au Ponte San Giovanni et finissez à pied en direction de l'ouest.

Les amateurs de chocolat seront ravis de découvrir la **fabrique Perugina de chocolat** (☎ 075 527 67 96 ; Van San Sisto ; entrée gratuite ; ⌚ lun-ven 8h30-13h et 14h-17h), qui a créé les célèbres Baci. Ils apprendront tout ce qu'ils voulaient savoir, et même plus, sur les pratiques commerciales d'un chocolatier, obtiendront des échantillons gratuits et découvriront une boutique remplie de toutes sortes de friandises au chocolat.

Cours

La liste des cours ouverts aux Pérugins et aux étrangers pourrait constituer un livre en soi. Vous pouvez apprendre l'italien, vous initier à la céramique, étudier la musique ou passer un mois à cuisiner. L'office du tourisme vous procurera tous les détails nécessaires.

Le mercredi et le samedi, vous pouvez suivre des cours de cuisine d'une journée avec **Angela Pitteri** (☎ 0742 4 88 77 renseignements et inscriptions). Le transport depuis/vers Perugia est organisé par l'école.

Principal établissement italien pour les étrangers, l'**Università per Stranieri** (☎ 075 5 74 61 ; www.unistrapg.it ; Palazzo Gallenga, Piazza Fortebraccio 4, Perugia 06122) assure notamment des cours de langue, de littérature, d'histoire, d'art, de musique et d'opéra, ainsi qu'un stage de remise à niveau d'un mois pour les professeurs d'italien à l'étranger (233 €). On peut suivre un cursus sanctionné par un diplôme ou simplement un cours intensif de un, deux ou trois mois. Comptez 233 € par mois pour un cours de langue.

L'**Istituto Europea di Arti Operative** (☎ 075 573 50 22 ; www.iaeo.it ; Via dei Priori 14 ; 🕑 10h-12h30 pour informations) propose des cours de stylisme, de graphisme, d'urbanisme, de décoration intérieure, d'architecture, de restauration, de dessin et de peinture. Tous les cours sont dispensés en italien.

Circuits organisés

Entre avril et septembre, **Guide in Umbria** (dans les locaux d'InfoUmbria ; ☎ 075 573 29 33 ; www.guideinumbria.com ; Largo Cacciatori delle Alpi 3) offre des excursions en bus limitées à huit personnes dans des villes d'Ombrie. C'est la solution idéale si vous ne voulez pas louer une voiture ou que les horaires des trains ou des bus ne vous conviennent pas. Les prix, raisonnables, s'échelonnent de 20 à 39 € pour une sortie d'une journée. Les circuits comprennent Assise, Orvieto et Gubbio, mais ils sont surtout intéressants pour des sites comme la Valnerina et les alentours du Lago di Trasimeno, difficilement accessibles sans voiture.

Fêtes et festivals

Perugia, et l'Ombrie en général, n'accueillent pas moins de 80 manifestations annuelles : festivals, concerts, séances de cinéma en plein air, *sagre* (fêtes traditionnelles), etc. Elles se tiennent généralement entre mai et octobre, mais les offices du tourisme vous fourniront une liste de toutes les manifestations organisées dans l'année.

La **Sagra Musicale Umbra** (festival de musique sacrée ; ☎ 075 572 13 74 ; fax 075 572 76 14 ; www.sagramusicaleumbra.com – en italien uniquement) est l'un des plus anciens festivals de musique d'Europe. Lancé en 1937, il se tient à Perugia à la mi-septembre et réunit des chefs d'orchestre et des musiciens de renommée internationale.

Umbria Jazz (☎ 075 572 86 85, 075 572 86 77 ; www.umbriajazz.com) rassemble des grands noms du jazz pendant dix jours en juillet, généralement vers le milieu du mois. Des centaines de vedettes s'y sont produites, notamment Sonny Rollins, le Buena Vista Social Club, Chick Corea et Al Jarreau. Pour acheter les billets, renseignez-vous auprès de l'office du tourisme. Il est possible d'assister à un seul concert (de 10 à 100 €), mais il existe également des forfaits : de 100 à 310 € pour une semaine et de 50 à 150 € pour un week-end. Les concerts n'affichent pas toujours complet, mais c'est en revanche le cas des hôtels. Réservez votre hébergement longtemps à l'avance.

Les passionnés du chocolat voudront sans doute assister au salon **Eurochocolate**, organisé chaque année du milieu à la fin du mois d'octobre. Pendant une semaine, des centaines de stands vous proposent de goûter, manger, boire du chocolat et d'apprendre toutes sortes de choses sur cette savoureuse substance. Un événement amusant est organisé tous les ans comme, en 2001, un procès en chocolat ou, en 2003, le premier mariage en chocolat…

Où se loger

Perugia dispose d'un vaste choix d'hôtels et de *pensioni*, et c'est une bonne base si vous vous déplacez par les transports en commun pendant tout ou partie de votre séjour. Un forfait de bus de 10 jours (7,20 €) vous permet de rallier la gare ferroviaire et de partir en excursion d'une journée ou deux dans toute l'Ombrie et un peu partout en Toscane. Il n'y a aucune raison de loger hors du cœur historique : les autres quartiers sont plus bruyants, moins pittoresques et pas tellement moins chers.

Les prix indiqués ici sont ceux pratiqués en haute saison, mais presque tous les hôtels offrent des réduction en basse saison, périodes qui se situent généralement entre janvier et mars, entre novembre et début décembre, et parfois en août.

PETITS BUDGETS

Il existe deux campings, tous deux à Colle della Trinità, à 5 km au nord-ouest de la ville. On y accède par le bus n°9 qui part de la Piazza Italia. Demandez au chauffeur de vous déposer au supermarché ; les deux campings se trouvent à 300 m.

Paradis d'Été (☎ 075 517 31 21 ; www.campingparadisdete.com ; Via del Mercato 29/A, Strada Fontana, Colle della Trinità ; pers/tente/voiture 6,20/4,65/2,84 € ; toute l'année). Ce camping possède 50 emplacements ombragés dans un terrain aux allures de parc, ainsi qu'une piscine et de bonnes installations. Il est possible de louer un bungalow pouvant accueillir jusqu'à six personnes.

Il Rocolo (☎ /fax 075 517 85 50 ; ilrocolo@ilrocolo.it ; Strada Fontana 1/n, Colle della Trinità; pers/tente/voiture 6/5/2,50 € ; mi-avr à fin sept). Ce terrain offre plus de 100 emplacements, un peu d'ombre et toutes les installations habituelles, notamment un restaurant, une supérette, un terrain de boules et une aire de jeux pour les enfants. Il se trouve à 6 km du centre-ville, près de l'autoroute E-45. Un minibus fait la navette plusieurs fois par jour.

Centro Internazionale per la Gioventù (☎ /fax 075 572 28 80 ; www.ostello.perugia.it ; Via Bontempi 13 ; dt 13,50 €, draps 1,50 € ;). Si la fermeture des portes entre 9h30 et 16h et le couvre-feu à minuit (aucune exception) ne vous font pas fuir, vous apprécierez la vue sur la campagne depuis la terrasse, bercé par les cloches des églises voisines. Les hôtes s'y réunissent après avoir préparé leur dîner dans la cuisine parfaitement équipée. Les plafonds sont ornés d'une belle fresque du XVIe siècle et le panorama qui se déploie depuis la fenêtre de la sdb est le plus grandiose jamais offert dans une auberge de jeunesse.

Casa Spagnoli Bed & Breakfast (☎ 075 573 51 27, 340 350 38 93 ; fabkation@yahoo.it ; Via Caporali 17; s/d/t 31/48/60 €; sdb commune ;). Dans cette demeure privée confortable et spacieuse, vous aurez l'impression de loger chez des cousins italiens. Faites des exercices de yoga dans le salon, jouez avec le bébé ou discutez avec les Spagnoli, famille polyglotte parlant l'italien, l'espagnol, le français et l'anglais. L'endroit propose également un accès Internet, un lave-linge, une photocopieuse et un accès libre à la cuisine. Si vous restez une semaine, vous aurez droit à une petite réduction et l'emplacement idéal, près de la Piazza Italia, vous permet d'explorer l'Ombrie par les transports publics. Il n'existe qu'une chambre de chaque type, mieux vaut donc réserver par e-mail ou par téléphone.

Primavera Mini-Hotel (☎ 075 572 16 57 ; www.primaveraminihotel.com ; Via Vincioli 8 ; s/d/t 48/70/90 €). Cet hôtel calme et central dirigé par un tandem mère-fille parlant français est le plus chic des établissement pour petits budgets. Les chambres et parties communes claires et spacieuses bénéficient d'une vue splendide. Toutes les chambres disposent d'une sdb, d'un téléphone et d'une TV.

Pensione Paola (☎ 075 572 38 16 ; Via della Canapina 5 ; s/d 31/48 € ; P). Très bonne adresse pour ceux qui veulent préparer eux-mêmes leurs repas sans se soumettre au couvre-feu de l'auberge de jeunesse. Impossible de trouver dans tout Perugia quelqu'un de plus adorable que Paola. L'établissement compte huit chambres meublées simplement. Prenez le bus n°6 ou 7 vers la Piazza Italia et descendez au parking Pellini. Des panneaux indiquent le chemin, en haut d'un escalier à droite. Depuis le centre-ville, suivez à pied la Via dei Priori.

Autres options :

Pensione Anna (☎ /fax 075 573 63 04 ; annahotel@hotmail.com ; Via dei Priori 48 ; s/d sans sdb à partir de 26/42 €; P). Établissement correct de quatre étages.

Hotel Eden (☎ 075 572 81 02 ; fax 075 572 03 42 ; Via C. Caporali 9 ; s/d/t 36/57/77 €). Pratique et rudimentaire, il offre des draps incroyablement raides et amidonnés.

Hotel Morlacchi (☎ 075 572 03 19 ; morlacchi@tiscalinet.it ; Via Tiberi 2 ; s/d/t/q avec sdb 38/60/78/96 €, s sans sdb 28 €). Ce deux-étoiles sympathique et familial étant très couru, téléphonez pour réserver.

CATÉGORIE MOYENNE

Hotel Fortuna (☎ 075 572 28 45 ; fortuna@umbriahotels.com ; Via Luigi Bonazzi 19 ; s/d 79/114 €;). Très bien situé, ce charmant hôtel propose des chambres parfaitement aménagées, toutes climatisées. Quelques suites décorées de fresques possèdent un balcon privé. Les clients peuvent accéder gratuitement à l'Internet de 20h à minuit.

Hotel la Rosetta (☎ /fax 075 572 08 41 ; larosetta@umbriaonline.com ; Piazza Italia 19 ; s/d 77,50/117 € ; P). Le restaurant (voir p. XXX) à lui seul vaut la peine de loger dans cet hôtel, l'un des meilleurs du centre-ville. Accueillant à la fois les touristes et les hommes d'affaires, il possède des plafonds peints à fresque, une salle de réunion, un ascenseur, la TV par satellite et un parking.

Etruscan Chocohotel (☎ 075 583 73 14; etruscan@chocohotel.it ; Via Campo di Marte 134 ; s/d

NORD DE L'OMBRIE

70/110 € ; P ❄). Le seul de son espèce au monde : un hôtel entièrement consacré au chocolat. Goûtez les plats du "chocomenu", faites vos emplettes dans la "chocoboutique" ou nagez dans la piscine du dernier étage (hélas remplie d'une eau des plus banales). Situé juste à l'est de la gare ferroviaire, l'hôtel est accessible par le bus n°2 ou 13d.

Autres options :

Hotel Priori (☎ 075 572 33 78 ; www.hotelpriori.it ; Via Vermiglioli 3 ; s/d 66/91 € ; P). Les chambres n'ont rien d'extraordinaire, mais le parking (14 €) et le petit déjeuner-buffet peuvent intéresser certains.

CATÉGORIE SUPÉRIEURE

Brufani Palace (☎ 075 573 25 41 ; www.sinahotels.com ; Piazza Italia 12 ; s/d 205/307 €, ste 423-800 € ; P ❄) Non seulement le Brufani est l'un des rares cinq-étoiles d'Ombrie, mais il se distingue par ses parties communes ornées de fresques, ses chambres et ses suites à la décoration d'un goût impeccable, sa terrasse sur jardin où l'on dîne en été et son personnel stylé et trilingue. Seul établissement du centre-ville disposant d'un parking, l'endroit est pourvu de tout le confort moderne, mais son véritable point fort est le centre de remise en forme, doté d'un sauna, de bains turcs et d'une piscine souterraine construite sur des ruines étrusques. Réception ouverte 24h/24. Accessible aux handicapés.

Locanda della Posta (☎ 075 572 89 25 ; novelber@tin.it ; Corso Vannucci 97 ; s/d 108/170 € ; ❄). Le service est peu aimable et les prestations n'ont rien de mirifique, mais cet hôtel central attire les foules. Vous pouvez économiser en optant pour l'Hotel la Rosetta ou l'Hotel Fortuna, presque aussi centraux, ou dépenser un peu plus pour une nuit de rêve au Brufani Palace.

LOCATIONS

Si vous envisager de passer au moins un mois à Perugia, **Atena Service** (☎ 075 573 29 92 ; www.atenaservice.com ; Via del Bulagaio 38) peut vous trouver un logement à partir de 200 € par mois pour une colocation ou 550 € pour un studio individuel. Les locations, meublées, pourvues de draps et d'équipements électroménagers, se trouvent à 15 minutes à pied de l'université et du centre-ville. Cet organisme peut également proposer d'autres services, comme vous indiquer un dentiste, vous réserver un cours de cuisine ou vous organiser un circuit de nuit dans la ville.

Pour trouver d'autres locations, consultez les panneaux d'affichage de l'Università per Stranieri ou d'InformaGiovani.

Où se restaurer

Cette cité étudiante et touristique compte un nombre extraordinairement élevé d'endroits où manger. Vous trouverez une pizzeria à chaque coin de rue et pourrez choisir entre des dizaines de restaurants. Tous proposent des cartes similaires : pâtes ombriennes comme les *strangozzi* (sortes de spaghetti carrés) et plats de viande à base de *cinghiale* (sanglier). Cependant, quelques excellents restaurants se distinguent par leur cuisine, leur rapport qualité/prix, leur emplacement ou les trois à la fois.

RESTAURANTS

Il Falchetto (☎ 075 573 17 75 ; Via Bartolo 20 ; repas environ 25 € ; ⌚ fermé lun). Très bien situé juste derrière la cathédrale, ce restaurant (baptisé "l'aigle") offre l'une des meilleures tables de la ville. Essayez la spécialité de la maison, le *falchetto verde*, gnocchi aux épinards servis brûlants dans leur plat de cuisson.

La Rosetta (☎ 075 572 08 41 ; Via del Sette 2, à deux pas du Corso Vannucci ; repas environ 25 € ; ⌚ fermé mer). Les hôtels affichent souvent une pancarte "possède aussi un restaurant", mais ce restaurant pourrait afficher "possède aussi un hôtel". En été, les repas sont servis sur une terrasse décorée de roses en fer forgé et illuminée aux bougies. Le menu propose une légère variation du répertoire ombrien typique, avec quelques touches internationales. Essayez tout ce qui est accompagné de sauce au safran.

Ristorante Il Bacio (☎ 075 572 09 09 ; Via Boncampi 6 ; repas environ 11 € ; ⌚ fermé mer). Ce restaurant assez sombre et enfumé sert de bonnes pizzas à prix raisonnables, mais son principal attrait est d'être l'un des rares restaurants du centre historique ouvert tard le soir (jusqu'à 0h30).

Ristorante del Sole (☎ 075 573 50 31 ; Via della Rupe au croisement avec la Via Oberdan ; repas environ 27 € ; ⌚ fermé lun). Installé dans une ruelle et jouissant d'une vue splendide, cet établissement très couru propose d'alléchants antipasti et desserts, à un prix justifié par leur excellente qualité.

La Cambusa (☎ 075 572 13 83 ; Via dei Priori 82 ; repas environ 15 € ; ⌚ fermé mar). Les gens du quartier se pressent dans ce restaurant de bonne qualité et peu coûteux, spécialisé dans les plats de poisson, notamment le *carpaccio* d'espadon (tranches très fines mangées crues).

Ristorante Giancarlo (☎ 075 572 43 14 ; Via dei Priori 36 ; repas environ 20 € ; 🕒 fermé ven). Vous serez peut-être accueilli par Giancarlo en personne dans ce restaurant douillet qui sert essentiellement des spécialités ombriennes, notamment une délicieuse soupe aux lentilles et plusieurs plats à base de saucisses.

Ristorante Altromondo (☎ 075 572 61 57 ; Via Caporali 11 ; repas environ 25 € ; 🕒 fermé dim). Très apprécié par les habitants, il prépare des plats ombriens typiques dans un cadre agréable.

Ristorante dal Mi'Cocco (☎ 075 573 25 11 ; Corso Giuseppe Garibaldi 12 ; menu 13 € ; 🕒 fermé lun). Ce restaurant apprécié des étudiants propose un menu unique, mais différent chaque jour, composé de spécialités locales et servi sur des nappes à carreaux rouges et blancs.

CAFÉS

Beaucoup des restaurants qui longent le Corso Vannucci dressent des tables à l'extérieur en été. Ne vous attendez pas à des merveilles sur le plan culinaire, c'est surtout l'ambiance qui compte. La meilleure cuisine (et la plus chère) est celle du Caffè di Perugia.

Sandri (Corso Vannucci 32). Difficile de passer devant ce café, haut lieu de la vie pérugine, sans saliver devant les gâteaux au chocolat et les fruits confits !

Caffè di Perugia (☎ 075 573 18 63 ; Via Mazzini 10). C'est le café le plus chic de la ville, où l'on se retrouve pour déguster de fantastiques desserts ainsi qu'un bon choix de pâtes et de viandes.

FAIRE SON MARCHÉ

Coop (Piazza Matteoti ; 🕒 tlj 9h-20h) est le plus grand supermarché de la vieille ville, qui vend toutes sortes de pâtes, légumes et autres denrées. Le rayon traiteur propose des plats tout faits.

En dessous, au pied de l'escalier de la Piazza Matteotti, se tient un **marché couvert** (🕒 lun-sam 7h-13h30). On peut y acheter des fruits et des légumes, du pain, du fromage et de la viande.

PIZZÉRIAS

Pizzeria Etrusca (☎ 075 572 07 62 ; Via Ulisse Rocchi 31 ; Pizzas à partir de 3,10 €). L'Etrusca est le lieu de rendez-vous des étudiants.

Pizzeria Mediterranea (☎ 075 572 1322 ; Piazza Piccinino 11/12 ; Pizzas à partir de 4,15 € ; 🕒 mer-lun). Dans cet endroit à la mode et bien situé, il est parfois difficile d'obtenir une table. Armez-vous de patience.

DOUCEURS

Augusta Perusia Cioccolato (☎ 075 573 45 77 ; Via Pinturicchio 2). Les tablettes de chocolat confectionnées à la main et présentées dans des boîtes ornées de vieilles images de Perugia constituent une très bonne idée de cadeau à rapporter chez vous. On trouve également de délicieux *gelati* maison dans toute une gamme de parfums : mascarpone, baci, pinoli, cannelle et bien sûr chocolat.

Gelateria degli Sciri (Via dei Priori). Ses gelati comptent parmi les meilleurs de la ville. Sert également des glaces au lait de soja, une rareté. Essayez un frappé, sorte de milk-shake, en plus liquide.

Où sortir

La vie nocturne de Perugia se concentre devant la cathédrale et autour de la Fontana Maggiore. Presque tous les soirs, des centaines de Pérugins et d'étudiants étrangers se retrouvent là pour jouer de la guitare ou des percussions et bavarder. Les touristes se mêlent facilement à la foule en mangeant des *gelati* et en observant le spectacle. Quand la population estudiantine se fait plus nombreuse, l'Università per Stranieri propose un bus qui part du Palazzo Gallenga et rallie certaines des discothèques situées à la périphérie de la ville, qu'il est difficile de gagner à pied (d'autant plus que les *scale mobili* cessent de fonctionner après minuit). Pour plus de détails, renseignez-vous auprès de l'université.

Bottega di Vino (☎/fax 075 571 61 81 ; Via del Sole 1 ; 🕒 bar à vins 18h-1h, boutique 9h-13h et 16h-20h, fermé dim). Un endroit merveilleusement pittoresque, auquel on accède par un passage éclairé par des torches et qui possède une terrasse avec cheminée. À l'intérieur, la présence de musiciens de jazz et les centaines de bouteilles de vin qui s'alignent le long des murs ajoutent à l'ambiance romantique. On peut goûter des dizaines de crus ombriens, puis les acheter avec l'aide de vendeurs aussi savants sur le sujet que des sommeliers.

Joyce's Pub (☎ 075 573 46 95 ; Via Luigi Bonazzi 15 ; 🕒 lun-ven midi-15h et tlj 19h30-2h30). Ce pub aéré et convivial sert une cuisine correcte.

NORD DE L'OMBRIE

Shamrock Pub (☎ 075 573 66 25 ; Piazza Danti 18 ; 🕑 18h-2h). Tard dans la soirée, allez commander une Guinness dans ce pub niché au fond d'une ruelle humide mais très couleur locale, non loin de la Piazza Danti.

Velvet (☎ 075 572 13 21 ; www.velvetfashioncafe.com ; Viale Roma 20). Pour faire la fête avec les branchés, cet endroit n'ouvre qu'après minuit et ferme ses portes à l'aube.

Teatro del Pavone (Corso Vannucci 67). Ce cinéma passe des films italiens et étrangers. Le lundi soir, on peut voir des films en version originale, généralement en anglais.

Achats

Si vous avez la chance d'être à Perugia le dernier dimanche du mois, consacrez quelques heures au **marché aux antiquités** qui se tient autour de la Piazza Italia et dans les Giardini Carducci. Vous pourrez acheter, entre autres, de vieilles gravures, des cadres, des meubles, des bijoux, des cartes postales, des timbres. La saison des soldes commence la deuxième semaine de janvier, avec des réductions pouvant atteindre 75%.

Depuis/vers Perugia

AVION

À 15 km à l'est de la ville, l'**Aeroporto Sant'Egidio** (☎ 075 59 21 41) dessert Milan et Palerme, mais n'assure aucune liaison internationale. Le train est moins cher et bien plus pratique.

BUS

Les bus interurbains partent de la Piazza dei Partigiani, accessible grâce à la *scala mobile* de la Piazza Italia. Le service Perugia-Rome est assuré par **Sulga** (☎ 800 09 96 61) au rythme d'environ 5 départs quotidiens (14,50 €, 3 heures) dans chaque direction, dont trois continuent jusqu'à l'aéroport Fiumicino (18,75 €, 3 heures 45). Des bus quittent Fiumicino à 12h30, 14h30 et 17h. Sulga propose aussi une liaison quotidienne Perugia-Florence (10,35 €, 2 heures), en partant de Perugia à 7h30 et de Florence à 18h (sur la Piazza Adua, à Santa Maria Novella). Des bus partent également de la Piazza dei Partigiani pour Sienne (7,25 €, 1 heure 30, 2 fois par jour en semaine, 1 fois le dimanche) et d'autres villes ombriennes, dont Assise (2,60 €, 50 minutes, 10 départs par jour avec un trou entre 15h et 19h45) et Gubbio (4 €, 1 heure 10, 15 départs par jour). Pour rejoindre Narni ou Amelia, prenez un bus ATC pour Terni à la Piazza dei Partigiani (6,40 €, 1 heure 15, 14h et 18h10) et changez à Terni. Consultez les écrans placés au-dessus de la gare routière. Pour Spello, Foligno, Spoleto, Orvieto ou Assise, mieux vaut prendre le train.

La brochure mensuelle *Viva Perugia* (0,80 €), disponible auprès du bureau des relations publiques, voisin de l'office du tourisme, recense les itinéraires de train et de bus, les coordonnées des compagnies et les horaires.

VOITURE ET MOTO

De Rome, quittez l'A1 à la sortie Orte et suivez les panneaux pour Terni. Là, prenez la S3B-E45 jusqu'à Perugia. Si vous venez du nord de l'Italie, sortez de l'A1 à Valdichiana et empruntez l'autoroute à quatre voies S75b pour Perugia. À l'est, la S75 relie la ville à Assise.

La gare ferroviaire principale abrite trois agences de location de voitures.

Avis (☎/fax 075 500 03 95 ; alvalrent@hotmail.com ; Piazza Vittorio Veneto 7, Stazione Ferroviaria ; 🕑 lun-ven 8h30-13h et 15h30-19h, sam 8h30-13h, fermé dim) propose les prix les moins chers et le personnel parle couramment anglais. Comptez environ 233 € pour une voiture à boîte de vitesse manuelle (environ 400 € pour une automatique). Des Smart sont disponibles pour environ 40 € la journée. Demandez Pino.

Autres options :

Maggiore (☎ 075 500 74 99 ; www.maggiore.it ; Via Fontivegge, Stazione Ferroviaria ; 🕑 lun-ven 8h30-13h et 15h30-19h, sam 8h30-13h, fermé dim)

Hertz (☎ 075 50 024 39 ; hertzperugia@tiscali.it ; Piazza Vittorio Veneto 4, Stazione Ferroviaria ; 🕑 lun-ven 8h30-13h et 15h30-19h, sam 8h30-13h, fermé dim)

Pour louer un scooter, appelez **Scootyrent** (☎ 075 572 07 10, 333 102 65 05 ; scootyrent@scootyrent.com ; Via della Volpe 5). Pour environ 20 € par jour, vous serez libre d'aller où bon vous semble.

TRAIN

La gare ferroviaire principale, la **Stazione Fontivegge** (pour des renseignements sur les trains, appelez Tren Italia ☎ 848 88 88 08), se trouve sur la Piazza Vittorio Veneto, à quelques kilomètres à l'ouest du centre-ville. Des bus s'y rendent fréquemment depuis la Piazza Italia. La billetterie ouvre de 6h30 à 20h10, mais vous pouvez acheter vos billets dans des machines automatiques avec une carte de crédit ou du liquide 24h/24. Il existe sept liaisons quotidiennes pour Rome (de 10,12 € à 18,45 €, 2 heures avec un changement sur l'Eurostar, plus de 3 heures par le train régional). Même si votre billet n'indique pas de correspondance, renseignez-vous car, la plupart du temps, il faut changer à Terontola ou Foligno. Des trains partent pour Florence toutes les 2 heures environ et sont plus fréquents le matin (de 7,90 € à 12,50 €, 2 heures). Parmi les autres destinations figurent Assise (1,55 €, 20 minutes, toutes les heures), Gubbio (4,30 €, 1 heure 30, 7 départs par jour, changement à Foligno), Spello (1,95 €, 30 minutes, toutes les heures) et Arezzo (4,50 €, 1 heure 10, toutes les 2 heures).

La société privée **Ferrovia Centrale Umbra** (☎ 075 57 54 01) est basée à la Stazione Sant'Anna, sur le Piazzale Bellucci. De charmants trains à l'ancienne desservent Deruta (1,30 €, 20 minutes, 7 par jour), Sansepolcro (3,80 €, 1 heure 20, 12 par jour), Terni (4,25 €, 1 heure 30, toutes les heures), Todi (2,90 €, 1 heure, toutes les heures) et Città di Castello (2,90 €, 1 heure 10, 15 par jour).

Comment circuler

Se déplacer en Ombrie est un peu difficile par les transports en communs et demande de la préparation. À l'inverse, avoir une voiture peut constituer un fardeau dans certaines villes très encombrées. La meilleure façon de visiter la région est de prendre le train ou le bus jusqu'à Assise, Spoleto, Perugia, Orvieto ou Gubbio, puis de louer un véhicule sur place pour une semaine et partir explorer la campagne.

La principale gare ferroviaire de Perugia est la Stazione Fontivegge, mais si vous arrivez en train, guettez simplement les panneaux indiquant "Perugia". Pour rejoindre la ville, la montée est rude et les voyageurs chargés de bagages préféreront le bus à la marche. Le bus coûte 0,80 € (0,65 € pour les seniors) et vous emmène jusqu'à la Piazza Italia dans le centre historique. N'oubliez pas de composter votre ticket en montant sous peine d'être verbalisé sur-le-champ. Vous pouvez également l'acheter dans le bus moyennant 1,50 €. Les bus n°6 et 7 sont les plus directs, mais les n°11, 13 et 15d vous déposeront aussi à la Piazza Italia. Les tickets de bus s'achètent dans le petit kiosque vert installé devant la gare ferroviaire ou sur la Piazza Italia, ou encore dans la plupart des *tabacchi* (bureaux de tabac) de la ville. Si vous avez l'intention de rester plusieurs jours, optez pour un carnet de 10 tickets à 7,20 €.

Une navette circule entre la Piazza Italia et l'Aeroporto Sant'Egidio (3 €, 30 minutes, 3 fois par jour). Les horaires sont synchronisés avec les vols.

VOITURE ET MOTO

Si vous arrivez à Perugia en voiture et que vous suivez les panneaux "Centro", vous parviendrez par des routes sinueuses en haut de la colline, sur la Piazza Italia. Conduire et se garer à Perugia peut s'avérer cher, long et pénible. Une grande partie du centre-ville est interdite à la circulation des non-résidents, mais les touristes sont autorisés à rejoindre leur hôtel pour déposer leurs bagages. Malgré la rumeur qui veut que la police soit moins sévère avec les voitures des touristes, vous risquez de voir votre véhicule emmené à la fourrière si vous restez garé trop longtemps en stationnement interdit. Perugia compte six parkings payants aux endroits suivants : Piazza Partigiani, Viale Pellini, Mercato Coperto, Briglie di Braccio, Viale Sant'Antonio et Piazzale Europa. Des *scale mobili* ou des *ascensori* (ascenseurs) conduisent de chaque parking au centre-ville ; attention, ils ne fonctionnent pas 24h/24 mais s'arrêtent entre minuit/1h et 6h/7h. Les tarifs s'échelonnent de 0,80 à 1,05 € l'heure. Si vous avez l'intention de beaucoup utiliser ces parkings, achetez un *abbonamento* (abonnement) aux guichets de paiement pour environ 7,75 € le premier jour et 5,20 € chaque jour supplémentaire. Pour des informations générales sur les parkings, appelez **SIPA** (☎ 075 572 19 38).

Si votre voiture a été emmenée à la fourrière, contactez le **Deposito Veicoli Rimossi** (☎ 075 577 53 75) : prévoyez environ 105 € pour la récupérer.

TAXI

Vous obtiendrez un taxi au ☎ 075 500 48 88. La course entre le centre-ville et la gare ferroviaire principale, la Stazione Fontivegge, revient à 10 € environ.

ENVIRONS DE PERUGIA

Deruta

8 082 habitants

Juste au sud de Perugia le long de la S3B/

E45, Deruta offrirait peu d'intérêt si elle n'était considérée comme le centre de la céramique en Ombrie et même, selon certains, en Italie. La ville fabrique des faïences depuis plus de 600 ans. On trouve encore quelques boutiques dans le centre médiéval fortifié, mais les vrais amateurs iront plutôt faire un tour sur la Via Tiberina, la route principale qui arrive de l'autoroute.

Le **Museo Regionale Della Ceramica** (☎ 075 971 10 00 ; adulte/tarif réduit/enfant 2,58/1,81/1,03 € ; ⏲ oct-mars 10h30-13h et 14h30-17h, avr-juin 10h30-13h et 15h-18h, juillet-sept 10h-13h et 15h30-19h, fermé mar oct-mars) a élu domicile dans le majestueux hôtel de ville. Toutes les informations sont données en italien et en anglais. Outre plus de 6 000 céramiques, le musée présente des vitrines sur la restauration archéologique, les différentes étapes de la production de la faïence et les poteries étrusques.

À **Maioliche Nulli** (☎ /fax 075 97 23 84 ; Via Tiberina 142), Rolando Nulli crée chaque pièce à la main tandis que son frère Goffredo les décore de reproductions de motifs médiévaux classiques. Les deux frères vendent leur production dans le monde entier.

Maioliche CAMA Deruta (☎ 075 971 11 82 ; www.camaderuta.com ; Via Tiberina 112) est une entreprise plus importante, mais c'est l'une des plus respectées de Deruta. La plupart des produits peuvent se commander sur Internet.

Pour vous régaler à moindres frais, essayez l'**Hotel Ristorante Asso di Coppe** (☎ 075 971 02 05 ; SS E-45, Km 73,400), qui recueille tous les suffrages des habitants pour sa cuisine ombrienne toute simple mais délicieuse.

Torgiano

Torgiano n'offre guère d'intérêt, excepté son passionnant musée du vin et sa longue tradition viticole. Mais n'est-ce pas suffisant ? L'exportation la plus célèbre de Torgiano est son *rosso riserva*, doté du label DOCG (appellation d'origine contrôlée et garantie).

Torgiano mérite une petite halte pour ses différentes *enoteche* (bars à vins), mais aussi pour son **Museo del Vino** (☎ 075 988 02 00 ; www.lungarotti.it ; Corso Vittorio Emanuele 23 ; adulte/étudiant 4/2,50 € ; ⏲ été lun-sam 9h-13h et 15h-19h, hiver 9h-13h et 15h-18h). Ce musée du vin, financé par la fondation Lungarotti (grande famille de viticulteurs ombriens), possède 20 salles contenant des collections bien documentées, notamment sur la fabrication du vin et l'œnologie. Il présente également des trouvailles archéologiques, des céramiques, des livres, des œuvres d'art et des objets ethnographiques, tous en rapport avec le vin.

Dans le même esprit, le **Museo dell'Olivo e dell'Olio** (musée de l'huile d'olive ; ☎ 075 988 03 00 ; Via Garibaldi 10 ; adulte/étudiant 4/2,50 € ; ⏲ été lun-sam 10h-13h et 15h-19h, hiver 10h-13h et 15h-18h) vous apprendra tout sur ce produit. Un billet combiné pour les deux musées coûte 7 € pour les adultes et 4 € pour les étudiants.

Le restaurant le plus chic d'Ombrie se trouve à Torgiano : c'est **Le Melagrane** (☎ 075 988 04 47 ; www.3vaselle.it ; Via Garibaldi 48 ; repas environ 39 €), installé dans l'hôtel cinq-étoiles Le Tre Vaselle (le seul autre cinq étoiles est le Brufani Palace, à Perugia). Propriété de la célèbre famille Lungarotti, propriétaire du musée du vin et de nombreux vignobles, il sert une cuisine ombrienne de très haute qualité dans un cadre luxueux. Vous admirerez en particulier les magnifiques carreaux de terre cuite qui couvrent le sol. Goûtez le *carpaccio* de veau accompagné de truffes noires et de risotto cuit dans du *rubesco*, un vin rouge produit, évidemment, par la famille Lungarotti.

LAGO DI TRASIMENO

Les principaux attraits du Lago di Trasimeno sont sa beauté naturelle et les multiples activités de plein air qu'on peut y pratiquer, mais il intéressera également les amateurs d'histoire culturelle et d'architecture. Ce lac, le quatrième d'Italie par la taille, se prête agréablement à la marche et à la randonnée. Au printemps, la région se couvre de fleurs. On cultive ici le tournesol pour en extraire une huile utilisée pour les fritures, moins chère que l'huile d'olive. Différentes factions rivales se sont disputé la région tout au long de son histoire. Elle est aujourd'hui idéalement située au carrefour de la Toscane et de l'Ombrie. Deux grandes autoroutes (grandes pour l'Ombrie) rejoignent la rive ouest et nord du lac. La S71 relie Chiusi, au sud, à Arezzo, au nord. L'A1/75 *bis* rejoint en Toscane l'A1 (qui relie Florence à Rome) et va jusqu'à Perugia, à l'est.

Les localités qui entourent le Lago di Trasimeno se sont associées à plusieurs agences gouvernementales pour donner vie à un projet visant à préserver l'environnement naturel de la région. Beaucoup des activités pratiquées sur le lac sont des sports nautiques sans danger pour la nature, comme le kayak ou la planche à voile. L'Isola Polvese abrite un laboratoire de formation à l'étude de l'environnement.

Orientation

Le *comune* (municipalité) de Trasimeno est plus proche de la ville toscane de Cortona que de Perugia, et constitue donc une base idéale pour explorer les deux régions. Si vous vous déplacez par les transports publics, le mieux est de loger à Passignano ou à Castiglione del Lago. Si vous disposez d'une voiture, vous pouvez dormir dans n'importe quelle ville de la région ou même plus loin. La région baptisée Lago di Trasimeno se compose de huit *comuni* : Castiglione del Lago, Città della Pieve, Magione, Paciano, Panicale, Passignano, Piegaro et Tuoro. Castiglione del Lago et Passignano sont les lieux de villégiature les plus agréables, surtout si vous utilisez les transports publics, mais toutes ces villes, à l'exception de Magione, s'avèrent charmantes. Les offices du tourisme distribuent des cartes pliantes intitulées *Le Mappe di Airone per il Trekking* et *Le Mappe di Airone per il Cicloturismo*. Le guide de randonnée contient 13 cartes et celui sur le *cicloturismo* (cyclotourisme) en compte 6. Vous vous les procurerez gratuitement aux offices du tourisme, mais pouvez aussi vous les faire envoyer moyennant 5,16 € (frais d'envoi compris).

Renseignements

ACCÈS INTERNET

Alisé Café (☎ 075 95 31 41 ; Piazza della Stazione 5). Situé en face de la gare ferroviaire de Castiglione del Lago.

SITES INTERNET

www.trasinet.com Ce bon site web recense les hôtels et les activités possibles.

SERVICES MÉDICAUX

Urgences Castiglione del Lago (☎ 075 9 52 61) ; Passignano et Tuoro (☎ 075 829 87 51).

POSTE

Bureaux de poste (🕐 lun-ven 8h10-13h20, sam 8h10-12h30) ; Castiglione del Lago (Via F. lli Rosselli) ; Città della Pieve (Via Veneto 6) ; Passignano (Via Rinascita 2) ; Tuoro (Via Baroncino 1).

OFFICES DU TOURISME

Vous pouvez acheter un **percorso museale** (billet d'entrée aux musées ; adulte/enfant 6,20/4,15 €) dans n'importe quel office du tourisme si vous prévoyez de visiter toute la région du lac, y compris Città della Pieve.

Office du tourisme de la région de Trasimeno (☎ 075 965 24 84 ; info@iat.castiglione-del-lago.pg.it ; Piazza Mazzini 10, Castiglione del Lago ; 🕐 lun-ven 8h30-13h et 15h30-19h, sam 9h-13h et 15h30-19h, dim 9h-13h et 16h-19h). Distribue la plupart des cartes sur les itinéraires de randonnée et de cyclotourisme, et vous informe sur les hébergements dans toute la région.

Office du tourisme de Città della Pieve (☎ 075 829 93 75 ; 🕐 hiver 10h-14h30 et 15h30-18h, été 10h30-12h30 et 15h30-18h).

Pro Loco (☎ 075 82 76 35 ; Piazza Trento e Trieste 6, Passignano ; 🕐 lun-sam 10h30-12h30 et 16h-19h, dim 10h30am-12h30).

Office du tourisme (☎ 075 825 42 22 ; Via Guglielmi, Isola Maggiore ; 🕐 lun-sam 9h-12h30 et 13h-18h).

Office du tourisme (☎ 075 847 60 27 ; Via Sergio Cocchini 43, San Feliciano ; 🕐 lun-sam 10h-13h et 16h30-19h30, dim 10h-13h).

À voir

CASTIGLIONE DEL LAGO

Les touristes apprécient particulièrement Castiglione del Lago, l'une des villes les plus anciennes qui bordent le lac. À l'époque étrusque, elle produisait du blé. Au VIIe siècle, perchée sur son promontoire, elle devint une importante défense avancée pour les Byzantins installés à Perugia, avant d'être pendant près de 1 000 ans l'objet de conflits et de marchés entre la papauté, l'empereur et divers territoires.

Castiglione del Lago abrite le **Palazzo della Corgna** (☎ 075 965 82 10 ; Piazza Gramsci ; 2,60 €, comprenant l'entrée à la Rocca del Leone ; 🕐 été 10h-13h et 16h-19h30, hiver week-end seulement 9h30-16h30), ancien palais ducal qui renferme une belle série de fresques exécutées au XVIe siècle par Giovanni Antonio Pandolfi et Salvio Salvini. Il fut construit au XVIe siècle par Jacopo Barozzi, qui y intégra certaines parties de maisons plus anciennes appartenant aux Baglioni, une famille de Perugia. Un passage couvert relie le palais à la **Rocca del Leone** ("forteresse du lion"), pentagonale, datant de 1247 et remarquable exemple d'architecture militaire médiévale. Dressée sur son promontoire rocheux, elle a, vue du lac, une allure impressionnante.

CITTÀ DELLA PIEVE

Bien que située à 20 km au sud, Città della Pieve est considérée comme faisant partie du Lago di Trasimeno sur un plan géographique et culturel.

Malgré son surnom de "Il Perugino" (le Pérugin), le célèbre peintre de la Renaissance Pietro Vannucci est né ici en 1445 et ses œuvres y sont nombreuses, surtout dans la **Cattedrale di San Gervasio e Protasio**, bâtie sur l'emplacement d'une ancienne église paroissiale (*pieve*). L'œuvre la plus connue du Pérugin visible dans sa ville natale est l'*Adoration des Mages,* à l'**oratoire Santa Maria dei Bianchi**.

Nommé gouverneur par son oncle, le pape Jules III, le chef de la famille della Corgna passa commande à des artistes pour décorer la ville, appelée à l'époque Castel della Pieve (elle fut élevée au rang de cité en 1600). Les fresques du somptueux **Palazzo della Corgna** sont ainsi dues en partie à Pomarancio et à Salvio Savini.

ISOLA MAGGIORE

On dit que saint François appréciait particulièrement l'Isola Maggiore, la plus grande île du lac, non loin de Passignano. Sur la colline, la **Chiesa di San Michele Arcangelo** renferme une *Crucifixion* peinte par Bartolomeo Caporalimaster. Vous pourrez admirer dentelles et broderies, qui font la réputation de l'île, au **Museo del Merlotto** (musée de la Dentelle ; ☎ 075 825 42 33 ; Via Gugliemi, près du port, Isola Maggiore ; 2,60 € ; ⌚ tlj 10h-13h et 14h30-18h). Ne manquez pas de vous arrêter au **Castello Gugliemi**.

ISOLA POLVESE

Il n'y a pas grand-chose à faire sur l'Isola Polvese, et c'est justement ce qui fait son charme aux yeux de certains. L'île tout entière est un parc scientifique et éducatif. Elle accueille souvent des groupes scolaires qui viennent utiliser les laboratoires environnementaux pour s'initier à la préservation de la biodiversité et aux technologies durables. À visiter absolument : le **jardin des plantes aquatiques**. L'île abrite également le **monastère San Secondo** et l'**église Saint-Julien** ainsi que les vestiges d'un château du XIVe siècle. Pour obtenir des informations ou réserver une visite guidée, appelez le ☎ 075 965 95 46.

MAGIONE

Rien ne justifie la visite de Magione, sauf peut-être le besoin de faire quelques emplettes. Cependant, le train y fait halte et l'histoire de la ville, édifiée entre 1160 et 1170, ne manque pas d'intérêt. Les Templiers utilisèrent son abbaye fortifiée comme hôpital pour les croisés qui allaient à Jérusalem ou en revenaient. L'abbaye passa ensuite aux mains des chevaliers de Malte, dont elle est toujours la propriété. Il est possible de visiter le **château des chevaliers de Malte** (☎ 075 84 38 59 ; entrée gratuite), ouvert au public entre le 22 juin et le 24 août.

PASSIGNANO

Avec ses nombreux restaurants, hôtels et boutiques de souvenirs, Passignano est le principal lieu de villégiature du lac. Le château médiéval qui domine la ville est fermé au public, mais on peut l'admirer de l'extérieur. Allez également voir la **Chiesa della Madonna dell'Uliveto** (☎ 075 82 71 24 ; ⌚ mer-jeu 17h-19h, ven-sam 16h-20h, dim 10h-12h et 17h-19h) datant au XVIe siècle. Si vous êtes en ville le dernier dimanche de juillet, vous pourrez assister au **Palio delle Barche** (course de bateaux), où s'affrontent plusieurs équipes qui doivent porter un bateau jusqu'au château, au sommet de la colline.

SAN FELICIANO

Petit port de pêche encore en activité mais composé essentiellement d'hôtels qui accueillent des Européens du Nord venus passer des vacances au soleil, San Feliciano possède quelques monuments intéressants. Pour les amateurs, le **musée de la Pêche** (☎ 075 847 92 61 ; www.museodellapesca.it ; Via Lungolago della Pace e del Lavoro 20 ; adulte/tarif réduit/enfant 3/2/1 € ; ⌚ nov-jan sam-dim 10h-13h et 14h30-17h, fév-mars et oct jeu-dim 10h30-12h30 et 14h30-17h30, avr -juin et sept mar-dim 10h-12h30 et 15h-18h, juil-août tlj 10h-13h et 15h-19h) présente les techniques de pêche de l'Antiquité à nos jours. Contrairement à ce que l'on pourrait croire, ce musée attire les foules car il présente l'histoire sous un jour inhabituel.

TUORO

Le seul intérêt de Tuoro est historique. C'est sur ce site que se déroula en effet l'une des batailles les plus sanglantes de l'histoire romaine, en 217 av. J.-C. La première guerre punique avait pris fin en 241 av. J.-C., avec la victoire des Romains sur les Carthaginois aux îles Égates, qui avait permis à Rome de reprendre la Corse, la Sardaigne et la Sicile. Le père d'Hannibal, Hasdrubal Barca, commença à planifier la revanche. La deuxième guerre punique débuta en 219 av. J.-C. L'année suivante, l'armée d'Hannibal se mit en route à pied afin d'attiser la haine des Romains et de recruter des soldats en chemin. Forte de 50 000 hommes, 9 000 chevaux et 37 éléphants, elle partit d'Espagne et traversa les Pyrénées et les Alpes, puis se dirigea vers le sud, feignant de marcher sur Rome. Arrivé au lac, Hannibal envoya ses hommes allumer des feux à Tuoro pour faire croire qu'ils se trouvaient plus loin du lac que ce n'était le cas en réalité. En fait, protégés par un épais brouillard, ils encerclèrent lentement les troupes romaines, menées par le consul Caïus Flaminius. Les Romains, mal préparés, perdirent 16 000 hommes, dont Flaminius. La bataille fut si meurtrière que la rivière fut rebaptisée Sanguineto (Sanglante) après avoir charrié du sang pendant trois jours.

Pour faire une excursion historique et archéologique, renseignez-vous auprès du **Centre de documentation permanente** (☎ 075 82 52 20).

Ressemblant à un Stonehenge moderne, le **champ du Soleil** (Campo del Sole ; près de Navaccia Lido, non loin des rives du lac), rassemble 28 sculptures de sable réalisées chacune par un artiste connu.

À faire

Le Lago di Trasimeno offre de multiples possibilités de sports nautiques et d'activités de plein air. Entre avril et septembre, des prélèvements sont effectués dans le lac pour vérifier la pureté de son eau. Les offices du tourisme distribuent une brochure qui détaille les chemins de randonnée à pied et à cheval, intitulée *Tourist Itineraries in the Trasimeno District*.

Pour les **promenades à cheval,** adressez-vous au **Maneggio Oasi** (☎ 0337 65 37 95 ; Orto, à Castiglione del Lago) et au **Poggio del Belveduto** (☎ 075 82 90 76 ; www.poggiodelbelveduto ; Via Donato, Campori di Sopra, Passignano), qui propose également du tir à l'arc si vous êtes d'humeur médiévale. Les offices du tourisme, les hôtels ou les campings vous renseigneront sur les autres centres équestres et les activités sportives comme le kayak.

Vous pouvez louer **canoës, planches à voile et voiliers** à **La Merangola** (☎ 075 965 24 45 ; Lido Arezzo) à Castiglione del Lago, ou chez **Balneazione Tuoro** (☎ 328 454 97 66 ; Punta Navaccia) à Tuoro. La Merangola possède également une petite plage et un restaurant, et se transforme en **discoteca** la nuit.

Pour louer un **scooter**, adressez-vous à **Marinelli Ferrettini Fabio** (☎ 075 95 31 26 ; Via Buozzi 26, Castiglione del Lago ; 🕒 lun-sam 7h-20h). Les **vélos** se louent à Castiglione del Lago chez **Valentini** (☎ 075 95 1663 ; Via Firenze 68/B), qui propose aussi des vélos d'enfants, et à Passignano chez **Eta Beta Modellismo** (☎ 075 82 94 01 ; Via della Vittoria 58). De nombreux campings et fermes d'*agriturismo* offrent également des locations de bicyclettes et du matériel de sports nautiques.

Pour une expérience culturelle et gastronomique amusante, ne manquez pas les **marchés hebdomadaires** qui vendent toutes sortes de fruits et de légumes frais ainsi que des denrées de base. Ils se tiennent de 8h30 à 13h dans les villes suivantes : Castiglione del Lago (mercredi), Magione (jeudi), Tuoro (vendredi) et Passignano (samedi). Les offices de tourisme de ces villes vous fourniront plus d'informations.

Fêtes et festivals

Comme le reste de l'Ombrie, le Lago di Trasimeno accueille d'innombrables manifestations tout au long de l'année, dont certaines sont uniques en leur genre. Pour en savoir plus sur le **Palio delle Barche**, reportez-vous à la p. 276.

À Città della Pieve, le premier week-end de juin est celui du **festival d'Art et de Culture**. À la mi-août, le **Palio dei Terzieri** fait revivre le passé Renaissance de la ville et donne lieu à des spectacles d'acrobates, de cracheurs de feu et d'archers.

Où se loger

La région du Lago di Trasimeno regroupe tous les types d'hébergement possibles, depuis l'auberge de jeunesse écologique sur l'Isola Polvese jusqu'à la villa privée à Lisciano Noccione, où vous pourrez suivre des cours de peinture à fresque ou de cuisine italienne.

PETITS BUDGETS

Camping Badiaccia (☎ 075 965 90 97, en hiver 075 823 01 03 ; camping@badiaccia.com ; www.badiaccia.com ; Via Trasimeno I 91, Bivia Borghetto ; pers/tente/voiture 6,50/6/2 €, caravanes et bungalows 35-93 € ; 💻 ♿). Inutile d'avoir du matériel de camping pour loger ici, il suffit de louer un bungalow ou une caravane, certains équipés d'une cuisine. Avec des terrains de tennis, de basket et de boules, deux piscines, des tables de ping-pong, 200 m de plage, une supérette et un accès

NORD DE L'OMBRIE

CASA SAN MARTINO

"Perfection" : le mot n'est pas trop fort pour qualifier cette ferme blottie dans les collines au nord du Lago di Trasimeno (☎ 075 84 42 88 ; casam@tuscanyvacation.com ; San Martino 19, Lisciano Noccione). La propriétaire a entièrement restauré cet édifice en pierre vieux de 250 ans (elle-même vit dans l'ancienne porcherie), qui peut accueillir jusqu'à 8 personnes à la fois. Extraordinairement calme et isolé, l'endroit ne se trouve cependant qu'à une heure de la plupart des villes de Toscane et d'Ombrie. Le bâtiment principal, impeccablement décoré, possède des sols en carreaux de terre cuite, des poutres au plafond, une cheminée, une cuisine complètement équipée, un lave-linge, un sèche-linge et quatre chambres avec salle de bains individuelle. À l'extérieur, vous disposez d'une piscine offrant une vue imprenable sur la campagne (avec quelques châteaux ça et là) et d'un barbecue en pierre. La propriétaire, une Américaine installée en Italie depuis près de 15 ans, peut vous renseigner sur les excursions dans la région, vous mettre en rapport avec un capitaine de l'armée anglaise en retraite pour une visite guidée du champ de bataille d'Hannibal et vous donner une liste des meilleurs restaurants et boutiques du coin. En basse saison, vous n'avez même pas besoin de réunir un groupe de huit personnes, car les chambres sont parfois louées séparément.

Tâchez de venir au moment où des activités spéciales sont prévues, comme les cours de cuisine de Faye Hess, ancien chef à New York, qui apprend aux clients des recettes qu'ils peuvent facilement préparer chez eux, notamment la polenta aux tomates grillées et au thym, les gnocchi et des plats italiens de base, tels que la *bruschetta* (pain à l'ail nappé de tomates et d'herbes, généralement servi en entrée) ou la sauce rouge. On peut aussi suivre des cours de peinture à fresque et d'écriture, ou effectuer des excursions.

Pour réserver en été, appelez plusieurs mois à l'avance. Les tarifs sont raisonnables : 2 000 € la semaine en hiver, 2 500 € en automne et au printemps et 3 000 € en été. L'hiver peut être un très bon moment pour venir, car le bâtiment possède le chauffage central et une cheminée.

Internet à disposition, les clients peuvent pratiquement vivre en autarcie. L'endroit fera le bonheur des enfants. Son restaurant est d'une qualité étonnante.

Listro (☎/fax 075 95 11 93 ; listro@listro.it ; www.listro.it; Via Lungolago, Castiglione del Lago ; pers/tente 4,15/4,15 € ; 🕓 avr-sept). Ce camping possédant 100 emplacements se trouve à 500 m de Castiglione del Lago.

Il Poggio (☎ 075 965 95 50 ; ostelloilpoggio@libero.it ; www.isolapolvese.it ; Isola Polvese ; 16 € par pers, supplément repas 8 € ; 🕓 fin mars-fin oct). Cet ancien corps de ferme applique les dernières techniques de développement durable comme la phyto-purification et les chenaux naturels pour le traitement des eaux usées. Un bassin creusé dans le roc contient des plantes aquatiques régionales. On peut pratiquer ici de nombreuses activités, notamment le kayak, le ping-pong, le beach-volley et divers jeux, sans oublier le farniente en hamac. L'île est facilement accessible depuis San Feliciano. Si vous êtes surchargé de bagages, appelez et on viendra vous chercher en voiture.

Albergo Il Torrione (☎ 075 95 32 36 ; iltorrione@trasinet.com ; www.trasinet.com/iltorrione ; Via delle Mure 4/8, Castiglione del Lago ; d 55-65 €). Une oasis de calme et de tranquillité non loin du centre de Castiglione del Lago. Les magnifiques toiles réalisées par le propriétaire décorent les parties communes et les chambres, meublées avec goût et dotées d'une sdb avec douche. Un merveilleux jardin dominant le lac permet de s'installer dans une chaise longue pour regarder le coucher de soleil en respirant le parfum des fleurs.

Pensione del Pescatore (☎ 075 829 60 63 ; fax 075 829201 ; Via San Bernardino 5, Passignano ; s/d 28,40/43,90 €). Cette *pensione* familiale propose 11 chambres très simples mais agréables au-dessus d'une charmante trattoria. Elle était fermée pour restauration en 2003, les prix devraient donc avoir augmenté en 2004.

Hotel Da Sauro (☎ 075 82 61 68 ; fax 075 825130 ; Via Guglielmi 1, Isola Maggiore ; d 65 €). Cet établissement tenu en famille possède 10 chambres dans un bâtiment rustique en pierre à l'extrémité nord du principal village de l'île. Le restaurant du rez-de-chaussée étant très populaire, attention au bruit à l'heure des repas.

Paola's B&B (☎ 075 573 08 08, portable 335 6247240 ; Città della Pieve ; 30-50 € par pers). Pour vivre une expérience italienne authentique, logez chez Paola, qui loue deux chambres dans son appartement du XVIIe siècle (jetez un coup d'œil aux fresques dans la chambre de sa fille). Elle propose également des cours de cuisine et d'italien (généralement les deux en même temps). En hiver, Paola fait la cuisine dans la cheminée. Elle parle français.

CATÉGORIE MOYENNE

Hotel Miralago (☎ 075 95 11 57 ; www.hotelmiralago.it ; Piazza Mazzini 6, Castiglione del Lago ; s/d 65/77 €). Le Miralago est très central et les chambres du dernier étage jouissent d'une vue magnifique sur le lac. Cet endroit un peu austère possède néanmoins quelques éléments de confort tels que la TV par satellite et un service en chambre. Le restaurant du rez-de-chaussée, La Fontana, est très apprécié pour sa cuisine.

Hotel La Torre (☎ 075 95 16 66 ; latorre@trasinet.com ; www.trasinet.com/latorre ; Via Emanuele 50, Castiglione del Lago ; s/d 55/75 €). Situé au cœur de Castiglione del Lago, ce palais restauré loue des chambres d'un confort assez rudimentaire. Le matin, on vous servira un fabuleux petit déjeuner, car le propriétaire tient également une boulangerie au rez-de-chaussée. On viendra vous chercher à la gare ferroviaire moyennant une somme modique.

CATÉGORIE SUPÉRIEURE

Relais La Fattoria (☎ 075 84 53 22 ; www.relaislafattoria.com ; Castel Rigone ; d à partir de 78 €, ste en haute saison 186 €). Impeccablement meublé, ce château du XVIIe siècle perché sur une colline au-dessus du lac offre un cadre spectaculaire. Équipé d'une TV par satellite, il possède par ailleurs un restaurant extraordinaire.

AGRITURISMO

Locanda del Galluzzo Agriturismo (☎ 075 84 53 52 ; locandagalluzzo@hotmail.com ; Castel Rigone). Situé dans les collines au-dessus du lac, ce gîte bénéficie d'un cadre exceptionnel et, contrairement à de nombreux endroits qui prétendent offrir un hébergement en *agriturismo,* son restaurant sert des aliments cultivés sur place. Chaque mini-appartement peut accueillir entre deux et quatre personnes et coûte de 310 à 480 € la semaine, ou à partir de 60 € la double. Le restaurant se spécialise dans le gibier. Vous pourrez profiter de la piscine, admirer la vue sur le lac et louer des VTT.

Où se restaurer

Ristorante La Corte (☎ 075 84 53 22 ; Via Rigone 1, Castel Rigone ; plats environ 30 €). Dans ce restaurant qui compte parmi les plus chics de la région, les hors-d'œuvre constituent la meilleure partie du repas. Essayez la *bruschetta,* le *carpaccio* d'espadon ou la soupe de lentilles. Également à noter : les délicieuses *tagliatelle* aux truffes noires de Norcia et les *strangozzi* frais (sortes de spaghetti carrés typiques de l'Ombrie) aux *porcini* (cèpes).

Da Settimio (☎ 075 847 60 00 ; Via Lungolago Alicata, San Feliciano ; plats environ 21 € ; fermé jeu et nov). Ce petit restaurant, doublé d'un hôtel au deuxième étage, sert des plats de poisson, notamment du *risotto alla pescatora* (risotto du pêcheur) ou de la tanche grillée. En hors-d'œuvre, commandez l'assiette de "petits poissons grillés". Juste en face du Da Settimio, en direction du lac, le simplement nommé **Bar Gelateria** offre parmi les meilleurs *propria produzione* gelati (glaces maison) de la région.

La Locanda del Castello (☎ 075 829 64 25 ; Piazza Garibaldi 13 ; plats environ 25 €). Cet excellent restaurant aux prix très étudiés se spécialise dans les plats de poisson et de viande, ainsi que dans la salade de pecorino grillé.

Lido (☎ 075 82 8472 ; Via Roma 3, Passignano ; plats environ 20 € ; mars-oct). L'un des plus anciens restaurants de Passignano, situé au bord de l'eau, en surplomb du lac, en face de l'Isola Maggiore. Il sert une cuisine locale, notamment des spécialités comme les *crostini* aux œufs de carpe et les *taglierini al profumo di lago* (ce qui pourrait se traduire par "pâtes au parfum du lac").

Ristorante L'Acquario (☎ 075 965 24 32 ; Via Emanuele 69, Castiglione del Lago ; repas environ 25 € ; juin-oct uniquement, fermé mer). Ce restaurant, le plus ancien de Castiglione del Lago, mitonne des plats traditionnels, parmi lesquels des spécialités de poisson cuisinées selon des recettes centenaires.

Ristorante La Cantina (☎ 075 965 24 63 ; Via Emanuele 93, Castiglione del Lago ; repas environ 21 € ; fermé lun en hiver). Détendez-vous dans son jardin tranquille et admirez la vue magnifique en mangeant une pizza à prix très doux (5 €). Les gnocchi au safran et à la sauce aux écrevisses sont délicieux. Très variée, la carte des vins fait bonne place aux crus de la région.

Comment s'y rendre et circuler

Deux grandes lignes de chemin fer passent à proximité du lac. Le train lent va de Terontola à Perugia, Assise et Foligno en s'arrêtant à Tuoro, Passignano, Torricella et Magione. Au départ de Perugia, il existe des trains pour Passignano (2 €, 30 minutes, 9 par jour),

Magione (1,60 €, 20 minutes, 8 par jour) ou Tuoro (2,20 €, 30 minutes, 8 par jour).

Des bus relient Perugia à Passignano (2,60 €, 1 heure, 5 par jour) et Castiglione del Lago (4,15 €, 1 heure 20 minutes, 8 par jour). Par ailleurs, Passignano est régulièrement desservie par le train depuis Perugia (1,95 €, 25 minutes, toutes les heures) *via* Terontola (1,30 €, 10 minutes, toutes les heures), ce qui en fait la ville riveraine du lac la plus facile d'accès.

Le ferry est géré par **APM** (☎ 075 50 67 81). Vérifiez les départs à l'embarcadère de chaque ville, car les horaires varient selon la saison, les dates des vacances scolaires et les jours de la semaine. De Passignano, il est possible de rejoindre l'Isola Maggiore (aller simple/aller-retour 3,30/5,40 €, 14 fois par jour). Les ferries circulent beaucoup moins souvent entre Passignano et Castiglione del Lago (aller simple/aller-retour 3,80/6,90 €, 2 fois par jour), mais on peut passer par l'Isola Maggiore. La meilleure façon de rejoindre l'Isola Polvese est de partir de San Feliciano (2,70/4,30 €, 9 départs par jour), mais on peut également y accéder depuis l'Isola Maggiore (3,30/5,90 €, 6 départs par jour). Il existe par ailleurs un service entre Tuoro et l'Isola Maggiore (2,70/4,30 €, 17 départs par jour).

Les horaires de bus, train et ferry les plus récents figurent dans la brochure *Intorno al Trasimeno*, disponible dans n'importe quel office du tourisme dans un rayon de 20 km autour du lac.

GUBBIO

31 651 habitants

Accrochés aux pentes abruptes du Monte Ingino, d'où ils dominent une vallée pittoresque, les *palazzi* centenaires de Gubbio se parent d'un ocre chaud sous le soleil de la fin d'après-midi. Inutile de faire un gros effort d'imagination pour se croire revenu au Moyen Âge lorsque l'on flâne dans les paisibles ruelles en regardant les nombreuses et merveilleuses boutiques de céramique.

Gubbio est célèbre pour ses tables Eugubines, plaques gravées entre 300 et 100 av. J.-C. qui constituent le plus bel exemple existant de l'écriture ombrienne. En 295 av. J.-C., Gubbio fut le théâtre d'une féroce bataille qui opposa les Romains aux Ombriens, aux Étrusques et aux Gaulois. Les habitants de Gubbio étant restés neutres, Rome décida d'élever le statut de la ville et de la romaniser. Enjeu de nombreux conflits, puis cédée à l'Église, elle participa à la bataille de Montaperti entre les guelfes et les gibelins. Au XIVe siècle, elle tomba sous la coupe des Montefeltro d'Urbino, avant d'être réincorporée aux États pontificaux à la fin des années 1500. Elle n'obtint son indépendance qu'en 1831, peu avant l'unification italienne qui eut lieu dans les années 1860.

L'industrie touristique est aujourd'hui très développée à Gubbio. L'un des festivals les plus célèbres d'Italie, la *Corsa dei Ceri*, s'y tient le 15 mai (voir p. 282). Malgré la foule qui se presse dans la ville, surtout les week-ends d'été, il est encore possible, par un dimanche du mois d'août, de trouver des ruelles tranquilles où se promener en contemplant les maisons de calcaire gris.

Orientation

On explore sans difficulté cette petite ville. Au pied de la colline, le gigantesque rond-point baptisé Piazza Quaranta Martiri abrite le terminal des bus et un grand parking. Le nom de la place rappelle l'exécution de 40 habitants de Gubbio en 1944 par les nazis en représailles contre des actions des résistants. De là, on grimpe la pente raide de la Via della Repubblica pour atteindre rapidement la place principale, la Piazza Grande, également appelée Piazza della Signoria. Le Corso Garibaldi et la Piazza Oderisi se trouvent à droite de la Via della Republica en montant.

Renseignements

URGENCES

Poste de police (Via XX Settembre 97).

SITES INTERNET

www.gubbio.com Le meilleur site web pour trouver des informations touristiques sur Gubbio.

SERVICES MÉDICAUX

Ospedale Civile (hôpital ; ☎ 075 9 23 91 ; Piazza Quaranta Martiri).

Médecin de garde (☎ 075 923 94 68).

POSTE

Bureau de poste (Via Cairoli 11 ; 🕑 lun-sam 8h10-17h).

OFFICE DU TOURISME

Office du tourisme (☎ 075 922 06 93 ; Piazza Oderisi ; 🕑 lun-ven 8h30-13h45 et 15h30-18h30, sam 9h-13h,

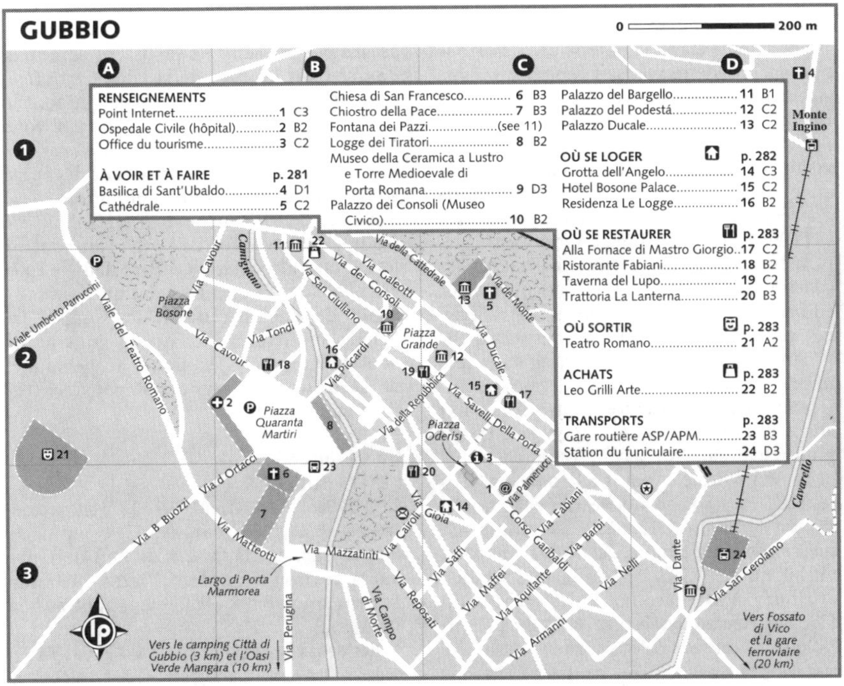

dim et jours fériés 9h30-12h30). Peut vous aider à trouver un hébergement et vous fournir des renseignements sur les festivals et sur les villes voisines.

À voir

Les édifices les plus remarquables de Gubbio donnent sur la Piazza Grande, où se déroulent les moments forts de la Corsa dei Ceri (voir p. 281). Le plus impressionnant est le **Palazzo dei Consoli**, palais du XIVe siècle attribué à Gattapone, dont la façade crénelée et la tour sont visibles depuis tous les points de la ville. L'édifice abrite le **Museo Civico** (☎ 075 927 42 98 ; Piazza Grande ; adulte/tarif réduit 4/2,50 € comprenant la galerie ; ⌚ avr-oct 10h-13h et 15h-18h, nov-mars 10h-13h et 14h-17h), où l'on peut admirer les tables Eugubines découvertes en 1444 près du Teatro Romano (théâtre romain), au sud-ouest de la Piazza Quaranta Martiri. Ces sept tablettes de bronze constituent le principal support des recherches sur la langue ombrienne. À l'étage, la galerie de peinture rassemble des œuvres de l'école de Gubbio. De l'autre côté de la place, le **Palazzo del Podestà**, ou Palazzo Pretorio, bâti sur le même plan mais à une échelle moins grandiose, abrite l'hôtel de ville. Jetez un coup d'œil à ses admirables plafonds voûtés.

Depuis la Via San Gerolamo, vous pouvez emprunter le **funiculaire** (adulte/enfant 5/4 € aller-retour ; ⌚ tlj 10h-13h15 et 14h30-18h30, jours fériés 9h30-13h15 et 14h30-19h) jusqu'à la **Basilica di Sant'Ubaldo**. L'église n'a pas grand intérêt en elle-même, mais le parcours vous laissera des souvenirs inoubliables. On vous jette dans une boîte de métal en mouvement évoquant une gigantesque cage à oiseaux. Faites confiance au préposé quand il vous dit de vous tenir sur les marques indiquées. La cage s'ébranle immédiatement en se balançant à plusieurs dizaines de mètres au-dessus d'une colline rocheuse. Le trajet est aussi effrayant que magnifique. En haut, vous trouverez un restaurant en plus de l'église, mais le mieux est d'apporter un pique-nique et de se promener dans les environs.

Juste en dessous du funiculaire, vous apercevrez le **Museo della Ceramica a Lustro e Torre Medioevale di Porta Romana** (☎ 075 922 11 99 ; Via Dante 24 ; 2 € ; ⌚ 9h-13h et 15h30-19h). Les céramiques "a lustro" témoignent de l'influence arabe en Espagne au XIe siècle. Au deuxième étage, la poterie préhistorique partage la vedette avec la faïence du Moyen Âge et de la Renaissance. On peut voir aussi une collection d'arbalètes du XVIIIe siècle dont certaines ont une portée de 50 m. La vision de la ceinture de chasteté exposée au quatrième étage vous fera sans doute apprécier la vie au XXIe siècle.

Le Pérugin Fra Bevignate aurait dessiné les plans de la **Chiesa di San Francesco** (Piazza Quaranta Martiri ; entrée gratuite ; 7h15h-12h et 15h30-19h30), édifiée dans le style gothique au XIIIe siècle. Elle renferme de magnifiques fresques d'Ottaviano Nelli, natif de la ville, ainsi qu'une impressionnante rosace. Dans le couvent adjacent, le **Chiostro della Pace** (cloître de la Paix) abrite des mosaïques anciennes. Profitez-en pour flâner dans son jardin tranquille.

La Via Ducale conduit à la **cathédrale** (Via Federico da Montefeltro ; dons appréciés ; lun-sam 9h-19h, dim 9h-13h) du XIIIe siècle. Cet édifice de pierre rose tout simple, éclairé par un beau vitrail du XIIe siècle, possède une fresque attribuée à Bernardino Pinturicchio. En face, le **Palazzo Ducale** (075 927 58 72 ; Via Federico da Montefeltro ; adulte/enfant 3 €/gratuit ; mar-dim 8h30-19h30) fut construit au XVe siècle par le duc de Montefeltro qui en fit une sorte de modèle réduit de son vaste palais d'Urbino. Derrière les murs, on découvre une majestueuse cour Renaissance.

En suivant la Via dei Consoli à l'ouest de la Piazza Grande, on atteint le **Palazzo del Bargello** bâti au XIIIe siècle, qui servait de geôle au Moyen Âge. Devant, la **Fontana dei Pazzi** (fontaine des fous) tient son nom d'une croyance selon laquelle on perd la raison si on en fait trois fois le tour – un sort qui guette de nombreux touristes les week-ends d'été.

Au sud-ouest de la Piazza Quaranta Martiri, en retrait du Viale del Teatro Romano, les ruines du **Teatro Romano** (075 922 09 22 ; entrée gratuite ; avr-sept 8h30-19h30, oct-mars 8h-13h30), datant du Ier siècle de notre ère, sont envahies par la végétation. Les vestiges ont fait l'objet d'importants travaux de restauration.

Fêtes et festivals

Le 15 mai, la **Corsa dei Ceri** (course des cierges), une fête vieille de plusieurs siècles, est organisée en l'honneur du patron de la ville, Sant'Ubaldo. Dès 5h30, trois équipes portant chacune un *cero* (ce "cierge" est en fait une massive colonne de bois pesant quelque 400 kilos au sommet de laquelle se trouve un saint "concurrent") font la course dans les rues de la ville. Cette fête, l'une des plus hautes en couleur de tout le pays, vaut le détour. Restez prudent si vous voyagez avec de jeunes enfants, car les esprits s'échauffent vite et le tout dégénère souvent en bagarres entre supporters.

Le dernier dimanche de mai, Gubbio affronte la ville voisine de Borgo Sansepolcro lors d'un tournoi de tir à l'arbalète, le **Palio della Balestra**. Toutes les boutiques de souvenirs de Gubbio vendent des sortes d'arbalètes miniatures, achat que vous aurez peut-être du mal à expliquer au personnel de sécurité de l'aéroport si vous rentrez chez vous en avion.

Où se loger

PETITS BUDGETS

Città di Gubbio (/fax 075 927 20 37 ; Ortoguidone ; pers/tente 7,75/8,25 € ; avr-sept). Ce camping se trouve dans un faubourg du sud de Gubbio, à environ 3 km de la Piazza Quaranta Martiri sur la S298 (également appelée Via Perugina).

Residenza Le Logge (075 927 75 74 ; Via Piccardi 7-9 ; s/d 47/57 €, mini-appart 62-80 €). C'est la perle rare, un endroit où vous passerez une nuit de rêve sans trop grever votre budget. Meublé avec des antiquités et équipé de lits confortables, l'établissement est calme et central. Essayez d'obtenir l'une des trois chambres qui donnent sur le jardin. Dans les autres, la vue sur Gubbio est splendide également. En été, le petit déjeuner (compris dans le prix) peut se prendre dans le jardin. Les mini-appartements avec cuisine pouvant accueillir quatre personnes sont encore plus splendides que les chambres. L'un d'eux possède une ravissante baignoire en porcelaine et céramique bleu et blanc assez grande pour y garer une Fiat.

Grotta dell'Angelo (075 927 17 47 ; grottadellangelo@jumpy.it ; Via Gioia 47 ; s/d 35/50 € ; fermé 7 jan-7 fév). Propre, simple et accueillant, ce deux-étoiles offre des chambres modernes et un charmant restaurant en plein air.

CATÉGORIE MOYENNE

Hotel Bosone Palace (075 922 06 88 ; hotelbosonepalace@mencarelligroup.com ; Via XX Settembre 22 ; s/d/ste 73/99/181 € ;). Vous pourrez admirer les fresques du XVIIe siècle en prenant votre petit déjeuner dans ce trois-étoiles chic et parfaitement central. Le parking se trouve à 300 m, mais venez d'abord poser vos valises et les employés vous expliqueront où vous garer. Les suites sont assez coûteuses, mais pourquoi ne pas saisir cette occasion de découvrir ce qu'on entend par l'expression dormir comme un roi ?

AGRITURISMO

Oasi Verde Mengara (☎ 075 922 70 04 ; direzione@oasiverdemengara.it ; www.oasiverdemengara.it ; Mengara Vallingegno 1). Situé à 10 km au sud de la ville, l'endroit s'agrémente d'un bon restaurant où l'on fait un excellent et copieux repas pour 17 € environ. On peut également monter à cheval (13 € l'heure). Le bus APM qui circule entre Gubbio et Perugia s'arrête juste devant l'établissement (demandez au chauffeur de vous indiquer où descendre).

Où se restaurer

Taverna del Lupo (☎ 075 927 43 68 ; Via Ansidei 21 ; repas environ 32 € ; fermé lun). Il Lupo était un loup apprivoisé par saint François et qui serait revenu manger dans ce restaurant. Il fit ce jour-là un très bon choix. Ne vous laissez pas rebuter par les serveurs en livrée, mais sachez tout de même que vous vous sentirez plus à l'aise (et que vous serez mieux servi) si vous êtes élégamment habillé. De nombreux produits qui figurent sur la carte viennent des Apennins, notamment le fromage, les truffes et l'huile d'olive.

Ristorante Fabiani (☎ 075 927 46 39 ; Piazza Quaranta Martiri 26 ; repas environ 15,50 € ; fermé mar). Cette grande *trattoria* traditionnelle installe des tables dans son jardin.

Trattoria La Lanterna (☎ 075 927 66 94 ; Via Gioia 23; repas environ 20 € ; fermé jeu) On peut déguster ici de succulentes spécialités locales, notamment accompagnées de *tartufi*.

Alla Fornace di Mastro Giorgio (☎ 075 922 1836 ; Via Mastro Giorgio 2 ; repas environ 24 € ; fermé mar). Un cadre raffiné pour ce restaurant, l'un des meilleurs (et des plus chers) de la ville.

Achats

Leo Grilli Arte (☎ 075 922 22 72 ; Via dei Consoli 78 ; mar-dim 9h30-13h et 15h-19h). Au Moyen Âge, la céramique constituait l'une des principales sources de revenus de la ville. Ce manoir du XVe siècle plutôt décrépit présente de magnifiques pièces contemporaines. Depuis plusieurs décennies, le propriétaire et artiste Leo Grilli travaille ici presque chaque jour. Vous pouvez le voir à l'œuvre dans son mini-atelier à l'intérieur de la boutique.

Comment s'y rendre et circuler

Les **bus APM** (☎ 075 927 46 39) desservent Perugia (3,80 €, 1 heure 10, 10 fois par jour), Gualdo Tadino (2,25 €, 50 minutes, 10 fois par jour) et Umbertide (2,60 €, 50 minutes, 3 fois par jour). Il existe aussi un bus quotidien pour Rome (14,45 €, 4 heures), qui part à 5h50. Les bus partent de la Piazza Quaranta Martiri. Les billets s'achètent auprès de **Easy Gubbio** (Via della Repubblica 13).

La gare ferroviaire la plus proche se trouve à Fossato di Vico, à environ 20 km au sud-est de la ville. Des trains rejoignent Rome (10,10 €, 2 heures 30, 8 par jour), Ancona (4,20 €, 1 heure 20, 9 par jour) et Foligno (2,40 €, 40 minutes, à peu près toutes les heures). De Foligno, vous pourrez prendre une correspondance pour Arezzo, Perugia et Florence. Un bus APM circule toutes les heures entre Gubbio et la gare (1,95 €, 30 minutes), mais la correspondance avec le train n'est pas toujours immédiate (l'attente varie entre cinq minutes et une heure).

En voiture ou à moto, prenez la S298 à Perugia ou la S76 à Ancona, et suivez les panneaux. Prévoyez 0,50 € par heure de stationnement sur le grand parking de la Piazza Quaranta Martiri.

En ville, le plus simple reste de vous déplacer à pied. Des bus ASP relient cependant la Piazza Quaranta Martiri à la station du funiculaire et à la plupart des sites touristiques.

Pour obtenir un taxi, appelez le ☎ 075 927 38 00.

ENVIRONS DE GUBBIO

En quittant le Parco Regionale del Monte Cucco par la S3 direction sud, vous arriverez à **Gualdo Tadino**, cité industrielle sans grand intérêt touristique à l'exception de sa **Rocca Flea** du XIIIe siècle. L'une des principales productions de la ville est la céramique, qui fait l'objet d'une foire durant le mois d'août. Un peu plus séduisante, la ville de **Nocera Umbra**, surtout connue pour son eau de source, renferme quelques vestiges du passé, dont le plus remarquable est la **Torre dei Trinci**, tour médiévale bâtie par les Trinci (p. 300).

L'OLIVIER, UN ARBRE OMNIPRÉSENT

Quand on sait quoi regarder, il est facile de faire la différence entre un jeune et un vieil olivier. Au bout d'environ 60 ans, l'arbre commence à se diviser. Si vous voyez un olivier flanqué de trois ou même quatre arbres plus petits qui poussent séparément, sachez qu'il s'agit en fait du même arbre (certains peuvent vivre jusqu'à mille ans). Les cinq principales zones de culture des oliviers en Ombrie sont Assise-Spoleto, Colli Martini, Colli Amerini, Colli del Trasimeno et Colli Orvietani.

PARCO REGIONALE DEL MONTE CUCCO

Ce parc situé à l'est de Gubbio fera le bonheur des amateurs d'activités de plein air. Il abrite de nombreuses grottes, que l'on peut en général explorer, est équipé pour les marcheurs, les grimpeurs et les cavaliers, et compte de multiples hôtels et *rifugi* (chalets). **Costacciaro**, accessible en bus depuis Gubbio (1,95 €, 30 minutes) en passant par Scheggia ou Fossato di Vico, constitue une bonne base pour découvrir la région et c'est le point de départ d'une randonnée menant au sommet du Monte Cucco (1 566 m).

Le **Monte Cucco** est le lieu idéal pour s'adonner à la spéléologie. Son système karstique est le plus vaste d'Italie et le cinquième du monde par la profondeur (922 m). Des dolines et des puits créent des formations géologiques uniques en leur genre, qui abritent diverses espèces d'oiseaux et de plantes.

Le Club Alpino Italiano (CAI) publie une carte de randonnée, la *Carta dei Sentieri Massiccio del Monte Cucco* (12 €), en vente dans les librairies et chez les marchands de journaux. La brochure gratuite Monte Cucco Park : Country Walks Through History est disponible en anglais aux *rifugi* et dans les offices du tourisme à travers l'Ombrie. Outre des informations sur le milieu naturel et l'histoire de la région, elle décrit en détail 11 sentiers de randonnée qui traversent les coins les plus spectaculaires de l'Ombrie, évoquant davantage les Alpes que les collines habituelles. Elle donne le temps estimé pour effectuer ces différentes randonnées en marchant d'un bon pas (la plupart prennent au moins 4 heures et se font dans des endroits reculés, prévoyez donc de l'eau et une trousse à pharmacie). La brochure indique également la présence de points d'eau et comprend une carte détaillée de chaque sentier. Si marcher ne vous dit rien, l'itinéraire n°6, long de 62 km, s'effectue en voiture et vous fait découvrir les monastères et abbayes de la région.

Le **Centro Escursionistico Naturalistico Speleologico** (☎ 075 917 04 00 ; mail@cens.it ; www.cens.it ; Via Calcinaro 7A, Costacciaro) vous renseignera sur les possibilités de sortie dans les grottes et sur les randonnées à pied ou en VTT. Vous pouvez également obtenir des informations auprès du **bureau du parc** (☎ 075 917 73 26 ; parco.montecucco@libero.it ; Via Matteotti 52, "Villa Anita", Sigillo). Sur Internet, consultez le site www.parks.it/parco.monte.cucco.

Si vous souhaitez monter à cheval, adressez-vous au **Campeggio Rio Verde** (☎ 075 917 01 38 ; www.campingrioverde.it ; 3 km à l'ouest de Costacciaro ; adulte/enfant/tente/voiture 5/3/4,50/2,50 €), camping qui propose équitation (13 € l'heure, en été), varappe et spéléologie. Les fermes d'*agriturismo* de la région offrent aussi souvent des promenades équestres. Évitez absolument les week-ends d'août, car les tarifs sont multipliés par cinq. Pour dormir, le **Rifugio Escursionistico Dal Lepre** (☎ /fax 075 917 77 33 ; Pian del Monte, Sigillo, Montecucco ; 15 € avec petit déj) est une bonne solution. Il possède un restaurant correct.

La **Coop Arte e Natura** (☎ 075 917 07 40 ; Via Stazione 2), dans le village de Fossato di Vico, à environ 8 km au sud-est de Costacciaro, loue des **VTT**.

ALTA VALLE DEL TEVERE

Aux confins septentrionaux de l'Ombrie, enclavée entre la Toscane et les Marches, la haute vallée du Tibre est surnommée "vallée des musées" en raison de son extraordinaire patrimoine artistique et historique, en particulier dans la ville de Città di Castello.

Les sites les plus intéressants sont **Città di Castello**, ville influente à l'époque de la Renaissance, **Umbertide**, avec ses deux châteaux et sa forteresse du XIVe siècle, **Monte San Maria Tiberina**, bourg minuscule doté d'un excellent camping et d'un château imposant, et **Montone**, ville médiévale tout en hauteur qui a vu naître le grand condottiere Braccio Fortebracci (1368-1424). La région est desservie depuis Perugia par la ligne de chemin de fer privée de la Ferrovia Centrale Umbra et par plusieurs bus. Des bus SITA circulent également entre la vallée et la ville voisine d'Arezzo, en Toscane, et continuent jusqu'à Florence.

Città di Castello

36 921 habitants

Entouré d'une vilaine banlieue, Città di Castello possède un centre historique d'une grande beauté, de nombreux bâtiments imposants et le deuxième musée d'art de l'Ombrie après la Galerie nationale de Perugia. Appelée successivement Tifernum Tiberium à l'époque romaine et Castrum Felicitatis (ville du bonheur) au Moyen Âge, elle porte de nos jours le nom de Città di Castello malgré l'absence de château. Plongée dans le marasme économique jusque dans les années 1960, elle est connue aujourd'hui pour sa vitalité dans le domaine du papier, de l'édition, de la sidérurgie et de l'ameublement, et s'enorgueillit d'avoir vu naître le peintre Alberto Burri (dont deux musées exposent fièrement des œuvres) et l'actrice Monica Bellucci.

Évitez de venir un lundi car presque tous les musées sont fermés ainsi que bon nombre de restaurants.

ORIENTATION

Chose rare en Ombrie, la ville tout entière, y compris son centre historique, est bâtie dans une vallée. Elle se trouve donc presque entièrement sur terrain plat et il est facile de s'y promener à pied. Les personnes en fauteuil roulant n'auront pas trop de mal à se déplacer.

De la gare ferroviaire, marchez tout droit sur 200 m, puis tournez à droite sous la Porta Santa Maria Maggiore et prenez le Corso Vittorio Emanuele jusqu'à la Piazza Matteotti, qui forme le centre de la ville. Les voitures sont interdites à l'intérieur des remparts, mais les places de parking gratuites abondent juste à l'extérieur, en particulier aux alentours de la Porta San Giacomo et de la Piazza Garibaldi.

RENSEIGNEMENTS

URGENCES

Police (☎ 0758 52 92 22 ; Piazza Garibaldi).

SITES INTERNET

www.cdcnet.net

www.cittadicastello.com

Services médicaux

Hôpital (☎ 075 8 50 91 ; Largo Giovanni Muzi Betti).

Argent

La Cassa di Risparmio dispose d'un distributeur à gauche de l'office du tourisme, au n°3a.

Poste

Bureau de poste (☎ 075 855 44 89 ; Via Gramsci ; 🕒 8h10-18h).

Offices du tourisme

Office du tourisme (☎ 075 855 49 22 ; info@iat.citta-di-castello.pg.it ; Logge Bufalini, Piazza Matteotti).

À VOIR

La **Pinacoteca Comunale** (☎ 075 855 42 02 ; Via della Cannoniera ; adulte/tarif réduit/enfant 5/3/1,50 € ; 🕒 avr-oct mar-dim 10h-13h et 14h30-18h30, nov-mars mar-dim 10h-12h30 et 15h30-17h30), installée dans l'imposant Palazzo Vitelli alla Cannoniera du XVe siècle, renferme la deuxième collection d'œuvres d'art en Ombrie. Elle a été fondée dans les années 1860 après que Città di Castello eut été libérée de la domination papale. On peut y admirer des œuvres de Raphaël, Vasari et Signorelli. La collection de meubles, assez modeste, contient de magnifiques pièces gothiques en marqueterie des années 1500, provenant de monastères. Dans l'escalier, admirez le cycle de fresques astrologiques représentant Apollon et les Muses, des érudits et des empereurs, des hippocampes et des chérubins ailés. Les murs des différentes salles arborent des fresques de Cristoforo Gherardi dépeignant des figures historiques comme Hannibal, César et Alexandre le Grand.

Collezione Burri (☎ 075 855 46 49 ; Palazzo Albizzini, Via Albizzini 1 ; annexe : ex-Seccatoi del Tabacco, Via Pierucci ; 🕒 mar-sam 9h-12h30 et 14h30-18h, oct-mai mar-sam 9h-12h30 et 14h30-17h, jours fériés 10h30-12h30 et 15h-18h ; adulte/tarif réduit/enfant 5/3/2 €). La Collezione Burri conserve un bon nombre des œuvres d'Alberto Burri, qui se lança dans une carrière artistique en 1946 après avoir été prisonnier de guerre au Texas. Ses compositions peintes sur divers supports ont connu un grand succès dans le monde entier. Ses premières œuvres ont influencé le pop art, et des artistes comme Rauschenberg, Christo et Jasper Johns le citent comme source d'inspiration. Une seconde collection rassemblant les œuvres de grande taille dans un ancien entrepôt de séchage du tabac (site qui vaut à lui seul le détour) est fermée entre novembre

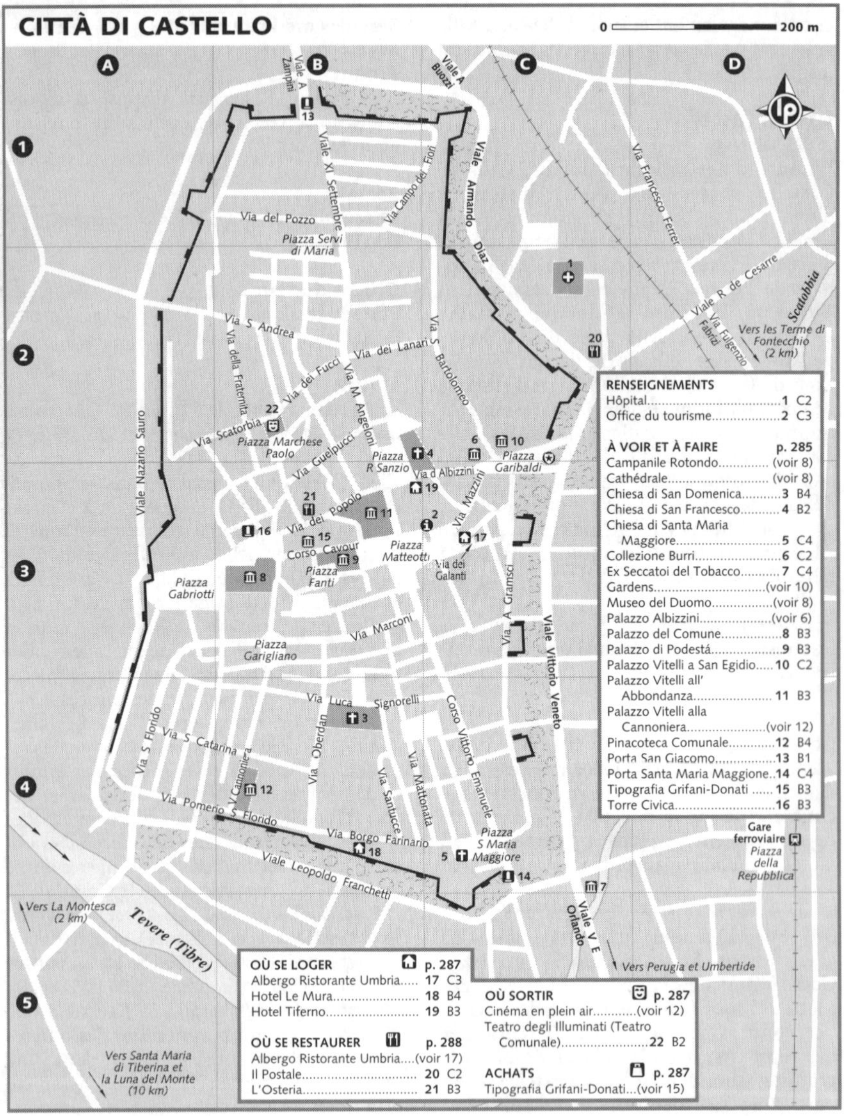

et mars, mais il est possible de la visiter en en faisant la demande trois jours à l'avance.

Il ne reste pas grand-chose de la cathédrale romane, mais elle abrite encore quelques merveilles. Le **Museo del Duomo** (Museo Capitolare ; ☎ 075 855 47 05 ; Piazza Gabriotti 3 ; 🕓 été mar-dim 9h30-13h et 14h30-19h, hiver mar-dim 10h-13h et 14h30-18h30 ; adulte/tarif réduit/enfant 4/3/2 €) conserve la plus remarquable collection d'objets sacrés de toute l'Ombrie. Dans le même ensemble architectural se tient le **Palazzo del Comune**. Dans la chambre du conseil, on peut toujours voir les briques officielles datant du Moyen Âge auxquelles les citoyens pouvaient comparer la taille des leurs pour s'assurer qu'on ne les lésait pas. En face se tient la **Torre Civica** (Piazza

Gabriotti ; ⌚ été mar-sam 10h30-12h30 et 15h-18h30, hiver mar-sam 10h-12h30 et 14h-17h30).

Città di Castello compte bien d'autres bâtiments qui méritent une visite. Face à la place principale, la Piazza Matteotti, le **Palazzo del Podestá** possède une façade réalisée par Nicola Barbioni. La **Chiesa di San Francesco**, datant de 1291, renferme en particulier *Le Mariage de la Vierge*, œuvre de jeunesse de Raphaël. La **Chiesa di Santa Maria Maggiore**, bâtie dans les années 1400, abrite elle aussi de belles fresques. Le **Palazzo Vitelli a San Egidio** est une demeure majestueuse, édifiée dans les années 1500 par la famille Vitelli, et dont les plafonds sont ornés de fresques représentant des grotesques. La **Chiesa di San Domenico**, construite en 1271 par les dominicains, abrite une magnifique série de fresques exécutées par des peintres de l'école ombrienne. Le **Teatro degli Illuminati** (☎ 075 855 50 91 ; Via dei Fucci) est un théâtre spécialisé dans les concerts et les arts de la scène.

À FAIRE

En été, la vaste pelouse de la Pinacoteca est l'endroit idéal pour regarder les films en plein air proposés par **Cine Città di Castello Estate** (☎ 075 852 92 49 ; adulte/enfant 5/4 €). Tous les genres sont représentés, depuis Harry Potter jusqu'aux films d'art et d'essai en passant par les grands classiques du cinéma italien. Les séances ont généralement lieu le vendredi et le samedi à 21h15 de juillet à la fin août.

Pour une journée de détente, rendez-vous aux **Terme di Fontecchio** (☎ 075 852 06 14 ; www.termedifontecchio.it ; Fontecchio), dans l'une des cinq villes d'Ombrie connues pour les vertus curatives de leurs eaux (avec San Gemini, Acquasparta, Nocera Umbra et San Faustino di Massa Martana) et dont la réputation remonte à l'époque romaine. Les tarifs raisonnables et la beauté du cadre confèrent à l'établissement un excellent rapport qualité/prix. Comptez 17 € pour un bain turc et 27 € pour un massage de 30 minutes. On peut aussi effectuer des séjours de remise en forme de 2, 3 ou 7 jours. L'endroit possède un hôtel ainsi qu'une retraite paisible, baptisée "ferme de la beauté" (consultez la rubrique *Où se loger*).

FÊTES ET FESTIVALS

Du premier dimanche de novembre au vendredi suivant, la ville accueille la **Mostra Mercato Tartufo e Prodotti del Bosco**, consacrée à la truffe blanche, qui abonde dans la région. Lors de ce salon pour épicuriens, agriculteurs et éleveurs présentent tous les produits à base de truffe possibles et imaginables, ainsi que du miel, des champignons et d'autres délices régionaux.

ACHATS

Le troisième week-end de chaque mois se tient le **marché aux antiquités**. Pas aussi grand que celui de Perugia, il n'en offre pas moins une sorte de leçon d'histoire sur le tas et permet d'acheter des cadeaux introuvables ailleurs.

Tipografia Grifani-Donati (☎ 075 855 43 49 ; Corso Cavour 4 ; ⌚ 8h30-12h30 et 15h-17h, fermé dim) vend du papier et des œuvres faisant appel aux mêmes techniques d'impression que lors de son ouverture, en 1799. Un petit musée occupe le deuxième étage. Au moment de notre passage, il était question que la boutique déménage ailleurs dans la rue.

OÙ SE LOGER

Petits budgets

La Montesca (☎ 075 855 85 66 ; fax 075 852 07 86 ; Montesca ; pers/tente/voiture 8/6,50/3 € ; ⌚ mai-sept ; Ⓟ). Le camping La Montesca possède un restaurant et une piscine dans le cadre verdoyant des collines de l'Alta Valle di Tevere. Accessible aux handicapés. Chiens autorisés.

Luna del Monte (☎/fax 075 857 00 54 ; camping@tline.net ; Voc S. Pietro 10, Santa Maria del Tiberina ; adulte/enfant/tente/voiture 5,50/3,50/5/2 € ; Ⓟ). Un peu plus éloigné mais bénéficiant d'un emplacement exceptionnel, ce camping propose une piscine, une aire de jeux pour les enfants et un terrain de boules. Les bungalows avec véranda, cuisine et place de parking coûtent 36 € la nuit et peuvent loger jusqu'à 4 personnes.

Hotel Umbria (☎ 075 855 49 25 ; umbria@hotelumbria.net ; Via S Antonio 6 ; s/d 35/55 €) Cet hôtel, le moins cher à l'intérieur des remparts, est un endroit charmant où passer la nuit. Bien situé, il loue des chambres avec sdb, TV et téléphone relié à l'international.

Catégorie moyenne

Hotel Tiferno (☎ 075 855 03 31 ; info@hoteltiferno.it ; Piazza R. Sanzio 13 ; s/d 96/148 € ; Ⓟ). Ouvert en 1985, c'est l'un des meilleurs hôtels de Città di Castello. Ancien monastère de la Chiesa di San Francesco voisine, le bâtiment fut transformé en palais au XVIIe siècle avant de devenir un hôtel quatre-étoiles. Les chambres, où quelques éléments anciens témoignent encore du passé de l'établissement, bénéficient d'une vue extraordinaire et sont décorées de tableaux de Burri. Chacune possède un sèche-cheveux, un minibar et une TV par satellite.

Hotel Le Mura (☎ 075 852 10 70 ; direzione@hotellemura.it ; Via Borgo Farinario 24 ; s/d 48/80 € ; ❄). Dans un très beau cadre, cet hôtel bien conçu, à l'architecture moderne, est calme, très bien situé et doté d'un excellent restaurant.

Catégorie supérieure

Terme di Fontecchio (☎ 075 852 06 14 ; www.termedifontecchio.it ; Fontecchio ; à l'hôtel s/d 51/80 € ; à l'ermitage des capucins s/d 150/175 € ; ❄ P ♿). Les thermes possèdent un hôtel élégant, mais il est plus agréable de loger dans le centre-ville et de venir profiter des thermes pendant la journée. Cependant, il existe sept chambres à louer à la "ferme de la beauté", installée dans un ancien ermitage capucin à 1 km des thermes en montant, qui offre une vue splendide sur la vallée. L'ermitage possède encore une crypte romane et les chambres sont décorées dans un style monacal.

Pratto di Sotto (☎ 075 941 73 83 ; www.umbriaholidays.com ; Santa Guiliana, 10 km au sud de Città di Castello ; semaine à partir de 600 € pour 2 pers en basse saison et 2 500 € pour 8 pers en haute saison ; P ♿). Locations à la semaine pour 2, 8 ou 16 personnes. Blotti au milieu de collines boisées avec les ruines d'un édifice du XIe siècle pour voisin le plus proche, Prato di Sotto se trouve à moins d'une heure de la plupart des villes ombriennes. Dans cette ferme en pierre, avec ses meubles anciens et ses sols en terre cuite, vous ne pourrez faire autrement que de vous détendre. Les bâtiments possèdent une terrasse, un treillage couvert de lierre ou un barbecue, et les quatre appartements partagent une piscine. Les propriétaires organisent des sorties avec leur voilier sur le Lago di Trasimeno et proposent des excursions en Ombrie et en Toscane. Les cuisines sont complètement équipées. Le site web annonce les annulations de dernière minute.

OÙ SE RESTAURER

Il Postale (☎ 075 852 13 56 ; Via Raffaele 8 ; repas de trois plats 30-40 € ; 🕑 fermé sam midi et lun toute la journée). S'il existe une nouvelle cuisine en Ombrie, c'est ici que vous la trouverez. Essayez le canard à la compote de fenouil ou la carpe aux noisettes. Les spécialités sont les plats de lentilles et les inévitables truffes.

L'Osteria (☎ 075 855 69 95 ; Via Borgo di Sotto ; repas environ 13 €). Cet établissement sert une cuisine ombrienne typique et sans prétention. Le vendredi, le poisson est à l'honneur. Goûtez les gnocchi aux asperges.

DEPUIS/VERS CITTA DI CASTELLO

Città di Castello se trouve immédiatement à l'est de l'E45. La société de chemin de fer Ferrovia Centrale Umbra relie la gare Santa Anna de Perugia à Città di Castello (2,90 €, 50 minutes, 10 trains par jour) et Umbertide (2,30 €, 40 minutes, 10 trains par jour).

Pour un taxi, composez le ☎ 337 65 31 67/65 24 76.

ASSISE

25 346 habitants

Incarnation même de la ville italienne perchée à flanc de colline, Assise attire des millions de visiteurs, ce qui en fait la ville la plus touristique d'Ombrie. Son histoire, son architecture et son art justifient une halte de plusieurs jours.

La beauté d'Assise, accrochée à mi-pente du Monte Subasio (1 290 m) depuis l'époque romaine, se découvre depuis la vallée, d'où ses constructions de marbre rose et blanc miroitent au soleil.

Aucun autre endroit au monde ne reste aussi empreint de la présence de saint François, né ici en 1182. Jeune homme, après une vie agitée et un séjour en prison, il renonça à la fortune de son père pour mener une vie de chasteté et de pauvreté. Fondateur de l'ordre mendiant des Frati Minori (ou Frères mineurs, appelés Franciscains après la mort de saint François), il suscita de nombreuses vocations dans toute l'Europe. Avec l'une de ses disciples, sainte Claire (Santa Chiara), il fonda également l'Ordine delle Clarisse (Ordre des Pauvres Dames, ou Clarisses). Il est devenu le saint patron de l'Italie en 1939.

La Basilica di San Francesco constitue la principale curiosité d'Assise, peut-être même de toute l'Ombrie. Que la perspective de l'affluence ne vous décourage pas, mais essayez tout de même de ne pas venir au moment d'une fête religieuse, quand les hôtels affichent en général tous complet.

Orientation

La Piazza del Comune marque le centre d'Assise. Au nord-ouest de la place, la Via

San Paolo et la Via Portica conduisent toutes deux à la Basilica di San Francesco. La Via Portica mène aussi à la Porta San Pietro et à la Piazzale dell'Unità d'Italia, où s'arrêtent la plupart des bus interurbains (à la différence des bus APM en provenance des petites localités de la région, qui arrivent Piazza Matteotti). La gare ferroviaire se trouve à 4 km au sud-ouest de la ville, à Santa Maria degli Angeli. Un bus fait la navette au moins toutes les 30 minutes (0,80 €).

Renseignements

URGENCES

Poste de police (Piazza Matteotti).

ACCÈS INTERNET

Internet World (☎ 075 81 23 27 ; Via San Gabriele dell'Addolorata 25 ; 0,20 € /min, minimum 10 min ; 🕒 lun-sam 11h-13h et 15h-22h, dim 16h-22h, horaires restreints en hiver). Il est possible de charger et d'imprimer des photos faites avec un appareil numérique.

Sabatini Sandro (29b Via Portica ; 2,50/3,50 € les 15/30 min). Situé dans le centre-ville, ce bar dispose d'un accès Internet.

SITES INTERNET

www.assisi.com Ce site web donne de bons renseignements touristiques.

www.assisiaccessibile.com Informations sur les possibilités d'accès pour les handicapés.

NETTOYAGE

Acquazzura (☎ 075 804 09 27 ; Via San Bernardino da Siena 6, Santa Maria degli Angeli ; 🕒 8h-22h). Laverie en self-service près de la Basilica di Santa Maria degli Angeli.

SERVICES MÉDICAUX

Ospedale di Assisi (hôpital ; ☎ 075 804 36 16) À environ 1 km au sud-est de la Porta Nuova, à Fuori Porta.

ARGENT

Assise compte une demi-douzaine de banques, toutes équipées de distributeurs de billets. Il est possible de changer des devises au bureau de poste de la Porta San Pietro.

Banca dell' Umbria (Piazza del Comune ; 🕒 en général vers 8h20-13h20 et 14h20-15h30). Les changeurs automatiques de devises ne fonctionnant plus, vous devrez entrer durant les heures d'ouverture pour changer vos espèces ou vos chèques de voyage.

POSTE

Bureau de poste (☎ 075 81 51 78 ; Piazza San Pietro 4, juste à l'intérieur de la Porta San Pietro ; 🕒 lun-ven 8h10-18h30 et sam 8h10-12h30).

Annexe (Porta Nuova).

OFFICES DU TOURISME

Office du tourisme (☎ 075 81 25 34 ; fax 075 81 37 27 ; info@iat.assisi.pg.it ; Piazza del Comune 22; 🕒 été lun-sam 8h-18h30, dim et jours fériés 10h-13h et 14h-17h ; hiver lun-ven 8h-14h et 15h30-18h30, sam 9h-13h et 15h-18h, dim 9h-13h) Il vous procurera tous les renseignements nécessaires sur les hôtels, les sites à visiter et les manifestations.

Annexe de l'office du tourisme (☎ 075 81 67 66 ; juste à l'extérieur de la Porta Nuova ; 🕒 de Pâques à nov). Donne des informations sur les hébergements.

Basilica di San Francesco

La **Basilica di San Francesco** (☎ 075 81 90 01 ; Piazza di San Francesco ; entrée gratuite ; 🕒 9h-12h et 14h-17h), haut lieu du tourisme en Ombrie, est l'un des sites religieux les plus visités du monde. Les pèlerins y affluent des quatre coins de la planète. Elle possède son propre **bureau d'information** (☎ 075 819 00 84 ; assisisanfrancesco@libero.it ; www.sanfrancescoassisi.org ; face à l'entrée de l'église inférieure ; mêmes horaires que la basilique). Vous pouvez louer un audio-guide (5 €) au bureau situé face à la **Basilica** (☎ 075 81 28 50 ; acoustiguide@yahoo.com) sur la Piazza Inferiore, ou bien appeler le bureau un ou deux jours à l'avance (ou simplement vous présenter) pour suivre une visite guidée.

La basilique a subi de lourds dégâts durant les tremblements de terre du 26 septembre 1997. L'effondrement de la voûte de l'église supérieure lors d'une deuxième grosse secousse a provoqué la mort de deux moines et de deux inspecteurs italiens du gouvernement.

Fin 1999, après deux ans de restauration, la basilique a été rouverte et à nouveau consacrée lors d'une messe. On a fait appel à des technologies récentes pour obtenir une résistance optimale en cas de nouveau séisme. Les travaux de restauration se poursuivant sur les fresques, il vous faudra acheter un guide de la basilique (dans la libraire ou au bureau d'information) pour voir les photos des peintures intactes.

Saint François acquit une forte renommée et fit de nombreux adeptes au cours de sa vie. Lorsqu'il mourut en 1226, à l'âge de 44 ans, Assise, ville gibeline (favorable à l'empereur) était en guerre contre Perugia, cité guelfe (alliée du pape). Ses fidèles décidèrent de cacher son corps le plus vite pos-

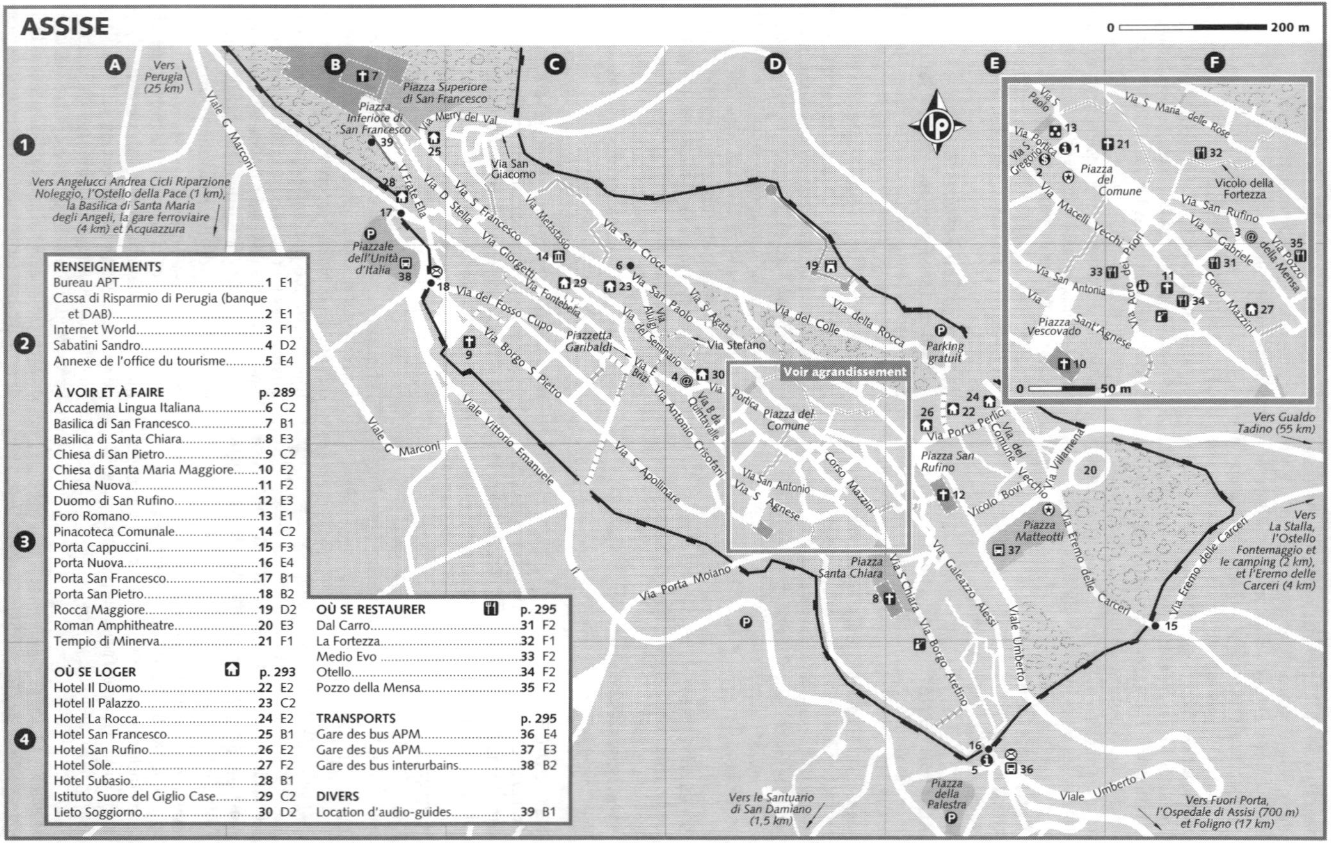
ASSISE
0 200 m
A B C D E F
1 2 3 4
RENSEIGNEMENTS
Bureau APT......1 E1
Cassa di Risparmio di Perugia (banque et DAB)......2 E1
Internet World......3 F1
Sabatini Sandro......4 D2
Annexe de l'office du tourisme......5 E4
À VOIR ET À FAIRE p. 289
Accademia Lingua Italiana......6 C2
Basilica di San Francesco......7 B1
Basilica di Santa Chiara......8 E3
Chiesa di San Pietro......9 C2
Chiesa di Santa Maria Maggiore......10 E2
Chiesa Nuova......11 F2
Duomo di San Rufino......12 E3
Foro Romano......13 E1
Pinacoteca Comunale......14 C2
Porta Cappuccini......15 F3
Porta Nuova......16 E4
Porta San Francesco......17 B1
Porta San Pietro......18 B2
Rocca Maggiore......19 D2
Roman Amphitheatre......20 E3
Tempio di Minerva......21 F1
OÙ SE LOGER p. 293
Hotel Il Duomo......22 E2
Hotel Il Palazzo......23 C2
Hotel La Rocca......24 E2
Hotel San Francesco......25 B1
Hotel San Rufino......26 E2
Hotel Sole......27 F2
Hotel Subasio......28 B1
Istituto Suore del Giglio Case......29 C2
Lieto Soggiorno......30 D2
OÙ SE RESTAURER p. 295
Dal Carro......31 F2
La Fortezza......32 F1
Medio Evo......33 F2
Otello......34 F2
Pozzo della Mensa......35 F2
TRANSPORTS p. 295
Gare des bus APM......36 E4
Gare des bus APM......37 E3
Gare des bus interurbains......38 B2
DIVERS
Location d'audio-guides......39 B1
Vers Perugia (25 km)
Vers Angelucci Andrea Cicli Riparzione Noleggio, l'Ostello della Pace (1 km), la Basilica di Santa Maria degli Angeli, la gare ferroviaire (4 km) et Acquazzura
Viale G Marconi
Piazza Superiore di San Francesco
Piazza Inferiore di San Francesco
Via Merry del Val
Via San Giacomo
V Frate Elia
Via D Stella
Via S Francesco
Via Giorgetti
Via Fontebella
Via Metastasio
Via San Croce
Via San Paolo
Via S Agata
Via del Colle
Via della Rocca
Via Stefano
Via Aluigi
Via del Seminario
Via E Brizi
Via B da Quintavalle
Via Antonio Crisofani
Via S Apollinare
Via del Fosso Cupo
Via Borgo S Pietro
Viale Vittorio Emanuele
Piazzetta Garibaldi
Piazzale dell'Unità d'Italia
Parking gratuit
Voir agrandissement
Portica
Piazza del Comune
Corso Mazzini
Via San Antonio
Via S Agnese
Via Porta Moiano
Piazza Santa Chiara
Via S Chiara
Via Borgo Aretino
Via Galeazzo Alessi
Viale Umberto I
Via Porta Perlici
Via del Comune Vecchio
Via Villamena
Piazza San Rufino
Vicolo Bovi
Piazza Matteotti
Via Eremo delle Carceri
Vers Gualdo Tadino (55 km)
Vers La Stalla, l'Ostello Fontemaggio et le camping (2 km), et l'Eremo delle Carceri (4 km)
Vers le Santuario di San Damiano (1,5 km)
Piazza della Palestra
Vers Fuori Porta, l'Ospedale di Assisi (700 m) et Foligno (17 km)
Via S Paolo
Via Portica
Via S Gregorio
Via S Maria delle Rose
Vicolo della Fortezza
Via San Rufino
Via S Gabriele
Via Pozzo della Mensa
Via Macelli Vecchi
Via Acro dei Priori
Via San Antonia
Piazza Sant'Agnese
Piazza Vescovado
0 50 m

sible, car une ancienne croyance romaine voulait que Dieu fût du côté de ceux qui possédaient la dépouille d'une personne sainte. La construction de l'église inférieure commença donc presque immédiatement, et le pape Grégoire IX en personne posa la première pierre en 1228. Le corps de saint François fut si bien caché sous cette église qu'on ne le retrouva qu'en 1818.

La basilique fut édifiée sur un terrain appelé Colle d'Inferno (colline de l'Enfer) car c'est là que l'on exécutait les condamnés à mort. Saint François avait demandé à ses fidèles de l'enterrer à cet endroit pour suivre l'exemple de Jésus, qui était mort sur la croix parmi les criminels et les exclus. On a rebaptisé le site "colline du Paradis".

L'**église inférieure** (🕓 Pâques-nov 6h30-18h50, nov-Pâques 6h30-18h, jours fériés 6h30-19h15), édifiée entre 1228 et 1230, contient des vitraux réalisés par des artisans que l'on fit venir d'Allemagne, d'Angleterre et des Flandres. Pour l'époque, ils représentent une prouesse technique.

Au centre de l'église, au-dessus du maître-autel, quatre fresques attribuées au Maestro delle Vele, élève de Giotto, représentent ce que saint François appelait les "quatre principales allégories", la première étant sa victoire sur le Mal, les trois autres, les vertus cardinales de son ordre : l'obéissance, la pauvreté et la chasteté.

Le triptyque de Lorenzetti, dans le transept gauche, s'achève sur sa composition la plus célèbre et la plus controversée, la *Madonne célébrant François*, où Marie, tenant l'enfant Jésus, indique saint François du pouce. De l'autre côté de la Vierge se tient l'apôtre Jean, qui semble ainsi comparé défavorablement au saint. En 1234, le pape Grégoire IX décida que l'image n'était pas hérétique car si Jean avait écrit l'Évangile, François l'avait vécu.

Historiquement, Cimabue est le peintre le plus important. Sa *Madonne en majesté*, dans le transept droit, a subi de nombreuses modifications, mais le portrait de saint François, resté intact, est considéré comme le plus ressemblant qui nous soit parvenu, car il le réalisa en se fondant sur les descriptions que lui firent les deux neveux du saint. Celui-ci apparaît paisible et calme. Son premier biographe, Thomas de Celano, écrivit au milieu du XIIIe siècle que c'était un homme éloquent, plein d'entrain et de gentillesse.

RESTAURATION MODERNE

Lors du séisme de 1997, certaines fresques de l'église supérieure de la Basilica di San Francesco se sont effritées. Elles semblaient perdues à jamais, mais la technologie a permis de résoudre le problème. Menée par la restauratrice Paola Passalacqua, une équipe d'historiens de l'art est en train de reconstituer ces fresques dans un atelier près de la basilique. Ce puzzle géant compte 300 000 pièces, certaines à peine plus grosses qu'un grain de sable

La **Sala delle Reliquie** (salle des reliques ; 🕓 tlj 9h-18h, jours fériés 13h-16h30) contient des objets ayant appartenu à saint François, notamment sa tunique et ses sandales, ainsi que son célèbre *Cantique des Créatures*. La relique la plus importante reste la Règle de l'ordre franciscain composée par lui.

L'**église supérieure** (🕓 Pâques-nov tlj 8h30-18h50, nov-Pâques tlj 8h30-18h, jours fériés 8h30-19h15), édifiée entre 1230 et 1253, contient un cycle de 28 fresques évoquant la vie de saint François, ainsi que des images de la Bible. Ces fresques révolutionnèrent l'art occidental à plusieurs niveaux. Réalisées par les peintres les plus célèbres de l'époque (surtout Cimabue et Giotto, de l'école de Florence, mais aussi Cavalini, Rusuti et des artistes des écoles de Toscane et de Sienne), elles représentent un changement de style : le Jésus *juge divin* de l'art byzantin et roman cède la place à un Christ souffrant et humble. Au lieu des fonds dorés symbolisant les cieux, les artistes peignirent des arrière-plans naturels, avec étoiles, ciel et nuages, en adéquation avec l'idée de saint François selon laquelle le corps humain était "frère", et la terre qui l'entoure "mère" et "sœur". Dans certaines de ces fresques, on voit apparaître pour la première fois des gens du peuple, comme des bergers. À l'époque, seuls les nobles et les riches avaient les moyens de faire exécuter leurs portraits, et les artistes se cantonnaient aux figures religieuses et aux grands de ce monde.

Ces peintres étaient des sortes de conteurs qui transformaient des passages de la Bible en *Bibliae Pauperum* – Bibles pour les pauvres, lesquels étaient dans leur grande majorité illettrés. Cimabue a réalisé une grande partie des fresques de l'église supérieure, notamment les scènes représentant

SAINT FRANÇOIS D'ASSISE

1182	Naît à Assise de Pietro Bernardone et de Madonna Pica
1205	Se convertit après une vie agitée qui lui vaudra un an au cachot
1206	Son père le déshérite
1210	Reçoit l'autorisation de fonder l'ordre des Franciscains
1219	Prêche la paix et la bonté en Égypte parmi les croisés et les musulmans
1223	Recrée la nativité et la crèche la veille de Noël à Greccio
1224	Reçoit les stigmates au Monte La Verna, à Arezzo
1225	Rédige le *Cantique des Créatures*
1226	Meurt à Santa Maria degli Angeli
1228	Canonisé à Assise ; mise en chantier de l'église inférieure de la Basilica di San Francesco
1230	Son corps est enterré dans une crypte secrète à l'intérieur de la basilique
1253	Achèvement de l'église supérieure
1939	Saint François devient le patron de l'Italie

Marie dans la partie supérieure et inférieure de l'abside, l'*Apocalypse* et les *Actes des apôtres* dans les transepts gauche et droit, ainsi que la *Crucifixion* dans le transept gauche. Celle-ci témoigne de ce qui arrive quand une fresque au blanc de plomb s'oxyde : elle devient son propre négatif.

Giotto, élève de Cimabue, est l'auteur d'une grande partie du cycle de 28 fresques, qui relient la vie de saint François à des scènes de l'Ancien et du Nouveau Testament. La vie du saint est dépeinte dans la section inférieure de l'église. Au-dessus, on trouve les thèmes bibliques, exécutés par plusieurs grands artistes, dont Giotto et Cimabue : à droite, des scènes de la Genèse et à gauche, des récits évoquant la vie de Jésus. Sur la voûte de la nef centrale apparaît saint François, glorifié à la convergence des deux Testaments. Ce symbolisme, la mise en relation de la vie de saint François avec les récits de la Bible, était une manière de traduire cette dernière en images. Ainsi, la cinquième fresque montre saint François reniant son père, tandis que la fresque biblique correspondante représente Adam et Ève dans le jardin d'Éden, désobéissant aux ordres de Dieu.

Dans la basilique, le code vestimentaire est appliqué strictement, et on ne pénètre pas en short, en minijupe, en haut sans manche ou en décolleté. On vous demandera également de ne pas prendre de photos au flash, car certaines peintures ont été endommagées par les interactions chimiques.

Autres curiosités

La **Chiesa Nuova** (☎ 075 81 23 39 ; fax 815 50 50 ; ⌚ été 6h30-12h et 14h30-18h, hiver 6h30-12h et 14h-18h), fut bâtie par Philippe III d'Espagne dans les années 1600 sur ce qui aurait été la maison de famille de saint François. On célèbre la messe tous les jours à 7h, avec une messe supplémentaire les jours fériés à 10h.

Le **Tempio di Minerva**, donnant sur la Piazza del Comune, a été transformé en église mais a conservé son impressionnante façade à colonnes. En flânant dans les boutiques de la piazza, vous découvrirez dans leurs sous-sols des ruines romaines. La **Pinacoteca Comunale** (☎ 075 81 20 33 ; Palazzo Vallemani Via San Francesco 10 ; adulte/enfant 3/2 € ; ⌚ 16 mars-15 oct 10h-13h et 15h-18h, 16 oct-15 mars 10h-13h et 15h-17h) renferme des œuvres de la Renaissance ombrienne et des fresques de l'école de Giotto.

Sur la Piazza Vescovado, qui donne dans la Via San Antonio, la **Chiesa di Santa Maria Maggiore** (☎/fax 075 81 30 85 ; ⌚ Pâques-nov 8h30-19h, nov-Pâques 8h30-17h), de style roman, est l'ancienne cathédrale de la ville. Au sud de la Piazza del Comune, en empruntant le Corso Mazzini et la Via Santa Chiara, on atteint la **Basilica di Santa Chiara** (☎ 075 81 22 82 ; Piazza Santa Chiara ; entrée gratuite ; ⌚ été 6h30-12h et 14h-19h, hiver 6h30-12h et 14h-18h), église romane du XIIIe siècle aux murs abrupts et à la façade impressionnante. La pierre rose et blanche utilisée pour l'extérieur (celle-là même qui fait étinceler au soleil beaucoup de bâtiments d'Assise) vient de la ville voisine de Subasio. Issue d'une famille noble d'Assise, sainte Claire, contemporaine de saint François, fonda l'ordre des Pauvres Dames, ou Clarisses. Son corps repose dans la crypte. Jetez un œil au crucifix byzantin qui aurait parlé à saint François.

Assise renferme quelques ruines romaines, notamment le **Foro Romano** (forum romain ; ☎ 075 81 30 53 ; accès par la Via Portica ; adulte/tarif réduit 2,50/2 € ; ⌚ tlj 10h-13h et 14h-19h, hiver 10h-13h et 14h-18h), qui n'offre guère d'intérêt, sauf pour les amateurs d'écriture romaine. Il s'agit d'un forum souterrain, aujourd'hui humide et froid.

Au nord-est de la Basilica di Santa Chiara, le **Duomo di San Rufino** (☎ 075 81 60 16 ; Piazza San Rufino ; 🕑 7h-12h et 14h-19h), bâti au XIIIe siècle dans le style roman et remanié par Galeazzo Alessi au XVIe siècle, abrite les fonts baptismaux qui accueillirent saint François et sainte Claire. La façade est décorée de grotesques et d'animaux fantastiques.

La silhouette massive de la **Rocca Maggiore** (☎ 075 81 30 53 ; Via della Rocca ; adulte/tarif réduit 1,70/1 € ; 🕑 10h-coucher du soleil) domine la ville. De cette forteresse du XIVe siècle, on découvre un panorama magnifique sur toute la vallée et jusqu'à Perugia. La plus grande partie du bâtiment est actuellement fermée, l'ensemble faisant l'objet d'une longue restauration pour être transformé en un immense musée d'art.

À 30 minutes à pied au sud de la Porta Nuova, le **Santuario di San Damiano** (☎ 075 81 22 73 ; entrée gratuite ; 🕑 été 10h-12h et 14h-18h, hiver 10h-12h et 14h-16h30, vêpres à 19h en été et 17h en hiver) fut fondé à l'endroit où saint François entendit la voix de Jésus et composa le *Cantique des Créatures*. Le couvent créé par sainte Claire est toujours debout.

Dans la vallée au sud-ouest d'Assise, près de la gare ferroviaire, l'imposante **Basilica di Santa Maria degli Angeli** (☎ 075 8 05 11 ; Santa Maria degli Angeli ; 🕑 été 6h15-19h45, juillet-sept 21h-23h, hiver 6h15-12h30 et 14h-19h45) a été édifiée autour du premier monastère franciscain. Saint François est mort dans la **Cappella del Transito** le 3 octobre 1226.

À 4 km environ à l'est de la ville (sortez par la Porta Cappuccini), l'**Eremo delle Carceri** (☎ 075 812301 ; entrée libre ; 🕑 Pâques-nov tlj 6h30-19h15, nov-Pâques 6h30-coucher du soleil) se dresse à l'endroit où saint François se retira après avoir entendu la voix de Dieu. Lui et ses disciples faisaient retraite dans des grottes, les *carceri* (cellules). Saint François passa quelque temps ici à prêcher aux animaux (on peut toujours voir le chêne vert dans lequel se tenaient les oiseaux qui l'écoutaient). À l'exception de quelques barrières et sentiers touristiques, rien n'a changé depuis lors et quelques Franciscains vivent toujours ici. L'Eremo delle Carceri constitue un bon point de départ pour les randonnées dans le Monte Subasio.

À faire

Vous pouvez acheter dans les librairies de la ville les cartes (7,75 €) du Club Alpino Italiano (CAI) où figurent les itinéraires de randonnée dans le Monte Subasio. Les balades ne présentent pas de difficultés excessives et la présence de plusieurs campings et de quelques lieux de pèlerinage incite à des excursions de deux jours.

Angelucci Andrea Cicli Riparazione Noleggio (☎ 075 804 25 50 ; VG Becchetti 31), à Santa Maria degli Angeli, propose des vélos à louer.

Cours

L'Accademia della Lingua Italiana Corsi di Lingua e Cultura Italiana (☎ /fax 075 81 52 81 ; www.aliassisi.it ; Via San Paolo 36) offre une gamme de cours de langue et de culture, ainsi que d'expression écrite. On peut suivre des cours collectifs et passer deux fois par an la Certificazione di Italiano come Lingua Straniera (CILS ; certificat d'aptitude à l'enseignement de l'italien comme langue étrangère).

Fêtes et festival

Principal événement du calendrier religieux, la **Festa di San Francesco** se déroule les 3 et 4 octobre. On célèbre la **semaine de Pâques** avec des processions et des spectacles. Le festival **Ars Nova Musica** se tient de la fin août à la mi-septembre et accueille des interprètes ombriens et d'autres régions. Haute en couleur, la **Festa di Calendimaggio** marque l'arrivée du printemps. Cette fête médiévale dure généralement plusieurs jours, à la fin de la première semaine de mai. Manifestation œcuménique, la **Marcia per la Pace** (Marche pour la paix ; www.tavoladellapace.it) rassemble en juin des marcheurs du monde entier qui parcourent la distance entre Assise et Perugia pour manifester en faveur de la paix.

Où se loger

Assise dispose de bonnes infrastructures d'accueil, mais en période d'affluence (notamment à Pâques, en août et septembre et pendant la Festa di San Francesco) vous devrez réserver longtemps à l'avance. Même en dehors de ces périodes, de nombreux établissements affichent complet. Le nombre extraordinairement élevé d'hôtels contribue à maintenir des prix raisonnables. L'office du tourisme de la Piazza Comune distribue une liste exhaustive des chambres chez l'habitant, des 17 institutions religieuses, des appartements et des hébergements en *agriturismo* à Assise et dans les environs. Sinon, essayez de repérer les panneaux *camere* (chambres à louer) en vous promenant dans la rue. Si vous ne dénichez rien à Assise même, vous pouvez envisager de vous installer à Santa Maria degli Angeli, à 4 km au sud-ouest. Vous logerez ainsi près de la gare ferroviaire et pourrez rejoindre le centre-ville avec la navette (toutes les demi-heures).

PETITS BUDGETS

Ostello Fontemaggio (☎ 075 81 36 36 ; fax 81 37 49 ; Via San Rufino Campagna ; dt 18,50 €, pers/tente/voiture 7/6/3 € ; P). Pour atteindre cette auberge de jeunesse doublée d'un terrain de camping, juste à l'est de la ville, à Fontemaggio, vous devrez monter la Via Eremo delle Carceri sur 2 km. L'endroit dispose d'une aire de jeux pour les enfants et d'un parking.

Ostello della Pace (☎/fax 075 81 67 67 ; Via Valecchie 177 ; dt à partir de 14 €, chambres individuelles disponibles ; mars-10 jan ; P). L'auberge de jeunesse HI d'Assise occupe une ferme du XVIIe siècle et offre bon nombre de prestations : location de bicyclettes, buanderie, football, ping-pong, restaurant et même un piano. Elle permet à ses clients de bénéficier de réductions dans tous les musées d'Assise. Le bus qui fait la navette entre Santa Maria degli Angeli et Assise vous y déposera.

Istituto Suore del Giglio Case Religiose di Ospitalitá (☎ 075 81 22 67 ; fax 81 62 58 ; Via San Francesco 13 ; s/d 24/42 €, plusieurs chambres familiales contenant jusqu'à 5 lits). Plus d'une douzaine d'institutions religieuses louent des chambres, mais celle-ci bénéficie d'une situation centrale et offre un accueil extraordinairement chaleureux. De la terrasse, la vue est assez reposante pour susciter des conversions. Deux des chambres possèdent un balcon. Pour trouver l'endroit, guettez le panneau indiquant "Casa di Ospitalitá Maria Immacolata". Extinction des feux à 22h30.

Hotel Il Duomo (☎ 075 81 27 42 ; prenotazioni@hotelsanrufino.it ; Vicolo San Lorenzo 2 ; s/d 32/42 €, d avec sdb 36 €). À de tels prix, les prestations sont minimales (les chambres sont dépourvues de TV et de téléphone, et deux d'entre elles partagent une sdb). L'établissement se révèle cependant propre et confortable. Pour y accéder, vous devrez gravir un escalier escarpé menant à la Rocca Maggiore, mais vous serez récompensé de vos efforts par le calme qui y règne. Très apprécié, il ne possède que deux simples et sept doubles ; mieux vaut réserver.

Hotel San Rufino (☎ 075 81 28 03 ; prenotazioni@hotelsanrufino.it ; Via Porta Perlici 7 ; s/d 41/50 €). Tenu par les mêmes propriétaires que l'Il Duomo, le San Rufino propose des prestations légèrement supérieures, avec des chambres un peu plus vastes équipées d'un téléphone et d'une TV.

Hotel La Rocca (☎ 075 81 22 84 ; info@hotellarocca.it ; Via Porta Perlici 27 ; s/d/t/q 35/43/61/69 € ; P). Remarquablement situé loin de la foule, l'Hotel La Rocca est un petit joyau qui semble surgir directement du paysage. Pratiquant des prix très doux, il loue des chambres sans prétention mais accessibles par ascenseur et dotées d'un sèche-cheveux, d'une TV et d'un téléphone relié à l'international. Certaines peuvent accueillir les handicapés. Le petit déjeuner est compris dans le tarif.

Hotel Sole (☎ 075 81 23 73 ; Corso Mazzini 35 ; s/d 42/62 €). Récemment rénové, avec 35 chambres modernes et confortables, cet établissement est surtout connu pour son restaurant du rez-de-chaussée. Très bien situé, il présente un bon rapport qualité/prix mais les chambres proches du restaurant sont bruyantes jusqu'à 22h30.

Lieto Soggiorno (☎ 075 81 61 91 ; Via Portica 26 ; s/d sans sdb à partir de 26/38 €, d avec sdb 50 €). Tellement dénuée de charme qu'elle en devient presque fascinante, c'est l'une des adresses les moins chères et les plus centrales de la ville.

CATÉGORIE MOYENNE

Hotel Il Palazzo (☎ 075 81 68 41 ; www.hotelilpalazzo.it ; Via San Francesco 8 ; s/d 75/120). Cet imposant bâtiment historique datant des années 1500 renferme de nombreux vestiges de cette époque. Les chambres, qui donnent sur la campagne, contiennent des lits à baldaquin ou en fer forgé et des poutres vieilles de cinq siècles. L'endroit se trouve entre la basilique et la Piazza del Comune.

Hotel Ristorante La Fortezza (☎ 075 81 24 18 ; Via Piazza del Comune). Cet hôtel propose sept chambres correctes de catégorie moyenne, qui n'ont pas le charme du restaurant, situé à deux pas.

CATÉGORIE SUPÉRIEURE

Hotel San Francesco (☎ 075 81 22 81 ; info@hotelsanfrancescoassisi.it ; Via San Francesco 48 ; s/d/t/q 110/155/207/222 €, réductions en basse saison et pour les enfants ;). Si vous souhaitez une vue sur la basilique, vous bénéficierez d'une image de carte postale depuis la plupart des chambres. Les prestations comprennent la TV par satellite (avec la BBC, CNN et France 2), un minibar, un ascenseur, un sèche-cheveux, des doubles vitrages et une navette qui peut aller vous chercher dans l'un quelconque des parkings de la ville (vous pouvez aussi venir déposer vos bagages d'abord). Le tarif inclut un petit déjeuner-buffet gargantuesque, parfait pour prendre des forces avant d'aller arpenter la ville.

Hotel Subasio (☎ 075 81 22 06 ; fax 81 66 91 ; www.umbria.org/hotel/subasio ; Via Frate Elia 2 ; s/d 114/181 € ; ❄ P). C'est l'un des meilleurs hôtels d'Ombrie. Ses chambres impeccablement décorées et meublées dans le style de la Renaissance florentine ont accueilli nombre de personnalités, dont Herman Hesse, Greta Garbo et Charlie Chaplin.

Où se restaurer

Vous pourrez déguster à Assise de bonnes spécialités italiennes et ombriennes.

Hotel Ristorante La Fortezza (☎ 075 81 24 18 ; Via Piazza del Comune ; plats 7-16 €). Tenu par un chef cuisinier, sa femme et ses deux fils, ce merveilleux petit restaurant en haut des escaliers du Vicolo della Fortezza sert des plats à base de truffes noires et de gibier.

Otello (☎ 075 81 32 25 ; Vicolo San Antonio 1 ; pizzas 7 €). Très apprécié des gens du quartier, l'endroit propose de bonnes pizzas et un large choix de pâtes.

Medio Evo (☎ 075 81 30 68 ; Via Arco dei Priori 4 ; plats 12-21 € ; 🕒 fermé mer). Des plats traditionnels ombriens figurent à la carte de ce restaurant, l'un des meilleurs d'Assise, qui possède une magnifique salle voûtée du XIIIe siècle.

La Stalla (☎ 075 81 36 36 ; Via Eremo Caceri 8 ; repas 15,50 € ; 🕒 mar-dim). Ce restaurant installé dans le même ensemble que le camping de Fontemaggio sert des repas consistants sous une tonnelle.

Dal Carro (☎ 075 81 52 49 ; Vicolo dei Nepis 2 ; pizzas à partir de 5 €). Juste à côté du Corso Mazzini, Dal Carro constitue un bon choix, notamment pour ses exceptionnelles *strangozzi alla norcina* (pâtes servies avec une sauce aux truffes noires) et son *tiramisu* maison (dessert à base de boudoirs, mascarpone, chocolat, liqueur et crème). Vous pourrez assister à la confection de votre repas dans un four ouvert.

Pozzo della Mensa (☎ 075 815 52 36 ; Via Pozzo della Mensa 11 ; repas environ 20,65 € ; 🕒 fermé mer). Vous pourrez déguster des spécialités ombriennes dans cet endroit plein de charme et plutôt décontracté, qui concocte aussi de bons plats végétariens.

Achats

Assise s'avère idéale pour le shopping car tout y est tourné vers le tourisme. Quelques boutiques et sites ferment à midi, mais ce n'est rien comparé à l'allure de ville morte que prennent la plupart des cités ombriennes pendant la journée. La plupart des céramiques sont fabriquées en usine au lieu d'être réalisées et peintes à la main comme à Deruta, mais elles vous feront économiser quelques euros et votre famille ne verra pas la différence. Des **marchés** se tiennent sur la Piazza Matteotti le samedi et à Santa Maria degli Angeli le lundi.

Depuis/vers Assise

Des bus APM relient Assise à Perugia (2,60 €, 50 minutes, 10 par jour) et à d'autres localités des environs. Ils partent de la Piazza Matteotti. La plupart s'arrêtent également sur le Largo Properzio, juste à l'extérieur de la Porta Nuova. Les **bus SULGA** (☎ 075 500 96 41) qui desservent Rome (16,55 €, 3 heures, 3 par jour), Florence (11,65 €, 2 heures 45, départ à 6h45, retour à 17h) et d'autres grandes villes ont leur terminus Piazzale dell'Unità d'Italia.

Grâce aux liaisons ferroviaires fréquentes et malgré l'éloignement de la gare, située à 4 km de la ville, à Santa Maria degli Angeli, le train reste la meilleure manière de rejoindre bien des destinations. La gare se trouve sur la ligne Foligno-Terontola, avec des services réguliers pour Perugia (1,55 €, 30 minutes, toutes les heures). Pour Florence (9 €, 2 heures, 10 par jour), prenez une correspondance à Terontola et pour Rome (11,20 €, 2 heures, 11 par jour), changez à Foligno.

Si vous arrivez en voiture de Perugia, prenez la S75, sortez à Ospedalicchio et suivez les panneaux.

Comment circuler

Un bus (0,80 €) fait la navette toutes les demi-heures entre la Piazza Matteotti et la gare ferroviaire. En centre-ville, la circulation est restreinte et le stationnement pratiquement interdit dans la journée. Il existe six grands parkings payants juste à l'extérieur du centre-ville (Porta San Pietro, Porta Moiano, Porta Nuova, Piazza Matteotti, Porta San Giacomo et Ponte San Vittorino), reliés au centre par des navettes orange. Si vous ne voulez pas payer pour vous garer, essayez la Via della

Rocca, qui monte à la Rocca Maggiore et où l'on peut se garer au-delà du panneau P (parking). Vous n'aurez plus qu'à gravir la pente raide, mais assez courte, jusqu'à la Basilica di San Francesco et la Piazza del Comune. Santa Maria degli Angeli compte un parking gratuit sur la Piazza del Mercato.

Pour un taxi, appelez le ☎ 075 500 48 88.

SPELLO

8 303 habitants

Il semble parfois qu'aucune ville ne pourrait être plus belle que celle que vous venez de quitter. Pourtant, Spello, petit bourg de passage entre Assise et Foligno, mérite qu'on s'y attarde un jour ou deux. Les fleurs sont si nombreuses qu'elles embaument la ville tout entière de leur parfum, surtout au printemps et en automne. Elles sont d'ailleurs à l'honneur lors de l'une des principales fêtes, l'Infiorata di Corpus Domini (voir p. 297). Située sur les contreforts du Monte Subasio, Spello constitue un bon point de départ pour découvrir l'un des nombreux sentiers de randonnée de la région. Sous le règne de l'empereur Auguste, on construisit beaucoup dans la vallée et il existe encore quelques ruines romaines dans les environs, qui abritent également de remarquables peintures du Pinturicchio, entre autres. Mais peut-être préférerez-vous flâner dans les étroites rues pavées de la ville.

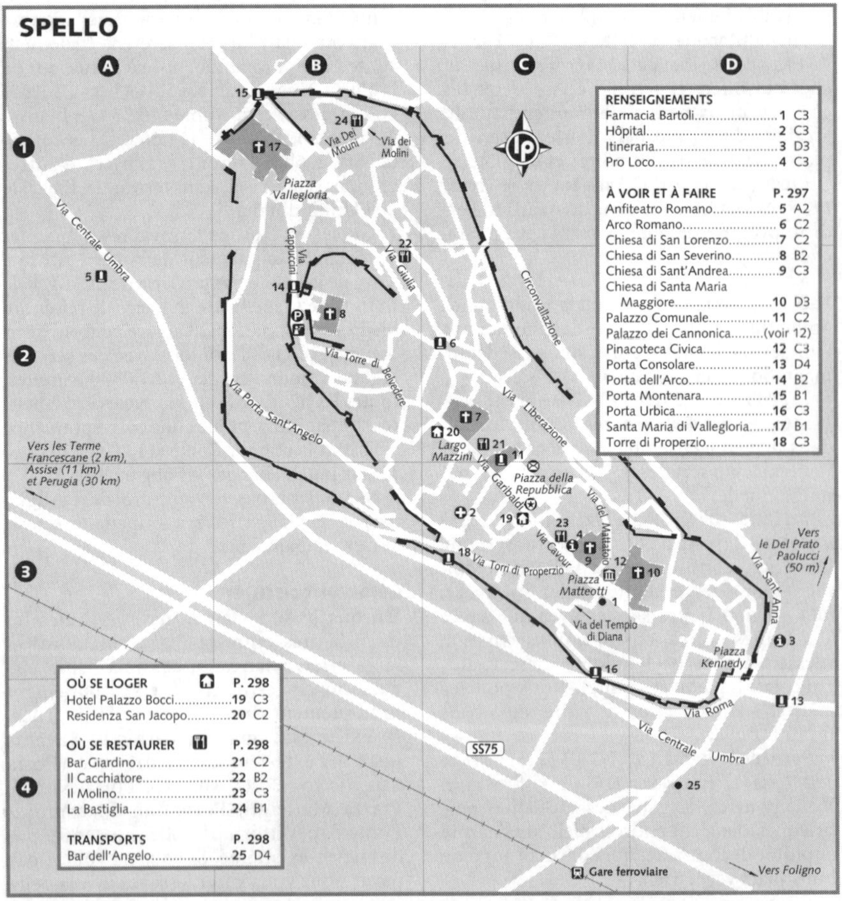

Renseignements

URGENCES

Poste de police (☎ 0742 65 11 15 ; Piazza della Repubblica).

SITES INTERNET

www.spellonet.com Site bien conçu qui fournit des informations sur les hébergements, les restaurants, l'histoire et les manifestations.

SERVICES MÉDICAUX

Médecin (☎ 0742 30 20 16). On vous donnera à ce numéro le nom du médecin le plus proche.

Farmacia Bartoli (☎ 0742 30 14 88 ; Via Cavour 63 ; 🕓 fermé sam matin).

Hôpital (☎ 0742 33 91 ; Via dell' Ospedale, Piazza dell'Ospedale).

POSTE

Bureau de poste (☎ 0742 65 29 18 ; Piazza della Repubblica ; 🕓 lun-ven 8h-18h30, sam 8h-12h30).

OFFICES DU TOURISME

Itineraria (☎ 0742 30 23 01, 328 220 93 81 ; www.itineraria.biz ; Via Sant'Anna 2). Cet office du tourisme haut de gamme et privé donne des renseignements sur les cours, le tourisme de santé, les vins et les visites guidées. S'adressant essentiellement aux groupes et aux agences de voyages, il peut aussi organiser des circuits et des excursions pour les voyageurs indépendants, ou trouver des interprètes.

Pro Loco (☎ 0742 30 10 09, sinon ☎ 0742 65 14 08 ; Piazza Matteotti 3 ; 🕓 9h30-12h30 et 15h30-17h30). Vous propose une liste d'hébergements et des cartes comportant des itinéraires de randonnée dans les environs, notamment une balade de 8 km jusqu'à Assise. Vous pourrez également vous procurer une bonne carte touristique de la région pour 0,52 €..

À voir

Le point fort de la ville est l'**Arco Romano**, d'où la vue embrasse l'**Anfiteatro Romano** (fermé au public) et la campagne environnante. Non loin, allez admirer la façade romane de la **Chiesa di San Severino**, un monastère capucin.

En pénétrant dans Spello, vous arriverez à la **Piazza Kennedy**, principale voie d'entrée dans la ville, avec une porte en partie romaine, la **Porta Consolare**. Plus loin, la première grande piazza que vous rencontrerez abrite deux immenses églises, l'austère **Chiesa di Sant'Andrea** (Piazza Matteotti ; 🕓 8h-19h), où l'on peut voir une fresque de Bernardino Pinturicchio, et la **Chiesa di Santa Maria Maggiore** (Piazza Matteotti ; 🕓 été 8h30-12h30 et 15h-19h, hiver 8h30-12h30 et 15h-18h), du XIIe siècle, qui abrite dans la Cappella Baglioni le joyau de la ville : de remarquables fresques du Pinturicchio. Elles se trouvent à droite en entrant, protégées par une vitre. Vous devrez payer pour allumer la lumière. Le but n'est pas uniquement de gagner de l'argent : une lumière permanente abîme la peinture. Toujours dans la Cappella, admirez le magnifique pavement en faïence de Deruta (1566). La **Pinacoteca Civica** (☎ 0742 30 14 97 ; Palazzo dei Cannonici, Piazza Matteotti ; 🕓 avr -sept 10h30-13h et 15h-18h30, oct-mars 10h30-12h30 et 15h-17h, fermé lun), fermée pour rénovation lors de notre passage, devrait avoir rouvert lorsque vous lirez ces lignes.

En continuant à avancer dans la ville, vous arriverez à la Piazza della Repubblica. Plus loin, sur la même place que le **Palazzo Comunale**, la **Chiesa di San Lorenzo** (🕓 été 8h30-12h30 et 15h-19h, hiver 8h30-12h30 et 15h-18h), abrite des œuvres d'art sacré. À l'extrémité nord de la ville se dresse une autre église imposante, **Santa Maria di Vallegloria**, édifiée dans les années 1320 dans le style gothique et contenant des fresques de Spacca. La **Torre di Properzio**, ou Porta Venere, monte la garde sur les remparts ouest, datant de l'époque romaine. Tirant leur nom du poète romain Propertius, la porte et ses tours sont un mélange d'éléments romains et médiévaux en partie reconstruits au XXe siècle.

À faire

Pro Loco et l'office du tourisme d'Assise distribuent une carte mal dessinée d'un sentier de randonnée reliant Spello à Assise, la *Passeggiata tra gli ulivi*, qui longe la Via degli Ulivi (rue des Oliviers). Prévoyez plusieurs heures. La balade, pas très longue (8 km), se fait sur un terrain relativement plat par rapport au reste de la région. Elle réjouira les amateurs de fleurs, d'oliviers centenaires aux formes noueuses et de paysages spectaculaires.

Fêtes et festivals

Spello, comme les villes voisines, ne manque pas de festivals. Le plus beau et le plus odorant, l'**Infiorata di Corpus Domini**, célèbre la Fête-Dieu et se déroule le dimanche qui tombe 60 jours après Pâques. Venez à partir de 20h30 le samedi précédant la procession pour admirer la préparation de ces créations florales et vous mêler à l'ambiance festive. Le lendemain, la foule se presse sur le chemin de la procession, qui démarre à

11h. Si vous voulez passer la nuit sur place, n'oubliez pas de réserver. Vous pouvez aussi venir pour la journée depuis Assise ou Perugia.

Où se loger

PETITS BUDGETS

Residenza San Jacopo (☎ 0742 30 12 60 ; Via Borgo di via Giulia 1 ; d 63 €). Cette demeure vit le jour en 1296 comme gîte d'étape pour les pèlerins qui se rendaient à Saint-Jacques-de-Compostelle, en Galice. Largement reconstruite au cours des siècles, elle est à présent aussi confortable que charmante et offre sept mini-appartements possédant kitnechette, sdb et TV, meublés d'antiquités rustiques. Le propriétaire, Vanya, qui tient également une *enoteca* (cave à vins) est une mine de renseignements sur les vins et les spécialités du coin.

Del Prato Paolucci (☎ 0742 30 10 18 ; Via Brodolini ; s/d 45/62 € ; Ⓟ). Juste à l'extérieur du centre-ville, cet établissement propose des chambres qui n'ont rien d'extraordinaire mais comptent parmi les moins coûteuses de Spello. Les propriétaires sont exceptionnellement sympathiques et pleins d'entrain. Si vous appelez à l'avance, ils viendront vous chercher à la gare. Au moment où nous écrivions ces lignes, la construction d'une piscine était envisagée. Ce projet deviendra peut-être réalité d'ici… une dizaine d'années.

NORD DE L'OMBRIE

CATÉGORIE MOYENNE

Terme Francescane (☎ 0742 30 11 86 ; Via Delle Acque ; s/d 70/90 € ; Ⓟ). Après quelques semaines harassantes passées à arpenter la région, pourquoi ne pas opter pour cet établissement thermal, situé à quelques kilomètres de la ville dans un cadre ravissant ?

CATÉGORIE SUPÉRIEURE

Hotel Palazzo Bocci (☎ 0742 30 10 21 ; fax 30 14 64 ; bocci@abitarelastoria.it ; www.palazzobocci.com ; Via Cavour 17 ; s/d 90/150 €, ste 200-250 €). Véritablement exquis, cet hôtel du XVIIIe siècle fait partie de l'assocation Abitare la storia. Des fresques de Benvenuto Crispoldi ornent la plupart des chambres et des parties communes. La terrasse est le lieu rêvé pour un petit déjeuner romantique.

Où se restaurer et prendre un verre

La Bastiglia (☎ 0742 65 12 77 ; Via dei Molini 17 ; environ 47 € pour un menu gastronomique ; fermé mer et à midi le ven). Cet hôtel collet monté et excessivement cher abrite l'un des restaurants les plus exceptionnels d'Italie. Les mets, rares exemples de la nouvelle cuisine ombrienne, sont plus que remarquables. Si vous n'avez jamais osé goûter du pigeon auparavant, c'est le moment de vous lancer : nous recommandons le blanc de pigeon rôti sauce cerise en croûte de pommes de terre.

Il Cacciatore (☎ 0742 65 11 41 ; fax 30 16 03 ; Via Giulia 42 ; fermé lun). Encore un hôtel doté d'un restaurant avec une grande terrasse parfaite pour déjeuner en été. Les chambres sont spacieuses et classiques.

Il Molino (☎ 0742 65 13 05 ; Piazza Matteotti 6/7 ; fermé mar). Propriété de l'Hotel Palazzo Bocci, le Molino occupe un bâtiment vieux de 700 ans. Il se spécialise dans les truffes, les légumes, le gibier d'hiver, les asperges sauvages et les herbes aromatiques de montagne.

Bar Giardino (Via Garibaldi 10). Ce bar sans prétention sert des snacks corrects et de bons gelati, mais vaut surtout pour la véranda à l'arrière, qui donne envie de rester des heures à admirer la vue.

Depuis/vers Spello

Les bus APM relient Spello à Perugia (2,90 €, 1 heure, 5 par jour), Foligno (0,60 €, 15 minutes, 9 par jour) et Assise (1,30 €, 15 minutes, 6 par jour, du lundi au samedi). En juin, l'itinéraire longe des champs de tournesols majestueux.

Le train constitue une meilleure solution, car Spello se trouve sur la ligne Perugia-Assise-Foligno. À partir de 7h32, des trains desservent au moins toutes les heures Perugia (2 €, 30 minutes), Assise (1,10 €, 10 minutes) et Foligno (0,80 €, 15 minutes). Si vous ne voyez personne au guichet de la gare, achetez votre billet à la machine automatique qui se trouve dans la salle d'attente. Sinon, allez au Bar dell'Angelo, tout proche, situé Viale Gugliemo Marconi.

Pour obtenir un taxi, appelez le ☎ 0742 65 15 82/336 24 44 99.

ENVIRONS DE SPELLO

Les environs de Spello se parent d'une beauté de carte postale : collines couvertes de fleurs sauvages, champs de tournesols en juin, villas de pierre parsemées ici et là. Le vin reste cependant le principal attrait de la région, le plus connu étant le *sangrantino* de Montefalco. L'hébergement coûte cher, car les plupart des visiteurs viennent pour goûter le vin et mener la grande vie, mais il existe tout de même plusieurs bons campings, des chambres à louer et quelques hôtels bon marché.

Montefalco

5 640 habitants

Montefalco attire surtout les amateurs de vins. L'Ombrie n'est pas aussi bien équipée que la Toscane pour la dégustation des vins, qui se fait en général dans des endroits indiqués par des panneaux "*enoteca*" ou "*degustazione*". La dégustation d'huile d'olive, une nouveauté, commence à remporter un certain succès dans la région, l'une des principales zones de production en Ombrie. Cela permet aux non-buveurs de participer aux réjouissances en faisant des commentaires sur l'arrière-goût amer ou le goût de chêne ou d'artichaut de telle ou telle huile.

Le **Museo Civico** (☎ 0742 37 95 98 ; 🕑 nov-fév 10h30-13h et 14h30-17h, mars-mai et sept-oct 14h-18h, juin-juillet 15h-19h, août 15h-19h30) occupe l'ancienne église Saint-François et abrite un émouvant cycle de fresques sur la vie et l'œuvre du saint.

Villa Pambuffetti (☎ 0742 37 94 17 ; villabianca@interbusiness.it ; Viale della Vittoria 20 ; s/d 105/163 € ; Ⓟ). Pierres et poutres au plafond pour cet hôtel qui s'apparente à une "oasis dans une oasis" et offre toutes les prestations d'un quatre-étoiles, depuis les chambres insonorisées jusqu'à l'excellent restaurant.

Hotel Ristorante Ringhiera Umbra (☎ 0742 37 91 66 ; Via Mameli 20 ; s/d 47/60 €). Cet hôtel des plus simples abrite un très bon restaurant peu coûteux installé dans une cave de pierre et de brique ; essayez les excellents *strangozzi* aux truffes dans une sauce au *sagrantino*, le vin rouge du pays.

DEPUIS/VERS MONTEFALCO

Des bus relient Montefalco à Perugia (départs quotidiens à 6h20, 7h25 et 13h15), Foligno (9 départs par jour), Spoleto (5 départs par jour), Terni (départs quotidiens à 9h30 et 15h16) et Bevagna (départs quotidiens à 6h20, 8h10 et 18h10).

Bevagna

4 797 habitants

D'abord colonisé par les tribus ombriennes, Bevagna devint une cité étrusque, puis un *municipium* romain situé sur la Via Flaminia. La Piazza Filippo Silvestre, avec sa colonne romaine de San Rocco, forme le centre de la ville.

L'**office du tourisme Pro Loco** (☎ 0742 36 16 67 ; pbevagna@bcsnet.it) vous donnera des renseignements sur les hébergements et les dégustations de vin. On peut se garer gratuitement juste à l'extérieur du centre-ville.

La **Pinacoteca Comunale** (☎ 0742 36 00 31 ; Corso Matteotti 70 ; adulte/tarif réduit/enfant 3/2/1 € ; 🕑 été 10h30-13h et 14h30-17h, hiver uniquement ven-dim) présente une très rudimentaire collection d'objets archéologiques et de céramiques. Non loin, la **Piazza Silvestri,** asymétrique, est une merveille d'urbanisme médiéval.

Le billet d'entrée à la pinacoteca vous donne également accès au **musée des Mosaïques romaines et des antiquités** (☎ 075 572 71 41 ; Via di Porta Guelfa), qui contient le pavement bien conservé d'anciens thermes romains, ainsi que les vestiges d'un théâtre romain et de remparts datant de l'époque romaine et du Moyen Âge.

Bevagna s'anime à la fin juin pendant deux jours à l'occasion du **Mercato delle Gaite**, une sorte de fête médiévale pendant laquelle on vend des objets d'artisanat et des mets inspirés du Moyen Âge. Si vous vous trouvez dans la région durant le dernier tiers du mois d'août, la petite ville de Cantalupo di Bevagna célèbre sa **Sagra della Lumaca** (fête de l'escargot), où l'on peut découvrir tous les plats à base d'escargot possibles et imaginables, ainsi que des expositions, des danses et toutes sortes de festivités.

Agriturismo/Camping Pian di Boccio (☎ 0742 36 01 64 ; piandiboccio@tiscalinet.it ; www.piandiboccio.com ; pers/tente/voiture 6,50/6/2,50 € ; appart 75-120 €, pour 4-6 pers ; Ⓟ). Gîte d'*agriturismo* qui produit lui-même son huile d'olive, ses fruits en conserve, ses confitures et son miel, ce camping propose du tir à l'arc, une piscine et une pizzeria, ainsi que neuf appartements rustiques mais confortables avec bûches pour la cheminée, cuisine équipée et TV.

Ristorante L'Orto Degli Angeli (☎ 0742 36 09 67 ; www.ortoangeli.it ; Via Dante Aligheri ; chambres 130-230 € ; 🕑 restaurant fermé mer ; Ⓟ). Cet hôtel historique possède aussi l'un des restaurants les plus populaires de la ville. Le menu change toutes les semaines, mais ne comporte que des spécialités ombriennes confectionnées avec des produits locaux. Les *strangozzi* maison sont succulents.

DÉTOUR : OLIVO DI SAN EMILIANO

Le plus vieil olivier de la région se trouve dans la ville de Bovara. Empruntez la route qui traverse Bovara en direction de l'autoroute. Face au restaurant La Foccaccia, sur la gauche, vous verrez une petite rue. Tournez à droite et, 50 m plus loin, vous apercevrez l'Olivo di San Emiliano, vénérable vieil arbre de 9 m de diamètre et 5 m de haut, qui aurait plus de 1 700 ans.

Foligno

51 149 habitants

Très influente au Moyen Âge, Foligno a perdu une grande partie de son charme et de son passé historique avec l'avènement de l'industrie. Si vous décidez de passer la nuit ici parce que vous êtes coincé entre deux trains ou que vous en avez assez des villes italiennes à la beauté de carte postale, quelques activités intéressantes vous attendent. L'auberge de jeunesse à elle seule vaut le détour.

Le personnel de **l'office du tourisme** (☎ 0742 35 44 59 ; info@iat.foligno.pg.it ; Corso Cavour 126 ; 🕑 lun-sam 9h-13h et 16h-19h, dim 9h-13h) n'est d'aucun secours, mais il distribue des brochures sur Foligno et sur les villes voisines de Bevagna, Gualdo Cattaneo, Montefalco, Spello et Trevi. Il se trouve près de la Porta Romana. Ignorez l'**office du tourisme** (🕑 mer-dim 10h-13h et 15h-19h) installé dans la gare ferroviaire, plus petit mais tout aussi inefficace.

La **Piazza della Repubblica** abrite la **cathédrale** dans laquelle est enterré saint Félicien. Datant du XIIe siècle, l'édifice présente un mélange de divers styles architecturaux, depuis le roman et le gothique jusqu'aux éléments ajoutés au XVIe siècle durant la Renaissance, notamment de remarquables fresques réalisées par Vespasiano Strada. Le **Palazzo Trinci** (☎ 0742 35 07 34 ; entrée gratuite ; 🕑 mar-dim 10h-19h) possède des peintures et des fresques du XVe siècle. Les Trinci faisaient partie des seigneurs féodaux, les *signorie*, qui dominaient à la fin du Moyen Âge la plus grande partie de l'Ombrie, placée sous le contrôle du pape. (Vous remarquerez dans toute l'Ombrie des bâtiments portant le nom de ces familles : les Baglioni à Perugia ou les Vitelli à Città di Castello.) Les Trinci demandèrent à Ottaviano Nelli de décorer leur palais (les Vitelli, eux, firent appel à des grosses pointures comme Raphaël et Giorgio Vasari). Le palazzo abrite un petit musée, aux indications en italien, qui présente certains des costumes historiques que vous pourrez voir lors de la Giostra della Quintana.

Si vous êtes en ville au début du mois de juin ou en septembre, la principale manifestation est **la Giostra della Quintana** (☎ 0742 35 40 00 ; www.quintana.it), tournoi équestre médiéval remontant aux années 1400. Dix quartiers s'affrontent dans cette joute amicale, l'occasion pour les concurrents d'arborer des costumes d'époque en velours et dentelles et, pour tous, de déguster des plats du XVe siècle.

Ostello per la Gioventù (☎ 0742 34 35 59 ; folhostel@tiscali.it ; Via Pierantoni 23 ; dort avec petit déj 14 €, lit en f privé 16 € ; réception 🕑 7h-12h et 14h-minuit). À 500 m de la gare, cette auberge de jeunesse dispose de 199 lits et offre un lave-linge/sèche-linge, un accès Internet, un jardin, un service de location de vélos, des facilités d'accès pour les handicapés et un restaurant. Malgré ses allures de palais et ses hauts plafonds ornés de fresques, c'était à l'origine un monastère.

Il Barbablù (☎ 0742 35 46 97 ; Via Umberto I 46 ; part de pizza 1 €). Sur le chemin de l'auberge, vous passerez devant cette excellente pizzeria aux prix très doux. Essayez la pizza au maïs ou aux courgettes.

Trevi

7 797 habitants

Trevi a miraculeusement échappé aux exigences de l'industrie touristique naissante en Ombrie et si vous arrivez directement de San Gimignano ou de Sienne, vous aurez l'impression de débarquer sur une autre planète. Alliée de Perugia contre Spoleto durant la domination papale, la ville fit partie des États pontificaux jusqu'à l'unification de l'Italie. Elle a vu naître la première association de presse et la première boutique de prêteur sur gages. Aujourd'hui, on peut presque entendre les ronflements monter de ses rues et des ses ruelles pendant la *siesta* et rares sont les habitants qui mettent un pied dehors entre 13h et 16h. Trevi s'est donné le nom de "ville lente" et s'enorgueillit de sa totale sérénité. Les oliviers gris-vert qui couvrent chaque centimètre carré des collines avoisinantes donnent une huile réputée comme l'une des meilleures du pays. Au printemps, la ville tout entière est envahie par le parfum des fleurs.

L'**office du tourisme Pro Loco** (☎ /fax 0742 78 11 50 ; Piazza Mazzini 5 ; ⌚ 9h-13h et 16h-20h) possède un terminal Internet interactif à l'extérieur. En dehors des heures d'ouverture, vous pouvez donc consulter son site web : www.protrevi.com.

Trevi a toujours été une ville de théâtre, depuis l'époque romaine. Le **Teatro Clitunno** (☎ 0742 38 17 68 ; Piazza del Teatro) reste le grand point de ralliement des habitants. Le **Flash Art Museum** (☎ 0742 38 19 78 ; Palazzo Luncarini ; adulte/tarif réduit 4/2,50 € ; ⌚ mer-ven 15h-19h, sam-dim 10h-13h et 15h-19h, fermé lun-mar) rassemble une curieuse collection d'art moderne. Les vestiges concentriques de **Mura Romana** (remparts romains) et de **Mura Medievali** (remparts médiévaux) encerclent toujours le cœur historique de la ville. Ne manquez pas le **Museo della Civiltá dell' Ulivo** (musée de l'Olive ; ☎ 0742 33 22 22 ; ⌚ juin-juil mar-dim 10h30-13h et 15h30-19h, août mar-dim 10h30-13h et 15h-19h, oct-mars ven-dim 10h30-13h et 14h30-17h, avr-mai et sept mar-dim 10h30-13h et 14h30-18h), qui retrace l'histoire de la production de l'huile d'olive en Ombrie depuis un millénaire.

Albergo Ristorante Il Terziere (☎ 0742 7 83 59 ; info@ilterziere.it ; Via Coste 1 ; s/d 52/70 € ; Ⓟ). Ce magnifique hôtel-restaurant se trouve à l'extérieur du centre-ville, juste derrière le parking de la Piazza Garibaldi. Il vaut plus par le panorama qu'il offre que par ses chambres plutôt austères, mais la beauté de son jardin et de sa terrasse est telle que vous ne passerez pas beaucoup de temps à l'intérieur.

Antica Dimora alla Rocca (☎ 0742 38 54 01 ; Piazza della Rocca ; s/d 110/160 € ; ♿ Ⓟ). Cet hôtel extrêmement bien décoré, aux couloirs ornés de fresques, dégage une impression palatiale – ce qui n'a rien d'étonnant car il fut construit dans les années 1500 pour servir de palais à un prince. Trois de ses chambres sont accessibles en fauteuil roulant.

Maggiolini (☎ 0742 38 15 34 ; Via San Francesco 20). Dans ce charmant restaurant, vous pourrez vous attabler dehors en été pour savourer divers plats de truffes à des prix raisonnables.

Le sud de l'Ombrie

SOMMAIRE

En dépit de sa beauté et de sa riche histoire, le sud de l'Ombrie n'est pas aussi fréquenté que le nord. C'est la ville d'Orvieto et sa magnifique cathédrale qui attirent le plus de touristes. La contrée recèle également quelques villages typiques réfugiés au sommet de collines : Spoleto, célèbre pour son festival des Due Mondi ; Norcia, paradis des amateurs de viande ; Narni, charmante et méconnue ; Amelia, sympathique et sans prétention et Todi, sur le point de devenir très populaire depuis qu'elle a été élue "ville la plus vivable du monde".

Dans le sud assoupi de l'Ombrie, la vie s'écoule tranquillement. Commerces et bureaux ferment tous de 12h30 ou de 13h à 15h30 ou à 16h. Les habitants sont très heureux de cette ambiance détendue. Pendant trois heures par jour, il n'y a pratiquement rien d'autre à faire que de manger un plat de pâtes puis de faire la sieste ou une petite promenade. Alors les touristes commencent, eux aussi, à s'adapter à ce mode de vie.

L'histoire, l'art et la culture imprègnent tous les sites et les monuments de la région, Près d'Orvieto se trouve une nécropole étrusque datant du VIe siècle av . J.-C. Dans les faubourgs de la capitale industrielle de Terni, Carsulae est une cité romaine bien conservée, qui représentait une ville-étape importante sur la Via Flaminia dans l'Antiquité. Dans le sud de l'Ombrie, vous ne trouverez pas les chefs-d'œuvre artistiques de Perugia ni de Città di Castello, mais chaque ville possède plusieurs musées tandis que les églises et les cathédrales possèdent souvent des objets d'art de grande valeur historique.

Si vous avez besoin de vous dépenser, le sud de l'Ombrie offre des activités en tous genres. Les amateurs de plein air pourront s'adonner au sport de leur choix. Envie de voler en deltaplane ? Rendez-vous à Castelluccio, près du Piano Grande. Envie de rafting ? Plusieurs clubs le long de la Nera et du Corno proposent des descentes en eau vive à bord d'un raft, d'un kayak ou d'un canoë. Sinon, louez des bicyclettes dans les environs d'Orvieto, faites de l'escalade à Ferentillo ou de la spéléologie dans la Valnerina.

À NE PAS MANQUER

- Assister à un concert ou à un spectacle lors du festival de Spoleto (p. 307)
- Flâner dans le village antique d'Amelia (p. 322)
- Pique-niquer au printemps dans les champs de fleurs au pied des sommets enneigés du Piano Grande (p. 312), près de Castelluccio
- Admirer la majestueuse façade en marbre noir et blanc de la cathédrale d'Orvieto (p. 325)
- Contempler la vue du haut de la Rocca Albornoz à Narni (p. 319)

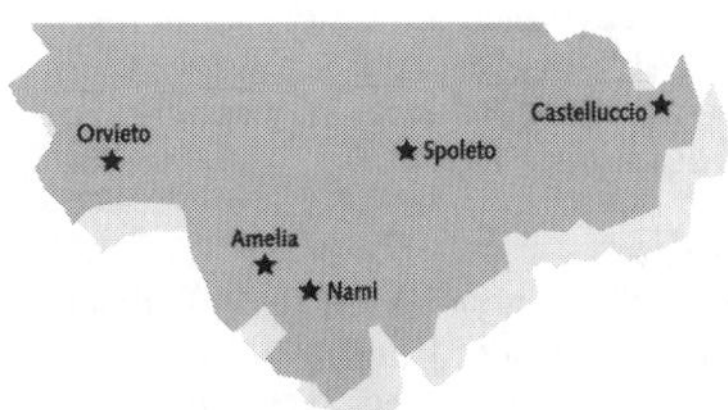

SPOLETO

37 918 habitants

Spoleto faisait partie de ces villes perchées endormies jusqu'à ce que le compositeur italo-américain Giancarlo Menotti vienne bouleverser son destin en 1958. Pendant quelques années, la paisible Spoleto ne s'est animée que dix jours durant, fin juin début juillet, à l'occasion du festival de Spoleto (voir p. 307), un événement international où théâtre, musique, opéra et danse sont à l'honneur, et qui connaît un immense succès.

Les visiteurs ont été nombreux à découvrir la ville à ce moment privilégié si bien qu'elle est devenue une destination prisée pendant presque toute l'année (en hiver, comme partout en Ombrie, la ville sera toute à vous). Même en dehors de la saison du festival, Spoleto possède assez de musées, de ruines romaines, de rues où l'on peut flâner et de belles vues pour vous occuper une journée ou deux.

La vallée environnante de l'Umbra est un chef-d'œuvre résultant de plus de deux mille ans de pratique agricole. Tous ses habitants, des tribus ombriennes aux paysans du Moyen Âge en passant par les Romains, ont drainé le Vale di Spoleto, nom de la vallée à cette époque, à l'aide d'un système complexe de techniques hydrauliques et agricoles.

À l'origine, l'Ombrie était partagée entre Étrusques et Ombriens. Après la chute de Rome, elle fut une fois de plus divisée : Byzantins à l'est du Tibre et Lombards à l'ouest. Spoleto, juste à l'ouest du fleuve, devint la capitale du duché de Lombardie. Bien que la plupart des objets d'art antérieurs à la période lombarde aient disparu, vous verrez de nombreux édifices religieux et ermitages dans ce style.

Si vous envisagez de visiter la ville pendant le festival (voir p. 307), réservez votre hébergement et achetez si possible vos billets des mois à l'avance.

Orientation

La vieille ville se situe à 1 km environ au sud de la gare ferroviaire principale – prenez le bus orange A, B ou C jusqu'à la Piazza della Libertà, dans le centre, où se trouvent l'office du tourisme et le théâtre romain. À quelques minutes à pied en direction du nord-est, vous arriverez Piazza del Mercato, en plein cœur du vieux Spoleto. Les monuments et les belles boutiques de la ville se rassemblent pour l'essentiel dans ce périmètre, qui s'étend jusqu'à la Piazza del Duomo.

Renseignements

LIBRAIRIE

Il Libro (Corso Mazzini 63) vous proposera un large choix de cartes, livres de cuisine, guides et romans.

URGENCES

Commissariat de police (☎ 0743 2 32 41 ; Viale Trento e Trieste). Il est situé à un pâté de maisons au sud de la gare principale.

ACCÈS INTERNET

A Tuta Birra (Via di Fontesecca 7). Ce pub, qui ouvre à 19h30, propose un accès Internet à ses clients.

Pizzeria (Corso Mazzini 31; 2 er2/heure). Ce restaurant met à disposition un ordinateur avec accès à Internet.

SERVICES MÉDICAUX

Ospedale di Madonna di Loreto (hôpital ; ☎ 0743 2101 ; Via Madonna di Loreto). Il se trouve à l'ouest de la Porta San Matteo.

POSTE

Bureau de poste (face à la Piazza della Libertà, mais l'entrée donne sur le Viale Giacomo Matteotti ; 🕑 lun-ven 8h-18h30 et sam 8h-12h30).

OFFICES DU TOURISME

Office du tourisme (☎ 0743 23 89 20 ; Piazza della Libertà 7 ; info@iat.spoleto.pg.it ; 🕑 été lun-ven 9h-13h et 16h-19h, hiver lun-ven 9h-13h et 15h30-18h30, sam-dim toute l'année 10h-13h et 16h-19h). Son personnel accueillant vous fournira de nombreuses brochures sur les sites touristiques de la région et sur les hôtels.

Con Spoleto (☎ 0743 22 07 73 ; info@conspoleto.com ; Piazza della Libertà 7). Ce service privé pourra vous réserver une chambre.

À voir

Commencez par le **Museo Archeologico e Teatro Romano** (☎ 0743 22 32 77 ; http://www.archeopg.arti.beniculturali.it/musei/spoleto.htm, uniquement en italien ; Via S. Agata 18 ; adulte/tarif réduit/étudiant UE 2/1 €/entrée gratuite, musée compris ; 🕑 8h30-19h30) qui borde le côté ouest de la Piazza della Libertà. Cet ancien monastère bénédictin qui servait de prison abrite le musée depuis 1985. Il possède de nombreux objets d'art de la Spoleto antique et romaine, dont deux sculptures en marbre, l'une d'Auguste et l'autre vraisemblablement de César. Le festival utilise de manière ingénieuse l'organisation de la scène pour des spectacles de danse.

SUD DE L'OMBRIE

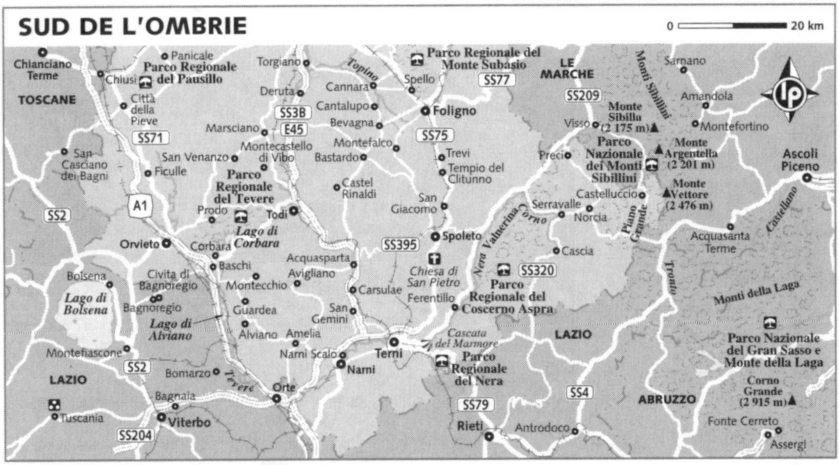

Vous verrez d'autres vestiges de l'époque romaine autour de la Piazza Fontana, à l'est de la Piazza della Libertà, notamment l'**Arco di Druso e Germanico** (arc de Drusus et Germanicus, les fils de l'empereur Tibère). Cette arche majestueuse marque l'entrée de l'ancien forum. La **Casa Romana** (maison romaine ; ☎ 0743 4 37 07 ; Via di Visiale ; adulte/enfant 2/1 € ; 🕑 oct-mars 10h-13h et 15h-18h30, avr-oct 10h-20h, fermé mar) date du Ier siècle. Cette maison est assez typique des habitations de cette époque et a conservé des vestiges de mosaïques et de peintures.

La cité s'enorgueillit de la présence d'un **Anfiteatro Romano**, l'un des plus grands amphithéâtres d'Italie. Malheureusement, il se trouve à l'intérieur d'une caserne militaire et ne se visite pas. On ne peut l'apercevoir que de certains endroits dans la Via dell'Anfiteatro, qui part de la Piazza Garibaldi.

La **Rocca Albornoziana** (☎ 0743 4 37 07 ; Piazza Campello ; adulte/tarif réduit 5/3 € ; 🕑 15-31 mars lun-ven 10h-13h et 15h-18h, sam-dim 10h-18h, avr-10 juin lun-ven 10h-13h et 15h-19h, 10 juin-15 sept tlj 10h-20h, nov-déc lun-ven 14h30-17h, sam-dim 10h-17h) est l'une des forteresses que fit ériger le cardinal Albornoz au milieu du XIVe siècle. Celui-ci commanda les forces armées du pape Innocent VI pour reprendre le contrôle de l'Ombrie et ordonna la construction de nombreuses *rocche* (forteresses). L'une d'elles se dresse encore dans toute sa majesté à Narni tandis que celle d'Orvieto est aujourd'hui en ruine. Celle de Perugia fut détruite au cours d'un soulèvement contre le pape, seulement trois ans après sa construction. Pendant des centaines d'années et jusqu'en 1982, la *rocca* d'Orvieto a servi de prison de haute sécurité : Ali Agca, auteur de la tentative d'assassinat du pape Jean-Paul II, y a notamment séjourné. Aujourd'hui, un musée y est installé et elle accueille des spectacles de théâtre en plein air.

Sur la Piazza del Municipio, la **Pinacoteca Comunale** (☎ 0743 21 82 70 ; Via A. Saffi ; adulte/enfant 2,05/1 € ; 🕑 hiver 10h30-13h et 14h30-17h, été 10h30-13h et 15h-18h30, visite guidée uniquement) occupe l'hôtel de ville. Ce somptueux édifice renferme quelques belles œuvres d'artistes ombriens. Si vous préférez l'art moderne, rendez-vous à la **Galleria d'Arte Moderna** (☎ 0743 4 64 34 ; dans le Palazzo Collicola sur la Piazza Collicola ; 16 oct-26 mars 10h30-13h et 15h-18h30, 27 mars-15 oct 10h-20h).

Églises

La **cathédrale** (☎ 0743 4 43 07 ; Piazza del Duomo ; entrée gratuite ; 🕑 été 7h30-12h30 et 15h-18h, hiver 7h30-12h30 et 15h-17h) fut consacrée en 1198 puis remaniée au XVIIe siècle. La façade de style roman est ornée d'un saisissant portique Renaissance. Au XIe siècle, pour construire le campanile plutôt sombre, on a réemployé d'énormes blocs de pierre provenant de bâtiments antiques. Les sols en mosaïque proviennent d'une reconstruction effectuée au XIIe siècle. À l'intérieur, Bernardino Pinturicchio décora la première chapelle à droite de la nef, la chapelle de l'évêque Constantino Eroli. L'impressionnante fresque du transept droit a été réalisée par Annibale Carracci, celles de l'abside voûtée par

SPOLETO

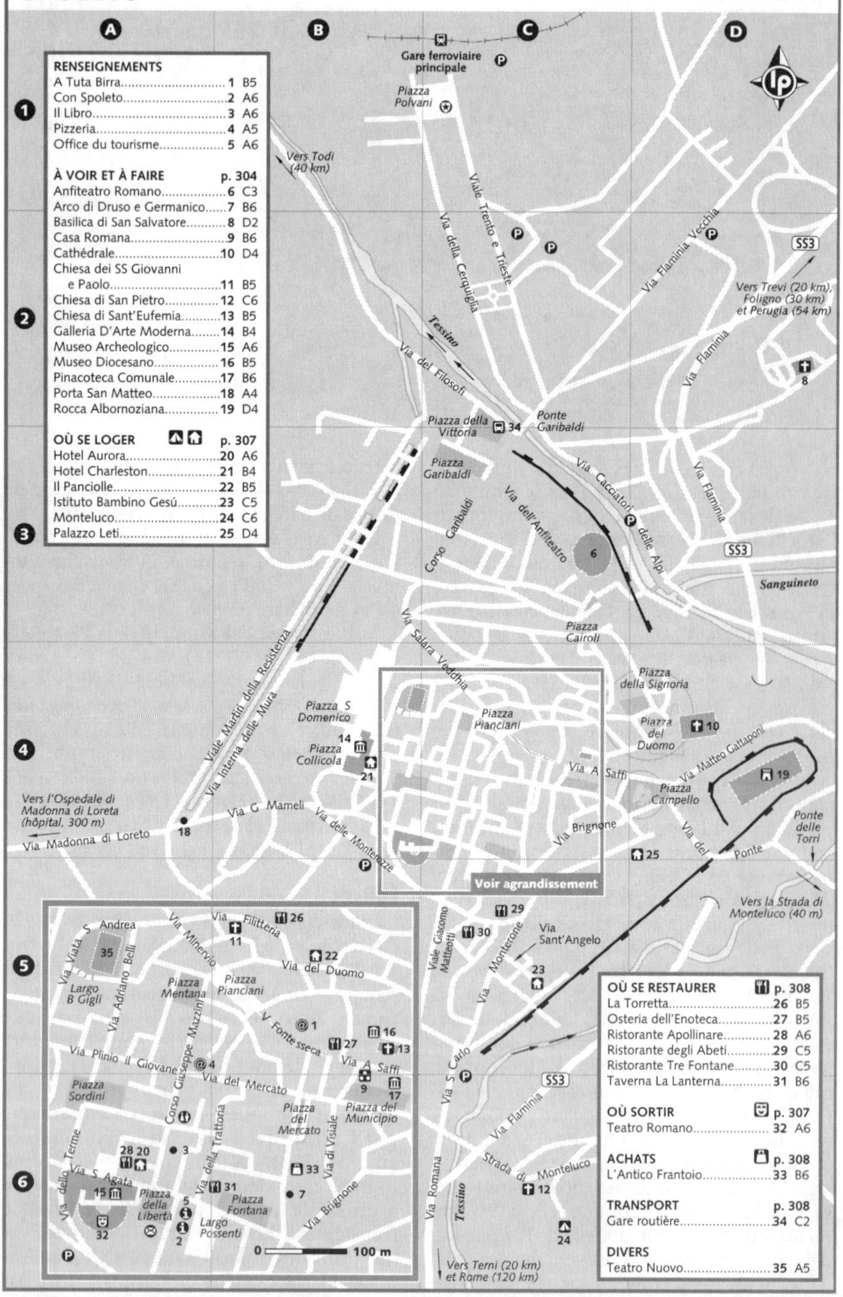

0 300 m
A
B
C
D
1
2
3
4
5
6
RENSEIGNEMENTS
A Tuta Birra 1 B5
Con Spoleto 2 A6
Il Libro 3 A6
Pizzeria 4 A5
Office du tourisme 5 A6
À VOIR ET À FAIRE p. 304
Anfiteatro Romano 6 C3
Arco di Druso e Germanico 7 B6
Basilica di San Salvatore 8 D2
Casa Romana 9 B6
Cathédrale 10 D4
Chiesa dei SS Giovanni e Paolo 11 B5
Chiesa di San Pietro 12 C6
Chiesa di Sant'Eufemia 13 B5
Galleria D'Arte Moderna 14 B4
Museo Archeologico 15 A6
Museo Diocesano 16 B5
Pinacoteca Comunale 17 B6
Porta San Matteo 18 A4
Rocca Albornoziana 19 D4
OÙ SE LOGER p. 307
Hotel Aurora 20 A6
Hotel Charleston 21 B4
Il Panciolle 22 B5
Istituto Bambino Gesú 23 C5
Monteluco 24 C6
Palazzo Leti 25 D4
OÙ SE RESTAURER p. 308
La Torretta 26 B5
Osteria dell'Enoteca 27 B5
Ristorante Apollinare 28 A6
Ristorante degli Abeti 29 C5
Ristorante Tre Fontane 30 C5
Taverna La Lanterna 31 B6
OÙ SORTIR p. 307
Teatro Romano 32 A6
ACHATS p. 308
L'Antico Frantoio 33 B6
TRANSPORT p. 308
Gare routière 34 C2
DIVERS
Teatro Nuovo 35 A5
Gare ferroviaire principale
Piazza Polvani
Vers Todi (40 km)
Viale Trento e Trieste
Via della Cerquiglia
Via Flaminia Vecchia
Vers Trevi (20 km), Foligno (30 km) et Perugia (54 km)
SS3
Tessino
Via dei Filosofi
Via Flaminia
Piazza della Vittoria
Ponte Garibaldi
Piazza Garibaldi
Via Cacciatori delle Alpi
Via dell'Anfiteatro
Corso Garibaldi
Sanguineto
Via Salara Vecchia
Piazza Cairoli
Piazza della Signoria
Viale Martiri della Resistenza
Via Interna delle Mura
Piazza S Domenico
Piazza Collicola
Piazza Pianciani
Piazza del Duomo
Via A Saffi
Via Matteo Gattaponi
Piazza Campello
Vers l'Ospedale di Madonna di Loreta (hôpital, 300 m)
Via Madonna di Loreto
Via G Mameli
Via delle Mononzze
Via Brignone
Via del Ponte
Ponte delle Torri
Voir agrandissement
Vers la Strada di Monteluco (40 m)
Viale Giacomo Matteotti
Via Monterone
Via Sant'Angelo
Via S. Carlo
Via Flaminia
Strada di Monteluco
Via Romana
Vers Terni (20 km) et Rome (120 km)
Via S. Andrea
Via Viata
Via Adriano Belli
Largo B Gigli
Via Minervio
Via Filitteria
Via del Duomo
Piazza Mentana
Piazza Pianciani
V. Fontesecca
Via Plinio Il Giovane
Corso Giuseppe Mazzini
Via del Mercato
Via A Saffi
Piazza Sordini
Via della Trattoria
Piazza del Mercato
Via di Visiale
Piazza del Municipio
Via dello Terme
Via S Agata
Piazza della Libertà
Largo Possenti
Piazza Fontana
Via Brignone
0 100 m

Filippo Lippi et ses élèves ; cet artiste décora même l'abside avec sa *Vie de la Vierge*. Ce fut la dernière œuvre de Lippi, qui décéda avant de l'avoir achevée. Laurent le Magnifique fit le voyage de Florence à Spoleto et fit dessiner au fils du maître, Filippino, le mausolée où repose le peintre, dans le transept droit de la cathédrale. Le superbe concert de clôture du festival de la ville se tient sur la place.

Sur la Via Filitteria se dresse la minuscule **Chiesa di SS Giovanni e Paolo** (🕑 10h-13h et 16h-20h, jours d'ouverture irréguliers). Édifice très ancien, cette église représente le style roman primitif. Si elle est ouverte au moment de votre séjour, vous pourrez y admirer une ancienne peinture de saint François.

Dans la Via del Ponte, le **Ponte delle Torri**, édifié au XIVe siècle sur les restes d'un aqueduc romain, mesure 80 m de haut et 230 m de long, et s'appuie sur dix arcades imposantes. Même s'il ne reste presque plus rien de sa structure, la traversée du pont jusqu'à la tour éponyme de l'autre côté représente une très belle promenade.

Si vous avez envie de marcher un peu, franchissez le pont et prenez le chemin du bas, la Strada di Monteluco, jusqu'à la **Chiesa di San Pietro** (☎ 0743 4 48 82 ; San Pietro ; entrée gratuite ; 🕑 9h30-11h et 15h30-18h30). Sa façade du XIIIe siècle, élément le plus remarquable de l'édifice, est sculptée de riches bas-reliefs animaliers.

Fêtes et festivals

Le compositeur italo-américain Giancarlo Menotti a créé le Festival dei Due Mondi (festival des Deux Mondes) en 1958. Le **Festival de Spoleto**, comme on l'appelle maintenant, a fait connaître la ville dans le monde entier et constitue une importante source de revenus pour la population locale qui profite des retombées de sa gloire. Ce festival dure trois semaines, de fin juin à mi-juillet, et accueille toutes sortes de spectacles, de l'opéra au théâtre, sans oublier les spectacles de danse classique et les expositions artistiques. Un festival dans le festival, **Spoleto Cinema**, projette d'anciens films ainsi que des nouveautés. Selon une tradition artistique assez récente et inventive, des procédures judiciaires, célèbres ou historiques, sont reconstituées. Les billets coûtent entre 5 € et plus de 100 €, selon le spectacle et la place choisis. Achetez vos billets le plus tôt possible car certains spectacles affichent complet plusieurs mois à l'avance. Si toutefois vous arrivez sans avoir réservé, renseignez-vous auprès du **Box Office** (☎ 0743 4 47 00 ; fax 4 05 46 ; www.spoletofestival.it ; Piazza della Libertà 12, 06049 Spoleto, Italie), car il reste toujours des billets à vendre pour de nombreux petits spectacles. En outre, plusieurs concerts gratuits sont en général organisés dans les églises.

Pour tout renseignement, appelez les organisateurs du festival ou écrivez-leur à l'adresse ci-dessus. Vous pouvez également obtenir des informations et réserver en ligne sur leur site Internet.

Où se loger

La ville compte un grand nombre d'hôtels bon marché, d'*affittacamere* (chambres chez l'habitant), d'auberges de jeunesse et de campings. Si vous venez pendant le festival, pensez à réserver plusieurs mois à l'avance.

PETITS BUDGETS

Monteluco (☎ /fax 0743 22 03 58 ; www.geocities.com/monteluco2002 ; Via Giro del Ponte ; San Pietro ; emplacement par pers/tente/véhicule 5/5/3 €). Ce camping tranquille et très ombragé se situe derrière la Chiesa di San Pietro, à quelques minutes de marche du centre-ville. Les environs comportent de nombreux sentiers de randonnée et beaucoup de chênaies ; l'endroit est donc idéal pour se promener.

Istituto Bambino Gesù (☎ 0743 4 02 32 ; Via Sant'Angelo 4 ; s/d 36/70 €). Les religieuses de ce très beau couvent cultivent en son centre un magnifique jardin. Préparez-vous à grimper un petit raidillon pour parvenir au centre-ville.

Il Panciolle (☎ /fax 0743 4 56 77 ; Via del Duomo 3-5 ; s/d 40/55 € ; P). Idéalement situé près de la cathédrale, cet hôtel très fiable propose des chambres tout confort, équipées d'un sèche-cheveux et d'un minibar. Son parking vous permettra de garer votre véhicule en centre-ville. Les cartes de crédit ne sont pas acceptées.

Hotel Aurora (☎ 0743 22 03 15 ; info@hotelauroraspoleto.it ; www.hotelauroraspoleto.it ; Via Apollinare 3 ; s/d 57/80 € ; P). Non loin de la Piazza della Libertà, l'Aurora jouit d'une position centrale au cœur de Spoleto. Certaines chambres ouvrent sur un agréable balcon et le petit déjeuner est excellent.

CATÉGORIE MOYENNE

Hotel Charleston (☎ 0743 22 00 52 ; info@hotelcharleston.it ; www.hotelcharleston.it ; Piazza Collicola 10 ; s/d 64/105 € ; P ❄ 💻). Avec sa cheminée dans le hall et ses chambres lambrissées, le Charleston offre l'atmosphère paisible d'un chalet. Il bénéficie de nombreux équipements luxueux, comme un sauna. Très serviable, le personnel s'efforce d'organiser des activités et des excursions selon vos goûts, qu'il s'agisse d'aller ramasser des truffes, de suivre un cours de cuisine d'une journée, ou de déguster du vin ou de l'huile d'olive. On peut prendre le petit déjeuner sur une superbe petite terrasse. En revanche, le système de climatisation n'est installé que dans la moitié des chambres.

CATÉGORIE SUPÉRIEURE

Palazzo Leti (☎ 0743 22 49 30 ; info@palazzoleti.com ; Via degli Eremiti 10 ; s/d/ste 119/170/258 €, tarifs plus élevés pendant le Festival de Spoleto ; ⊠ Ⓟ). Cet établissement splendide a ouvert ses portes en avril 2003. Situé au sud-est de la ville, cet ancien palais aristocratique face aux collines nous charme jusque dans le moindre détail, que ce soit pour la délicate porcelaine du petit déjeuner, le chêne centenaire ou les meubles en fer forgé. Le magnifique paysage dont jouit l'hôtel et le silence total vous donneront l'impression de séjourner à la campagne, mais vous n'êtes qu'à trois minutes de marche du centre de Spoleto.

Où se restaurer

Spoleto est l'un des principaux centres du *tartufo nero* (une variété de truffe noire) en Ombrie, utilisé dans un grand nombre de spécialités. Mais vérifiez le prix avant de commander car cela peut revenir très cher. La Via dell'Arco Druso regroupe cinq boutiques qui vendent viande, pain, sauces et vin, de quoi vous approvisionner pour un pique-nique.

Ristorante Apollinare (☎ 0743 22 32 56 ; Via Sant'Agata 14 ; repas autour de 40 € ; fermé mar). Véritable délice des papilles, l'Apollinare offre une extraordinaire expérience culinaire dans un cadre à la mesure : anciens murs du XIIe siècle et plafonds bas avec poutres en chêne apparentes. Vous pouvez choisir l'un de ses menus dégustation – végétarien, truffe ou traditionnel – ou son menu nouvelle. Parmi les amuse-gueule, goûtez sa pâte feuilletée au millet couronnée de potiron jaune (13 €) et son roulé au fromage et aux truffes. Bon appétit !

Osteria dell'Enoteca (☎ 0743 22 04 84 ; Via A. Saffi 7 ; menu touristique 14,99 € ; fermé mar). Dans ce petit restaurant de bonne qualité, on vous servira des menus à base de produits locaux. De bons vins sont servis au verre. Vous pouvez également acheter sur place des produits frais et des vins de la région.

Ristorante degli Abeti (☎ 0743 22 00 25 ; Via B. Egio 3/5). Les prix de sa carte font partie des plus raisonnables de la ville. On vous servira un succulent *cinghiale* (sanglier) accompagné de *porcini* (cèpes) pour 8,50 €.

Taverna la Lanterna (☎ 0743 4 98 15 ; Via della Trattoria 6 ; repas autour de 15 € ; fermé mer). Cet excellent restaurant situé en plein centre propose une grande variété de spécialités de pâtes à l'ombrienne, à des prix très doux. Parmi les menus dégustation, goûtez le végétarien (11 €) le traditionnel (13 €) ou les *porcini al tartufo* (15 €).

Ristorante Tre Fontane (☎ 0743 22 15 44 ; Via Egio 15 ; pizzas à partir de 4 € ; fermé mer). Venez déguster de délicieuses pizzas dans un jardin tout simple, mais agréable.

La Torretta (☎ 0743 4 49 54 ; Via Filetteria 43). Ce restaurant décontracté sert des spécialités de Spoleto et cuisine avec des herbes aromatiques cultivées sur place. Goûtez le bifteck ou la fondue à la truffe.

Achats

La Via dell'Arco Druso réunit plusieurs boutiques où vous trouverez viandes, vins et friandises. L'**Antico Frantoio** (Via dell'Arco Druso 8) propose une grande diversité de pâtes, vins, huiles et fromages pour offrir ou pique-niquer. La propriétaire, Sandra, confectionne elle-même un grand nombre des sauces qu'elle vend. Elle prépare notamment un délicieux pesto et des sauces à base d'olives vertes et noires ou de truffes. Elle les emballe avec soin et expédie tous vos achats partout dans le monde, *via* la compagnie postale Fed Ex.

Depuis/vers Spoleto

La plupart des bus de la **Società Spoletina di Imprese Trasporti (SSIT)** (☎ 0743 21 22 11) partent de la Piazza della Vittoria, sauf certains qui s'arrêtent aussi à la gare ferroviaire. Ils relient chaque jour Perugia (5,60 €, 1 heure), départs à 6h23, 7h14 et 10h44 (ce dernier part de la gare), Foligno (3,70 €, 40 min, toutes les heures) et Terni (3,10 €, 3 min, 5 départs par jour).

Au départ de la **gare principale** (☎ 0743 21 22 08 ; Piazza Polvani), des trains desservent Rome (8,10 € à 14,20 €, 1 à 2 heure 30, toutes les heures), Ancona (8,60 €, 2 heures, 10 départs par jour), Perugia (4,50 €,

AVENTURES EN PLEIN AIR

L'Ombrie propose assez d'activités en plein air pour vous distraire pendant des mois.

Dans la région, le **Club Alpino Italiano** (Club alpin italien ; ☎ 075 914 22 13 ; www.cai.it) fait autorité en matière de montagne. Son site Internet est uniquement en italien.

Chaque office du tourisme peut vous fournir une brochure intitulée *L'environnement et le sport*, qui répertorie tous les sports et toutes les activités pratiquables, ainsi que des associations, des magasins de sport et des coordonnées utiles au dos.

Voici quelques exemples des activités auxquelles vous pouvez vous adonner en Ombrie (et les meilleurs endroits où le faire) :

Deltaplane et parapente Avec ses à-pics vertigineux et ses vallons, l'Ombrie est une région merveilleuse pour s'initier ou pour se perfectionner. La capitale du deltaplane italienne – Castelluccio et les Monti Sibillini environnants – possède deux écoles appréciées de deltaplane. Les cours peuvent être longs (jusqu'à 15 jours) et onéreux. Le parapente représente donc une bonne alternative. Vous pouvez suivre un cours de 5 jours avec plusieurs associations dans les Monti Sibillini.

Rafting/canoë Que vous souhaitiez les descendre tranquillement en canoë ou éprouver des sensations fortes en raft, la Nera, le Tibre et le Corno offrent des paysages magnifiques.

Randonnée équestre De nombreuses écuries autour du Lago di Trasimeno, dans le nord de l'Ombrie, organisent des balades ou louent des chevaux à l'heure.

Spéléologie Dans le nord de la région, Monte Cucco possède un vaste réseau de grottes karstiques à explorer.

Escalade Ferentillo et la Valnerina sont des endroits idéaux pour pratiquer ce sport.

Randonnée et marche Partir en randonnée, marcher ou simplement se promener est le passe-temps favori tant des Ombriens que des visiteurs. Les parcs nationaux sont bien entretenus et offrent des sentiers balisés, des activités de plein air et un réseau de *rifugi* (gîtes de montagne). Consultez le site www.parks.it pour de plus amples informations ou renseignez-vous auprès de n'importe quel office du tourisme en Ombrie.

1 heure, toutes les heures) et Assise (3,20 €, 30 minutes, toutes les heures).

Spoleto se visite facilement à pied, mais un réseau de bus locaux quadrillent la ville. Les bus orange A, B et C font la navette entre la gare, la Piazza Garibaldi et la Piazza della Libertà (0,80 €). Si vous portez des bagages, ils pourront se révéler utiles car il faut grimper un raidillon pour accéder au centre.

CAMPELLO SUL CLITUNNO

En partant de Spoleto en direction de Foligno, sur la Via Flaminia, vous traverserez Campello sul Clitunno, où se trouvent les **Fonti del Clitunno** (☎ 0743 52 11 41 ; Pissignano), où le Clitunno prend sa source. Ce parc, évoquant un jardin zen, possède des sources limpides, un lac aux eaux endormies et une végétation exubérante. Dans l'Antiquité, c'était un lieu de pèlerinage populaire. On sait que Caligula s'est rendu ici pour consulter le dieu de la rivière. Des spectacles de théâtre, des festins et des combats de gladiateurs avaient lieu à cet endroit. Le parc est ouvert tous les jours au public, mais selon des horaires extrêmement compliqués ; renseignez-vous au préalable.

Le **Tempietto del Clitunno** (☎ 0743 27 50 85 ; Via Flaminia, km 139 ; ⌚ avr-oct 9h-20h, nov-mars 8h-18h) se situe dans la même région. Les archéologues ont tout d'abord pensé que cet édifice paléochrétien était une ancienne ruine romaine, mais les objets mis au jour lors des fouilles ont montré qu'il avait été bâti entre les Ve et VIIIe siècles. Il présente de nombreuses caractéristiques architecturales romaines classiques, comme des colonnes corinthiennes et des inscriptions néo-attiques (en grands caractères).

LA VALNERINA

La magnifique région de la Valnerina s'étend le long de la Nera, au sud-est de l'Ombrie, et se prolonge au nord-est jusqu'au sommet dépouillé du Monte Sibilla (2 175 m), dans la région voisine des Marches (Le Marche). Les collines et vignobles font place aux falaises escarpées et aux hêtraies où vivent loups des Apennins, sangliers et aigles royaux, présents en grand nombre.

De multiples chemins de randonnée sillonnent la contrée, qui se prête parfaitement à cette activité. Procurez-vous la brochure judicieusement intitulée *20 Sentieri Ragionati in Valnerina* (20 randonnées bien conçues en Valnerina), en italien, disponible gratuitement dans les offices de tourisme locaux.

Si vous êtes motorisé, empruntez la S395 en venant de Spoleto et la S209 en venant de Terni. Ces deux routes rejoignent la S320 puis la S396, qui traverse Norcia. Une route partant d'Ascoli Piceno dans la région des Marches dessert également la région.

NORCIA

4 872 habitants

Cette localité, que l'on peut facilement parcourir à pied, est le point de passage commercial et touristique de la Valnerina. Elle possède bien sûr des aspects plaisants, mais qui n'expliquent toutefois pas totalement l'énorme affluence de touristes. Il s'agit pour l'essentiel d'Italiens en excursion pour la journée ou d'Allemands. Par conséquent, évitez si possible d'y aller le dimanche, et même le samedi. Cela vous permettra de découvrir la ville, qui recèle plusieurs admirables édifices, à un rythme plus paisible.

Orientation

La Porta Ascolana, également appelée Porta Massari, est la principale porte d'entrée de Norcia et le point d'arrivée des bus. L'essentiel du centre-ville est piétonnier et de nombreux parkings sont disponibles autour des remparts de la ville, notamment l'un d'entre eux près de la Porta Ascolana.

Renseignements

ACCÈS INTERNET

www.norcia.com. Ce site Internet est uniquement en italien.

POSTE

Bureau de poste (non loin de la Porta Romana).

OFFICE DU TOURISME

Casa del Parco (☎ 0743 81 70 90 ; cpnorcia@yahoo.it ; Via Solferino 22 ; ⏲ lun-ven 9h30-12h30 et 15h-18h, sam-dim 9h30-12h30 et 15h30-18h30, juil-août 9h30-12h30 et 15h-19h). Ce bureau vous renseignera de manière détaillée sur la région et les Monti Sibillini. Il vous informera sur les visites guidées, les transports en commun pour y parvenir, les cartes et les produits locaux.

À voir

Que Norcia soit dépourvue de monuments intéressants ne pose pas de problème, à vrai dire, car il est tout aussi amusant de flâner en suivant les têtes de sangliers placées en guise d'enseigne dans les rues.

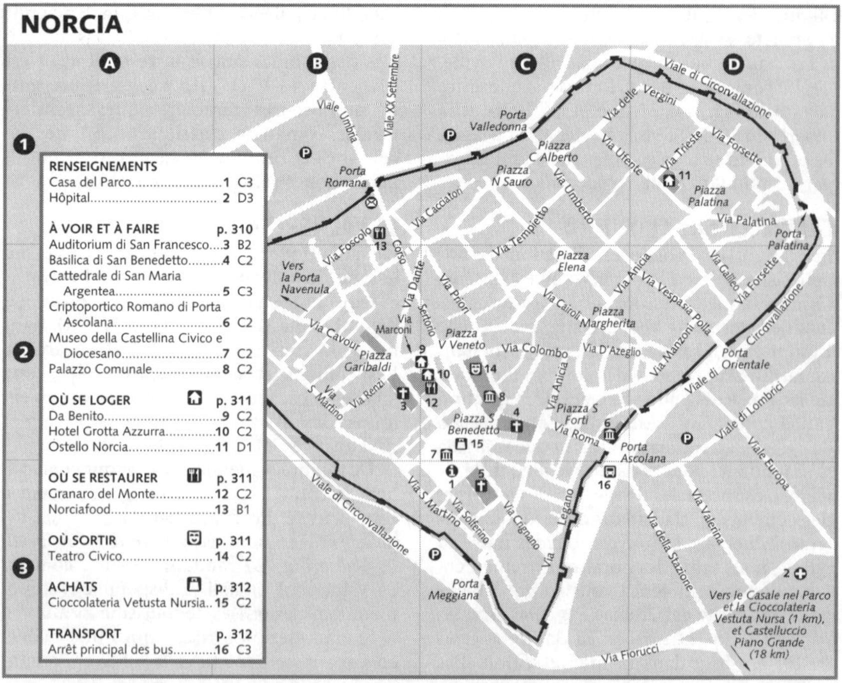

La **Basilica di San Benedetto** (Piazza San Benedetto) représente un impressionnant exploit architectural. Baptisée d'après saint Benoît, natif de la cité, elle reproduit la forme d'une croix latine, avec une abside polygonale. Le campanile date de 1389 et le portique est de style gothique. À l'intérieur, des fresques du XVIe siècle ont été réalisées par différents artistes, dont Michelangelo Carducci, qui peignit la *Resurrezione di Lazzaro* (Résurrection de Lazare). Filippo Napoletano est l'auteur du *San Benedetto e Totila* (saint Benoît et Totila), œuvre achevée en 1621.

Le **Museo della Castellina Civico e Diocesano** (musée du diocèse de La Castellina ; ☎ 0743 81 70 30 ; Piazza San Benedetto ; adulte/tarif réduit 4/2,50 € ; ⌚ avr-sept 10h-13h et 16h-19h, août 10h-13h, 16h-19h30 et 21h-23h) est une anomalie car il s'agit d'un musée médiocre qui ne fournit quasiment aucune information. Les petites collections archéologiques ne sont pas de très grande qualité. Cependant, le billet vous donne accès au **Criptoportico Romano di Porta Ascolana** (crypte romaine de la Porta Ascolana), qui donne un aperçu intéressant d'une sépulture romaine.

Le **Palazzo Comunale**, dont certaines parties datent du XIVe siècle, est lui aussi situé sur la Piazza San Benedetto. Son campanile a été édifié en 1713. La **Cattedrale di Santa Maria Argentea** fut bâtie en 1560, puis sensiblement remaniée après un tremblement de terre en 1703.

Des spectacles sont régulièrement donnés au **Teatro Civico** ou à l'**Auditorium di San Francesco** (☎ 0743 816 44 88).

Où se loger

PETITS BUDGETS

Ostello Norcia (☎ 0743 81 74 87 ; Via Ufente 1/b ; ostellonorcia@montepatino.com ; www.montepatino.com ; dort avec petit déj 13 €). Cet établissement récent et moderne occupe un ancien édifice magnifique et d'une propreté impeccable. Ouvert toute l'année, il peut accueillir 52 personnes, réparties dans des chambres de 4, 6 ou 8 lits. Il peut également organiser de nombreuses excursions dans les environs et des manifestations sportives. Contactez l'établissement à l'avance pour réserver car il ferme par intermittence en journée. Les draps sont compris dans le tarif.

Hotel Da Benito (☎ 0743 81 66 70 ; ristorante.benito@libero.it ; Via Marconi 5 ; s/d avec sdb 40/55 €). Idéalement situé en plein centre, ce sympathique une-étoile propose huit chambres modestes. Le restaurant attenant sert une excellente cuisine.

CATÉGORIE MOYENNE

Hotel Grotta Azzurra (☎ 0743 81 65 13 ; info@bianconi.com ; www.bianconi.com ; Via Alfieri 12 ; doubles 100-150 € ; ❄). Le groupe Bianconi Ospitalità possède aussi trois établissements dans la périphérie de la ville, dont un Best Western, rare chaîne d'hôtels implantée en Ombrie. Le Grotta Azzura est de loin celui qui a le plus de caractère et vous profitez de toutes les activités offertes par le groupe : baby-sitting, soirées, cours de gymnastique et activités de plein air comme la cueillette de truffes. Le bâtiment date du XVIe siècle et a été aménagé en hôtel en 1850.

AGRITURISMO

Casale nel Parco (☎/fax 0743 81 64 81 ; agriumbria@casalenelparco.com ; Fontevena 8 ; d 70 ou 110 € dîner compris pour 2 pers ; ⊠ Ⓟ). Situé à1 km seulement de Norcia en direction de Castelluccio, cette ferme biologique animée, pratiquant l'*agriturismo* (séjour à la ferme), cultive ses propres lentilles, son épeautre et ses légumes que vous pouvez déguster au dîner. Barbotez dans la piscine en terre cuite, sous l'œil du Monte Patino au sommet enneigé, chevauchez dans les Monti Sibillini ou demandez à votre hôte d'organiser des activités de plein air. Les huit chambres doubles rustiques sont toutes dotées d'une salle de bains.

Où se restaurer

La ville regorge de *norcinerie* – boucheries vendant de la viande séchée produite à Norcia. Dans toute l'Italie, le terme *norcineria* désigne aujourd'hui une boucherie-charcuterie. Les spécialités gastronomiques célèbres de la région comprennent aussi le *cinghiale*, les lentilles et le *pecorino*.

Granaro del Monte (☎ 0743 81 65 13 ; Via Alfieri 12 ; menu touristique 18,08 €, plats de 7-24 €). Ce restaurant est le plus célèbre de toute l'Ombrie. Même s'il est très fréquenté par les touristes, la cuisine est parfaite. À l'intérieur, il est assez vaste pour accueillir des banquets et à l'extérieur, il offre une agréable terrasse pour y dîner les soirs d'été. C'est l'endroit idéal pour goûter les célèbres spécialités de Norcia, notamment à base de porc, de saucisse et de *cinghiale*. Sa spécialité est le filetto tartufato del cavatore, une escalope de veau sautée dans du beurre, des truffes noires et du vin rouge – un mets aussi riche que délicieux.

Da Benito (☎ 0743 81 66 70 ; ristorante.benito@libero.it ; Via Marconi 5 ; repas autour de 16 € ; fermé lun). Ce restaurant simple mais excellent propose de nombreuses spécialités préparées avec des produits locaux, charcuterie et truffes notamment.

Cioccolateria Vestusta Nursa (☎ 0743 81 73 70 ; Viale della Stazione 41/43 ; tlj y compris jours fériés et dim). À 1 km de Norcia sur la route de Castelluccio, vous passerez devant ce qui semble être un morne entrepôt. En entrant à l'intérieur, vous découvrirez pourtant un large choix de chocolats, vins, lentilles et produits locaux autres que la charcuterie, à des prix défiant toute concurrence. Cerise sur le gâteau, on peut goûter les produits. Il existe dans le centre de Norcia une boutique plus petite où ces produits sont vendus plus chers (☎ 0743 82 80 70 ; Via Mazzini 6).

Norciafood (☎ 0743 82 83 62 ; Via dei Priori 38 ; www.norciafood.com). Cette boutique proposant spécialités de viande et d'autres produits locaux fait partie des plus grandes et des mieux approvisionnées. Elle expédie partout dans le monde de nombreux produits que vous pouvez acheter en ligne.

Depuis/vers Norcia

La gare ferroviaire la plus proche se situe à Spoleto. Par conséquent, le meilleur moyen d'accéder à Norcia consiste à prendre le bus. La compagnie de bus interurbaine **SSIT** (Spoletina ; ☎ 0743 21 22 11) dessert la ville de Norcia. Elle assure également des liaisons vers Cascia (2 €, 20 min, 10 bus par jour), Spoleto (4,40 €, 45 min, 7 bus par jour), Perugia (6,80 €, 1 heure 20, 1 bus par jour à 6h15), Foligno (5,20 € ; 1 heure, 2 bus par jour à 6h15 et 14h05), Preci (2 €, 20 min, 2 bus par jour à 7h20 et 14h20).

Pour Castelluccio, il n'y a qu'un bus par semaine et c'est de Norcia qu'il est le plus pratique de partir pour visiter ce village. Le bus quitte Norcia à 6h25 et à 13h30, le jeudi uniquement (2,80 €, 40 min). Il repart de Castelluccio à 7h20 et à 14h20, si bien que si vous voulez seulement voir la région en bus, vous pouvez faire simplement l'aller-retour.

MONTI SIBILLINI

Les Monti Sibillini font partie de ces endroits qu'il serait magnifique de découvrir par hasard, mais jamais vous ne vous hisserez là-haut si on ne vous parle pas de leur beauté.

Et il faut dire et redire que ce massif montagneux est de toute splendeur. Même pendant l'été, ces pics déchiquetés gardent leur manteau neigeux. Le mont Vettore, qui domine les Monti Sibillini, s'élève à 2 476 m. En mai et juin, de vastes étendues de fleurs sauvages couvrent le **Piano Grande**, haut plateau surplombant Castelluccio. Ici, les loups évoluent en liberté, des torrents d'eau glacée dévalent les pentes et les fées s'en donnent à cœur joie. Du moins, c'est ce que l'on raconte. Au Moyen Âge, les monts Sibillini étaient connus dans l'Europe entière pour receler des démons, des nécromanciens et des fées. Aujourd'hui, la région est le refuge des faucons pèlerins, des aigles royaux et des porcs-épics, réintroduits au cours des dernières décennies. Huit cents espèces végétales ont été recensées, rien que dans le massif.

Avant d'aller dans les monti Sibillini, prenez ou achetez des cartes à la Casa del Parco à Norcia (voir p. 310), selon le rythme, soutenu ou lent, que vous souhaitez imprimer à votre visite. Tous les niveaux sont possibles, des sentiers familiaux parcourus en une journée aux randonnées aventure d'une semaine qui font le tour du massif montagneux.

Pour obtenir des informations sur Internet, visitez le site officiel du Parco Nazionale dei Monti Sibillini (www.sibillini.net) ou envoyez un courrier électronique à l'adresse suivante : informazioni@sibillini.net.

CASTELLUCCIO

En visitant ce petit village niché au cœur du Piano Grande, vous aurez l'impression de remonter dans le temps. La localité ne compte qu'un seul hôtel (et un médiocre *agriturismo*). Les bâtiments en pierre qui abritaient autrefois maisons et boutiques ne sont plus que ruines, formant un tableau qui ne manque pas de charme.

Albergo Sibilla (☎ 0743 82 11 13 ; Via Piano Grande 2 ; s/d 34/55 €). Cet hôtel propose des chambres très simples avec des salles de bains assez sommaires. En revanche, elles sont d'une propreté irréprochable et très calmes la nuit. On y séjourne en raison de la vue (et aussi parce que c'est le seul hôtel à Castelluccio !). Le restaurant au rez-de-chaussée sert une cuisine de qualité ; mieux vaut par conséquent opter pour la demi-pension.

Pro Delta (☎ 0746 82 11 56, mobile 339 5635456 ; www.prodelta.it ; location estivale Via delle Fate 3). Pro Delta compte parmi les associations de delta-

LA PASSEGGIATA

Vous ne pouvez visiter l'Ombrie sans vous adonner à la *passeggiata* (promenade, notamment du soir). Dans toutes les villes, habitants et visiteurs de tous âges descendent dans la rue avec leurs amis et leur famille, seuls ou accompagnés de leur téléphone portable. La plupart des villes ombriennes sont construites de manière concentrique autour d'une place principale, souvent un ancien forum romain ou un lieu de rassemblement médiéval. Mieux encore, un "*passeggio*" ne coûte rien ; il ne demande aucune programmation à l'avance et vous oblige pratiquement à manger un double *gelato*. Cela ressemble à du théâtre de rue improvisé. À Perugia, observez les étudiants se pomponner et flirter, se frayant un chemin vers l'âge adulte. À Orvieto, prenez place autour de la cathédrale parmi les habitants qui finissent par donner des cours d'italien aux visiteurs qui ne se méfient pas. À Castelluccio, c'est surtout avec le troupeau de chèvres du village que vous partagerez votre *passeggiata*.

plane les plus sérieuses en Europe et sa réputation en matière de sécurité n'est plus à faire. Comptez 400 € pour un stage de deltaplane ou de parapente de cinq jours niveau débutant. Si vous manquez de temps pour vous initier, choisissez un vol en duo, avec l'aide d'un instructeur. Plus vous décollez d'un point élevé, plus votre vol en parapente coûtera cher (de 25 € à 50 €). Pour le deltaplane lui-même, vous devrez débourser entre 50 € et 70 €. Reportez-vous à la page "conditions" de son site Internet avant de vous présenter au stage.

Vous pouvez aussi vous initier auprès de **Fly Castelluccio** (☎ 0736 3 44 20 ; info@flycastelluccio ; www.flycastelluccio.com ; Via Iannella 32, Ascoli Piceno), dans la région voisine des Marches. On vous proposera des cours de parapente, de deltaplane et de parapente motorisé.

CASCIA

Tout le centre historique de Cascia est consacré à Santa Rita et chaque année, des milliers de pèlerins, amateurs d'histoire, font le déplacement jusqu'au village. Une atmosphère lugubre pèse sur Cascia et la plupart des visiteurs semblent plutôt déprimés. Peut-être est-ce parce que sainte Rita est notamment la patronne de l'impossible, des violences conjugales, de la condition de parent, de la stérilité, de la maladie et des causes perdues ou désespérées ?

La vie de la sainte fut elle-même un combat difficile contre la souffrance. Selon la légende, Rita Lotti est née en 1381 dans le village tout proche de Roccaporena, et fut la fille unique d'un vieux couple de catholiques fervents. Elle souhaitait entrer au couvent, mais pour obéir à ses parents, elle accepta de se marier. Son mari, homme cruel et violent envers Rita, fut finalement pris dans une embuscade et tué. Elle en appela au ciel pour que ses fils ne cherchent pas à venger le meurtre de leur père. Mais ses deux fils moururent eux aussi cette année-là. Elle chercha à réaliser son vœu d'enfance et à rejoindre les ordres. Mais aucun ordre ne voulut l'accepter par crainte qu'un des proches de ses membres ait assassiné son mari. Rita s'adressa à la famille de son mari et ses rivaux en les persuadant de faire la paix. Impressionnées par son engagement extrême et sa clémence, les moniales du couvent de sainte Marie-Madeleine l'invitèrent à venir vivre parmi elles. Pendant 40 ans, Rita porta l'habit des nonnes augustines, prenant soin des pauvres et des malades de sa communauté. Au bout de 15 ans, sainte Rita reçut un stigmate, une marque qui semblait provenir des épines de la couronne de Jésus, qu'elle garda le reste de ses jours.

Renseignements

Office du tourisme (☎ 0743 7 14 01 ; info@iat.cascia.pg.it ; Via G. Da Chiavano). Il vous fournira des informations sur Cascia ou la Valnerina environnante.

À voir et à faire

La dépouille de sainte Rita fut inhumée dans l'église aujourd'hui appelée la **Basilica di Santa Rita di Cascia** (☎ 0763 7 62 02). Rita fut canonisée en 1900 et la principale basilique fut construite peu après, au milieu du XXe siècle.

Les heures d'ouverture varient d'un mois à l'autre. Pour de plus amples informations, appelez le numéro de téléphone ci-dessus. Si vous souhaitez vous confesser, des prêtres sont à votre disposition. Tout au long de l'année, des messes sont célébrées toutes les heures de 7h à 17h ou 17h30 (interruption entre 12h et 14h).

Pour visiter le **Monasterio di Santa Rita** (☎ 0763 7 62 02), vous devrez suivre la visite menée par une religieuse. D'avril à octobre, les visites ont lieu toutes les demi-heures de 8h30 à 12h et à 14h30, 15h30 et à 16h30 pendant les vacances. Une visite supplémentaire est organisée à 17h30 de mai à septembre. Le reste de l'année, les visites commencent à 9h, 10h, 11h15, 14h30, 15h30 et 16h30. Elles se font uniquement en italien.

Les 21 et 22 mai, Cascia célèbre la **fête de sainte Rita**, organisée en l'honneur de la sainte.

Où se loger

Ostello San Antonio (☎/fax 0743 75 10 53 ; Via Porta Leonina ; dort 17 €). Disposant de 161 lits, cet établissement héberge principalement les pèlerins et propose également des repas.

Hotel Delle Rose (☎ 0743 7 62 41 ; hdr@netgen.it ; Via del Sanctuario 2 ; s/d 32/52 € ; P). Cet hôtel tout à fait ordinaire, où les hôtes ne font que passer la nuit, comporte plusieurs chambres pour handicapés. Il propose un service de baby-sitting et accepte les animaux.

FERENTILLO

Cette ville moyenne située dans la Valnerina est réputée en raison de ses rochers et du phénomène de momification qu'ont subi les corps déposés dans la crypte d'une église. Pour voir les corps parfaitement conservés, visitez **Le Mummie de Ferentillo** (☎ 0743 5 43 95 ; ancienne Chiesa di San Stefano, Via delle Torre ; adulte/tarif réduit 2,60/1,55 € ; avr-sept 9h-12h30 et 14h30-19h30, oct et mars 10h-12h30 et 14h30-18h, nov-fév 10h-12h30 et 14h30-17h), l'un des musées les plus effrayants de la région.

L'autre attraction de Ferentillo est son merveilleux site d'escalade. Contactez la guide certifiée Kathleen Scheda à **Duka Duka Outdoors** (☎ 0765 6 32 02 ; dukadukaoutdoors@libero.it) pour organiser des sorties. La famille de Kathleen possède un *affittacamare*, tout proche du Lazio, appelé **La Torretta** (☎/fax 0765 6 32 02 ; www.latorrettabandb.com ; Casperia, Lazio ; s/d minimum de 2 nuitées 60/80 €, f 140 €). Il est installé dans une ville médiévale à environ une heure de Rome, non loin des plus beaux sites d'escalades du Lazio et d'Ombrie. La Torretta propose des sessions d'escalade d'une semaine, des cours de cuisine et des randonnées.

Ostello Il Tiglio (☎ 0744 38 87 10 ; fax 40 23 76 ; Via Abruzzo ; dort 12 €, f 14,50 € ; P). Cet hôtel est idéalement situé pour accéder à la Valnerina, à Norcia et à la Cascata delle Marmore. Il est aussi très bien placé pour pratiquer le rafting ou l'escalade.

LAGO DI CORBARA

Ce lac artificiel fut creusé pour contrôler le débit du Tibre. Plutôt dépourvu de beaux paysages ou d'activités, il peut néanmoins justifier une halte d'une demi-journée, car il est situé à l'écart des grands axes routiers, sur la route entre Todi et Orvieto. Le **cyclisme** est très populaire par ici. Pour plus d'informations, visitez le site www.ciclietrekking.it.

Scacco Matto (☎ 0744 95 01 63 ; fax 95 03 73, Lago di Corbara ; emplacement par pers/tente 4,15/4,65 €). Ouvert toute l'année, ce camping minuscule (12 emplacements seulement) offre un confort assez sommaire. Les campings les plus proches sont à environ 10 km à l'est d'Orvieto, sur le Lago di Corbara, près de Baschi.

La Penisola – Villa Bellago (☎ 0744 95 05 21 ; www.villabellago.it ; SS448 Baschi ; d/pers 50 € ; P). Situé entre Orvieto et Todi, ce village de vacances au bord du Lago di Corbara propose tennis, volley-ball, location de VTT et baby-sitting. Son restaurant, La Dolce Vita, est spécialisé dans les pâtes faites maison, les gnocchis et le poisson pêché dans le lac.

TODI

16 694 habitants

Depuis peu, le nom de Todi est synonyme de "cité idéale" ou de "ville la plus vivable du monde". Si cela en agace certains aujourd'hui, ils pourraient fort bien changer d'avis dans cinq ans. Reportez-vous à la p. 317 pour plus d'informations sur l'engagement de Todi dans le mouvement Città Lenta (Ville lente).

Si vous séjournez dans la ville, vous vous adapterez rapidement à ce rythme de vie particulier : les restaurants prennent leur temps pour servir, toute la ville baisse le rideau pendant trois heures (voire plus) pendant la pause déjeuner, et les habitants semblent marcher plus lentement qu'ailleurs. On dirait que Todi a été bâtie pour qu'on y flâne sans but, en humant le bon air et en admirant la beauté de l'une des cités d'Ombrie les mieux préservées. Elle est suffisamment pourvue en musées, églises et monuments pour occuper un visiteur pendant une journée, mais si vous adoptez le rythme ambiant, vous y passerez peut-être une semaine ou deux.

Les Ombriens s'implantèrent à Todi il y a quatre siècles. Étrusques et Romains s'y installèrent eux aussi. La ville fut mise à sac lors de la chute de l'Empire romain, mais connut la prospérité à la fin du Moyen

Âge, comme en témoignent de nombreux édifices parvenus jusqu'à nous.

Renseignements

RÉDUCTIONS

Biglietto Cumulativo (adulte/15-25 ans et plus de 60 ans/enfant 6/5/4 €). Si vous séjournez un jour ou deux à Todi, il serait judicieux d'acheter un billet combiné qui vous donnera accès au Museo Pinacoteca, au Cisterno Romano et au Tempio di San Fortunato.

ACCÈS INTERNET

Paolo M. Fedrighini Centro Grafica Digitale (☎ 075 894 22 27 ; Piazza Umberto I 17-18 ; 1,55 €/15 min). Pour y accéder, traversez la rue en face du Tempio di San Fortunato.

SITES INTERNET

www.iat.todi.pg.it Site officiel du gouvernement consacré au tourisme.

www.todi.net

SERVICES MÉDICAUX

Hôpital (☎ 075 8 85 81).

URGENCES

Police (☎ 075 895 62 43 ; Piazza Jacopone).

POSTE

Bureau de poste (Piazza Garibaldi ; 🕗 8h10-13h25).

OFFICE DU TOURISME

Office du tourisme (☎ 075 894 33 95 ; info@iat.todi.pg.it ; Piazza Umberto I 6 ; 🕗 lun-sam 9h-13h

RENSEIGNEMENTS		
Hôpital	1	D3
Accès Internet	2	B2
Office du tourisme	3	B2
À VOIR ET À FAIRE	P. 316	
Cathédrale	4	C2
Cisterno Romano	5	B2
Convento di Montesanto	6	A2
Nicchioni Romani	7	C2
Palazzo dei Priori	8	C2
Palazzo del Capitano	9	C2
Palazzo del Popolo	10	C2
Palazzo Landi Corradi	11	C1
Porta Marzia	12	C3
Tempio della Maria Consolazione	13	A3
Tempio di San Fortunato	14	B2
OÙ SE LOGER	P. 316	
Casa per Ferie L Crispoliti	15	C2
Hotel Fonte Cesia	16	C2
OÙ SE RESTAURER	P. 317	
Il Giardinetti	17	B2
Ristorante Cavour	18	C2
TRANSPORTS	P. 317	
Main Bus Stop	19	C2

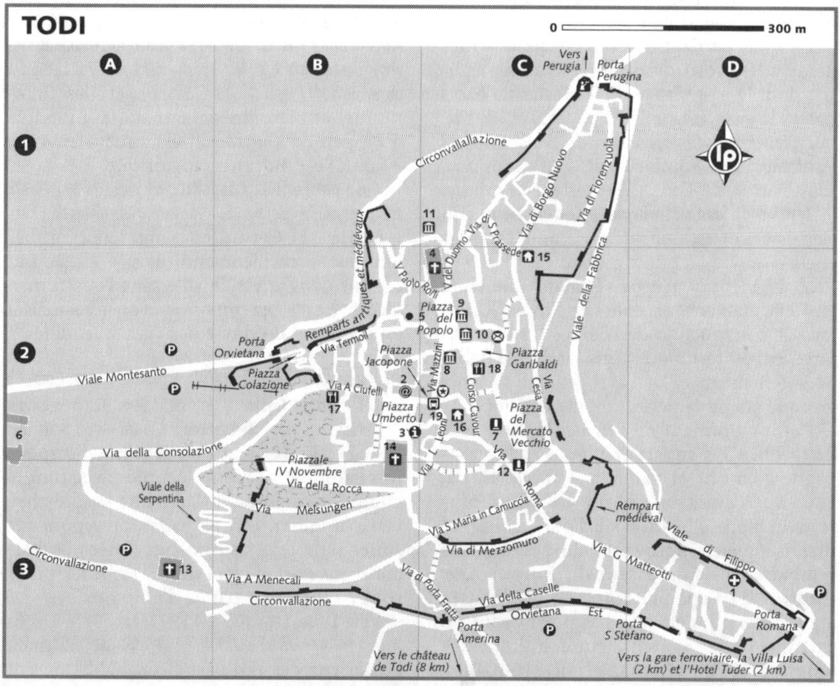

et 16h-18h30). Situé derrière la cathédrale, il fournit également des informations sur Monte Castello di Vibio. Cabines de téléphone et horaires de bus sont à votre disposition.

À voir et à faire

La **Piazza del Popolo** est l'une des places médiévales les plus célèbres d'Italie. Le **Museo Pinacoteca** (☎ 075 894 41 48 ; ⌚ 10h30-13h et 14h30-18h), situé dans le **Palazzo del Popolo**, ainsi que le **Palazzo del Capitano**, donnent sur cette place. La *pinacoteca (galerie d'art) accueille le M*useo della Città, qui retrace l'histoire de Todi et de ses environs. Il possède également des collections d'archéologie, de numismatique (monnaies), de tissus et de céramiques. La *pinacoteca* abrite d'impressionnantes salles de fresques et de peintures de Giovanni di Pietro (Lo Spagna). Une copie d'une statue étrusque de Mars est aussi exposée (le bronze original est conservé au Vatican).

À l'extrémité nord-ouest de la place, en face du lugubre **Palazzo dei Priori**, se dresse la **cathédrale** (☎ 075 894 30 41 ; Piazza del Popolo ; entrée gratuite ; ⌚ 8h30-12h30 et 14h30-18h30), qui présente une magnifique rosace et un portail richement orné. La crypte du VIIIe siècle mérite une visite pour ses stalles de bois marqueté dans le chœur.

En vous perdant dans le dédale des rues médiévales, vous découvrirez d'autres églises, dont le vaste **Tempio di San Fortunato** (Piazza Umberto 1 ; entrée gratuite; ⌚ 9h30-12h30 et 15h-18h), qui renferme des fresques de Masolino da Panicale et le tombeau de San Jacopone, saint patron de Todi. À l'extérieur des murs, le **Tempio di Santa Maria della Consolazione** (fin Renaissance) est considéré comme l'un des chefs-d'œuvre architecturaux du XVIe siècle. Probablement conçu par Donato Bramante en 1508, mais achevé seulement un siècle plus tard, la construction de l'édifice fut un véritable exploit technique dans l'Italie du début de la Renaissance. De l'avis général, sa croix grecque atteint la perfection géométrique.

Point culminant de la ville, le **Parco della Rocca** offre de superbes vues sur la campagne alentour et l'ancienne *rocca*. De là, vous apercevrez une partie du vieux mur romain, appelé le **Nicchioni**. Todi a conservé une longueur incroyable de ses anciens remparts, certains datant du Moyen Âge, d'autres de l'époque romaine et d'autres étant antérieurs encore. Les portes sont un exemple parfait d'architecture antique, notamment la Porta Romana (porte romaine), la Porta Perugina (porte de Perugia) et la Porta Marzia (porte de Mars).

À l'extérieur des remparts, vous verrez le **Convento di Montesanto**. Encore en fonction aujourd'hui, ce couvent fut fortifié en 1325 pour protéger la ville contre sa rivale Orvieto.

Fêtes et festivals

Le **Todi Arte Festival** (☎ 199 10 99 10 ; www.todiartefestival.it) se tient habituellement de la fin juillet au début d'août, pendant dix jours. Il est le cadre de concerts de musique classique et de jazz, de spectacles de théâtre, de danse classique et de cinéma.

Fin mars-début avril, la ville accueille une **foire d'antiquités** dans le Palazzo Landi Corradi.

Où se loger

Curieusement, les hôtels sont peu nombreux à Todi et presque tous sont des quatre-étoiles. Située non loin de Perugia, Todi peut être visitée en une journée. Mais arrivez tôt le matin car la ville s'endort pour la sieste de la mi-journée.

PETITS BUDGETS

Hotel Tuder (☎ 075 894 21 84 ; tuder@perugiaonline.it ; www.perugiaonline.it ; Via Maesta dei Lombardi 13 ; s/d à partir de 47/77 € ; ❄). Ce trois-étoiles fonctionnel et bien aménagé manque toutefois d'un peu de charme. Il est situé à environ 2 km à l'est du centre historique.

Casa per Ferie L. Crispoliti (☎/fax 075 894 53 37 ; info@crispolitiferie.it ; Via Cesia 96 ; enfants de moins de 12 ans 15 €, s/d 36/57 €). Cet ancien monastère et orphelinat est le meilleur endroit si vous voulez dormir dans la vieille ville sans vous ruiner. L'édifice est assez imposant et austère, mais il est central et découvre des vues splendides.

CATÉGORIE MOYENNE

Hotel Fonte Cesia (☎ 075 894 37 37 ; www.fontecesia.it ; Via Lorenzo Leoni 3 ; s/d avec petit déj 109/152 € ; 💻 ❄). Cet excellent hôtel dispose de chambres joliment décorées avec tout le confort moderne : TV satellite, sèche-cheveux, minibar, etc. Si vous optez pour les suites junior, certaines sont dotées de balcons privés et de baignoires dont les pieds sont en forme de pattes d'animaux.

Villa Luisa (☎ 075 894 85 71 ; fax 894 84 72 ; Via A. Cortesi 147 ; s/d 51,65/77,45 € ; P ❄ ♿). Situé à l'extérieur des remparts, cet établissement

SLOW FOOD, SLOW CITY

En 1986 McDonald's était sur le point d'ouvrir un restaurant dans le célèbre quartier de la piazza di Spagna à Rome. Carlo Petrini, journaliste spécialiste du vin, fut si consterné qu'il créa un mouvement appelé «Slow Food» (voir p. 317). Aujourd'hui, celui-ci a pris une telle ampleur qu'il compte environ 70 000 membres sur les cinq continents. La moitié de ses adhérents se trouvent en Italie, mais leur nombre augmente dans le monde entier à un rythme soutenu. La gastronomie et le mode de vie italiens, et plus particulièrement ombriens, font de plus en plus d'adeptes.

Le mouvement Slow Food a donné naissance à celui de Slow City, présidé actuellement par le maire d'Orvieto. Ses membres s'inquiètent du fait que la mondialisation gomme traditions et cultures, les remplaçant par une uniformité bien fade.

Pour devenir une Slow City (ou Città Lenta en italien, car la plupart des villes adhérentes sont italiennes), il faut se conformer à un ensemble de normes strictes, notamment une culture vivante et personnelle. Les villes doivent s'attacher à développer en priorité les productions locales, en laissant de côté alimentation et culture de masse. Elles s'engagent également à réduire les niveaux de pollution atmosphérique et sonore et à s'appuyer davantage sur le développement durable, comme l'agriculture biologique et les transports en commun. L'Ombrie s'enorgueillit de la présence de six Slow Cities dans la province : Trevi, Todi, San Gemini, Orvieto, Città di Castello et Castiglione del Lago.

En visitant ces villes, vous n'entendrez aucune alarme de voiture, vous trouverez un espace urbain de qualité, et pas l'ombre d'un McDonald's.

est niché au cœur d'un beau parc agrémenté d'une piscine.

À LA SEMAINE

Todi Castle (☎ 0744 95 21 28 ; www.todicastle.com ; Vocabolo Capecchio, Morre ; villa 4-8 pièces 1900-7000 €/sem ; P). Voici l'occasion ou jamais de vivre pendant une semaine dans un château très sobre, surmonté d'une tourelle du XIe siècle. L'endroit frise la perfection. Deux autres villas de la propriété sont tout aussi charmantes et un peu plus abordables. Différents services sont disponibles à condition d'y mettre le prix, notamment un chef italien à plein temps qui concoctera et servira un repas dans une salle de banquets médiévale.

Où se restaurer

Ristorante Umbria (☎ 075 89 43 90 ; Via Santa Bonaventura 13 ; repas autour de 25 € ; fermé mar). Détendez-vous sur la terrasse tout en admirant la vue superbe. Ce restaurant sert une cuisine ombrienne typique, y compris du pigeon, autrefois un plat de base de la cuisine médiévale, devenu rare de nos jours.

Ristorante Cavour (☎ 075 894 37 30 ; Corso Cavour 21 ; repas autour de 15 € ; ouvert jusqu'à 2h, fermé mer). Cet établissement bien plus ordinaire propose des pizzas et des pâtes excellentes, à prix doux. Goûtez les délicieuses *tagliatelle al tartufo*, pâtes locales accompagnées de truffes.

Il Giardinetti (☎ 0758 94 54 76 ; Via A. Ciuffelli). Juste en face de la place, cette *gelateria* confectionne de succulents yaourts frais, des boissons glacées et des *gelati* aux fruits frais.

Depuis/vers Todi

Todi est facilement accessible par la route *via* la S3B-E45, qui relie Perugia et Terni. Le terminus des bus APM en provenance de Perugia (4,75 €, 1 heure 30, 7 bus par jour) se situe Piazza Jacopone, au sud de la Piazza del Popolo. Les autres bus s'arrêtent en principe sur la Piazza Consolazione (pour rejoindre le centre, prenez un bus urbain A ou B ; sinon, parcourez à pied la montée de 2 km). Un bus dessert Orvieto une fois par jour (4,15 €, 1 heure 30) ; il part de Todi à 5h50, et d'Orvieto à 13h55.

Todi se trouve sur la ligne de train Ferrovia Centrale Umbra, mais la gare ferroviaire se situe à 3 km à l'est du centre-ville, en contrebas de la vallée. Elle est desservie par le bus C (0,80 €, 20 min).

Pour appeler un taxi, composez le ☎ 075 894 23 75.

MONTE CASTELLO DI VIBIO

1 700 habitants

Ce qui fait le principal intérêt de ce village situé à 20 km de Todi, c'est son théâtre encore plus petit. Une nuit (ou un dîner) dans un château, des panoramas splendides et l'expérience d'un agriturismo en activité, et vous voilà parti pour un séjour d'une journée ou deux.

Monte Castello di Vibio, qui donne l'impression de se trouver au milieu de nulle part, n'est pourtant qu'à quelques kilomètres de la S3B-E45 qui relie Perugia à Terni, juste au nord de Todi. L'**Associazione Culturale** (Via Roma 1) derrière le théâtre pourra vous fournir des informations touristiques.

Dans la droite ligne des proportions de ce village, le **Teatro della Concordia** (Teatro Piccolo ; ☎ 075 878 07 37 ; entrée gratuite mais une participation est bienvenue ; ⏲ nov-mars 10h-12h30 et 15h30-18h30, avr-oct 10h-12h30 et 16h-19h30) est considéré comme un des plus petits théâtres du monde. Il peut accueillir 99 spectateurs, 67 en parterre et 32 dans les loges. Il fut construit en 1808, lorsque neuf familles décidèrent que leur village se devait d'avoir son propre théâtre. En 1850, il fut décoré de fresques, qui forment une harmonie surprenante avec les sièges de velours rouge. C'est ici que Gina Lollobrigida joua dans sa toute première pièce. En 1951, le théâtre fut quasiment fermé faute de revenus, mais la municipalité vota des impôts supplémentaires pour continuer à faire vivre le lieu. En 1993, il s'associa avec le théâtre de Parme – l'un des plus importants du monde – pour mettre à l'affiche une série de manifestations.

Pourquoi ne pas profiter de l'astucieuse campagne marketing **Week-end en Ombrie** (Fulginium Viaggi ; ☎ 0742 35 70 91 ; fulginium@fulginiumviaggi.it) ? Il s'agit d'une façon originale de passer un jour et demi dans le village. Cette formule est possible uniquement le samedi soir. À votre arrivée à Monte Castello di Vibio, on vous offre une chambre soit à l'Hotel Il Castello, soit dans l'un des *agriturismi* locaux, un dîner, une soirée au théâtre et un petit déjeuner le dimanche matin (le tout pour environ 89/146 € pour 1/2 pers). Si vous n'êtes pas motorisé, on viendra même vous chercher.

Hotel Il Castello (☎ 075 878 06 60 ; info@hotelilcastello.it ; www.hotelilcastello.it ; Piazza Guglielmo Marconi 5, Monte Castello di Vibio ; d 98/119 € basse/haute saison ; P). Voilà un endroit fascinant où passer la nuit, et en particulier où se restaurer. L'hôtel n'a rien d'extraordinaire en lui-même : les chambres dégagent une ambiance historique, mais pas forcément au sens noble du terme. Le restaurant (Ristorante Lo Scudo) évoque un parc à thème par son côté château.

Empruntez la S3B-E45 qui relie Todi à Perugia. Prenez la sortie Monte Vibio et continuez sur 4 km. Au rond-point sans signalisation, tournez à gauche. Le village se trouve sur la S397, entre Todi et Marsciano.

TERNI

104 938 habitants

Grande ville industrielle, Terni a été reconstruite après avoir été pratiquement rasée lors des bombardements de la Seconde Guerre mondiale. Surnommée la "ville d'acier" ou la "Manchester de l'Italie", ses usines métallurgiques attiraient les touristes du début du XXe siècle. Aujourd'hui, elle ne présente pas grand intérêt et les usines rendent les faubourgs plus mornes et déprimants que modernes et industriels. Si vous utilisez les transports en commun, vous devrez peut-être passer par la ville pour rejoindre la Valnerina, Norcia et les Monti Sibillini.

L'**office du tourisme** de Terni (☎ 0744 42 30 47 ; info@iat.terni.it ; Viale Cesare Battisti 7 ; ⏲ lun-ven 9h-13h, mar-jeu 15h-18h) est situé au sud de la gare ferroviaire et à l'ouest de la Piazza C. Tacito, près du Largo Don Minzoni.

L'un des charmes de Terni est son attachement à cette célébration de prédilection en Italie : la fête de la ville. Son habitant le plus connu était saint Valentin, évêque de Terni jusqu'à ce que Placidius Furius, sur ordre de l'empereur Aurèle, fasse exécuter le prélat en 269. Selon la légende racontée bien après le martyre du saint, celui-ci offrait souvent des fleurs de son jardin à ses jeunes visiteurs. Deux d'entre eux tombèrent amoureux et se marièrent, associant pour toujours l'amour à saint Valentin. De nos jours, le 14 février est l'occasion d'une énorme fête dans la ville et tout le mois est placé sous le signe de l'amour.

Le festival Umbria Jazz (voir p. 268) a donné naissance au **festival Gospel & Soul** qui, à Pâques, rassemble des musiciens du monde entier dans les théâtres, les églises et les rues de la ville. Renseignez-vous auprès de l'office du tourisme ou de l'organisation Umbria Jazz à Perugia.

Un bus ATC relie Terni à Perugia (6,40 €, 1 heure 15, 3 par jour) et à Narni (1,60 €, 30 minutes, 2 par jour). Si vous arrivez en train et souhaitez rejoindre la gare routière sur la Piazza Europa, ou inversement, empruntez un bus local n°1 ou 2.

LA CASCATA DELLE MARMORE

À 6 km à l'est de Terni, cette cascade fut créée par les Romains en 290 av. J.-C. Ils dévièrent les eaux du Velino dans celles de la Nera. De nos jours, elle fournit de l'hydroélectricité et ne coule qu'à certaines heures de la journée. Elle mérite vraiment une visite, en particulier au moment où l'eau arrive après avoir été coupée. Si vous voyagez par les transports publics, le bus n°7 dessert la cascade depuis Terni.

Lorsque la cascade fonctionne, la circulation sur la S209 (reliant Terni et Perugia à Norcia et Ferentillo) et sur la S79 (reliant Terni et Perugia à Piediluco et Rieti) s'arrête, tout le monde essayant de profiter du spectacle. Des parkings sont aménagés sur les routes. Vous pouvez donc faire une halte et marcher aux abords du site. La végétation y est très diversifiée et les formations géologiques intéressantes. N'hésitez pas à consacrer quelques heures à ce lieu, surtout si vous ne savez pas vraiment quand la cascade se mettra à couler.

Elle fonctionne selon des horaires étrangement complexes et, depuis quelques années, elle n'est pas mise en service lorsque le niveau des eaux menace d'être trop bas. Tous les offices du tourisme d'Ombrie vous fourniront les horaires, mais les offices locaux (Terni, Narni, Spoleto, Norcia et Perugia) sont les plus susceptibles de vous communiquer les horaires corrects. Sinon, appelez le ☎ 0744 6 29 82. En règle générale, pendant les vacances d'hiver, la cascade fonctionne uniquement les week-ends ou juste une heure ou deux. De mars à septembre, elle fonctionne souvent tous les jours pendant une bonne partie de la journée (sauf le matin en juin). Vous aurez le plus de chance de l'admirer vers 12h ou 16h, ou tard en fin de soirée, lorsqu'elle est illuminée dans le cadre d'un spectacle son et lumière.

Les plus espiègles comme les plus téméraires apprécieront le **Centro Canoe e Rafting 'Le Marmore'** (☎ 330 75 34 20 ; www.raftingmarmore.com ; Via Carlo Neri, Terni). On s'aventure sur une "luge à eau", l'équivalent du bobsleigh en eau vive, ou on part pour une excursion "rafting facile".

CARSULAE

Exemple parfait de la cité romaine en Ombrie, **Carsulae** (☎ 0744 33 41 33 ; 🕒 mar-ven 10h-13h et 16h-19h, sam-dim et jours fériés 10h-19h) est loin de posséder la dimension et l'envergure de Pompéi ou de Rome, mais elle est dépositaire d'une histoire romaine spectaculaire, dans un cadre magnifique. Pendant le règne d'Auguste au IIIe siècle av. J.-C., les Romains entreprirent la construction de la Via Flaminia, route hautement stratégique. Carsulae comptait parmi les nombreux avant-postes bâtis le long de cet axe romain. Elle était située sur la partie de la route qui reliait Narnia à Vicus Martis Tudertium (Narni à la région de Todi). Lorsque la reconstruction fut effectuée sur une route plus à l'est, Carsulae ne cessa de décliner. Les Barbares venus du Nord empruntèrent alors cette partie de la route pour se diriger sur Rome. Carsulae n'avait aucune chance d'en réchapper.

Pour parvenir à la cité, prenez à Terni la direction de Perugia. Lorsque vous voyez le panneau indiquant la S75/San Gemini, vous apercevrez alors la direction de Carsulae. San Gemini est la ville la plus proche où passer la nuit dans les environs de Carsulae.

NARNI

20 054 habitants

Alors que l'Ombrie passe pour être le "cœur vert de l'Italie", la ville de Narni pourrait fort bien être surnommée le véritable cœur du pays. Elle occupe quasiment le centre géographique de la péninsule, une position stratégique qui n'a pas échappé à ses habitants. L'Ombrie est l'une des provinces les plus rurales d'Italie, et l'accueil que l'on reçoit à Narni respire la sympathie et le charme décontracté qui caractérisent la région tout entière.

Mais, comme le remarquait un habitant : "Nous avons du pain, mais pas de dents pour le manger." Il faisait allusion au nombre étonnant de sites touristiques – une *rocca* du XIIIe siècle coiffant le sommet d'une colline et gardant majestueusement la ville, Narni Sotterranea, un ensemble de galeries souterraines où étaient enfermés les prisonniers de l'Inquisition (avec les vestiges de leurs graffitis), des églises et des palais en abondance – et à l'absence quasi totale de structures touristiques. Il est très difficile d'accéder à la *rocca*, Narni Sotterranea est ouverte uniquement les jours fériés et les week-ends (une entrée des souterrains est située dans un jardin d'enfants), l'office du tourisme ne dispose quasiment d'aucune brochure, carte ou document en langue étrangère. Malgré les efforts qu'il faut déployer pour visiter Narni, la ville est vraiment sympathique. Dans dix ans, elle pourrait devenir la Mecque du tourisme ombrien, alors profitez-en dès maintenant. Planifiez soigneusement votre voyage à l'avance (allez-y par exemple un week-end) afin d'avoir des dents pour manger le pain...

Orientation

La **Fontana di Piazza dei Priori**, sur la Piazza Cavour, forme le centre de Narni. C'est là que se trouvent l'office du tourisme, la cathédrale, le Palazzo del Podestà et le Palazzo dei Priori. Tous les sites se trouvent à quelques minutes à pied les uns des autres, à l'exception de la *rocca,* à laquelle il faut accéder en voiture ou au terme d'une ascension assez rude.

Renseignements

URGENCES

Commissariat de police (☎ 0744 71 52 34 ; Via Portecchia).

ACCÈS INTERNET

www.comune.narni.tr.it est le site officiel de Narni.

SERVICES MÉDICAUX

Hôpital (☎ 0744 7401 ; Via Cappuccini Nuova).

OFFICE DU TOURISME

Office du tourisme (☎ 0744 74 72 47 ; www.comune.narni.tr.it, Piazza dei Priori 3 ; 🕒 9h30-12h30 et 15h30-18h30).

À voir

La forteresse **la Rocca Albornoz** (entrée gratuite ; 🕒 10h-19h sur rendez-vous ; P) fut bâtie par le cardinal Albornoz, chargé d'asseoir le contrôle papal sur Narni. Le pape avait besoin d'un imposant bastion pour se protéger contre les factions gibelines favorables à l'empereur, et soumettre les habitants par la terreur. Au milieu des années 1300, Albornoz entreprit la construction de cette *rocca,* ainsi que de plusieurs autres dans la région. Certaines fresques originales sont encore visibles, mais son utilisation comme prison pendant des siècles a fortement endommagé le bâtiment. Méfiez-vous des escaliers, tout en sachant que vous serez récompensé en haut par un sublime panorama à 360°, typique de l'Ombrie. Aujourd'hui, la Rocca ouvre ses portes à des chorales et des orchestres. Elle abrite une collection de photos de son festival médiéval, de même qu'une **collection de motos**, la plus importante d'Europe, confiée par un habitant de Narni qui ne dispose pas des locaux nécessaires pour entreposer ses inestimables pièces. Que vous appréciiez ou non ces engins, la collection donne un aperçu fascinant de leur histoire. La moto pliable de 1906 est l'exemple d'une rare coentreprise entre Aermacchi (un constructeur italien connu) et Harley Davidson. Laissez votre imagination vous emporter à bord du side-car BMW de 1938.

On regrettera que le plus beau site touristique de Narni ne soit quasiment jamais ouvert. **Narni Sotterranea** (☎ 0744 72 22 92 ; www.narnisotterranea.it ; Via S. Bernardo 12 ; 🕒 avr-oct sam 15h-18h, certains dim et jours fériés 10h-13h et 15h-18h, nov-mars certains dim et jours fériés 11h-13h et 15h-17h) est un ensemble de galeries souterraines du couvent San Domenico. Si elles sont ouvertes lors de votre passage, vous découvrirez des graffitis réalisés sur les murs par les prisonniers enfermés ici pendant l'Inquisition. Si vous faites partie d'un groupe de trois ou quatre personnes, tentez d'appeler au moins un jour ou deux à l'avance pour faire ouvrir le site par l'office du tourisme.

En 27 av. J.-C., les Romains construisirent le **Ponte d'Augusto**, qui faisait partie de la Via Flaminia. Il ne reste plus aujourd'hui qu'une seule arche du pont qui en possédait trois ou quatre au temps de sa splendeur.

À la place de l'ancien forum romain se dresse aujourd'hui le centre municipal et social de la ville. On attribue la construction du **Palazzo dei Priori** (🕒 10h-13h et 15h-19h) à Gattapone, en 1275. Regardez attentivement le balcon appelé *loggia colpire*, d'où un crieur public informait la population. Jouxtant le Palazzo dei Priori, le **Palazzo Comunale** (palais municipal ; ☎ 0744 74 72 58 ; Piazza Cavour 8 ; entrée gratuite ; 🕒 mar 10h-13h et 15h-19h, mer-jeu 11h-13h et 15h-19h, ven-dim 10h-13h30 et 14h30-19h), construit au XIIIe siècle, est constitué de trois tours. S'il n'y a personne à l'intérieur, jetez un coup d'œil à la chambre du conseil pour admirer la *Pala di Ghirlandaio,* tableau représentant le couronnement de la Vierge Marie. Le **Palazzo Bocciarelli** est situé juste à côté. La **Cathédrale di San Giovenale** (Piazza Cavour, Palazzo Garibaldi ; 🕒 9h-19h), du XIIe siècle, est consacrée au saint patron de Narni, San Giovenale, premier évêque de la ville en 386.

Le **Teatro Comunale** (☎ 0744 72 52 62 ; Via Garibaldi ; entrée gratuite ; 🕒 sam 16h-19h, dim 9h-13h et 16h-19h) est un splendide édifice du XIXe siècle qui contient 500 places. Le théâtre se visite le week-end et l'on peut aussi assister à une représentation dans ses superbes murs.

La sobre **Chiesa di San Francesco** fut édifiée plusieurs années après la mort de saint

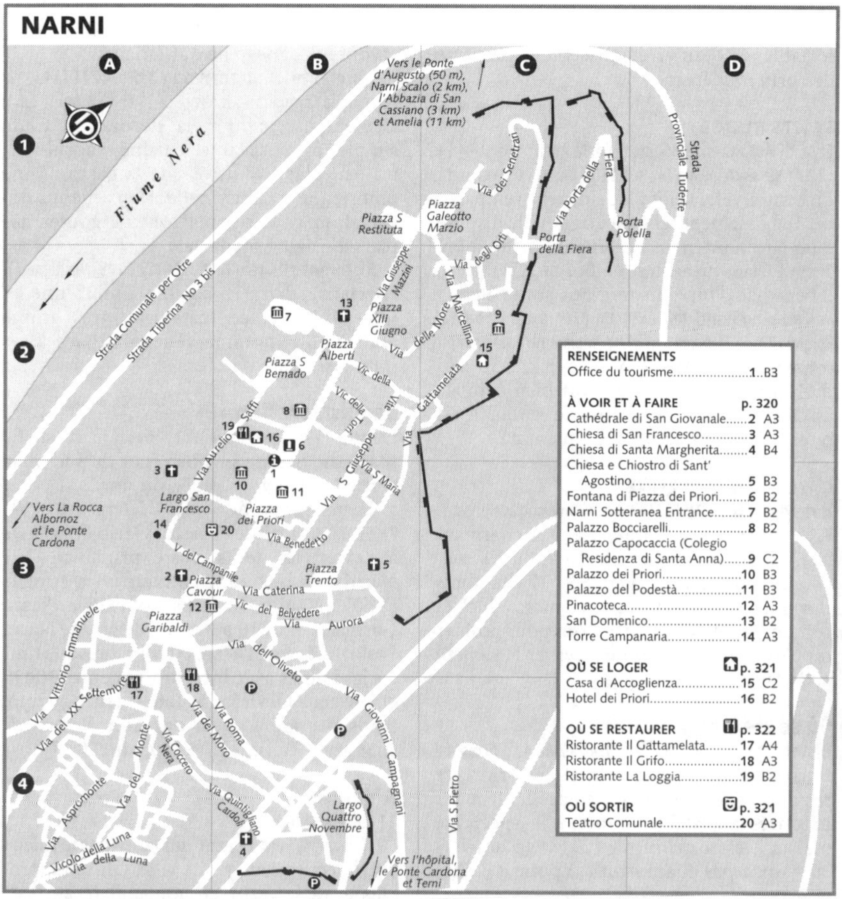

François, à l'endroit même où le religieux avait vécu quelque temps.

Le centre géographique de l'Italie se situe juste à l'extérieur de Narni, au niveau du **Ponte Cardona** (☎ 0744 72 22 92 pour obtenir des informations ou réserver une visite guidée). En bordure de la route de Terni, ce pont romain est le seul vestige d'un ancien aqueduc du Ier siècle.

L'**Abbazia di San Cassiano** est une imposante abbaye du XIe siècle, construite sur le modèle d'une croix grecque. Il s'agirait de la première abbaye bénédictine de la région.

Fêtes et festivals

Principale manifestation annuelle, le **Corso all'Anello** (☎ 0744 72 62 33) a lieu de fin avril à début mai. Toute la ville descend dans la rue pour l'occasion. Si vous faites partie des rares visiteurs étrangers, vous serez accueilli à bras ouverts. Au programme : toutes sortes de festivités, des concours et des concerts de l'Anerio Choir, une chorale ancienne créée par Palestrina, l'un des fondateurs de la musique baroque.

Le **Festival de folklore international** est organisé de la mi-juillet à la mi-août ; des groupes de folklore venus du monde entier se produisent en soirée sur une scène dressée au milieu de la Piazza dei Priori.

Où se loger

Narni ne compte que très peu d'hôtels dans le centre historique. L'Hotel dei Priori frise la perfection et la Casa di Accoglienza, vieille de 700 ans, jouxte un couvent. Confortable, ce dernier établissement pratique des prix modérés.

PETITS BUDGETS

Casa di Accoglienza (Suore di Santa Anna ; ☎ 0744 71 52 17 ; Via Gattemelata 74 ; s/d 19/34 €). À proximité du centre-ville, le long des anciens remparts, cet établissement religieux tranquille dispose d'un jardin intérieur destiné à la méditation. Installé dans un austère édifice du XIVe siècle, il bénéficie d'un joli panorama sur la Nera.

Camping Monti del Sole (☎ 0744 79 63 36 ; Strada di Borgaria 22 ; SS Flaminia, km 80,8 ; emplacement/pers/tente/voiture 5,50/4,50/1,50 € ; P). À 5 km au sud de Narni, ce camping est fort bien équipé : piscine, restaurant et courts de tennis. Il est ouvert de début avril à fin septembre.

CATÉGORIE MOYENNE

Hotel dei Priori (☎ 0744 72 68 43 ; www.loggiadeipriori.it ; Vicolo del Comune 4 ; s/d 50/70 € ;). Ce charmant trois-étoiles occupe un bâtiment du XVe siècle dans le centre-ville. Ses 17 chambres magnifiques offrent des vues incroyables et certaines sont dotées de balcons pour profiter du panorama. Essayez de réserver la *camera della torre* (chambre de la tour).

Où se restaurer

Ristorante La Loggia (☎ 0744 72 68 43 ; Vicolo del Comune 4). Propriété de l'Hotel dei Priori, ce restaurant sert une cuisine excellente à des prix très abordables. Goûtez la spécialité maison, les *tortellini al Loggia* (pâtes farcies aux *cèpes* et aux truffes) pour 8 €, l'un de ses plats de *farro* (type de céréale) ou le savoureux agneau aux artichauts.

Ristorante Il Gattamelata (☎ 0744 71 72 45 ; Via Pozzo della Comunità 4 ; repas pour 28 € ; fermé lun). Cet établissement à la décoration toute simple propose une cuisine succulente, un peu plus inventive que la gastronomie ombrienne traditionnelle. Deux menus dégustation vous permettront de goûter des plats d'origine médiévale.

Ristorante Il Grifo (☎ 0744 72 66 25 ; Via Roma 3). Spécialisé dans la cuisine ombrienne et internationale, ce restaurant très animé jouit d'un panorama généreux grâce à ses immenses baies vitrées.

LES ROMAINS ENVAHISSENT L'OMBRIE

Au début de la conquête de l'Italie, les Romains remportèrent l'une de leurs batailles les plus importantes en 295 av. J.-C. à Sentinum, près de la ville actuelle de Sassoferrato, dans la région des Marches. Les armées romaines divisèrent leurs ennemis et conclurent une alliance entre les Étrusques et les Ombriens, et leurs homologues du sud, les Gaulois et les Samnites. Au cours des siècles qui suivirent, les Romains peuplèrent des villes ombriennes comme Perugia, Orvieto, Todi, Bevagna, Spello, Assise, Gubbio, Terni, Narni, Carsulae et Ocriculum. De nos jours, Ocriculum est devenue la petite ville d'Otricoli, à 12 km au sud de Narni, près de la frontière avec le Lazio.

Depuis/vers Narni

Depuis l'*autostrada* A1, prenez la sortie Magliano Sabina si vous venez du sud ou la sortie Orte si vous venez du nord.

Le terminus des bus **ATC Terni** (☎ 0744 71 52 07) est situé Piazza Garibaldi, juste à l'extérieur de la porte principale. De Narni, des bus vous conduiront à Amelia (1,60 €, 30 min, 9 bus par jour de la Piazza Garibaldi, plus 10 autres au départ de Narni Scalo), à Terni (1,60 €, 30 min, presque toutes les heures avec interruption entre 10h30 et 13h) et à Orvieto (4,80 €, 1 heure 20 min, 5 bus par jour). Pour parvenir à Perugia, changez à Terni (6,40 €, 1 heure 30).

AMELIA

11 090 habitants

"Craquante" est le mot qui convient le mieux pour décrire cette petite ville. On se rapprocherait de la vérité en la qualifiant aussi de "pittoresque", "charmante" ou "adorable". Cette petite localité sans prétention et parfaitement préservée est l'héritière d'une histoire parmi les plus anciennes d'Ombrie. Selon la légende, Amelia aurait été fondée par un roi mythologique, nommé Ameroe, au XIIe siècle av. J.-C. Les textes latins mentionnent l'implantation d'Amelia dès le XIe siècle av. J.-C., soit quatre siècles avant la fondation de Rome. Une bonne partie des remparts d'origine (probablement érigés vers le VIe siècle av. J.-C.) sont toujours debout près du théâtre. Pour l'essentiel, ils sont toutefois de construction plus récente (IVe siècle av. J.-C.).

Goûtez la confiserie de la ville, les *fichi Girotti* (un en-cas à la figue de l'Amerino, la région d'Amelia, voir la rubrique Où se restaurer, p. 324). Les habitants d'Amelia

SUD DE L'OMBRIE

rivalisent en gentillesse avec ceux de Narni. Tels qu'on connaît les Ombriens, ils pourraient bien un jour inventer une fête pour célébrer cette rivalité...

Orientation

La ville est encore enserrée dans ses murs, percés de plusieurs *porte* qui permettent d'y accéder. La principale entrée est la Porta Romana. Juste à l'extérieur se situent l'office du tourisme, un parking, la gare routière et plusieurs cafés, dont certains vendent les *fichi Girotti*.

Renseignements

Office du tourisme (☎ 0744 98 14 53 ; info@iat.amelia.tr.it ; à l'extérieur de l'enceinte à la Porta Romana ; ⌚ 15 sept-30 mai lun 15h30-18h30, mar-sam 9h-12h30, reste de l'année 9h30-12h30 et 15h30-18h30).

À voir

C'est à Amelia que se trouvent les plus anciennes fortifications d'Ombrie. La **Piazza Matteotti** occupe le site d'un forum romain.

En 1783, la société théâtrale d'Amelia, qui comptait des membres de la classe moyenne et de la bourgeoisie, décida que la ville avait besoin de se cultiver. Ils unirent leurs efforts et firent bâtir le **Teatro Sociale** (☎ 0744 97 83 15 ; Via del Teatro ; ⌚ la plupart des concerts commencent à 20h), faisant de ce théâtre le lieu de rassemblement le plus important du village. Les coulisses mobiles fonctionnent toujours sur leurs roues en bois d'origine. En 1886, Domenico Bruschi réalisa les fresques du plafond et des loges. En journée, visitez-le en touriste, ou assistez en soirée à un spectacle de Molière, d'opéra ou de l'orchestre de Rome, par exemple.

En partant du théâtre, dirigez-vous vers la Via della Valle pour jouir de la meilleure vue sur les **Mura Megalitiche**, remparts de pierre construits par les Étrusques au VIe siècle av. J.-C. Plus la texture des pierres est rugueuse, plus elles sont anciennes. Si les bâtisseurs d'alors n'utilisaient pas de mortier, l'existence de ces murs de nos jours est la preuve de leur solidité.

Emmenez votre dulcinée en bas de la Piazza Matteotti, au-delà du Palazzo Municipale, faire un tour dans le **Vicolo Baciafemmine** ("ruelle où on embrasse les femmes"). La ruelle doit son surnom à son étroitesse, qui obligeait les passants à tellement se rapprocher qu'ils pouvaient laisser leur passion s'enflammer...

Une **citerne romaine** (☎ 0744 97 84 36 ; ⌚ avr-sept sam 16h30-19h30, dim 10h30am-12h30 et 16h30-19h30, oct-mars sam 15h-18h, dim 10h30-12h30 et 15h-18h) est creusée sous la Piazza Matteotti, et va d'une maison aujourd'hui privée à l'auberge de jeunesse.

Bâtie à l'origine au XIIIe siècle, la **Chiesa di San Francesco** (☎ 0744 97 81 20 ; ⌚ 10h-12h et 15h-18h30) présente aujourd'hui une architecture remontant pour l'essentiel aux XVe et XXe siècles. Datant de 1406, la façade est un mélange de styles roman et gothique.

Dans ce même bâtiment, ne manquez pas le petit **Museo Archeologico e Pinacoteca** (musée archéologique et musée d'art ; Piazza Augusto Vera 10 ; ☎ 0744 97 81 20 ; www.sistemamuseo.it, uniquement en italien ; ⌚ oct-mars ven-dim 10h30-13h et 15h30-18h30, juin et sept mar-sam 10h30-13h et 16h-19h, juil-août mar-dim 10h30-13h et 16h30-19h30). Ce musée attrayant possède quelques beaux exemples de sépultures romaines, une fascinante statuette en bronze du général romain Germanicus et un tableau réalisé par Piermatteo d'Amelia, l'un des habitants les plus célèbres du village. Ce dernier contribua à fournir à Christophe Colomb les trois vaisseaux qui devaient l'emmener à la découverte de l'Amérique.

Depuis 872, une institution religieuse a toujours occupé ce site sacré. Actuellement, il s'agit de la **cathédrale** (⌚ 10h-12h et 15h-18h30). Reconstruite après plusieurs catastrophes, elle ne figure certainement pas parmi les plus impressionnantes d'Ombrie, mais elle recèle des tableaux et des sculptures dignes d'intérêt. Juste à côté s'élève la **Torre Civica**, datant de 1050. À l'image des nombreuses tours construites au Moyen Âge, elle fut bâtie sur un plan dodécagonal (12 côtés), fondé sur le chiffre symbolique 12 (12 apôtres, 12 signes du zodiaque).

Cours

Si vous recherchez un lieu convivial pour apprendre l'italien, contactez **Eurolinks** (☎ 0744 98 18 60 ; info@eurolinkschool.co ; www.eurolinkschool.com ; Viale Rimembranze 48). L'école propose de nombreux cours de langue et de cuisine ainsi que différentes possibilités d'hébergement, allant d'une chambre double dans une ferme (660 €/sem) à un séjour en pension complète chez l'habitant (1 232 €/2 sem). L'école propose également des cures de remise en forme où tout est compris (plus de 3 000 €) dans un centre voisin.

Fêtes et festivals

Amelia sait s'amuser pendant sa *manifestazione* médiévale, le **Palio dei Columbi**. Tous les ans en août, des équipes composées des habitants du voisinage rivalisent dans le cadre de compétitions inscrites dans les registres municipaux depuis le XIVe siècle. Chevaliers et arbalétriers font équipe et s'efforcent avec leurs flèches de viser une cible qui libère une colombe lorsqu'ils font mouche. Presque tous les habitants sont costumés. C'est le seul jour de l'année où les portes en bois de la Porta Romana sont fermées.

Où se loger

PETITS BUDGETS

Ostello per la Gioventù Giustiniani (☎ 0744 97 86 73, mobile 348 764 56 64 ; ostello.giustiniani@tiscalinet.it ; Piazza Mazzini 9 ; dort 12,45-16 €). Idéalement située dans le centre, cette auberge de jeunesse fabuleuse et confortable occupe un palais restauré.

CATÉGORIE MOYENNE

Il Piccolo Hotel del Carleni (☎ 0744 98 39 25 ; www.ilcarleni.com ; Via Pellegrino Carleni 21 ; s/d 80/85 €, ste avec kitchenette 105 €, supp repas 28,50 €/pers ; ⊠). À l'image d'Amelia, cet hôtel du XIIIe siècle compte parmi les plus séduisants de toute l'Ombrie. Il dispose de 7 chambres réparties sur 4 étages et d'un jardin aux allures d'oasis planté d'oliviers. Les plafonds bas, en brique et poutres apparentes, confèrent au lieu une atmosphère douillette.

Où se restaurer

Ne manquez pas de goûter la spécialité du village, les fichi Girotti, en vente dans n'importe quelle boutique. C'est un biscuit à la figue, à l'intérieur croquant et fourré au chocolat et aux noix.

Hotel Ristorante Il Carleni (☎ 0744 98 39 25 ; Via Carleni ; 🕒 sam-dim uniquement midi ; repas autour de 23 €). Dans ce petit restaurant géré par les propriétaires accueillants et chaleureux du Piccolo Hotel, la carte est limitée et propose des plats régionaux simples. Cela dit, les produits employés et la qualité sont excellents.

Osteria dei Cansacchi (☎ 0744 97 85 57 ; Piazza Cansacchi 4 ; repas autour de 12 €). Dans un cadre médiéval, cet établissement propose la conjugaison de deux spécialités locales excellentes, à savoir les *bistecche di cinghiale e porcini* (sanglier aux cèpes). Les pizzas de la maison sont bonnes et peu onéreuses.

DÉTOUR : L'AMERINO

La région d'Amelia, l'Amerino, recèle une quantité indescriptible de petits trésors, tant naturels que culturels. Bois de chênes verts, de houx, nombreux cours d'eau et formations géologiques intéressantes valent largement un détour par l'Amerino. Dans la ville d'Alviano toute proche, vous pourrez visiter un musée consacré à la vie à la campagne et le **Lago d'Alviano**. Aujourd'hui, l'habitat privilégié des oiseaux, le marais s'est formé lorsque le Lago di Corbara a été creusé. Près d'Avigliano, la **forêt fossile** (adulte/tarif réduit 5/3 € ; 🕒 avr-sept dim et jours fériés 9h30-11h30 et 15h-17h, oct-mars dim et jours fériés 9h30-11h30 et 14h30-16h30) est un important site archéologique naturel qui abrite une forêt fossilisée.

La Gabelletta (☎ 0744 98 21 59 ; Strada Tuderte Amerina 20). Sa spécialité est les *pappardelle al sugo di lepre* (pâtes à la sauce au lièvre).

Depuis/vers Amelia

Amelia est desservie par la compagnie ATC Terni. Le terminus des bus est situé devant la porte principale. D'Amelia, 9 liaisons routières sont assurées chaque jour vers le centre de Narni, et 10 autres vers Narni Scalo et la gare ferroviaire (1,60 €, 30 min). Des bus desservent également Orvieto (4 €, 1 heure 10, 7 bus par jour, demandez au conducteur si le bus s'arrête à la gare ou sur la Piazza Cahen) et Terni (2,40 €, 1 heure, 16 bus par jour). Pour gagner Perugia, changez à Terni.

Comment circuler

Le centre-ville comporte des places de stationnement payant. Notez que les places marquées en bleu sont payantes (cette règle est valable pour l'ensemble de l'Ombrie). Les places blanches et jaunes correspondent presque toujours à des places réservées ou pour lesquelles des permis résidentiels sont nécessaires. Prenez votre ticket à une caisse automatique située en général à quelques mètres de votre place, et placez-le en évidence derrière le pare-brise.

ORVIETO

20 709 habitants

Avec sa cathédrale magnifique, l'un des joyaux de l'art gothique du pays, Orvieto attire quantité de touristes. La cité occupe le sommet d'un plateau de tuf escarpé, à l'endroit pratiquement où s'élevait son ancêtre, la cité étrusque de Velsina. Même si la période médiévale intéresse davantage les visiteurs, les tombes étrusques et les galeries souterraines témoignent de l'histoire antique de la région.

Orientation

Les trains s'arrêtent à Orvieto Scalo, la partie moderne de la ville qui s'étend au pied de la colline. De là, on peut rejoindre la vieille ville en prenant le bus n°1 ou le funiculaire qui monte à la Piazza Cahen. En sortant de la gare routière ou du funiculaire, prenez le Corso Cavour tout droit, puis tournez à gauche dans la Via del Duomo pour parvenir à la cathédrale. De nombreuses places de parking sont aménagées Piazza Cahen ainsi qu'à l'extérieur des remparts.

Renseignements

RÉDUCTIONS

Carte Orvieto Unica (12,50 €). Si vous envisagez de séjourner plusieurs jours à Orvieto afin d'explorer tous les sites de la ville, vous avez probablement intérêt à acheter cette carte, qui vous donne droit à 5 heures de stationnement gratuit à la gare ferroviaire ou à un trajet aller-retour en funiculaire ou en bus. Elle permet d'obtenir des réductions dans de nombreux restaurants et boutiques de la ville. Grâce à elle, vous pouvez visiter gratuitement (une seule fois) la Cappella di San Brizio de la cathédrale, le Museo Claudio Faina e Civico, la Torre del Moro et les galeries souterraines d'Orvieto dans le Parco delle Grotte. Valable un an, la carte s'achète à l'office de tourisme.

URGENCES

Commissariat de police (☎ 0763 3 92 11 ; Piazza Cahen).

ACCÈS INTERNET

Caffè Montanucci (☎ 0763 34 12 61 ; Corso Cavour 21 ; 🕓 fermé mer).

SERVICES MÉDICAUX

Hôpital (☎ 0763 3071 ; Ciconia). Il se trouve de l'autre côté de la gare ferroviaire.

ARGENT

Plusieurs banques sont installées Piazza della Repubblica, disposant toutes de distributeurs acceptant les cartes de crédit Visa et MasterCard.

POSTE

Bureau de poste (Via Cesare Nebbia, tout près du Corso Cavour ; 🕓 lun-sam 8h10-18h).

TÉLÉPHONE

Telecom (Corso Cavour 119). Bureau en libre-service.

TOILETTES

Orvieto est équipée de toilettes publiques, dont une à côté du bureau de poste. Une autre accessible aux handicapés est située derrière la cathédrale, à mi-chemin en descendant un escalier (les handicapés peuvent y accéder en empruntant l'ascenseur qui double l'escalier).

OFFICE DU TOURISME

Office du tourisme (☎ 0763 34 17 72 ; info@iat.orvieto.tr.it ; Piazza del Duomo 24 ; 🕓 lun-ven 8h15-13h50 et 16h-19h, sam 10h-13h et 16h-19h, dim 10h-12h et 16h-18h).

À voir

Vous pouvez acheter une carte Orvieto Unica (12,50 €) à l'office du tourisme. Voir la rubrique *Réductions* pour de plus amples informations.

LA CATHÉDRALE

La **cathédrale** (☎ 0763 34 11 67 ; Piazza del Duomo ; entrée gratuite ; 🕓 toute l'année 7h30-12h45, plus avr-sept 14h30-19h15, mars et oct 14h30-18h15, nov-fév 14h30-17h15) est une pure merveille. Commencé en 1290, ce remarquable édifice de style roman à l'origine a incorporé des éléments gothiques au fur et à mesure de l'avancement des travaux et au gré des changements d'architectes. Avec son alternance de marbre noir et blanc, la nef principale rappelle d'autres grandes églises toscanes, comme celles de Sienne et de Pise. Mais elle est éclipsée par la splendide façade aux teintes de l'arc-en-ciel, qui rassemble harmonieusement mosaïques et sculptures, pierre brute et couleurs éclatantes en une sorte de gigantesque retable extérieur.

C'est le pape Urbain IV qui ordonna la construction de la cathédrale, à la suite du miracle survenu en 1263 à Bolsena, près d'Orvieto. Un prêtre de Bohême de passage dans la ville vit se dissiper tous ses doutes sur la transsubstantiation lorsque, au cours d'une messe qu'il célébrait, l'hostie se mit à saigner. Le corporal taché de sang fut présenté au pape Urbain IV, alors à Orvieto, qui reconnut le miracle et décida de faire construire la cathédrale. Il institua également la fête du Corpus Domini (Fête-Dieu). Le reliquaire contenant le tissu taché

ORVIETO

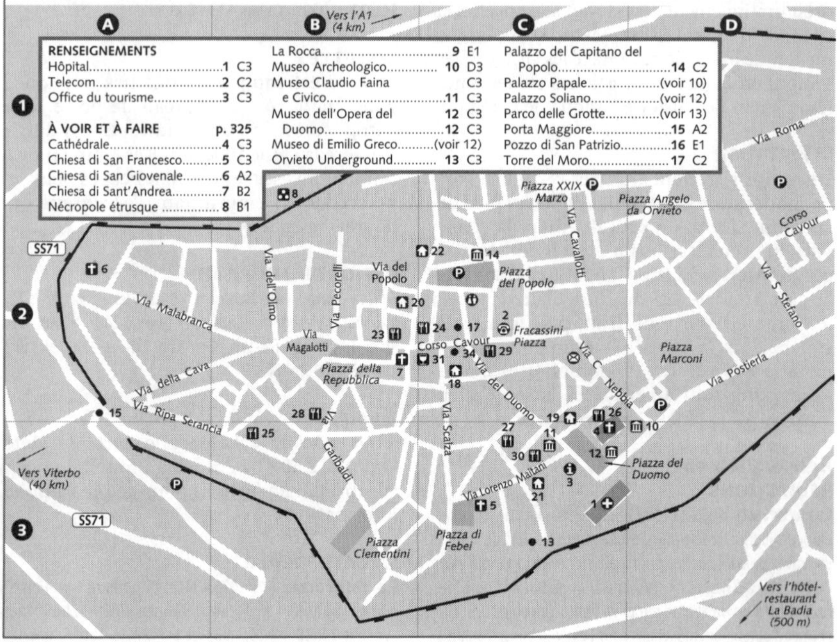

défile aujourd'hui en tête de la procession du Corpus Domini, qui a lieu en juin.

Il ne fallut pas moins de 30 ans pour faire les plans de l'édifice, puis trois siècles pour en achever la construction. Le pérugin Fra Bevignate commença probablement les travaux, poursuivis par Lorenzo Maitani (auquel on doit la cathédrale de Florence), Andrea Pisano, son fils Nino Pisano, Andrea Orcagna et Michele Sanmicheli.

Superbement restaurée depuis 1995, la **façade** semble presque indépendante du reste de l'église. Des pilastres cannelés séparent les trois majestueux portails et les gâbles sont décorés de mosaïques (la plupart ne sont pas d'origine) qui semblent s'animer dans la lumière du soleil couchant ou des projecteurs allumés la nuit. Entre les portails, les bas-reliefs du XIVe siècle réalisés par Maitani et ses élèves représentent des scènes bibliques. La rosace est l'œuvre d'Andrea Orcagna. Les grandes portes en bronze, réalisées Emilio Greco, ont été ajoutées dans les années 1960.

À droite de l'autel de la **Cappella di San Brizio** (3 € ; toute l'année tlj 10h-12h45, plus avr-sept tlj 14h30-19h15, mars et oct tlj 14h30-18h15, nov-fév lun-sam 14h30-17h15 et jours fériés 14h30-17h45, fermé pendant les messes), le cycle de fresques Le Jugement dernier, commencé en 1499 par Luca Signorelli est de nouveau visible depuis 1996, après des années d'une restauration minutieuse qui lui a rendu ses couleurs chatoyantes. Michel-Ange, dit-on, s'en serait inspiré 40 ans plus tard lorsqu'il entreprit la chapelle Sixtine sur le même thème. Certains considèrent même que le chef d'œuvre de Michel-Ange ne vaut pas celui de Signorelli. Admirez également au plafond de la chapelle les fresques dues à Fra Angelico. Pour acheter le billet d'entrée, rendez-vous à l'office du tourisme Piazza del Duomo.

La **Cappella del Corporale** (entrée gratuite ; été 7h30-12h45 et 14h30-19h15, horaires réduits en hiver, fermée pendant les messes) abrite la nappe d'autel tachée de sang, conservée dans un reliquaire en argent décoré par des artistes de l'école de Sienne. Les murs sont ornés de fresques d'Ugolino di Prete Ilario dépeignant le miracle. Une messe est célébrée ici tous les jours à 9h (en italien).

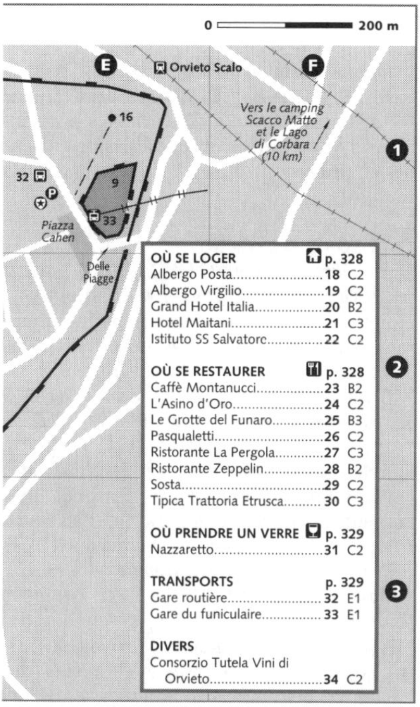

PIAZZA DEL DUOMO

Sis face à la cathédrale, le **Museo Claudio Faina e Civico** (☎ 0763 34 12 16 ; www.museofaina.it ; Palazzo Faina, Piazza del Duomo 29 ; adulte/enfant 4,50/3 € ; ⌚ mars-oct tlj 9h30-18h, nov-fév mar-dim 10h-17h) est un musée absolument fantastique consacré à l'histoire ancienne. La plupart des pièces exposées proviennent de la nécropole étrusque mise au jour dans les faubourgs de la ville (voir l'encadré, p. 329). Vous pourrez y admirer des Gorgones, une collection incroyablement vaste de numismatique (monnaies, frappées à l'effigie d'empereurs romains pour bon nombre) ainsi que des statues en bronze des IIe et IIIe siècles av. J.-C. Les enfants seront ravis d'enrichir leurs connaissances en histoire en répondant aux questions (en italien et en anglais) qui jalonnent le parcours.

À côté de la cathédrale, le **Museo dell'Opera del Duomo** (☎ 0763 34 24 77 ; Palazzo Soliano, Piazza del Duomo) contient toutes sortes de reliques de la cathédrale, ainsi que des antiquités étrusques et des œuvres de Simone Martini et des trois Pisano, Andrea, Nino et Giovanni. Le musée est fermé pour travaux depuis des lustres. Contactez l'office du tourisme pour savoir s'il a rouvert.

Le **Museo di Emilio Greco** (☎ 0763 34 46 05 ; Palazzo Soliano, Piazza del Duomo ; adulte/enfant billet simple 2,50/1,50 € ; ⌚ avr-sept mar-dim 10h30-13h et 14h30-18h, oct-mars mar-dim 10h30-13h et 14h-17h30) abrite une collection d'œuvres modernes données par le créateur des portes en bronze de la cathédrale. Le billet combiné (adulte/enfant 4,50/3 €) permet d'accéder au Pozzo di San Patrizio (voir Autres curiosités, ci-dessous).

Dans l'autre angle de la place, vous pourrez voir des antiquités étrusques au **Museo Archeologico** (☎ 0763 34 10 39 ; Palazzo Papale, Piazza del Duomo ; 2 € ; ⌚ 9h-20h). Comme il ne propose aucune information en français, commencez par le Museo Claudio Faina e Civico pour vous repérer.

L'**Orvieto Underground** (☎ 0763 34 48 91 ; Parco delle Grotte ; entrée 5,15 € ; ⌚ 11h-18h), six grottes ouvertes au public (il y en a 440 au total), est certainement l'endroit le plus frais d'Orvieto. Elles ont d'abord été utilisées comme puits par les Étrusques, premiers habitants d'Orvieto, qui avaient besoin d'eau, mais ne pouvaient se permettre de quitter le sommet de la colline en raison de tous les Romains présents dans la région. Pendant le Moyen Âge, les habitants, qui subirent plusieurs sièges pénibles, se servirent des grottes en y élevant cette fois des pigeons (le pigeon est toujours présent aujourd'hui sur les cartes des restaurants – cherchez *palomba*). Durant la Seconde Guerre mondiale, les grottes servirent d'abris anti-aériens. Par chance, les habitants n'ont jamais eu besoin de s'y réfugier, car le tuf constituant la colline d'Orvieto aurait pu s'effondrer facilement. Les visites démarrent devant l'office du tourisme sur la Piazza del Duomo, à 11h, 12h15, 16h et 17h15. Munissez-vous d'un lainage car la température des grottes oscille entre 12° et 15°C toute l'année. Comme de nombreux musées et boutiques ferment leurs portent à 12h, nous vous conseillons de visiter les grottes à 12h15.

AUTRES CURIOSITÉS

En remontant la Via del Duomo en direction du nord-ouest et du Corso Cavour, vous découvrirez la massive **Torre del Moro** (tour du Maure ; ☎ 0763 34 45 67 ; Corso Cavour ; adulte/tarif réduit 2,60/1,85 € ; ⌚ mai-août 10h-20h, mars-oct 10h-19h, nov-fév 10h30-13h et 14h30-17h). En haut des 250 marches (vous pouvez prendre un ascenseur qui effectue une partie de la montée), vous pourrez admirer le vaste panorama aérien sur la ville. Continuez vers l'ouest jusqu'à la Piazza della Repubblica, et la **Chiesa di Sant'Andrea** (Piazza della Repubblica ; entrée gratuite ; 8h30-12h30 et 15h30-19h30), du XIIe siècle, au curieux campanile à 12 côtés. Comme bien d'autres églises italiennes, celle-ci a été édifiée sur une structure romane, qui avait elle-même absorbé un édifice étrusque. Ses fondations sont visibles dans la crypte. La piazza, autrefois le forum romain d'Orvieto, se trouve au cœur de la cité médiévale.

Au nord du Corso Cavour, le **Palazzo del Capitano del Popolo**, un édifice romano-gothique du XIIe siècle, domine la piazza du même nom. À l'extrémité nord-ouest de la ville se dresse la **Chiesa di San Giovenale** (Piazza Giovenale ; entrée gratuite ; ouverte tlj 8h-12h30 et 15h30-18h), une église datant du XIe siècle, remarquable par ses fresques des XIIIe et XIVe siècles.

Tout à l'extrémité est d'Orvieto, **la Rocca** veille sur toute la ville. Une partie de cette forteresse du XIVe siècle a été transformée en jardin. Au nord, le **Pozzo di San Patrizio** (puits de saint Patrick ; ☎ 0763 34 37 68 ; Via Sangallo ; adulte/enfant 3,50/2,50 € ; avr-sept 10h-18h45, oct-mars 10h-17h45) fut creusé en 1527 sur l'ordre du pape Clément VII. D'une profondeur de plus de 60 m, il est flanqué par deux escaliers en spirale qui permettaient aux mulets de remonter de l'eau.

Si vous envisagez de visiter le puits, achetez de préférence un billet combiné (adulte/enfant 4,50/3 €) qui donne également accès au Museo di Emilio Greco.

Où se loger

Vous devriez dénicher une chambre sans difficulté la plupart du temps, mais n'hésitez pas à réserver si vous venez pour le Nouvel An, pendant le festival Umbria Jazz, en été ou le week-end.

PETITS BUDGETS

Porziuncola (☎ 0763 34 13 87 ; Cappuccini 8 ; dort 10,32 €). Le bus n°5 vous emmènera jusqu'à ce petit hôtel. Il ne dispose que de 16 lits répartis dans deux chambres ; mieux vaut donc réserver.

Istituto SS Salvatore (☎/fax 0763 34 29 10 ; istitutosansalvatore@tiscalinet.it ; Via del Popolo 1 ; s/d/tr 41,32/51,65/72,30 €). Vous pourrez pratiquer votre italien avec ces religieuses joviales. Le couvre-feu est imposé à 22h30, mais avec son joli jardin, l'endroit est confortable et impeccable. Les chambres simples ne disposent pas de sdb.

Albergo Posta (☎/fax 0763 34 19 09 ; Via L. Signorelli 18 ; s/d sans-avec sdb 31-37/43-56 €). Dans ce solide bâtiment du XVIe siècle, les propriétaires sympathiques et serviables proposent des chambres simples, un rien excentriques toutefois.

CATÉGORIE MOYENNE

Albergo Virgilio (☎ 0763 34 18 82 ; fax 34 37 97 ; Piazza del Duomo 5 ; s/d avec sdb 62/85 €). Cet hôtel trois-étoiles occupe un emplacement incomparable sur la Piazza del Duomo, mais nous avons reçu un accueil un peu frais.

Grand Hotel Italia (☎ 0763 34 20 65 ; fax 34 29 02 ; www.bellaumbria.net/grand-hotel-italia/ ; Via dei Palazzo dei Popolo 13 ; s/d 52/88 € ; P). Situé à l'angle du Corso Cavour, cet établissement confortable et calme offre un petit déjeuner copieux. Il dispose d'un parking, mais notez très précisément l'adresse si vous n'avez pas un sens de l'orientation très développé.

Hotel Maitani (☎ 0763 34 20 11 ; Via Lorenzo Maitani 5 ; s/d 75/124 € ; P). Ici, chaque détail compte : brosse à dent de voyage, dentifrice dans chaque chambre et chocolats (des Perugina, bien sûr) sur l'oreiller. Plusieurs chambres bénéficient d'une belle vue sur la cathédrale ou la campagne alentour. Toutes offrent un silence total car les fenêtres sont équipées de double vitrage.

CATÉGORIE SUPÉRIEURE

La Badia Hotel (☎ 0763 30 19 59 ; www.labadiahotel.it ; La Badia 8 ; d 86-114 €/pers, ste jusqu'à 172 €/pers ; P). Cet hôtel, le plus ancien d'Italie, dit-on, occupe l'abbaye des saints Severo et Martirio, où vivaient des moines bénédictins il y a 1 200 ans. Il fait office de retraite de vacances depuis le XVe siècle et a accueilli des invités de marque comme le pape Paul II, les familles Borghèse et Barberini. Depuis le siècle dernier, il est géré par une famille d'aristocrates qui l'a converti en hôtel. Décorées d'antiquités et de meubles ravissants, les 21 chambres et les 7 suites offrent tout le confort moderne.

Où se restaurer

Presque tous les restaurants d'Orvieto proposent des spécialités locales à base de truffes et de cèpes.

La Badia Ristorante (☎ 0763 30 19 59 ; La Badia 8 ; repas autour de 35 €). Le restaurant La Badia est aussi raffiné que l'hôtel (voir Où se loger, ci-dessus). Le cochon de lait et les pâtes *tagliolini* aux truffes sont la spécialité du chef. Si vous appréciez l'orvieto classico, faites-le savoir au propriétaire, le Comte Fiumi, car le cru vient de ses vignobles. Si vous ne séjournez ni ne dînez ici, vous pouvez malgré tout visiter l'ancien monastère ; si vous visitez l'Orvieto Underground, admirez l'abbaye du VIIIe siècle située en contrebas.

Sosta (☎ 0763 34 30 25 ; Corso Cavour 100a ; repas autour de 8 €). Ce restaurant en self-service à la sobriété extrême sert des pizzas excellentes, des pâtes, des plats de viande et de légumes style cafétéria. Les étudiants peuvent obtenir des réductions.

Ristorante La Pergola (☎ 0763 34 30 65 ; Via dei Magoni 9b ; repas autour de 18 € ; fermé mer). Ici, la cuisine est tout ce qu'il y a de plus ombrienne, bonne et consistante, mais le véritable intérêt de ce restaurant est son jardin fleuri, à l'arrière. Goûtez le *cinghiale*.

L'Asino d'Oro (☎ 0763 34 44 06 ; Vicolo del Popolo 9 ; repas autour de 8 € ; avr à mi-oct mar-dim et pendant le festival Umbria Jazz). L'établissement ne paie pas de mine, mais sert une remarquable cuisine sur des tables de bois installées à l'extérieur, sous une charmille. Le menu change tous les jours.

Tipica Trattoria Etrusca (☎ 0763 34 40 16 ; Via Lorenzo Maitani 10 ; repas autour de 16 € ; fermé lun). Cette bonne trattoria installée à 100 m de la cathédrale propose des spécialités comme le *coniglio all' Etrusca* (lapin à l'étrusque cuisiné aux herbes), des fèves et des plats à base de *tartufo* et de *porcini*.

Ristorante Zeppelin (☎ 0763 34 14 47 ; Via G. Garibaldi 28 ; fermé dim). Avec son interminable bar en bois, ce restaurant chic propose, dans une ambiance jazzy et décontractée style années 1920, des plats traditionnels ombriens revisités et des menus dégustation pour végétariens (25 €), enfants (20 €), amateurs de truffes (40 €) et traditionalistes (25 €).

Caffè Montanucci (☎ 0763 34 12 61 ; Corso Cavour 21 ; repas chauds autour de 5 € ; fermé mer). Parfait pour avaler un sandwich ou des pâtes, ce café confectionne aussi ses propres chocolats et vend des marques à travers le monde entier. Il dispose d'un accès Internet.

Nazzaretto (Corso Cavour 40). Ce bar à vins propose des *degustazioni* (dégustation de vins) et de quoi calmer une petite faim. Dans ce charmant endroit, on peut s'asseoir à l'extérieur en terrasse pendant l'été et observer les touristes, les habitants et les adolescents déambuler sur le Corso Cavour.

Le Grotte del Funaro (☎ 0763 34 32 76 ; Via Ripa Serancia 41 ; repas autour de 22 € ; fermé lun). En dînant ici, vous aurez l'impression d'arriver... eh bien... dans une grotte funéraire. Aménagé dans une grotte, décoré de vieux outils agricoles et doté d'un piano-bar, le restaurant baigne dans une ambiance impressionnante. Les étroites fenêtres s'ouvrent sur une vue surprenante.

CONFISERIES

Pasqualetti (☎ 0763 34 10 34 ; Piazza del Duomo 14). Cette *gelateria* sert des crèmes glacées fort appétissantes. Sa multitude de tables installées sur la place permet d'admirer la cathédrale tout en dégustant une glace.

Depuis/vers Orvieto

Les bus partent de la gare routière située Piazza Cahen et s'arrêtent à la gare ferroviaire. Les **bus COTRAL** relient la ville à Viterbo, dans le Lazio (2,80 €, 1 heure 30, 7 bus par jour) et à Bagnoregio (1,55 €, 1 heure, 7 bus par jour). Les **bus ATC** (☎ 0763 34 22 65) desservent Baschi (1,75 €, 40 min, 7 bus par jour), Bolsena (2,60 €, 40 min, 2 bus par jour), Perugia (8,70 €, 2 heures, 1 bus par jour à 5h45) et Todi (4,15 €, 1 heure, 1 bus par jour départ à 13h55, retour à 5h50). **SIRA** (☎ 0763 417 30 053) dessert Rome à 8h10 du lundi au vendredi et à 7h10 le dimanche (5,16 €, 1 heure 30).

DÉTOUR : NÉCROPOLE ÉTRUSQUE DE CROCIFISSO DEL TUFO

Seules deux nécropoles étrusques se visitent en Ombrie : l'Hypogea dei Volumni, à l'extérieur de Perugia, et **Crocifisso del Tufo** (☎ 0763 34 36 11 ; Le Conce, SS71, km 1,6), qui date du milieu du VIe siècle av. J.-C. Les noms des défunts sont gravés dans plusieurs chambres mortuaires. La disposition des sépultures dénote la précision de l'urbanisme antique, même si les occupants des lieux n'étaient pas vraiment en mesure de l'apprécier. La plupart des objets mobiliers de la nécropole sont exposés au Louvre, au British Museum et dans divers autres musées, mais certaines collections sont restées en Italie : le Museo Claudio Faina e Civico d'Orvieto en conserve une bonne part.

Des liaisons ferroviaires relient la ville à Rome (6,80 €, 1 heure 20, toutes les heures) et à Florence (9,30 €, 2 heure 15, 2 trains par heure) ; pour vous rendre à Perugia, changez à Terontola (5,90 €, 1 heure 15, 2 trains par heure). La ville est desservie par l'A1. Au nord, la S71 permet de rejoindre le Lago di Trasimeno.

Comment circuler

Un funiculaire centenaire relie la Piazza Cahen à la gare ferroviaire (départ toutes les 10 min de 7h15 à 20h30, tous les jours, 0,80 € ou 0,90 € avec le trajet en bus de la Piazza Cahen à la Piazza del Duomo). De la gare, on peut également emprunter le bus n°1 pour rejoindre la vieille ville (0,80 €). Dans Orvieto, le meilleur moyen de découvrir la ville est de circuler à pied. Sachez toutefois que le bus A fait la navette entre la Piazza Cahen et la Piazza del Duomo et que le bus B va jusqu'à la Piazza della Repubblica.

CIVITA DI BAGNOREGIO

Civita di Bagnoregio est un minuscule îlot juché au sommet d'un piton rocheux qui domine la vallée. Uniquement accessible par une passerelle de 300 m de long, vous pourriez jurer qu'il n'est plus habité. Mais une fois la porte Santa Maria franchie, vous remarquerez les fleurs qui décorent les maisons. Une vingtaine d'habitants seulement vivent ici toute l'année, tandis que la population du village passe à 300 en été.

Civita date de l'époque étrusque et a donné à la postérité saint Bonaventure, ainsi que trois autres saints catholiques.

Autrefois centre commercial et agricole prospère et influent, Civita n'a cessé de décliner au fil des siècles. Bâtis sur des sols argileux instables et des sédiments volcaniques, des quartiers entiers ont été anéantis dans des glissements de terrain. Ce que nous voyons aujourd'hui n'est que la partie centrale et la plus ancienne de la ville.

Orientation

La seule et unique façon d'accéder au village est d'emprunter une immense passerelle qui part d'un parking situé à Bagnoregio. Seuls deux véhicules sont autorisés à circuler : une Fiat Panda pour les personnes âgées ou handicapées et un mini-tracteur qui apporte des provisions de l'extérieur ou évacue les ordures. Regardez-le manœuvrer pour grimper à Civita, c'est impressionnant.

Renseignements

Si vous avez envie d'aller aux toilettes, mieux vaut prendre vos précautions avant d'arriver à Civita car celles du village sont loin d'être irréprochables. La meilleure solution est d'acheter un en-cas à la *bruschetteria* et d'utiliser leurs toilettes.

À voir et à faire

En vous promenant vers l'est du village (à l'opposé de la porte principale), vous trouverez un sentier qui mène, à droite, vers quelques marches datant de l'Antiquité et qui longe les fondations du village. En chemin, vous pourrez observer d'anciennes sépultures étrusques creusées dans la roche. Le sentier s'arrête au niveau d'un **tunnel étrusque** qui passe sous le village dans sa largeur, du nord au sud. Selon les époques, il fut utilisé comme tunnel d'accès à la nécropole étrusque, conduite d'eau ou sentier par lequel les fermiers accédaient à leurs champs. Si vous regardez de chaque côté du tunnel, vous pourrez constater la fragilité du sous-sol. Reprenez le même chemin en sens inverse pour revenir au village car c'est le seul sentier existant.

Dans le bourg, la **bruschetteria** possède un petit musée qui présente un ancien **frantoio** (pressoir à huile) des années 1500. La **Chiesa di San Donato**, à l'est de la Piazza Duomo Vecchio, au cœur du village, abrite la dépouille de sainte Victoria.

Fêtes et festivals

Le premier lundi de juin ou le deuxième lundi de septembre a lieu **la Tonna**, une course d'ânes avec jockey. En août, le festival **Civit'arte** présente une grande diversité de spectacles vivants à la fois modernes et traditionnels.

Où se loger

PETITS BUDGETS

Romantica Pucci (☎ 0761 79 21 21 ; lacasadipucci@libero.it ; www.hotelromanticapucci.it ; Piazza Cavour 1, Bagnoregio ; s/d 39/65 €). Le petit déjeuner justifie à lui seul un séjour dans cet hôtel. Pucci, le propriétaire, confectionne lui-même de la confiture à l'orange sanguine et au kiwi. Des attentions particulières, comme des gâteaux servis avant d'aller se coucher, une bouteille d'eau dans les chambres et des lits à baldaquin, font de cet établissement un lieu vraiment romantique.

Civita Bed & Breakfast (☎ 0761 76 00 16 ; place principale ; fsala@pelagus.it ; www.civitadibagnoregio.it ; s/d/tr avec sdb 45/68/73 €, s/d sans sdb 40/62 €). Cet établissement possède 11 chambres au confort très sommaire, certaines disposant de sdb communes et de matelas plutôt durs. Mais, souvenez-vous, vous êtes ici pour le charme ambiant. L'hôtel est situé tout près de la place principale, sur la gauche.

AGRITURISMO

Agriturismo Le Corone (☎ 0761 79 31 79 ; info@agrilecorone.com ; www.agrilecorone.com ; Palombaro, Strada per Vaiano, 4 km ; 35 €/pers/nuit en haute saison, 2 nuits minimum). Difficile de trouver plus isolé dans le centre de l'Italie que cet *agriturismo* extrêmement confortable et authentique. Cela dit, il n'est qu'à une heure d'Orvieto. La ferme en pierre est gérée par une famille de cinq personnes. Le propriétaire, Fabrizio Rocchi, a retrouvé des traces de sa famille jusqu'aux années 1500. Avec son épouse d'origine américaine, il gère une ferme biologique attenante où il produit du vin et de l'huile d'olive et élève du bétail. Ne manquez pas la visite guidée du domaine à dos de cheval proposée par Fabrizio et Heather. Tout proche de là, Civita est accessible par un sentier bien tracé et abrupt.

Où se restaurer

Trattoria Antico Forno (☎ 0761 76 00 16). Rattaché au Civita Bed & Breakfast, c'est en fait le seul restaurant du village. La carte propose une cuisine régionale savoureuse : tagliatelle à la sauce tomate "médiévale", poivrons rouges et saucisses, gnocchi au pesto, pâtes *piciarello* aux truffes ou aux asperges et aux champignons, une grande variété de bruschetta (que vous pourrez également déguster au musée *bruschetteria/frantoio*).

Hostaria del Ponte (☎ 0761 79 35 65 ; Contrada Mercatello ; repas autour 20 €). Très fréquenté par les habitants, cet établissement est situé au pied du pont, côté Bagnoregio. Un patio extérieur couvert permet de manger dehors même en hiver et d'admirer la vue spectaculaire sur Civita. Les truffes et le *cinghiale* sont la spécialité du lieu.

Achats

Le Cordelier (☎ 0761 79 29 81 ; Via della Fraticella ; à côté de Civita Bed & Breakfast). Cette petite boutique vend de jolis produits locaux et des livres consacrés à Civita. La propriétaire étudie la vie de saint Bonaventure et écrit une histoire qu'elle espère publier prochainement. Pour le moment, l'histoire du saint est écrite sur les murs de sa boutique, rédigée en italien, mais elle ne demande pas mieux que d'expliquer ce qu'elle sait sur Bonaventure ou Civita, en français.

Depuis/vers Civita

Des bus partent de la Piazza Cahen d'Orvieto à peu près toutes les heures (1,60 €, 50 min), avec une interruption entre 9h10 et 12h40. Un bus marque l'arrêt à Bagnoregio et un petit bus urbain fait la navette entre cet arrêt et le parking de Civita. Si vous êtes motorisé, empruntez la S71 au sud d'Orvieto et sortez en direction de Bagnoregio. Le stationnement sur le parking au pied de la passerelle, coûte 1 € l'heure. Vous pouvez acheter un ticket à l'un des trois commerces près du parking.

STRADA DEI VINI

Les Étrusques produisaient du vin dans la région. Les Romains perpétuèrent la tradition et aujourd'hui, les vins *orvieto classico* figurent parmi les produits les plus populaires du pays. Bien que l'Ombrie fasse partie des grandes régions viticoles, les caves n'offrent généralement pas de dégustation. Sur la principale carte touristique des établissements vinicoles, *la Strada del Sagrantino*, seuls six vignobles autorisent les dégustations, uniquement certains jours et de préférence pour un certain nombre de personnes. Si vous souhaitez déguster du vin, il est plus facile de le faire en ville dans l'une des nombreuses *enoteche* (bars à vins) ou dans des boutiques qui proposent des *degustazioni*. Autre avantage : si vous séjournez dans la ville, vous pourrez vous permettre quelques verres en plus et rentrer à pied.

Procurez-vous la brochure gratuite *Strada dei Vini del Cantico* que vous trouverez dans n'importe quel office du tourisme en Ombrie. Elle est rédigée en italien, mais comporte une liste complète de toutes les caves qui acceptent les visites, leurs horaires d'ouverture, les coordonnées pour les joindre et les langues parlées. Ajoutez-y la brochure *La Strada del Sagrantino*, et vous pourrez mettre au point votre propre circuit des vins. Visitez également le site www.umbriadoc.com/stradevino/cantico.

CARNET PRATIQUE

SOMMAIRE

DÉTAILS PRATIQUES

- Les cassettes vidéo fonctionnent avec le système PAL.
- Les prises sont dotées de deux ou trois fiches rondes ; le courant électrique est en 220V/50Hz, mais certains bâtiments anciens utilisent toujours du 125V.
- Si vous lisez l'italien, essayez *Il Corriere della Sera*, principal quotidien national, *La Stampa* à Turin ou *La Repubblica* (centre-gauche) à Rome. Publié à Florence, *La Nazione* est le grand quotidien toscan.
- Branchez-vous sur la RAI-1 (1332 AM ou 89.7 FM), la RAI-2 (846 AM ou 91.7 FM) et la RAI-3 (93.7 FM), trois stations publiques diffusant de la musique classique, des variétés et des informations. Pour écouter de la musique plus actuelle, essayez Controradio sur 93.6 AM et Nova Radio sur 101.5 FM, à Florence.
- À la télé, regardez les chaînes commerciales Canale 5, Italia 1, Rete 4 et La 7 et les chaînes publiques RAI-1, RAI-2 et RAI-3.

ACCÈS INTERNET

Voyager avec un ordinateur peut être un excellent moyen de rester en contact avec les siens. Toutefois, à moins de savoir ce que vous faites, vous pouvez rencontrer des difficultés. Si vous décidez d'emporter votre agenda électronique ou votre ordinateur portable, n'oubliez pas que le voltage peut être différent de celui de votre pays d'origine et risque d'endommager votre matériel. Mieux vaux investir dans un adaptateur universel qui vous permettra de vous brancher partout sans crainte de griller les circuits. Il vous faudra aussi un adaptateur de prise, plus facile à acheter dans votre pays.

Rien ne dit que votre modem fonctionnera. La solution la plus sûre consiste à acheter un modem universel de bonne qualité chez vous ou à vous en procurer un à votre arrivée en Italie si vous prévoyez d'y séjourner longtemps. N'oubliez pas que les prises téléphoniques des pays que vous visitez peuvent différer de celles de votre domicile. Si besoin est, munissez-vous d'un adaptateur. Pour davantage de renseignements sur les déplacements avec votre ordinateur, consultez le site www.teleadapt.com (en anglais).

Les grands prestataires de services Internet comme AOL (www.aol.com) et CompuServe (www.compuserve.com) disposent de numéros d'accès en Italie – procurez-vous en une liste avant de partir.

Certains serveurs italiens fournissent des comptes à court terme permettant d'accéder à Internet. C'est le cas d'**Agora** (☎ 800 304 999 ; www.agoratelematica.it).

Si, chez vous, vous accédez à votre compte par l'intermédiaire d'un petit fournisseur d'accès ou du réseau de votre bureau ou de votre université, le mieux est d'ouvrir un compte auprès d'un prestataire de service présent dans le monde entier, comme ceux mentionnés ci-dessus, ou bien de vous rabattre sur les cybercafés et les autres lieux d'accès public pour consulter votre courrier.

Si vous comptez utiliser les cybercafés, notez bien les trois informations nécessaires pour accéder à votre compte : le nom de votre serveur entrant (POP ou IMAP), votre nom d'utilisateur et votre mot de passe. Votre prestataire Internet vous les fournira. Muni de ces renseignements, vous pourrez consulter votre messagerie à partir de n'importe quel ordinateur connecté, à condition qu'il dispose d'un logiciel de courrier électronique (Netscape et Internet Explorer possèdent des interfaces à cet usage). Avant de partir, mieux vaut vous familiariser avec la procédure à suivre.

Florence ne manque pas de cybercafés et vous en trouverez également sous une forme ou une autre dans la plupart des grandes villes toscane et ombriennes. Pour plus de détails, consultez les chapitres concernés.

ALIMENTATION

Dans ce guide, la catégorie petits budgets s'applique aux établissements dans lesquels on peut manger pour moins de 15 € ; les restaurants de catégorie moyenne coûtent de 15 à 40 €, tandis qu'un repas en catégorie supérieure revient à plus de 40 € par personne.

Pour en savoir plus sur la gastronomie toscane et ombrienne, reportez-vous au chapitre *Gastronomie*, p. 59.

AMBASSADES ET CONSULATS

Il est important que vous sachiez ce que votre ambassade est en mesure de faire ou non si vous avez de sérieuses difficultés. En général, elle ne vous sera pas d'un grand secours si vous êtes responsable, même de façon indirecte, de la situation délicate dans laquelle vous vous trouvez. N'oubliez pas que vous êtes soumis aux lois du pays que vous visitez. Si vous vous retrouvez en prison après avoir commis un délit au regard de la législation italienne (même si cet acte est légal dans votre pays), n'espérez pas que votre ambassade vole à votre secours.

Vous ne recevrez son appui que lorsque toutes les autres solutions auront été épuisées. Si vous devez rentrer de toute urgence, il est fort peu probable qu'on mette un billet gratuit à votre disposition, puisque l'ambassade s'attend à ce que vous ayez une assurance pour parer à cette éventualité. En revanche, si vous vous faites voler votre argent et vos papiers, elle vous aidera à obtenir un nouveau passeport.

Ambassades et consulats d'Italie

Voici certaines des missions diplomatiques italiennes à l'étranger. D'une manière générale et lorsque vous avez le choix, rendez-vous plutôt dans un consulat que dans une ambassade pour les questions de visas. Sachez également qu'il existe des consulats dans plusieurs villes des pays cités.

Belgique Ambassade (☎ 02 643 38 54 ; ambitbxl@ambitaliabruxelles.org ; rue Émile-Claus 28, 1050 Bruxelles) ; Consulat (☎ 02 543 15 50 ; consitbxl@euronet.be ; rue de Livourne 38, 1000 Bruxelles)
Canada Ottawa (☎ 613-232 2401; www.italyincanada.com ; 21e étage, 275 Slater St, Ottawa, Ontario K1P 5H9) ; Montréal (☎ 514-849 8351 ; www.italconsul.montreal.qc.ca ; 3489 Drummond St, Montréal, Québec H3G 1X6) ; Toronto (☎ 416-977 1566 ; www.italconsulate.org ; 136 Beverley St, Toronto, Ontario M5T 1Y5)
France Ambassade (☎ 01 49 54 03 00 ; ambasciata@amb-italie.fr ; 51 rue de Varenne, 75007 Paris) ; Consulat (☎ 01 44 30 47 00 ; fax 01 45 25 87 50 ; 5 bd Emile-Augier, 75016 Paris)
Suisse Berne (☎ 031-350 07 77 ; ambital.berna@spectraweb.ch ; Elfenstrasse 14, Berne 3006) ; Genève (☎ 022-839 67 44 ; fax 022-839 67 45 ; 14 rue Charles-Galland, Genève 1206)

Ambassades et consulats étrangers en Italie

La plupart des pays disposent d'une ambassade (et souvent d'un consulat) à Rome. Il existe également quelques consulats à Florence. Pour les passeports, adressez-vous aux bureaux indiqués ci-dessous.

Belgique Florence (☎ 055 28 20 94 ; Via dei Servi 28)
Canada Rome (☎ 06 44 59 81 ; Via G. B. de Rossi 27)
France Rome (☎ 06 68 60 11 ; Piazza Farnese 67) ; Florence (☎ 055 230 25 56 ; Piazza Ognissanti 2)
Suisse Rome (☎ 06 80 95 71 ; Via Barnarba Oriani 61) ; Florence (☎ 055 22 24 34; Piazzale Galileo 5)

ARGENT

La monnaie est l'euro (€), divisé en 100 centimes. Il existe des pièces de 1, 2, 5, 10, 20 et 50 centimes, de 1 et de 2 €, et des billets de 5, 10, 20, 50, 100, 200 et 500 €. Les billets de chaque coupure sont identiques sur les deux faces dans tous les pays de la zone euro, tandis que les pièces présentent une face commune (celle de leur valeur) et l'autre différente selon les pays (au nombre de 12).

Au verso de la couverture de ce guide, la rubrique *Bon à savoir* contient un tableau des taux de change en vigueur pour les francs suisses et les dollars canadiens. Le chapitre *Avant le départ* (p. 9) donne des informations sur le coût de la vie. Amis québécois et suisses, vous pouvez changer vos devises dans les banques, les postes et les bureaux de change. Les banques offrent en général le meilleur taux, mais n'hésitez pas à comparer les différents établissements car les taux peuvent varier considérablement.

DAB

Vous trouverez des distributeurs (*bancomat*) dans toutes les grandes villes de Toscane et d'Ombrie. Il n'est pas rare que les distributeurs italiens rejettent les cartes étrangères. Si cela vous arrive, essayez un autre distributeur : le problème ne vient pas forcément de votre carte.

Espèces

Munissez-vous d'espèces pour la vie de tous les jours car les petits établissements n'acceptent que du liquide. Pour le reste, gardez un minimum de liquide sur vous. Conservez vos espèces séparément du reste de votre argent au cas où on vous volerait vos cartes de crédit ou vos chèques de voyage.

Cartes de crédit

Cartes de crédit, cartes de débit immédiat et cartes de retrait simple représentent la solution la plus commode. Les principales cartes de crédit, Visa, MasterCard, Eurocard, Cirrus et Eurocheque, sont acceptées en Italie.

Vous pouvez les utiliser pour vos achats et votre hébergement, et elles vous permettent de retirer de l'argent aux distributeurs *(bancomat)* portant le logo de votre carte ou aux guichets des banques. Les cartes Visa et MasterCard figurent parmi les plus fréquemment acceptées. Renseignez-vous sur les commissions retenues auprès de votre banque avant de partir, ainsi que sur la procédure à suivre en cas de problème ou de vol. La plupart des centres de gestion offrent un numéro gratuit à appeler si vous avez besoin d'aide ou de conseils.

Chèques de voyage

On peut les encaisser dans la plupart des banques et des bureaux de change. Ceux émis par American Express (AmEx), Thomas Cook et Visa sont acceptés un peu partout.

Avec des chèques de voyage en euros, vous ne devriez payer aucune commission lors du change. AmEx et Thomas Cook ne facturent pas de frais, ce qui n'est pas le cas des autres prestataires. Demandez de préférence des chèques d'un montant important, pour économiser sur les frais prélevés sur chaque chèque.

Pensez à conserver le reçu et la liste des numéros de vos chèques séparément de ceux-ci. En cas de vol, vous en aurez besoin pour être remboursé. N'oubliez pas de vous munir de votre passeport pour encaisser vos chèques.

ASSURANCE

Ne partez jamais sans assurance. La plupart couvrent le vol ou la perte des bagages et les frais médicaux. Certains contrats offrent une plus ou moins bonne prise en charge des frais médicaux. Lisez attentivement les lignes en petits caractères, car il existe une grande diversité d'options.

Certains contrats excluent les "activités dangereuses", comme la plongée sous-marine, la moto et même la randonnée, d'autres n'acceptent pas les permis de conduire moto obtenus dans le pays visité. Renseignez-vous bien.

Vous pouvez choisir une assurance qui règle directement les éventuels frais médicaux et vous évite ainsi d'avancer l'argent. Si vous devez vous faire rembourser à votre retour, veillez à conserver tous les documents. Certains contrats exigent que vous appeliez un centre (en PCV) dans votre pays d'origine afin d'estimer immédiatement votre situation.

Assurez-vous que votre assurance prend en charge les frais d'ambulance ou de rapatriement par avion.

Si vous prévoyez de vous déplacer en voiture, une assurance n'est pas seulement conseillée mais obligatoire. Reportez-vous à la p. 353.

CARTES ROUTIÈRES

Publié par de Agostini, l'*Atlante Turistico Stradale d'Italia* (1/250 000) comprend des plans de villes et coûte 20,50 €. Le TCI édite un *Atlante Stradale d'Italia* (1/200 000) qui se divise en trois parties, *Nord*, *Centro* et *Sud*, chacune au prix de 18 €. L'édition complète, comprenant les trois parties et un CD-ROM, coûte 51,15 €.

La carte Michelin n°430, *Italia Centro* (1/400 000) englobe la Toscane et une partie des régions voisines. Michelin propose également une carte régionale similaire, *Toscane, Ombrie, Marches, Latium, Abruzzes et Saint-Marin* (1/400 000).

L'une des meilleures cartes de l'Ombrie est celle d'Agostini, une carte topologique pliante de couleur verte au 1/200 000, distribuée gratuitement dans la plupart des offices de tourisme et des hôtels. Très pratique, elle recense les routes tertiaires et les chemins de terre ainsi que les sites intéressants : sanctuaires, tombes étrusques, grottes, ruines, monastères. Une petite précision géographique : les collines occupent 94% de l'Ombrie. Les complexes industriels ont envahi les 6% restants, constitués de terrain plat. Si vous êtes à la recherche de beaux paysages, fuyez les zones indiquées en blanc sur la carte, comme les alentours de Foligno ou de Terni. Au verso de la carte, vous trouverez une liste des principales villes d'Ombrie, depuis Assise jusqu'à Monte Castello di Vibio, ainsi que les adresses et les numéros de téléphone de tous les hôtels, campings, fermes d'*agriturismo*, auberges de jeunesse et institutions religieuses.

Le TCI publie des cartes régionales de la Toscane et de l'Ombrie au 1/200 000 (7 €). Il en existe plusieurs autres, chez d'autres éditeurs, au 1/250 000. Les cartes provinciales (la région se subdivise en 10 provinces) offrent une plus petite échelle. Les Edizioni Multigraphic Firenze publient une série de cartes des provinces. Demandez la *Carta Stradale Provinciale* (au 1/100 000) de la province de votre choix. Vous trouverez des produits comparables chez d'autres éditeurs.

Les plans de ville fournis dans ce guide, combinés à ceux que distribuent gratuitement les offices du tourisme, devraient vous suffire. Vous pouvez cependant vous procurer des plans plus détaillés dans les bonnes librairies (par exemple Feltrinelli) ou chez les marchands de journaux.

La qualité des plans disponibles dans le commerce varie considérablement en fonction de la ville. Pour Florence, essayez la carte (city map) publiée par Lonely Planet (en anglais). Reportez-vous aux différentes villes pour de plus amples suggestions.

La Toscane et l'Ombrie sont des destinations idéales pour les amoureux du grand air. Les Edizioni Multigraphic publient deux collections destinées aux marcheurs et aux vététistes, l'une au 1/50 000 et l'autre au 1/250 000 (dans la mesure du possible, choisissez cette dernière). Demandez la *Carta dei Sentieri e Rifugi* ou la *Carta Turistica e dei Sentieri*. Un autre éditeur, Kompass, propose des cartes au 1/50 000 de la Toscane et des régions environnantes. Vous trouverez parfois aussi des cartes très utiles éditées par le Club Alpino Italiano (CAI).

CIRCUITS ORGANISÉS

Les possibilités de voyages organisés en Toscane ne manquent pas. L'**Office national du tourisme italien** (www.enit.it) fournit une liste des tour-opérateurs et de leurs domaines de prédilection. Ce type de voyage vous simplifie la vie, mais vous ôte toute indépendance et coûte généralement assez cher.

En France, vous pouvez contacter, entre autres, **Clio** (☎ 01 53 68 82 82 ; www.clio.fr), **Donatello** (☎ 01 44 58 30 81 ; www.donatello.fr) ou **Voyageurs en Europe** (☎ 01 42 86 16 00 ; www.vdm.com).

En Belgique, examinez les offres d'**Eole** (☎ 02 227 57 81 ; fax 2 219 90 73 ; 43 chaussée de Haecht, Bruxelles 1210).

CLIMAT

La Toscane et l'Ombrie connaissent un climat méditerranéen typique avec une température annuelle moyenne de 15°C environ. L'été est parfois oppressant, le thermomètre pouvant atteindre les 35°C. Pour en savoir plus, reportez-vous à la p.9.

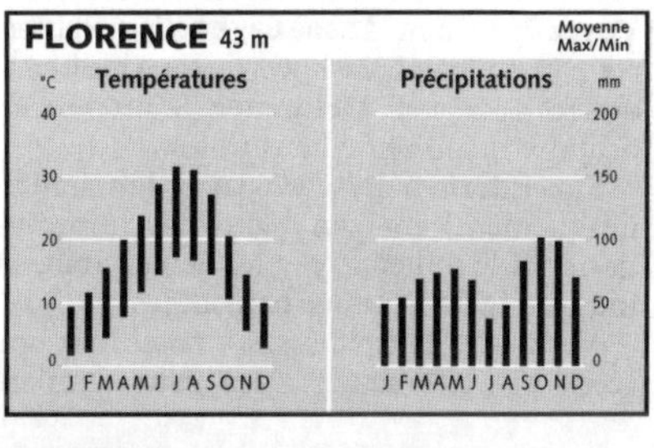

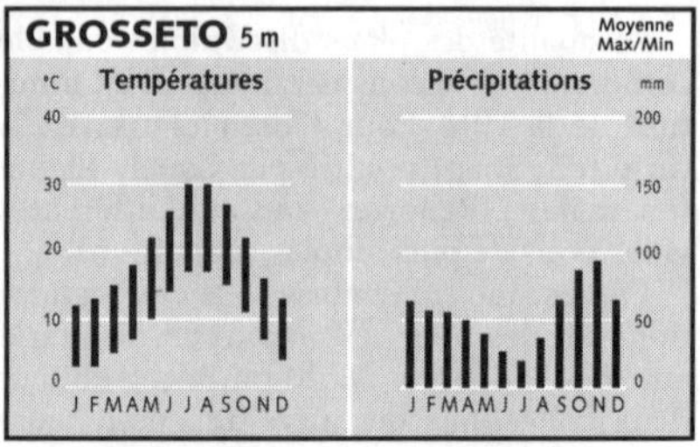

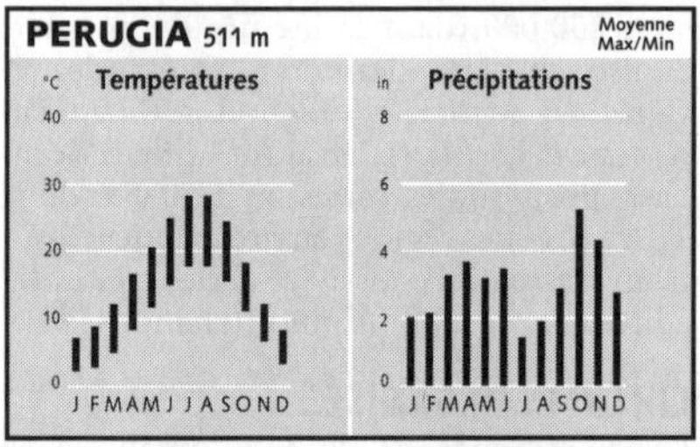

COMMUNAUTÉ GAY ET LESBIENNE

L'homosexualité, légale en Italie, est bien tolérée dans le nord du pays.

Vous pourrez vous procurer les adresses des bars et discothèques gays auprès des organismes homosexuels locaux (voir ci-dessous) ou dans le mensuel national *Pride* (3,10 €). Le site web www.gay.it/pinklily comporte de multiples informations sur les activités et les endroits où sortir, mais il n'a pas été mis à jour depuis 1999.

Vous pouvez vous munir des guides gay et lesbien internationaux *Spartacus Guide for Gay Men*, publié par Bruno Gmünder Verlag, Mail Order, PO Box 61 01 04, 10921 Berlin, Allemagne, et *Places for Women*, édité par Ferrari Publications, Phoenix, Arizona, USA.

L'association italienne pour les gays **Arci-Gay** (☎ 051 649 30 55, fax 528 22 26 ; www.arcigay.it, en italien uniquement), basée à Bologne, est le principal organisme militant pour les droits des gays et des lesbiennes en Italie. Voyez également **Azione Gay e Lesbica Finisterrae** (☎/fax 055 67 12 98 ; www.azionegayelesbica .it, en italien uniquement) à Florence. Son site web propose quantité de liens utiles.

Sur Internet, le www.gay.it (en italien uniquement) met en ligne des informations sur le milieu gay et lesbien en Italie et indique également des liens utiles.

Versilia et Torre del Lago possèdent une scène gay très active. Dans cette dernière ville, la communauté homosexuelle se retrouve sur la "Lecciona", une plage bordée de bars et de restaurants. Il y a cinq ans a été fondée l'association **Friendly Versilia** (☎ 050 55 56 18 pour tout renseignement touristique ; www.friendlyversilia.it), dont l'objectif est de promouvoir la région comme une destination de vacances pour les homosexuels. Tous les ans au mois d'août, le "Mardi Gras Friendly Versilia" attire des milliers de visiteurs. Le site web de l'association présente une liste de bars, de restaurants et d'hébergements recommandés.

COURS

La Toscane et, de plus en plus, l'Ombrie attirent les personnes désireuses d'apprendre l'italien. Les cours sont proposés par les universités et les écoles privées disséminées dans toute la région, bien que les pôles d'attraction restent Florence et Sienne. Ce type d'activité est une merveilleuse façon de découvrir le pays.

Écoles et universités sont répertoriées à la rubrique *Renseignements* des villes concernées. Le site web www.it-schools.com recense quantité d'établissements et de cours. En général, vous pouvez trouver un logement par l'intermédiaire de l'école.

De nombreuses structures proposent également des cours de peinture, d'histoire de l'art, de sculpture, d'architecture et de cuisine, qui peuvent s'avérer onéreux (jusqu'à 1 000 €). Pour les cours de cuisine, reportez-vous au chapitre *Gastronomie* (p. 68).

Vous pouvez aussi vous inscrire à l'université pour suivre un cursus normal, ce qui suppose bien entendu que vous maîtrisiez l'italien.

L'**Istituto Italiano di Cultura** (www.italcult.net) est une organisation financée par le gouvernement italien, chargée de promouvoir la culture et la langue. Il possède des annexes dans le monde entier et peut fournir des renseignements sur les possibilités d'études.

DÉSAGRÉMENTS ET DANGERS

Vols

Les pickpockets et les voleurs à la tire œuvrent dans les quartiers les plus touristiques des grandes villes et dans certaines stations balnéaires. Investissez dans une ceinture porte-billets dans laquelle vous glisserez vos documents importants et restez sur vos gardes. À Florence en particulier, méfiez-vous des femmes accompagnées d'enfants à l'aspect débraillé. Agissant généralement en groupe de quatre ou cinq, les pickpockets agitent devant vous un panneau de papier et de carton pour détourner votre attention et en profitent pour vider vos poches ou votre sac à main. Ne sous-estimez pas leur habileté, ils sont vifs comme l'éclair et très expérimentés.

Les voitures en stationnement, en particulier celles immatriculées à l'étranger ou portant l'autocollant d'une société de location, attirent aussi les voleurs. Ne laissez jamais d'objets de valeur dans votre véhicule et veillez à être correctement assuré (pour plus de détails, voir p. 353). En cas de vol ou de perte, faites une déclaration écrite à la police dans les 24 heures afin de vous faire rembourser par votre compagnie d'assurance.

Circulation

Au mieux chaotique, au pire franchement dangereuse, la circulation en Italie surprendra les voyageurs. Les automobilistes préfèrent faire une embardée plutôt que de s'arrêter pour laisser passer les piétons, même aux passages protégés. Les piétons italiens s'engagent donc simplement sur la chaussée et passent avec détermination au milieu des voitures. Le système semble fonctionner ; si vous hésitez à traverser une artère passante, attendez qu'un Italien se lance et emboîtez-lui le pas. Dans bien des villes, les rues à sens unique réservent une voie pour les bus circulant à contresens. Par ailleurs, vous verrez fréquemment des deux-roues emprunter des rues à sens unique dans le mauvais sens. Regardez donc toujours des deux côtés avant de traverser.

Conduire dans la campagne toscane et ombrienne s'avère bien moins stressant. Prenez votre temps, car les routes, tortueuses et étroites, peuvent être difficiles à négocier.

DOUANE

Les ventes hors taxes au sein de l'Union européenne n'existent plus. La réglementation du marché unique prévoit que les produits achetés et exportés à l'intérieur de l'UE ne sont soumis à aucune taxe supplémentaire, dans la mesure où ils sont destinés à la consommation personnelle et où les droits ont été payés dans un des pays de l'Union.

Les voyageurs venant en Italie de pays non membres de l'UE ont en revanche le droit d'importer hors taxes 200 cigarettes, 1 l d'alcool, 2 l de vin, 60 ml de parfum, 250 ml d'eau de toilette, ainsi que d'autres marchandises pour une valeur totale de 175 € ; au-delà, ils doivent faire une déclaration à l'arrivée et payer les droits de douane correspondants (nous vous recommandons de garder les factures).

FÊTES ET FESTIVALS

Le calendrier foisonne de manifestations en tout genre, qu'il s'agisse de fêtes traditionnelles hautes en couleur, de célébrations religieuses ou historiques ou encore de festivals artistiques consacrés à l'opéra, à la musique ou au théâtre. Quelques manifestations ont lieu dans tout le pays (voir ci-dessous) mais, en général, elles se produisent dans une ville donnée. La présentation détaillée de chaque fête ou festival figure dans les chapitres régionaux.

Carnevale

Pendant la période qui précède le mercredi des Cendres, de nombreuses cités organisent des carnavals et se défoulent avant le Carême. Le carnaval de Viareggio se range parmi les plus connus du pays, juste derrière celui de Venise.

Pasqua (Pâques)

La Semaine sainte donne lieu à des processions solennelles et des représentations de la Passion. À Florence, le Scoppio del Carro a lieu sur la Piazza del Duomo à midi le dimanche de Pâques. En vertu d'une tradition remontant à l'époque des croisades, un char rempli de feux d'artifice est mis à feu. La réussite de l'explosion augure de bonnes choses pour la ville.

HÉBERGEMENT

Les tarifs des hébergements figurant dans ce guide ne sont fournis qu'à titre indicatif. Ils peuvent varier considérablement en fonction de la saison et au gré des augmentations décidées par les hôteliers. Si certains établissements appliquent les mêmes tarifs pendant des années (ou même les baissent d'une année sur l'autre), plus nombreux sont ceux qui les augmentent de 5 à 10% tous les ans. Renseignez-vous toujours sur les prix avant de défaire vos bagages.

La saison touristique bat son plein en juillet/août et coïncide avec le moment où la plupart des Toscans prennent leurs congés annuels. Durant cette période, il

UNE VILLA DANS LES VIGNES

Envie de détente et de luxe ? Louez une villa dans la campagne. De plus en plus de touristes recourent à cette solution et l'on trouve des offres à peu près partout en Toscane, en Ombrie et dans les régions voisines.

Renseignez-vous auprès des agences de voyages spécialisées de votre pays ou contactez directement un organisme en Italie. Cuendet, par exemple, un prestataire important et fiable, publie une brochure répertoriant toutes les villas qu'il propose à la location, la plupart avec des photos. Pour 4 à 6 personnes, les prix s'échelonnent de 460 € la semaine en hiver à 1 300 € la semaine en août. Adressez-vous à **Cuendet & Ciespa** (☎ 0577 57 63 10 ; www.cuendet.com).

À l'étranger, les bureaux de la Compagnia Italiana di Turismo (CIT) disposent de listes de villas et d'appartements à louer en Toscane et en Ombrie.

est parfois difficile de trouver un hébergement de qualité, surtout si vous désirez loger près de la plage. En été et pendant les autres périodes d'affluence, comme Pâques et Noël, réservez longtemps à l'avance. Il est également conseillé de téléphoner pour confirmer votre arrivée, surtout si vous prévoyez d'arriver en retard.

Janvier et février sont les mois les plus calmes. Hors saison, vous devriez pouvoir marchander pour faire baisser les prix.

Dans ce guide, la catégorie petits budgets correspond à un prix inférieur à 70 € en double, la catégorie moyenne comprend les établissements où les doubles valent entre 70 et 150 € et la catégorie supérieure concerne les hôtels demandant plus de 150 €.

Agriturismo

En Toscane et en Ombrie, les vacances à la ferme restent très prisées. À l'origine, des exploitants agricoles louaient des chambres dans leur habitation à des vacanciers. Ce type de formule existe toujours, mais l'on trouve désormais plus fréquemment des corps de ferme restaurés, avec un restaurant et des chambres à louer. Autrefois, les établissements d'*agriturismo* étaient des exploitations actives, mais, avec le boum touristique, on voit apparaître sous cette étiquette une multitude de maisons de campagne élégamment rénovées. Les offices du tourisme vous fourniront des listes d'adresses. Vous pouvez aussi vous connecter sur le www.agriturismo.net ou le www.agriturist.com.

Ce mode d'hébergement est une bonne solution pour les familles ou pour les petits groupes d'amis qui partagent les frais, à condition de disposer d'un moyen de transport autonome.

Auberges de jeunesse

Les auberges de jeunesse sont ici gérées par l'AIG (Associazone Italiana Alberghi per la Gioventù), affiliée à Hostelling International (HI). Seuls les membres peuvent y séjourner, mais on peut adhérer sur place. L'hébergement se fait en général dans des dortoirs non mixtes et coûte environ 12 € la nuit. Certaines auberges proposent des chambres familiales plus onéreuses. En été, mieux vaut réserver, surtout à Florence et Perugia. Réglez votre note avant 9h le jour de votre départ pour éviter que l'on vous facture une nuit supplémentaire.

Le www.ostellionline.com présente une liste des auberges de la région ainsi que des informations sur l'adhésion à HI, et propose un service de réservation en ligne.

Camping

Le camping est très apprécié en Toscane, mais cette option peut s'avérer assez coûteuse une fois que l'on additionne tous les frais. En plus du tarif par personne et par emplacement (tente ou caravane), il faut aussi parfois payer l'utilisation des douches et le stationnement de votre véhicule. En outre, les campings sont souvent éloignés du centre-ville et si vous vous déplacez par les transports publics, vous devrez prendre en compte ce coût supplémentaire.

D'une manière générale, le camping sauvage est interdit.

Le Touring Club Italiano (TCI) publie tous les ans un répertoire des campings du pays, *Campeggi e Villaggi Turistici* (20 €). Le www.campeggitalia.com et le www.camping.it indiquent des adresses par région et par province.

Couvents et monastères

Une cinquantaine de couvents et de monastères sont disséminés dans toute région et beaucoup accueillent des hôtes. Les chambres sont très correctes, quoique souvent assez spartiates et non mixtes. Évitez de vous présenter spontanément et téléphonez au préalable. Les bonnes librairies de Toscane vendent un guide très pratique, la *Guida dei Monasteri d'Italia*, de Gian Maria Grasselli et Pietro Tarallo (environ 10 €). Seuls les italophones l'utiliseront pleinement, mais les autres pourront toujours relever les numéros de téléphone et appeler pour se renseigner. Sinon, vous pouvez toujours vous adresser aux offices du tourisme de la province ou de la ville.

Hébergement pour étudiants

Ceux qui partent étudier en Italie peuvent généralement trouver à se loger par l'intermédiaire de l'école ou de l'université dans laquelle ils s'inscrivent. Il est possible de louer une chambre dans une famille italienne ou de partager un appartement avec d'autres étudiants.

Hôtels

Les prix donnés dans ce guide ne sont fournis qu'à titre indicatif. Les hôtels italiens, strictement réglementés, sont classés selon une échelle allant de une à cinq étoiles. Ils possèdent différentes appellations, dont *albergo*, *locanda*, *affittacamere* ou *pensione*. Les *pensioni* ne sont plus reconnues officiellement, mais sachez qu'elles correspondent à la catégorie une ou deux-étoiles.

La qualité de l'hébergement varie énormément. Les hôtels une-étoile proposent généralement des chambres très ordinaires sans sdb. Les établissements deux-étoiles n'offrent guère plus de confort, mais leurs chambres disposent en général d'une sdb. La catégorie trois-étoiles assure en principe un certain degré de confort, bien que la qualité puisse être très variable d'un établissement à l'autre. Les hôtels quatre et cinq-étoiles appartiennent parfois à une chaîne et offrent un room-service ainsi qu'un service de blanchisserie et de teinturerie.

Florence et l'île d'Elbe (en juillet et août) pratiquent les tarifs les plus élevés. En haute saison, certains hôtels peuvent imposer un séjour de plusieurs nuits.

Une *camera singola est une chambre simple, une camera doppia*, une double avec des lits jumeaux et une *camera matrimoniale*, une double avec un grand lit.

Les offices du tourisme fournissent des listes d'hôtels très complètes.

Location d'appartements

Trouver un appartement à louer en ville est une tâche difficile et de longue haleine, mais pas impossible. Des agences peuvent vous aider, mais elles vous factureront des frais. Un studio avec kitchenette dans le centre de Florence vous coûtera entre 300 et 550 € par mois pour une location longue durée. Ailleurs, vous pourrez bénéficier de prix bien moins élevés.

Consultez les petites annonces des journaux spécialisés, comme *La Pulce* et *Panorama* à Florence, mais vous n'y trouverez pas beaucoup d'offres en colocation. De nombreux Italiens acceptent de louer à des étrangers pour de courtes périodes, mais cette solution revient plus cher.

Rifugi

Si vous avez l'intention de faire de la randonnée dans les Alpes Apuanes, renseignez-vous sur le réseau de *rifugi* (gîtes de montagne). Gérés pour la plupart par le **Club Alpino Italiano** (CAI ; www.cai.it), ils proposent un hébergement en dortoirs de 2 à 12 couchettes, voire plus et, souvent, une formule demi-pension comprenant le dîner, la nuit et le petit déjeuner.

Vous trouverez également des gîtes privés et, de temps en temps, un *bivacco*, refuge sommaire ouvert à tous. D'une manière générale, les *rifugi* accueillent le public de la mi-juin à la mi-septembre, mais certains, installés à basse altitude, restent ouverts plus longtemps.

SI vous envisagez de vous arrêter dans un *rifugio*, téléphonez toujours au préalable pour vous assurer qu'il est ouvert et qu'il peut vous accueillir. Dans la mesure du possible, précisez l'heure approximative de votre arrivée.

HEURES D'OUVERTURE

Les magasins ouvrent en principe du lundi au vendredi de 9h à 13h et de 15h30 à 19h30 (ou de 16h à 20h), mais dans les grandes villes, ils sont de plus en plus nombreux à faire la journée continue. Les petites boutiques sont souvent fermées le lundi. Les banques accueillent en général le public de 8h30 à 13h30 et de 15h à 16h (les horaires peuvent varier). Elles ferment le week-end, mais vous devriez pouvoir trouver un bureau de change ouvert en cas de nécessité. Les bureaux de poste fonctionnent du lundi au vendredi de 8h30 à 13h30 et le samedi jusqu'à 11h45. Les pharmacies délivrent des médicaments de 9h à 12h30 et de 15h30 à 19h du lundi au vendredi. Elles ferment les samedi et dimanche après-midi, mais sont tenues d'afficher la liste des officines de garde.

Les restaurants assurent deux services, de 12h à 15h et de 19h30 à 23h. Les bars servent de 8h jusque tard le soir. Ces deux types d'établissements ont un jour de fermeture hebdomadaire. Les discothèques ouvrent vers 22h mais ne se remplissent qu'aux environs de minuit.

HEURE LOCALE

L'Italie est à l'heure GMT/UTC plus 1 heure. On passe à l'heure d'été le dernier dimanche de mars en avançant les horloges d'une heure. On les recule à nouveau d'une heure le dernier dimanche d'octobre.

Une carte du monde indiquant les fuseaux horaires figure à la fin de ce guide.

OFFICES DU TOURISME

Offices du tourisme locaux

L'**office régional du tourisme** de Toscane (☎ 055 438 51 35 ; www.regione.toscana.it, en italien uniquement) se trouve Via di Novoli 26, à Florence. Pour l'Ombrie, l'**office régional du tourisme** (☎ 075 575 951 ; www.umbria-turismo.it) est installé Via Mazzini 21, à Perugia. Dans toutes les capitales de province, les bureaux de l'Azienda di Promozione Turistica (APT) distribuent de la documentation, en général uniquement sur la province, éventuellement sur la ville elle-même mais pas, ou guère, sur le reste de la région. La Toscane et l'Ombrie étant de longue date des destinations prisées des touristes, le personnel parle généralement plusieurs langues.

Il existe aussi des offices du tourisme au niveau de chaque localité. Les plus répandus sont les Pro Loco, mais on trouve aussi d'autres organismes. Ils offrent des informations sur la ville et parfois sur les environs.

Vous pouvez demander une *pianta della città* (plan de la ville), un *elenco degli alberghi* (liste d'hôtels) ou des *informazioni sulle attrazioni turistiche* (documentation sur les principales curiosités). On vous aidera souvent à dénicher un hôtel.

Les offices du tourisme les plus importants répondent en principe aux requêtes écrites ou téléphoniques, par exemple aux demandes d'informations sur les hôtels et les appartements à louer.

Les coordonnées des offices du tourisme figurent aux rubriques des villes concernées.

PHOTO

Les systèmes de détection des aéroports sont conçus pour ne pas endommager les pellicules et le matériel de photo transportés en bagage à main. Prévoyez entre 8 et 13 € pour le développement d'une pellicule de 24 poses. Les services photo coûtent souvent moins cher dans les grandes villes comme Florence et Perugia.

À l'entrée de beaucoup d'églises et de musées, des panneaux sur lesquels figure un appareil photo barré indiquent l'interdiction de prendre des clichés.

Pour des conseils sur la façon de tirer au mieux parti de votre appareil photo, voyez *Travel Photography* de Lonely Planet (en anglais).

POSTE

Les services postaux italiens ont la réputation d'être lents, chers et peu fiables.

Les *francobolli* (timbres) s'achètent dans les bureaux de poste et de tabac agréés, les *tabacchi* (signalés par un grand "T", généralement blanc sur fond noir). Dans les grandes villes, la poste principale ouvre généralement de 8h à 17h au moins. De nombreux bureaux de poste fonctionnent également le samedi matin. Les *tabacchi* respectent les horaires classiques des magasins.

L'affranchissement d'une lettre ou d'une carte poste par avion de moins de 20 g coûte 0,52 € pour les États-Unis et 0,41 € pour l'Europe. Vous pouvez aussi utiliser le courrier prioritaire *(posta prioritaria)* ou le recommandé *(raccomandata)* moyennant un supplément. Le coût dépend du type de service et du poids de la lettre. Une lettre normale par avion peut mettre deux semaines à parvenir à son destinataire, parfois plus pour les pays lointains. Le service ne fonctionne guère plus rapidement à l'intérieur de l'Italie : comptez au moins trois jours pour la même ville et jusqu'à une semaine pour une autre ville.

La poste restante s'appelle *fermo posta.* Les lettres portant cette mention sont tenues à disposition au guichet du même nom à la poste principale de la ville concernée. Le courrier doit être libellé de la façon suivante :

Paul MARTIN
Fermo Posta
Posta Centrale
50100 Florence
Italie

Pour récupérer votre courrier, présentez-vous en personne muni d'une pièce d'identité.

PROBLÈMES JURIDIQUES

En Italie, contourner la loi, quelle qu'elle soit, constitue un mode de vie. Les gens réagiront avec surprise, voire avec impatience, si vous leur faites remarquer qu'ils sont en train de commettre une infraction. Peu d'Italiens respectent les limitations de vitesse, nombre de motards et d'automobilistes ne s'arrêtent pas aux feux rouges, encore moins aux passages cloutés. Les arrêtés pris par les municipalités interdisant les dépôts d'ordures et les déjections canines ne semblent avoir aucun effet. Mais ce ne sont là que des transgressions mineures par rapport au crime organisé, à la fraude fiscale et à la corruption aussi bien dans les milieux gouvernementaux que financiers.

Le touriste ordinaire n'aura probablement affaire à la police que s'il a la malchance d'être pris pour cible par un voleur à la tire ou un pickpocket.

Drogue

La législation italienne en la matière est sévère pour les trafiquants et tolérante pour les consommateurs. Si vous êtes arrêté en possession de stupéfiants apparemment destinés à votre usage personnel, vous serez relâché avec un avertissement et les produits illicites vous seront confisqués. En revanche, s'il est établi que vous aviez l'intention de les vendre, vous pouvez être placé en détention. La loi ne fixant pas de quantité limite, il appartient à la police de décider si vous êtes trafiquant ou simple consommateur. Le plus raisonnable reste de se tenir à l'écart de ces substances.

Alcoolémie

Le taux d'alcoolémie autorisé est de 0,05%. Des alcotests sont effectués au hasard par les autorités et les peines peuvent aller d'une amende payable immédiatement à la confiscation de votre permis.

ÂGE LÉGAL

Conduite	18
Vote	18
Consommation d'alcool	16

Police

La police, force civile, dépend du ministère de l'Intérieur, tandis que les *carabinieri* (gendarmes) sont placés sous la tutelle du ministère de la Défense. Policiers et *carabinieri* continuent à faire double emploi dans bien des domaines, malgré la réforme de 1981 qui visait à fusionner ces deux forces.

Les *carabinieri* portent un uniforme bleu foncé avec une bande rouge et circulent dans des voitures de la même couleur. Bien entraînés, ils apportent une aide efficace. Ils sont cantonnés dans une *caserma* (caserne).

Les policiers portent un pantalon bleu pastel avec une bande fuchsia et une veste bleu marine. Ils conduisent des véhicules bleu clair marqués d'une bande blanche et de l'inscription *polizia* sur les côtés. C'est à eux que vous déclarerez un vol et demanderez un permis de séjour. Ils siègent dans une *questura*.

Les *vigili urbani* sont essentiellement chargés de la circulation Vous aurez affaire à eux pour les P.V. ou si votre véhicule est emmené à la fourrière. La *guardia di finanza* s'occupe de la lutte contre la fraude fiscale et le trafic de drogue.

VOS DROITS

Vous risquez de connaître des moments pénibles si vous êtes arrêté par la police. En vertu des lois antiterroristes, vous pouvez en effet être placé en garde à vue pendant 48 heures sans qu'un magistrat en soit informé, et interrogé en l'absence d'un avocat. Il est difficile d'obtenir une remise en liberté sous caution et on peut légalement être détenu trois ans avant de passer en jugement.

RÉDUCTIONS

Cartes seniors

Les personnes de plus de 60 ou 65 ans (en fonction des réductions offertes) peuvent bénéficier de tarifs réduits dans bien des endroits sur simple présentation de leur passeport ou de leur carte d'identité.

Cartes d'étudiant

Ces cartes permettent de bénéficier de réductions dans les transports et de tarifs réduits dans certains musées et sites, ainsi que pour des spectacles. La **carte d'étudiant internationale** (International Student Identity Card, ISIC) est délivrée par plus de 5 000 organismes dans le monde, essentiellement des agences de voyages pour étudiants vendant des billets d'avion, de train et de bus.

Si vous avez moins de 26 ans, vous pouvez vous procurer une carte **Euro26**. Elle donne droit aux mêmes avantages que la carte ISIC et elle est délivrée à peu près par les mêmes organismes. Pour en savoir plus, connectez-vous sur le www.euro26.org.

En Italie, les bureaux du CTS (Centro Turistico Studentesco e Giovanile), organisation de voyages pour les jeunes et les étudiants, délivrent les cartes ISIC et Euro26.

Sachez que de nombreux endroits accordent des réductions en fonction de l'âge plutôt que du statut étudiant. La carte ISIC n'est parfois acceptée que si vous présentez en même temps une preuve de votre âge (passeport, par exemple).

SPÉCIAL ENFANTS

Vos enfants seront très bien accueillis en Toscane et en Ombrie et la plupart des établissements les accepteront volontiers. Les enfants (généralement de moins de 12 ans) voyagent à tarif réduit dans les transports publics et paient moins cher l'entrée dans les musées et les autres sites.

Voyager avec des enfants peut être très gratifiant à condition de bien prévoir les choses. Pour en savoir plus, vous pouvez consulter le guide de Lonely Planet *Travel With Children* (en anglais).

Bon à savoir

Dans la mesure du possible, réservez votre logement à l'avance si vous voyagez en famille pour éviter les mauvaises surprises. Une bonne solution est de louer une villa ou un hébergement comportant une cuisine pour pouvoir préparer vous même vos en-cas et vos repas. Sinon, demandez aux offices du tourisme de vous indiquer les hôtels et pensions particulièrement adaptés aux enfants. Beaucoup d'hôtels proposent des services de garderie et fournissent des lits pour bébés et des chaises hautes si vous en faites la demande à l'avance (moyennant un supplément). Vous pouvez également réserver des sièges enfants en même temps que votre voiture de location, mais mieux vaut apporter les vôtres si vous prévoyez de nombreux déplacements ; n'oubliez pas de vérifier le poids de bagages autorisé si vous venez en avion.

Les *farmacie* (pharmacies) vendent du lait pour bébé, en poudre ou liquide, ainsi que des produits de stérilisation. Vous trouverez des couches dans les supermarchés, les pharmacies (où elles sont plus chères) et parfois dans les grandes papeteries. Les bars affichant l'enseigne *Latteria* et les supermarchés vendent du lait de vache frais dans des emballages cartonnés. Par précaution, conservez avec vous une brique de lait UHT car les bars ferment en général à 20h.

Munissez-vous de crème solaire car le soleil peut taper dur, et tâchez de prévoir les sorties au moment les plus frais de la journée (tôt le matin et en fin d'après-midi).

Veillez à limiter la consommation de bonbons et autres friandises que les Italiens ne manqueront pas d'offrir à vos enfants et sachez que rares sont les bars et restaurants à avoir adopté une politique non fumeurs.

TÉLÉPHONE

L'entreprise privatisée Telecom Italia est le principal opérateur du pays. Vous verrez un peu partout ses téléphones publics orange. La plupart fonctionnent uniquement avec une *carta/scheda telefonica* (carte téléphonique), mais certains acceptent encore les pièces. D'autres s'utilisent également avec des cartes de crédit vendues par Telecom, voire des cartes de crédit classiques. Ces téléphones sont installés dans les rues, les gares, certains grands magasins et les agences Telecom en libre service. La plupart indiquent clairement la marche à suivre en anglais.

Les numéros de téléphone changent souvent en Italie. Consultez l'annuaire des villes que vous visitez ou composez le ☎ 12.

Téléphones mobiles

L'Italie utilise le système GSM 900/1800, compatible avec le reste de l'Europe mais pas avec le GSM 1900 d'Amérique du Nord (cependant, les téléphones GSM 1900/900 vendus en Amérique du Nord fonctionneront). Si vous possédez un téléphone portable, vérifiez auprès de votre opérateur que l'Italie fait partie de la couverture du réseau. Méfiez-vous des appels acheminés à l'international (cela revient très cher pour une communication "locale").

Indicatifs téléphoniques

Le code d'accès à l'international est le ☎ 00 et l'indicatif de l'Italie, le ☎ 39.

Les indicatifs régionaux commencent tous par 0 et comportent jusqu'à quatre chiffres, suivis du numéro de téléphone, formé de 4 à 8 chiffres.

Les indicatifs font partie intégrante de tous les numéros de téléphone en Italie et doivent être composés même pour les appels passés à l'intérieur d'une même zone. Pour appeler un correspondant à Florence, vous commencez toujours par ☎ 055, y compris lorsque vous téléphonez de la ville même. Que vous appeliez de l'Italie ou de l'étranger, il faut toujours composer le numéro complet, y compris le zéro initial.

Les *numeri verdi* (numéros verts) commencent généralement par ☎ 800 (certains par ☎ 199 ou ☎ 848). Les numéros des téléphones portables possèdent un préfixe à trois chiffres, par exemple ☎ 330, ☎ 335, ☎ 347, etc.

Cartes téléphoniques

Les cartes téléphoniques se vendent dans les postes, les bureaux de tabac, les kiosques à journaux et les bureaux Telecom (équipés de distributeurs automatiques). Elles coûtent 1 €, 2,50 €, 5 € ou 7,50 €. N'oubliez pas d'enlever le coin perforé avant de les utiliser.

TRAVAILLER EN ITALIE

Les non-ressortissants de l'Union européenne ne sont pas autorisés à occuper un emploi en Italie sans permis de travail, et celui-ci est parfois long à obtenir. Les citoyens de l'UE peuvent travailler avec un *permesso di soggiorno*, à demander à la *questura* principale de la ville dans laquelle ils ont trouvé un emploi. Voir p. 344 pour de plus amples informations sur ces permis.

En s'y prenant avant le départ, il est possible de travailler au pair en Italie.

Vous pouvez essayez d'enseigner votre langue en mettant des petites annonces dans les magasins et les universités. Les tarifs varient suivant l'expérience. Pour facturer vos services, basez-vous sur les prix indiqués dans les autres annonces.

Certains visiteurs se débrouillent pour travailler dans les cuisines et au bar des restaurants les plus touristiques, notamment à Florence

VACANCES ET JOURS FÉRIÉS

La majorité des Toscans prennent leurs vacances en août et désertent les villes pour se rafraîchir au bord de la mer ou à la montagne. Nombre de commerces ferment alors une partie du mois, notamment la semaine du 15 août (Ferragosto, l'Assomption). Les grandes villes comme Florence sont abandonnées aux touristes, qui trouveront sans doute frustrant de se heurter aux portes closes des multiples restaurants et magasins qui ne rouvrent que début septembre. Les Italiens prennent aussi des vacances à Pâques, durant la Settimana Santa, et beaucoup d'écoles en profitent pour envoyer leurs élèves faire des excursions culturelles. La fréquentation peut donc augmenter pendant cette période dans les musées et les sites touristiques. Préparez-vous à de longues files d'attente.

Trouver un hébergement aux alentours des jours fériés risque d'être difficile. Si vous voyagez avec des enfants, réservez pour éviter les mauvaises surprises.

Voici les différents jours fériés nationaux :

Jour de l'an (Anno Nuovo) 1er janvier – les festivités ont lieu la veille, à l'occasion du réveillon (Capodanno)
Épiphanie (Befana) 6 janvier
Vendredi saint (Venerdì Santo) mars/avril
Lundi de Pâques (Pasquetta/Giorno dopo Pasqua) mars/avril
Jour de la Libération (Giorno della Liberazione) 25 avril – commémoration de la victoire des Alliés en Italie, de la fin de la présence allemande et de la chute de Mussolini
Fête du travail (Giorno del Lavoro) 1er Mai
Assomption (Ferragosto) 15 août
Toussaint (Ognissanti) 1er novembre
Immaculée Conception (Concezione Immaculata) 8 décembre
Noël (Natale) 25 décembre
Saint-Stéphane (Festa di Santo Stefano) 26 décembre

Il existe aussi des jours fériés propres à chaque ville, durant lesquels on célèbre le saint patron de la localité. Reportez-vous aux chapitres concernés.

VISAS

Les informations données ci-dessous étaient correctes au moment de mettre sous presse, mais les restrictions et les règlements changent rapidement. Les renseignements de cette rubrique ne sont donc fournis qu'à titre indicatif. Adressez-vous à votre ambassade ou consultez le site web de Lonely Planet, www.lonelyplanet.fr, qui propose également des liens utiles.

Visas

L'Italie fait partie des 15 pays signataires des accords de Schengen, aux termes desquels tous les pays de l'UE (sauf le Royaume-Uni et l'Irlande), ainsi que l'Islande et la Norvège, ont supprimé les contrôles aux frontières internes. Les autres pays de l'UE sont l'Allemagne, l'Autriche, la Belgique, le Danemark, l'Espagne, la Finlande, la France, la Grèce, le Luxembourg, les Pays-Bas, le Portugal et la Suède. Leurs résidents légaux n'ont pas besoin de visa pour les pays de l'espace Schengen. Les ressortissants canadiens et suisses en sont également exemptés pour un séjour touristique d'une durée inférieure à 90 jours.

Les ressortissants d'un pays non membre de l'Union européenne se rendant en Italie pour un séjour non touristique (par exemple pour étudier ou travailler) doivent se renseigner auprès d'un consulat italien sur les obligations de visa. Ils s'assureront également à leur entrée en Italie qu'on leur tamponne bien leur passeport, afin de ne pas rencontrer de difficulté pour obtenir un *permesso di soggiorno* (voir ci-après). Si vous êtes citoyen d'un pays non mentionné ci-dessus, renseignez-vous auprès d'un consulat italien pour savoir si vous avez besoin d'un visa.

VISAS ÉTUDIANTS

Les citoyens des pays non membres de l'Union européenne qui veulent étudier en Italie doivent demander un visa à l'ambassade ou au consulat d'Italie de leur pays. L'étudiant doit en principe fournir des justificatifs d'inscription et la preuve qu'il peut subvenir à ses besoins. Le visa est valable uniquement pour la durée des études. Il peut être prorogé en Italie, toujours au vu des mêmes justificatifs (prévoir des relevés bancaires pour attester de vos ressources).

Permis

En théorie, les citoyens de l'Union européenne n'ont pas de besoin de permis pour vivre, travailler ou fonder une entreprise en Italie. En pratique, il vous est tout de même conseillé d'aller vous faire enregistrer dans une *questura*, conformément à la législation anti-mafia visant à conserver les coordonnées de toutes les personnes vivant dans le pays. Vous n'y êtes pas obligé, mais certains propriétaires rechigneront à vous louer un appartement si vous n'avez pas fait cette démarche. Si vous souhaitez vous établir en Italie pour un certain temps, il vous faudra obtenir un *permesso di soggiorno*, nécessaire à l'obtention d'une *carta d'identità*, ou carte de résident (voir ci-dessous). Un *codice fiscale* (numéro d'enregistrement fiscal) est indispensable pour toucher des revenus en Italie.

PERMIS DE TRAVAIL

Les ressortissants des pays non membres de l'Union européenne qui souhaitent travailler en Italie doivent obtenir un *permesso di lavoro* (permis de travail). Si vous avez l'intention de travailler pour une société italienne qui vous paiera en euros, celle-ci doit se charger des formalités et faire parvenir ce *permesso* au consulat d'Italie de votre pays d'origine, qui vous délivrera le visa approprié.

En revanche, s'il s'agit d'une entreprise étrangère vous rémunérant en devises ou si vous souhaitez exercer une activité libérale, vous devez vous procurer vous-même le visa et le *permesso* auprès du consulat italien dans votre pays. Cette procédure peut prendre plusieurs mois.

Beaucoup d'étrangers préfèrent trouver un travail au noir dans l'enseignement, la restauration ou les emplois saisonniers (voir p. 343).

PERMIS DE SÉJOUR

Tous les visiteurs, sauf les vacanciers, sont théoriquement tenus de se présenter dans une *questura* s'ils prévoient de résider au même endroit plus d'une semaine, afin de recevoir un *permesso di soggiorno* (permis de séjour). Cette mesure ne s'applique pas aux touristes descendant dans les hôtels, car ce sont les hôteliers qui déclarent leurs clients à la police.

Ce *permesso di soggiorno* n'est en fait nécessaire que si l'on désire étudier, exercer un emploi déclaré ou vivre en Italie. En obtenir un n'a rien d'une partie de plaisir. Si les choses sont simples pour les citoyens de l'UE, il n'en va pas de même pour les autres ressortissants, qui doivent supporter

PHOTOCOPIES

Avant de partir, nous vous conseillons de photocopier tous vos documents importants (pages d'introduction de votre passeport, cartes de crédit, numéros de chèques de voyage, police d'assurance, billets de train/d'avion/de bus, permis de conduire, etc.). Emportez un jeu de ces copies, que vous conserverez à part des originaux. Vous remplacerez ainsi plus aisément ces documents en cas de perte ou de vol.

de longues files d'attente, traiter avec des policiers peu aimables et patienter parfois deux heures avant d'apprendre qu'ils ne possèdent pas tous les documents requis.

Les pièces nécessaires, documents et timbres fiscaux *(marche da bollo)* changent d'une année sur l'autre. D'une manière générale, on vous demandera votre passeport en cours de validité et portant la date de votre entrée en Italie, un visa spécial obtenu dans votre pays si vous souhaitez poursuivre des études, 4 photos d'identité et des pièces justifiant que vous pouvez subvenir à vos besoins.

Mieux vaut vous renseigner dans une *questura* pour connaître la liste des pièces exigées.

VOYAGER EN SOLO

La Toscane et l'Ombrie ne présentent pas de danger particulier. Bien que les voyageurs isolés soient moins nombreux que dans d'autres pays dotés d'une "culture routard" bien enracinée, vous ne devriez rencontrer aucune difficulté. L'hébergement pourrait cependant vous poser un problème. Les chambres simples sont généralement facturées à des prix exorbitants par comparaison avec les doubles ou les chambres à lits jumeaux. Si votre budget est serré, optez plutôt pour les auberges de jeunesse, moins chères et qui vous permettront par ailleurs de rencontrer d'autres voyageurs.

Dans l'ensemble, les principes de bon sens prévalent. Ne vous promenez pas la nuit dans des rues ou des parcs sombres et veillez à conserver vos objets de valeur dans un endroit sûr.

Et les femmes seules ?

La Toscane ne présente aucun danger pour les femmes seules, qui se verront toutefois fréquemment exposées aux sifflets et remarques des hommes, plus agaçants que dangereux. Dans certains cas, le harcèlement peut prendre des proportions plus inquiétantes. Plusieurs lectrices ont été importunées par des exhibitionnistes dans les transports en commun à Florence. Pour certaines, la meilleure façon de réagir est de feindre l'indifférence. D'autres préfèrent montrer l'individu du doigt et rire pour retourner la situation contre lui. Dans tous les cas, n'hésitez pas à demander de l'aide autour de vous si vous avez l'impression de courir un danger.

Comme dans beaucoup d'autres pays, les femmes seules auront parfois du mal à obtenir qu'on les laisse tranquilles. Il n'est pas rare qu'elles soient abordées dans la rue, à la terrasse d'un café ou sur un banc public. Il suffit généralement d'ignorer l'importun pour qu'il s'éloigne. S'il insiste, dites-lui poliment que vous attendez votre *marito* (mari) ou votre *fidanzato* (fiancé) et, le cas échéant, allez vous-en. Les points noirs en la matière sont Florence, en particulier dans les bars, certaines stations balnéaires et l'île d'Elbe.

Essayez de conserver votre calme afin d'éviter une dispute qui sera toujours désagréable. Si tout le reste a échoué, dirigez-vous vers le policier ou le *carabiniere* (gendarme) le plus proche.

Ne vous promenez pas seule la nuit dans des rues désertes et préférez les hôtels situés dans le centre et facilement accessibles à pied depuis les quartiers où l'on peut dîner. Nous ne recommandons pas le stop et les femmes seules qui se déplacent de cette manière doivent se montrer particulièrement vigilantes.

VOYAGEURS HANDICAPÉS

La Toscane et l'Ombrie ne constituent pas des destinations idéales pour les voyageurs handicapés. Les personnes en fauteuil roulant devront affronter de nombreuses rues pavées et de multiples édifices (parmi lesquels des hôtels) dépourvus d'ascenseur.

L'Office national du tourisme italien dans votre pays saura peut-être vous indiquer des associations italiennes s'occupant des handicapés et vous renseigner sur l'aide que vous pourrez obtenir sur place. Il vous procurera éventuellement une petite brochure des chemins de fer italiens qui recense les installations spécifiques dans les gares et les trains.

Deux sites Internet dédiés aux personnes handicapées comportent une rubrique consacrée au voyage et diffusent d'utiles informations. Il s'agit de **Yanous** (www.yanous.com/pratique/tourisme/tourisme030613.html) et de **Handica** (www.handica.com).

Organismes

L'**APF** (Association des paralysés de France, 17 bd Blanqui, 75013 Paris, % 01 40 78 69 00, fax 01 45 89 40 57, www.apf.asso.fr) peut vous fournir d'utiles informations sur les voyages accessibles.

En Italie, **COIN** (Cooperative Integrate ; ☎ 06 712 9011; www.sociale.it, en italien uniquement, quelques informations en anglais sont disponibles sur le www.coinsociale.it, turismo@coinsociale.it ; Via Enrico Giglioli 54a, Rome), une association bénévole liée au gouvernement, dispose de sections partout dans le pays et fournit des renseignements sur l'hébergement, les transports et les curiosités touristiques.

La société privée **Promotur – Accessible Italy** (☎ 011 309 63 63 ; www.tour-web.com/accessibleitaly/index.html ; Piazza Pitagora 9, 10137 Turin) est spécialisée dans les services de vacances destinés aux handicapés et propose aussi bien des circuits que la location de moyens de transport adaptés.

TRANSPORTS

SOMMAIRE

DEPUIS/VERS LA TOSCANE ET L'OMBRIE

VOIE AÉRIENNE

Aéroports et compagnies aériennes

L'aéroport Galileo Galilei à Pise est la plaque tournante du trafic aérien en Toscane. Il est desservi par des vols réguliers et des charters en provenance du reste de l'Europe. Pour les vols intercontinentaux (depuis le Canada *via* les États-Unis notamment), l'aéroport le plus proche est celui de Leonardo da Vinci (Fiumicino) à Rome, au sud de la Toscane. Le petit aéroport Amerigo Vespucci (Perètola), à la périphérie de Florence, est utilisé pour les vols intérieurs et certains vols internationaux. En Ombrie, le principal aéroport est celui de Sant'Egidio, à Perugia.

En raison des menaces terroristes, les mesures de protection ont été renforcées dans les aéroports. Renseignez-vous auprès de la compagnie sur les horaires d'enregistrement et les éventuelles restrictions relatives aux bagages.

Voici les principaux aéroports de la région :

Rome Fiumicino (code FCO ; www.adr.it)
Florence Amerigo Vespucci (code FLR ; www.safnet.it)
Pisa Galileo Galilei (code PSA ; www.pisa-airport.com)
Perugia Sant'Egidio (code PEG ; www.airport.umbria.it)

AVERTISSEMENT

Les informations contenues dans ce chapitre sont sujettes à changement. Les prix des billets d'avion varient, les itinéraires et les horaires changent, des offres promotionnelles sont régulièrement proposées, etc. Renseignez-vous directement auprès des prestataires ou de votre agence de voyages. Comparez les prix et les offres avant de vous décider. Les informations de ce chapitre ne sont que des indicateurs.

Parmi les compagnies aériennes desservant la Toscane, mentionnons :

Air France Paris (☎ 0 820 820 820 ; www.airfrance.fr; 3615/16 AF ; 119 av. des Champs-Élysées, Paris 75008)
Alitalia Rome (☎ 8488 6 56 42 ; www.alitalia.it ; code AZ ; hub Fiumicino, Rome) ; Paris (☎ 01 44 94 44 20 ; fax 01 44 94 44 43 ; www.alitalia.fr ; 69 bd Haussmann ; Paris 75008) ; Montréal (☎ 514-842 82 41 ; www.alitalia.ca ; Peel Street 2055, Montréal, Québec H3A 1V8)

Billets

Les tarifs varient en fonction de la saison, des places disponibles et d'éventuelles campagnes de promotion. Faites jouer la concurrence en frappant à plusieurs portes, et comparez les prix. Sur Internet, on peut également trouver de bonnes affaires (voir l'encadré *Agences en ligne*). La plupart des compagnies aériennes possèdent leur site et de nombreuses sociétés en ligne vous proposeront les meilleurs tarifs. Reste que la réservation en ligne a ses limites, et rien ne pourra remplacer les conseils d'un agent de voyages connaissant bien les prestations et les détails techniques.

Toutes les taxes d'aéroport sont en général incluses dans le prix.

Depuis l'Europe francophone

FRANCE

Havas Voyages Paris (☎ 01 53 29 40 00 ; fax 01 47 03 32 13 ; www.havasvoyages.fr; 3615 Havas Voyages ; 26 av. de l'Opéra, Paris 75001)
Nouvelles Frontières (réservations et informations au ☎ 0 825 000 825, 01 45 68 70 00 ; www.nouvelles-frontieres.fr, 3615 NF ; 87 bd de Grenelle, 75738 Paris cedex 15)

Roots Travel Paris (☎ 01 42 74 07 07, fax 01 42 74 01 01 ; www.rootstravel.com; 85 rue de la Verrerie, Paris 75004)
Voyageurs Associés Marseille (☎ 04 91 47 49 40 ; fax 04 91 47 27 68 ; 39 rue des Trois-Frères-Barthélémy, Marseille 13006) ; Strasbourg (☎ 03 90 23 67 00 ; 7 rue de Bonnes Gens, Strasbourg 67000).
Voyageurs du Monde Paris (☎ 01 42 86 16 00 ; fax 01 42 86 17 88 par fax, indiquer votre destination ; www.vdm.com; 3615 Voyageurs 55 rue Sainte-Anne, Paris 75002)
Clio Paris (☎ 01 53 68 82 82 ; fax 01 53 68 82 60 ; www.clio.fr; 27 rue du Hameau, Paris 75015)
Donatello Paris (☎ 01 44 58 30 81 ; serviceclient@donatello-to.com; www.donatello.fr; 10 rue Danou, Paris 75002)

Plus particulièrement destinés aux jeunes et aux étudiants :
OTU Paris (☎ 0 820 817 817 ou 01 44 41 38 50 ; www.otu.fr; 39 avenue Georges Bernanos, Paris 75005)
Usit Connections Paris (☎ 01 44 55 32 60 ; n° Indigo : 0 892 888 888 ; fax 01 44 55 32 61 ; www.usitconnections.fr; www.usitworld.com; 3615 Usit ; 14 rue Vivienne, Paris 75002) ; (☎ 01 42 34 56 90 ; fax 01 42 34 56 97 ; 6 rue de Vaugirard, Paris 75006)
Wasteels Paris (☎ 0825 88 70 04 ; fax 01 43 25 46 25 ; www.wasteels.fr ; 3615 Wasteels ; 11 rue Dupuytren, Paris 75006)

BELGIQUE
Airstop Bruxelles (☎ 070 23 31 88 ; fax 09/268 85 49 ; www.airstop.be; 28 rue du Fossé aux Loups, Bruxelles 1000)
Connections Bruxelles (☎ 02/550 01 00 ; fax 02/512 94 47 ; 19-21 rue du Midi, Bruxelles 1000) et (☎ 02/647 06 05 ; fax 02/647 05 64 ; 78 av. Adolphe-Buyllan, Bruxelles 1050) ; Gand (☎ 09/223 90 20 ; fax 09/233 29 13 ; 120 Nederkouter, Gand 9000) ; Liège (☎ 04/223 03 75 ; fax 04/223 08 82 ; www.connections.be; 7 rue S rs-de-Hasque, Liège 4000)
Éole Bruxelles (☎ 02/227 57 81 ; fax 2 219 90 73 ; 43 chaussée de Haecht, Bruxelles 1210)

SUISSE
Jerrycan Genève (☎ 022/346 92 82 ; fax 022/789 43 63 ; www.jerrycan-travel.ch; 11 rue Sautter, Genève 1205)
STA Travel Lausanne (☎ 021/617 56 27 ; fax 021/616 50 77 ; 20 bd de Grancy, Lausanne 1006) ; Genève (☎ 022/329 97 33 ; fax 022/329 50 62 ; 3 rue Vigner, Genève 1205) et (☎ 022/818 02 00 ; fax 022/818 02 10 ; www.statravel.ch; 10 rue de Rive, Genève 1204)
Swiss (☎ 0848 85 2000 ; www.swiss.com)

Depuis d'autres régions d'Italie
Voyager en avion en Italie n'étant pas bon marché, optez plutôt pour le train ou le bus, moins chers et plus pratiques. Par ailleurs, seuls quelques aéroports italiens assurent des vols vers Florence. Les deux compagnies intérieures sont **Alitalia** (☎ 8488 6 56 41 en Italie ; www.alitalia.it/en/home.asp) et **Meridiana** (☎ 199 11 13 33 ; www.meridiana.it).

Florence (aéroport Amerigo Vespucci) est reliée par voie aérienne à Bari, Bergame, Cagliari, Catane, Milan, Olbia, Palerme et Rome. Pour réserver un vol, adressez-vous à une agence de voyages ou appelez directement la compagnie aérienne.

Les vols promotionnels sont souvent assortis de conditions spécifiques.

Alitalia dessert Florence et Pise au départ de la plupart des grandes villes d'Italie, mais la plupart des vols ne sont pas directs. Au départ de Rome ou Milan, on compte trois ou quatre vols quotidiens à destination de Florence ou Pise.

En couplant l'achat d'un vol intérieur avec le vol international, ou en réservant une fois sur place, vous obtiendrez certainement un tarif plus avantageux.

AGENCES EN LIGNE
www.anyway.com
www.ebookers.fr
www.lastminute.com
www.travelprice.fr
www.c-mesvacances.fr/vol
www.karavel.com
www.onparou.com

Depuis le Canada
L'Atlantique Nord étant le couloir aérien le plus emprunté du monde par les longs-courriers, les possibilités de vols sont innombrables. Alitalia et d'autres compagnies européennes, notamment Air France et Lufthansa, desservent Florence, Pise et Perugia au départ des États-Unis, bien plus rarement depuis le Canada. Autre option : prendre un vol pour Rome, puis le train. Vous bénéficierez d'un plus grand choix de vols, mais la différence de prix n'est pas vraiment significative.

Les agences de voyages discount au Canada vendent des billets un peu plus cher que ceux proposés aux États-Unis. Consultez les annonces des agences de voyages dans le *Toronto Star* et le *Vancouver Province* ou contactez les agences suivantes :

Funtastique Tours Montréal (☎ 514 270-7373 ; fax 514 270 8187 ; www.funtastique.com ; 8060 rue Saint-Hubert, Montréal, Québec H2R 2P3)
Travel Cuts – Voyages Campus Montréal (☎ 514-281 6662 ; fax 514-281 8090 ; www.travelcuts.com ; 225 Président Kennedy PK-R-206, Montréal, Québec H2X 3Y8) ; Montréal (☎ 514-284 1368 boîte vocale ; 2085 rue. Union, suite L-8, Montréal, Québec H3A 1B9) ; Toronto (☎ 416 979-2406 ; 187 College St, Toronto ON M5T 1P7)

VOIE TERRESTRE

La Toscane et l'Ombrie sont facilement accessibles par le train, le bus ou la voiture. Le bus est l'option la moins chère, mais les liaisons sont moins fréquentes et beaucoup moins confortables que par le train.

Passage de frontières

Les principaux points d'entrée en Italie sont le tunnel du Mont-Blanc, à Chamonix, qui relie la France à l'A5 en direction de Turin et de Milan, le tunnel du Grand-Saint-Bernard, entre la Suisse et l'A5 également, et le col du Brenner, qui relie l'Autriche à l'A22 en direction de Bologne. Souvent fermés en hiver, les cols alpins peuvent aussi l'être en automne et au printemps, ce qui fait des tunnels un moyen moins spectaculaire mais plus fiable d'arriver en Italie (malgré les problèmes de sécurité révélés par les dramatiques incendies survenus dans les tunnels du Mont-Blanc et du Saint-Gothard). En hiver, pensez à emporter des chaînes.

Bus

FORFAITS

Eurolines (www.eurolines.fr, www.eurolines.com/belgium/), un consortium de compagnies de bus européennes, opère dans toute l'Europe. Consultez les sites Internet pour prendre connaissance des adresses des bureaux, des tarifs, du réseau et des réservations. Le Pass Eurolines est très pratique si l'on compte rejoindre la Toscane et relier ensuite plusieurs villes italiennes en bus ; il donne droit à un nombre illimité de kilomètres entre 32 villes européennes, dont Florence, Pise, Milan, Rome et Venise. Sa durée de validité est de 15, 30 ou 60 jours. Les moins de 26 ans bénéficient de réductions. Pour les tarifs et les conditions de validité, consultez le site Internet d'Eurolines.

En Suisse, l'agence **Alsa et Eggmann** (www.alsa-eggmann.ch/) propose les mêmes services qu'Eurolines.

DEPUIS/VERS D'AUTRES RÉGIONS D'ITALIE

Sur un long trajet, prendre le train est plus confortable, surtout si vous voyagez dans le nord de l'Italie ou partez de Rome et de Naples. Si vous allez vers le sud, où les liaisons ferroviaires sont quasi inexistantes ou très lentes, le bus représente une alternative raisonnable.

Lazzi (☎ 055 36 30 41 ; www.lazzi.it) gère des services de bus longue distance au départ d'autres régions d'Italie. **SITA** (☎ 800 37 37 60, 055 47 821 ; www.sita-on-line.it) assure aussi des liaisons interurbaines pratiques, principalement avec le sud de l'Italie.

En collaboration avec SITA, Lazzi met également en place un service d'hiver, Alpi Bus, qui couvre un large réseau dans les Alpes (une brochure détaillée des itinéraires est disponible). Ces bus relient plusieurs villes de Toscane, du Lazio, d'Ombrie et d'Émilie-Romagne aux principales stations alpines.

Lazzi dessert aussi la Freccia dell'Appennino (Flèche de l'Apennin) ; les bus relient Florence, Sienne et Montecatini à des destinations situées dans Le Marche (comme Ascoli Piceno) et l'Abruzzo (comme Chieto et Pescara). Ils s'arrêtent en principe à Perugia, où vous devrez sans doute changer de bus.

Pour plus de détails, consultez le site de Lazzi (en italien) ou appelez ☎ 0577 28 32 03.

Voiture et moto

La découverte de la Toscane à moto apporte bien des joies. Chaque été, les motards sont nombreux à emprunter les magnifiques routes sinueuses de la région. Vous pourrez en outre circuler sans problème dans les quartiers interdits aux voitures des villes italiennes et vous garer facilement. Sur les ferries, vous n'aurez pas besoin de réserver.

Les routes sont dans l'ensemble en bon état, et le réseau d'autoroutes (*autostrade*) excellent. Le principal axe nord-sud, qui passe près de Florence, est l'Autostrada del Sole, qui va de Milan à Reggio di Calabria (appelée A1 de Milan à Naples, puis A3 de Naples à Reggio di Calabria). L'A11 dessert l'ouest, via Pistoia et Lucca, en direction de Pise et de Livorno, puis rejoint l'A12 qui relie La Spezia et Gênes. Au lieu de l'A1, vous pouvez prendre la SS1 au sud de Livorno pour rejoindre Rome via Grosseto. Cette route à une seule voie est parfois encombrée, mais l'extension de l'axe parallèle A12 progresse.

Plusieurs petites routes de montagne qui traversent les Apennins quand on vient d'Emilia-Romagna offrent de somptueux paysages. C'est le cas de la SS302, la Via Faenza qui relie cette ville à Borgo San Lorenzo (Mugello) au sud. De là Florence n'est plus très loin. De Perugia (Ombrie), la SS75b ouest longe le nord du lago di Trasimeno et conduit sur la route de Sienne, qui croise l'A1.

Sur l'*autostrada*, les conducteurs roulent souvent très vite sur la voie de gauche, réservée aux dépassements. L'autoroute est payante. Le péage se règle par carte de crédit (notamment Visa, MasterCard, American Express et Diners Club) ou bien par Viacard présentée à l'employé du péage ou introduite dans la machine. Ces cartes de péage prépayées existent en 3 valeurs : 25 euro, 50 euro ou 75 euro et sont vendues aux péages ou dans certaines stations-service et offices du tourisme ; pour plus de détails, consultez le site www.autostrade.it. Le montant non utilisé sur la carte n'est pas remboursable.

Les voyageurs disposant de temps peuvent envisager d'utiliser le réseau des *strade statali* (routes nationales désignées sur la carte par "S" ou "SS"), souvent à plusieurs voies et gratuites. Les *strade provinciali* (routes départementales, "SP" sur la carte) ressemblent la plupart du temps à des petites routes de campagne, mais permettent d'admirer de beaux paysages et de traverser des bourgs et des villages.

Vous devrez à tout moment être muni de la carte grise du véhicule. Les permis de conduire délivrés par les pays membres de l'Union européenne sont valides partout en Europe, quelle que soit la durée du séjour. Les détenteurs d'un permis non européen devront se procurer un permis international en plus de leur permis national.

L'assurance au tiers est le minimum requis en Italie et en Europe. La carte verte, l'attestation d'assurance internationale remise par votre assureur, est obligatoire. Demandez à votre assureur de vous remettre un formulaire de constat européen.

Pour plus d'informations sur la circulation en Italie, reportez-vous à la p. 352.

En stop

Faire du stop n'est jamais sans risque, il est donc déconseillé. Les voyageurs qui décident d'en faire doivent être conscients que ce type de voyage peut être dangereux. Si vous choisissez de faire du stop, il est préférable de voyager à deux et d'informer quelqu'un de l'endroit où vous comptez vous rendre.

Train

DEPUIS LE RESTE DE L'EUROPE

Florence est un nœud ferroviaire important et il est facile d'arriver en Toscane et en Ombrie depuis Paris, Genève ou d'autres régions d'Italie. Depuis la Belgique, le train EuroCity relie chaque jour Bruxelles à Milan, mais aucune autre ville italienne n'est desservie. Consultez le *Thomas Cook European Timetable*, qui répertorie (en anglais) toutes les liaisons ferroviaires et les horaires. Il est remis à jour tous les mois et disponible dans les agences Thomas Cook. Vous pouvez aussi contacter les sociétés de chemins de fer française, belge ou suisse :

SNCF (☎ 08 92 35 35 35 ; www.sncf.fr; 3615 SNCF)
SNCB (http://users.pandora.be/)
CFF (www.cff.ch/)

Dans les trains de nuit, une *cuccetta* (couchette) revient à 20 euro sur la plupart des lignes internationales. Un compartiment comporte 4 couchettes en 1re classe et 6 en 2e classe. Il est toujours préférable, et parfois obligatoire, de réserver ses places sur les trains internationaux vers/depuis l'Italie. Certains services internationaux assurent le transport des voitures particulières – une solution à envisager pour éviter la fatigue et les tracas de la route avant d'arriver sur place.

DEPUIS LE RESTE DE L'ITALIE

Le réseau ferroviaire italien est organisé par **Trenitalia** (www.trenitalia.com). Consultez le site Internet ou appelez le ☎ 89 20 21 (en italien).

Les horaires de train indiquent en général les *arrivi* (arrivées) sur fond blanc et les *partenze* (départs) sur fond jaune. Les départs et arrivées dans l'heure apparaissent également sur un tableau électronique.

Il y a différentes catégories de trains. Pour les trains à grande vitesse, vous devrez vous acquitter d'un supplément. Lorsque vous vous renseignez sur une ligne, cherchez à savoir dans quel type de train vous allez voyager. Il peut s'agir de *regionali*, d'*interregionali*, d'*intercity* ou d'*ETR*.

Vous pouvez acheter vos billets dans la plupart des agences de voyages. Dans les gares, il existe des billetteries automatiques.

Vous êtes censé composter votre billet dans l'une des machines jaunes installées dans la gare (indiquées par un panneau *convalida*) avant de monter dans le train. Si vous oubliez de le faire, vous devrez régler une amende immédiatement. Cette règle ne s'applique pas aux billets achetés en dehors de l'Italie. Si vous prenez un aller-retour, vous devrez le composter dans les deux sens (à chaque extrémité du billet).

Le billet que vous achetez reste valable 2 mois tant qu'il n'est pas composté. Une fois composté, sa validité est de 24 heures si le trajet (aller) fait plus de 200 km, de 6 heures en deçà. Dans le cas d'un aller-retour, la durée de validité est calculée séparément pour chaque trajet (l'aller et le retour) – autrement dit, si vous faites un aller-retour rapide, vous disposez de 6 heures à partir du moment où vous compostez à l'aller, et du même temps au retour.

Les pass internationaux **Eurail** (www.eurail.com, en anglais), **InterRail** (www.interrail.co.uk, en anglais), **Eurodomino** (www.eurodomino.it/eng) et **Trenitalia Pass** (www.trenitalia.com) sont valables sur le réseau italien, et peuvent être achetés depuis votre pays d'origine ou en Italie. Ils vous permettent de voyager de manière illimitée pour une période définie. Ils peuvent vous être utiles si vous comptez voyager dans toute l'Italie en train.

Les jeunes de 12 à 26 ans peuvent acquérir la Carta Verde, et les plus de 60 ans la Carta d'Argento. Toutes deux valables un an, elles coûtent 25 e\uro et donnent droit à une réduction de 15% sur le prix du voyage. Les enfants de 4 à 12 ans ne paient que 50% du tarif ; les moins de 4 ans voyagent gratuitement.

Il existe également des tarifs spéciaux pour les familles et les groupes.

VOIE MARITIME

Des ferries relient l'Italie à d'autres pays méditerranéens. Pour rejoindre directement la Toscane par voie maritime, la seule liaison est celle entre Livorno, la Sardaigne et la Corse. Reportez-vous à la page 177 pour plus d'informations.

COMMENT CIRCULER

VOIE AÉRIENNE

Il n'y a pas de vols directs entre Pise, Florence et Perugia.

BICYCLETTE

Si vous prévoyez d'emporter votre bicyclette, renseignez-vous sur le tarif de transport par avion. Elle devra être démontée et emballée pour le voyage.

Le cyclotourisme connaît un succès croissant en Toscane et en Ombrie. De plus en plus de trains acceptent les bicyclettes. Ceux signalés par un logo représentant un vélo sur les horaires comportent un wagon spécialement prévu à cet effet. Sinon, vous devrez en partie démonter et emballer votre "petite reine". Il vous sera facturé un supplément.

Il est possible de louer un vélo, y compris un VTT, dans plusieurs magasins de Florence (voir p. 128) et d'autres villes de Toscane ou d'Ombrie (pour plus de détails, voir les chapitres régionaux).

BATEAU

Un service régulier de ferries relie Piombino à l'île d'Elbe. En été, des excursions partent de Portoferraio, sur l'île d'Elbe, pour l'île de Capraia, et de Porto Azzurro pour la minuscule île de Pianosa. De Livorno, des ferries desservent Capraia via l'île-prison de Gorgona. L'accès aux îles de Giglio et de Giannutri se fait en partant de Porto Santo Stefano. Pour plus de détails, reportez-vous aux chapitres correspondants. Consultez également le site www.traghetti.com pour les informations sur les compagnies, les horaires et les tarifs.

BUS

À moins de disposer de votre propre véhicule, le moyen le plus approprié pour vous déplacer en Toscane reste le bus. Ainsi, pour faire le trajet Florence-Sienne, prenez un bus SITA, plus rapide et plus pratique que le train.

De Florence, Lazzi assure des liaisons routières avec différentes parties de la Toscane, notamment le nord-ouest, dont Pise, Lucca et Pistoia. Les compagnies CAP et COPIT relient les villes du nord-ouest. En Ombrie, la compagnie ACT dessert le sud de la région et ASP dessert Perugia, Assisi et le nord.

Il existe différentes compagnies qui opèrent dans chaque province à partir de la capitale provinciale. Leur réseau s'étend souvent aux provinces avoisinantes.

Fréquents en semaine, les services sont réduits le week-end, voire inexistants le dimanche ou les jours fériés. Pensez-y dans vos déplacements afin d'éviter de rester bloqué dans une petite localité le week-end. Les offices du tourisme vous informeront sur les horaires.

Les billets s'achètent dans les kiosques situés aux arrêts de bus ou à la gare routière. Ils doivent être compostés à la montée.

VOITURE ET MOTO

Transport de véhicule

Explorer la Toscane ou l'Ombrie avec son propre véhicule offre le maximum de flexibilité. Souvent encombrés, les grands axes se caractérisent néanmoins par leurs infrastructures de qualité. Autour de Florence, sur les *autostrade* (de 4 à 6 voies) et les *superstrade* (jusqu'à 4 voies), la circulation est souvent très dense.

Les zones les plus engorgées sont à Florence, Prato, Pistoia, Lucca, Pise, Viareggio et, dans une moindre mesure, Perugia et Spoleto. Soyez prévenu : les automobilistes italiens ont une interprétation très personnelle du code de la route.

En dehors des grands centres urbains, les petites routes vous feront découvrir de très beaux paysages, mais il ne faut pas être pressé. Les panneaux indicateurs sont fiables et, si vous êtes perdu, vous trouverez toujours quelqu'un pour vous renseigner.

Le stationnement en zone urbaine est un véritable casse-tête. Garez-vous dans les parcs de stationnement, à l'extérieur du centre-ville, et circulez à pied de préférence. Ne laissez jamais d'affaires dans votre véhicule.

Permis de conduire

Les permis de conduire délivrés par les pays membres de l'Union européenne sont valides partout en Europe, quelle que soit la durée du séjour. Les détenteurs d'un permis non européen devront se procurer

Distances kilomètriques

	Arezzo	Assise	Carrara	Cortona	Florence	Livorno	Lucca	Orbetello	Orvieto	Perugia	Pise	Pistoia	Prato	Siena	Spoleto	Viareggio	Volterra
Arezzo	---																
Assise	96	---															
Carrara	198	317	---														
Cortona	28	72	237	---													
Florence	80	172	122	109	---												
Livorno	195	266	72	224	115	---											
Lucca	155	243	52	184	74	45	---										
Orbetello	175	222	247	215	180	175	216	---									
Orvieto	104	87	282	94	156	264	230	118	---								
Perugia	78	38	256	30	153	268	227	204	86	---							
Pise	175	263	57	203	95	20	21	190	246	245	---						
Pistoia	115	208	92	143	35	85	45	215	204	190	65	---					
Prato	99	189	109	128	19	95	55	199	188	170	84	20	---				
Siena	65	124	153	99	70	130	140	116	134	109	110	105	81	---			
Spoleto	133	49	355	108	249	336	307	197	80	78	323	284	248	187	---		
Viareggio	180	266	30	206	97	41	25	195	250	247	21	69	89	123	325	---	
Volterra	111	175	135	151	75	69	74	168	186	161	65	108	88	52	239	86	---

un permis international en plus de leur permis national.

Assurance

L'assurance au tiers est obligatoire en Italie. La carte verte, l'attestation d'assurance internationale remise par votre assureur, est elle aussi obligatoire. Demandez à votre assureur de vous remettre un formulaire de constat européen. Ne signez jamais aucun constat que vous n'êtes en mesure de comprendre.

Il est conseillé de prendre une assurance incluant des services d'assistance, bien utiles en cas de panne. En Italie, contactez l'Automobile Club Italia (ACI) au ☎ 116, ou l'automobile-club de votre pays d'origine :

Fédération française des Automobiles-clubs (www.automobileclub.org)
Automobile club de Suisse (www.acs.ch/ww/fr/pub/home.cfm)
Touring club de Belgique (www.touring.be/)

Achat

Les non-résidents ne sont pas autorisés à acheter un véhicule en Italie.

Location

Les grandes enseignes (Hertz, Avis, Budget et Europcar) sont réputées pour leur efficacité et la qualité de leur flotte. Pour obtenir des tarifs intéressants, il faut s'y prendre à l'avance, dans votre pays d'origine. Sur place, vous paierez le prix fort. Il existe aussi des formules avion/voiture – renseignez-vous auprès de votre agence de voyages ou des loueurs de voiture. Les loueurs locaux ont parfois de meilleurs tarifs, mais lisez attentivement le contrat de location.

Faites-vous préciser ce que recouvre exactement le contrat de location (kilométrage inclus, taxes, assurances, etc.). Ne lésinez pas sur les assurances.

L'âge minimum pour louer un véhicule en Italie est de 21 ans.

Gardez sur vous tous les documents relatifs à la location. En cas de contrôle routier, vous devrez les présenter.

Toutes les grandes agences de location, notamment Hertz, Avis, Budget et Europcar, disposent de bureaux dans les grandes villes et les aéroports. Par Internet, vous obtiendrez peut-être des tarifs plus avantageux. Pour la location d'une moto, adressez-vous à **Alinari** (☎ 055 28 05 00) à Florence ou à **Bruno Bellini** (☎ 0577 94 02 01) à San Gimignano.

Si vous souhaitez louer un mobil-home, contactez **Caravan Mec** (☎ 055 31 19 28; www.caravanmec.it), une agence spécialisée établie à Florence.

PETIT VOCABULAIRE DE LA SIGNALISATION ROUTIÈRE

Sur la route, les quelques mots suivants vous seront utiles pour comprendre les panneaux routiers :

- *entrata* – entrée (par exemple, sur une *autostrada*)
- *incrocio* – intersection/croisement
- *lavori in corso* – travaux en cours
- *parcheggio* – parking
- *passaggio a livello* – passage à niveau
- *rallentare* – ralentir
- *senso unico* – sens unique
- *senso vietato* – sens interdit
- *sosta autorizzata* – stationnement autorisé
  (pendant les heures indiquées)
- *sosta vietata* – stationnement interdit
- *svolta* – virage
- *tutte le direzioni* – toutes directions (utile quand on cherche à sortir d'une ville)
- *uscita* – sortie (par exemple, de l'*autostrada*)

Code de la route

Les règles en vigueur en Europe le sont en Italie. La conduite est à droite, le taux d'alcoolémie autorisé est 0,05% et le port de la ceinture de sécurité obligatoire. Les enfants de moins de 12 ans voyagent à l'arrière et les moins de 4 ans doivent être assis dans un siège bébé. L'usage du téléphone portable au volant n'est autorisé qu'avec le kit mains libres. Pour les motards, le port du casque est obligatoire.

Sur les routes à trois voies, la voie du milieu est réservée au dépassement. Aux ronds-points, la priorité est à droite.

La vitesse est en général limitée à 50 km/h en ville, à 90 km/h sur les routes secondaires, à 110 km/h (80 km/h pour les caravanes) sur les routes principales, à 130 km/h sur les *autostrade* et, sur certains tronçons de trois-voies, 150 km/h.

Tous les véhicules doivent être munis d'un triangle de signalisation et d'ampoules de rechange.

TRANSPORTS LOCAUX

Toutes les villes de Toscane disposent d'un réseau de transports en commun relativement efficace. En réalité, vous pourrez vous en passer, la plupart des centres d'intérêt étant accessibles à pied. Les tickets de bus sont en vente chez les marchands de journaux et les buralistes. Ils doivent être compostés à la montée.

Des bus et des trains relient l'aéroport Galileo Galilei à Pise à à Florence et à Sienne, et des bus circulent entre l'aéroport Amerigo Vespucci et le centre de Florence. Un service de bus irrégulier fonctionne entre Sant'Egidio et le centre de Perugia.

Les taxis sont nombreux. Ne circulez qu'à bord des taxis officiels.

TRAIN

Le réseau ferroviaire régional est dense et vous pourrez vous rendre en train dans la plupart des villes. Sachez cependant que les *regionali*, sur les lignes secondaires, sont lents et peu fréquents. Pour certaines localités, il faudra prendre un bus en correspondance.

Les billets doivent être compostés avant la montée, dans l'une des machines jaunes installées à l'entrée de chaque quai. Si vous omettez de le faire, vous risquez une amende. Pour plus d'informations sur les voyages en train, reportez-vous à la page 350.

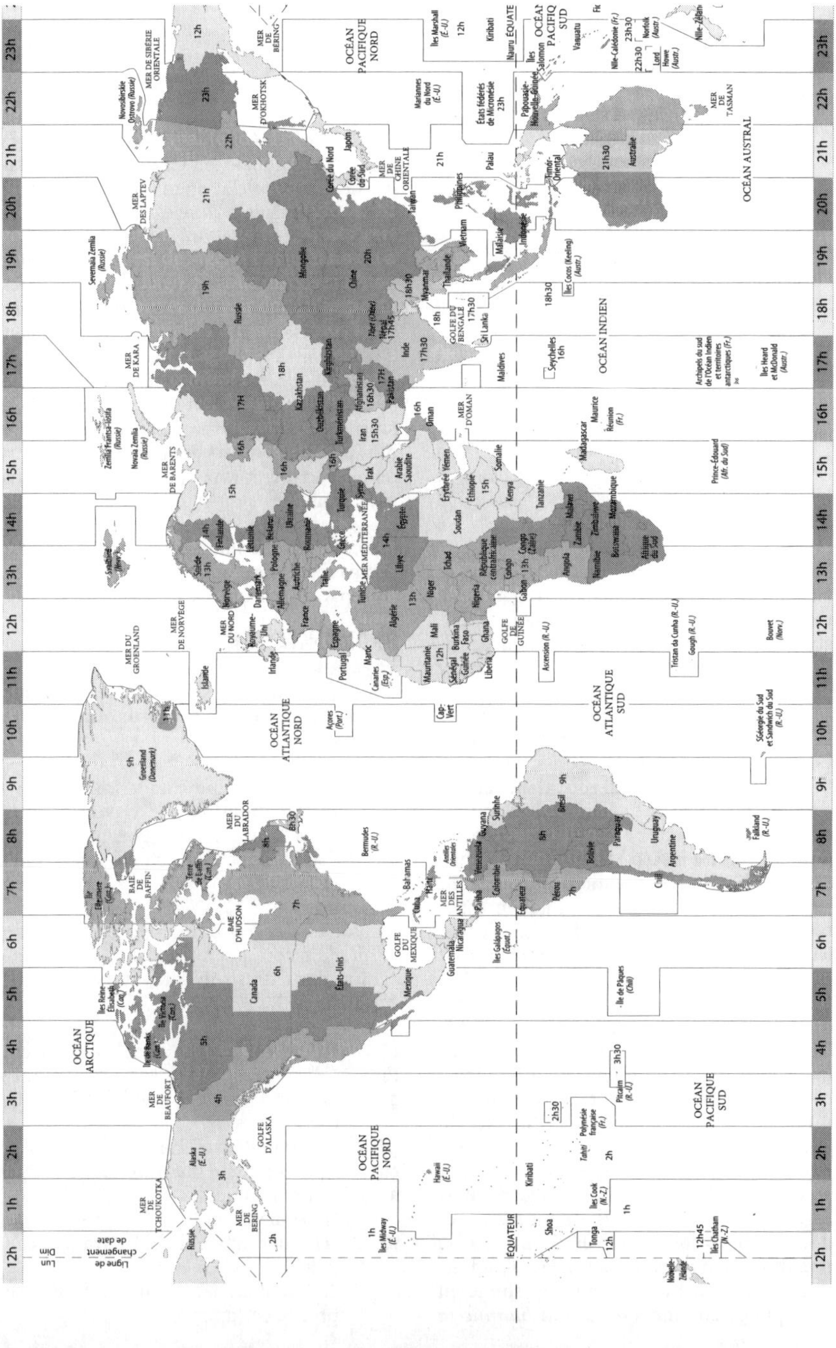
12h
1h
2h
3h
4h
5h
6h
7h
8h
9h
10h
11h
12h
13h
14h
15h
16h
17h
18h
19h
20h
21h
22h
23h
Ligne de changement de date
Lun
Dim
ÉQUATEUR
OCÉAN ARCTIQUE
OCÉAN PACIFIQUE NORD
OCÉAN PACIFIQUE SUD
OCÉAN ATLANTIQUE NORD
OCÉAN ATLANTIQUE SUD
OCÉAN INDIEN
OCÉAN AUSTRAL
MER DE TCHOUKOTKA
MER DE BERING
GOLFE D'ALASKA
MER DE BEAUFORT
BAIE DE BAFFIN
BAIE D'HUDSON
MER DU LABRADOR
GOLFE DU MEXIQUE
MER DES ANTILLES
MER DU GROENLAND
MER DE NORVÈGE
MER DU NORD
MER DE BARENTS
MER DE KARA
MER DES LAPTEV
MER DE SIBÉRIE ORIENTALE
MER D'OKHOTSK
MER MÉDITERRANÉE
MER D'OMAN
GOLFE DU BENGALE
GOLFE DE GUINÉE
MER DE CHINE ORIENTALE
MER DE TASMAN
Alaska (É.-U.)
Canada
États-Unis
Mexique
Groenland (Danemark)
Islande
Russie
Chine
Mongolie
Inde
Australie
Brésil
Argentine
Madagascar

Langue

SOMMAIRE

L'italien est une langue romane apparentée au français, à l'espagnol, au portugais et au roumain. Elle fait partie des langues indo-européennes. Le français et l'italien partageant des racines latines, vous reconnaîtrez de nombreux mots.

L'italien littéraire moderne a commencé à se développer aux XIIIe et XIVe siècles, essentiellement grâce aux écrits de Dante, Pétrarque et Boccace, qui écrivaient surtout en dialecte florentin. La langue s'est nourrie de son héritage latin et de divers dialectes pour devenir l'italien d'aujourd'hui. Bien que les dialectes s'entendent encore dans les conversations courantes, l'italien est la langue nationale, utilisée dans les écoles, les médias et la littérature, et parlée partout dans le pays.

Même si l'italien est issu en grande partie du dialecte florentin, ceux qui maîtrisent la langue trouveront les Florentins étonnamment difficiles à comprendre, du moins au début. Certains prétendent qu'ils ont un vocabulaire bien à eux, différent du reste du pays. Peut-être est-ce le cas. Toujours est-il que nul ne peut nier la singularité de leur accent. À Florence, comme dans d'autres régions de Toscane, vous entendrez le "c" dur prononcé comme un "h" aspiré. *Voglio una cannuccia per la Coca Cola* (je voudrais une paille pour mon Coca Cola) sonne en effet plutôt comme *Voglio una hannuccia per la Hoha Hola* ! De l'autre coté de la frontière régionale, en Ombrie, les anomalies de la prononciation toscane vous seront épargnées et vous devriez avoir moins de difficulté à comprendre l'accent ombrien.

Si vous parlez un peu l'italien, n'oubliez pas que l'on s'adresse aux personnes âgées avec la formule de politesse *lei* et non avec le *tu*, plus familier. On évite aussi de saluer des inconnus d'un *ciao*, à moins qu'ils ne l'utilisent eux-mêmes ; préférez *buon giorno* (ou *buona sera*, en fonction du moment de la journée) et *arrivederci* (ou *arrivederla*, encore plus poli). La plupart des phrases ci-dessous représentent la forme polie. Les expressions plus familières sont indiquées par "(fam.)". Nous mentionnons également les formes masculines et féminines (se terminant respectivement par "o" et "a" au singulier) en les séparant par une barre verticale.

PRONONCIATION

Voyelles

Les voyelles **a**, **i** et **o** se prononcent comme en français. Le **e** et le **u** se prononcent de la façon suivante :

e — "é" fermé comme dans "musée" : *mettere* (mettre) ; "è" ouvert comme dans "lettre" : *mela* (pomme)
u — "ou" comme dans "chou" : *puro* (pur)

Consonnes

La plupart des consonnes se prononcent de la même façon qu'en français. La prononciation des lettres suivantes suit cependant certaines règles :

c — "k" devant **a**, **o** et **u** ; "tch" devant **e** et **i**
ch — "k"
g — "g" dur devant **a**, **o**, **u** et **h** ; "dj" devant **e** et **i**
gli — "li" mouillé comme dans "million"
gn — "gn" comme dans "montagne"
h — toujours muet
r — "r" roulé
sc — "ch" devant **e** et **i** ; "sk" devant **a**, **o**, **u** et **h**
z — "ts", sauf au début d'un mot, où il se prononce "dz"

Si les syllabes “**ci**”, “**gi**” et “**sci**” sont suivies des voyelles **a**, **o** ou **u**, le “**i**” ne se prononce pas, sauf s'il porte l'accent tonique. Ainsi, le prénom “Giovann**i**” se prononce “jo-vann**i**”.

N'hésitez pas à allonger les consonnes doubles.

Accent tonique

Nous l'indiquons en italiques. Il est souvent placé sur l'avant-dernière syllabe, comme dans spa-*ghet*-ti, sauf s'il est indiqué par un accent sur une lettre précise, comme dans cit-*tà* (ville).

HÉBERGEMENT

Je cherche...	*Cerco ...*	*tchèr*·ko ...
une pension	*una pensione*	*ou*·na pèn·*sio*·né
un hôtel	*un albergo*	oun al·*ber*·go
une auberge de jeunesse	*un ostello per la gioventù*	oun os·*te*·lo pèr la jo·vèn·*tou*

Où puis-je trouver un hôtel bon marché ?
Dov'è un albergo a buon prezzo? — do·*vè* oun al·*ber*·go a bouon *prè*·tso

Quelle est l'adresse ?
Qual'è l'indirizzo? — coua·*lè* lin·di·*ri*·tso

Pourriez-vous m'écrire l'adresse, s'il vous plaît ?
Può scrivere l'indirizzo, per favore? — pouo *scri*·vé·ré lin·di·*ri*·tso pèr fa·*vo*·ré

Est-ce qu'il vous reste des chambres ?
Avete camere libere? — a·*vé*·té *ka*·mé·ré *li*·bé·ré

> **FAIRE UNE RÉSERVATION**
>
> (à inclure dans vos lettres, fax et courriers électroniques)
>
> | | |
> |---|---|
> | **À...** | *A...* |
> | **De la part de...** | *Da ...* |
> | **Date** | *Data* |
> | **Je voudrais réserver...** | *Vorrei prenotare...* (voir les détails ci-contre concernant le type de chambre) |
> | **au nom de...** | *nel nome di...* |
> | **pour la/les nuit/s du...** | *per la/le notte/i di...* |
> | **carte de crédit...** | *carta di credito...* |
> | **numéro** | *numero* |
> | **date d'expiration** | *data di scadenza* |
> | **Merci de confirmer disponibilité et prix.** | *Vi prego di confirmare disponibilità e prezzo.* |

Je voudrais...	*Vorrei ...*	vo·*réi* ...
un lit	*un letto*	oun *le*·to
une chambre simple	*una camera singola*	ou·na *ka*·mé·ra *sin*·go·la
une chambre double	*una camera matrimoniale*	ou·na *ka*·mé·ra ma·tri·mo·*nia*·lé
une chambre avec des lits jumeaux	*una camera doppia*	ou·na *ka*·mé·ra *do*·pia
une chambre avec salle de bains	*una camera con bagno*	ou·na *ka*·mé·ra kon *ba*·gno
un lit en dortoir	*un letto in dormitorio*	oun *lè*·to in dor·mi·*to*·rio

Combien coûte-elle ... ?	*Quanto costa ...?*	*kouan*·to *ko*·sta ...
pour une nuit	*per la notte*	pèr la *no*·té
par personne	*per persona*	pèr pèr·*so*·na

Puis-je la voir ?
Posso vederla? — *po*·so vé·*dèr*·la

Où est la salle de bains ?
Dov'è il bagno? — do·*vè* il *ba*·gno

Je pars/nous partons aujourd'hui.
Parto/Partiamo oggi. — *par*·to/par·*tia*·mo *o*·dji

CONVERSATION ET SALUTATIONS

Bonjour.	*Buon giorno.*	buon *djor*·no
	Ciao. (fam.)	tchao
Au revoir.	*Arrivederci.*	a·ri·vé·*dèr*·tchi
	Ciao. (fam.)	tchao
Oui.	*Sì.*	si
Non.	*No.*	no
S'il vous plaît.	*Per favore/ Per piacere.*	pèr fa·*vo*·ré pèr pia·*tché*·ré
Merci.	*Grazie.*	*gra*·tsié
De rien.	*Prego.*	*prè*·go
Excusez-moi.	*Mi scusi.*	mi *skou*·zi
Pardon (je suis désolé).	*Mi scusi Mi perdoni.*	mi *skou*·zi mi pèr·*do*·ni

Comment vous appelez-vous ?
Come si chiama? — *ko*·mé si *kia*·ma
Come ti chiami? (fam.) — *ko*·mé ti *kia*·mi

Je m'appelle...
Mi chiamo... — mi *kia*·mo ...

D'où venez-vous ?
Da dove viene? — da *do*·vé *vié*·né
Di dove sei? (fam.) — di *do*·vé *sé*·i

Je viens de...
Vengo da... — *vèn*·go da...

J'aime (je n'aime pas)...
(Non) Mi piace... — (non) mi *pia*·tché...

Un instant.
Un momento. — oun mo·*mèn*·to

DIRECTIONS

Où est...?		
	Dov'è...?	do·*vè*...
Allez tout droit.		
	Si va sempre diritto.	si va *sèm*·pré di·*ri*·to
	Vai sempre diritto. (fam.)	*va*·'i *sèm*·pré di·*ri*·to
Tournez à gauche.		
	Giri a sinistra.	*dji*·ri a si·*ni*·stra
Tournez à droite.		
	Giri a destra.	*dji*·ri a *dè*·stra
au prochain croisement		
	al prossimo angolo	al *pro*·si·mo *an*·go·lo
aux feux		
	al semaforo	al sé·*ma*·fo·ro

PANNEAUX

Ingresso/Entrata	Entrée
Uscita	Sortie
Informazione	Informations
Aperto	Ouvert
Chiuso	Fermé
Proibito/Vietato	Interdit
Camere Libere	Chambres libres
Completo	Complet
Polizia/Carabinieri	Police/gendarmerie
Questura	Commissariat
Gabinetti/Bagni	Toilettes
Uomini	Hommes
Donne	Femmes

derrière	*dietro*	*dié*·tro
devant	*davanti*	da·*van*·ti
loin (de)	*lontano (da)*	lon·*ta*·no (da)
près (de)	*vicino (di)*	vi·*tchi*·no (di)
en face de	*di fronte a*	di *fron*·té a
la plage	*la spiaggia*	la *spia*·dja
le pont	*il ponte*	il *pon*·té
le château	*il castello*	il kas·*té*·lo
la cathédrale	*il duomo*	il *douo*·mo
l'île	*l'isola*	*li*·so·la
la place (principale)	*la piazza (principale)*	la *pia*·tsa (prin·tchi·*pa*·lé)
le marché	*il mercato*	il mèr·*ka*·to
la vieille ville	*il centro storico*	il *tchèn*·tro *sto*·ri·ko
le palais	*il palazzo*	il pa·*la*·tso
les ruines	*le rovine*	lé ro·*vi*·né
la mer	*il mare*	il *ma*·ré
la tour	*la torre*	la *to*·ré

SANTÉ

Je suis malade.	*Mi sento male.*	mi *sèn*·to *ma*·lé
J'ai mal ici.	*Mi fa male qui.*	mi fa *ma*·lé *koui*

EN CAS D'URGENCE

Au secours !		
	Aiuto!	a·*iou*·to
Il y a eu un accident !		
	C'è stato un incidente!	tchè *sta*·to oun in·tchi·*dèn*·té
Je me suis perdu/e.		
	Mi sono perso/a.	mi *so*·no *pèr*·so/a
Allez vous-en !		
	Lasciami in pace!	*la*·cha·mi in *pa*·tché
	Vai via! (fam.)	*va*·i *vi*·a

Appelez...!	*Chiami...!*	ki·*ia*·mi...
	Chiama...! (fam.)	ki·*ia*·ma...
un médecin	*un dottore/ un medico*	oun do·*to*·ré/ oun *mé*·di·ko
la police	*la polizia*	la *po*·li·*tsi*·ia

Je suis...	*Sono...*	so·no...
asthmatique	*asmatico/a*	az·*ma*·ti·ko/a
diabétique	*diabetico/a*	di·a·*bé*·ti·ko/a
épileptique	*epilettico/a*	é·pi·*lè*·ti·ko/a

Je suis allergique...	*Sono allergico/a...*	so·no a·*lèr*·dji·ko/a...
aux antibiotiques	*agli antibiotici*	a·li *an*·ti·bi·*o*·ti·tchi
à l'aspirine	*all'aspirina*	a·*la*·spi·*ri*·na
à la pénicilline	*alla penicillina*	a·la *pé*·ni·ci·*li*·na

antiseptique	*antisettico*	an·ti·*sè*·ti·ko
aspirine	*aspirina*	as·pi·*ri*·na
préservatifs	*preservativi*	pré·zèr·va·*ti*·vi
contraceptif	*contraccetivo*	kon·tra·tchè·*ti*·vo
diarrhée	*diarrea*	di·a·*ré*·a
médicaments	*medicina*	mè·di·*chi*·na
crème solaire	*crema solare*	*krè*·ma so·*la*·ré
tampons	*tamponi*	tam·*po*·ni

PROBLÈMES LINGUISTIQUES

Parlez-vous français ?		
	Parla francese?	*par*·la fran·*tché*·zé
Y a-t-il quelqu'un ici qui parle français ?		
	C'è qualcuno che parla francese?	tchè koual·*kou*·no ké *par*·la fran·*tché*·zé
Comment dit-on... en italien ?		
	Come si dice... in italiano?	*ko*·mé si *di*·tché... in i·ta·*lia*·no
Que signifie... ?		
	Che vuol dire...?	ké vouol *di*·ré...
Je comprends.		
	Capisco.	ka·*pi*·sko
Je ne comprends pas.		
	Non capisco.	none ka·*pi*·sko
Pouvez-vous l'écrire ?		
	Può scriverlo, per favore?	pouo *skri*·vèr·lo pèr fa·*vo*·ré

LANGUE

Pouvez-vous me montrer (sur la carte) ?

Può mostrarmelo (sulla pianta)?	pouo mos·*trar*·mè·lo (sou·la *pian*·ta)

CHIFFRES

0	*zero*	*dzé*·ro
1	*uno*	*ou*·no
2	*due*	*dou*·é
3	*tre*	tré
4	*quattro*	*koua*·tro
5	*cinque*	*tchin*·koué
6	*sei*	séi
7	*sette*	*sé*·té
8	*otto*	*o*·to
9	*nove*	*no*·vé
10	*dieci*	*dié*·tchi
11	*undici*	oun·*di*·tchi
12	*dodici*	do·*di*·tchi
13	*tredici*	tré·*di*·tchi
14	*quattordici*	koua·*tor*·di·tchi
15	*quindici*	*kouin*·di·tchi
16	*sedici*	*sé*·di·tchi
17	*diciassette*	di·tcha·*sé*·té
18	*diciotto*	di·*tcho*·to
19	*diciannove*	di·tcha·*no*·vé
20	*venti*	*vèn*·ti
21	*ventuno*	vèn·*tou*·no
22	*ventidue*	vèn·ti·*dou*·é
30	*trenta*	*trèn*·ta
40	*quaranta*	koua·*ran*·ta
50	*cinquanta*	tchin·*kouan*·ta
60	*sessanta*	sé·*san*·ta
70	*settanta*	sé·*tan*·ta
80	*ottanta*	o·*tan*·ta
90	*novanta*	no·*van*·ta
100	*cento*	chèn·*to*
1000	*mille*	mi·*lé*

IDENTITÉ

nom	*nome*	*no*·mé
nationalité	*nazionalità*	na·tsio·na·li·*ta*
date de naissance	*data di nascita*	*da*·ta di *na*·chi·ta
lieu de naissance	*luogo di nascita*	*louo*·go di *na*·chi·ta
sexe	*sesso*	*sè*·sso
passeport	*passaporto*	pa·za·*por*·to
visa	*visto*	*vi*·sto

QUESTIONS

Qui ?	*Chi?*	ki
Quoi ?	*Che?*	ké
Quand ?	*Quando?*	*kouan*·do
Où ?	*Dove?*	*do*·vé
Comment ?	*Come?*	*ko*·mé

ACHATS ET SERVICES

Je voudrais acheter...
Vorrei comprare... — vo·*réi* kom·*pra*·ré...

Combien ça coûte ?
Quanto costa? — *kouan*·to *ko*·sta

Ça ne me plaît pas.
Non mi piace. — non mi *pia*·tché

Puis-je regarder ?
Posso dare un'occhiata? — *po*·sso *da*·ré ou·no·*kia*·ta

Je regarde seulement.
Sto solo guardando. — sto *so*·lo gouar·*dan*·do

Ce n'est pas cher.
Non è caro/cara. — non è *ka*·ro/*ka*·ra

C'est trop cher.
È troppo caro/a. — è *tro*·po *ka*·ro/*ka*·ra

Je l'achète.
Lo/La compro. — lo/la *kom*·pro

Prenez-vous les cartes de crédit ?	*Accettate carte di credito?*	a·tché·*ta*·té *kar*·té di *kré*·di·to

Je veux changer...	*Voglio cambiare...*	*vo*·lio kam·*bia*·ré...
de l'argent	*del denaro*	dèl dé·*na*·ro
des chèques de voyage	*assegni di viaggio*	a·*ssè*·gni di vi·*a*·djo

plus	*più*	piou
moins	*meno*	*mè*·no
plus petit	*più piccolo/a*	piou *pi*·ko·lo/la
plus grand	*più grande*	piou *gran*·dé

Je cherche...	*Cerco...*	*tchèr*·ko...
une banque	*un banco*	oun *ban*·ko
l'église	*la chiesa*	la *kié*·za
le centre-ville	*il centro*	il *tchèn*·tro
l'ambassade de...	*l'ambasciata di...*	lam·ba·*cha*·ta di...
mon hôtel	*il mio albergo*	il *mi*·o al·*bèr*·go
le marché	*il mercato*	il mèr·*ka*·to
le musée	*il museo*	il mou·*zé*·o
la poste	*la posta*	la *po*·sta
des toilettes	*un gabinetto*	oun ga·bi·*nè*·to
le centre téléphonique	*il centro telefonico*	il *tchèn*·tro té·lé·*fo*·ni·ko
l'office du tourisme	*l'ufficio di turismo*	lou·*fi*·tcho di tou·*riz*·mo

HEURES ET DATES

Quelle heure est-il ?	*Che ore sono?*	ké *o*·ré *so*·no
Il est (8 heures).	*Sono (le otto).*	*so*·no (lé *o*·to)

du matin	*di mattina*	di ma·*ti*·na
de l'après-midi	*di pomeriggio*	di po·mé·*ri*·djo
du soir	*di sera*	di *sé*·ra

LANGUE

Quand ?	*Quando?*	kouan·do
aujourd'hui	*oggi*	o·dji
demain	*domani*	do·*ma*·ni
hier	*ieri*	*ié*·ri

lundi	*lunedì*	lou·né·*di*
mardi	*martedì*	mar·té·*di*
mercredi	*mercoledì*	mèr·ko·lé·*di*
jeudi	*giovedì*	djo·vé·*di*
vendredi	*venerdì*	vé·nèr·*di*
samedi	*sabato*	*sa*·ba·to
dimanche	*domenica*	do·*mé*·ni·ka

janvier	*gennaio*	djé·*na*·io
février	*febbraio*	fé·*bra*·io
mars	*marzo*	*mar*·tso
avril	*aprile*	a·*pri*·lé
mai	*maggio*	*ma*·djo
juin	*giugno*	*djou*·gno
juillet	*luglio*	*lou*·lio
août	*agosto*	a·*gos*·to
septembre	*settembre*	sé·*tèm*·bré
octobre	*ottobre*	o·*to*·bré
novembre	*novembre*	no·*vèm*·bré
décembre	*dicembre*	di·*tchèm*·bré

TRANSPORTS

Transports publics

À quelle heure part/arrive... ?	*A che ora parte/arriva...?*	a ké *o*·ra *par*·té/a·*ri*·va...
le bateau	*la nave*	la *na*·vé
le bus (de la ville)	*l'autobus*	*lo*·to·bous
le bus (interurbain)	*il pullman*	il *poul*·man
l'avion	*l'aereo*	la·*é*·ré·o
le train	*il treno*	il *trè*·no

Je voudrais un billet...	*Vorrei un biglietto...*	vo·*réi* oun bi·*lié*·to...
aller simple	*di solo andata*	di *so*·lo an·*da*·ta
aller-retour	*di andata e ritorno*	di an·*da*·ta é ri·*tor*·no
1re classe	*di prima classe*	di *pri*·ma *kla*·cé
2e classe	*di seconda classe*	di sé·*kon*·da *kla*·cé

Je veux aller à...
Voglio andare a... vo·lio an·*da*·ré a...

Le train a été annulé/retardé.
Il treno è soppresso/ in ritardo. il *tré*·no è so·*prè*·so/ in ri·*tar*·do

le premier	*il primo*	il *pri*·mo
le dernier	*l'ultimo*	*loul*·ti·mo
quai (deux)	*binario (due)*	bi·*na*·rio (*dou*·é)
guichet	*biglietteria*	bi·liè·té·*ri*·a
horaire	*orario*	o·*ra*·rio
gare	*stazione*	sta·*tsio*·né

Transports privés

Je voudrais louer...
Vorrei noleggiare... vo·*réi* no·lé·*dja*·ré...

une voiture	*una macchina*	ou·na *ma*·ki·na
un 4X4	*un fuoristrada*	oun fouo·ri·*stra*·da
une moto	*una moto*	ou·na *mo*·to
un vélo	*una bici(cletta)*	ou·na *bi*·tchi (*klè*·ta)

PANNEAUX ROUTIERS

Dare la precedenza	Céder le passage
Deviazione	Déviation
Divieto di accesso	Accès interdit
Divieto di sorpasso	Interdit de doubler
Divieto di sosta	Stationnement interdit
Entrata	Entrée
Passo carrabile	Sortie de voitures
Pedaggio	Péage
Pericolo	Danger
Rallentare	Ralentir
Senso unico	Sens unique
Uscita	Sortie

Est-ce la route pour...?
Questa strada porta a...? kouè·sta *stra*·da *por*·ta a...

Où puis-je trouver une station-service ?
Dov'è una stazione di servizio? do·*vè* ou·na sta·*tsio*·né di sèr·*vi*·tsio

Le plein, s'il vous plaît.
Il pieno, per favore. il *pié*·no pèr fa·*vo*·ré

Je voudrais (30) litres.
Vorrei (trenta) litri. vo·réi (*trèn*·ta) *li*·tri

diesel	*gasolio/diesel*	ga·*zo*·lio/*di*·zèl
super	*benzina con piombo*	ben·*dzi*·na kone *piom*·bo
sans plomb	*benzina senza piombo*	ben·*dzi*·na *sèn*·dza *piom*·bo

(Combien de temps) puis-je me garer ici ?
(Per quanto tempo) Posso parcheggiare qui?
(per *kouan*·to *tèm*·po) po·so par·ké·*ja*·ré koui

Où paie-t-on ? *Dove si paga?* *do*·vé si *pa*·ga

J'ai besoin d'un mécanicien. *Ho bisogno di un meccanico.* o bi·*zo*·gno di oun mé·*ka*·ni·ko

LANGUE

La voiture/moto est tombée en panne (à...).	*La macchina/moto si è guastatasi (a...).*	la *ma*·ki·na/*mo*·to è gouas·*ta*·ta (a...)
La voiture/moto ne démarre pas.	*La macchina/moto non parte.*	la *ma*·ki·na/*mo*·to none *par*·té
J'ai un pneu à plat.	*Ho una gomma bucata.*	o ou·na *go*·ma bou·*ka*·ta
Je suis en panne d'essence.	*Ho esaurito la benzina.*	o é·zo·*ri*·to la ben·*dzi*·na
J'ai eu un accident.	*Ho avuto un incidente.*	o a·*vou*·to oun in·tchi·*dèn*·té

AVEC DES ENFANTS

Y a-t-il... ?	*C'è...?*	tchè...
Il me faut...	*Ho bisogno di...*	o bi·*zo*·nio di...
une sdb avec une table à langer	*un bagno con fasciatoio*	oun *ba*·gno kon fa·cha·*to*·io
un siège enfant	*un seggiolino per bambini*	oun sè·djo·*li*·no per bam·*bi*·ni
un service de baby-sitting	*un servizio di babysitter*	oun sèr·*vi*·tsio di bé·bi·*si*·tèr
un menu enfant	*un menù per bambini*	oun mé·*nou* pèr bam·*bi*·ni
des couches (jetables)	*pannolini (usa e getta)*	pa·no·*li*·ni·(*ou*·sa é *dje*·ta)
du lait en poudre	*latte in polvere*	*la*·té in *pol*·vè·ré
une baby-sitter (qui parle français)	*un/una babyoun/sitter (che parli francese)*	ou·na bé·bi·*si*·tèr(ké *par*·li fran·*tché*·zé)
une chaise haute	*un seggiolone*	oun sé·djo·*lo*·né
un pot	*un vasino*	oun va·*zi*·no
une poussette	*un passeggino*	oun pa·sé·*dji*·no

Puis-je donner le sein ici ?
Le dispiace se allatto il/la bimbo/a qui? lé dis·*pia*·tché sé a·*la*·to il/la *bim*·bo/a koui

Acceptez-vous les enfants ?
I bambini sono ammessi? i bam·*bi*·ni so·no a·*mè*·ci

Glossaire

A

abbazia – abbaye
ACI – Automobile Club Italiano (association automobile italienne)
aeroporto – aéroport
affittacamere – chambre à louer (plutôt bon marché et hors système de classement officiel)
agriturismo – hébergement dans des fermes ou des auberges de campagne
albergo – hôtel (jusqu'au cinq-étoiles)
alimentare – épicerie
alloggio – hébergement (plutôt bon marché et hors système de classement officiel)
alto – haut
ambulanza – ambulance
anfiteatro – amphithéâtre
appartamento – appartement
APT – Azienda di Promozione Turistica (offices du tourisme régionaux)
arco – arche
autostazione – gare routière ; terminus des bus
autostrada – autoroute

B

baldacchino – baldaquin ; construction surmontant le maître-autel d'une église
basilica – dans l'Antiquité, édifice public caractérisé par une nef centrale à colonnade se terminant par une abside ; plus tard, église bâtie selon le même plan
bancomat – distributeur automatique de billets
battistero – baptistère
benzina – essence
biglietteria – billetterie
biglietto – billet
binario – quai de chemin de fer, voie
borgo – bourg, village fortifié
busta – enveloppe

C

cambio – bureau de change
cabinovia – téléphérique à deux places
calcio – football
camera doppia – chambre avec deux lits jumeaux
camera matrimoniale – chambre double avec un lit double
camera singola – chambre simple
campanile – clocher
campeggio – camping
campo – champ
cantina – cave, chai
cappella – chapelle
carabinieri – gendarmes
carnevale – période de carnaval, entre l'Épiphanie et Carême
carta – papier
carta d'identità – carte d'identité
carta telefonica – carte téléphonique (appelée aussi *scheda telefonica*)
cartolina (postale) – carte postale
casa – maison
castello – château
cattedrale – cathédrale
cava – carrière (comme les carrières de marbre de Carrara)
cena – repas du soir
centro – centre-ville
centro storico – centre historique, vieille ville
chiaroscuro – clair-obscur
chiesa – église
chilo – kilo
chiostro – cloître ; autour d'une cour, galerie couverte, souvent entourée de colonnes
circo – arène circulaire ou ovale
codice fiscale – numéro fiscal
colonna – colonne
comune – municipalité, commune ; conseil municipal ; historiquement, une commune désignait une ville ou une cité autonome
condottiere – au Moyen Âge, chef de soldats mercenaires
contado – proche banlieue d'une grande ville
contrada – quartier d'une ville
convalida – machine à composter
coperto – droit d'entrée
corso –avenue, boulevard
cortile – cour (d'une maison ou d'un château)
cupola – dôme, coupole

D

deposito bagagli – consigne
distributore di benzina – pompe à essence (voir *stazione di servizio*)
documenti – papiers d'identité
duomo – cathédrale

E

espresso – courrier express ; train express ; petit café noir
etto – 100 g

F

farmacia di turno – pharmacie de garde
ferrovia – gare ferroviaire
festa – fête
fiume – fleuve
fontana – fontaine
foro – forum
francobollo – timbre postal
FS – Ferrovie dello State (chemins de fer d'État)
fresco – fresque
funicolare – funiculaire
funivia – funiculaire

G

gabinetto – toilettes
gelateria – glacier
gelato – glace
golfo – golfe
grisaille – technique picturale fondée sur l'utilisation des nuances de gris
grotta – grotte
guardia di finanza – services fiscaux

H

HI – Hostelling International

I

IC – Intercity (train express)
intarsio – marqueterie, marbre ou métal incrusté
isola – île

L

lago – lac
largo – (petite) place ; avenue, cours, boulevard
lavanderia – laverie
lavasecco – pressing, nettoyage à sec
lettera – lettre
libreria – librairie
lido – plage
locanda – petit hôtel
loggia – pièce, galerie couverte d'arcades, porche
lungomare – promenade en bord de mer

M

macchia – maquis
mare – mer
mercato – marché
monte – montagne, mont
motorino – deux-roues
municipio – hôtel de ville

N

navata centrale – nef principale
navata laterale – nef latérale
nave – bateau
necropoli – nécropole, ancien cimetière

O

oggetti smarriti – objets perdus
ospedale – hôpital
ostello – auberge
ostello per la gioventù – auberge de jeunesse

P

palazzo – résidence ou palais ; grand bâtiment
panetteria – boulangerie
parco – parc
passaggio ponte – pont passagers
passeggiata – promenade
pasta – pâtes ; gâteau ou pâtisserie ; pâte
pellicola – pellicule photo
pensione – petit hôtel proposant souvent un hébergement avec pension
permesso di lavoro – permis de travail
permesso di soggiorno – permis de séjour
piazza – place
piazzale – grande place ouverte
pietà – littéralement "pitié", "compassion" ; sculpture, dessin ou peinture représentant le Christ mort, soutenu par la Madone
pinacoteca – galerie de peintures
poltrona – fauteuil ; place assise en fauteuil (sur un ferry)
polittica – (ou polyptyque) autel composé de plus de trois panneaux (voir aussi *trittico*)
ponte – pont
portico – portique ; arcades
porto – port
presepio – crèche de Noël
profumeria – parfumerie
pronto soccorso – premiers secours ; urgences
pullman – bus longue distance

Q

questura – commissariat de police

R

raccomandata – recommandé
rifugio – refuge alpin

Risorgimento – mouvement de la fin du XIXe siècle, mené par Garibaldi, visant à créer un État italien uni et indépendant
rocca – château fort

S

sagra – foire gastronomique consacrée à un produit ou à un thème culinaire, comme les champignons ou le vin
salumeria – charcuterie, traiteur
santuario – sanctuaire
scalinata – volée d'escaliers
scavi – fouilles
scheda telefonica – voir *carta telefonica*
servizio – service (au restaurant)
spiaggia – plage
spiaggia libera – plage publique
stazione – gare ferroviaire
stazione di servizio – station-service
stazione marittima – gare maritime
strada – rue, route
superstrada – autoroute (sans péage)

T

tabaccheria/tabaccaio – bureau de tabac
teatro – théâtre
tempio – temple
terme – thermes
tesoro – trésor
torre – tour
torrente – torrent
traghetto – ferry
tramezzino – sandwich
trattoria (trattorie) – restaurant bon marché ; version moins chic du *ristorante*
treno – train
trittico – (ou tryptique) retable ; peinture ou sculpture sur trois panneaux, qui peuvent se replier, souvent utilisée comme autel (voir *polittica*)

U

ufficio postale – bureau de poste
ufficio stranieri – bureau des étrangers (police)
uffizi – offices

V

via – rue ou route
via aerea – par avion (courrier)
via ferrata – sentier de montagne équipé d'échelles en fer fixées sur la roche
vicoli – allée, chemin
vigili urbani – police urbaine
villa – maison de ville ou de campagne ; désigne aussi l'ensemble de la propriété
vinsanto – vin blanc doux

Z

zona rimozione – zone d'enlèvement du véhicule

En coulisses

LES GUIDES LONELY PLANET

Tout commence par un long voyage : en 1972, Tony et Maureen Wheeler rallient l'Australie après avoir traversé l'Europe et l'Asie. À l'époque, on ne disposait d'aucune information pratique pour mener à bien ce type d'aventure. Pour répondre à une demande croissante, ils rédigent le premier guide Lonely Planet, écrit sur le coin d'une table.

Depuis, Lonely Planet est devenu le plus grand éditeur indépendant de guides de voyage dans le monde et dispose de bureaux à Melbourne (Australie), Oakland (États-Unis), Londres (Royaume-Uni) et Paris (France).

La collection couvre désormais le monde entier et ne cesse de s'étoffer. L'information est aujourd'hui présentée sur différents supports, mais notre objectif reste constant : donner des clés au voyageur pour qu'il comprenne mieux les pays qu'il visite.

L'équipe de Lonely Planet est convaincue que les voyageurs peuvent avoir un impact positif sur les pays qu'ils visitent, pour peu qu'ils fassent preuve d'une attitude responsable. Depuis 1986, nous reversons un pourcentage de nos bénéfices à des actions humanitaires, à des campagnes en faveur des droits de l'homme et, plus récemment, à la défense de l'environnement.

À PROPOS DE L'OUVRAGE

La 1re édition du guide *Toscane* avait été réalisée par Damien Simonis et la 2e édition réactualisée par Neal Bedford avec l'aide de Damien Simonis et d'Imogen Franks. Josephine Quintero, Rachel Suddart et Richard Watkins ont rédigé cette édition de *Toscane et Ombrie*. Alex Leviton s'est chargé des chapitres sur l'Ombrie, ainsi que du chapitre *Beaux arts*. Le chapitre *Gastronomie* est tiré de *World Food Italy* de Matthew Evans, publié par Lonely Planet, et adapté pour ce guide par Michala Green ; dans ce même chapitre, Josephine Quintero est l'auteur de l'encadré *Festivités gastronomiques*.

La traduction française est l'œuvre de Jean-Bernard Carillet, Yann Champion, Hélène Demazure et Laurence Seguin.

UN MOT DES AUTEURS

Alex Leviton De nombreuses personnes m'ont apporté leur aide pour la rédaction de ces chapitres. Avant tout, je souhaite remercier mes compagnons de voyage et chauffeurs, Cliff Leviton (*alias* Papa) et Len Amaral (*alias* Il Muffino), pour leur présence et leur habileté au volant dans les rues italiennes, ainsi que Fabiano et Katya pour leur infinie gentillesse. Je remercie également le frère John Kapenda et Stefania à Assise, Ricci à Spello et Jasmine à Spoleto. Merci à tous ceux qui m'ont aidé sur place : Adele Bevilacqua, Lois Martin, Pietro Flori, Jane Karnac, Rob Backhouse et Luciano Lucantoni (et merci à Gene pour les jardins). Je n'aurais pas pu accomplir ce travail sans le soutien de Jeanette Stokes et du Studio, de Betty Fingold, de Peter Lynch, de Dave Barnes, de Daniele Armaleo, de Rob Womack et d'Amy Elliott. Et, naturellement, merci à Katy Longshore pour m'avoir mis le pied à l'étrier.

Josephine Quintero Mille mercis à Robin Chapman pour son sens de l'humour, son aptitude à lire les cartes routières et sa connaissance approfondie de la photographie et des vins italiens. Un grand merci à ma fille Isabel, installée en Italie, pour le stage accéléré d'italien et pour tous ses conseils avisés. Je remercie également le personnel des offices du tourisme, en particulier à Sienne, Pise et Volterra. Toute ma gratitude à Michala Green pour la compréhension dont elle a fait preuve lorsqu'une urgence familiale a failli m'empêcher de continuer et pour ses e-mails de soutien pendant l'étape des recherches documentaires.

Rachel Suddart J'aimerais remercier Alessandra Smith de l'office du tourisme italien, Paul Gowen (du Royal Automobile Club) pour tout ce qui a trait au domaine routier, Bianca Spiezia de Trenitalia, Loris Servirni de l'ambassade d'Italie à Londres, Simona Prete de l'ambassade britannique, Enrico Maricanola, Larzia Lo Guzzo, Alex Leviton et Josephine Quintero pour avoir pris le temps de me faire part de leurs suggestions. Merci aussi à Michala Green pour ses talents éditoriaux et à tous les lecteurs qui ont pris la peine d'écrire à Lonely

Planet pour nous faire part de leurs informations et de leurs remarques. M., J. et P. : un grand merci.

Richard Watkins Tous mes remerciements à Alessandra et Lorenzo Gatteschi et à Monica Bernardoni, qui se sont pliés en quatre pour me faire partager leur passion pour leur petit coin du Chianti et ont fait de mon séjour une expérience inoubliable. Je remercie Giuseppe Mazzocchi à Nievole, qui m'a fait connaître les plaisirs simples de la cuisine toscane, ainsi que Maria Pia Bracali et le docteur Andrea Giuliani à Montecatini Terme pour leur hospitalité et leur aide. Les *biscotti* de Cialde di Montecatini étaient succulents. Je suis reconnaissant à Giovannella Stianti Mascheroni et à sa famille à Volpaia pour leur agréable compagnie lors d'un excellent repas arrosé d'un vin merveilleux. Merci aussi à Guido Stucchi Prinetti d'avoir pris le temps de me faire visiter les caves à vins de sa famille à Coltibuono, visite évidemment suivie d'une dégustation. Enfin, un grand merci aux personnel des offices du tourisme de toute la Toscane, notamment à Sansepolcro, Pistoia, Prato, Bibbiana, Florence et Arezzo.

UN MOT DE L'ÉDITEUR

L'édition française de ce guide a été coordonnée par Michel MacLeod. La mise en page a été réalisée par Gudrun Fricke. Merci à Claude Albert, à Jean-Bernard Carillet et à Françoise Blondel pour leur précieuse contribution au texte, ainsi qu'à Juliette Stephens qui a pris en charge la réalisation de l'index. Merci également à Quentin Frayne pour son travail sur le chapitre *Langue*.

Les cartes originales ont été créées par Helen Rowley, Birgit Jordan, Tony Fankhauser, Simon Tillema et Ray Thomson, avec l'aide de Lachlan Ross, Paul Piaia et Chris LeeAck ; leur adaptation en français est signée Caroline Sahanouk.

La couverture française est de Sophie Rivoire.

Merci à Hélène Cody pour ses multiples interventions et à Virginie Gaillard pour le courrier des lecteurs, sans oublier Debbra Herrman et Graham Imeson de Lonely Planet Melbourne, ainsi que l'équipe de Lonely Planet Images pour leur constante collaboration avec le bureau français.

REMERCIEMENTS

Nous remercions vivement les lecteurs qui ont pris la peine de nous écrire pour nous communiquer leurs commentaires et nous faire part de leurs expériences :

Anja Wolf, Anne-Lyse Tardiva, B.J. Chippendale, Bruce Doy, Bruno Denis, E. Thobe, Eleanor May, Fabiola Menchetti, Frances Neal, Frank Barendregt, Geoff Collins, Juergen Klaus, Julien Fleury, Kathleen Epeldi, Keela Shackell, Kenneth Fan, Kiri Brokenshire, Laura Dias, Libby Crothers, Martine Dumonet, Matthew Knight, Michael Nielsen, Nicolas Dufetel, Paul Taylor, Peter Roissetter, Reinier Zegwaard, Robert Davis, Silvere Jauny, Timo Kaartinen.

VOS RÉACTIONS ?

Vos commentaires nous sont très précieux et nous permettent d'améliorer constamment nos guides. Notre équipe lit toutes vos lettres avec la plus grande attention. Nous ne pouvons pas répondre individuellement à tous ceux qui nous écrivent, mais vos commentaires sont transmis aux auteurs concernés. Tous les lecteurs qui prennent la peine de nous communiquer des informations sont remerciés dans l'édition suivante, et ceux qui nous fournissent les renseignements les plus utiles se voient offrir un guide.

Pour nous faire part de vos réactions, prendre connaissance de notre catalogue et vous abonner à notre lettre d'information, consultez notre site web : **www.lonelyplanet.fr**.

Nous reprenons parfois des extraits de votre courrier pour les publier dans nos produits, guides ou sites web. Si vous ne souhaitez pas que vos commentaires soient repris ou que votre nom apparaisse, merci de nous le préciser. Pour connaître notre politique en matière de confidentialité, connectez-vous à www.lonelyplanet.fr/privee/index.htm.

Index

Les références des cartes sont en **gras**

INDEX

Les références des cartes sont en **gras**

LÉGENDE DES CARTES

ROUTES

Autoroute payante · Autoroute · Nationale · Départementale · Cantonale · Petite route · Promenade · Sentier pédestre · Chemin · Rue piétonne · Escalier · Tunnel · Sens unique · Promenade (détour)

TRANSPORTS

Trajet ferry · Métro · Monorail · Rail · Rail (souterrain) · Téléphérique/funiculaire

HYDROGRAPHIES

Rivière · Riv. intermittente · Canal · Glacier · Lac asséché · Lac salé · Laisse de vase · Récif · Marais · Eau

LIMITES ET FRONTIÈRES

Internationale · Provinciale · Régionale · Ancienne enceinte · Falaise/escarpement · Parc marin

POPULATION

CAPITALE · **Capitale régionale** · **Ville importante** · **Ville moyenne** · **Petite ville** · Village

TOPOGRAPHIE

Zone touristique · Plage/désert · édifice · Cimetière chrétien · Cimetière · Forêt · Terre · Rue piétonne · Marché · Parc · Terrain de sports · Zone urbaine

SYMBOLES

À VOIR/À FAIRE

Plage · Pagode · Château · Cathédrale · Culte confucéen · Site de plongée · Temple hindouiste · Mosquée · Temple jaïna · Synagogue · Monument · Musée · Pique-nique · Centre d'intérêt · Ruine · Culte shinto · Temple sikh · Ski · Culte taoiste · Vignoble · Zoo, ornithologie

RENSEIGNEMENTS

Banque, DAB · Ambassade/consulat · Hôpital · Renseignements · Cybercafé · Parking · Station-service · Police · Poste · Téléphone · Toilette

SE LOGER

Hôtel · Camping

SE RESTAURER

Restauration

BOIRE UN VERRE

Bar · Café

SORTIR

Spectacle

ACHATS

Magasins

TRANSPORTS

Aéroport · Poste frontière · Arrêt de bus · Piste cyclable · Transports · Taxi · Chemin de randonnée

TOPOGRAPHIE

Danger · Phare · Point de vue · Montagne, volcan · Parc national · Oasis · Col · Sens du courant · Gîte d'étape · Point culminant · Rapide

Note : tous les symboles ne sont pas utilisés dans cet ouvrage

BUREAUX LONELY PLANET

Australie

Locked Bag 1, Footscray, Victoria 3011

☎ 03 8379 8000, fax 03 8379 8111

talk2us@lonelyplanet.com.au

USA

150 Linden St, Oakland, CA 94607

☎ 510 893 8555, toll free 800 275 8555

fax 510 893 8572, info@lonelyplanet.com

Royaume-Uni et Irlande

72–82 Rosebery Ave,

Clerkenwell, London EC1R 4RW

☎ 020 7841 9000, fax 020 7841 9001

go@lonelyplanet.co.uk

France

1 rue du Dahomey, 75011 Paris

☎ 01 55 25 33 00, fax 01 55 25 33 01

bip@lonelyplanet.fr, www.lonelyplanet.fr

Publié par Lonely Planet Publications
1, rue du Dahomey, 75011 Paris

Dépôt légal : avril 2004

ISBN 2 84070-301-7

ISSN 1242-9244

Photographie de couverture: maison toscane entourée de cyprès, Italie, Wolfgang Meier/Zefa Images. La plupart des photos publiées dans ce guide sont disponibles auprès de notre agence photographique Lonely Planet Images : www.lonelyplanetimages.com.

Imprimé par SNP SPrint (M) Sdn Bhd, en Malaisie